科目別

傾向が掴めたら，さらに「科目別」の赤本で苦手科目克服や得点力の強化を

英語・国語は９回分，文系選択科目は６回分を収載！
たくさん解けるから，苦手科目の克服や得点力アップの対策に最適！
受験直前の実戦演習にも！

英語を強化したいなら

No. 480
関西大学
（英語〈3日程×3カ年〉）

- ▶**2022年度**：2月3日・4日・7日実施分
- ▶**2021・2020年度**：2月3日・6日・7日実施分

国語を強化したいなら

No. 481
関西大学
（国語〈3日程×3カ年〉）

- ▶**2022年度**：2月3日・5日・7日実施分
- ▶**2021・2020年度**：2月3日・6日・7日実施分

日本史，世界史，地理，政治・経済，文系数学を強化したいなら

No. 482
関西大学（文系選択科目〈2日程×3カ年〉）

- ▶**2022年度**：2月3日・5日実施分
- ▶**2021・2020年度**：2月3日・6日実施分

出題形式別

英語を効率よく対策したいなら，「出題形式別」の赤本もオススメ

10年分の過去問を分析し，良問をセレクトして掲載！
出題形式別の構成で，効率よく苦手分野克服や得点力強化が

No. 787
関西大の英語（難関校過去問シリ

第１章 会話文／第２章 整序／第３章 長文読解①／第４章 長文読解②

JN250033

大学入試シリーズ

478

関西大学

文系

教学社

は し が き

長引くコロナ禍による社会の停滞や，突如勃発した悲惨な戦争の報道を目の当たりにして，人類は疫病と戦争の脅威をいまだ克服できていなかったことを思い知らされ，無力感を覚える人も多いのではないかと思います。こうした混沌とした時代にあって，自分自身がこの先どのように生きていくか，将来何を成し遂げたいかを，自分の内面を見つめ直しながら，じっくりと考えてほしいと思います。

自分がよりよく生きるため，目標を達成するために努力をするのはもちろんのことですが，社会の中で自分の力をいかに役立てられるか，貢献できるかを考えることもまた大切なことです。幕末の思想家・教育家である吉田松陰は，「初一念《しょいちねん》，名利のために初めたる学問は，進めば進むほど，その弊著《へいあら》われ，博学宏詞《こうし》をもってこれを粉飾すといえども，ついにこれを掩《おお》うこと能《あた》わず」と説いています。名声や利益のための学問は，やがて弊害が出てきて，どんなに広い知識や多い言葉で飾っても誤魔化すことはできないということです。このような先行き不透明な時代だからこそ，自己の利益だけを追求するのではなく，まわりの人の幸福や社会の発展のために，学んだことを生かせるように心がけたいものです。

また，晴れて志望する大学に合格できたとしても，その成功に慢心してしまってはいけません。大学受験はあくまでも通過点であって，自己の研鑽と学問や真理の探究は一生続いていくものです。将来何を成し遂げるかは，一日一日をいかに取り組むかにかかっています。たとえすぐに実を結ばなかったとしても，新しいことに挑戦した経験が，その後の人生で支えになることもあります。幾多の試練や難題を乗り越えて，栄冠を勝ち取られることを心より願っています。

＊　＊　＊

本書刊行に際しまして，入試問題や資料をご提供いただいた大学関係者各位，掲載許可をいただいた著作権者の皆様，各科目の解答や対策の執筆にあたられた先生方に，心より御礼を申し上げます。

編者しるす

そもそも

赤本とは…

受験生のための大学入試の過去問題集！

60年以上の歴史を誇る赤本は，600点を超える刊行点数で全都道府県の370大学以上を網羅しており，過去問の代名詞として受験生の必須アイテムとなっています。

Q. なぜ受験に過去問が必要なの？

A. 大学入試は大学によって問題形式や頻出分野が大きく異なるからです。

マーク式か記述式か，試験時間に対する問題量はどうか，基本問題中心か応用問題中心か，論述問題や計算問題は出るのか――これらの出題形式や頻出分野などの傾向は大学によって違うので，とるべき対策も大学によって違ってきます。
出題傾向をつかみ，その大学にあわせた対策をとるために過去問が必要なのです。

赤本で志望校を研究しよう！

赤本の掲載内容

傾向と対策

これまでの出題内容から，問題の **「傾向」** を分析し，
来年度の入試にむけて具体的な **「対策」** の方法を紹介しています。

問題編・解答編

年度ごとに問題とその解答を掲載しています。
「問題編」 ではその年度の試験概要を確認したうえで，実際に出題された過去問に取り組むことができます。
「解答編」 には高校・予備校の先生方による解答が載っています。

ギュ
ホンを…
大事に…

ページの見方

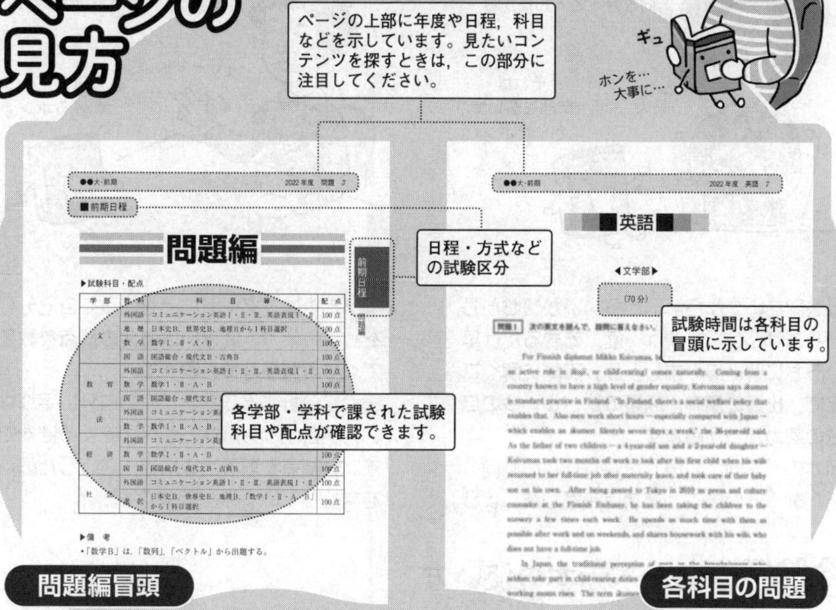

ページの上部に年度や日程，科目などを示しています。見たいコンテンツを探すときは，この部分に注目してください。
●●大・前期　2022年度　問題　3
■前期日程

◀文学部▶
(70分)
試験時間は各科目の冒頭に示しています。
各科目の問題

他にも赤本によって，大学の基本情報や，先輩受験生の合格体験記，在学生からのメッセージなどが載っています。

● 掲載内容について ●

著作権上の理由やその他編集上の都合により問題や解答の一部を割愛している場合があります。なお，指定校推薦入試，社会人入試，編入学試験，帰国生入試などの特別入試，英語以外の外国語科目，商業・工業科目は，原則として掲載しておりません。また試験科目は変更される場合がありますので，あらかじめご了承ください。

前期日程
日程・方式などの試験区分
各学部・学科で課された試験科目や配点が確認できます。
問題編冒頭
●●大・前期　2022年度　英語　7

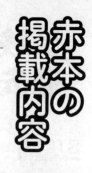

受験勉強は過去問に始まり，過去問に終わる。

STEP 1　なにはともあれ
まずは解いてみる

過去問をいつから解いたらいいか悩むかもしれませんが，まずは一度，**できるだけ早いうちに**解いてみましょう。**実際に解くことで，出題の傾向，問題のレベル，今の自分の実力がつかめます**。
赤本の「傾向と対策」にも，詳しい傾向分析が載っています。必ず目を通しましょう。

STEP 2　じっくり具体的に
弱点を分析する

解いた後は，ノートなどを使って自己分析をしましょう。**間違いは自分の弱点を教えてくれる貴重な情報源です**。
弱点を分析することで，今の自分に足りない力や苦手な分野などが見えてくるはずです。合格点を取るためには，こうした弱点をなくしていくのが近道です。

合格者があかす赤本の使い方

傾向と対策を熟読
(Fさん／国立大合格)

大学の出題傾向を調べることが大事だと思ったので，赤本に載っている「傾向と対策」を熟読しました。解答・解説もすべて目を通し，自分と違う解き方を学びました。

目標点を決める
(Yさん／私立大合格)

赤本によっては合格者最低点が載っているものもあるので，まずその点数を超えられるように目標を決めるのもいいかもしれません。

時間配分を確認
(Kさん／公立大合格)

過去問を本番の試験と同様の時間内に解くことで，どのような時間配分にするか，どの設問から解くかを決めました。

過去問を解いてみて，まずは自分のレベルとのギャップを知りましょう。
それを克服できるように学習計画を立て，苦手分野の対策をします。
そして，また過去問を解いてみる，というサイクルを繰り返すことで効果的に学習ができます。

STEP 3 重点対策をする

志望校にあわせて

分析した結果をもとに，参考書や問題集を活用して**苦手な分野の重点対策**をしていきます。赤本を指針にして，何をどんな方法で強化すればよいかを考え，**具体的な学習計画を立てましょう**。
「傾向と対策」のアドバイスも参考にしてください。

STEP 1▸2▸3… 実践を繰り返す

サイクルが大事！

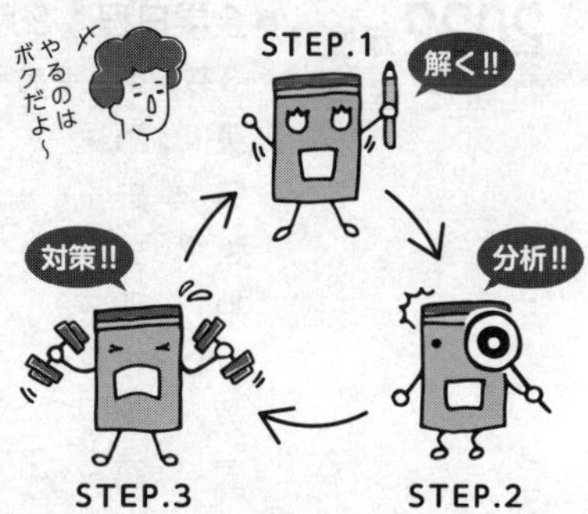

ステップ1～3を繰り返し，足りない知識の補強や，よりよい解き方を研究して，実力アップにつなげましょう。
繰り返し解いて**出題形式に慣れること**や，試験時間に合わせて**実戦演習を行うこと**も大切です。

添削してもらう

（Sさん／国立大合格）

記述式の問題は自分で採点しにくいので，先生に添削してもらうとよいです。人に見てもらうことで自分の弱点に気づきやすくなると思います。

繰り返し解く

（Tさん／国立大合格）

１周目は問題のレベル確認程度に使い，２周目は復習兼頻出事項の見極めとして，３周目はしっかり得点できる状態を目指して使いました。

他学部の過去問も活用

（Kさん／私立大合格）

自分の志望学部の問題はもちろん，同じ大学の他の学部の過去問も解くようにしました。同じ大学であれば，傾向が似ていることが多いので，これはオススメです。

目　次

2021年度 問題と解答

■全学日程：2月1日実施分

3教科型，2教科型（英語外部試験利用方式），2教科選択型

■学部独自日程：2月4日実施分

総合情報学部　2教科型（英数方式）

2020年度 問題と解答

■学部個別日程：2月1日実施分

3教科型，2教科型（英語外部試験利用方式），2教科選択型

■学部個別日程：2月4日実施分

総合情報学部　2教科型（英数方式）

掲載内容についてのお断り

- 本書では，一般入試のうち２日程分を掲載しています。
- 本書に掲載していない日程のうち，一部の問題については以下の書籍に収録しています。
  No. 480『関西大学（英語〈３日程×３カ年〉)』
  No. 481『関西大学（国語〈３日程×３カ年〉)』
  No. 482『関西大学（文系選択科目〈２日程×３カ年〉)』
- 公募制推薦入試，AO 入試，SF 入試は掲載していません。

上記の問題に使用されている著作物は，2022 年５月２日に著作権法第 67 条の２第１項の規定に基づく申請を行い，同条同項の規定の適用を受けて掲載しているものです。

2022 年度：２月１日実施分「英語」大問〔Ⅰ〕
２月６日実施分「英語」大問〔Ⅰ〕-A
2021 年度：２月１日実施分「英語」大問〔Ⅰ〕・〔Ⅱ〕
２月４日実施分「英語」大問〔Ⅰ〕
2020 年度：２月１日実施分「英語」大問〔Ⅰ〕
２月４日実施分「英語」大問〔Ⅰ〕

University Guide

大学情報

大学の基本情報

沿革

1886（明治 19）	大阪願宗寺で関西法律学校を開校
1904（明治 37）	専門学校令による専門学校として認可される
1905（明治 38）	社団法人私立関西大学に改組・改称
1918（大正 7）	大学令公布に伴い，昇格の体制作り開始
1920（大正 9）	財団法人関西大学に改組・改称
1922（大正 11）	大学令による関西大学として認可され，法学部・商学部を設置
1924（大正 13）	商学部を経済学部に改称
1925（大正 14）	法学部を法文学部に改称
1935（昭和 10）	経済学部を経商学部に改称
1945（昭和 20）	法文学部を法学部，経商学部を経済学部に改称
1948（昭和 23）	学制改革により新制大学に移行，法・文・経済・商学部を設置
1951（昭和 26）	学校法人関西大学に改組
1958（昭和 33）	工学部を設置
1967（昭和 42）	社会学部を設置
✎1972（昭和 47）	考古学研究室が飛鳥の高松塚古墳を発掘調査し，極彩色の壁画を発見
1994（平成 6）	総合情報学部を設置
2007（平成 19）	政策創造学部を設置
	工学部を改組し，システム理工学部・環境都市工学部・化学生命工学部を設置
2009（平成 21）	外国語学部を設置
2010（平成 22）	人間健康学部・社会安全学部を設置
2016（平成 28）	創立 130 周年

校章

関西大学の校章は，「大学」の二字を葦の葉で囲んだものです。

大阪を貫流する淀川の絶えぬ流れに，風雨に耐えて根強く生い繁る葦の葉は，明治 19 年（1886 年），西日本で最初の法律学校として創立以来，発展を重ねてきた関西大学の質実剛健の気風を表したものです。

学部・学科の構成

大　学

法学部　千里山キャンパス

法学政治学科

文学部　千里山キャンパス

総合人文学科（英米文学英語学専修，英米文化専修，国語国文学専修，哲学倫理学専修，比較宗教学専修，芸術学美術史専修，ヨーロッパ文化専修，日本史・文化遺産学専修，世界史専修，地理学・地域環境学専修，教育文化専修，初等教育学専修，心理学専修，映像文化専修，文化共生学専修，アジア文化専修）

経済学部　千里山キャンパス

経済学科（経済政策コース，歴史・思想コース，産業・企業経済コース，国際経済コース）

商学部　千里山キャンパス

商学科（流通専修，ファイナンス専修，国際ビジネス専修，マネジメント専修，会計専修）

社会学部　千里山キャンパス

社会学科（社会学専攻，心理学専攻，メディア専攻，社会システムデザイン専攻）

政策創造学部　千里山キャンパス

政策学科（政治経済専修，地域経営専修）

国際アジア学科

外国語学部　千里山キャンパス

外国語学科

人間健康学部　堺キャンパス

人間健康学科（スポーツと健康コース，福祉と健康コース）

総合情報学部　高槻キャンパス

総合情報学科

社会安全学部　高槻ミューズキャンパス

安全マネジメント学科

システム理工学部　千里山キャンパス

数学科

物理・応用物理学科（基礎・計算物理コース，応用物理コース）

機械工学科

電気電子情報工学科（電気電子工学コース，情報通信工学コース，応用情報工学コース）

環境都市工学部　千里山キャンパス

建築学科

都市システム工学科（都市インフラ設計コース，社会システム計画コース）

エネルギー環境・化学工学科（エネルギー工学コース，環境化学コース）

化学生命工学部　千里山キャンパス

化学・物質工学科（マテリアル科学コース，応用化学コース，バイオ分子化学コース）

生命・生物工学科（生命科学コース，生物工学コース）

（備考）専修・コース等に分属する年次はそれぞれで異なる。

大学院

■大学院

法学研究科 / 文学研究科 / 経済学研究科 / 商学研究科 / 社会学研究科 / 総合情報学研究科 / 理工学研究科 / 外国語教育学研究科 / 心理学研究科 / 社会安全研究科 / 東アジア文化研究科 / ガバナンス研究科 / 人間健康研究科

■専門職大学院

法科大学院（法務研究科）/ 会計専門職大学院（会計研究科）

（注）上記内容は2022年4月時点のもので，改組・新設等により変更される場合があります。

大学所在地

高槻キャンパス

高槻ミューズキャンパス

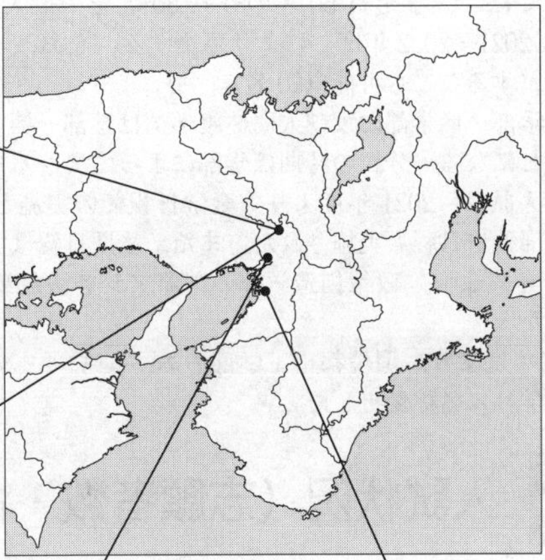

千里山キャンパス

堺キャンパス

千里山キャンパス	〒564-8680	大阪府吹田市山手町３-３-35
高槻キャンパス	〒569-1095	大阪府高槻市霊仙寺町２-１-１
高槻ミューズキャンパス	〒569-1098	大阪府高槻市白梅町７-１
堺キャンパス	〒590-8515	大阪府堺市堺区香ヶ丘町１-11-１

入試データ

- 文学部は学部一括で入学し，2年次進級時に各専修に分属するが，初等教育学専修については，入学定員50名のうち30名を一般入試「3教科型（同一配点方式を除く）：2021・2022年度」により募集する。なお，学部一括枠で入学し，2年次進級時に分属することも可能（20名）。
- 経済学部・商学部および人間健康学部は学部一括で入学し，各専修・コースに分属することになる（分属の時期は学部によって異なる）。
- 一般入試は，2021年度より，全学日程での実施となった。ただし，総合情報学部のみ学部独自日程も実施された。また，後期日程は実施されなくなった。
- 2021年度より，政策創造学部の国際アジア法政策学科は，国際アジア学科に名称変更した。
- 2022年度より，環境都市工学部のエネルギー・環境工学科は，エネルギー環境・化学工学科に名称変更した。

入試状況（志願者数・合格者数）

- 合格者数は第2志望以下の合格者数を含むため，実質的競争率は算出していない。
- 共通テストを利用する入試は2カ年のみ掲載。

2022年度 入試状況

一般入試・共通テスト利用入試

- 表の「日程」欄については次の試験を表す。

全学1：全学日程1
全学2：全学日程2
共通併用：共通テスト利用入試併用
共通利用：共通テスト利用入試
学部独自：学部独自日程

学部・学科・専攻・専修		日程	教科（科目）型	志願者数	合格者数
法	法学政治	全学1	3教科型	2,611	653
			英語外部試験利用方式	000	254
		全学2	3教科型	1,171	351
			3教科型同一配点方式	1,858	459
		共通併用	2/4	53	15
			2/5～7	437	115

（表つづく）

学部・学科・専攻・専修			日程	教科（科目）型	志願者数	合格者数
法	法学政治		共通利用	前期	1,269	510
				後期	382	15
文	総合人文	通常枠	全学1・2	3教科型	5,878	1,393
			全学1	英語外部試験利用方式	564	34
			共通併用		955	192
			共通利用	前期	1,620	512
				後期	279	170
		初等教育学専修	全学1・2	3教科型	750	144
経済	経済		全学1・2	3教科型	5,176	1,194
			全学1	英語外部試験利用方式	601	112
			共通併用		2,322	381
			共通利用	前期	1,501	407
				後期	357	80
商	商		全学1・2	3教科型	6,058	1,366
			共通併用		645	99
			共通利用	前期	498	68
社会	社会	社会学	全学1・2	3教科型	1,249	333
			全学2	3教科型同一配点方式	351	55
			共通併用		227	64
			共通利用	前期	244	109
		心理学	全学1・2	3教科型	1,318	297
			全学2	3教科型同一配点方式	374	60
			共通併用		254	58
			共通利用	前期	273	102
		メディア	全学1・2	3教科型	1,192	203
			全学2	3教科型同一配点方式	361	41
			共通併用		215	45
			共通利用	前期	267	71
		社会システムデザイン	全学1・2	3教科型	380	329
			全学2	3教科型同一配点方式	114	89
			共通併用		172	43
			共通利用	前期	219	70

（表つづく）

学部・学科・専攻・専修		日　程	教科（科目）型	志願者数	合格者数
政策創造	政　策	全 学 1	3　教　科　型	973	170
			英語外部試験利用方式	246	20
		全 学 2		1,277	228
		共通併用	2/1	88	31
			2/5	92	34
		共通利用	前　期	586	161
			後　期	95	45
	国際アジア	全 学 1	3　教　科　型	342	70
			英語外部試験利用方式	138	10
		全 学 2		430	83
		共通併用	2/1	44	18
			2/5	20	11
		共通利用	前　期	194	69
			後　期	29	15
外国語	外　国　語	全 学 1		1,054	302
		全 学 2		944	176
		共通併用		271	35
		共通利用	前　期	173	48
			後　期	53	10
人間健康	人 間 健 康	全 学 1	3　教　科　型	1,125	170
			英語外部試験利用方式	260	58
		全 学 2		1,687	291
		共通併用		761	160
		共通利用	前　期	288	73
			後　期	51	23
総合情報	総 合 情 報	全学1・2		3,615	736
		学部独自			
		共通併用		717	141
		共通利用	前　期	396	132
			後　期	121	40

（表つづく）

学部・学科・専攻・専修		日程	教科（科目）型	志願者数	合格者数
社会安全	安全マネジメント	全学1・2	3教科型	1,993	348
		全学1	英語外部試験利用方式	144	23
		全学1・2	英数方式	304	52
		全学2	英数方式（数学重視）	50	18
		共通併用		34	11
		共通利用	前期	278	76
			後期	60	12
システム理工	数	全学1	理科1科目選択方式	192	67
			理科設問選択方式（2科目型）		
		全学2	理科設問選択方式	141	64
			理科設問選択方式（2科目型・理科重視）	78	32
		共通併用		99	25
		共通利用	前期	77	10
			後期	14	3
	物理・応用物理	全学1	理科1科目選択方式	244	107
			理科設問選択方式（2科目型）		
		全学2	理科設問選択方式	211	86
			理科設問選択方式（2科目型・理科重視）	123	53
		共通併用		115	26
		共通利用	前期	126	38
			後期	16	6
	機械工	全学1	理科1科目選択方式	954	428
			理科設問選択方式（2科目型）		
		全学2	理科設問選択方式	765	240
			理科設問選択方式（2科目型・理科重視）	425	199
		共通併用		426	110
		共通利用	前期	444	137
			後期	46	19

（表つづく）

学部・学科・専攻・専修		日　程	教科（科目）型	志願者数	合格者数
システム理工	電気電子情報工	全 学 1	理科１科目選択方式	1,101	258
			理科設問選択方式（2 科 目 型）		
		全 学 2	理科設問選択方式	878	174
			理科設問選択方式（2科目型・理科重視）	562	143
		共通併用		534	119
		共通利用	前　期	428	90
			後　期	54	24
環境都市工	建　築	全 学 1	理科１科目選択方式	672	166
			理科設問選択方式（2 科 目 型）		
		全 学 2	理科設問選択方式	519	118
			理科設問選択方式（2科目型・理科重視）	324	85
		共通併用		274	62
		共通利用	前　期	265	60
			後　期	28	15
	都市システム工	全 学 1	理科１科目選択方式	429	194
			理科設問選択方式（2 科 目 型）		
		全 学 2	理科設問選択方式	377	158
			理科設問選択方式（2科目型・理科重視）	157	72
		共通併用		199	52
		共通利用	前　期	171	40
			後　期	51	16
	エネルギー環境・化学工	全 学 1	理科１科目選択方式	269	119
			理科設問選択方式（2 科 目 型）		
		全 学 2	理科設問選択方式	286	135
			理科設問選択方式（2科目型・理科重視）	74	28
		共通併用		129	41
		共通利用	前　期	109	48
			後　期	35	16

（表つづく）

学部・学科・専攻・専修		日程	教科（科目）型	志願者数	合格者数
化学生命工	化学・物質工	全学1	理科1科目選択方式	824	409
			理科設問選択方式（2科目型）		
		全学2	理科設問選択方式	666	350
			理科設問選択方式（2科目型・理科重視）	350	173
		共通併用		327	132
		共通利用	前期	428	179
			後期	42	27
	生命・生物工	全学1	理科1科目選択方式	662	225
			理科設問選択方式（2科目型）		
		全学2	理科設問選択方式	307	103
			理科設問選択方式（2科目型・理科重視）	368	100
		共通併用		310	64
		共通利用	前期	413	128
			後期	28	16

2021年度 入試状況

■一般入試・共通テスト利用入試

• 表の「日程」欄については次の試験を表す。
全学１：全学日程１
全学２：全学日程２
共通併用：共通テスト利用入試併用
共通利用：共通テスト利用入試
学部独自：学部独自日程

学部・学科・専攻・専修			日程	教科（科目）型	志願者数	合格者数
法	法学政治		全学１	3教科型	1,845	580
				英語外部試験利用方式	517	164
			全学２	3教科型	704	211
				3教科型同一配点方式	1,434	384
			共通併用	2/4	42	16
				2/5～7	357	73
			共通利用	前期	1,093	307
				後期	105	79
文	総合人文	通常枠	全学1・2	3教科型	5,831	1,318
			全学１	英語外部試験利用方式	616	31
			共通併用		1,107	184
			共通利用	前期	1,633	705
				後期	123	74
		初等教育学専修	全学1・2	3教科型	724	183
経済	経済		全学1・2	3教科型	6,819	1,091
			全学１	英語外部試験利用方式	868	105
			共通併用		2,491	411
			共通利用	前期	1,927	554
				後期	177	98
商	商		全学1・2	3教科型	6,949	1,306
			共通併用		819	96
			共通利用	前期	747	77

（表つづく）

学部・学科・専攻・専修			日程	教科（科目）型	志願者数	合格者数
社会	社会	社会学	全学1・2	3教科型	1,199	301
			全学2	3教科型同一配点方式	386	70
			共通併用		297	52
			共通利用	前期	348	100
		心理学	全学1・2	3教科型	1,270	239
			全学2	3教科型同一配点方式	386	66
			共通併用		338	44
			共通利用	前期	327	70
		メディア	全学1・2	3教科型	1,323	287
			全学2	3教科型同一配点方式	387	58
			共通併用		303	46
			共通利用	前期	235	70
		社会システムデザイン	全学1・2	3教科型	326	215
			全学2	3教科型同一配点方式	108	51
			共通併用		155	40
			共通利用	前期	203	66
政策創造	政策		全学1	3教科型	820	171
				英語外部試験利用方式	218	16
			全学2		1,000	204
			共通併用	2/1	103	32
				2/5	71	31
			共通利用	前期	521	165
				後期	79	29
	国際アジア		全学1	3教科型	290	57
				英語外部試験利用方式	94	13
			全学2		341	73
			共通併用	2/1	42	20
				2/5	27	8
			共通利用	前期	380	126
				後期	25	10

（表つづく）

学部・学科・専攻・専修		日　程	教科（科目）型	志願者数	合格者数
外国語	外国語	全学１		1,177	200
		全学２		1,186	166
		共通併用		278	33
		共通利用	前期	201	52
			後期	44	11
人間健康	人間健康	全学１	3教科型	841	170
			英語外部試験利用方式	187	44
		全学２		1,203	296
		共通併用		730	123
		共通利用	前期	550	89
			後期	55	10
総合情報	総合情報	全学１・２		3,666	635
		学部独自			
		共通併用		881	123
		共通利用	前期	570	73
			後期	71	35
社会安全	安全マネジメント	全学１・２	3教科型	1,690	322
		全学１	英語外部試験利用方式	104	20
		全学１・２	英数方式	221	31
		全学２	英数方式（数学重視）	26	6
		共通併用		45	12
		共通利用	前期	312	80
			後期	88	22
システム理工	数	全学１	理科１科目選択方式	220	80
			理科設問選択方式（２科目型）		
		全学２	理科設問選択方式	143	62
			理科設問選択方式（２科目型・理科重視）	61	31
		共通併用		144	31
		共通利用	前期	66	10
			後期	18	4

（表つづく）

学部・学科・専攻・専修		日　程	教科（科目）型	志願者数	合格者数
システム理工	物理・応用物理	全学１	理科１科目選択方式	190	100
			理科設問選択方式（２　科　目　型）		
		全学２	理科設問選択方式	166	99
			理科設問選択方式（２科目型・理科重視）	90	45
		共通併用		133	35
		共通利用	前　期	180	44
			後　期	14	7
	機　械　工	全学１	理科１科目選択方式	960	395
			理科設問選択方式（２　科　目　型）		
		全学２	理科設問選択方式	689	231
			理科設問選択方式（２科目型・理科重視）	398	192
		共通併用		449	105
		共通利用	前　期	491	159
			後　期	33	14
	電気電子情報工	全学１	理科１科目選択方式	1,200	270
			理科設問選択方式（２　科　目　型）		
		全学２	理科設問選択方式	886	153
			理科設問選択方式（２科目型・理科重視）	530	121
		共通併用		615	106
		共通利用	前　期	558	84
			後　期	36	17
環境都市工	建　築	全学１	理科１科目選択方式	682	163
			理科設問選択方式（２　科　目　型）		
		全学２	理科設問選択方式	545	100
			理科設問選択方式（２科目型・理科重視）	286	74
		共通併用		294	71
		共通利用	前　期	281	68
			後　期	20	6

（表つづく）

学部・学科・専攻・専修		日　程	教科（科目）型	志願者数	合格者数
環境都市工	都市システム工	全学１	理科１科目選択方式	438	165
			理科設問選択方式（２　科　目　型）		
		全学２	理科設問選択方式	376	93
			理科設問選択方式（２科目型・理科重視）	153	58
		共通併用		195	51
		共通利用	前　　期	188	42
			後　　期	13	11
	エネルギー・環　境　工	全学１	理科１科目選択方式	201	88
			理科設問選択方式（２　科　目　型）		
		全学２	理科設問選択方式	199	128
			理科設問選択方式（２科目型・理科重視）	67	45
		共通併用		123	50
		共通利用	前　　期	133	46
			後　　期	15	12
化学生命工	化学・物質工	全学１	理科１科目選択方式	741	352
			理科設問選択方式（２　科　目　型）		
		全学２	理科設問選択方式	556	293
			理科設問選択方式（２科目型・理科重視）	294	165
		共通併用		269	117
		共通利用	前　　期	411	201
			後　　期	18	11
	生命・生物工	全学１	理科１科目選択方式	653	195
			理科設問選択方式（２　科　目　型）		
		全学２	理科設問選択方式	314	94
			理科設問選択方式（２科目型・理科重視）	314	114
		共通併用		334	90
		共通利用	前　　期	440	175
			後　　期	31	12

2020年度　入試状況

■一般入試

（　）内は女子内数

学部	学科	専攻	日程	教科・種別	志願者数	合格者数
法	法学政治		学部個別日程・全学部日程		4,445(1,473)	863(325)
法	法学政治		学部個別日程	英語外部試験利用方式	542(214)	85(35)
法	法学政治		後期日程		709(223)	63(20)
文	総合人文	(通常枠)	学部個別日程	3教科型	3,312(1,927)	619(373)
文	総合人文	(通常枠)	学部個別日程	英語外部試験利用方式	653(404)	38(26)
文	総合人文	(通常枠)	全学部日程		3,080(1,742)	566(330)
文	総合人文	(通常枠)	後期日程	小論文方式	87(49)	15(11)
文	総合人文	(通常枠)	後期日程	3教科型	619(319)	81(50)
文	総合人文	初等教育学専修	学部個別日程	3教科型	451(240)	67(37)
文	総合人文	初等教育学専修	全学部日程		318(187)	48(29)
経済	経済		学部個別日程	3教科型	4,421(911)	786(160)
経済	経済		学部個別日程	英語外部試験利用方式	781(230)	127(28)
経済	経済		全学部日程	2/7 3教科型	1,338(243)	198(47)
経済	経済		全学部日程	2/8 英国方式 3教科型	1,278(285)	122(21)
経済	経済		後期日程		550(132)	31(12)
商	商		学部個別日程・全学部日程		6,422(2,306)	1,155(436)
商	商		後期日程		894(291)	15(5)
社会	社会	社会学	学部個別日程・全学部日程		1,605(682)	248(115)
社会	社会	社会学	後期日程		216(75)	28(13)
社会	社会	心理学	学部個別日程・全学部日程		1,862(1,105)	170(102)
社会	社会	心理学	後期日程		272(133)	19(14)
社会	社会	メディア	学部個別日程・全学部日程		1,673(1,016)	175(106)
社会	社会	メディア	後期日程		177(99)	31(18)
社会	社会	社会システムデザイン	学部個別日程・全学部日程		580(263)	229(124)
社会	社会	社会システムデザイン	後期日程		68(38)	24(16)
政策創造	政策		学部個別日程・全学部日程		2,154(783)	292(106)
政策創造	政策		学部個別日程	英語外部試験利用方式	235(97)	15(6)
政策創造	政策		後期日程		393(136)	20(5)
政策創造	国際アジア法政策		学部個別日程・全学部日程		387(171)	84(37)
政策創造	国際アジア法政策		学部個別日程	英語外部試験利用方式	55(21)	5(3)
政策創造	国際アジア法政策		後期日程		78(35)	11(6)

（表つづく）

学部・学科・専攻		日程・教科・種別		志願者数	合格者数
外国語	外国語	学部個別日程		1,235(778)	216(136)
		全学部日程		1,026(693)	146(108)
		後期日程		392(216)	23(17)
人間健康	人間健康	学部個別日程		1,564(514)	162(54)
		全学部日程		1,243(450)	113(49)
		後期日程		237(74)	23(9)
総合情報	総合情報	学部個別日程・全学部日程		3,790(894)	477(123)
		後期日程		765(204)	50(15)
社会安全	安全マネジメント	学部個別日程		1,087(282)	167(47)
		全学部日程	英国方式	916(261)	81(26)
			英数方式		
			3教科型		
		後期日程	3教科型	394(109)	26(10)
			英数方式	66(8)	17(5)
システム理工	数	学部個別日程	理科1科目選択方式	245(40)	65(9)
			理科設問選択方式(2科目型)		
			理科設問選択方式	143(22)	45(8)
		全学部日程		99(16)	37(5)
		後期日程		51(7)	6(1)
	物理・応用物理	学部個別日程	理科1科目選択方式	291(45)	115(18)
			理科設問選択方式(2科目型)		
			理科設問選択方式	214(42)	74(16)
		全学部日程		172(24)	56(8)
		後期日程		80(15)	5(0)
	機械工	学部個別日程	理科1科目選択方式	1,140(73)	388(31)
			理科設問選択方式(2科目型)		
			理科設問選択方式	816(37)	177(8)
		全学部日程		579(23)	180(10)
		後期日程		190(11)	12(3)
	電気電子情報工	学部個別日程	理科1科目選択方式	1,265(90)	250(16)
			理科設問選択方式(2科目型)		
			理科設問選択方式	880(61)	139(6)
		全学部日程		657(62)	125(9)
		後期日程		157(19)	13(2)

（表つづく）

学部・学科・専攻		日程・教科・種別		志願者数	合格者数
環境都市工	建築	学部個別日程	理科1科目選択方式 理科設問選択方式(2科目型)	798(236)	149(52)
			理科設問選択方式	539(134)	88(26)
		全学部日程		360(108)	79(18)
		後期日程		83(25)	6(1)
	都市システム工	学部個別日程	理科1科目選択方式 理科設問選択方式(2科目型)	480(70)	188(40)
			理科設問選択方式	371(49)	92(12)
		全学部日程		204(34)	93(17)
		後期日程		105(14)	9(3)
	エネルギー・環境工	学部個別日程	理科1科目選択方式 理科設問選択方式(2科目型)	254(36)	102(15)
			理科設問選択方式	246(23)	104(12)
		全学部日程		82(13)	40(7)
		後期日程		64(12)	13(2)
化学生命工	化学・物質工	学部個別日程	理科1科目選択方式 理科設問選択方式(2科目型)	781(193)	333(81)
			理科設問選択方式	604(145)	304(81)
		全学部日程		379(91)	169(43)
		後期日程		199(46)	14(8)
	生命・生物工	学部個別日程	理科1科目選択方式 理科設問選択方式(2科目型)	657(321)	191(98)
			理科設問選択方式	320(157)	94(52)
		全学部日程		412(191)	117(58)
		後期日程		106(49)	26(14)

合格最低点（一般入試）

2022年度 合格最低点

学部	試験日	方式		合格最低点／満点
法学部	2月1日	3教科型		265/450
		2教科型＜英語外部試験利用方式＞		150/250
	2月2日	3教科型		265/450
		2教科型＜英語外部試験利用方式＞		150/250
	2月3日	3教科型		263/450
		2教科型＜英語外部試験利用方式＞		150/250
	2月5日	3教科型		267/450
		3教科型＜同一配点方式＞		269/450
	2月6日	3教科型		266/450
		3教科型＜同一配点方式＞		269/450
	2月7日	3教科型		269/450
		3教科型＜同一配点方式＞		262/450
文学部	2月1日	3教科型	総合人文学科	270/450
			初等教育学専修	261/450
		2教科型＜英語外部試験利用方式＞		178/250
	2月2日	3教科型	総合人文学科	270/450
			初等教育学専修	261/450
		2教科型＜英語外部試験利用方式＞		175/250
	2月3日	3教科型	総合人文学科	264/450
			初等教育学専修	260/450
		2教科型＜英語外部試験利用方式＞		177/250
	2月5日	3教科型	総合人文学科	283/450
			初等教育学専修	270/450
		3教科型＜同一配点方式＞		283/450
	2月6日	3教科型	総合人文学科	281/450
			初等教育学専修	269/450
		3教科型＜同一配点方式＞		281/450

（表つづく）

学　部	試験日	方　式		合格最低点／満点
文　学　部	2月7日	3教科型	総合人文学科	283/450
			初等教育学専修	270/450
		3教科型＜同一配点方式＞		283/450
経　済　学　部	2月1日	3教科型		260/450
		2教科型＜英語外部試験利用方式＞		157/250
	2月2日	3教科型		265/450
		2教科型＜英語外部試験利用方式＞		157/250
	2月3日	3教科型		260/450
		2教科型＜英語外部試験利用方式＞		157/250
	2月5日	3教科型		273/450
		3教科型＜同一配点方式＞		270/450
	2月6日	3教科型		275/450
		3教科型＜同一配点方式＞		270/450
	2月7日	3教科型		275/450
		3教科型＜同一配点方式＞		270/450
商　学　部	2月1日	3教科型		273/450
	2月2日	3教科型		273/450
	2月3日	3教科型		273/450
	2月5日	3教科型		273/450
	2月6日	3教科型		273/450
	2月7日	3教科型		273/450
社　会　学　部	2月1日	3教科型		296/450
	2月2日	3教科型		294/450
	2月3日	3教科型		298/450
	2月5日	3教科型		326/450
	2月6日	3教科型		317/450
		3教科型＜同一配点方式＞		324/450
	2月7日	3教科型		308/450
		3教科型＜同一配点方式＞		314/450
政策創造学部	2月1日	3教科型	政策学科	269/450
			国際アジア学科	269/450
		2教科型＜英語外部試験利用方式＞	政策学科	172/250
			国際アジア学科	174/250

（表つづく）

学　部	試験日	方　式		合格最低点／満点
政策創造学部	2月2日	3教科型	政策学科	276/450
			国際アジア学科	278/450
		2教科型＜英語外部試験利用方式＞	政策学科	176/250
			国際アジア学科	179/250
	2月3日	3教科型	政策学科	272/450
			国際アジア学科	269/450
		2教科型＜英語外部試験利用方式＞	政策学科	179/250
			国際アジア学科	181/250
	2月5日	3教科型	政策学科	289/450
			国際アジア学科	290/450
		3教科型＜同一配点方式＞	政策学科	271/450
			国際アジア学科	271/450
	2月6日	3教科型	政策学科	276/450
			国際アジア学科	276/450
		3教科型＜同一配点方式＞	政策学科	275/450
			国際アジア学科	275/450
	2月7日	3教科型	政策学科	272/450
			国際アジア学科	272/450
		3教科型＜同一配点方式＞	政策学科	268/450
			国際アジア学科	268/450
外国語学部	2月1日	3教科型		278/450
	2月2日	3教科型		281/450
	2月3日	3教科型		277/450
	2月5日	2教科型＜英語＋1教科選択方式＞		224/250
	2月6日	2教科型＜英語＋1教科選択方式＞		224/250
	2月7日	2教科型＜英語＋1教科選択方式＞		217/250
人間健康学部	2月1日	3教科型		254/450
	2月2日	3教科型		257/450
		2教科型＜英語外部試験利用方式＞		143/250
	2月3日	3教科型		252/450
		2教科型＜英語外部試験利用方式＞		147/250
	2月5日	3教科型		263/450
		3教科型＜同一配点方式＞		259/450

（表つづく）

学　部	試験日	方　式		合格最低点／満点
人間健康学部	２月６日	３教科型		260/450
		３教科型＜同一配点方式＞		259/450
	２月７日	３教科型		259/450
		３教科型＜同一配点方式＞		256/450
総合情報学部	２月１日	２教科選択型		244/400
	２月２日	３教科型		259/450
	２月３日	３教科型		255/450
	２月４日	２教科型＜英数方式＞		243/400
	２月５日	３教科型		266/450
	２月６日	３教科型		268/450
		２教科型＜英数方式＞		247/400
	２月７日	３教科型		260/450
社会安全学部	２月１日	３教科型		253/450
		２教科型＜英語外部試験利用方式＞		147/250
	２月２日	３教科型		257/450
	２月３日	３教科型		255/450
		２教科型＜英数方式＞		209/350
	２月５日	３教科型		258/450
		２教科型＜英数方式（数学重視）＞		238/400
	２月６日	３教科型		261/450
		２教科型＜英数方式＞		209/350
	２月７日	３教科型		255/450
		２教科型＜英数方式＞		208/350
システム理工学部	２月２日	３教科型＜理科１科目選択方式＞	数学科	328/550
			物理・応用物理学科	320/550
			機械工学科	311/550
			電気電子情報工学科	357/550
		３教科型＜理科設問選択方式（２科目型）＞	数学科	386/550
			物理・応用物理学科	370/550
			機械工学科	352/550
			電気電子情報工学科	403/550

（表つづく）

学　部	試験日	方　式		合格最低点／満点
システム理工学部	2月5日	3教科型＜理科設問選択方式＞	数学科	377/550
			物理・応用物理学科	367/550
			機械工学科	378/550
			電気電子情報工学科	415/550
	2月7日	3教科型＜理科設問選択方式（2科目型・理科重視）＞	数学科	313/550
			物理・応用物理学科	296/550
			機械工学科	292/550
			電気電子情報工学科	339/550
環境都市工学部	2月2日	3教科型＜理科1科目選択方式＞	建築学科	364/550
			都市システム工学科	318/550
			エネルギー環境·化学工学科	298/550
		3教科型＜理科設問選択方式（2科目型）＞	建築学科	399/550
			都市システム工学科	350/550
			エネルギー環境·化学工学科	350/550
	2月5日	3教科型＜理科設問選択方式＞	建築学科	412/550
			都市システム工学科	371/550
			エネルギー環境·化学工学科	350/550
	2月7日	3教科型＜理科設問選択方式（2科目型・理科重視）＞	建築学科	335/550
			都市システム工学科	302/550
			エネルギー環境·化学工学科	310/550
化学生命工学部	2月2日	3教科型＜理科1科目選択方式＞	化学・物質工学科	294/550
			生命・生物工学科	314/550
		3教科型＜理科設問選択方式（2科目型）＞	化学・物質工学科	350/550
			生命・生物工学科	365/550
	2月5日	3教科型＜理科設問選択方式＞	化学・物質工学科	347/550
			生命・生物工学科	383/550
	2月7日	3教科型＜理科設問選択方式（2科目型・理科重視）＞	化学・物質工学科	284/550
			生命・生物工学科	304/550

2021 年度　合格最低点

学　　部	試験日	方　　式		合格最低点／満点
法　学　部	2月1日	3教科型		279/450
		2教科型＜英語外部試験利用方式＞		153/250
	2月2日	3教科型		271/450
		2教科型＜英語外部試験利用方式＞		150/250
	2月3日	3教科型		264/450
		2教科型＜英語外部試験利用方式＞		148/250
	2月5日	3教科型		273/450
		3教科型＜同一配点方式＞		278/450
	2月6日	3教科型		268/450
		3教科型＜同一配点方式＞		279/450
	2月7日	3教科型		265/450
		3教科型＜同一配点方式＞		269/450
文　学　部	2月1日	3教科型	総合人文学科	295/450
			初等教育学専修	261/450
		2教科型＜英語外部試験利用方式＞		190/250
	2月2日	3教科型	総合人文学科	276/450
			初等教育学専修	260/450
		2教科型＜英語外部試験利用方式＞		189/250
	2月3日	3教科型	総合人文学科	276/450
			初等教育学専修	262/450
		2教科型＜英語外部試験利用方式＞		185/250
	2月5日	3教科型	総合人文学科	290/450
			初等教育学専修	262/450
		3教科型＜同一配点方式＞		290/450
	2月6日	3教科型	総合人文学科	286/450
			初等教育学専修	270/450
		3教科型＜同一配点方式＞		286/450
	2月7日	3教科型	総合人文学科	279/450
			初等教育学専修	260/450
		3教科型＜同一配点方式＞		279/450

（表つづく）

学　部	試験日	方　式		合格最低点／満点
経済学部	2月1日	3教科型		295/450
		2教科型＜英語外部試験利用方式＞		172/250
	2月2日	3教科型		280/450
		2教科型＜英語外部試験利用方式＞		167/250
	2月3日	3教科型		279/450
		2教科型＜英語外部試験利用方式＞		160/250
	2月5日	3教科型		286/450
		3教科型＜同一配点方式＞		298/450
	2月6日	3教科型		286/450
		3教科型＜同一配点方式＞		287/450
	2月7日	3教科型		282/450
		3教科型＜同一配点方式＞		282/450
商学部	2月1日	3教科型		284/450
	2月2日	3教科型		284/450
	2月3日	3教科型		284/450
	2月5日	3教科型		284/450
	2月6日	3教科型		284/450
	2月7日	3教科型		284/450
社会学部	2月1日	3教科型		352/450
	2月2日	3教科型		312/450
	2月3日	3教科型		293/450
	2月5日	3教科型		334/450
	2月6日	3教科型		330/450
		3教科型＜同一配点方式＞		332/450
	2月7日	3教科型		306/450
		3教科型＜同一配点方式＞		308/450
政策創造学部	2月1日	3教科型	政策学科	286/450
			国際アジア学科	286/450
		2教科型＜英語外部試験利用方式＞	政策学科	182/250
			国際アジア学科	175/250
	2月2日	3教科型	政策学科	274/450
			国際アジア学科	277/450
		2教科型＜英語外部試験利用方式＞	政策学科	177/250
			国際アジア学科	170/250

（表つづく）

学部	試験日	方式		合格最低点／満点
政策創造学部	2月3日	3教科型	政策学科	269/450
			国際アジア学科	271/450
		2教科型＜英語外部試験利用方式＞	政策学科	167/250
			国際アジア学科	162/250
	2月5日	3教科型	政策学科	282/450
			国際アジア学科	285/450
		3教科型＜同一配点方式＞	政策学科	275/450
			国際アジア学科	277/450
	2月6日	3教科型	政策学科	272/450
			国際アジア学科	274/450
		3教科型＜同一配点方式＞	政策学科	286/450
			国際アジア学科	295/450
	2月7日	3教科型	政策学科	271/450
			国際アジア学科	272/450
		3教科型＜同一配点方式＞	政策学科	266/450
			国際アジア学科	267/450
外国語学部	2月1日	3教科型		335/450
	2月2日	3教科型		297/450
	2月3日	3教科型		307/450
	2月5日	2教科型＜英語＋1教科選択方式＞		222/250
	2月6日	2教科型＜英語＋1教科選択方式＞		223/250
	2月7日	2教科型＜英語＋1教科選択方式＞		219/250
人間健康学部	2月1日	3教科型		265/450
	2月2日	3教科型		252/450
		2教科型＜英語外部試験利用方式＞		144/250
	2月3日	3教科型		250/450
		2教科型＜英語外部試験利用方式＞		140/250
	2月5日	3教科型		260/450
		3教科型＜同一配点方式＞		261/450
	2月6日	3教科型		257/450
		3教科型＜同一配点方式＞		258/450
	2月7日	3教科型		253/450
		3教科型＜同一配点方式＞		249/450

（表つづく）

学　部	試験日	方　式		合格最低点／満点
総合情報学部	2月1日	2教科選択型		264/400
	2月2日	3教科型		265/450
	2月3日	3教科型		268/450
	2月4日	2教科型＜英数方式＞		239/400
	2月5日	3教科型		282/450
	2月6日	3教科型		273/450
		2教科型＜英数方式＞		243/400
	2月7日	3教科型		281/450
社会安全学部	2月1日	3教科型		260/450
		2教科型＜英語外部試験利用方式＞		156/250
	2月2日	3教科型		262/450
	2月3日	3教科型		266/450
		2教科型＜英数方式＞		241/350
	2月5日	3教科型		262/450
		2教科型＜英数方式（数学重視）＞		216/400
	2月6日	3教科型		265/450
		2教科型＜英数方式＞		236/350
	2月7日	3教科型		260/450
		2教科型＜英数方式＞		241/350
システム理工学部	2月2日	3教科型＜理科1科目選択方式＞	数学科	302/550
			物理・応用物理学科	285/550
			機械工学科	291/550
			電気電子情報工学科	329/550
		3教科型＜理科設問選択方式（2科目型）＞	数学科	338/550
			物理・応用物理学科	315/550
			機械工学科	316/550
			電気電子情報工学科	359/550
	2月5日	3教科型＜理科設問選択方式＞	数学科	346/550
			物理・応用物理学科	339/550
			機械工学科	360/550
			電気電子情報工学科	403/550

（表つづく）

学　部	試験日	方　式		合格最低点／満点
システム理工学部	2月7日	3教科型＜理科設問選択方式（2科目型・理科重視）＞	数学科	318/550
			物理・応用物理学科	305/550
			機械工学科	304/550
			電気電子情報工学科	347/550
環境都市工学部	2月2日	3教科型＜理科1科目選択方式＞	建築学科	334/550
			都市システム工学科	294/550
			エネルギー・環境工学科	271/550
		3教科型＜理科設問選択方式（2科目型）＞	建築学科	370/550
			都市システム工学科	334/550
			エネルギー・環境工学科	316/550
	2月5日	3教科型＜理科設問選択方式＞	建築学科	401/550
			都市システム工学科	376/550
			エネルギー・環境工学科	324/550
	2月7日	3教科型＜理科設問選択方式（2科目型・理科重視）＞	建築学科	362/550
			都市システム工学科	335/550
			エネルギー・環境工学科	301/550
化学生命工学部	2月2日	3教科型＜理科1科目選択方式＞	化学・物質工学科	275/550
			生命・生物工学科	301/550
		3教科型＜理科設問選択方式（2科目型）＞	化学・物質工学科	320/550
			生命・生物工学科	321/550
	2月5日	3教科型＜理科設問選択方式＞	化学・物質工学科	342/550
			生命・生物工学科	374/550
	2月7日	3教科型＜理科設問選択方式（2科目型・理科重視）＞	化学・物質工学科	301/550
			生命・生物工学科	320/550

2020 年度　合格最低点

■学部個別日程

学　部	試験日	方　式		合格最低点／満点
法学部	２月４日	３教科型		290/450
		２教科型＜英語外部試験利用方式＞		167/250
	２月６日	３教科型		278/450
		２教科型＜英語外部試験利用方式＞		163/250
文学部	２月１日	３教科型	総合人文学科	286/450
			初等教育学専修	273/450
		２教科型＜英語外部試験利用方式＞		185/250
	２月４日	３教科型	総合人文学科	297/450
			初等教育学専修	282/450
		２教科型＜英語外部試験利用方式＞		199/250
経済学部	２月１日	３教科型		277/450
		２教科型＜英語外部試験利用方式＞		158/250
	２月３日	３教科型		282/450
		２教科型＜英語外部試験利用方式＞		158/250
商学部	２月３日	３教科型		286/450
	２月４日	３教科型		286/450
社会学部	２月１日	３教科型		317/450
	２月６日	３教科型		329/450
政策創造学部	２月１日	３教科型	政策学科	282/450
			国際アジア法政策学科	279/450
		２教科型＜英語外部試験利用方式＞	政策学科	177/250
			国際アジア法政策学科	171/250
	２月３日	３教科型	政策学科	281/450
			国際アジア法政策学科	278/450
		２教科型＜英語外部試験利用方式＞	政策学科	167/250
			国際アジア法政策学科	180/250
外国語学部	２月３日	３教科型		304/450
	２月６日	３教科型		302/450
人間健康学部	２月３日	３教科型		277/450
	２月６日	３教科型		275/450

（表つづく）

学　部	試験日	方	式	合格最低点／満点
総合情報学部	２月１日	２教科選択型		254/400
	２月４日	３教科型		283/450
		２教科型＜英数方式＞		261/400
社会安全学部	２月４日	３教科型		276/450
	２月６日	３教科型		258/450
システム理工学部	２月２日	３教科型＜理科１科目選択方式＞	数学科	331/550
			物理・応用物理学科	338/550
			機械工学科	325/550
			電気電子情報工学科	358/550
		３教科型＜理科設問選択方式（２科目型）＞	数学科	360/550
			物理・応用物理学科	352/550
			機械工学科	347/550
			電気電子情報工学科	377/550
	２月５日	３教科型＜理科設問選択方式＞	数学科	381/550
			物理・応用物理学科	381/550
			機械工学科	396/550
			電気電子情報工学科	416/550
環境都市工学部	２月２日	３教科型＜理科１科目選択方式＞	建築学科	371/550
			都市システム工学科	326/550
			エネルギー・環境工学科	315/550
		３教科型＜理科設問選択方式（２科目型）＞	建築学科	393/550
			都市システム工学科	348/550
			エネルギー・環境工学科	338/550
	２月５日	３教科型＜理科設問選択方式＞	建築学科	427/550
			都市システム工学科	395/550
			エネルギー・環境工学科	365/550
化学生命工学部	２月２日	３教科型＜理科１科目選択方式＞	化学・物質工学科	310/550
			生命・生物工学科	332/550
		３教科型＜理科設問選択方式（２科目型）＞	化学・物質工学科	341/550
			生命・生物工学科	344/550
	２月５日	３教科型＜理科設問選択方式＞	化学・物質工学科	360/550
			生命・生物工学科	392/550

■全学部日程

学　部	試験日	方　式		合格最低点／満点
法　学　部	2月7日	3教科型		289/450
		3教科型＜同一配点方式＞		288/450
	2月8日	3教科型		289/450
		3教科型＜同一配点方式＞		288/450
文　学　部	2月7日	3教科型	総合人文学科	290/450
			初等教育学専修	273/450
		3教科型＜同一配点方式＞	総合人文学科	290/450
	2月8日	3教科型	総合人文学科	295/450
			初等教育学専修	281/450
		3教科型＜同一配点方式＞	総合人文学科	295/450
経済学部	2月7日	3教科型		289/450
		3教科型＜同一配点方式＞		288/450
	2月8日	2教科型＜英国方式＞		263/350
		3教科型＜同一配点方式＞		304/450
商　学　部	2月7日	3教科型		286/450
	2月8日	3教科型		286/450
社会学部	2月7日	3教科型		345/450
	2月8日	3教科型		342/450
政策創造学部	2月7日	3教科型	政策学科	288/450
			国際アジア法政策学科	284/450
		3教科型＜同一配点方式＞	政策学科	286/450
			国際アジア法政策学科	284/450
	2月8日	3教科型	政策学科	291/450
			国際アジア法政策学科	288/450
		3教科型＜同一配点方式＞	政策学科	293/450
			国際アジア法政策学科	292/450
外国語学部	2月7日	2教科型＜英国方式＞		264/300
	2月8日	2教科型＜英国方式＞		258/300
人間健康学部	2月7日	3教科型		283/450
		3教科型＜同一配点方式＞		283/450
	2月8日	2教科型＜英国方式＞		226/350

（表つづく）

学　部	試験日	方　式		合格最低点／満点
総合情報学部	2月7日	3教科型		278/450
	2月8日	3教科型		285/450
		2教科型＜英数方式＞		253/400
社会安全学部	2月7日	2教科型＜英国方式＞		253/350
		2教科型＜英数方式＞		252/350
	2月8日	3教科型		274/450
システム理工学部	2月7日	3教科型＜理科設問選択方式（2科目型・理科重視）＞	数学科	361/550
			物理・応用物理学科	376/550
			機械工学科	365/550
			電気電子情報工学科	398/550
環境都市工学部	2月7日	3教科型＜理科設問選択方式（2科目型・理科重視）＞	建築学科	392/550
			都市システム工学科	353/550
			エネルギー・環境工学科	342/550
化学生命工学部	2月7日	3教科型＜理科設問選択方式（2科目型・理科重視）＞	化学・物質工学科	336/550
			生命・生物工学科	342/550

＜合否判定方法について＞

合否は受験科目の総合点で判定する。なお，選択科目間の有利不利をなくすこと，各試験教科の配点ウエイトを試験結果に反映することなどを目的に，一般入試および共通テスト利用入試の個別学力検査では，「中央値方式」「標準得点方式」による得点調整を行う。

■「中央値方式」とは

中央点（各試験科目の成績順で中央に位置する人の得点。例えば 101 人受験した場合は 51 番目の人の得点）をその科目の満点の半分の点数となるように全体を補正するもの。

■「標準得点方式」とは

個々の受験生の素点と全体の平均点との差を，標準偏差（全受験者の得点のばらつき）によって補正し，科目間における問題の難易度を調整するもの。社会学部の一般入試の選択科目では，平均点が 70 点になるように調整している。

■得点調整を実施する学部

法・文・経済・商・政策創造・外国語・人間健康・総合情報・社会安全学部

一般入試および共通テスト利用入試の個別学力検査の全科目　**➡中央値方式**

●素点が中央点以上の場合

$$\text{換算得点}=\frac{\text{素点}-\text{中央点}}{\text{満点}-\text{中央点}}\times\text{満点の半分の得点}+\text{満点の半分の得点}$$

●素点が中央点以下の場合

$$\text{換算得点}=\frac{\text{満点の半分の得点}}{\text{中央点}}\times\text{素点}$$

社会学部

一般入試の選択科目　**➡標準得点方式**

$$\text{標準得点}=\frac{(\text{素点}-\text{平均点})}{\text{標準偏差}}\times 10+70$$

※選択科目の得点が 0 点の場合は標準得点方式による得点調整は行わない。

システム理工・環境都市工・化学生命工学部

一般入試〔3 教科型（理科 1 科目選択方式）〕の理科　**➡中央値方式**

●素点が中央点以下の場合

$$\text{換算得点}=\frac{75\text{点}}{\text{中央点}}\times\text{素点}$$

●素点が中央点以上の場合

$$\text{換算得点}=\frac{75\text{点}}{\text{xm}-\text{中央点}}\times(\text{素点}-\text{中央点})+75\text{ 点}$$

共通テスト利用入試〔併用(数学力／理科力重視方式)〕の数学・理科　**➡中央値方式**

●素点が中央点以下の場合

$$\text{換算得点}=\frac{100\text{点}}{\text{中央点}}\times\text{素点}$$

●素点が中央点以上の場合

$$\text{換算得点}=\frac{100\text{点}}{\text{xm}-\text{中央点}}\times(\text{素点}-\text{中央点})+100\text{ 点}$$

なお，中央点と xm は以下の通りとなる。

- 中央点＝素点の中央点　• xm＝素点の最高点

「中央値方式」「標準得点方式」および「傾斜配点方式」による得点換算により，換算後の得点が整数値にならないこともあるため，各科目の得点について小数点以下第 4 位を四捨五入し，小数点以下第 3 位まで取り扱う。合計点については，小数点以下第 1 位を四捨五入し整数値となった得点を用いて合否判定する。これは，得点換算による小数点以下の点数を厳密に取り扱うことで，四捨五入の結果による有利・不利が生じないように配慮したものである。

いずれのイベントも内容は2022年4月時点の予定です。開催形式を変更する可能性もありますのであらかじめご了承ください。イベントの詳細は「関西大学入学試験情報総合サイト Kan-Dai web」でご確認ください。

関西大学入試説明会のご案内

関西大学入試説明会（11月）

全国約30会場で開催予定。

関西大学の2023年度入試についてわかりやすく説明します！ 英語対策講座も実施。

〈昨年度開催実績〉東京・石川・福井・静岡・愛知・三重・滋賀・京都・大阪・兵庫・奈良・和歌山・岡山・広島・島根・山口・香川・愛媛・高知・福岡・熊本・鹿児島

プログラム（予定）

①予備校講師による「関大・英語対策講座」

②「2023年度関西大学一般選抜のポイント」

③個別相談

※プログラム内容や開催地は変更になることがあります。

関西大学入試イベント情報

※日程・会場は変更になることがあります。

〈英語・長文読解〉実力アップセミナー（9月）

大学受験で必須の英語長文問題の攻略法と、関大入試で出題された会話文・文整序問題を基に、予備校講師が対策について詳しくレクチャーします。秋以降の受験勉強を効果的に進めたい方、英語長文問題を克服して得点力アップをめざしたい方はぜひ参加してください！

2022/9/18（日）・9/19（月・祝）
大 阪　関西大学千里山キャンパス
※9/18（日）はライブ配信を同時開催予定。

受験直前トライアル（12月）

受験本番さながらの環境で、共通テストと関西大学の過去問題に挑戦し、その直後に予備校講師による解説講義を受けられるイベントです。

2022/12/17（土）・12/18（日） 大 阪※大阪のみ2日間開催 関西大学千里山キャンパス	2022/12/24（土） 名古屋	2022/12/24（土） 京 都
2022/12/25（日） 神 戸	2022/12/25（日） 広 島	2022/12/26（月） 福 岡

※12/18（日）はライブ配信を同時開催予定。
※実施内容は、日程・会場によって一部異なります。

●詳細は「関西大学入学試験情報総合サイト Kan-Dai web」
（https://www.kansai-u.ac.jp/nyusi/）でご確認ください。

2次元バーコードからアクセス！

関大 入試　検索

〈お問い合わせ〉
関西大学 入試センター 入試広報グループ
〒564-8680 大阪府吹田市山手町3-3-35 Tel.06-6368-1121（大代表）

募集要項(出願書類)の入手方法

大学案内・入試ガイド，一般入試・共通テスト利用入試の入学試験要項は，テレメールから，また大学ホームページからも請求できます。

問い合わせ先

〒564-8680　大阪府吹田市山手町 3-3-35
関西大学　入試センター
TEL　06-6368-1121（大代表）

ホームページ

https://www.kansai-u.ac.jp/nyusi/

関西大学のテレメールによる資料請求方法

スマートフォンから	QRコードからアクセスしガイダンスに従ってご請求ください。
パソコンから	教学社 赤本ウェブサイト(akahon.net)から請求できます。

合格体験記 募集

2023年春に入学される方を対象に，本大学の「合格体験記」を募集します。お寄せいただいた合格体験記は，編集部で選考の上，小社刊行物やウェブサイト等に掲載いたします。お寄せいただいた方には小社規定の謝礼を進呈いたしますので，ふるってご応募ください。

応募方法

下記URLまたはQRコードより応募サイトにアクセスできます。
ウェブフォームに必要事項をご記入の上，ご応募ください。
折り返し執筆要領をメールにてお送りします。
（※入学が決まっている一大学のみ応募できます）

⇨ **http://akahon.net/exp/**

応募の締め切り

総合型選抜・学校推薦型選抜	2023年2月23日
私立大学の一般選抜	2023年3月10日
国公立大学の一般選抜	2023年3月24日

受験にまつわる川柳を募集します。
入選者には賞品を進呈！　ふるってご応募ください。

応募方法

http://akahon.net/senryu/ にアクセス！

在学生メッセージ

大学ってどんなところ？　大学生活ってどんな感じ？ちょっと気になることを，在学生に聞いてみました。

（注）以下の内容は 2020・2021 年度入学生のアンケート回答に基づくものです。各大学の新型コロナウイルス感染防止対策については，時期によって変更がありますことをご了承ください。

大学生になったと実感！

大学生になったなと一番実感したのは，時間割を組むときでした。高校生のときはあらかじめ授業が組まれており，自分のホームルームもある状態でしたが，大学生になった途端にホームルームというものがなくなり，自分の取りたい授業を決められた単位数の中で，日程調整しながら選ぶというスタイルになります。はじめは単位の仕組みなどもわからず手間がかかったのを覚えています。（H. S. さん）

高校は基本的に教えられたことを暗記するということが主になりますが，大学では自分で考えて発言をしたりレポートにまとめたりということが主となります。特に，自分の意見・感想は今まで以上に膨らませて書けるようにならないといけません。単に興味深かった，面白かったというような単純なものは通用せず，単位はもらえないと思ってください。（T. K. さん）

大学生活に必要なもの

大学生として必要なものは，さほど高校生のときとは変わらないと思われます。パソコンは必須です。授業ではあまり使いませんが，課題作成や提出などで使います。授業を受けるときの筆記用具だったりもあまり変わらないです。（H. S. さん）

——メッセージを書いてくれた先輩方——

《文学部》T. K. さん　《社会学部》H. S. さん

オンライン授業で心がけていること

配信型のオンライン授業になると，やはりみんな溜めがちになってしまいます。そして見るのを忘れて１回分授業を受けられなかったりするというのはよく聞くので，私はその日に配信された授業はなるべくその日に消化するよう心がけています。アルバイトなどの兼ね合いもあるので毎日そうすることはできませんが，時間があるときになるべく消化するのがオススメです。（H. S. さん）

サボらないで頑張って課題を出すことです。課題はやった分評価につながるので，きちんと取り組みましょう。私がよくやっているのは「出された課題は即日提出」です。オンライン授業は家にこもりがちになり，気持ちも落ちこみやすいので，休日に羽を伸ばせるように平日のうちに全課題を提出できるよう努力しています。（T. K. さん）

オンライン授業でよかったこと

オンライン授業の中でもやり方はさまざまで，Zoom を使ったリアルタイム授業を行っているものもあれば，動画配信型の授業もあり，また活字メインの紙媒体の授業を行っているものもあります。紙媒体のオンライン授業は，自分のタイミングでやりやすく，よかったなと思える授業でした。（H. S. さん）

プレゼンテーションを行う授業ではオンライン授業でよかったと思いました。私はあがり症で人の前に立って何か話すことが苦手なので，同じような方にとってはオンライン授業でのプレゼンテーションは緊張しにくく，精神的負担もかかりにくいと思います。（T. K. さん）

大学の学びで困ったこと＆対処法

大学の学びの中で最も困ったなと思ったのは，オンライン期間中のパソコンの扱い方でした。大学が推奨しているパソコンとは違うメーカーのパソコンを私は使っていたので結構大変でした。おそらくこれからパソコンを使う機会はたくさんあると思いますので，もしできるなら，どのメーカーのパソコンを推奨しているのかをあらかじめ知っているとよいと思います。（H. S. さん）

部活・サークル活動

バドミントンのサークルに入っています。基本週1～2回で活動しています。自由参加なので，この日は行けそうにないから行かないでおこうなどの融通もききますし，先輩方も優しいのでとても楽しめています。サークルなどに入ると友達も増えるのでオススメです。（H. S. さん）

交友関係は？

友達とは，初回の授業で近くに座った人などに話しかけて仲良くなりました。自分から行動しないと置いていかれるのがしんどいなと思います。高校のようにホームルームなどがないので，はじめは苦労することもあるんじゃないかなと思います。（H. S. さん）

いま「これ」を頑張っています

いま頑張っていることはそこまでないのですが，アルバイトと勉強との両立を頑張っていると思います。大学生は単位さえ落とさなければ大丈夫という考え方もあると思いますが，私はやはり大学で学ぶからにはしっかり自分の身につけていきたいなと思うので両立を頑張っています。（H. S. さん）

大学から軽音部に入りベースを練習しています。高校からやってきてとても上手な同級生もいるので，早く上達できるように毎日10分でもいいから楽器を弾こうと努力しています。（T. K. さん）

健康維持のために

私は必修科目が1限に入っていることが多いので，朝早く出なければいけません。なので，健康を維持するためになるべく早く寝て，朝が早くても朝ごはんをしっかり食べていくということを心がけています。また，コロナの自粛期間中はほとんど外に出ないようにしていました。（H. S. さん）

おススメ・お気に入りスポット

コロナのせいで大学にそこまで行けておらず挙げにくいのですが，悠久の庭などは結構人で賑わっています。お昼ご飯を外で買ってきたりして，そこで食べるのはオススメです。大学の食堂も安くて美味しいですよ。（H. S. さん）

入学してよかった！

この大学に入学してよかったなと思うことは，設備が整っているところです。図書館の蔵書数も凄いですし，高校ではあまり見られなかった設備も色々とあったりするのがよいところの一つではないでしょうか。また，個性豊かな友達ができる点もこの大学でよかったなと思うところです。（H. S. さん）

高校生のときに「これ」をやっておけばよかった

私は大学でおもに心理学を学んでいるのですが，高校の授業で心理学を学ぶことはなかなかないので，もう少し本などを読んで勉強しておいてもよかったかなと思いました。ほかにも，私には積極性が足りないので，それを身につけられるような何かをしておけばよかったなと思います。大学では積極性が大切なので，控えめにならずに積極的に物事をなしていくことは大事だと思います。（H. S. さん）

合格体験記

みごと合格を手にした先輩に，入試突破のためのカギを伺いました。入試までの限られた時間を有効に活用するために，ぜひ役立ててください。

（注）ここでの内容は，先輩が受験された当時のものです。2023 年度入試では当てはまらないこともありますのでご注意ください。

アドバイスをお寄せいただいた先輩

H. S. さん　社会学部
一般入試全学日程 2021 年度合格，京都府出身

直前まで粘ることが大切だと思います。最初から無理だと思わないでください。なかなかハードな 1 年でしたが，終わってみるととても達成感があって清々しかったです。

T. K. さん　文学部
一般入試全学部日程 2020 年度合格，愛知県出身

合格のポイントは，しっかり寝て，よく食べることです。よく夜中の 1 時，2 時まで勉強している人がいますが，今すぐやめたほうがいいです。翌日のパフォーマンスが悪くなるのはもちろん，夜型の生活になりやすくなります。試験は昼にあるので，昼に集中してやりましょう。だけど休憩も適度に挟もうね！

その他の合格大学　中京大（心理〈センター利用〉）

M. T. さん　社会学部
一般入試全学部日程・学部個別日程 2019 年度合格，兵庫県出身

公募推薦で他大学の合格をもらっていたので，安心して第一志望校の受験に臨むことができました。どうしても浪人したくない人は公募推薦の受験も視野に入れることをおすすめします。

その他の合格大学　関西大（商），近畿大（経営〈公募推薦〉，総合社会），武庫川女子大（生活環境〈公募推薦〉），神戸女学院大（文〈公募推薦〉）

入試なんでもQ＆A

受験生のみなさんからよく寄せられる，入試に関する疑問・質問に答えていただきました。

Q　「赤本」の効果的な使い方を教えてください。

A　赤本は一度夏休みくらいに解いてみて，試験問題の雰囲気をつかみました。その後，自分ができていないところを補強するように心がけ，冬休みにもう一度解いて何点くらい取れるかを把握しました。冬休み以降は共通テスト対策が増えるので，共通テストが終わってから最終確認で赤本を解いていきました。最初の方はあまり解けていなくて心が折れることもありましたが，対策してからまた別日程のものを解いてみると結構解けるようになっていて，自信にもつながりました。　（H. S. さん／社会）

Q　1年間の学習計画や勉強の進め方はどのようなものでしたか？

A　3年生の4月～夏休み前は基礎固めで全然いいと思います。部活をまだやっている人もいると思いますが，倒れないようにだけして，1日1日積み重ねていきましょう。夏休みは徹底的に苦手つぶしです。得意科目は応用問題を解いて力を伸ばしましょう。また，夏休み中は生活リズムが

乱れがちなので，普通に学校のある日の生活どおりに過ごすのがベストです。僕の場合は塾を学校代わりにして，朝 9 時から夕方 18 時くらいまでは塾で過ごしていました。（T. K. さん／文）

Q 時間をうまく使うためにしていた工夫があれば，教えてください。

A 携帯を 1 回触ってしまうと，SNS などの勉強に関係のないことに時間を費やしてしまうので，勉強するときは携帯の電源を切ったり，塾の先生に携帯を預かってもらったりしていました。私は家ではほかのことが気になって勉強がまったくできなかったので，公民館や図書館，塾で，勉強すると決めた時間までは集中して頑張り，家に帰ってきたらゆっくり好きなことをしました。勉強するときとしないときのメリハリをつけていました。（M. T. さん／社会）

Q 関西大学を攻略する上で，特に重要な科目は何ですか？

A 関西大学を受けるにあたって，特にあまり差がつかない世界史は高得点勝負なので頑張りました。とにかく教科書に書いてあることはしっかり頭に入れて，関関同立の問題集をひたすら解いていました。そして，私学は英語で差がつくと学校の先生に言われたので，英単語や長文読解の演習にかなり時間を割きました。なので，特に重要な科目は英語だと思います。関西大学の入試問題は難易度がそこまで高くはなく高得点が必要になると思うので，基礎はしっかり身につけておくことが大前提です。

（H. S. さん／社会）

A 英語だと思います。関西大学の英語はパラグラフの並べ替え問題が特有で，そこで 1 個でも並べ替えを間違えてしまうと大きく点数を落としてしまうので，完璧に答えることが要求されます。また，自信をもって解くことのできる分野を作っておくことで，本番で安心して取り組むことができます。長文の量も多いので，集中力を維持することが大切です。赤本で長文の量に慣れておくことも大事だと思います。（M. T. さん／社会）

Q 苦手な科目はどのように克服しましたか？

A 私は，地図問題や文化史が出たり，ややこしい問題の多い日本史が苦手でした。でも，何度も赤本で関西大学の日本史の問題を解いて，苦手な分野や，ややこしい分野を自分なりにまとめた苦手ノートを作りました。これを用いて，どこの範囲が出てもいいように苦手な分野をつぶしていきました。文化史などはやればやるほどほかの人と差がつくと思ったので，徹底的にやりました。 (M. T. さん／社会)

Q 併願する大学を決める上で重視したことは何ですか？
また，注意すべき点があれば教えてください。

A 科目は揃えたほうがいいです。僕は受験科目を全大学で統一させました。また，私立受験の日程の組み方ですが，連続で受けるにしても2，3日くらいにしておきましょう。僕の先輩の友人で，11日連続で受けたなんて人もいましたが，マネしないほうがいいです。確実に疲労で自分の実力を発揮できないと思います。あるいは，私立大学を複数校受験するのではなく，同じ大学をたくさんの方式で受けるのも戦略としてはありです。実際，僕がそれで成功しています。何回か受けているうちに，問題傾向や周りの雰囲気に慣れ始め，実力を発揮しやすくなります。(T. K. さん／文)

Q 試験当日の試験場の雰囲気はどのようなものでしたか？
注意点等があれば教えてください。

A とても静かでした。私は関西大学ではない試験会場だったのですが，みんな勉強道具を開いて，特に暗記系のものをやっていて，周りの人がとても賢く見えて緊張しました。ご飯を食べているときも勉強している感じで，私も置いていかれないように直前まで勉強していました。時計がまったく置かれていない状態だったので，絶対に時計だけは忘れないでください。また，HB の鉛筆しか使えない（0.5 ミリ以上の HB のシャープペンシルは可でした）ので，HB の鉛筆は用意しておいてください。

(H. S. さん／社会)

Q 普段の生活の中で気をつけていたことを教えてください。

A 基本的に６時間は寝るようにしていました。勉強したいのもわかりますが，少なくとも５時間は寝てください。ずっと睡眠時間が少ない習慣を続けていると，貧血を引き起こしたり，免疫力も弱くなるので風邪を引きやすくなったりします。個人的には月～土曜日は５，６時間寝る，日曜日は７時間寝るとか決めるといいと思います。そうすると，たくさん寝られる日曜日が楽しみになって，ちょっと勉強がはかどりません？（笑）あと，寝る前にスマホを見るのも睡眠妨害になるのでおすすめしません。どうしても睡眠が浅くなってしまい，翌日に影響が出ます。

（T. K. さん／文）

Q 受験生のときの失敗談や後悔していることを教えてください。

A 後悔していることはたくさんあります。特に，私は国公立大志望だったのですが，共通テストで大コケして私学に切り替えました。勉強時間などは他の人よりも圧倒的に少なかったと思いますし，スマホを触ってる時間がとても長かったところもすごく後悔しています。苦手だった数学に関しては，やるのが嫌すぎて後回しにしてしまっていたことはほんとうにもったいなかったと思います。だから，受験生の人達には苦手な教科は後回しにしないようにしてほしいです。

（H. S. さん／社会）

科目別攻略アドバイス

みごと入試を突破された先輩に，独自の攻略法やおすすめの参考書・問題集を，科目ごとに紹介していただきました。

英語

絶対にパラグラフの並べ替え問題を落とさないことです。どうしてもわからないときは，並べ替えの最初と最後だけでも落とさないことです。
（M. T. さん／社会）

おすすめ参考書　『大学受験スーパーゼミ 全解説入試頻出英語標準問題1100』（桐原書店）

日本史

文化史と地図問題をマスターすることです。（M. T. さん／社会）

おすすめ参考書　『日本史Ｂ一問一答【完全版】2nd edition』（ナガセ）

世界史

教科書の内容は完璧にしてください。細かいところまで出題されます。
（H. S. さん／社会）

おすすめ参考書　『関関同立大世界史』（河合出版）

地理

関西大学の問題では，地名や山脈名がすごく細かいところまで問われます。また，近年は気候に関してかなり独特な問題が出題されています。じゃあどう対策するか。簡単です。関西大学の過去問をありったけ解いてください！　関西大学の過去問は良問がかなり多く，いい教材となります。解くだけではなく復習もしっかり行ってください。僕はルーズリーフの４分の１を解答欄にして，残りの場所に解き終わった後にわからなかったこと，知らなかったことを時間をかけてでも書き出しました。これ，非常におすすめです。これをたくさんやれば，自分の苦手・あいまいな箇所の確認に役立つ教材ができます。また，わからなかった地名があったら地図帳に印をつけて覚えてください。地名に関しては，アメリカの州が結構な頻度で問われるので，覚えておくことをおすすめします。

(T. K. さん/文)

おすすめ参考書　『実力をつける地理 100 題』(Z会)

国語

マーク式問題の選択肢は基本的に，文章の内容に合致または真逆のものがいくつか組み合わさってできていて，文章をゆっくり落ち着いて読めば解ける問題ばかりです。また，たまに文章の内容には合致するものの，そもそも設問で問われていることには合わないという選択肢もあります。気をつけてください。現代文の記述問題は制限字数が少なくて逆に書きにくいこともあるかもしれませんが，ここで大切になるのが，最重要ポイントだけを書くことです。余計な肉付けは不要です。また，減点されないためにも，主語と述語が合っているか，設問で問われていることに対応しているかなども気にかけてください。

(T. K. さん/文)

おすすめ参考書　『上級現代文Ⅰ』(桐原書店)

Trend & Steps

傾向と対策

傾向と対策を読む前に

科目ごとに問題の「傾向」を分析し，具体的にどのような「対策」をすればよいか紹介しています。まずは出題内容をまとめた分析表を見て，試験の概要を把握しましょう。

■注意

「傾向と対策」で示している，出題科目・出題範囲・試験時間等については，2022 年度までに実施された入試の内容に基づいています。2023 年度入試の選抜方法については，各大学が発表する学生募集要項を必ずご確認ください。

また，新型コロナウイルスの感染拡大の状況によっては，募集期間や選抜方法が変更される可能性もあります。各大学のホームページで最新の情報をご確認ください。

■掲載日程・方式について

〔2022 年度〕

2月1日実施分：全学日程1（3教科型，2教科型 英語外部試験利用方式，2教科選択型）

2月6日実施分：全学日程2（3教科型，3教科型 同一配点方式，2教科型 英語＋1教科選択方式，2教科型 英数方式〈総合情報〉〈社会安全〉）

〔2021 年度〕

2月1日実施分：全学日程1（3教科型，2教科型 英語外部試験利用方式，2教科選択型）

2月4日実施分：学部独自日程（2教科型 英数方式〈総合情報〉）

〔2020 年度〕

2月1日実施分：学部個別日程（3教科型，2教科型 英語外部試験利用方式，2教科選択型）

2月4日実施分：学部個別日程（2教科型 英数方式〈総合情報〉）

分析表の記号について

☆印は全問，★印は一部マークセンス法採用であることを表す。

試験日が異なっても出題傾向に大きな差はないから過去問をたくさん解いて傾向を知ることが合格への近道

関西大学では，2021 年度に一般入試がリニューアルされ，学部別に実施されていた日程（学部個別日程）はなくなり，複数の日程から自由に受験日を選ぶことができる全学日程での実施となりました（ただし，総合情報学部は全学日程に加えて学部独自日程を実施）。

大学から公式にアナウンスされているように，**全学日程は試験日が異なっても出題傾向に大きな差はありません**ので，受験する日程以外の過去問も対策に使うことができます。

多くの過去問にあたり，苦手科目を克服し，得意科目を大きく伸ばすことが，関西大学の合格への近道といえます。

関西大学の赤本ラインナップ

総合版　まずはこれで全体を把握！

『関西大学（文系）』
『関西大学（理系）』

科目別版　苦手科目を集中的に対策！（本書との重複なし）

『関西大学（英語〈3日程×3カ年〉）』
『関西大学（国語〈3日程×3カ年〉）』
『関西大学（文系選択科目〈2日程×3カ年〉）』

難関校過去問シリーズ

最重要科目「英語」を出題形式別にとことん対策！

『関西大の英語〔第9版〕』

英　語

『No. 480 関西大学（英語〈3 日程× 3 カ年〉）』に，本書に掲載していない日程の英語の問題・解答を 3 日程分収載しています。関西大学の入試問題研究にあわせてご活用ください。

年度		番号	項目	内容
☆ 2022	2月1日	〔1〕A	会話文	空所補充
		B	読解	段落整序
		〔2〕	読解	空所補充，内容説明
		〔3〕	読解	内容説明，同意表現，主題
	2月6日	〔1〕A	会話文	空所補充
		B	読解	段落整序
		〔2〕	読解	空所補充，内容説明，主題
		〔3〕	読解	内容説明，同意表現，主題
☆ 2021	2月1日	〔1〕A	会話文	空所補充
		B	読解	段落整序
		〔2〕	読解	空所補充，内容説明
		〔3〕	読解	内容説明，同意表現，主題
	2月4日	〔1〕A	会話文	空所補充
		B	読解	段落整序
		〔2〕	読解	空所補充，内容説明，主題
		〔3〕	読解	内容説明，同意表現，主題
☆ 2020	2月1日	〔1〕A	会話文	空所補充
		B	読解	段落整序
		〔2〕	読解	空所補充，内容説明
		〔3〕	読解	同意表現，内容説明，主題
	2月4日	〔1〕A	会話文	空所補充
		B	読解	段落整序
		〔2〕	読解	空所補充，内容説明
		〔3〕	読解	同意表現，内容説明，主題

▶読解英文の主題

年度		番号	主　　　題
2022	2月1日	〔1〕B	人気上昇，キノア
		〔2〕	ピカソの絵，盗まれる
		〔3〕	文化の一般化とステレオタイプの問題
	2月6日	〔1〕B	知性と文化を持つイルカ
		〔2〕	オーストラリアの日本人コミュニティで活躍する日本人
		〔3〕	料理の文法
2021	2月1日	〔1〕B	チョコレートの歴史
		〔2〕	日本人に英語を教えた最初のアメリカ人
		〔3〕	文字の起源
	2月4日	〔1〕B	エレキギターの発達
		〔2〕	岩壁エル・キャピタンの初登頂
		〔3〕	機械翻訳はどのように言語学習を変えるか
2020	2月1日	〔1〕B	ちょっとした「盗み」と「宝物の秘密」
		〔2〕	才能はいろいろな形で花開く
		〔3〕	相撲の歴史
	2月4日	〔1〕B	環境に優しいマイクロシェルター
		〔2〕	スポック博士の育児書
		〔3〕	13は不吉な数字か

傾向　長文読解対策を万全に　速読力・精読力の養成を！

1　出題形式は？

例年，両日程とも大問３題で，ほぼ同一のスタイルである。全問マークセンス法による選択問題で，試験時間は90分。

2　出題内容はどうか？

レベル・分量とも，例年ほぼ同程度であり，長文読解問題の占める割合が非常に大きい。

〔1〕はAの会話文と，Bの段落整序問題からなる。Aの会話文は，空所補充形式で，前後の文脈に合った内容の文を４つの選択肢から１つ選ぶ。Bの段落整序問題は，一つのまとまりのある英文が６つの部分に分けられており，前後のつながりを読み取り，意味が通る英文に並べ替える問題である。最初にくる段落は指定されているので，それを手がかりに，代名詞・冠詞・時間の前後関係などをヒントにする。英文と英文

の結束性や，論理構造をつかむ読解力が求められる。

〔2〕〔3〕の読解問題は，空所補充，同意表現，内容説明（指示内容，具体例など），主題などが出題されている。〔2〕の空所補充，〔3〕の同意表現では，語法・文法および語彙の知識を問う問題も出題されている。取り上げられるテーマはバラエティーに富んでおり，2022年度2月1日実施分の〔2〕はピカソの「泣く女」という絵がオーストラリアの美術館から盗まれたという話。〔3〕は定番とも言える比較文化に関するもので，「文化の一般化」とそれに伴うステレオタイプの危険性についての話。2月6日実施分の〔2〕はオーストラリアの日本人コミュニティで活躍する日本人の話。〔3〕は，料理にも「文法」があり，それが他の国に取り入れられた時にどのような変化を起こすかという話であった。

3　難易度は？

会話文の問題はレベル・分量とも標準的である。読解問題は英文・設問内容ともに標準レベルといえる。90分の試験時間は妥当といえるであろうが，英文量が多いので速読力が求められる。また様々なテーマの英文が出題されるので，単に英語力だけではなく，論理的に文章を読み進めていくことのできる読解力が不可欠である。

対　策

1　長文読解力の養成

長文読解問題は，受験生の英語力を多角的に問うものである。長めの英文を読み進めていく原動力は，まずは語彙力である。基本的な語彙力を確実に知識として蓄え，それと併せてできるだけ多くの英文にあたり，その中で適切な訳語を当てはめながら読み進める訓練をする。まず，様々なテーマの英文（300～500語程度のエッセー，評論）をできるだけ多く読み，パラグラフ単位で英文内容を把握する練習をしておこう。英文を読む速度，問題を解く方法論が備わってくれば本番に近い700～900語レベルの速読問題を解いて実力アップに努めよう。関西大学の英語の問題は，他の日程も含めて，ほぼ同一のスタイルである。できるだけ過去問にもあたっておこう。

2 語彙力の養成

頻出度の高い語句はしっかりおさえておく。空所補充問題は短文完成の語彙・文法問題と同様の解法が使えることが多いので，文中での語句の意味，語と語の結びつきを通して語彙力をつけておくとよい。また同意表現の問題に対応できるように，単語や熟語はできるだけ同意語句と併せて覚えておこう。さらに辞書にある訳語を英文にそのまま当てはめるのではなく，本文の意味・内容をふまえて文脈に合った訳ができてこそ，同意表現の問題の解法に役立つ語彙力であるといえる。そのため，辞書などから短い英文を抜き出してノートに書き出し，その中で語句を覚える習慣を身につけておこう。

3 口語表現に慣れる

会話文問題は必出なので，日常会話のレベルの会話表現は必ず覚えておこう。会話表現に関しては，過去問のみにとどまらず，実用英語技能検定用（２級，準１級レベル）の問題集など多方面の教材を利用し，できるだけ多くの表現に慣れておこう。

難関大の過去問を徹底研究！

赤本で出題傾向をつかんだ後は…
ワンランク上の合格力を身につけよう

合格へのかけ橋
難関校過去問シリーズ

詳しくはこちら▼

ラインナップ　同志社大の英語·立命館大の英語
関西大の英語·関西学院大の英語

日本史

『No. 482 関西大学（文系選択科目〈2日程×3カ年〉）』に，本書に掲載していない日程の日本史の問題・解答を2日程分収載しています。関西大学の入試問題研究にあわせてご活用ください。

年度		番号	内容	形式
☆2022	2月1日	〔1〕	平安時代の文化	選択
		〔2〕	江戸～明治時代初期の対外関係	選択
		〔3〕	「地租改正条例」「それから」「国民所得倍増計画」―近現代の小問集合 ＜史料＞	選択
		〔4〕	世界遺産からみた古代～現代	選択
	2月6日	〔1〕	明治～昭和戦後期の貨幣・金融史	選択
		〔2〕	江戸～明治時代の教育史	選択
		〔3〕	「大化改新」「三善清行意見封事十二箇条」「守護・地頭の設置をめぐる交渉」ほか―古代～中世の小問集合 ＜史料＞	選択
		〔4〕	足利義持・徳川吉宗・西園寺公望の人物史 ＜地図＞	選択
☆2021		〔1〕	近現代の政党史	選択
		〔2〕	古代・中世の文学	選択
		〔3〕	「異国船打払令」「日英同盟協約」「ポツダム宣言」―近世～現代の外交 ＜史料＞	選択
		〔4〕	城の歴史 ＜地図＞	選択
☆2020		〔1〕	近現代の経済・外交	選択
		〔2〕	近世・近代の建築	選択
		〔3〕	「墾田永年私財法」「小右記」「北条政子の演説」―古代・中世の政治・外交 ＜史料＞	選択
		〔4〕	近世の東国と古墳文化の複合問題 ＜地図＞	選択

傾向　史料問題は必出，地図や地名に注意

1　出題形式は？

例年，大問4題，試験時間は60分。解答個数は50個で，全問選択式のマークセンス法となっている。語群選択や三者択一形式での空所補充問題を中心に，語句の選択問題も出題されている。また，地図を用いた

問題や地名を問う問題，問題文中の地名が現在のどの都道府県に当たるかを問う問題も出題されている。

2 出題内容はどうか？

時代別では，古代から近現代までまんべんなく出題されている。

分野別では，政治，外交，社会経済，文化の各分野から出題されているが，文化の比重がやや高いのが特徴である。学習が不十分になりがちな近現代の文化史も出題されており，注意したい。

史料問題は毎年出題されている。なじみの薄い史料から出題されることもあるが，大半は史料を知らなくても正解が導けるように配慮されている。史料を素材にして関連した知識を問う問題が中心だが，史料の読解を求める問題もみられる。

また，問題文に示された遺跡・城柵・寺院などの文化遺産が所在する位置を地図中から選んだり，都道府県名を問う問題が出題されることが多い。

3 難易度は？

全体として基本知識を問う問題が中心だが，一部には教科書の掲載頻度が低いものや判断に迷う設問もみられる。全問マークセンス法ではあるが，地図を用いるなど難度が下がらないように工夫された出題もみられる。とはいえ，大半は教科書レベルの出題である。基本事項を確実に学習していれば合格点は確保できるであろう。難問の検討に十分な時間を割けるよう，時間配分を工夫しよう。

対策

1 教科書学習の徹底を

教科書の内容を超える出題も一部にみられるが，教科書の知識に基づく問題を解答できれば合格点は確保できる。逆に，こうした問題を取りこぼすと差がついてしまうので，ケアレスミスには十分注意する必要がある。学習にあたっては，まず教科書の精読が基本となる。このとき，『日本史用語集』（山川出版社）などの用語集を併用することで知識のさらなる定着を図ることができる。用語集の記述によく似た文章も問題文にみられるので，日ごろから目を通しておくのが有効である。重要な歴史用語や著名人物については，単に暗記するのではなく，歴史事象の内容と関連づけながら正確に覚えていくようにしよう。

2　過去問の研究を

他日程も含め，ここ数年，近代経済史や近世・近現代の文化など特定の分野の問題や，地図や史料を用いた問題が出題されている。また，過去に同じ内容を問う問題や類題が出題されており，過去問の研究は重要である。さらに，出題形式は全日程を通じて共通しているので，本シリーズを活用して，こうした出題に対応できるようにしておきたい。

3　文化史の対策を

例年，文化史の出題比重が高いことが特徴である。近世・近現代の文化も出題されることが多い。2020 年度は建築物に関する問題，2021 年度は文学史，2022 年度は平安時代の文化や江戸～明治時代の教育史などが出題された。教科書学習と併行して図説・資料集にも丹念に目を通しておきたい。文化史は受験生が後回しにしておろそかにしがちな分野であるが，きちんと押さえておきたい。市販の参考書なども利用してしっかり学習しておこう。

4　史料に目を通す

史料問題は必出といえる。初見史料も出題されるが，史料中の語句からその史料が何について書かれているかを判断できれば問題ない。最低でも教科書に掲載されている史料に関しては，一読して何の史料かを判断できるようにしておいた上で，『詳説 日本史史料集』（山川出版社）などの市販の史料集に一通り目を通しておくと心強い。また，史料の読解を求める問題もみられ，過去に出題された史料が繰り返し出題されることもあるので，本シリーズを用いて過去問の史料を精読し，史料中にあるキーワードを見つけ出す練習をしておこう。史料の出典や関連知識にも目を通しておきたい。

5　地理的な知識を蓄えよう

歴史地理的な知識を問う問題も出されている。今後もこうした出題は予想されるので，教科書に載っている地図はもちろんのこと，図説・資料集なども活用して，事件の起こった場所，施設や寺院・神社，学塾などがあった場所を意識的に学習しておきたい。旧国名と現在の都道府県名を比較して把握しておこう。

世界史

『No. 482 関西大学（文系選択科目〈2日程×3カ年〉)』に，本書に掲載していない日程の世界史の問題・解答を2日程分収載しています。関西大学の入試問題研究にあわせてご活用ください。

年度		番号	内容	形式
☆2022	2月1日	〔1〕	中国仏教史	正誤・選択
		〔2〕	19世紀後半～20世紀前半のアメリカ	選択
		〔3〕	成都・武漢・広州の歴史	選択
		〔4〕	ビザンツ帝国と周辺諸国	選択
	2月6日	〔1〕	唐と東西交易　＜視覚資料＞	選択
		〔2〕	19世紀後半における科学技術の発展，アフリカの植民地化と独立	選択
		〔3〕	18世紀から20世紀初頭の中国と東南アジア	選択
		〔4〕	古代オリエント世界とギリシア	選択・正誤
☆2021		〔1〕	自然災害と病気の歴史	選択
		〔2〕	スリランカの民族と宗教	正誤・選択
		〔3〕	ヘミングウェーの時代	選択・正誤
		〔4〕	中国の諸制度	選択
☆2020		〔1〕	ローマ帝政から中世のヨーロッパ世界	正誤・選択
		〔2〕	ムガル帝国　＜視覚資料＞	正誤・選択
		〔3〕	19～20世紀初頭のイギリスとロシア	選択
		〔4〕	隋・唐と周辺民族	選択

傾向　空所補充を中心に，正誤判定問題も出題

1 出題形式は？

例年，大問4題の出題で解答個数50個，全問マークセンス法となっている。設問は，空所補充形式が中心で，短文の正誤判定問題，下線部の正誤判定問題，視覚資料を用いた問題なども出題されている。試験時間は60分。

2　出題内容はどうか？

地域別では，欧米地域とアジア地域から２題ずつが基本となっているが，多地域混合問題も出題されており，年度によって変化している。

アジア地域では，例年，中国史の大問が出題されることが多く，2022年度２月１日実施分では大問で２題出題された。中国史以外では，西アジア・内陸アジア・インド・東南アジアと幅広く取り上げられており，2020年度は〔２〕でインド，2021年度は〔２〕でスリランカ，2022年度は２月６日実施分〔２〕でアフリカ，〔３〕で東南アジアが出題されている。

欧米地域では，西ヨーロッパが中心であるが，ロシアからも出題されている。2022年度２月１日実施分〔４〕「ビザンツ帝国と周辺諸国」での東ヨーロッパ関連のように，周辺部の地域からも出題されている。

時代別では，古代から近現代まで幅広く出題されており，時代的な偏りは少ない。第二次世界大戦以降の出題も多く，2021年度ではヘミングウェーの生きた20世紀，2022年度２月６日実施分では，アフリカの第二次世界大戦後の動向について問われた。

分野別では，政治史・外交史関係が中心ではあるが，文化史からの出題も多い。2021年度〔４〕「中国の諸制度」では中国の学術・宗教，2022年度２月１日実施分〔１〕で「中国仏教史」，２月６日実施分〔２〕で「科学技術の発展」が出題された。また，経済史に重点をおいた問題もみられるほか，2021年度は〔１〕で「自然災害と病気の歴史」といった特定のテーマも問われている。さらに，都市名など地理的な知識を要求される問題もよくみられる。

3　難易度は？

やや難しい問題も散在しているが，おおむね標準的問題である。教科書レベルの内容は正確に解答できる力を身につけておきたい。また受験生の苦手とする文化史関連も多い。正誤判定問題では，「正しければ(ア)をマークし，誤っている場合は最も適当なものを…マークしなさい」という正誤法が出題されることもあり，幅広く正確な知識が求められる。空所補充問題がほとんどなので，リード文を読む時間を考慮したうえで，時間配分を行いたい。各大問15分以内で余裕をもって解答し，見直しの時間を確保したい。

対　策

1　まず教科書のマスターを

教科書レベルの知識を問う設問が多いこと，空所補充問題が多いことなどから，文章の前後のつながりに注意しながら教科書を精読し，教科書の事項を脚注・写真・地図も含めてしっかりと身につけることが大切である。また，理解が不十分な事項については用語集で調べ，その説明文を読んで確認することも大切である。

2　歴史地図で確認する習慣を

国名や都市名さらには山脈や海，河川など，地理的な知識がキーポイントになるような問題もよく出題されている。都市を中心に，教科書に出ている地名を歴史地図で確認する習慣をつけよう。トルキスタンやガリアなどのように，現在の地図にはない歴史的な地域名も重要である。また，コンスタンティノープルや大都など歴史的な都市の場合，名称の変遷も確認しておくこと。さらに，中国の歴代王朝やイスラーム王朝などの版図とその変遷などもしっかり理解しておきたい。

3　文化史と経済史の対策は万全に

文化史は年度によってはウエートが大きく，踏み込んで問われることもある。地域別，時代別に整理して学習しておきたい。美術作品や建築物については教科書や図説の写真にも目を通しておくこと。政治史などと絡めて問われることもあるので，その書物や芸術作品や科学技術が生まれた時代背景を理解しながら覚えていく必要がある。また経済史の問題も出題されている。世界史の学習の中で，経済史のウエートは大きいとはいえないが，これについても十分に注意しておきたい。

4　過去問や類題の研究を

空所補充中心の出題形式，教科書レベルの標準的問題中心の難易度など，例年同じような傾向である。また，全日程を通じて出題形式や内容，難易度に共通性があるので，できるだけ多くの過去問に取り組んでおきたい。

地　理

『No. 482 関西大学（文系選択科目〈2日程×3カ年〉）』に，本書に掲載していない日程の地理の問題・解答を2日程分収載しています。関西大学の入試問題研究にあわせてご活用ください。

年度		番号	内容	形式
☆ 2022	2月1日	〔1〕	山地等の地形 ＜地図・視覚資料・統計表＞	正誤・選択・計算
		〔2〕	世界の水産資源と水産業 ＜地図・統計表・グラフ＞	選択
		〔3〕	第三次産業 ＜グラフ・統計表＞	選択
		〔4〕	中央ヨーロッパ地誌 ＜地図・統計表＞	選択
	2月6日	〔1〕	気候地形区の諸相 ＜分布図＞	選択
		〔2〕	国家・領域 ＜視覚資料＞	選択・計算
		〔3〕	地理情報と地図 ＜地図＞	正誤・選択
		〔4〕	北アメリカ地誌	正誤
☆ 2021		〔1〕	氷河地形	選択
		〔2〕	世界の人口問題 ＜統計表・グラフ＞	選択
		〔3〕	地域調査―南大東島の地理― ＜ハイサーグラフ・地形図・視覚資料＞	選択
		〔4〕	東ヨーロッパ地誌 ＜統計表＞	選択・配列
☆ 2020		〔1〕	仮想大陸における気候区分 ＜模式図・雨温図・統計表＞	選択
		〔2〕	世界の食料問題および農業問題	正誤
		〔3〕	太平洋一帯の地誌 ＜統計表＞	選択
		〔4〕	観光	選択

傾向　教科書準拠の基本事項重視　地名問題頻出，地誌問題への対応を

1 出題形式は？

例年，大問4題の構成で，すべてがマークセンス法となっている。地図・地形図・統計表などの資料が用いられることが多い。正誤問題は，2021年度では出題されていないものの，2020・2022年度では出題されているので注意したい。試験時間は60分。

2 出題内容はどうか？

例年，大問4題のうち3題は系統地理，1題は地誌の分野から出題されることが多いが，特定の地域を設定せずに地誌的に問う総合問題が出題されることもある。用語や地名についての知識を求める問題が中心で，大半は教科書準拠の基礎的事項を問うものだが，2022年度2月6日実施分〔1〕の気候地形区分図の判読のように，一部に詳細な知識や分析力を問うものも含まれている。地形図読図問題も出題されることがあるので，基本的な読図力を身につけておく必要がある。

3 難易度は？

例年，一部にやや詳細な知識が要求される問題も含まれるが，基礎的事項が中心であり，それらをケアレスミスなく解答することが肝心である。統計判定問題や地形図の読図に落ち着いて取り組めるよう，それ以外の問題はなるべく短時間で処理したい。

対策

1 基本事項を確実に

出題の大半は基本レベルの事項なので，教科書をすみずみまで徹底して読みこなし，高校地理の基本事項をしっかりと理解することが大切である。教科書では系統地理分野での各事項の扱いが少なくなっているので，資料集を併用しての学習が望まれる。各分野の重要な地理用語については，『地理用語集』（山川出版社）などを活用して定義や具体例の確認をしておこう。

2 地名に強くなる

地名に関する理解を問う問題が多い。したがって，学習の際に出てくる地名は必ず地図上で位置を確認する習慣をつけること。また，白地図に中心となる緯線・経線や重要な都市名・地形名（山脈・河川・湖沼・島嶼など）を記入する学習を積み重ねておく必要がある。

3 統計資料の検討を

学習の際には，『データブック オブ・ザ・ワールド』（二宮書店）などの統計集にこまめに目を通すようにしたい。「なぜこれらの国々が上位になるのか」といったことを考えながら，統計の背後にある地理的事象を考えることが大切である。また，各種生産物の上位国や主要国の面積・人口・1人あたり GDP（GNI）などの概数を知っておくと，思わぬところで役に立つ場合もある。できれば，『日本国勢図会』『世界国勢図会』（ともに矢野恒太記念会）の解説にも目を通しておきたい。

4　地形図学習もしっかりと

2021 年度〔3〕では部分的ではあるが地形図の読図が出題されている。等高線の読み方と縮尺判断や地図記号の意味など，読図の基本的知識を押さえるだけでなく，地形と土地利用の関係，地名と歴史事象の関係などについても理解を広げておきたい。なお，2022 年度2月1日実施分〔1〕問4のように陰影起伏図（レリーフマップ）や，2022 年度2月1日実施分〔1〕問3，2022 年度2月6日実施分〔3〕問4のように地理院地図から作成した地図を使用した出題が見られた。しっかり準備しておきたい。

5　過去問に取り組む

全日程を通じて出題形式や内容・傾向が類似しているので，できるだけ多くの過去問を解いてみることをすすめる。関西大学特有の傾向とレベルを知ることによって，今後の学習プランが立てやすくなり，実戦力向上にも直結する。

政治・経済

『No. 482 関西大学（文系選択科目〈2日程×3カ年〉）』に，本書に掲載していない日程の政治・経済の問題・解答を2日程分収載しています。関西大学の入試問題研究にあわせてご活用ください。

年　度		番号	内　　容	形　式
☆ 2022	2月1日	〔1〕	言論・表現の自由	選　択
		〔2〕	自由貿易体制	選　択
		〔3〕	東シナ海の対立	選　択
		〔4〕	日本の中小企業	選　択
	2月6日	〔1〕	日本国憲法と外国法	選　択
		〔2〕	近代経済思想史	選　択
		〔3〕	選挙制度	選　択
		〔4〕	日本銀行の金融政策	選択・計算
☆ 2021		〔1〕	行政と三権分立　＜グラフ＞	選　択
		〔2〕	地球環境問題	選　択
		〔3〕	国籍	選　択
		〔4〕	世界恐慌以後の国際経済	選　択
★ 2020		〔1〕	明治憲法と日本国憲法	選　択
		〔2〕	企業の資金調達と金融	選　択
		〔3〕	戦後の日本政治	選　択
		〔4〕	市場の働きと経済学者	記　述

傾向　基本事項の理解を問う時事問題に注意！

1　出題形式は？

大問4題で，解答個数は40～50個程度である。試験時間は60分。2020年度までは4題のうち3題がマークセンス法による選択式，1題が記述式であったが，2021・2022年度は全問マークセンス法となっている。出題の形式は，語句選択問題と正文・誤文選択問題，空所補充問題などオーソドックスなものが中心である。また，グラフや表を読み取る問題や，計算問題も出題されている。

2 出題内容はどうか？

年度により出題分野が偏ることもあるが，おおむね「政治・経済」の全分野からバランスよく出題されている。時事的な問題としては，2022 年度はポスト真実や RCEP，インターネット選挙運動や新疆ウイグル自治区について出題されている。そして 2021 年度は〔２〕でアメリカのパリ協定離脱について出題されたほか，2020 年度〔３〕では安倍晋三内閣時の国内外の出来事についての問題が出された。近年，関西大学ではこうした時事的な問題が増えているので，教科書だけでなく，資料集を活用したり，新聞・テレビのニュースなどをチェックして，知識を補っておきたい。

3 難易度は？

教科書の範囲を超える問題は少ない。ただし，2021・2022 年度では憲法の条文や法律，判例に関する出題が複数見られたため，十分な理解が求められ，難度が高めである。まずは教科書の内容をしっかり学習すること。その上で，資料集を参照したり普段からニュースをチェックするなどして，時事問題や，論理的思考力を問う問題にも対応できる力をつけておきたい。60 分の試験時間に不足はないと思われるが，これらの問題に十分時間が割けるよう，時間配分を工夫しよう。

対 策

1 教科書の徹底理解を

まずは教科書レベルの基本事項をしっかり押さえたい。教科書を繰り返し読み，サブノートにまとめたり，区切りのよいところで基本レベルの問題集を解いて確認したりすると効果的である。日頃の授業を大切にして不明なところは先生に質問し，『用語集 政治・経済』（清水書院）や一問一答式の問題集などで用語の意味を正確に理解したい。一部の難問を除けば，教科書の基礎知識を押さえることで正解を得られるだろう。

2 時事問題に関心を

時事問題は，何がどのように出されるかという傾向は読み取りにくいし，まとまった学習もしにくい。これに対処するには，テレビニュースや新聞，インターネットを通してできるだけ社会の出来事に関心をもち，それを「政治・経済」の知識に結びつけるよう，日頃から習慣づけることである。入試で取り上げられる時事問題は，盛んに報道された出来事が多い。新聞の社説や解説，テレビのニュース解説番組などは進んで活用したい。

3 過去問の研究を

2021・2022 年度はすべて選択法による出題となったので，過去問を通してこの形式の問題に数多くあたっておくとよい。出題内容や傾向が類似している他日程の過去問も本シリーズを活用してぜひ解いておきたい。

数　学

『No. 482 関西大学（文系選択科目〈2日程×3カ年〉)』に，本書に掲載していない日程の数学の問題・解答を2日程分収載しています。関西大学の入試問題研究にあわせてご活用ください。

年　度		区分	番号	項　目	内　容
2022	2月1日	3教科型・2教科型（英語外部試験利用方式）	〔1〕	2次方程式	解と係数の関係，2次関数の最小値
			〔2〕	数　列	連立漸化式の解法
			〔3〕	微分法，対数関数	3次方程式の極値，3次不等式，対数不等式
		2教科選択型	〔1〕	場合の数	最短経路の個数
			〔2〕	積分法	絶対値を含む1次関数，直線と放物線で囲まれた部分の面積
			〔3〕	数列，確率	隣接2項間漸化式，サイコロを2回投げるときの確率
			〔4〕	三角関数	三角関数の最大・最小
	2月6日	3教科型ほか*	〔1〕	対数関数	3次不等式，対数不等式
			〔2〕	積分法	放物線とその2つの接線で囲まれる部分の面積
			〔3〕	数　列	隣接3項間漸化式の解法　⇨証明
		2教科型（英数方式〈総合情報〉）	〔1〕	ベクトル，積分法	空間ベクトル，内積，定積分の計算　⇨証明
			〔2〕	数列，積分法	数列の和と定積分，放物線と直線で囲まれた部分の面積
			〔3〕	図形と方程式，確率	円の方程式，復元抽出の確率
			〔4〕	数　列	対数で表された数列，2項間漸化式の解法
2021	2月1日	3教科型・2教科型（英語外部試験利用方式）	〔1〕	微・積分法	定積分で表された関数，関数の増減
			〔2〕	三角関数	三角関数の合成，三角関数の最大・最小
			〔3〕	整数の性質	循環小数，既約分数
		2教科選択型	〔1〕	積分法	定積分で表された関数，曲線と直線で囲まれる部分の面積　⇨証明
			〔2〕	2次方程式	因数定理，2次方程式の解と係数の関係
			〔3〕	数　列	階差数列，数列の最大値
			〔4〕	ベクトル	ベクトルの平面図形への応用

	2月4日	2教科型（英数方式〈総合情報〉）	〔1〕	三角関数	三角関数の合成，三角関数の最大・最小
			〔2〕	式と証明	不等式の証明　⇨証明
			〔3〕	確率・ベクトル	サイコロを3回投げて定めるベクトルと確率
			〔4〕	数列	隣接2項間漸化式，数列の和
2020	2月1日	3教科型・2教科型（英語外部試験利用方式）	〔1〕	三角関数	三角関数の最大・最小
			〔2〕	数列	隣接2項間漸化式，常用対数の応用
			〔3〕	ベクトル	ベクトルの平面図形への応用
		2教科選択型	〔1〕	微・積分法	接線の方程式，2つの放物線で囲まれる部分の面積
			〔2〕	ベクトル	ベクトルの平面図形への応用　⇨証明
			〔3〕	確率	3つのさいころを振ったときの確率
			〔4〕	数列	数列の和と一般項，隣接2項間漸化式
	2月4日	2教科型（英数方式〈総合情報〉）	〔1〕	微・積分法	放物線と直線で囲まれる部分の面積　⇨証明
			〔2〕	指数・対数関数，図形と計量	指数方程式の図形への応用
			〔3〕	微・積分法	微分法の応用
			〔4〕	指数・対数関数	指数関数で表された関数の最小値

＊3教科型，3教科型（同一配点方式），2教科型（英語＋1教科選択方式），2教科型（英数方式〈社会安全〉）

傾向　教科書レベルの標準問題を幅広く出題

1　出題形式は？

例年，90分で実施されている方式（2教科選択型・2教科型 英数方式〈総合情報〉）は大問4題，その他の60分で実施されている方式は大問3題の出題となっている。いずれも2題が答えのみを記入する空所補充形式で，そのほかは計算過程も求められる記述式である。記述式では，証明問題が出題されることもある。

2　出題内容はどうか？

出題範囲は「数学Ⅰ・Ⅱ・A・B（数列，ベクトル）」である。

微・積分法，ベクトル，数列，三角関数からの出題がやや目立つが，数年を通してみると，各分野から満遍なく出題されている。また，複数分野からの融合問題が出題されることもあり，幅広い知識と総合力が求められているといえよう。

3　難易度は？

標準的な問題の出題が続いている。教科書の章末問題のレベルであり，基本事項をしっかり学習していれば十分対応できる。1題を20分弱で処理して見直しの時間も取りたい。計算ミスなどがなければ高得点をねらえるだろう。

対　策

1　基本事項の整理

記号・用語の定義，公式・定理などの確実な理解からはじめ，基礎力を十分身につけておくのがまず第一。教科書の章末問題までは確実に押さえ，教科書傍用問題集も1冊は仕上げて，基本的・標準的な問題に対しては公式・定理をすぐ使えるようにしておくことが大切である。

2　記述式答案に慣れること

単に答えを出すだけでなく，論理的に筋の通った答案が書けるように日頃から訓練しておく必要がある。また，記述式の答案は，答えを導くまでの過程が採点者に伝わるかどうかが大切なので，学校の先生に自分の答案を添削してもらうのもよいだろう。

3　計算力の養成

空所補充問題では計算ミスは許されない。十分なスペースをとって工夫しながら計算すること。また，検算も忘れないこと。速く，正確な計算力を養っておきたい。

4　過去問の研究

問題の難易度や設問のパターンを知るには，やはり過去問に当たることが有効である。関西大学では，他日程でも似通ったレベル・内容の問題が出題されているので，他日程の過去問も大いに参考になるだろう。

国　語

『No. 481 関西大学（国語〈3日程×3カ年〉）』に，本書に掲載していない日程の国語の問題・解答を3日程分収載しています。関西大学の入試問題研究にあわせてご活用ください。

年度	区分		番号	種類	類別	内容	出典
2022	★2月1日	3教科型・2教科型（英語外部試験利用方式）	〔1〕	現代文	評論	内容説明，書き取り 記述：書き取り，内容説明（50字）	「プライバシーという権利」宮下紘
			〔2〕	古文	物語	内容説明 記述：口語訳	「源氏物語」紫式部
		2教科選択型	〔1〕	現代文	評論	内容説明，書き取り，段落区分，表題 記述：書き取り，内容説明（50字）	「プライバシーという権利」宮下紘
			〔2〕	＜3教科型・2教科型（英語外部試験利用方式）＞〔2〕に同じ			
	☆2月6日		〔1〕	現代文	評論	内容説明，書き取り	「近代化と世間」阿部謹也
			〔2〕	古文	物語	内容説明	「源氏物語」紫式部
★2021	3教科型・2教科型（英語外部試験利用方式）		〔1〕	現代文	評論	内容説明，書き取り 記述：書き取り，内容説明（50字）	「だれのための仕事」鷲田清一
			〔2〕	古文	擬古物語	内容説明 記述：口語訳	「兵部卿物語」
	2教科選択型		〔1〕	現代文	評論	内容説明，書き取り，段落区分，表題 記述：書き取り，内容説明（50字）	「だれのための仕事」鷲田清一
			〔2〕	＜3教科型・2教科型（英語外部試験利用方式）＞〔2〕に同じ			
★2020	3教科型・2教科型（英語外部試験利用方式）		〔1〕	現代文	評論	内容説明，書き取り 記述：書き取り，内容説明（50字）	「系統樹思考の世界」三中信宏
			〔2〕	古文	物語	内容説明，和歌解釈 記述：口語訳	「源氏物語」紫式部
	2教科選択型		〔1〕	現代文	評論	内容説明，書き取り，段落区分，表題 記述：書き取り，内容説明（50字）	「系統樹思考の世界」三中信宏
			〔2〕	＜3教科型・2教科型（英語外部試験利用方式）＞〔2〕に同じ			

(注)　2教科選択型〔1〕は，同一日程の3教科型・2教科型（英語外部試験利用方式）〔1〕と一部を除き共通問題。

傾　向　内容説明中心の設問　現代文・古文ともに読解力が問われる

1　出題形式は？

いずれの日程も，現代文・古文各1題で計2題の出題となっている。試験時間は，総合情報学部の2教科選択型のみが90分だが，その他はすべて75分である。

全学日程1（2月1日実施分を含む）はマークセンス法と記述式の併用であり，大部分はマークセンス法による選択問題であるが，現代文では漢字の書き取りと50字の内容説明問題が，古文では口語訳が記述式で出題されている。総合情報学部の2教科選択型では，これらに加えて現代文の選択問題（段落区分と区分した部分の見出しタイトルを答えさせる問題）が出題されている。

なお，全学日程2（2月6日実施分を含む）はマークセンス法による選択問題のみの出題だが，設問形式は全学日程1の選択問題とほぼ同様である。

2　出題内容はどうか？

現代文：評論からの出題が多く，内容的には文化論を中心に，メディア，心理，教育，経済など幅広いテーマから出題されている。出題内容は記述式，マークセンス法とも内容説明が中心であるが，問題文に傍線を施さない形で出題されている。漢字の書き取り問題が毎年出題されている。空所補充などの部分的な設問は出題されておらず，文章全体が読めているか，文章の主旨が把握できているかを問う良問が多い。

古　文：中古・中世の作品からの出題が多い。ジャンルは物語からの出題が多く，ストーリー性のある比較的長い文章が出題されている。設問は，文法や語意などの正確な知識を土台とした内容の理解を問う問題が中心であるが，設問そのものが文章読解の手助けともなるので，本文を一読して理解できなくても，落ち着いて考えれば正解にたどり着ける。口語訳以外は傍線を施さない形式なので，該当箇所を見つけて答えていく必要があるが，その箇所を正確に訳せば解答できるものが多い。

3 難易度は？

例年，設問内容と選択肢については標準的なものが出題されている。問題文自体の難易度によるところはあるが，全体として標準レベルの出題である。時間配分は，75分の場合は，現代文と古文をそれぞれ半分ずつにするのが妥当。現代文と古文に難易の差は見られない。90分の2教科選択型も難易の差はないのだが，そもそも現代文の問題数が多く設定されているので，現代文の方を古文より15分ほど多く見積もっておくといいだろう。

対策

1 現代文

評論対策として，日頃から新書やブックレットなど手近な評論に親しんでおくことが必要である。また，最近の書籍や雑誌からの出題も多いので，時事問題に興味をもって新聞のコラムや文化欄などに目を通すことを心がけよう。関西大学ならではの形式での出題が続いているので，他日程の過去問を解いてみるのも効果的である。正解の選択肢には必ず本文中に根拠となる記述があるので，丁寧に本文の表現や文脈と照らし合わせて，確実に読む力をつけよう。記述式の対策としては，要旨などを問う小論文の対策書を使って練習するのも有効だろう。

2 古文

基本的には中古・中世の作品で物語性のあるものが出題の中心であるが，ジャンルを問わずさまざまな作品を読んでおくこと。そこで基本古語，助動詞・助詞を中心にした文法事項，敬語法などを身につけよう。比較的長文が出題されることが多いので，文章全体の概要をさっとつかめるような練習をしておきたい。古文についても，関西大学の問題にできるだけ多くあたることが有効である。和歌を中心にした文章もよく出題されているので，和歌の解釈や修辞には慣れておく必要があるだろう。さらに，いわゆる古典常識についても，国語便覧などを使ってこつこつと知識を身につけておこう。

3 漢字

漢字はごく基本的なものが出題されているので，取りこぼしのないようにしたい。記述式の書き取りと同音異字の選択式の両方の形式がある。問題集などで演習を繰り返し，得点源とできるようにしておこう。

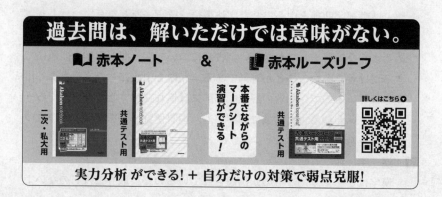

2022年度

問題と解答

■全学日程：2月1日実施分

3教科型，2教科型（英語外部試験利用方式），2教科選択型

問題編

▶試験科目・配点

区分	教科	科目	配点
3教科型	外国語	コミュニケーション英語Ⅰ・Ⅱ・Ⅲ，英語表現Ⅰ・Ⅱ	200点
	選択	日本史Ｂ，世界史Ｂ，地理Ｂ，政治・経済，「数学Ⅰ・Ⅱ・Ａ・Ｂ」から1科目選択	100点
	国語	国語総合・現代文Ｂ・古典Ｂ（いずれも漢文を除く）	150点
2教科型（英語外部試験）	選択	日本史Ｂ，世界史Ｂ，地理Ｂ，政治・経済，「数学Ⅰ・Ⅱ・Ａ・Ｂ」から1科目選択	100点
	国語	国語総合・現代文Ｂ・古典Ｂ（いずれも漢文を除く）	150点
2教科選択型	選択	「コミュニケーション英語Ⅰ・Ⅱ・Ⅲ，英語表現Ⅰ・Ⅱ」，「数学Ⅰ・Ⅱ・Ａ・Ｂ」，「国語総合・現代文Ｂ・古典Ｂ（いずれも漢文を除く）」から2教科選択	各200点

▶備　考

- 2教科型（英語外部試験利用方式）は，学部指定の英語外部試験のスコアが基準を満たした者のみを対象とした方式。外部試験の証明書は出願時に提出する。文〈初等教育学専修〉・商・社会・外国語・総合情報学部では実施されていない。
- 2教科選択型は，総合情報学部で実施。
- 「数学Ｂ」は「数列，ベクトル」から出題する。

英語

(90 分)

〔Ⅰ〕A．次の会話文の空所(1)〜(5)に入れるのに最も適当なものをそれぞれA〜Dから一つずつ選び，その記号をマークしなさい。

Kaho, a Japanese exchange student, asks her friend Nora about a textbook.

Kaho:　Tell me, Nora, have you heard about that introductory course on American literature?

Nora:　Not only have I, but I enrolled for it.

Kaho:　(1)＿＿＿＿＿＿＿＿＿＿ We'll be classmates, then!　Have you bought the textbook yet?

Nora:　No, I haven't.　What about you?

Kaho:　Well, I went to the university bookstore this morning to buy it but didn't have enough cash.　It's 75 dollars!

Nora:　That's unbelievable!　Have you looked for a secondhand copy?　More often than not, they have some in the used-book section.

Kaho:　(2)＿＿＿＿＿＿＿＿＿＿ I had no idea.

Nora:　Yes, and since it's a popular course, the store should have a bunch of secondhand copies left.　But you should hurry, because bargain textbooks sell fast.

Kaho:　(3)＿＿＿＿＿＿＿＿＿＿ I'm going back to the bookstore right away.　Would you like to come with me?

Nora:　Yes, I would.　I need to save money as well.　I've always wondered how poor college students manage to buy all these textbooks.

Kaho:　(4)＿＿＿＿＿＿＿＿＿＿ I may have to drop a couple of classes

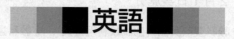

if I can't get some of these textbooks at a cheaper price.

Nora: Don't worry just yet! If the bookstore's run out of secondhand copies, we can also search online. There's always a solution.

Kaho: I suppose you're right. ____(5)____ I feel better now.

(1) A. I agree!
B. So did I!
C. I'm envious!
D. Not a chance!

(2) A. Is that so?
B. I forgot that.
C. Why not?
D. I doubt it.

(3) A. I'll buy a new copy.
B. Thanks for the tip.
C. I'm in no rush.
D. It's too late.

(4) A. It wouldn't change a thing.
B. I'm poor at reading.
C. I don't have that issue.
D. You're telling me.

(5) A. Forget about the bookstore.
B. Dropping a course is okay.
C. I shouldn't lose hope so easily.
D. I may have to reconsider my options.

B．下の英文A～Fは，一つのまとまった文章を，6つの部分に分け，順番をばらばらに入れ替えたものです。ただし，文章の最初にはAがきます。Aに続けてB～Fを正しく並べ替えなさい。その上で，次の(1)～(6)に当てはまるものの記号をマークしなさい。ただし，当てはまるものがないもの(それが文章の最後であるもの)については，Zをマークしなさい。

(1)　Aの次にくるもの
(2)　Bの次にくるもの
(3)　Cの次にくるもの
(4)　Dの次にくるもの
(5)　Eの次にくるもの
(6)　Fの次にくるもの

A．Staple foods such as rice and bread are well known around the world, but one lesser-known staple food that is gaining attention is quinoa, which is a kind of seed harvested from a plant of the same name.

B．One of these has to do with nutrition. To begin with, as a seed, quinoa contains a large amount of fiber, which we now know is an essential nutrient for digestion, weight management, and the regulation of blood sugar. In addition, it is a great source of lean protein, meaning it can be used to build and maintain muscle at the cost of little fat.

C．Long before quinoa started spreading to other areas, it was cultivated in the Andean region of northwestern South America, primarily in the region that is present-day Peru and Bolivia. While it was initially used to feed livestock, people began consuming it some 4,000 years ago, and for some good reasons.

D. Given these benefits, it should come as little surprise that the consumption of quinoa has increased worldwide in recent years, and it is probably safe to say that this trend will continue into the foreseeable future. So why not give it a try yourself sometime?

E. Aside from this, quinoa conveniently pairs quite well with many kinds of food. As a result, more and more people are including quinoa as part of their diet.

F. Quinoa's growing popularity in many regions can be attributed to various factors. But what are quinoa's origins?

〔Ⅱ〕A. 次の英文の空所(　1　)～(　15　)に入れるのに最も適当なものをそれぞれA～Dから一つずつ選び，その記号をマークしなさい。

When gallery director Patrick McCaughey arrived at the National Gallery of Victoria (NGV) on August 4, 1986, his staff was in crisis mode. The head of security approached him: "I think the Picasso is gone," he said, looking upset.

The NGV—a major gallery in Australia—had purchased Picasso's *Weeping Woman* less than a year earlier. At the time, it was the most (　1　) painting an Australian gallery had ever acquired. Its price was AU$1.6 million (over AU$4.3 million in today's dollars)—an eye-watering amount for the public to (　2　) at the time. After a plunge in the Australian dollar, it was valued at AU$2 million shortly after.

One of a (　3　) of works Picasso painted in the 1930s, *Weeping Woman* is considered a companion to his masterpiece, *Guernica*, and depicts his lover Dora Maar in bright greens and purples, holding a tissue up to her suffering, angled face. At the time of the purchase, McCaughey boasted,

"This face is going to haunt Melbourne for the next 100 years." But now, it had vanished from its wall.

The director and staff were baffled. In the painting's place was a note that said it had been taken to "The ACT." They assumed it had been relocated to a sister gallery in the ACT—the Australian Capital Territory—and started making calls to confirm. When the gallery said they didn't have *Weeping Woman*, things started to (4).

It wasn't long until exactly what the ACT was became clear. (5) that morning, *The Age*, a newspaper in Melbourne, received a letter signed by "The Australian Cultural Terrorists," which said the group had stolen the work and now had it in their (6). Addressing arts minister Race Mathews, they wrote that they were protesting "the clumsy, unimaginative stupidity of the administration." They made a list of demands, including more funding for the arts and a prize for young Australian artists. If Mathews didn't (7) the group's requests within a week, they said, the Picasso would be burned.

Police swept the NGV building. (8), they soon found the painting's frame, but the canvas eluded them. At one point they even drained the famous moat, a deep, wide defensive pit filled with water around the building, but still came up empty-handed.

Adding to the gallery's embarrassment about its lax security, the painting was not insured. If it were destroyed, there would be no financial recompense.

As the police struggled to make progress, newspapers around the world splashed the story across their pages. The city was full of theories. (9) suspected an "inside job": Not only was there no sign of forced entry to the gallery, but the painting had specialized screws attaching it to the wall, which would require certain tools—and expertise—to detach. Some said it was an act of high-stakes performance art: perhaps an homage to another infamous art robbery, the theft of the *Mona Lisa* in 1911, in

(10) Picasso himself was briefly involved.

Days flew by, and still there were no clues. A second ransom note harassed Minister Mathews, calling him a "tiresome old bag of swamp gas" and "pompous idiot." The Cultural Terrorists wrote: "(11) our demands are not met, you will begin the long process of carrying about you the smell of kerosene and burning canvas." In a third letter, Mathews received a burnt match.

The gallery's head at the time, Thomas Dixon, wrote in the *Sydney Morning Herald* in 2019 that, as the deadline passed, "staff morale was collapsing. More theories (12), then nothing."

But then, a tip. McCaughey was contacted by a local art dealer, who said a young artist she knew seemed to know something. McCaughey visited the artist's studio, where he found newspaper articles about the theft pinned to the wall. The gallery director mentioned that the painting could be returned (13) to a luggage locker at a train station or the city's airport. As Dixon wrote, "The artist remained stony faced throughout."

More than two weeks had passed since the theft when the press received an unidentified phone call. Go to Spencer Street Railway Station, the caller said, and look in locker 227.

The police, press, and gallery staff rushed to the location. When police pried open the locker, they found a neat, brown-paper parcel, which they quickly brought back to the station to unwrap. "And there it was," Dixon wrote. "No burns, no cuts, none of the things we feared." The painting had clearly been well cared for, by people who knew how to handle artwork.

To this day, the crime has not been (14). The case remains in the Australian popular imagination, inspiring movies and novels.

After the painting was returned, the National Gallery of Victoria tightened its security considerably. When a subsequent (15) director started in the role, one of the first things he asked Dixon was who was behind the theft. "Everyone knows," Dixon replied, "but nobody can agree."

(1)　A. expanded　　B. exported
　　C. expensive　　D. experienced

(2)　A. recall　　B. acquire
　　C. digest　　D. expose

(3)　A. series　　B. picture
　　C. means　　D. symbol

(4)　A. catch up　　B. get heated
　　C. cool off　　D. become alarmed

(5)　A. Over　　B. Through
　　C. Since　　D. Later

(6)　A. possession　　B. investment
　　C. account　　D. power

(7)　A. give in to　　B. look down on
　　C. come up with　　D. get away with

(8)　A. For example　　B. As a result
　　C. In effect　　D. For that matter

(9)　A. Few　　B. Many
　　C. Everyone　　D. Nobody

(10)　A. whose　　B. whom

出典追記：When Picasso's Weeping Woman Was Stolen By Art Terrorists, Mental Floss on March 24, 2021 by Kim Thomson

C．what　　D．which

(11) A．If　　B．Unless

C．Although　　D．Whenever

(12) A．practiced　　B．proved

C．circulated　　D．accepted

(13) A．unanimously　　B．anonymously

C．according　　D．alone

(14) A．revealed　　B．allowed

C．caught　　D．solved

(15) A．film　　B．painting

C．safety　　D．gallery

B．本文の内容に照らして最も適当なものをそれぞれA～Cから一つずつ選び，その記号をマークしなさい。

(1) The passage tells the story of an important artwork named

A．*Weeping Woman*.

B．*The Picasso*.

C．*Guernica*.

(2) The burglary of the painting was confirmed when

A．a related gallery in the ACT said they had not relocated it.

B．a note found in the gallery declared that “The ACT” had taken it.

C．a local newspaper received a letter from a group called “The ACT.”

(3) One reason the painting was stolen was that

A. the robbers wanted Race Mathews to step down as arts minister.

B. the robbers were displeased with how the government treated the arts.

C. the robbers protested the lack of support for administrators of the arts.

(4) The passage mentions that before the painting was stolen, the staff at the National Gallery of Victoria

A. had requested funding from the gallery administration.

B. had experienced a crisis at the time the new director arrived.

C. had insufficient measures for safeguarding the painting.

(5) We can assume newspapers across the globe carried the story of the missing artwork mainly because

A. the purchased painting was the most high-priced in the world.

B. the puzzling nature of the case fascinated people.

C. the Australian arts minister received many harassing ransom notes.

(6) Some people believe that those who stole the painting knew about artwork because

A. they called themselves cultural terrorists.

B. the group had an art studio near the station.

C. the painting was found in excellent condition.

(7) Dixon suggests that

A. everyone has a different opinion about who committed the crime.

B. everyone knows the individuals who committed the crime.

C. everyone has the same idea about who committed the crime.

〔Ⅲ〕A．次の英文の下線部①～⑩について，後の設問に対する答えとして最も適当なものをそれぞれA～Cから一つずつ選び，その記号をマークしなさい。

Whenever the topic of cultural difference is discussed, ①<u>the allegation of stereotyping usually is not far behind</u>. For instance, if cultural patterns of men and women are being compared, a certain woman may well offer that she doesn't act "that way" at all.

Stereotypes arise when we act as if all members of a culture or group share the same characteristics. Stereotypes can be attached to any assumed indicator of group membership, such as race, religion, ethnicity, age, or gender, as well as national culture. The characteristics that are considered shared by members of the group may be respected by the observer, in which case it is a positive stereotype. In the more likely case that the characteristics are disrespected, it is a negative stereotype. Stereotypes of both kinds are problematic in intercultural communication for several obvious reasons. One is that they may give us a false sense of understanding our communication partners. Whether the stereotype is positive or negative, it is usually only partially correct. Additionally, ②<u>stereotypes may become self-fulfilling prophecies</u>, where we observe others in biased ways that confirm our prejudice.

Despite the problems with stereotypes, it is necessary in intercultural communication to make cultural generalizations. ③<u>Without any kind of supposition or hypothesis about the cultural differences we may encounter in an intercultural situation, we may fall prey to naive individualism, where we assume that every person is acting in some completely unique way.</u> Or we may rely ordinarily on "common sense" to direct our communication behavior. Common sense is, of course, common only to a particular culture. Its application outside of one's own culture is usually ethnocentric. Ethnocentric is defined as using one's own set of standards and customs to judge all people, often unconsciously.

Cultural generalization can be made while avoiding stereotypes by maintaining the idea of ④dominance of belief. Nearly all possible beliefs are represented in all cultures at all times, but each different culture has a preference for some beliefs over others. The description of this preference, derived from large-group research, is a cultural generalization. Of course, individuals can be found in any culture who hold beliefs similar to people in a different culture. There just aren't so many of them—they don't represent the majority of people who hold beliefs closer to the norm or "central tendency" of the group. As a specific example, we may note that despite the accurate cultural generalization that Americans are more individualistic and Japanese are more group-oriented, ⑤there are Americans who are every bit as group-oriented as any Japanese, and there are Japanese who are as individualistic as any American. However, these relatively few people are closer to the ⑥fringe of their respective cultures. They are, in the neutral sociological sense of the term, "deviant," which means unusual.

Deductive stereotypes occur when we assume that abstract cultural generalizations apply to every single individual in the culture. While it is appropriate to generalize that Americans as a group are more individualistic than Japanese, it is stereotyping to assume that every American is strongly individualistic; the person with whom you are communicating may be a deviant. Cultural generalizations should be used tentatively as working hypotheses that need to be tested in each case; sometimes they work very well, sometimes they need to be modified, and sometimes they don't apply to the particular case at all. The idea is to derive the benefit of ⑦recognizing cultural patterns without experiencing too much "hardening" of the categories.

Generalizing from too small a sample may generate an ⑧*inductive* stereotype. For example, we may inappropriately assume some general knowledge about Mexican culture based on having met one or a few Mexicans. This assumption is particularly troublesome, since initial cross-cultural contacts may often be conducted by people who are deviant in their own cultures. (“Typical” members of the culture would more likely associate only with people in the same culture—that’s how they stay typical.) So generalizing cultural patterns from any one person’s behavior (including your own) in cross-cultural contact is likely to be both stereotypical and inaccurate.

Another form of inductive stereotype is derived from what Carlos E. Cortes calls the “social curriculum.” He notes that schoolchildren report knowing a lot about Gypsies, even though few of the children have ever met even one member of that culture. According to Cortes’s research, the knowledge was gained from old horror movies! ⑨Through media of all kinds we are flooded with images of “cultural” behavior: African Americans performing hip-hop or bringing warmth to medical practice; Hispanic Americans picking crops or exhibiting shrewdness in the courtroom; European Americans burning crosses or helping homeless people. When we generalize from any of these images, we are probably creating stereotypes. ⑩Media images are chosen not for their typicality, but for their unusualness. So, as with initial cross-cultural contacts, we need to look beyond the immediate image to the cultural patterns that can only be ascertained through research.

(1) Which does Underline ① actually mean?

A. A claim of stereotyping has serious consequences.

B. Stereotyping commonly follows discussion of culture.

C. There is likely to be an accusation of stereotyping.

(2) What does Underline ② actually mean?

A. Fixed concepts can sometimes lead to significant achievements.

B. Thoughts about our own culture can be applied to another culture.

C. Our existing ideas can determine what we will think in the future.

出典追記：Basic Concepts of Intercultural Communication: Selected Readings by Milton J. Bennett, Nicholas Brealey Publishing

(3) What does Underline ③ imply?

A. The context of cultural groups is important in understanding people.

B. Common sense is essential in understanding a certain group's culture.

C. Self-identity has an influence on how we respond to each new situation.

(4) What does Underline ④ actually mean?

A. the favoring of certain beliefs

B. the control of certain beliefs

C. the perpetuation of certain beliefs

(5) What does Underline ⑤ imply?

A. Japanese groups emphasize the importance of collectivism.

B. Japanese are more concerned with other people than Americans.

C. Some Americans do not demonstrate the values of individualism.

(6) Which of the following has a meaning closest to Underline ⑥?

A. outside

B. edge

C. trim

(7) What does Underline ⑦ refer to?

A. creating strict ways to organize cultural information usefully

B. retaining flexibility of thinking regarding cultural generalizations

C. making it easier to understand the advantages of cultural forms

(8) Which of the following has a meaning closest to Underline ⑧?

A. overgeneralization from specific examples

B. overgeneralization from broad experiences

C. overgeneralization from unreliable sources

(9) What does Underline ⑨ imply?

A. The images represented in the media determine people's actions.

B. There are so many such images that they are difficult to avoid.

C. Such images often display overwhelmingly positive stereotypes.

(10) What does Underline ⑩ imply?

A. You should not believe media images because of their authority.

B. You should not deny media images that are likely to be reliable.

C. You should not generalize cultural patterns from media images.

B. 本文の内容に照らして最も適当なものをそれぞれA～Cから一つずつ選び，その記号をマークしなさい。

(1) In the first paragraph, the woman mentioned likely believes that

A. it is important to maintain distinctions between men and women.

B. people cannot easily be characterized in terms of their gender.

C. we should break the stereotype that cultural diversity exists.

(2) In the second paragraph, the author's main point is that

A. holding stereotypes is helpful when another culture is unfamiliar.

B. positive stereotypes are more useful for understanding other people.

C. there are dangers in holding stereotypes if we fully believe them.

(3) Using our own "common sense" in intercultural communication is

A. an overgeneralization in its own way and should be avoided.

B. an example of how we should think in general terms about people.

C. a tool to apply in some settings when we interact with various cultures.

(4) Compared to cultural stereotypes, cultural generalizations

A. are true if we regard the culture as a whole, allowing for exceptions.

B. are better applied to individuals in a culture rather than entire groups.

C. are seen as being applied to cultures that are not individualistic.

(5) One point the author makes in the fifth paragraph, starting with "*Deductive* stereotypes," is that we shouldn't

A. believe that categorizing certain cultural groups is appropriate.

B. consider that individualistic people can sometimes be abnormal.

C. presume that a group defines the characteristics of any one person.

(6) The overall meaning of the sixth paragraph, starting with "Generalizing from," is that

A. positive stereotypes are easily learned from personal experiences.

B. experiencing person-to-person communication may not be informative.

C. avoiding talking with only one person from another culture is essential.

(7) The most appropriate title for this passage is

A. "Understanding Stereotypes in Intercultural Communication."

B. "Avoiding Common Stereotypes in Intercultural Communities."

C. "Considering Research into Intercultural Stereotypes."

日本史

(60 分)

〔Ⅰ〕次の文の(　1　)～(　10　)に入れるのに最も適当な語句を下記の語群から選び，その記号をマークしなさい。

平安時代の文化を知る手がかりとして，漢文体で書かれた貴族の日記や，かなを用いて著された文学がある。前者には，藤原道長の『御堂関白記』や，藤原実資によって記された『(　1　)』などがあり，後者には，(　2　)によって書かれた『蜻蛉日記』や，最初のかな日記とされる『(　3　)』などがある。

この時代には和歌も盛んになり，10 世紀初頭には最初の勅撰和歌集である『(　4　)』が撰上され，その後長く和歌の模範とされた。

仏教においても新しい動きが見られた。その一つが，現世よりも来世での救いを強調する浄土教の流行である。来世への願望は次第に高まり，10 世紀末には(　5　)によって日本最初の往生伝である『日本往生極楽記』が著された。また，比叡山(　6　)の恵心院で修行・修学した源信は『往生要集』を著し，念仏往生の方法を示した。浄土教は唐代に流行し，五代十国をはさんで宋代にも受け継がれたが，五代十国のうち杭州に都を置いた(　7　)と日本との交流のなかで，浄土教の文献などが伝えられ，信仰の隆盛をもたらすことになる。

美術工芸の分野では，平等院鳳凰堂阿弥陀如来像に(　8　)が用いられるなど，新たな技法が取り入れられた。絵画に関しては大和絵が誕生し，その祖とされる(　9　)などが活躍した。詞書と絵を交互に書く絵巻物も作られた。とくに院政期に制作された『(　10　)』は，修行僧命蓮《みょうれん》にまつわる説話を描いたもので，庶民の生活や風俗を伝えている。

〔語群〕

(ア)　伴大納言絵巻　　(イ)　後周　　(ウ)　常盤光長

(エ)　西塔	(オ)　権記	(カ)　東塔
(キ)　菅原孝標の女	(ク)　寄木造	(ケ)　空也
(コ)　巨勢金岡	(サ)　慶滋保胤	(シ)　万葉集
(ス)　千載和歌集	(セ)　土佐日記	(ソ)　契丹
(タ)　三善為康	(チ)　信貴山縁起絵巻	(ツ)　横川
(テ)　台記	(ト)　藤原隆信	(ナ)　和泉式部日記
(ニ)　乾漆造	(ヌ)　古今和歌集	(ネ)　小右記
(ノ)　中宮彰子	(ハ)　呉越国	(ヒ)　年中行事絵巻
(フ)　藤原道綱の母	(ヘ)　紫式部日記	(ホ)　一木造

〔Ⅱ〕 次の(A)～(C)の各文の(　1　)～(　10　)に入れるのに最も適当な語句を下記の語群から選び，その記号をマークしなさい。

(A)　江戸幕府は1635(寛永12)年に日本人の海外渡航と在外日本人の帰国を禁止するとともに，中国船の寄港地を長崎に限定した。また，1639(寛永16)年に(　1　)船の来航を禁止した幕府は，その2年後に平戸のオランダ商館を長崎の出島へ移し，長崎奉行の監視下に置いた。これにより，中国・オランダとの貿易は長崎港に限られた。中国では，17世紀半ばに東北部から起こった満州民族の清が成立し，次第に中国大陸の動乱が収まると，日本と清の間の貿易額は年々増加した。日本から主に輸出されたのは，銀・(　2　)・海産物であった。

オランダは，(　3　)を拠点とする東インド会社の日本支店として出島に置いた商館を通じ，貿易の利益を求めた。幕府は出島を窓口としてヨーロッパの文物を輸入し，オランダ船の来港のたびに商館長が提出する風説書によって海外の事情を知ることができた。幕府は輸入の増加による金銀の流出をおさえるため，1715(正徳5)年には清船の来航を年間(　4　)隻に限った。

(B)　江戸時代の琉球王国は，薩摩藩の支配を受けるとともに，将軍の代替わりには(　5　)を江戸へ派遣したが，その一方で明朝や清朝にも朝貢するという複雑な両属関係にあった。明治政府はこれを日本領とする方針をとって，1871

(明治4)年に鹿児島県へ編入し，翌年には(　6　)を設置した。琉球王国最後の王となった(　7　)は華族に列せられ，後に上京を命じられた。

(C)　1875(明治8)年，日本は駐露公使の(　8　)を全権として，ロシアと樺太・千島交換条約を結び，樺太に持っていた一切の権利をロシアにゆずり，そのかわりに(　9　)以北の計18島を領有した。また，(　10　)は，幕府が1861(文久元)年に役人を派遣して領有を確認したものの，その後引き揚げていたので，1876(明治9)年，内務省が出張所を置いて統治を再開した。

〔語群〕

(ア)　マニラ	(イ)　尚泰	(ウ)　70
(エ)　砂糖	(オ)　スペイン	(カ)　冊封使
(キ)　井上馨	(ク)　慶賀使	(ケ)　生糸
(コ)　沖縄県	(サ)　バタヴィア	(シ)　得撫島
(ス)　尚寧	(セ)　ポルトガル	(ソ)　謝恩使
(タ)　30	(チ)　小笠原諸島	(ツ)　択捉島
(テ)　銅	(ト)　在番奉行	(ナ)　榎本武揚
(ニ)　伊豆諸島	(ヌ)　50	(ネ)　イギリス
(ノ)　黒田清隆	(ハ)　占守島	(ヒ)　尚豊
(フ)　琉球藩	(ヘ)　先島諸島	(ホ)　マカオ

〔Ⅲ〕 次の(A)～(C)の各史料に関する問 1 ～問15 について，(ア)～(ウ)の中から最も適当な語句を選び，その記号をマークしなさい。

(A)　今般地租改正ニ付，旧来田畑貢納ノ法ハ悉皆《しっかい》相《あい》廃シ，更ニ地券①調査相済《すみ》次第，土地ノ代価ニ随《したが》ヒ百分ノ三ヲ以テ地租ト相定ムヘキ旨仰セ出サレ候条，改正ノ旨趣別紙条例ノ通《とおり》相心《こころ》得《う》ヘシ。(中略)

(別紙)地租改正条例

第二章　地租改正施行相成《なり》候上ハ，土地ノ原価ニ随ヒ賦《ふ》税《ぜい》致シ候ニ付，以後仮令《たとえ》豊熟ノ年ト雖《いえど》モ(　②　)税申シ付ケサルハ勿論，違作ノ年柄《としがら》之有リ候トモ(　③　)租ノ儀一切相成ラス候事

第六章　従前地租ノ儀ハ自ラ物品ノ税家屋ノ税等混淆《こんこう》致シ居候ニ付，改正ニ当テハ判然区分シ，地租ハ則《すなわち》地価ノ百分ノ(　④　)ニモ相定ムヘキノ処，未《いま》タ物品等ノ諸税目興《おこ》ラサルニヨリ，先ツ以テ地価百分ノ三ヲ税額ニ相定《さだめ》候《そうら》得《え》共《ども》，向後《こうご》茶・煙草・材木，其他ノ物品税追々発行相成，歳入相増《まし》，其収入ノ額二百万円以上ニ至リ候節ハ，地租改正相成候土地ニ限リ，其地租ニ右新税ノ増額ヲ割合《わりあい》，地租ハ終《つい》ニ百分ノ(　④　)ニ相成候迄漸次《ぜんじ》減少致スヘキ事

(『法令全書』)

問 1　下線部①の「地券」について，地券が発行された 1872 年には，田畑永代売買の禁止令も解かれた。この禁止令が江戸幕府によって出された当時の将軍は誰か。

(ア)　徳川家光　　(イ)　徳川綱吉　　(ウ)　徳川吉宗

問 2　地租改正条例は，財政の安定化を目指して 1873 年 7 月に公布された。1875 年の国税総額に占める地租の割合は，約何％か。

(ア)　約 45％　　(イ)　約 65％　　(ウ)　約 85％

問 3　文中の(　②　)と(　③　)に入る語句の組み合わせとして，正しいものはどれか。

(ア)　②減　③増　　(イ)　②増　③増　　(ウ)　②増　③減

問4　文中の(　④　)に入る数字はどれか。

(ア)　一　(イ)　三　(ウ)　五

問5　政府は従来の年貢による収入を減らさないように地租改正を進めたため，重い負担を課せられた農民は各地で一揆を起こした。この地租改正反対一揆のうち，真壁騒動と称される一揆が発生した県はどれか。

(ア)　熊本県　(イ)　三重県　(ウ)　茨城県

(B)　日本程《ほど》借金を拵《こし》らへて⑤，貧乏震《ぶる》ひをしてゐる国はありゃしない。此《この》借金が君，何時《いつ》になったら返せると思ふか。そりゃ外債位は返せるだらう。けれども，それ許《ばか》りが借金ぢゃありゃしない。日本は西洋から借金でもしなければ，到底立ち行かない国だ。それでゐて，一等国を以て任じてゐる。さうして，無理にも一等国の仲間入をしやうとする。だから，あらゆる方面に向って，奥行を削って，一等国丈《だけ》の間口を張っちまった。なまじい張れるから，なほ悲惨なものだ。(　⑥　)と競争する(　⑦　)と同じ事で，もう君，腹が裂けるよ。其《その》影響はみんな我々個人の上に反射してゐるから見給へ。斯《こ》う西洋の圧迫を受けてゐる国民は，頭に余裕がないから，碌《ろく》な仕事は出来ない。悉く切り詰めた教育で，さうして目の廻る程こき使はれるから，揃って神経衰弱になっちまふ。話をして見給へ大抵は馬鹿だから。自分の事と，自分の今日の，只今の事より外に，何も考へてやしない。考へられない程疲労してゐるんだから仕方がない。精神の困憊《こんぱい》と，身体の衰弱とは不幸にして伴なってゐる。のみならず，道徳の敗退⑧も一所に来てゐる。日本国中何所《どこ》を見渡したって，輝いてる断面は一寸四方も無いぢゃないか。悉く暗黒だ。

(『それから』)

問6　この史料は，1909年に発表された小説『それから』である。作者は誰か。

(ア)　島崎藤村　(イ)　夏目漱石　(ウ)　武者小路実篤

問7　下線部⑤の「日本程借金を拵らへて」について，日露戦争の際，日本銀行副総裁として外債の募集に取り組み，後に大蔵大臣・内閣総理大臣などを歴任したが，二・二六事件で暗殺されたのは誰か。

(ア)　斎藤実　　(イ)　高橋是清　　(ウ)　渡辺錠太郎

問8　文中の(　⑥　)と(　⑦　)に入る語句の組み合わせとして，正しいものはどれか。

(ア)　⑥猿　⑦蟹　　(イ)　⑥兎　⑦亀　　(ウ)　⑥牛　⑦蛙

問9　下線部⑧の「道徳の敗退」について，勤勉・倹約などを国民に求める詔書が1908年に発せられた。この詔書の呼称にも用いられた1908年の干支はどれか。

(ア)　壬申　　(イ)　甲午　　(ウ)　戊申

問10　『それから』には，大日本製糖株式会社によって引き起こされた汚職事件が登場する。この日糖事件(疑獄)の捜査に司法省民刑局長兼大審院検事として関わり，後に思想啓蒙団体・国本社を組織し，枢密院議長，内閣総理大臣なども歴任したのは誰か。

(ア)　林銑十郎　　(イ)　平沼騏一郎　　(ウ)　幣原喜重郎

(C)　(1)　計画の目的

国民所得倍増計画は，速やかに国民総生産⑨を倍増して，雇用の増大による完全雇用の達成をはかり，国民の生活水準を大幅に引き上げることを目的とするものでなければならない。この場合とくに農業と非農業間，大企業と中小企業間，地域相互間ならびに所得階層間に存在する生活上および所得上の格差の是正につとめ，もって国民経済と国民生活の均衡ある発展を期さなければならない。

(2)　計画の目標

国民所得倍増計画は，今後(　⑩　)年以内に国民総生産二六兆円(三十三年度価格)に到達することを目標とするが，これを達成するため，計画の前半期において，技術革新の急速な進展，豊富な労働力の存在など成長を支える極めて強い要因の存在にかんがみ，適切な政策の運営と国民各位の協力により計画当初三ヵ年について三十五年度一三兆六〇〇〇億円(三十三年度価格一三兆円)から年平均九％の経済成長を達成し，昭和三十八年度に一七兆六〇〇〇億円(三十五年度価格)の実現を期する。

⑶　計画実施上とくに留意すべき諸点とその対策の方向

(イ)　⑪農業近代化の推進（中略）

(ロ)　⑫中小企業の近代化（中略）

(ハ)　⑬後進地域の開発促進（中略）

(ニ)　産業の適正配置の推進と公共投資の地域別配分の再検討（中略）

(ホ)　世界経済の発展に対する積極的協力（後略）

（『国民所得倍増計画』）

問11　この史料は，1960年に閣議決定された「国民所得倍増計画の構想」である。当時の内閣総理大臣は誰か。

(ア)　鳩山一郎　　(イ)　岸信介　　(ウ)　池田勇人

問12　高度経済成長期には大衆消費社会が形成された。そのさなかの「国民所得倍増計画の構想」の閣議決定と同じ年の出来事はどれか。

(ア)　インスタントラーメンの発売

(イ)　カラーテレビの本放送開始

(ウ)　海外旅行の自由化

問13　下線部⑨の「国民総生産」について，英語表記の略称はどれか。

(ア)　GNP　　(イ)　GNI　　(ウ)　GDP

問14　文中の(　⑩　)に入る数字はどれか。

(ア)　五　　(イ)　十　　(ウ)　十五

問15　下線部⑪の「農業近代化の推進」，⑫の「中小企業の近代化」，⑬の「後進地域の開発促進」について，これらのその後の取り扱いに関する説明として，誤っているものはどれか。

(ア)「農業近代化の推進」に基づいて，農業基本法が制定された。

(イ)「中小企業の近代化」に基づいて，企業合理化促進法が制定された。

(ウ)「後進地域の開発促進」に基づいて，全国総合開発計画が閣議決定された。

〔Ⅳ〕次の先生と学生の会話文の(　1　)〜(　15　)について，{(ア)〜(ウ)}の中から最も適当な語句を選び，その記号をマークしなさい。

先　生：去年に引き続いて，2021年も新型コロナウイルス感染症の流行に悩まされた1年でした。世界中でコロナ禍の先行きがまだまだ見通せない状況です。遠隔授業が導入されたりして，みなさんの学生生活も大きく変わりましたね。日本でもワクチン接種が進み，少しずつ日常が戻りつつあるのは嬉しいことです。

学生A：旅行が簡単にはできなくなったので，海外にある世界遺産がすごく遠い存在になってしまいました。国内でも遠方の史跡や文化遺産を見に行くことが難しくなって，とても寂しいです。

先　生：そうだね。歴史を学ぶためには実際に現地に足を運び，史跡や文化遺産に触れることが大事なんだが，感染症流行のために，そうした普通のことができなくなってしまった。でも，近畿地方にもたくさんの史跡や文化遺産があるので，みんなの地元にも見るべきところはたくさんあるよ。

学生B：ぼくは堺市に住んでいるので，近所の大仙陵古墳を見学してきました。仁徳天皇陵といわれるもので，全長が486メートルもある巨大古墳です。(　1　){(ア)『魏志』倭人伝　(イ)『隋書』倭国伝　(ウ)『宋書』倭国伝}にみえる倭の五王のうち，珍は仁徳天皇に当たるとする意見があります。

先　生：2019年に世界文化遺産に登録された「百舌鳥・古市古墳群」のうち，百舌鳥古墳群の盟主的な前方後円墳ですね。

学生C：わたしも友だちと一緒に，(　2　){(ア)藤井寺市　(イ)羽曳野市　(ウ)富田林市}にある誉田御廟山古墳を見に行ってきました。応神天皇陵と呼ばれているもので，古市古墳群の中心的な存在です。

学生Ｄ：応神天皇も倭の五王の一人なのでしょうか。

先　生：近年はそれに含めない意見が多いけれど，1950年代には，倭の五王のうちの(　3　){(ア)　讃　(イ)　済　(ウ)　興}に当てる説が有力化したことがあって，教科書でもその意見は残されているよ。

学生Ａ：世界文化遺産に登録されることで，これから研究が進んでいけばいいですね。

学生Ｂ：堺市には与謝野晶子の生家跡があって，歌碑や案内パネルが立てられています。

先　生：雑誌『(　4　)』{(ア)　太陽　(イ)　明星　(ウ)　アララギ}誌上で活躍した女流歌人だね。日露戦争中に反戦的な詩を詠んだことで反響を呼びました。

学生Ｃ：堺の大きな和菓子商の娘さんだったようですね。生家跡の近くには記念館も建てられています。

学生Ｄ：1918年から世界中で流行性感冒，いわゆるスペイン風邪が大流行しますが，与謝野晶子にはこれを題材にした随筆があるのですよね。

先　生：そう，よく知っているね。晶子には子どもが10人以上いたので，家族で何回も予防注射をうち，うがいを励行し，子どもには学校を休ませるなど，あらゆる手段で感染を防ごうとしたことが書かれているよ。

学生Ａ：わたしは実家が和歌山県の田辺市にあるので，夏休みに熊野古道を歩いてきました。田辺からバスで近露王子まで移動し，そこから熊野本宮大社まで歩きました。マスクをしながら坂道を登るのは大変でしたが，空気がおいしくて気持ちよく熊野参詣の道を体感できました。

先　生：そう，それはいい経験をしたね。平安時代後期から上皇や貴族らが熊野に参詣することが大流行した。(　5　){(ア)　後三条　(イ)　後一条　(ウ)　後冷泉}天皇の皇子で，1086年に譲位した白河上皇が，1090年に熊野に参詣して以降，上皇たちの熊野詣が盛んになったんだよ。

学生Ｄ：のちには「蟻の熊野詣」といわれるほど盛んだったのですよね。

学生Ｃ：1201年に後鳥羽上皇に同行した藤原定家が，その日記に熊野参詣の全行程を書いています。彼の日記は『(　6　)』{(ア)　中右記　(イ)　明月記　(ウ)　海道記}と呼ばれます。

学生Ａ：わたしも２年前に歩きました。足にマメができて大変だったけれど，上皇や貴族の足跡を訪ねるのは楽しかった。

学生C：わたしの祖父母が姫路市に住んでいるのですが，コロナ禍のためなかなか会いに行くことができません。姫路城をゆっくり見たいのですが，それもかなわず残念です。

先　生：姫路城は小寺氏や黒田氏も居城として利用したけれど，(　7　){(ア)　本能寺の変　(イ)　関ヶ原の戦い　(ウ)　大坂夏の陣}が終わったあと，池田輝政が入城して本格的な改修工事を行い，広大な規模をもつ城郭が整備されました。

学生A：姫路は播磨国の中心地で，古代から国府や国分寺もここに造られたんですよね。

学生C：姫路城の南東に接した位置に播磨国府が想定されています。その4キロほど東に国分寺の遺構が確認されています。

先　生：そう，よく調べたね。姫路付近は古くから山陽道の交通の要衝で，瀬戸内海を利用する水上交通でも重要な位置にあったんだ。

学生C：新幹線で姫路まで行ったことがありますが，山陽新幹線が姫路を通って岡山まで開通したのは1972年3月のことだそうです。

学生B：(　8　){(ア)　佐藤栄作　(イ)　三木武夫　(ウ)　福田赳夫}内閣のときですね。今から約50年前のことなんだ。

学生A：同じ年の5月には，前年に調印された協定に基づいて，沖縄の日本(本土)復帰が実現しています。

先　生：そうだね。新幹線がどんどん西へ延びていくのが楽しみだったし，沖縄の本土復帰が実現して嬉しかったことをよく覚えているよ。

学生D：ぼくは京都市に住んでいますので，京都の世界遺産をよく見に行きます。なかでも，鎌倉時代に明恵が復興した(　9　){(ア)　高山寺　(イ)　建仁寺　(ウ)　泉涌寺}がお気に入りです。

学生C：明恵は華厳宗の学僧ですね。

学生B：明恵は『(　10　)』{(ア)　歎異抄　(イ)　愚管抄　(ウ)　摧邪輪}を著して，法然が唱えた専修念仏を厳しく批判しました。

先　生：そうだよ。鎌倉時代には新しい仏教諸派が生まれる一方で，旧仏教の方も朝廷や幕府の保護を受けながら，新しい動きをみせるようになっていく。

学生Ｂ：京都は戦乱や災害などで何度も大きな火災に見舞われていますので，現在に残る文化遺産も建て替えられたり修復を受けたりしているのでしょうね。

学生Ｄ：平安京の羅城門の近くにあった東寺(教王護国寺)も何度も焼失しています。現在の金堂は1603年に(　11　){(ア)　豊臣秀吉　(イ)　豊臣秀次　(ウ)　豊臣秀頼}の資金援助を受けて再建されたものだそうです。

先　生：北野天満宮や相国寺など，彼の援助で再建された寺社は多いみたいだね。

学生Ｃ：わたしは奈良市に住んでいます。3回目の緊急事態宣言のときは感染対策をしっかりとりながら，平城宮跡を散策してきました。

学生Ｂ：2010年の平城遷都1300年祭のときには，政務・儀礼の中心的建物である(　12　){(ア)　朱雀門　(イ)　紫宸殿　(ウ)　大極殿}の推定復元が行われました。

学生Ａ：壮大な建物なので，電車の中からでもよく見えますね。

学生Ｄ：奈良時代前半の中心的建物が推定案に基づいて復元されたんだね。最近ではその前でさまざまな行事が行われていて，観光客や市民の人気を呼んでいます。

先　生：奈良では東大寺にも行きましたか。

学生Ｃ：はい，東大寺の大仏は奈良時代に疫病が流行したとき，疫病対策の一環で造営されたものなので，大仏にコロナ禍が収まることを祈ってきました。

学生Ａ：東大寺の大仏と大仏殿も何度か焼けているのですよね。

学生Ｂ：源平合戦のときに焼失したのと，戦国時代に(　13　){(ア)　荒木村重　(イ)　松永久秀　(ウ)　織田信長}が戦闘の中で焼失させたのとで，2回被災しています。

先　生：そう，その通りだよ。江戸時代になって，公慶という僧侶が勧進活動で資金を集め，20年以上かかって大仏と大仏殿を再建したんだよ。

学生Ｃ：わたしの家の近くに志賀直哉の旧居があります。約10年間ここに家族と一緒に住んで，有名な長編小説である『(　14　)』{(ア)　暗夜行路　(イ)　新しき村　(ウ)　城の崎にて}を書き上げました。

学生Ａ：ああ，(　15　){(ア)　新感覚派　(イ)　新思潮派　(ウ)　白樺派}を代表する作家ですよね。わたしも読んだことがあります。

先　生：彼の短編小説である『流行感冒』を少し前に読みました。これもスペイン風邪を題材にした作品です。流行が下火になってきたころ「私」が感染したことで，家庭内に感染が拡大していく様子を，心情の変化を巧みに表現しながら描いています。100年後のわたしたちも同様の状況を経験しています。気を抜くことなく，いましばらくがんばりましょう。

世界史

(60分)

〔Ⅰ〕 次の文の下線部①〜⑩について，その内容が正しければ(ア)をマークし，誤っている場合は最も適当な語句を下記の語群から選び，その記号をマークしなさい。

仏教は1世紀①頃にはすでに中国に伝来していたとされるが，仏教が中国社会に広く普及したのは魏晋南北朝の時代のことである。中国での仏教普及の背景には多くの訳経僧たちの活躍があった。なかでも，その貢献度において屈指の一人がクチャ(亀茲)の出身で後秦時代の長安で活動した道安②である。彼はおびただしい数の書物を漢訳したが，その中には，上座部仏教③の空の教えの大成者である竜樹(ナーガールジュナ)④の伝記も含まれている。彼と双璧をなす屈指の訳経僧が，「貞観の治」と称えられる時代に則天武后⑤の勅命を受け仏典翻訳に従事した玄奘である。彼の仏典翻訳のスタイルはそれまでの訳経僧たちのそれとは一線を画すもので，玄奘以前の訳は旧訳，玄奘以後の訳は新訳と称される。彼はグプタ朝⑥のハルシャ王⑦の保護を受けながらヴィクラマシーラ⑧僧院にてインド僧より直接に仏教を学んでいる。こうしたインドでの仏教研究が彼の翻訳スタイルにも影響を及ぼしているのであろう。彼が著わした『南海寄帰内法伝』⑨は歴史資料に乏しい中央アジア・南アジア地域の当時を知るための第一級の資料である。彼に先立って同様な旅行記を書いた訳経僧に法顕⑩がいる。

〔語群〕

(イ) 世親	(ウ) 前2世紀	(エ) ウパニシャッド
(オ) チャンドラグプタ2世	(カ) 寇謙之	(キ) 仏国記
(ク) カニシカ王	(ケ) シュリーヴィジャヤ王国	
(コ) 太宗	(サ) 戒律	(シ) ヴァルダナ朝
(ス) 大唐西域記	(セ) 鳩摩羅什	(ソ) アーナンダ

(タ)　クシャーナ朝　(チ)　シャイレンドラ朝
(ツ)　密教　(テ)　2世紀　(ト)　ヴァルダマーナ
(ナ)　ナーランダー　(ニ)　アンコール=ワット
(ヌ)　高宗　(ネ)　大乗仏教　(ノ)　入唐求法巡礼行記
(ハ)　義浄　(ヒ)　達磨

〔Ⅱ〕 次の文の(　1　)～(　10　)に入れるのに最も適当な語句を下記の語群から選び，その記号をマークしなさい。

19世紀以来，アメリカ合衆国の経済発展は移民労働力によって支えられてきた。合衆国は，1840年代半ばにジャガイモ飢饉を経験した(　1　)からも大量の移民を迎えていた。そうした(　1　)系移民の子であり，のちに実業家として活躍するフォードは南北戦争中の1863年に生まれている。その2年後には南部の首都(　2　)が陥落して南軍が降伏し，合衆国は再統一された。フォードは，白熱電球や映画を発明した(　3　)が設立した会社で技師を経験したのち，自ら興した自動車会社でベルトコンベア方式を導入し，低価格の自動車の大量販売を実現した。

1920年代のアメリカ合衆国は，経済面や文化面で繁栄しており，大量生産・大量消費にもとづく生産様式をうみだしたが，フォードの自動車もその産物であった。この時代の合衆国は，ワシントン会議を提唱した(　4　)から3代にわたり(　5　)政権が続き，経済面では自由放任政策が採用された。

他方で，「旧き良きアメリカ」へ回帰する保守的な傾向も現れており，19世紀半ばに(　6　)が発表した進化論にもとづく教育への批判が強まった。また，1924年に成立した移民法では，東欧・南欧系移民の流入が制限されたのに加え，日本を含むアジア系移民の流入が事実上禁止された。さらに，アメリカ社会では白人至上主義を唱える(　7　)の活動が活発化するなど，排外主義が高まった。

フォードは反ユダヤ主義者の顔を持っていたが，同時代のドイツではナチ党がユダヤ人排斥を主張していた。ナチ党は政権を握ったのち，政治的反対派やユダヤ人を激しく迫害し，多数の人々を亡命に追い込んだ。亡命者の中には，『魔の山』などの作品で知られるノーベル文学賞作家の(　8　)もいた。(　8　)の故郷(　9　)は，中世に北ヨーロッパ商業圏を支配したハンザ同盟の盟主であった都市であり，(　8　)の作品の舞台にもなっている。ドイツからアメリカ合衆国に逃れた(　8　)は第二次世界大戦後にスイスへ移住し，(　10　)の近郊で余生を送った。(　10　)は，16 世紀にツヴィングリが宗教改革を開始した都市である。

〔語群〕

(ア) ハンブルク	(イ) ワシントン	(ウ) 民主党
(エ) エディソン	(オ) 自由党	(カ) クーリッジ
(キ) アイルランド	(ク) ブリュージュ	(ケ) ダーウィン
(コ) フーヴァー	(サ) クー=クラックス=クラン	
(シ) ベル	(ス) チューリヒ	(セ) ロマン=ロラン
(ソ) 民族解放戦線	(タ) ハーディング	(チ) ファラデー
(ツ) ゲティスバーグ	(テ) リューベック	(ト) アインシュタイン
(ナ) ジュネーヴ	(ニ) イタリア	(ヌ) トーマス=マン
(ネ) コミンテルン	(ノ) リッチモンド	(ハ) 共和党
(ヒ) ポーランド		

〔Ⅲ〕 次の文の(　1　)～(　5　)に入れるのに最も適当な語句を下記の語群Ⅰから，(　6　)～(　10　)に入れるのに最も適当な語句を下記の語群Ⅱから，(　11　)～(　15　)に入れるのに最も適当な語句を下記の語群Ⅲから選び，その記号をマークしなさい。

A　中国・四川省の省都である成都は，古来「蜀」と呼ばれた四川盆地の中央に位置する。戦国時代には，七雄の一つで咸陽を都とした(　1　)が南下してこの地を征服し，灌漑施設を整備するなどして開発を進め，前漢時代には成都は長安に次ぐ大都市に成長した。周囲を山に囲まれた蜀は，外部に対して自守するのに適していたため，中国の混乱期には成都を中心とする王朝がしばしば自立した。前漢に代わって(　2　)を建てた王莽の時代には，公孫述という人物が蜀王を称して自立し，後漢による統一に最後まで抵抗したのがその最初である。220年，後漢に代わって魏が成立すると，(　3　)が漢の正統を称して帝位につき，成都を都として三国鼎立の状況を現出した。五胡十六国時代の成漢，唐末から五代十国時代の前蜀・後蜀などの諸王朝は，いずれも「蜀への道は青天にのぼるより難《かた》し」といわれた地理的特殊性を利用してこの地に割拠したものである。8世紀半ばに(　4　)の勃発によって長安を追われた玄宗が成都に逃れたのも，同様の理由であったと考えられる。また，玄宗時代の詩人で，詩仙と称された李白と並び詩聖と讃えられた(　5　)は，晩年の一時期に成都で暮らしたことがあり，その旧居は観光名所となっている。

〔語群Ⅰ〕(　1　)～(　5　)

(ア) 黄巾の乱	(イ) 劉備	(ウ) 周	(エ) 趙
(オ) 赤眉の乱	(カ) 劉淵	(キ) 王維	(ク) 新
(ケ) 柳宗元	(コ) 劉邦	(サ) 斉	(シ) 黄巣の乱
(ス) 白居易	(セ) 八王の乱	(ソ) 蘇軾	(タ) 晋
(チ) 安史の乱	(ツ) 劉秀	(テ) 杜甫	(ト) 秦

B　湖北省の省都である武漢は，西から東に流れる(　6　)と西北から南東に流れる漢水との合流地に位置し，武昌・漢陽・漢口のいわゆる武漢三鎮が合併し

て成立した都市である。水上交通の要衝であったため，歴史上この地をめぐって激しい争奪戦が起こった。三国時代には呉が夏口城を武昌に築いて軍事拠点とした。唐代には武昌軍節度使が置かれ，宋代には鄂《がく》州の治所が置かれた。1259 年，南宋の攻略をめざした(　7　)が鄂州を攻め，ここを攻略の拠点としようとしたのも，この地の軍事的重要性のためである。しかし，大ハンであった兄(　8　)の死を知ると(　7　)は鄂州の包囲を解いて北帰し，翌年大ハンの位に就いて，1271 年には国号を大元と定めた。また，(　9　)年の辛亥革命が，武昌にあった新軍の蜂起によって開始されたことは有名である。一方，沼沢地であった漢口は，明代から急速に発展した。1858 年にアロー戦争(第 2 次アヘン戦争)の講和条約として(　10　)が結ばれると，漢口は南京などとならんで開港場の一つとなり，やがてその貿易量は上海に次ぐほどの規模に達した。

〔語群Ⅱ〕(　6　)～(　10　)

(ア)　オゴタイ　　(イ)　モンケ　　(ウ)　北京条約　　(エ)　淮水
(オ)　1919　　(カ)　渭水　　(キ)　1905　　(ク)　1899
(ケ)　キャフタ条約　　(コ)　チンギス=ハン　　(サ)　1921
(シ)　南京条約　　(ス)　アイグン条約　　(セ)　洛水
(ソ)　ハイドゥ　　(タ)　長江　　(チ)　フビライ　　(ツ)　1911
(テ)　黄河　　(ト)　天津条約

C　広東省の省都である広州は，珠江デルタの北端に位置する。都市としての起源は，前 220 年に始皇帝がこの地を征服し，番禺《ばんぐう》県を置いたことに始まる。始皇帝死後，中国が混乱すると地方官であった趙佗《ちょうだ》が自立して(　11　)国を建て，この地を都とした。1983 年には広州市内で趙佗の孫のものと考えられる壮大な王墓が発見されている。(　11　)は前 111 年に前漢の武帝によって滅ぼされ，この地は前漢の郡県となり，三国の呉はここに広州を置いた。これが広州の名の始まりである。古来，広州は南海貿易の拠点として東南アジアと結びつき，唐の玄宗時代には交易を管理する(　12　)が置かれた。明代にヨーロッパ勢力が中国に来航するようになると，1557 年には(　13　)が珠江河口に位置するマカオの居住権を得て，広州を経由する明との貿易の拠点とした。1757年に清の(　14　)はヨーロッパ船の来航を広州一港に限定し，官許商人を通してのみ貿易を許す厳しい制限を課した。このころからめざましく進出しはじめたイギリスは，この制限に不満を持ち，1840年アヘン戦争を引き起こして制限の撤廃を図った。その後海外貿易の中心は，開港された上海に移るが，広州は革命運動の中心として重要な役割を担った。1926年に(　15　)を総司令とする国民革命軍の北伐が広州から開始されたことは，それを象徴しているであろう。

〔語群Ⅲ〕(　11　)～(　15　)

(ア)　オランダ	(イ)　南詔	(ウ)　乾隆帝	(エ)　張学良
(オ)　ポルトガル	(カ)　康熙帝	(キ)　毛沢東	(ク)　御史台
(ケ)　フランス	(コ)　大理	(サ)　蔣介石	(シ)　越南
(ス)　雍正帝	(セ)　孫文	(ソ)　スペイン	(タ)　南越
(チ)　市舶司	(ツ)　海関	(テ)　同治帝	
(ト)　総理各国事務衙門			

〔Ⅳ〕次の文の(　1　)～(　15　)に入れるのに最も適当な語句を，{　　}内の(ア)，(イ)ないし下記の語群から選び，その記号をマークしなさい。

4世紀後半に始まったゲルマン人の大移動は，ローマ帝国の分裂を決定的なものとした。395年，(　1　){(ア)　コンスタンティヌス帝　(イ)　ディオクレティアヌス帝}は死に際して帝国を東西に二分して2子に分け与えた。西ローマ皇帝は(　2　){(ア)　5世紀前半　(イ)　5世紀後半}にゲルマン人の傭兵隊長によって退位させられたが，東ローマ皇帝(ビザンツ皇帝)はゲルマン人からも高い権威を認められた。

6世紀半ば，ビザンツ帝国のユスティニアヌス大帝はイタリアの(　3　){(ア)　ヴァンダル　(イ)　西ゴート}王国などを滅ぼし，地中海の覇権を回復した。また彼は，首都コンスタンティノープルに(　4　){(ア)　サン=ヴィターレ聖堂　(イ)　サン=ピエトロ大聖堂}を建立するなど，帝国の威信を高めた。中国から

(　5　){(ア)　養蚕技術　(イ)　製紙法}が導入されたのも，彼の治世下のことである。

しかしユスティニアヌス大帝の死後，新たな外民族の侵入が始まり，北イタリアにはゲルマン系の(　6　){(ア)　ブルグンド　(イ)　ザクセン}人が王国を建て，バルカン半島北部にはトルコ系の(　7　){(ア)　チェック　(イ)　マジャール}人が帝国を建国した。また東方では，(　8　){(ア)　アルダシール1世　(イ)　シャープール1世}が建国したササン朝ペルシアとの抗争が続いた。こうした危機に対処するため，7世紀以降，帝国をいくつかの軍管区に分け，その司令官に軍事と行政の両方を委ねる制度が導入されたが，司令官が次第に世襲貴族化したため，11世紀からは国家が軍事奉仕を条件として貴族に土地管理を委ねる(　9　){(ア)　テマ制　(イ)　イクター制}がとられるようになった。

その11世紀に，中央アジアで遊牧生活を営んでいたトルコ系の人々によってセルジューク朝が建国された。創始者トゥグリル=ベクは，1055年，(　10　){(ア)　アッバース朝　(イ)　マムルーク朝}を追ってバグダードに入城し，カリフからスルタンの称号を認められた。ついでセルジューク朝は西方に勢力を拡大し，アナトリアへ侵出した。これに脅威を感じたビザンツ皇帝はローマ教皇に援軍を求めた。こうして始まった十字軍の遠征はその後も繰り返されたが，13世紀初頭に，ローマ教皇(　11　){(ア)　ウルバヌス2世　(イ)　インノケンティウス3世}が提唱し，ヴェネツィア商人が主導した第4回十字軍は，聖地回復という当初の目的を逸脱し，ビザンツ帝国の首都コンスタンティノープルを占領した。ビザンツ帝国は1261年に首都を奪回するものの，1453年，オスマン帝国の(　12　){(ア)　バヤジット1世　(イ)　スレイマン1世}によって滅ぼされた。ビザンツ帝国滅亡後は，ビザンツ帝国最後の皇帝の姪ソフィアと結婚したモスクワ大公国の(　13　){(ア)　ウラディミル1世　(イ)　カジミェシュ大王(カシミール大王)}がローマ皇帝の後継者を任じ，ツァーリの称号を用いるようになった。(　14　){(ア)　ノルマン朝　(イ)　テューダー朝}のイギリスと(　15　){(ア)　カロリング朝　(イ)　カペー朝}のフランスの間で始まった百年戦争が終結したのは，ビザンツ帝国が滅亡したのと同じ1453年のことである。

〔語群〕

(ウ) 東ゴート	(エ) ホスロー1世	(オ) イヴァン3世
(カ) ランゴバルド	(キ) 6世紀前半	(ク) 木版印刷
(ケ) 恩貸地制	(コ) ヴァロワ朝	(サ) ブワイフ朝
(シ) プランタジネット朝	(ス) テオドシウス帝	(セ) ファーティマ朝
(ソ) イヴァン4世	(タ) 金属活字	(チ) アヴァール
(ツ) ブルガール	(テ) サンタ=マリア大聖堂	
(ト) ハギア(セント)=ソフィア聖堂		(ナ) プロノイア制
(ニ) メフメト2世	(ヌ) ボニファティウス8世	
(ネ) セリム1世	(ノ) ステュアート朝	
(ハ) グレゴリウス7世	(ヒ) ブルボン朝	

地理

（60分）

〔Ⅰ〕山地は，その広がりも高さも様々であり，その成因も今後の変化もスケールに合わせて多様である。山地にはその成因や今後の変化を反映する地形特徴があり，地理では各種地理情報からそれを読み取れることも学習する。そこで山地に関する下の問１～問５について答えなさい。

問１　山地に関する次の文(1)～(6)の下線部①，②の正誤を判定し，①のみ正しい場合は**ア**を，②のみ正しい場合は**イ**を，①，②とも正しい場合は**ウ**を，①，②とも誤っている場合には**エ**をマークしなさい。

(1)　活発な噴火を繰り返す東京都の西之島の報道が2020年内にあった。西之島は東京都心の南約1,000①km にある火山島で，この噴火による島の東②への拡大は排他的経済水域を広げる。

(2)　地球を半径１m の球と考えた際に，ヒマラヤ山脈の延長は約60① cm 以上あり，世界最高峰のエヴェレスト山の海抜高度は約1.4② cm になる。

(3)　海底では，広がるプレート境界で玄武岩質①の溶岩が湧きだし，細長い高地である海嶺《かいれい》が形成されるが，そのような場所は三大洋の全て②に見られる。

(4)　陸上では，せばまる境界で造山運動が生じ，細長い高地である褶曲《しゅうきょく》山脈が形成されるが，そのような場所では断層運動①や火山活動②による自然災害も起こりやすい。

(5)　日本の山の高さは離島を除き日本経緯度原点①を基準に求められるが，その山頂と思しき場所に三角点記号がある場合，その標高値は山の高さを示す最高地点のもの②である。

(6)　アルプス山脈は古期造山帯①に属し，そこでは氷河地形のモレーン②が見られる。

問2　元号を冠する平成新山や昭和新山が誕生した火山活動は，関連する地域に多くの被害をもたらしたが，今日ではその復興もなされ，両火山の独特の地形は観光要素ともなって地域経済の活性化に役立っている。このうち火山活動から約30年が経過した平成新山の地形，所在地，特徴的な火山活動との正しい組合せを選び，その記号をマークしなさい。

(ア)　溶岩台地―長崎県―火砕流　　(イ)　溶岩台地―長崎県―土石流
(ウ)　溶岩台地―北海道―火砕流　　(エ)　溶岩台地―北海道―土石流
(オ)　溶岩円頂丘―長崎県―火砕流　　(カ)　溶岩円頂丘―長崎県―土石流
(キ)　溶岩円頂丘―北海道―火砕流　　(ク)　溶岩円頂丘―北海道―土石流

問3　**図1**は地理院地図で作成したものであり，そこではカルスト台地の存在を，特徴的な地図情報を根拠に推定できる。次に示す地図情報①～⑤の中で推定根拠として**不適当なもの**をマークしなさい。

(ア)　①補助曲線の存在　　(イ)　②急崖　　(ウ)　③谷の直線性
(エ)　④等高線の毛羽《けば》　　(オ)　⑤矢印の記号

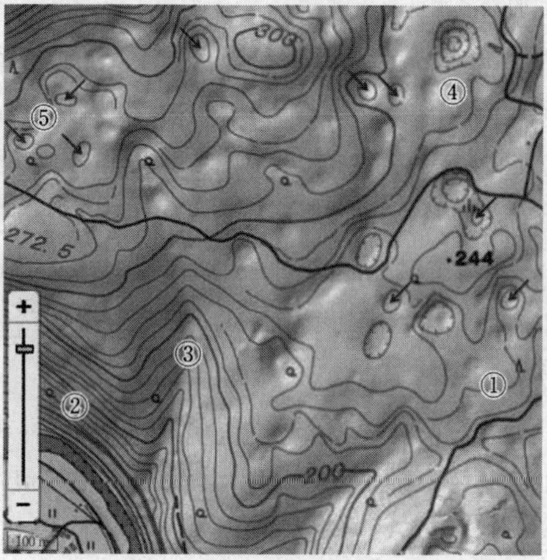

図1

問4　**図2**は地理院地図で作成した北アメリカ大陸一部の陰影図であり，そのa，b，cは，経度・緯度ともに2度範囲で抽出した。それぞれ南西端の緯度は北緯36度で共通するが，西経は82度，96度，106度のいずれかである。**図2**のa，b，cと西経82度，96度，106度との正しい組合せを選び，その記号をマークしなさい。

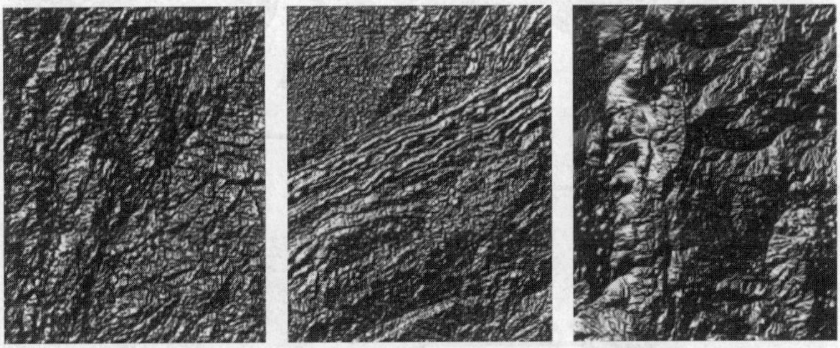

a　　b　　c

図2

(ア)　a—82度　b—96度　c—106度

(イ)　a—82度　b—106度　c—96度

(ウ)　a—96度　b—82度　c—106度

(エ)　a—96度　b—106度　c—82度

(オ)　a—106度　b—82度　c—96度

(カ)　a—106度　b—96度　c—82度

問5　次の**表**は地球表面の高度・深度別割合について，0mを境の1つとして2,000m間隔で示した。なお**表**の末端はある高度以上及び深度以下で集計した割合である。高度・深度別割合は順次配列されており，高度の高い方が**表**の左右のいずれかである。(ア)～(オ)の中から-2,000m～0mの割合を選び，その記号をマークしなさい。

表

単位：%

1.0	37.7	21.0	11.5	25.0	3.3	0.5
	(ア)	(イ)	(ウ)	(エ)	(オ)	

〔Ⅱ〕 世界の水産資源・水産業について，下の**図 1** を見ながら該当するものを選び，その記号をマークしなさい。なお，この図は世界の漁場を，太平洋 6 区，大西洋 6 区に区分して示している。

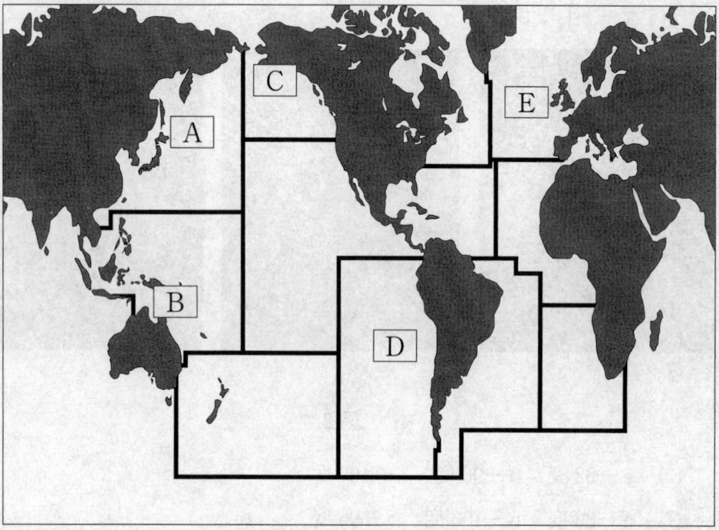

図 1

(『令和二年度　水産白書』による。なお小さな島は省いてある。)

問 1　世界で最も漁獲量の多い漁区は，**図 1** の A～E のうち，いずれか。

(ア)　A　　(イ)　B　　(ウ)　C　　(エ)　D　　(オ)　E

問 2　排他的経済水域とは，国連の海洋法条約によって，領海の基線から 200 海里と定めた水域で，ここでは沿岸国の資源の探査，開発，保存・管理の主権を認めている。**図 1** の漁区 A～E のうちで，その海面の面積に占める排他的経済水域の比率が最も高いと推定できるのは次のいずれか。

(ア)　A　　(イ)　B　　(ウ)　C　　(エ)　D　　(オ)　E

問 3　漁業資源の宝庫である浅い水域のドッガーバンクが位置する漁区は，**図 1** の A～E のうちいずれか。

(ア)　A　　(イ)　B　　(ウ)　C　　(エ)　D　　(オ)　E

問4　飼料用の魚粉となるアンチョビが最も多く漁獲される漁区で，近年は海水温の異常などで漁獲量が減っている漁区は，**図1**のA～Eのうちいずれか。

(ア)　A　　(イ)　B　　(ウ)　C　　(エ)　D　　(オ)　E

問5　**図1**の漁区Aを主な漁場としている日本において，最も多く漁獲される魚種(トン)の組合せは，次のいずれか。

(ア)　ニシン，イワシ，カツオ　　(イ)　タラ，イカ，タコ

(ウ)　ヒラメ，カレイ，カニ　　(エ)　エビ，サケ，マス

問6　次の**表**は，「魚類」と「甲殻類(えび・かに類)・軟体動物(いか・たこ類)」の輸出額と輸入額について，上位5位までの国あるいは地域を示したものである。**表**中の各記号は同じ国(地域)を示す。次の(1)～(3)の問題に答えなさい。

表

(単位)百万米ドル，(年次)2019年

輸出				輸入			
魚類		甲殻類・軟体動物		魚類		甲殻類・軟体動物	
国	金額	国	金額	国	金額	国	金額
α	10,598	インド	5,279	γ	9,576	β	5,981
β	7,931	エクアドル	3,913	n	7,529	γ	5,792
m	5,436	β	3,609	β	6,547	n	3,101
スウェーデン	4,018	ベトナム	2,485	スウェーデン	4,381	スペイン	3,094
γ	3,511	インドネシア	1,857	フランス	3,425	イタリア	1,766

(『世界の統計2021』より)

(1)　**表**中のαは**図1**の漁区Eに属する国である。その国は次のいずれか。

(ア)　フィンランド　　(イ)　イギリス

(ウ)　ノルウェー　　(エ)　オランダ

(2)　**表**中のβは**図1**の漁区Aに属する国(地域)である。それは次のいずれか。

(ア)　日本　(イ)　韓国　(ウ)　台湾　(エ)　中国

(3)　**表**中のγの国(地域)は，**図1**の漁区A〜Eのうちで，次のいずれに属するか。

(ア)　A　(イ)　B　(ウ)　C　(エ)　D　(オ)　E

問7　次の**図2**は日本の漁業別漁獲量(万トン)について，沿岸漁業，沖合漁業，遠洋漁業の年次別推移を示したものである。このうちで遠洋漁業と沖合漁業の組合せとして正しいのは次のいずれか。

(ア)　遠洋漁業：X　沖合漁業：Y　(イ)　遠洋漁業：X　沖合漁業：Z

(ウ)　遠洋漁業：Y　沖合漁業：X　(エ)　遠洋漁業：Y　沖合漁業：Z

(オ)　遠洋漁業：Z　沖合漁業：X　(カ)　遠洋漁業：Z　沖合漁業：Y

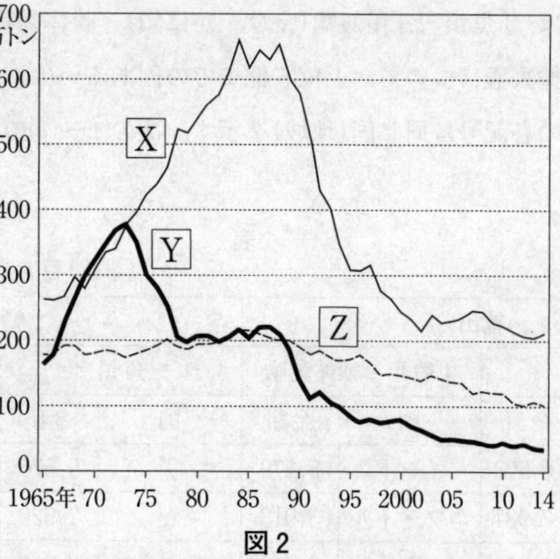

図2

(『漁業・養殖業生産統計年報』より作成)

問8　現在の日本の水産業で伸びているのは養殖漁業で，のり，ぶり類(はまちなど)，ほたて貝，真珠がその主要な品目である。次の県は2017年のそれぞれの品目で生産量が第1位である。このうち，ほたて貝に該当するのは次のいずれか。

(ア)　青森県　(イ)　愛媛県　(ウ)　佐賀県　(エ)　鹿児島県

〔Ⅲ〕 第三次産業について述べた次の文を読み，問1～問7に答えなさい。

世界の国々では，就業人口における第三次産業①の割合が高まっている。日本では，第二次世界大戦後，農村から都市への人口移動が進み，都市を中心として商業やサービス業が発展したことにより②，第三次産業人口の割合が高まった。そして，20世紀末以降になると，様々な産業の東京一極集中が顕著となり③，第三次産業の職種が多様化した。2010年代には海外からの観光客が増え，日本各地で外国人観光客の増加④に対応する業種が拡大している。

日本の各都市では，1990年代以降になると商業の立地が変化してきた。県庁所在都市の都心部では，〔　1　〕や〔　2　〕が中心的な存在であるが，近年，〔　3　〕によって郊外化が進み，ロードサイドに〔　4　〕などが展開するようになった。そして，都市の至る所に〔　5　〕が展開して人々の消費生活を支えている。一方，日本の農山村地域を中心に，買い物弱者問題⑤が発生した。

また，世界の各都市では土地利用が変化し，第三次産業が成長している。ロンドンのドックランズのように，荒廃した〔(ア)　ウォーターフロント　(イ)　金融街　(ウ)　城郭跡　(エ)　住宅地〕⑥が再開発される事例が増えている。なお日本では，東京都港区の“汐留”や埼玉県さいたま市の“さいたま新都心”など，〔(ア)　卸売団地　(イ)　学校跡地　(ウ)　軍用地　(エ)　鉄道用地〕⑦が再開発される例が見られる。

問1　下線部①について，下の図はアジア，ヨーロッパ，南アメリカ(アルゼンチンを除く)における人口上位10カ国における産業別人口比率(2019年)を三角グラフに示したものである。(1)アジア，(2)南アメリカとして適当なものを選び，その記号をマークしなさい。

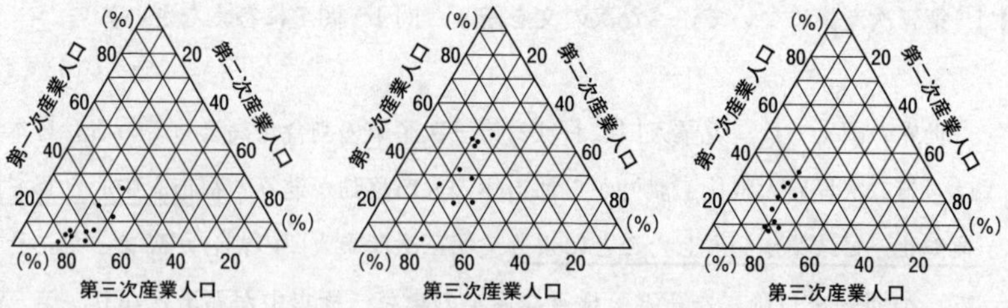

(ア)　　(イ)　　(ウ)

図

(ILO の資料により作成)

問 2　下線部②について，日本の商業・サービス業における発展について述べた文として，**最も不適当なもの**を選び，その記号をマークしなさい。

(ア)　セルフサービス方式を採用したチェーン店が成長しており，個人商店の経営を圧迫してきた。

(イ)　東京などの大都市では，金融，広告や情報産業などの企業向けサービス業が発展している。

(ウ)　全国の地方都市では，ショッピングセンターの立地が増え，都市中心部が活性化している。

(エ)　大都市では単身世帯が増えており，コンビニエンスストア(コンビニ)が単身者の生活を支えるようになった。

問 3　下線部③について，東京都への集中度(全国に占める東京都の割合)を示した下の**表**について，(1)小売業年間販売額(2016 年)と，(2)ソフトウェア業年間売上高(2018 年)に該当する指標として適当なものを選び，その記号をマークしなさい。なお，他の 3 つの指標は，卸売業年間販売額(2016 年)，預金残高(2020 年)と製造品出荷額等(2017 年)である。

表

	人口	面積	(ア)	(イ)	(ウ)	(エ)	(オ)
東京都への集中度	10.3%	0.6%	2.4%	13.8%	35.3%	41.0%	52.0%

出典：『地域経済総覧 2021 年版』

問4　文中の〔　1　〕～〔　5　〕の空欄に入る言葉の組合せとして適当なものを選び，その記号をマークしなさい。

(ア)　1：商店街　2：コンビニ　3：情報化　4：百貨店　5：専門量販店

(イ)　1：百貨店　2：商店街　3：モータリゼーション　4：専門量販店　5：コンビニ

(ウ)　1：専門量販店　2：商店街　3：モータリゼーション　4：百貨店　5：コンビニ

(エ)　1：専門量販店　2：コンビニ　3：情報化　4：商店街　5：百貨店

問5　下線部④について，2010年代後半における，外国人観光客の増加に伴って生じた現象を説明した文として，**最も不適当なもの**を選び，その記号をマークしなさい。

(ア)　新幹線や航空機など，全国各地を結ぶ交通機関の利用が拡大した。

(イ)　千葉県や大阪府にあるテーマパークの入園者が増加した。

(ウ)　大都市ではビジネスホテルだけでなくゲストハウスの新規開業が続いた。

(エ)　東アジアからの観光客が増えているが，訪日旅行者数に占める割合は50%を超えていない。

問6　下線部⑤について，買い物弱者問題の発生要因として，**最も関連性の低いもの**を選び，その記号をマークしなさい。

(ア)　公共交通機関の衰退　　(イ)　人口の高齢化

(ウ)　個人商店の衰退　　(エ)　高速道路網の充実

問7　〔　⑥　〕と〔　⑦　〕の選択肢から適当なものを選び，その記号をマークしなさい。

〔Ⅳ〕 次の**図**はヨーロッパ(ユーラシア大陸のウラル山脈以西)に位置する内陸国Ａ国・Ｂ国の国境線の全体と両国に国境が接する５カ国(Ｃ～Ｇ国)の国境線の一部を，位置関係がわかるように模式的に描いたものである。図の上方が北の方位である。Ｄ国は旧ソビエト連邦の構成国の１つである。また，Ｆ国は永世中立国であり，EU加盟国でもある。この**図**に関連する問１～問10に答えなさい。

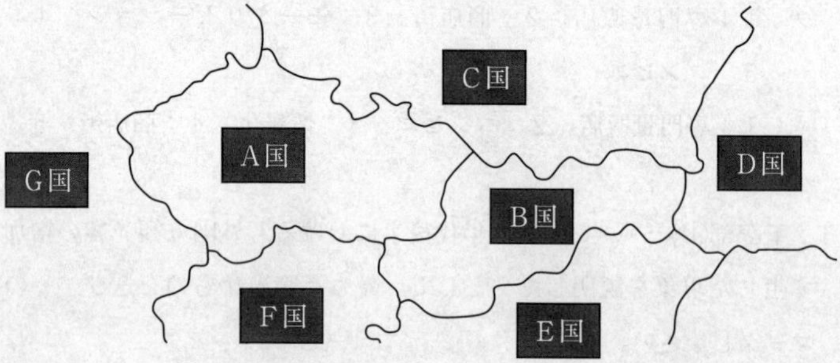

図

問１　**図**中の地域のおおよその緯度は次のいずれか。

(ア)　北緯30度前後　　(イ)　北緯40度前後

(ウ)　北緯50度前後　　(エ)　北緯60度前後

問２　次の**表**は，**図**中のＤ国の首都の平均気温(上段，単位℃)と平均降水量(下段，単位mm，全年のみ合計値)を示している。この都市の気候区分(ケッペンの気候区分)は次のいずれか。

(ア)　BS　　(イ)　Cfa　　(ウ)　Cfb　　(エ)　Dw　　(オ)　Df

表

1月	2月	3月	4月	5月	6月	7月	8月	9月	10月	11月	12月	全年
-3.5	-2.8	1.9	9.3	15.6	18.6	20.5	19.7	14.2	8.3	1.7	-2.2	8.4
36.4	37.1	36.4	44.8	58.4	83.9	70.1	58.7	59.0	36.6	48.4	41.3	611.1

『理科年表 2021』による。

問３　**図**中の国々(Ａ～Ｇ国)のうち，2013年６月，豪雨によって首都の中心部を流れるヴルタヴァ川(エルベ川の支流)が氾濫し，大きな被害を記録した国は次のいずれか。

(ア)　Ａ国　　(イ)　Ｂ国　　(ウ)　Ｅ国　　(エ)　Ｆ国

問４　**図**中の国々(Ａ～Ｇ国)の面積(2015年)・人口(2018年)・GDP(国内総生産，2016年)に関して述べた次の文(ア)～(エ)のうち，最も適当なものを選び，その記号をマークしなさい。

(ア)　面積も人口もGDPもＧ国が最大である。

(イ)　人口とGDPはＧ国が最大であるが，面積はＤ国が最大である。

(ウ)　GDPはＧ国が最大であるが，人口と面積はＤ国が最大である。

(エ)　面積も人口もGDPもＤ国が最大である。

問５　**図**中の国々(Ａ～Ｇ国)のうち，石炭(無煙炭と瀝《れき》青炭)の産出量(2015年)が第１位・第２位の国の正しい組合せは次のいずれか。

	第１位	第２位
(ア)	Ｃ国	Ｄ国
(イ)	Ｃ国	Ｅ国
(ウ)	Ｄ国	Ｃ国
(エ)	Ｄ国	Ｅ国
(オ)	Ｅ国	Ｃ国
(カ)	Ｅ国	Ｄ国

問６　**図**中の国々(Ａ～Ｇ国)に関して述べた次の文(ア)～(エ)のうち，**最も不適当なもの**を選び，その記号をマークしなさい。

(ア)　Ａ国とＢ国はかつて同じ国(連邦国家)であった。

(イ)　Ｃ国で最も多く信仰されているのはキリスト教のカトリック(旧教)である。

(ウ)　Ｅ国の民族構成は，ラテン系のワロン人が過半数を占めている。

(エ)　Ｆ国とＧ国は公用語が同じである。

問7　A国とG国との国境の一部をなす山脈(山岳国境)およびそれと最も関係の深い地体構造の正しい組合せは次のいずれか。

	山脈名	地体構造
(ア)	エルツ山脈	新期造山帯
(イ)	エルツ山脈	古期造山帯
(ウ)	アルプス山脈	新期造山帯
(エ)	アルプス山脈	古期造山帯
(オ)	カルパティア山脈	新期造山帯
(カ)	カルパティア山脈	古期造山帯

問8　D国の代表的な工業地帯は次のいずれか。

(ア)　ボヘミア　　(イ)　クズネツク

(ウ)　ドニエプル　　(エ)　シロンスク(シュレジエン)

問9　生産量(2016年)においてD国が世界4位，G国が世界6位，C国が世界8位を占める農作物は次のいずれか。

(ア)　ブドウ　　(イ)　落花生　　(ウ)　オリーブ　　(エ)　ジャガイモ

問10　F国とスイスに国境が接する人口約4万人(2018年)の小国ながら，世界トップレベルの一人あたりGDP(2016年)を誇るのは次のいずれか。

(ア)　アンドラ　　(イ)　ルクセンブルク

(ウ)　モルドバ　　(エ)　リヒテンシュタイン

政治・経済

（60分）

〔Ⅰ〕 次の会話文を読んで，問(A)～問(L)に答えなさい。なお，各問題は，2021年７月１日までに参照することのできた各公表資料などの内容に沿って作成されたものである。

姉：おかえり。

妹：あ，お姉ちゃん。ただいま。お姉ちゃんは今日，家にいたんだね。

姉：今日は①テレワークだったからね。さっきまで，オンラインで同僚の人たちと会議していたよ。

妹：そっか。今さらだけど，家にいながら他の人たちと会議できるってすごいよね。

姉：確かにね。新型コロナウイルス感染症の影響はいろいろあるけれど，ウェブ会議を利用する機会がすごく増えたのもその一つだよね。仕事以外でも，オンラインで友達と一緒にご飯を食べたり話したりしているよ。

妹：ＳＮＳ(ソーシャル・ネットワーキング・サービス)を使う機会も増えた気がする。家にいる時間が増えた分，友達とＳＮＳでやり取りしたり，芸能人の写真や動画の投稿を見たりすることが多くなったな。コメントするとたまに反応があるから，芸能人もすごく身近に感じられるんだよね。

姉：分かる。昔はファンレターを送るくらいしか，ファンとしてメッセージを伝える方法がなかったと思うんだけど……。でも，気軽だからこそ，芸能人に対してＳＮＳで傷つけるようなコメントを書く人も多いよね。

妹：そうだね。②リアリティ番組に出演していた女子プロレスラーの方が，ＳＮＳで誹謗中傷を受けて，亡くなってしまうという痛ましい事件もあったね。

姉：こういったことを背景に，誹謗中傷対策について具体的な取り組みが進んでいるみたいだよ。例えば，誹謗中傷者の身元情報の開示手続の改革とかね。

妹：それはいいことだね。誹謗中傷するような人の情報はすばやく開示して，簡単に訴えられるようにしたほうがいいよ。

姉：そうなんだけど，なかなか簡単なことじゃないんだと思う。誹謗中傷対策をするときには，同時に，表現の自由③とのバランスを考える必要もあるだろうから。正当な批判と誹謗中傷との区別も重要だと思うし，正当な表現は守られないといけないよね。

妹：確かに。個人の名誉やプライバシー権④などをいかに守って被害者を保護するかということと，表現の自由などとのバランスが重要になるのか。ねえお姉ちゃん，もし私たちがインターネットの書き込みで誹謗中傷などの被害を受けたときは，どうすればいいのかな？法制度がしっかり整備されても，いざ自分が被害を受けたときにいきなりそれを使えるかというと，やっぱり難しそう。

姉：そうだねえ……。あ，今調べてみたんだけど，いろいろな相談窓口があるみたい。例えば，悩みや不安を聞いてほしいなら，厚生労働省⑤の「まもろうよこころ」というページで，相談窓口の紹介がされているよ。電話やＳＮＳなど，さまざまな方法による相談ができるんだって。もっと具体的に，誹謗中傷の書き込みの削除依頼の方法についてアドバイスがほしいときや，削除要請を代わりにやってほしいってときは，例えば，法務省⑥の「人権相談」が利用できそう。国の機関以外にも，相談を受けてくれるところはいろいろあるね。

妹：そうなんだ！自分だけで解決しようとしなくても，まず相談できるところがたくさんあるんだね。それにしても，今は本当にＳＮＳの影響力が大きいな。

姉：スマートフォンなどで手軽に見られることも一因なのかな。最新のニュースが見たいとき，まずニュースサイトやＳＮＳにアクセスすることが多いし。ただ，インターネット上ではいろんな人が自由に情報を発信できるから，間違った情報が拡散されることもあるんだよね。

妹：そうなんだよね。私もよくブログやニュースサイトを読むけど，情報をうのみにしないで，主体的に情報を読み解くこと⑦が大事だなと思ってるよ。

姉：それを意識できているのはえらいね。インターネットに限らず，マスメディア⑧から情報を受け取るときには，その意識を持つ必要があると思うな。そういえば，世論の形成において，客観的事実が感情や個人的信念へのアピールほど影響力を持たなくなった状況のことを(　1　)というけれど，今の時代をよく表しているように思うな。事実でなくても，面白かったり共感できたりする内容は特に拡散されやすいもんね。

妹：ＳＮＳだとボタン一つで気軽に情報を拡散できるからなあ。私自身も情報を発信したり，ＳＮＳ上で情報をシェアしたりすることがあるから，情報の真偽をきちんと意識しないと。他にも，インターネットを利用するときに注意すべきことはあるかな？

姉：そうだなあ。私は最近，インターネット上でなされる知的財産権の侵害が気になるな。

妹：知的財産権か……。商品やサービスに付けられるマークに関する(　2　)や，小説，美術，音楽などの著作者が有する著作権などだよね。特にインターネットでの著作権侵害といえば，漫画を無断で掲載した海賊版サイトの「漫画村」が大きな話題になったのを覚えているよ。ここまでの規模でなくても，ウェブ上に画像や動画などをアップロードするのはすごく手軽だから，違法だと気づかずにやってしまう人もいるのかも。

姉：そうかも。アップロードだけじゃなくて，⑨違法にインターネット上に掲載された海賊版だと知りながらダウンロードする行為も，違法となりうるから注意が必要だよ。

妹：こうして考えてみると，インターネットって便利だしものすごく身近な存在だけれど，気をつけるべきことも多いよね……。使うのがちょっと怖くなってきた。

姉：インターネットやＳＮＳなどを賢く活用する知識・知恵，ルールを守って使える健全な心，安全に利用するための危機管理意識が重要だと思うよ。正しく使えば，インターネットからたくさんの恩恵も受けられるわけだしね。例えば，私が今読んでいるこの本，日本では売られてなかったから，インターネットを通じて外国から取り寄せたんだ。インターネットのおかげで，⑩国際的な取引も簡単になったよね。

妹：そうだよね。インターネットのおかげで，海外の物や出来事にも触れやすくなったと思う。これからも，正しくインターネットと付き合っていけたらいいな。

問(A)　下線部①に関連して，総務省ホームページにおいて「テレワークの意義・効果」として挙げられているものは，次の(x)～(z)の中でいくつあるか。最も適当な数を次の(ア)～(エ)から一つ選び，その記号をマークしなさい。

(x)　家族と過ごす時間，自己啓発などの時間増加

(y)　オフィスの分散化による，災害時等の迅速な対応

(z)　交通代替による CO2 の削減等，地球温暖化防止への寄与

(ア)　0　　(イ)　1　　(ウ)　2　　(エ)　3

問(B)　下線部②に関連して，放送における言論・表現の自由を確保しつつ，視聴者の基本的人権を擁護するため，放送への苦情や放送倫理の問題に対応する，ＮＨＫと民放連によって設置された第三者機関がある。この機関を指すものとして最も適当なものを次の(ア)～(エ)から一つ選び，その記号をマークしなさい。

(ア)　ＳＥＯ　　(イ)　ＳＣＯ　　(ウ)　ＩＳＯ　　(エ)　ＢＰＯ

問(C)　下線部③に関する説明として最も適当なものを次の(ア)～(エ)から一つ選び，その記号をマークしなさい。

(ア)　立川反戦ビラ事件判決(最高裁平成 20 年 4 月 11 日判決)は，「表現の自由は，民主主義社会において特に重要な権利として尊重されなければならず，被告人らによるその政治的意見を記載したビラの配布は，表現の自由の行使ということができる」ため，「ビラの配布のための立ち入りを処罰することは，憲法二一条一項に違反する」とした。

(イ)　東京都公安条例事件判決(最高裁昭和 35 年 7 月 20 日判決)は，東京都公安条例における集団行動の事前許可制が「表現の自由に対する必要にしてやむを得ない最小限度の規制とはみとめ難く，憲法の趣意に沿わない」として，本件条例全体が憲法二一条一項に違反し無効であるとした。

(ウ)　チャタレイ事件判決(最高裁昭和 32 年 3 月 13 日判決)は，「憲法二一条の保障する表現の自由は，他の基本的人権に関する憲法二二条，二九条の場合のように制限の可能性が明示されていないから，絶対無制限であり，

公共の福祉によつても制限できない」とした。

(エ)　第一次家永訴訟(最高裁平成5年3月16日判決)は，当該事件において問題となった高等学校用の教科用図書の検定が，「一般図書としての発行を何ら妨げるものではなく，発表禁止目的や発表前の審査などの特質がないから，検閲に当たらず，憲法二一条二項前段の規定に違反するものではない」とした。

問(D)　下線部④に関する説明として最も適当なものを次の(ア)〜(エ)から一つ選び，その記号をマークしなさい。

(ア)　石に泳ぐ魚事件判決(最高裁平成14年9月24日判決)は，「人格的価値を侵害された者は，人格権に基づき，加害者に対し，現に行われている侵害行為を排除し，又は将来生ずべき侵害を予防するため，侵害行為の差止めを求めることができる」とした。

(イ)　最高裁は，その平成29年1月31日決定において，「検索事業者が，ある者に関する条件による検索の求めに応じ，その者のプライバシーに属する事実を含む記事等が掲載されたウェブサイトのＵＲＬ等情報を検索結果の一部として提供する行為は，その者の忘れられる権利を侵害するものとして，違法となりうると解するのが相当である」と判断した。

(ウ)　犯罪捜査のための通信傍受に関する法律(通信傍受法)は，裁判官の令状に基づく，捜査機関による電話・メールなどの傍受を認めているが，いかなる方法の傍受においても常に通信事業者による立会いを要するとしており，これによってプライバシーの権利の保護が図られている。

(エ)　(ア)から(ウ)は，いずれも誤っている。

問(E)　下線部⑤に関連して，現在の厚生労働省の外局として最も適当なものを次の(ア)〜(エ)から一つ選び，その記号をマークしなさい。

(ア)　スポーツ庁　(イ)　社会保険庁

(ウ)　中央労働委員会　(エ)　公害等調整委員会

問(F)　下線部⑥に関する説明として最も適当なものを次の(ア)〜(エ)から一つ選び，

その記号をマークしなさい。

(ア)　2001年の中央省庁再編により，自治省と統合されてできたのが，現在の法務省である。

(イ)　法務大臣は，公正取引委員会の委員長及び委員を任命する。

(ウ)　内閣人事局の令和2年10月9日付の公表資料「国家公務員法第106条の25第2項等の規定に基づく国家公務員の再就職状況の公表について」によると，令和元年度において，国家公務員のうち一般職の管理職職員であった者等の再就職の届出(在職中の届出，離職後の事前届出及び離職後の事後届出の合計)は，法務省職員であった者から最も多くなされている。

(エ)　2001年の中央省庁再編より後に，出入国在留管理庁が法務省の外局として設置された。

問(G)　下線部⑦のような能力を示す語句として最も適当なものを次の(ア)～(エ)から一つ選び，その記号をマークしなさい。

(ア)　ポピュリズム　　(イ)　メディア・リテラシー

(ウ)　トレーサビリティ　　(エ)　スピン

問(H)　下線部⑧に関する説明として最も適当なものを次の(ア)～(エ)から一つ選び，その記号をマークしなさい。

(ア)　北方ジャーナル事件判決(最高裁昭和61年6月11日判決)は，「一定の記事を掲載した雑誌その他の出版物の印刷，製本，販売，頒布等の仮処分による事前差止めは，裁判の形式によるとはいえ……簡略な手続によるものであるため，憲法二一条二項前段にいう検閲に当たり，常に認められないものというべきである」と判示した。

(イ)　放送をする無線局に関する規定を置いている電波法によると，無線局を開設しようとする者は，法務大臣の免許を受けなければならない。

(ウ)　マスメディアの選挙報道においてある候補者を当選確実だと報じることが，当該候補者に投票する人を増やすという結果をもたらすことを，アンダードッグ効果という。

(エ)　博多駅テレビフィルム提出命令事件決定(最高裁昭和44年11月26日決

定)は,「報道の自由とともに,報道のための取材の自由も,憲法二一条の精神に照らし,十分尊重に値いするものといわなければならない」と判示した。

問(I)　文中の(　1　)に入れるのに最も適当な語句を次の(ア)〜(エ)から一つ選び,その記号をマークしなさい。なお,(　1　)は,オックスフォード辞書の2016 年の「今年の言葉」(the Oxford Dictionaries Word of the Year 2016)として選ばれたものである。

(ア)　ポスト真実　　(イ)　ファクトチェック

(ウ)　コマーシャリズム　　(エ)　ニューメディア

問(J)　文中の(　2　)には,「文字,図形,記号,立体的形状若しくは色彩又はこれらの結合,音その他政令で定めるもの」であって,「業として商品を生産し,証明し,又は譲渡する者がその商品について使用をするもの」,あるいは,「業として役務を提供し,又は証明する者がその役務について使用をするもの」につき,特許庁長官に登録出願をし,審査を経て登録査定となった後,登録料を納付することでなされる設定の登録により発生する権利が入る。(　2　)に入れるのに最も適当な語句を次の(ア)〜(エ)から一つ選び,その記号をマークしなさい。

(ア)　実用新案権　(イ)　特許権　(ウ)　商標権　(エ)　育成者権

問(K)　下線部⑨に関連して,「著作権法及びプログラムの著作物に係る登録の特例に関する法律の一部を改正する法律」が,令和２年６月５日に成立した(令和２年著作権法改正)。これにより改正された著作権法に関する説明として最も適当なものを次の(ア)〜(エ)から一つ選び,その記号をマークしなさい。

(ア)　令和２年著作権法改正以前は,著作権を侵害してアップロードされた音楽であっても,そのダウンロードは違法となりえなかった。

(イ)　漫画などのアップロードが国外で行われていても,国内で行われたとしたならば著作権の侵害となるべきものである場合,そのダウンロードは違法となりうる。

(ウ)　著作権を侵害してアップロードされた漫画であっても，個人的に楽しむためにダウンロードするのであれば違法とはなりえない。

(エ)　令和2年著作権法改正により，著作権を侵害してアップロードされた小説をダウンロードする行為も違法とされたが，これは民事上違法であるにとどまり，いかなる態様のダウンロードであっても刑事罰の対象とはなりえない。

問(L)　下線部⑩に関連して，国際的な取引等をめぐる紛争の解決には，国際仲裁が用いられる場合がある。仲裁に関連して，以下の文中の(　a　)に入る語句として最も適当なものを次の(ア)〜(エ)から一つ選び，その記号をマークしなさい。

平成16年に成立した，通称(　a　)法は，内外の社会経済情勢の変化に伴い，訴訟手続によらずに民事上の紛争の解決をしようとする紛争の当事者のため，公正な第三者が関与して，その解決を図る手続が，第三者の専門的な知見を反映して紛争の実情に即した迅速な解決を図る手続として重要なものとなっていることに鑑み，当該手続についての基本理念及び国等の責務を定めるとともに，民間紛争解決手続の業務に関し，認証の制度を設け，併せて時効の完成猶予等に係る特例を定めてその利便の向上を図ること等により，紛争の当事者がその解決を図るのにふさわしい手続を選択することを容易にし，もって国民の権利利益の適切な実現に資することを目的とする。

(ア)　ＡＤＲ　　(イ)　ＡＲＦ　　(ウ)　ＡＥＤ　　(エ)　ＡＴＴ

〔Ⅱ〕 第二次世界大戦後の自由貿易体制に関する以下の文章を読んで，問(A)〜問(M)に答えなさい。

1929 年のニューヨークの株価大暴落に端を発した世界恐慌への対応として，自国やその植民地などを高い関税で保護し，他地域との貿易や資本の移動を制限する(　1　)を形成するような国が出現するようになった。こうした排他的な政策は 1930 年代の世界経済を大きく停滞させ，第二次世界大戦を引き起こす一つの要因となったと考えられている。この反省から，戦後においては外国為替相場の安定をはかり，これによって自由貿易による国際貿易の拡大を目指す体制がつくられた。この一つの大きな柱として，(　2　)年に発効したＧＡＴＴ(関税及び貿易に関する一般協定)がある。

ＧＡＴＴは，自由貿易，無差別(最恵国待遇①・内国民待遇)，多角主義の三原則にのっとり，多国間貿易交渉を通して貿易自由化の実現を目指してきた。例えば(　3　)・ラウンド(1964-1967 年)や(　4　)・ラウンド(1973-1979 年)では関税引き下げをはじめ，ダンピング②の禁止や輸出補助金，輸入の際の排他的な規格・検査手続きなどといった非関税障壁の撤廃も議論された。また，その後のウルグアイ・ラウンド(1986-1994 年)では，新たにサービス貿易や知的所有権に関するルール作りが行われた。その合意協定である(　5　)に基づき，モノの貿易(ＧＡＴＴ)にサービス貿易に関する協定である(　6　)および知的財産権に関する協定である(　7　)を統合し，新たに世界貿易機関(ＷＴＯ)が 1995 年１月に発足した。なお，ＷＴＯのルールでは輸入急増による国内産業の被害を軽減するための一時的な緊急輸入制限措置である(　8　)が認められている。

ＷＴＯ体制が成立するころ，発展途上国を含めてほぼすべての国が自由貿易体制に統合されるようになっていた。ウルグアイ・ラウンドでは，発展途上国の主要な輸出品目の一つである(　9　)の貿易に関しても議論され，当該分野の先進国市場の自由化も始まった。しかし，この全世界的な貿易自由化を中心とする経済のグローバル化が，南北格差を拡大させる傾向をみせはじめ，そうした途上国側の課題も交渉の場に上るようになった。こうした状況下で 2001 年に交渉が始まったドーハ・ラウンドが「ドーハ開発アジェンダ」と呼ばれるのはこのためである。しかしこのドーハ・ラウンドの交渉では，多くの場面において先進国と途上国間の対立が目立つようになり，ドーハ・ラウンドの一括合意が断念される事態に陥った。

こうした事態に対し，多くの国は近年，二国あるいは複数の国で協定を結び，自由貿易を促進する方向に転換し始めた。米国・カナダ・メキシコのＵＳＭＣＡや東南アジア諸国連合の(　10　)などがその具体的な協定の例である。日本も 2002 年に最初の二国間ＥＰＡ③を(　11　)と結んだのを皮切りに，メキシコ，マレーシア，チリなどともＥＰＡを締結するに至った。また日本はさらに地域的な包括的経済連携(　12　)のように，より広範囲にわたる国々と協定を結ぶことで連携を強めつつある。

問(A)　文中の(　1　)に当てはまる語句として最も適当なものを次の(ア)〜(エ)から一つ選び，その記号をマークしなさい。

(ア)　経済通貨同盟　　(イ)　ブロック経済

(ウ)　カルテル　　(エ)　経済パートナーシップ

問(B)　文中の(　2　)に当てはまる年として最も適当なものを次の(ア)〜(エ)から一つ選び，その記号をマークしなさい。

(ア)　1944　　(イ)　1945　　(ウ)　1947　　(エ)　1948

問(C)　下線部①に関して，最も適当な記述を次の(ア)〜(エ)から一つ選び，その記号をマークしなさい。

(ア)　低所得国に対して，特別に有利な関税率を適用すること。

(イ)　輸入品に対し，同じ種類の国内産の商品と同様に，関税を全く課さないことで完全に同等に扱うこと。

(ウ)　自国にとって戦略的に重要な国に対して，特別な優遇措置で貿易上の便宜をはかること。

(エ)　ある国に与える通商上の有利な待遇を，他のすべての加盟国に対しても与えなければならないという原則。

問(D)　文中の(　3　)および(　4　)に当てはまる語句として最も適当なものを，

それぞれ次の(ア)～(キ)から一つ選び，その記号をマークしなさい。

(ア)　東京　(イ)　ハーグ　(ウ)　ブレトン・ウッズ

(エ)　ニクソン　(オ)　ディロン　(カ)　コロンボ

(キ)　ケネディ

問(E)　下線部②に関して，最も適当な記述を次の(ア)～(エ)から一つ選び，その記号をマークしなさい。

(ア)　ブランド商品等の模倣品(偽物)を販売すること。

(イ)　不当に国内市場よりも安い価格で商品を販売すること。

(ウ)　特定の国や民族を対象にした輸入を制限すること。

(エ)　環境や労働に関する規制を満たしていない商品を販売すること。

問(F)　文中の(　5　)に当てはまる語句として最も適当なものを次の(ア)～(エ)から一つ選び，その記号をマークしなさい。

(ア)　スミソニアン協定　(イ)　プラザ合意

(ウ)　マラケシュ協定　(エ)　キングストン合意

問(G)　文中の(　6　)および(　7　)に当てはまる語句として最も適当なものを，それぞれ次の(ア)～(カ)から一つ選び，その記号をマークしなさい。

(ア)　MERCOSUR　(イ)　TRIPS　(ウ)　GATS

(エ)　NAFTA　(オ)　UNCTAD　(カ)　START

問(H)　文中の(　8　)に当てはまる語句として最も適当なものを次の(ア)～(エ)から一つ選び，その記号をマークしなさい。

(ア)　セーフガード　(イ)　モラル・ハザード

(ウ)　協調介入　(エ)　特別引出権

問(I)　文中の(　9　)に当てはまる語句として最も適当なものを次の(ア)～(エ)から一つ選び，その記号をマークしなさい。

(ア)　軽工業品　(イ)　農産品　(ウ)　原油　(エ)　労働力

問(J)　文中の(　10　)に当てはまる語句として最も適当なものを次の(ア)～(エ)から一つ選び，その記号をマークしなさい。

(ア)　ＡＳＥＡＮ　(イ)　ＡＰＥＣ　(ウ)　ＡＦＴＡ　(エ)　ＡＳＥＭ

問(K)　下線部③に関して，その日本語訳として最も適当なものを次の(ア)～(エ)から一つ選び，その記号をマークしなさい。

(ア)　経済連携協定　(イ)　経済貿易協定
(ウ)　環境貿易協定　(エ)　自由貿易協定

問(L)　文中の(　11　)に当てはまる国名として最も適当なものを次の(ア)～(エ)から一つ選び，その記号をマークしなさい。

(ア)　米国　(イ)　タイ　(ウ)　イギリス　(エ)　シンガポール

問(M)　文中の(　12　)に当てはまる略称として最も適当なものを次の(ア)～(エ)から一つ選び，その記号をマークしなさい。

(ア)　ＴＰＰ　(イ)　ＲＣＥＰ　(ウ)　ＡＥＣ　(エ)　ＴＩＣＡＤ

〔Ⅲ〕次の文章を読んで，問(A)～問(E)に答えなさい。

近年，中国の海洋進出に伴い，東シナ海の緊張が高まっている。東シナ海における対立の歴史を振り返ってみよう。

太平洋戦争末期，米軍は日本本土を攻略する拠点として，沖縄に上陸した。沖縄では，住民を巻き込んだ激しい地上戦のすえ，日米双方で約20万人が亡くなった。1945年8月以降，日本本土は連合国による間接統治を受けた①が，沖縄はアメリカの直接統治下に置かれた。

1949年，中国大陸における内戦に勝利した中国共産党が中華人民共和国(中国)を樹立すると，国民党は台湾に撤退した。1950年には，朝鮮戦争が勃発した。アメリカを中心とする国連軍は大韓民国を助けて参戦したのに対し，朝鮮民主主義人民共和国の崩壊を恐れる中国は義勇軍を派遣した。アメリカと中国は朝鮮戦争で交戦し，米中関係は決定的に悪化した。

東アジアの緊張の高まりを受け，アメリカは沖縄の長期保有を決め，恒久的な軍事基地を建設し始めた。1951年，（　1　）首相はサンフランシスコ平和条約と日米安全保障条約に調印したが，平和条約第3条に基づき，沖縄は切り離され，引き続きアメリカの施政下に置かれることとなった。平和条約が発効した1952年4月28日，日本は中華民国と日華平和条約を結び，国交を樹立した。1953年に朝鮮戦争が休戦すると，中国は台湾の「解放」に本腰を入れ始め，国民党政権が実効支配する金門島に砲撃を加えた。

1960年代に入り，沖縄で日本本土への復帰運動が盛り上がると，アメリカは沖縄の潜在主権が日本にあることを認めた。しかし，アメリカがベトナムへの軍事介入を本格化②させると，出撃基地としての沖縄の軍事的価値は高まり，沖縄の施政権返還は遠のいた。（　2　）首相は，沖縄の「核抜き・本土並み」での施政権返還に取り組んだ。実際，沖縄の返還にあたり，核兵器は撤去されたが，米軍基地は他府県レベルにまで減らされることはなく，ほぼそのまま残された。

ところで，アメリカから日本に返還される島々の中には，尖閣諸島が含まれていた。国連アジア極東経済委員会が1969年，東シナ海に石油埋蔵の可能性がある，と報告すると，まず台湾が，続いて中国が，尖閣諸島の領有権を主張し始めた。

アメリカのニクソン大統領は，1971年，翌年の中国訪問を発表した。劇的な米中接近を受けて，日本は中国との国交正常化に動いた。日中共同声明において，「台湾が中華人民共和国の領土の不可分の一部である」という中国政府の立場を，日本は「十分理解し，尊重」する，という立場をとった。これに伴い，日本は中華民国との関係を断絶した。1978年，日中平和友好条約が結ばれたが，その交渉途中，中国の漁船が多数尖閣諸島周辺に集結するという事態が発生している。

1989年，冷戦は終結し，1991年にはソ連が解体した。これに対し，中国は天安門広場で発生した民主化運動を鎮圧し，共産党一党支配は生き残った。1992年，中国は尖閣諸島や南沙諸島などを自国領と定めた領海法を制定した。

1995年，沖縄に駐留する米兵が少女暴行事件を起こすと，沖縄では米軍基地の整理・縮小と日米地位協定の改定を求める大規模な運動が盛り上がった。しかし，アジアの冷戦構造は残っていた。1996年の台湾初の直接総統選挙③をめぐり，中国は台湾海峡でミサイル演習を行い，台湾を威嚇した。これに対し，アメリカは空母を派遣して中国の動きを牽制した。

これを受け，日米両政府は冷戦終結後も日米安保体制を堅持することを確認する一方で，沖縄の基地負担を減らすため，住宅街に近く危険な(　a　)飛行場を返還する，と発表した。しかし，代替施設を沖縄県北部の(　b　)に建設することが条件とされたため，反発が広がった。2009年，(　a　)飛行場の移設先を「最低でも県外」と選挙時に発言した民主党代表の(　3　)が首相に就任すると，多くの沖縄県民は期待した。しかし，(　3　)政権は(　a　)飛行場の移設を実現できず，沖縄県民の期待は失望に変わった。続く(　4　)政権下では，尖閣諸島沖で中国漁船と日本の海上保安庁の巡視船が衝突する事件が発生した。さらに，(　5　)政権が尖閣諸島の3島を国有化すると，中国各地では大規模な反日デモが発生した。

2010年，中国は名目国内総生産において日本を抜き，アメリカに次ぐ第2位となった。台頭する中国に危機感を募らせた(　6　)は2012年，首相に返り咲くと，長年にわたり膠着していた(　a　)飛行場移設を進めるべく(　b　)沖への土砂投入を開始するとともに，南西諸島防衛を重視する姿勢を鮮明にした。2013年に国家主席に就任した習近平は，南シナ海に人工島を造成するほか，東シナ海においても，中国公船による尖閣諸島周辺海域への接近を日常化させている。

問(A)　文中の(　1　)～(　6　)に入れるのに最も適当な人名を下記の語群から一つ選び，その記号をマークしなさい。

〔語群〕

(ア) 池田勇人	(イ) 田中角栄	(ウ) 鳩山由紀夫
(エ) 枝野幸男	(オ) 福田康夫	(カ) 吉田茂
(キ) 安倍晋太郎	(ク) 鳩山一郎	(ケ) 小泉純一郎
(コ) 菅直人	(サ) 森喜朗	(シ) 麻生太郎
(ス) 細川護熙	(セ) 福田赳夫	(ソ) 安倍晋三
(タ) 岸信介	(チ) 菅義偉	(ツ) 野田佳彦
(テ) 佐藤栄作	(ト) 村山富市	

問(B)　下線部①に関して，連合国による占領下の日本で起きた出来事に関する記述として**最も適当でない**ものを，次の(ア)～(エ)から一つ選び，その記号をマークしなさい。

(ア)　日本国憲法が施行された。　　(イ)　内務省が廃止された。

(ウ)　女性に参政権が与えられた。　　(エ)　保安隊が設立された。

問(C)　下線部②に関して，ベトナム戦争への対応を目的のひとつとして設立された国際組織として最も適当なものを，次の(ア)～(エ)から一つ選び，その記号をマークしなさい。

(ア)　COMECON　　(イ)　NATO　　(ウ)　ASEAN　　(エ)　OPEC

問(D)　下線部③に関して，台湾の民主化を推進し，この選挙で当選した人物として最も適当なものを，次の(ア)～(エ)から一つ選び，その記号をマークしなさい。

(ア)　蔣介石　　(イ)　鄧小平　　(ウ)　蔡英文　　(エ)　李登輝

問(E)　文中の(　a　)および(　b　)に入れる語句の組合せとして最も適当なものを次の(ア)～(オ)から一つ選び，その記号をマークしなさい。

	(a)	(b)
(ア)	普天間	嘉手納
(イ)	辺野古	普天間
(ウ)	普天間	辺野古
(エ)	嘉手納	辺野古
(オ)	嘉手納	普天間

〔Ⅳ〕 次の文章を読んで，問(A)～問(G)に答えなさい。

日本の①中小企業は，②企業数および従業者数において企業全体の大部分を占め，経済活動の中で大きな役割を果たしている。日本経済が1955年～1973年の③高度経済成長を通して産業構造を高度化させる一方，高度成長期の前期には中小企業と大企業の間で発展速度に差が生じ，資本装備率，生産性，収益性，従業員の賃金などの面で，格差が見られるようになった。1957年度の経済白書において指摘されたこの問題を，経済の(　1　)と言う。

経済成長に伴い，生産する製品の種類が増加し，製造工程が複雑になってくると，大企業は生産工程の一部を請け負ったり，大企業が必要とする機械の部品を継続的に製造したりする(　2　)を求めるようになり，大企業を頂点とするピラミッド型の重層構造が形成された。しかし，1985年のプラザ合意以降，④情報技術が発展し，経済のグローバル化が進むと，大企業は国内の中小企業を中心に事業を進めることが困難となり，また中小企業の中にも，特定の大企業に依存することなく，⑤独自の製品や生産技術を開発し，自ら新たな市場を開拓している企業も見られるようになった。そこで，1999年に(　3　)を改正し，中小企業政策は，(　1　)を前提に大企業との間の格差是正を目的とした政策から，独立した中小企業の自主的な努力の助長と多様で活力ある中小企業の育成を基本理念とする政策へと転換した。

また，小売業においては，中小小売業の事業機会を確保するため，1973年，(　4　)が成立し大規模小売業の出店を抑制してきた。しかしながら，1982年をピークに小売商店数が減少し，1980年代後半から始まった日米構造協議の中で(　4　)が非関税障壁となっていると指摘されたため，2000年，(　4　)は廃止された。中小小売業は，身近な買い物の場であるとともに，地域コミュニティの拠点⑥として地域の消費者の生活を支える役割がよりいっそう求められるようになっている。

問(A)　文中の(　1　)～(　4　)に入れるのに最も適当な語句を下記の語群から選び，その記号をマークしなさい。

〔語群〕

(ア)　下請け企業	(イ)　中心市街地活性化法
(ウ)　大規模小売店舗法	(エ)　多国籍企業
(オ)　会社法	(カ)　所得倍増計画
(キ)　デジタル・デバイド	(ク)　労働組合法
(ケ)　ベンチャー企業	(コ)　二重構造
(サ)　大規模小売店舗立地法	(シ)　中小企業基本法

問(B)　下線部①に関して，(　3　)が定める「中小企業者の範囲」に**当てはまらない**ものを次の(ア)～(エ)から一つ選び，その記号をマークしなさい。

(ア)　資本金3億円ならびに従業員数300人の製造業

(イ)　資本金1億円ならびに従業員数100人の卸売業

(ウ)　資本金1億円ならびに従業員数300人の小売業

(エ)　資本金5,000万円ならびに従業員数100人のサービス業

問(C)　下線部②に関する下記の文章を読み，(　X　)～(　Z　)に当てはまる数字の組合せとして最も適当なものを次の(ア)～(エ)から一つ選び，その記号をマークしなさい。

2021年度版中小企業白書によると，製造業における中小企業数の割合は(　X　)%，中小企業の従業者数の割合は(　Y　)%である。一方，中

小企業の売上高の中央値は1,500万円で，売上高1,000万円以下に約(　Z　)割の中小企業が存在していることが分かる。他方で，売上高10億円超の中小企業も約3％存在し，中小企業でも売上高の大きい企業は存在していることがわかる。

	(　X　)	(　Y　)	(　Z　)
(ア)	99.5	65.4	4
(イ)	99.5	87.3	6
(ウ)	65.4	46.7	4
(エ)	65.4	87.3	6

問(D)　下線部③の説明として，**最も適当でない**ものを次の(ア)～(エ)から一つ選び，その記号をマークしなさい。

(ア)　平均して年約10％の実質経済成長率で成長し，この間に日本のＧＮＰはほぼ6倍に拡大した。

(イ)　耐久消費財の普及が進み，1970年には電気洗濯機，電気冷蔵庫，カラーテレビの普及率がいずれも80％を超えた。

(ウ)　資本の自由化が段階的に推進されるとともに，ＯＥＣＤへの加盟を果たすなど国際経済社会への復帰が進んだ。

(エ)　アメリカやヨーロッパの先進技術を積極的に導入し，石油化学や鉄鋼産業では各地に関連産業を集めたコンビナートがつくられ，「集積の利益」が追求された。

問(E)　下線部④に関する次の記述のうち，**最も適当でない**ものを次の(ア)～(エ)から一つ選び，その記号をマークしなさい。

(ア)　新型コロナウイルス感染症が拡大する中，インターネットを利用した電子商取引が拡大している。

(イ)　ＩＴとは，ネットワークを利用することでコミュニケーションを活発にすることが意図された言葉である。

(ウ)　総務省の通信利用動向調査(2020年)によると，情報通信機器として，スマートフォンを保有している世帯の割合がパソコンを保有している世帯の割合を上回っていることが明らかとなった。

(エ)「いつでも，どこでも，何でも，誰とでも」ネットワークに接続できるユビキタス社会は実用化され，あらゆるものがネットワークに接続できるＩｏＴ化が進展している。

問(F) 下線部⑤の説明として，**最も適当でない**ものを次の(ア)〜(エ)から一つ選び，その記号をマークしなさい。

(ア) 日本のベンチャー・ビジネスは，専門性が高く高度な技術を必要とする情報産業などの分野で多く見られる。

(イ) 既存企業が見落とした分野や市場規模が小さいがゆえに参入できなかった分野に活路を見出す企業をニッチ企業という。

(ウ) 新たに事業を開業しようとする人が増えたことにより，日本の開業率は上昇し，国際的にみても高い水準になっている。

(エ) 経済産業省の調査によると，2014年以降，大学での研究成果に基づく特許や新技術を事業化した大学発ベンチャー数が増加している。

問(G) 下線部⑥に関する説明として，**最も適当でない**ものを次の(ア)〜(エ)から一つ選び，その記号をマークしなさい。

(ア) 過疎化が進む農村だけでなく，政令指定都市や中核市においても，小売業の閉店や公共交通機関のサービス停止等により，自宅近くでの日常的な買い物に困っている消費者，いわゆる買い物弱者の存在が問題となっている。

(イ) 空き店舗が増加した商店街の一部では，ＮＰＯ法人や自治体などと協力して空き店舗を活用し，まちの活力を取り戻そうとする活動が広がっている。

(ウ) コンビニエンス・ストアは全国の自治体と，大規模災害が発生した際に帰宅支援サービスを提供したり，必要な物資を供給したりする協定の締結を進めている。

(エ) 地域の中小小売業の中には，商圏内人口の減少にともなって，インターネット上で取引するプラットフォームへ出店する企業が登場している。

数学

◀3教科型・2教科型（英語外部試験利用方式）▶

(60分)

〔Ⅰ〕 次の［　　］をうめよ。ただし，［ ③ ］，［ ④ ］，［ ⑥ ］，［ ⑦ ］は数値でうめよ。

pを実数とし，2次方程式

$$x^2 - px - \frac{1}{2}p + 2 = 0$$

の2つの解をα，βとする。このとき，$\alpha^2 + \beta^2$および$\alpha^3 + \beta^3$をpの式で表すと，

$$\alpha^2 + \beta^2 = \boxed{\text{①}}, \quad \alpha^3 + \beta^3 = \boxed{\text{②}}$$

である。また，

$$\left(\alpha + \boxed{\text{③}}\right)\left(\beta + \boxed{\text{③}}\right)$$

はpによらず，一定の値［ ④ ］をとる。

αが虚数であるとする。このとき，pのとりうる値の範囲は［ ⑤ ］である。さらに，αの虚部が正の実数であるとすると，αの虚部は$p =$［ ⑥ ］のとき，最大値［ ⑦ ］をとる。

〔II〕 次の □ をうめよ。

次のように定められた数列$\{a_n\}$，$\{b_n\}$を考える。

$$\begin{cases} a_1 = 2 \\ b_1 = -1 \end{cases} \quad \begin{cases} a_{n+1} = 6a_n + 2b_n \\ b_{n+1} = 3a_n + 5b_n \end{cases} \quad (n = 1,\ 2,\ 3,\ \cdots\cdots)$$

$n = 1,\ 2,\ 3,\ \cdots\cdots$ に対して，

$$a_{n+1} + \alpha b_{n+1} = \beta(a_n + \alpha b_n)$$

を満たす実数α，βを求めると，

$$(\alpha,\ \beta) = \left(-1,\ \boxed{\ ①\ }\right),\ \left(\boxed{\ ②\ },\ 8\right)$$

である。よって，数列$\{a_n - b_n\}$の一般項は

$$a_n - b_n = \boxed{\ ③\ }$$

となる。また，数列$\left\{a_n + \boxed{\ ②\ }\ b_n\right\}$の一般項は

$$a_n + \boxed{\ ②\ }\ b_n = \boxed{\ ④\ }$$

となる。さらに，$\{b_n\}$の一般項は$b_n = \boxed{\ ⑤\ }$となり，$\{a_n\}$の一般項は$a_n = \boxed{\ ⑥\ }$となる。

〔III〕 次の問いに答えよ。

(1) 関数$y = 2x^3 - 9x^2 - 60x + 275$の極値を求めよ。

(2) 不等式

$$2x^3 - 9x^2 - 60x + 276 > 1$$

を解け。

(3) (2)で求めたxの範囲で，不等式

$$\log_{(2x^3-9x^2-60x+276)}(2x^2 - x - 1) > \log_{(2x^3-9x^2-60x+276)}(x^2 + x - 2)$$

を解け。

◀2教科選択型▶

(90分)

〔Ⅰ〕 nを3以上の自然数とし，$n \times n$ブロックの街区(各ブロックの大きさはすべて等しい)を考える。例えば$n=3$の場合は図1のようになる。街区の左上端の点をA，右下端の点をBとして，点Aから点Bまで縦横の街路を通って最短距離で行く道順を考える。このとき，次の問いに答えよ。

(1) 図1のような3×3ブロックの街区について，点Aから点Bまで最短距離で行く道順は何通りあるかを求めよ。

(2) (1)の街区に対して，左から2番目で上から2番目のブロックに，図2のように横方向の街路CDを付け加える。このとき，点Aから点Bまで最短距離で行く道順は何通りあるかを求めよ。

(3) $n \times n$ブロックの街区に対して，左からk番目で上からk番目のブロックに横方向の街路をひとつ付け加えたとき，点Aから点Bまで最短距離で行く道順は，付け加える前と比べて何通り増えるかを，nとkを用いて表せ。ただし，kは$1 \leqq k \leqq n$を満たす自然数とする。

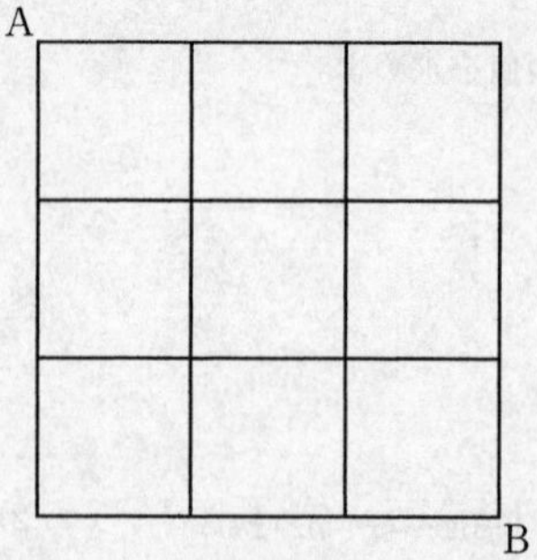

図1

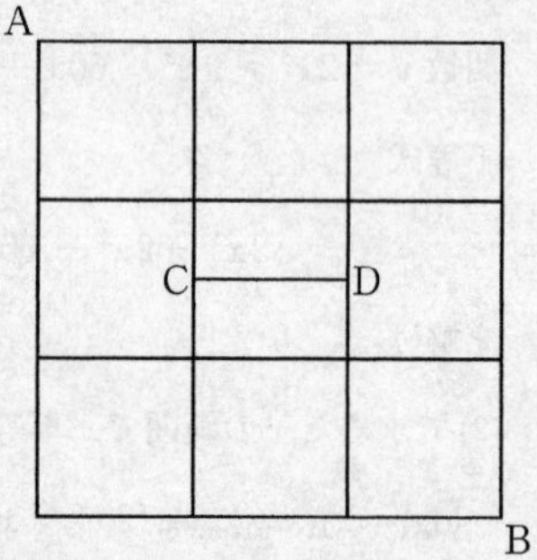

図2

〔Ⅱ〕２曲線

$$C : y = x^2 - \frac{1}{3}x - \frac{10}{3}$$
$$\ell : y = -2|x-1| + 2$$

がある。次の問いに答えよ。

(1)　C と ℓ は異なる２つの共有点をもつ。それぞれの座標を求めよ。

(2)　C と ℓ で囲まれた部分の面積を求めよ。

〔Ⅲ〕１個のさいころを２回投げて出た目を順に p, q とし，

$$a_1 = 0,\ a_{n+1} = pa_n + q \quad (n = 1,\ 2,\ 3,\ \cdots\cdots)$$

で与えられる数列 $\{a_n\}$ を考える。次の［　　］をうめよ。

ただし，［①］，［③］，［⑤］，［⑥］は p, q, n を用いた式で表せ。

(1)　$a_2 \geqq 5$ となる条件は［①］であり，その確率は［②］である。

(2)　$a_3 \geqq 10$ となる条件は［③］であり，その確率は［④］である。

(3)　$p = 1$ のとき $a_n =$［⑤］であり，$p \neq 1$ のとき $a_n =$［⑥］である。よって $a_5 \leqq 100$ となる確率は［⑦］である。

〔Ⅳ〕 a, b を正の実数とする。

$$f(x)=a\sin^3 x\cos x-b\sin^4 x+b\cos^4 x+a\sin x\cos^3 x-1$$

とおくとき，次の $\boxed{}$ をうめよ。

$f(x)=\boxed{①}\sin 2x+\boxed{②}\cos 2x-1$ のように変形できるから，$0\leqq x\leqq \pi$ における $f(x)$ の最大値 M，最小値 m を a, b を用いて表せば $M=\boxed{③}$，$m=\boxed{④}$ となる。また a, b が $3M+m=0$ を満たしながら変化するとき，$2a+\sqrt{3}b$ の最大値は $\boxed{⑤}$ である。

(2) 第一～三節のそれぞれの見出しタイトルとして最も適当なものを選択肢からそれぞれ一つ選び、その記号をマークせよ。

a　プライバシーと法学
b　権利としての視点と統治としての視点
c　プライバシーとプライバシーの権利
d　プライバシーとは何か
e　ヨーロッパとアメリカのプライバシーの思想
f　統治としてのプライバシー
g　政府機関とデータ保護監督機関
h　プライバシーの権利と経済学
i　プライバシー無用論
j　「プライバシー・ナッジ」の可能性

二

▲3教科型・2教科型（英語外部試験利用方式）▼二に同じ。

b プライバシーとは私秘性に関する多様な事象を指します。

c このようにプライバシーの権利を説明すると、これを保護するための法制度は、プライバシー・リスクに対処するための無色透明の立法となることがあります。

d 本書では、日本におけるプライバシーの権利の核心にある利益を、憲法第一三条の個人の尊重の原理に照らした人格的利益であると主張します。

e 個人の権利の保障は、国会が制定する法律、行政による法令に基づく運用、そして裁判所による法令解釈を通じて行われます。

f プライバシーは事後に回復することが困難な権利であるため、実質的害悪が生じていなくても、権利侵害を未然に防止するための統治システムが必要となります。

g ヨーロッパにおいてプライバシーが統治の問題であるといった場合、個人データ保護の権利の擁護者としての独立した第三者機関(データ保護監督機関)による監視というのが一般的です。

h プライバシーの権利を考えるにあたり、そもそもプライバシーなどいらない、という見解について考える必要があります。

i 人間は常に合理的な判断を下せないという前提に立ち、より実証的な観点からプライバシーの権利への異論が想定されます。

j プライバシー権が人格形成の利益を有している以上、自らの人格をまわりの環境にすべて委ねてしまうという安易な方向性を肯定するべきではありません。

(え)　リレキ

a　役職をヘイリのごとく捨てる。
b　愛する人とのリベツを悲しむ。
c　リメン工作により事態を解決する。
d　集めたお金をカンリする。
e　エイリな刃物で切りつける。

(お)　ソチ

a　ウイルスのまん延をソシする。
b　何気ないキョソ進退に人柄がにじみ出る。
c　ソショクが長寿の一法だとの説がある。
d　師の説をソジュツする。
e　金属のソセイを分析する。

問8　現代的な意味において、なぜプライバシーは守られるべきだと筆者は述べているか、五十字以内で記せ。なお、句読点・符号も字数に含めるものとする。

問9　本文は大きく三つの節からなる。次の問いに答えよ。

(1)　第二、三節のそれぞれの節の冒頭の一文を、選択肢からそれぞれ一つ選び、その記号をマークせよ。

a　プライバシーの権利を考えるにあたり、プライバシー自体が相対的な概念であることを前提とせざるを得ません。

問7　二重傍線部(あ)(い)(う)(え)(お)のカタカナと同じ漢字を用いる語を選択肢から一つ選び、その記号をマークせよ。

(あ)　シャテイ
a　雑音をシャダンする。
b　景気がピークを過ぎてシャヨウ産業になりつつある。
c　実質をシャショウすると形式だけが残る。
d　レーザー光をショウシャする。
e　大自然の風景をビョウシャする。

(い)　ソショウ
a　国民からソゼイを徴収する。
b　何事もヘイソの心がけが大切だ。
c　彼はシンソの別なく誰にでも会う。
d　ソキュウリョクの高い広告で売上げを伸ばす。
e　今日の繁栄のソセキを築く。

(う)　シンサ
a　留学のビザをシンセイする。
b　防犯のためにフシン者に注意する。
c　古くなった家をフシンする。
d　医師が患者の自宅を訪問シンリョウする。
e　事のシンソウをつきとめる。

問６　人間にとってのデータについて、筆者はどのように述べているか。最も適当なものを選択肢から一つ選び、その記号をマークせよ。

a　「ナッジ」されると、人はその方向に動いてしまうが、データの指図に従う他律的な生き方それ自体は決して悪というわけではなく、個人の内面を操作し、個人の自律を脅かすようなナッジの設計自体が、プライバシーの統治の問題であり、それを規制の対象とすることによって、人間は情報から解放され自由に生きることができる。

b　人間は提示された情報に流されやすいので、「ナッジ」する広告を広告であると認識しうる透明性と、個人の自律による解決を図る場面が残されるべきだが、個人の自律を脅かすようなナッジの設計自体を規制の対象とするなら、人間が主体となり、データがその客体となることができる。

c　人間は提示された情報に流されやすく、ナッジには個人の内面を操作しうる危険性があるので、人間は自らの人格をまわりの環境にすべて委ねてしまうべきではなく、ときには「おすすめ」に逆らってでも、自らと向き合い、データに従属した生き方から解放されることが必要である。

d　ナッジの危険性は個人の内面を操作しうる点にあり、個人の自律を脅かすようなナッジの設計自体を規制の対象とする必要があるが、自らの人格をまわりの環境にすべて委ねることを否定することによって、人間はデータの隷従となることなく、あらゆる情報について合理的に判断できるようになる。

e　ナッジの危険性は個人の内面を操作しうる点にあるが、人間はすべて「おすすめ」に従って生きるのではなく、ときに「おすすめ」に逆らってでも、自らと向き合い、反芻のプロセスを経て、人格発展の道を進むものなので、人間が主体となり、データがその客体であって、その逆は成立しない。

問５　プライバシーをめぐるポズナーの見解について、筆者はどのように考えているか。最も適当なものを選択肢から一つ選び、その記号をマークせよ。

a　そもそもプライバシーなどいらない、というポズナーの見解は、企業の採用における面接の手間を省き、友人を作ろうとするときに相性の不一致により無駄な時間をかけなくてすむようになるので、合理的であることは認められるが、まだＡＩの性能が高くないので現実的ではない。

b　そもそもプライバシーなどいらない、というポズナーの見解は、あらゆる情報について各人が合理的に判断できることが前提とされるが、仮にすべての正確な情報を入手できたとしても、様々な情報を合理的に精査しても、将来を正確に予測できるとは限らないので、人間は常に合理的な判断を下せないという前提に立つべきである。

c　個人の秘密を隠し取引することは、取引の相手を欺く行為であって、プライバシーは取引コストを高めるというポズナーの見解は、企業の採用において面接の手間を省くことができるので有効だが、友人を作ろうとするときには、人間はＡＩではないので、私秘性を保有しながら、他者との交流をしていかざるを得ない。

d　個人の秘密を隠し取引することは、取引の相手を欺く行為であって、プライバシーは取引コストを高めるというポズナーの見解によれば、企業の採用や友人を作るにはプライバシーなどいらないことになるが、人間は合理的な判断も正確な未来の予測もできるとはかぎらないので、ポズナーを支持することはできない。

e　法と経済学の観点に立つポズナーの見解によれば、個人の秘密を隠し取引することは、取引の相手を欺く行為であって、プライバシーは取引コストを高めることとなるので、秘密を保持することは不合理なことなのかもしれないが、プライバシーの権利については、より実証的な観点から問題にしなければならない。

問4　個人データ保護について、筆者はどのように述べているか。最も適当なものを選択肢から一つ選び、その記号をマークせよ。

a　個人データ保護については、事後の裁判所による救済ソチとは別に、事前のチェック機能を果たすための独立した監督機関が必要であり、その監督機関は政府機関や民間企業への立入検査、個人データ処理の停止命令、違反に対する制裁金を科すことなどの強力な権限を持つことが重要となる。

b　個人データ保護については、個人データ保護の権利の擁護者としての独立した第三者機関による監視が一般的だが、その監視の多くは本人の知らないところで行われ、裁判所による損害の認定がしにくく、官民問わずあらゆる組織で侵害の可能性があるので、それをいかに統治していくかが課題となる。

c　個人データ保護については、ヨーロッパの場合、個人データ保護のための独立した監督機関の存在を設けることを規定しているのに対して、日本には、明文化された規定がなく、裁判所が個人データ保護を行っているが、それとは別にプライバシー保護に特化した機関の存在が必要となる。

d　個人データ保護については、ヨーロッパでは、事前のチェック機能を果たすための独立した監督機関が存在しているのに対して、アメリカでは、プライバシーに特化した機関が存在し、政府機関や民間企業への立入検査、個人データ処理の停止命令、違反に対する制裁金を科すことまで認められている。

e　個人データ保護については、権利が侵害されていることが認識されて初めてできるのであって、ソショウ要件などの制約があることから裁判所だけでは十分ではなく、侵害された権利を救済するためには、独立した行政機関こそがプライバシーと個人データ保護のアーキテクチャーの一つとして存在することが重要となる。

問3　インターネットとプライバシーの問題について、筆者はどのように述べているか。最も適当なものを選択肢から一つ選び、その記号をマークせよ。

a　プライバシーについては、個人の権利の保障が、国会が制定する法律、行政による法令に基づく運用、裁判所の法令解釈を通じて行われるのとは異なり、「コード」という側面に着目する必要があり、特に国境のないインターネットの世界では、規制の設計材料を法令以外のところに求める必要がある。

b　特にインターネットの利用場面においては、本人に気付かれないように行動が監視されたり、パソコンがハッキングされ通信内容が見られるなどの問題を未然に防止するために、プライバシーについては、コンピュータのソフトウェアを通じた規制が求められるだけでなく、法律や社会規範や市場における規制も必要となる。

c　プライバシーは、本人が気付かないうちに侵害されることがあり、事後に回復することが困難な権利であるため、権利侵害を未然に防止するための統治システムが必要であるが、特にインターネットの世界では、法令による規制以外にも、コンピュータのソフトウェアを通じた規制が求められる。

d　インターネットにおけるプライバシーの保護には、ネットワークシステムの構造に着目し、権利侵害を未然に防止するための統治システムが必要であるが、それは、特に国境のないインターネットの世界では、喫煙を規制するときのような法律や社会規範や市場における価格の引き上げによる規制ができないからである。

e　プライバシーの保護には、権利侵害を未然に防止するための統治システムが必要であり、個人情報が第三者に開示・公表される具体的な危険が生じていない場合でも、インターネットにおいては「システム技術上又は法制度上の不備」を理由として、その不備の有無をシステム技術・法制度の観点から検討すべきである。

問２　プライバシーの権利について、筆者はどのように述べているか。最も適当なものを選択肢から一つ選び、その記号をマークせよ。

ａ　法学では、どのように個人が自らのプライバシーを確保できるかという権利としての視点と、どのように各組織がプライバシーを保護できるかという統治としての視点がそれぞれ重要であり、さらに人々が日常生活で使うプライバシーという日本語についての視点よりも、法的承認を受ける価値を有するプライバシーの権利としての視点が重要となる。

ｂ　人々が日常生活で使うプライバシーという日本語と、法的承認を受ける価値を有するプライバシーの権利は異なり、プライバシーそのものは実証的に捉えられるのに対して、プライバシーの権利には規範的な意味合いが含まれるが、プライバシー自体は相対的な概念であり、プライバシーの権利のシャテイもまた、時代、場所、文化によって異なりうる。

ｃ　人々が日常生活で使うプライバシーという日本語と、法的承認を受ける価値を有するプライバシーの権利は異なるが、アメリカではプライバシーそのものを四類型に区分しており、人により、経済状況、健康状況、思想や信条など、何をどの程度センシティブと感じるのかは異なるため、プライバシーの権利は、今日でも共通了解を調達できていない。

ｄ　プライバシーの権利とは、他者による評価の対象になることのない生活状況や人間関係が確保されている状態に対する正当な要求や主張と定義づけられ、実証的に捉えられるものであり、規範的な意味合いが含まれるが、プライバシーそれ自体もプライバシーの権利も、時代、場所、文化によって異なりうる文脈的概念である点では共通している。

ｅ　プライバシーの権利とは、他者による評価の対象になることのない生活状況や人間関係が確保されている状態に対する正当な要求や主張と定義づけられてきたが、現代においては、家族という「親密な関係性」、家庭という「物理的な場所」、通信という「人の精神・経済活動に関する媒体」もまたプライバシー権の対象として保障されるように意味が変化している。

注

＊1　阪本昌成＝日本の法学者。（一九四五〜　）　＊2　ウィリアム・プロッサー＝アメリカの法学者。（一八九八〜一九七二）　＊3　センシティブ＝取り扱いに細心の注意を要すること。　＊4　ダニエル・ソロブ＝アメリカの法学者。（一九七二〜　）　＊5　一六類型＝ダニエル・ソロブはプライバシー権の侵害を、情報収集（①監視、②尋問）、情報処理（③集積、④識別、⑤安全管理の欠陥、⑥二次利用、⑦排除）、情報流通（⑧信頼義務違反、⑨開示、⑩漏洩《ろうえい》、⑪アクセス、⑫無断利用、⑬盗用、⑭誤認）、私事への侵略（⑮平穏への侵入、⑯意思決定への干渉）の四段階一六類型に整理している。　＊6　ローレンス・レッシグ＝アメリカの法学者。（一九六一〜　）　＊7　コード＝インターネット社会における規制のあり方。　＊8　ケンブリッジ・アナリティカ事件＝世界中のフェイスブック利用者の最大八七〇〇万人の個人データが、選挙活動のコンサルティングを行うデータ分析会社であるケンブリッジ・アナリティカなどへと流され、二〇一六年に実施されたイギリスのEU離脱をめぐる国民投票やアメリカ大統領選挙において、選挙活動に利用された事件。　＊9　アーキテクチャー＝社会環境の物理的・生物的・社会的条件を操作し、人間の行動を誘導する仕組み。　＊10　住民基本台帳ネットワークシステム＝住民票を世帯ごとに編成して作成した住民基本台帳を、地方公共団体共同のシステムとしてネットワーク化したもの。　＊11　アラン・ウェスティン＝アメリカの法学者。（一九二九〜二〇一三）　＊12　リチャード・ポズナー＝アメリカの法学者。（一九三九〜　）　＊13　プライバシー・ナッジ＝人々が自己のプライバシーに関してより良い選択を行うことができるよう「ナッジ」すること。「ナッジ（そっと押す）」とは、周囲の環境を人為的にデザインすることにより、人々の選択の自由を尊重しつつ、より良い選択をしやすいように手助けする手法をいう。　＊14　キャス・サンスティン＝アメリカの法学者。（一九五四〜　）

問1　太線部㋐「ケンイキ」、㋑「コウケン」を漢字に改めよ。

近くのおすすめのレストランを検索した場合、検索結果に出てきたすべてのレストランを精査することはほとんどなく、おすすめとして紹介されたページや多くの人は最初のページの上に表示されるレストランを見てそこに決めてしまいます。人間は提示された情報に流されやすいのです。

「ナッジ(そっと押す)」されると、人はその方向に動いてしまいます。進学、就職、結婚に至るまでデータの指図に従う他律的な生き方それ自体は決して悪ではないのかもしれませんが、ナッジの危険性は個人の内面を操作しうる点にあります。*14キャス・サンスティンがナッジについて、広告を広告であると認識しうる透明性の確保が不可欠であり、個人の自律による解決を図る場面が残されるべきだと論じています。また、このような個人の自律を脅かすようなナッジの設計自体が、プライバシーの統治の問題であり、規制の対象とする必要があります。

プライバシー権が人格形成の利益を有している以上、自らの人格をまわりの環境にすべて委ねてしまうという安易な方向性を肯定するべきではありません。人はすべて「おすすめ」に従って生きるのではなく、ときに「おすすめ」に逆らってでも、自らと向き合い、反芻《はんすう》のプロセスを経て、人格発展の道を進む時間を必要とするべきです。

このデータに従属した生き方から解放される瞬間こそが、人間が主体となり、データがその客体であり、その逆が成立しないときです。本書において、プライバシー権が自我を自ら造形する人格発展の権利といった背景には、個人として尊重されるという規範が何よりもまず改めて引き合いに出される必要があります。プライバシー権が想定する個人像とは、データの隷従となることなく、自己決定できる理性的な個人です。尊重されるべき者は、個人であって、国民全体やインターネット民といった集合体ではなく、ましてやデータではありません。この個人とデータの主従関係を逆転させることがあってはならない、というのが現代的意味における個人としての尊重を意味していると考えています。

(宮下紘『プライバシーという権利―個人情報はなぜ守られるべきか』による)

ことをあげていました。このような課題を克服するため、プライバシー保護に特化した機関の存在が必要となるのです。

これらの監督機関は強力な権限を有しており、政府機関や民間企業への立入検査のほか、個人データ処理の停止を命じたり、さらに違反に対する制裁金を科すことまで認められています。別の言い方をすれば、プライバシーや個人データ保護の権利を保護するためには、ソショウ要件などの制約があることから裁判所だけでは十分ではなく、独立した行政機関こそがまさにプライバシーと個人データ保護のアーキテクチャーの一つとして存在することが重要となります。

プライバシーの権利を考えるにあたり、そもそもプライバシーなどいらない、という見解について考える必要があります。たとえば、法と経済学の観点から、*12リチャード・ポズナーは、個人の秘密を隠し取引することは、取引の相手方を欺く行為であって、プライバシーは取引コストを高めることとなる、と論じています。企業の採用において、企業側の採用したい人物像と、志望者側の能力などに関するすべての情報が開示されれば、面接を何度も慎重に行う手間は省けるでしょう。また、初対面で友人を作ろうとするとき、多くの人が自分を飾り良く見せようと思いますが、そもそも相性として不一致の双方が自らの内心を隠すことはかえって無駄な時間を費やすことになるというわけです。

しかし、ポズナーのこの議論は、あらゆる情報について各人が合理的に判断できることが前提とされます。採用後のその人の㋑コウケン度がどれほどのものか、また相手との相性が本当に不一致かどうかは、仮にすべての正確な情報を入手できたとしても、様々な情報を合理的に精査しても、将来を正確に予測できるとは限りません。すべての人間がAIのように計算高く行動できるのであれば、秘密を保持することは不合理なことなのかもしれませんが、人間はAIではありません。人間は、私秘性を保有しながら、他者との交流をしていかざるを得ないのです。

人間は常に合理的な判断を下せないという前提に立ち、より実証的な観点からプライバシーの権利への異論が想定されます。*13「プライバシー・ナッジ」という問題です。

判断しています。すなわち、住基ネットというネットワークシステムの構造に着目し、不備の有無をシステム技術・法制度の観点から検討しているため、システム構造それ自体を㋒シンサしたとみることができます。

さらに、このシステム構造としての統治の観点を一歩進めて検討すると、プライバシーは信頼の確保について考えることでもあります。自身の秘密を明かすことができるのは、信頼できる人だけです。信頼できる人は自分の秘密を守ってくれる人であり、共感してくれる人です。妊娠した女性が医師に話をするのは医師が患者の秘密を守ってくれるからであり、また妊娠したことを打ち明けるのを親しい友人のみにとどめておくのはその友人を信頼しているからです。これに対し、女性の買い物の㋓リレキから見ず知らずのスーパーが突然ベビー用品のクーポンを送りつけることは、信頼関係に基づかない私的㋐ケンイキへの侵略とみなされることがあるでしょう。プライバシーの保護は、大切な財産を信頼のおける人に託す信託という制度とのアナロジーが成り立ち、この信頼とプライバシーとの関係は重要になってきます。

ヨーロッパにおいてプライバシーが統治の問題であるといった場合、個人データ保護の権利の擁護者としての独立した第三者機関(データ保護監督機関)による監視というのが一般的です。他の人権規定にはみられませんが、EU基本権憲章第八条三項は、個人データ保護の権利について独立した監督機関の存在を設けることを規定しています。このデータ保護監督機関は、しばしば誤解されることがありますが、裁判所ではなく、日本の憲法で明文化されている会計検査院のような独立行政機関です。プライバシーや個人データの問題は、事後の裁判所による救済㋔ソチとは別に、事前のチェック機能を果たすための独立した監督機関が必要となります。裁判所への救済を求めることは、自らのプライバシーや個人データ保護の権利が侵害されていることが認識されて初めてできるのであって、その救済の前提となる権利侵害が秘密裏に行われていないかどうかをチェックするために独立した監督機関が設けられています。*11アラン・ウェスティンがアメリカの古典的プライバシー権の課題を指摘した際に、監視の多くは本人の知らないところで行われ、裁判所による損害の認定がしにくく、そして官民問わずあらゆる組織で侵害の可能性がある

守られなければならないのか、という別の問いを立てる必要があります。

本書では、日本におけるプライバシーの権利の核心にある利益を、憲法第一三条の個人の尊重の原理に照らした人格的利益であると主張します。より厳密には、データによる決定からの解放により、情報サイクルの中で人間を中心に据えて、本人自らがネットワーク化された自我を造形する利益、別の言い方をすれば、自らの情報に関する決定の利益こそが現代的プライバシー権の中核をなすものであると考えています。この利益を導き出す根底にある原理の考究が必要となりますが、この点については、アメリカとヨーロッパのそれぞれのプライバシーの思想をあぶり出す中で考えていくこととします。

個人の権利の保障は、国会が制定する法律、行政による法令に基づく運用、そして裁判所による法令解釈を通じて行われます。プライバシー権については、ローレンス・レッシグ*6の言葉を借りれば、「コード」*7という側面についても着目する必要があります。すなわち、プライバシーは、本人が気付かないうちに侵害されることがあります。典型例が、ケンブリッジ・アナリティカ事件*8のように本人に気付かれないように行動が監視されたり、あるいはパソコンがハッキングされ通信内容が見られることです。そこで、特にインターネットの利用場面においては、プライバシーをめぐる問題について、コンピュータのソフトウェアを通じた規制が求められています。喫煙を規制するためには、法律によって年齢制限を設けるなどの規制ができ、社会規範において食事中の喫煙許可をしないことで規制でき、また市場においてたばこの価格を引き上げることで規制することができます。しかし、それ以外に、アーキテクチャー*9においてたばこのにおいを強くすることで喫煙する機会を減らすという規制を実現することができます。特に国境のないインターネットの世界では、規制の設計材料が法令以外のところからも調達できるのです。

プライバシーは事後に回復することが困難な権利であるため、実質的害悪が生じていなくても、権利侵害を未然に防止するための統治システムが必要となります。日本の最高裁判所も、住民基本台帳ネットワークシステム*10をめぐるソショウ（い）において、「システム技術上又は法制度上の不備」が理由となって、個人情報が第三者に開示・公表される具体的な危険は生じていない、と

ない私事の公開、③事実の公表により誤った印象を与えること、④氏名・肖像の盗用、の四類型を公表したことが有名です。

　プライバシーの権利を考えるにあたり、プライバシー自体が相対的な概念であることを前提とせざるを得ません。人により、経済状況、健康状況、思想や信条など、何をどの程度センシティブ[*3]と感じるのかは異なります。世界中の研究者が一世紀以上にわたり「プライバシーとは何か」という問いに取り組んできましたが、今日でも共通了解を調達できていない状況です。

　プライバシーそれ自体が、時代、場所、そして文化によって異なりうる文脈的概念である以上、プライバシーの権利の(あ)シャテイもまた時代、場所、そして文化によって異なりうるのです。そこで、現代的な考究の対象は、プライバシーの権利の核心を構成する利益を明らかにすることとなっています。

　プライバシーとは私秘性に関する多様な事象を指します。たとえば一九四八年の国連世界人権宣言第一二条においては、プライバシーと並んで家族、家庭または通信が列挙されています。家族という「親密な関係性」をプライバシーの権利は保護の対象とし、家庭という「物理的な場所」をプライバシー権のシャテイに入れ、そして通信という「人の精神・経済活動に関する媒体」もまたプライバシー権の対象として保障されることとなります。

　ここでアメリカのプライバシー保護法の著名な研究者である、ダニエル・ソロブ[*4]によるプライバシー権の侵害類型の整理が参考になります。ソロブは、プライバシーが侵害されうる情報流通の動態に着目し、収集、処理、流通、侵略の四段階におけるプライバシー権の侵害を一六類型[*5]に区別しています。プライバシー保護立法も、これらの四段階におけるそれぞれのプライバシー・リスクに対処するための規定が整備されるのが一般的です。

　このようにプライバシーの権利を説明すると、これを保護するための法制度は、プライバシー・リスクに対処するための無色透明の立法となることがあります。しかし、実際には、それぞれの段階におけるプライバシーの権利侵害の認定には、プライバシーを構成する核心的利益とは何かということが求められます。この核心的利益を明らかにするためには、なぜプライバシーは

▲2教科選択型▼

（九〇分）

一　次の文章を読んで、後の問いに答えよ。

　プライバシーそれ自体は、法学、社会学、経済学または工学などの様々な分野において研究開拓されてきました。その中でも本書は、プライバシーを法学の視点から考えるものです。法学では、どのように個人が自らのプライバシーを確保できるか、という権利としての視点と、どのように各組織がプライバシーを保護できるか、という統治としての視点がそれぞれ重要となります。

　ここで、プライバシーの権利とは何かについて紹介します。重要なのは、人々が日常生活で使うプライバシーという日本語と、法的承認を受ける価値を有するプライバシーの権利は異なるということです。

　*1阪本昌成は、このことを意識して、プライバシーとは「他者による評価の対象になることのない生活状況または人間関係が確保されている状態」と定義し、プライバシーの権利とは「評価の対象になることのない生活状況または人間関係が確保されている状態に対する正当な要求または主張」と定義づけました。阪本も認めているとおり、プライバシーそのものは実証的に捉えられるものであり、プライバシーの権利には規範的な意味合いが含まれます。

　アメリカでは、一九六〇年に*2ウィリアム・プロッサーが不法行為上のプライバシーについて、①私事への侵入、②知られたく

b　桐壺院は「これは、少し不条理なものの報いである。私は、在位中の知らないうちに犯した罪を償うまでのあいだ、自分の生きた世の中を顧みることができなかったが、みなが深い悲しみを感じているのを見ると我慢できず、ここまで来た。それで、ひどくくたびれたけれども、帝に奏上することがあるので急いで京へ上るところだ」とおっしゃった。

c　桐壺院は「これは、ただほんの些細《ささい》なものの報いである。私は、在位中の知らないうちに犯した罪を償うまでのあいだ、自分の生きた世の中を顧みることができなかったが、そなたが苦しんでいるのを見ると我慢できず、ここまで来た。それで、ひどく迷ったけれども、帝に奏上することがあるので急いで京へ上るところだ」とおっしゃった。

d　桐壺院は「これは、ただほんの些細なものの報いである。私は、在位中の知らないうちに犯した罪を償うまでのあいだ、今の世のことを顧みることができなかったが、みなが深い悲しみを感じているのを見ると我慢できず、ここまで来た。それで、おまえのことがひどく気にかかるけれども、帝に奏上することがあるので急いで京へ上るところだ」とおっしゃった。

e　桐壺院は「これは、ただほんの些細なものの報いである。私は、在位中の知らないうちに犯した罪を償うまでのあいだ、今の世のことを顧みることができなかったが、そなたが苦しんでいるのを見ると我慢できず、ここまで来た。それで、ひどく疲れたけれども、帝に奏上することがあるので急いで京へ上るところだ」とおっしゃった。

問９　傍線部Ⓐを、主語を補って現代語訳せよ。

身を捨てるしかないかもしれません」と申し上げた。

b　桐壺院が「住吉の神のお導きがあったならば、早く船を出してこの浦を去りなさい」とおっしゃったところ、光源氏は「おそるべき神々のお姿にお別れ申し上げた今となっては、いろいろと悲しいことばかりございましたので、今すぐにこの渚に身を捨てるしかないかもしれません」と申し上げた。

c　桐壺院が「住吉の神のお導きに従って、早く船を出してこの浦を去りなさい」とおっしゃったところ、光源氏は「院のお造りになったすばらしい都にお別れ申し上げてこのかた、いろいろと悲しいことばかりございますので、今はいっそのこと、この渚に身を捨ててしまいとうございます」と申し上げた。

d　桐壺院が「住吉の神のお導きに従って、早く船を出してこの浦を去りなさい」とおっしゃったところ、光源氏は「おそれ多い院のお姿にお別れ申し上げてこのかた、いろいろと悲しいことばかりございますので、今はいっそのこと、この渚に身を捨ててしまいとうございます」と申し上げた。

e　桐壺院が「住吉の神のお導きに従って、早く船を出してこの浦を去りなさい」とおっしゃったところ、光源氏は「おそるべき神々のお姿にお別れ申し上げた今となっては、いろいろと悲しいことばかりございますので、今はいっそのこと、この渚に身を捨ててしまいとうございます」と申し上げた。

問8　桐壺院が光源氏に言いおいたことはどのようなことか。最も適当なものを選択肢から一つ選び、その記号をマークせよ。

a　桐壺院は「これは、少し不条理なものの報いである。私は、在位中の知らないうちに犯した罪を償うまでのあいだ、今の世のことを顧みることができなかったが、みなが深い悲しみを感じているのを見ると我慢できず、ここまで来た。それで、ひどく気力が失われたけれども、帝《みかど》に奏上することがあるので急いで京へ上るところだ」とおっしゃった。

頼みにしなかったので、潮路の八重に集まる沖の海に漂ってしまったことだ」という歌を詠んだ。

問6　光源氏が眠りかかったところに、どのようなことが起こったか。最も適当なものを選択肢から一つ選び、その記号をマークせよ。

a　光源氏が物に寄りかかって座っていらっしゃると、桐壺院が、ご生前そのままのお姿で立っていらっしゃって、「どうしてこのような見苦しいところにいるのか」と、光源氏の手を取って引き起こしなさった。

b　光源氏が物に寄りかかって座っていらっしゃると、桐壺院が、光源氏が向いている先に立っていらっしゃって、「どうしてそのような不思議なところに行こうとするのか」と、光源氏の手を取ってとがめなさった。

c　光源氏が物に寄りかかって座っていらっしゃると、桐壺院が、光源氏が向いている先に立っていらっしゃって、「どうしてこのような神秘的なところにいるのか」と、光源氏の手を取って引き起こしなさった。

d　光源氏が物に寄りかかって座っていらっしゃると、桐壺院が、ご生前そのままのお姿で立っていらっしゃって、「どうしてそのような不吉なところに行こうとするのか」と、光源氏の手を取って引き起こしなさった。

e　光源氏が物に寄りかかって座っていらっしゃると、桐壺院が、ご生前そのままのお姿で立っていらっしゃって、「どうしてこのようなみすぼらしいところにいるのか」と、光源氏の手を取ってとがめなさった。

問7　桐壺院と光源氏のやりとりはどのようなものだったか。最も適当なものを選択肢から一つ選び、その記号をマークせよ。

a　桐壺院が「住吉の神のお導きがあったならば、早く船を出してこの浦を去りなさい」とおっしゃったところ、光源氏は「おそれ多い院のお姿にお別れ申し上げてこのかた、いろいろと悲しいことばかりございましたので、今すぐにこの渚に

べっているのも、たいそう異様ではあるが、追い払うこともできないでいる。

問5　暴風雨に対して、光源氏はどのように感じて、どのような歌を詠んだか。最も適当なものを選択肢から一つ選び、その記号をマークせよ。

a　光源氏は、海人が「この風がもう少し止まずに続いていたら、高潮が襲って何もかもさらわれてしまっていただろう。神々の助けは並々ではなかったのだ」というのを聞くにつけても心細いどころではなく、「海にいらっしゃる神の助けを疑わなかったので、潮路の八重に集まる沖の海で生き延びていられるのだろう」という歌を詠んだ。

b　光源氏は、海人が「この風がもう少し止まずに続いていたら、高潮が襲って何もかもさらわれてしまっていただろう。神々の助けは物足りなくはなかったのだなあ」というのを聞くものの、心細さにおろかにも、「海にいらっしゃる神の助けが及ばなかったので、潮路の八重に集まる沖の海に漂ってしまったことだ」という歌を詠んだ。

c　光源氏は、海人が「この風がもう少し止まずに続いていたら、高潮が襲って何もかもさらわれてしまっていただろう。神々の助けは並々ではなかったのだ」というのを聞くにつけても心細いどころではなく、「海にいらっしゃる神の助けを受けなかったら、潮路の八重に集まる沖の海に漂っていたことだろう」という歌を詠んだ。

d　光源氏は、海人が「この風が長い間止まずに続いていたので、高潮が襲って何もかもさらわれてしまったのだなあ。神々の助けは及ばなかったのだろうか」というのを聞くものの、心細いと口に出すのもおろかなので、「海にいらっしゃる神の助けがなかったら、潮路の八重に集まる沖の海に漂っていたことだろう」という歌を詠んだ。

e　光源氏は、海人が「この風が長い間止まずに続いていたので、高潮が襲って何もかもさらわれてしまったのだなあ。神々の助けは及ばなかったのだろうか」というのを聞くにつけても心細いどころではなく、「海にいらっしゃる神の助けを

うろしていたうえに、御簾なども跳ね飛ばしてしまったのです」「夜を明かしてからにしては」とみなで迷っていた。

問4　光源氏が柴の戸を押し開けたときの周囲の状況は、どのようだったか。最も適当なものを選択肢から一つ選び、その記号をマークせよ。

a　このあたりには、自分の心情をさとり、過去未来のこともよく理解し、あれはあれ、これはこれとてきぱきと判断できる人もいない。賤《いや》しい海人などが、貴いお方がお住まいだといって集まってきて、従者たちの話を聞いて知ったことを話し合っているのも、たいそう異様ではあるが、追い払うこともできないでいる。

b　このあたりには、物事の道理をわきまえ、過去未来のこともよく理解し、あれはあれ、これはこれとてきぱきと判断できる人もいない。賤しい海人などが、貴いお方がお住まいだといって集まってきて、従者たちの話を聞いて知ったことを話し合っているのも、非常にまれなことではあるが、追い払うこともしないでいる。

c　このあたりには、自分の心情をさとり、過去未来のこともよく理解し、あれはあれ、これはこれと明確に判断できる人もいない。賤しい海人などが、貴いお方がお住まいだといって集まってきて、光源氏が聞いてもわからない言葉を話しかけてくるのも、非常にまれなことではあるが、追い払うこともしないでいる。

d　このあたりには、自分の心情をさとり、過去未来のこともよく理解し、あれはあれ、これはこれと明確に判断できる人もいない。賤しい海人などが、貴いお方がお住まいだといって集まってきて、光源氏が聞いてもわからない言葉を話しかけてくるのも、たいそう異様ではあるが、追い払うこともできないでいる。

e　このあたりには、物事の道理をわきまえ、過去未来のこともよく理解し、あれはあれ、これはこれと明確に判断できる人もいない。賤しい海人などが、貴いお方がお住まいだといって集まってきて、光源氏が聞いてもわからない言葉をしゃ

ように激しい波風を君が受けていらっしゃるのでしょうか。神々よ、この報いを退けてください」と祈った。

問3　風雨が静まった後の、従者たちの様子はどのようだったか。最も適当なものを選択肢から一つ選び、その記号をマークせよ。

a　従者たちは、雷により移った光源氏の御座所がとても異様なところであるのもたいそうやるせなく、光源氏を寝殿にお移ししようとするが、「焼け残った所も悲惨な感じだし、それにあちこちの人が音を立てて踏みならし、うろうろしていたうえに、御簾なども吹き飛ばされてしまったのです」「夜を明かしてからにしては」とみなで迷っていた。

b　従者たちは、雷により移った光源氏の御座所がとても異様なところであるのもたいそうおそれ多く、光源氏を寝殿にお移ししようとするが、「焼け残った所も不気味な感じだし、それに大勢の人が音を立てて踏みならし、うろうろしていたうえに、御簾なども吹き飛ばされてしまったのです」「夜を明かしてからにしては」とみなで迷っていた。

c　従者たちは、雷により移った光源氏の御座所がとても異様なところであるのもたいそう面目ないことで、光源氏を寝殿にお移ししようとするが、「焼け残った所も不気味な感じだし、それに大勢の人が足を踏みならして大声で願を立て、うろうろしていたうえに、御簾なども跳ね飛ばしてしまったのです」「夜を明かしてからにしては」とみなで迷っていた。

d　従者たちは、雷により移った光源氏の御座所がまったく不似合いなところであるのもたいそう珍しいことで、光源氏を寝殿にお移ししようとするが、「焼け残った所も悲惨な感じだし、それにあちこちの人が音を立てて踏みならし、うろうろしていたうえに、御簾なども吹き飛ばされてしまったのです」「夜を明かしてからにしては」とみなで迷っていた。

e　従者たちは、雷により移った光源氏の御座所がまったく不似合いなところであるのもたいそう非礼で、光源氏を寝殿にお移ししようとするが、「焼け残った所も不気味な感じだし、それに大勢の人が足を踏みならして大声で願を立て、うろと気強くかまえていらっしゃるけれども、従者たちが不安で落ち着かないので、さまざまの色の幣帛をお供えになり、「住吉の神よ、もし本当に御仏の化身でいらっしゃるのならば、どうかお助けください」と、願をお立てになる。

問２　従者たちは光源氏について、神仏にどのように祈ったか。最も適当なものを選択肢から一つ選び、その記号をマークせよ。

a　従者たちは、「君は帝王の奥深い宮に養われなさって、数々の楽しみを人びとにおふるまいなさっていらっしゃったために、奥深い優美さが国中に知れ渡って、悲しみに沈んでいる者たちを大勢お救いになったのです。今、何の報いで、このように並々でない波風を君が受けていらっしゃるのでしょうか。神々よ、理非を明らかにしてください」と祈った。

b　従者たちは、「君は帝王の奥深い宮に養われなさって、数々の楽しみに贅を尽くしなさったけれども、奥深い優美さが国中に知れ渡って、悲しみに沈んでいる者たちを大勢お救いになったのです。今、何の報いで、このように並々でない波風を君が受けていらっしゃるのでしょうか。神々よ、理非を明らかにしてください」と祈った。

c　従者たちは、「君は帝王の奥深い宮に養われなさって、数々の楽しみに贅を尽くしなさったけれども、奥深い優美さが国中に知れ渡って、悲しみに沈んでいる者たちを大勢お救いになったのです。今、何の報いで、このように激しい波風を君が受けていらっしゃるのでしょうか。神々よ、この報いを退けてください」と祈った。

d　従者たちは、「君は帝王の奥深い宮に養われなさって、数々の楽しみに贅を尽くしなさったけれども、深い御慈悲は国中に行き渡って、悲しみに沈んでいる者たちを大勢お救いになったのです。今、何の報いで、このように激しい波風を君が受けていらっしゃるのでしょうか。神々よ、理非を明らかにしてください」と祈った。

e　従者たちは、「君は帝王の奥深い宮に養われなさって、数々の楽しみを人びとにおふるまいなさっていらっしゃったために、深い御慈悲は国中に行き渡って、悲しみに沈んでいる者たちを大勢お救いになったのです。今、何の報いで、この

注　＊1　幣帛《みてぐら》＝神に奉納する物の総称。　＊2　迹《あと》を垂《た》れたまふ神＝本地垂迹《すいじゃく》説による。神は仏の化身であると考えられていた。
＊3　大炊殿《おほひどの》＝食物を調理する建物。　＊4　海にます神＝海の神である住吉大明神と海竜王その他の神々。　＊5　潮のやほあひ＝潮流が八方から集まって深くなったところ。　＊6　故院＝今は亡き桐壺院《きりつぼいん》。源氏の父。

問1　暴風雨に遭った光源氏の様子について、最も適当なものを選択肢から一つ選び、その記号をマークせよ。

a　光源氏は、気持ちを落ち着けて、少しばかり罰を受けたとしても、この渚で運命をまっとうしようと強く思っていらっしゃるけれども、いっこうに嵐が静まらないので、さまざまの色の幣帛をお供えになり、「住吉の神よ、もし本当に御仏の化身でいらっしゃるのならば、どうかお助けください」と、願をお立てになる。

b　光源氏は、気持ちを落ち着けて、少しばかり罰を受けたとしても、この渚で運命をまっとうしようと強く思っていらっしゃるけれども、まだ自らの動揺が抑えられないので、さまざまの色の幣帛をお供えになり、「住吉の神よ、あなたはまさしく御仏の化身でいらっしゃるのだから、どうかお助けください」と、願をお立てになる。

c　光源氏は、気持ちを落ち着けて、多くの過ちを犯してしまったので、この渚で命を終えることになるだろうと強く感じていらっしゃるけれども、従者たちが不安で落ち着かないので、さまざまの色の幣帛をお供えになり、「住吉の神よ、もし本当に御仏の化身でいらっしゃるのならば、どうかお助けください」と、願をお立てになる。

d　光源氏は、気持ちを落ち着けて、一体、どんな過ちのために、この渚で死ななければならないのか、そんなはずはないと気強くかまえていらっしゃるけれども、いっこうに嵐が静まらないので、さまざまの色の幣帛をお供えになり、「住吉の神よ、あなたはまさしく御仏の化身でいらっしゃるのだから、どうかお助けください」と、願をお立てになる。

e　光源氏は、気持ちを落ち着けて、一体、どんな過ちのために、この渚で死ななければならないのか、そんなはずはない

でて、潮の近く満ち来ける跡もあらはに、なごりなほ寄せかへる波荒きを、柴《しば》の戸おし開けてながめおはします。近き世界に、ものの心を知り、来し方行く先のことうちおぼえ、とやかくやとはかばかしう悟る人もなし。あやしき海人《あま》どもなどの、貴《たか》き人おはする所とて、集まり参りて、聞きも知りたまはぬことどもをさへづりあへるも、いとめづらかなれどえ追ひも払はず。「この風いましばし止《や》まざらましかば、潮上りて残る所なからまし。神の助けおろかならざりけり」と言ふを聞きたまふも、いと心細しと言へばおろかなり。

＊4海にます神のたすけにかからずは＊5潮のやほあひにさすらへなまし

終日《ひねもす》にいりもみつる雷《かみ》の騒ぎに、さこそいへ、いたう困《こう》じたまひにければ、心にもあらずうちまどろみたまふ。かたじけなき御座所なれば、ただ寄りゐたまへるに、＊6故院ただおはしましさまながら立ちたまひて、「などかくあやしき所にはものするぞ」とて、御手を取りて引き立てたまふ。「住吉の神の導きたまふままに、はや舟出してこの浦を去りね」とのたまはす。いとうれしくて、「かしこき御影に別れたてまつりにしこなた、さまざま悲しきことのみ多くはべれば、今はこの渚に身をや棄《す》てはべりなまし」と聞こえたまへば、「いとあるまじきこと。これはただいささかなる物の報いなり。我は位に在りし時、過つことなかりしかど、おのづから犯しありければ、その罪を終ふるほど暇《いとま》なくて、この世をかへりみざりつれど、いみじき愁へに沈むを見るにたへがたくて、海に入り、渚に上り、いたく困じにたれど、かかるついでに内裏に奏すべきことあるによりなむ急ぎ上りぬる」とて立ち去りたまひぬ。

飽かず悲しくて、Ⓐ御供に参りなんと泣き入りたまひて、見上げたまへれば、人もなく、月の顔のみきらきらとして、夢の心地《ここち》もせず、御けはひとまれる心地して、空の雲あはれにたなびけり。

（『源氏物語』明石による）

二　次の文章は、『源氏物語』明石《あかし》巻の一節である。須磨に退去した光源氏（本文中では「君」）は祓《はら》えの日に暴風雨に襲われた。これを読んで、後の問いに答えよ。

君は御心を静めて、何ばかりの過ちにてかこの渚《なぎさ》に命をばきはめんと強う思《おぼ》しなせど、いともの騒がしければ、いろいろの幣帛*1捧げさせたまひて、「住吉《すみよし》の神、近き境を鎮め護《まも》りたまふ。まことに迹*2を垂れたまふ神ならば助けたまへ」と、多くの大願を立てたまふ。おのおのみづからの命をばさるものにて、かかる御身のまたなき例に沈みたまひぬべきことのいみじう悲しきに、心を起こして、すこしものおぼゆるかぎりは、身に代へてこの御身ひとつを救ひたてまつらむととよみて、もろ声に仏神を念じたてまつる。「帝王の深き宮に養はれたまひて、いろいろの楽しみに驕《おご》りたまひしかど、深き御うつくしみ大八洲《おほやしま》にあまねく、沈める輩《ともがら》をこそ多く浮かべたまひしか。今何の報いにか、ここら横さまなる浪風にはおぼほれたまはむ。天地《あめつち》ことわりたまへ。罪なくて罪に当たり、官位《つかさくらゐ》をとられ、家を離れ、境を去りて、明け暮れやすき空なく嘆きたまふに、かく悲しき目をさへ見、命尽きなんとするは、前《さき》の世の報いか、この世の犯しかと、神仏明らかにましまさば、この愁《うれ》へやすめたまへ」と、御社《みやしろ》の方に向きてさまざまの願を立てたまふ。また海の中の竜王、よろづの神たちに願を立てさせたまふに、いよいよ鳴りとどろきて、おはしますに続きたる廊に落ちかかりぬ。炎燃えあがりて廊は焼けぬ。心魂なくてあるかぎりまどふ。背後《うしろ》の方なる大炊殿*3と思しき屋に移したてまつりて、上下《かみしも》となく立ちこみていとらうがはしく泣きとよむ声、雷《いかづち》にもおとらず。空は墨をすりたるやうにて日も暮れにけり。

やうやう風なほり、雨の脚しめり、星の光も見ゆるに、この御座所《おましどころ》のいとめづらかなるも、いとかたじけなくて、寝殿に返し移したてまつらむとするに、「焼け残りたる方も疎ましげに、そこらの人の踏みとどろかしまどへるに、御簾《みす》などもみな吹き散らしてけり」「夜を明かしてこそは」とたどりあへるに、君は御念誦《ねんず》したまひて、思しめぐらすに、いと心あわただし。月さし出《い》

㋓ リレキ

a 役職をヘイリのごとく捨てる。
b 愛する人とのリベツを悲しむ。
c リメン工作により事態を解決する。
d 集めたお金をカンリする。
e エイリな刃物で切りつける。

㋔ ソチ

a ウイルスのまん延をソシする。
b 何気ないキョソ進退に人柄がにじみ出る。
c ソショクが長寿の一法だとの説がある。
d 師の説をソジュツする。
e 金属のソセイを分析する。

問8　現代的な意味において、なぜプライバシーは守られるべきだと筆者は述べているか、五十字以内で記せ。なお、句読点・符号も字数に含めるものとする。

問7　二重傍線部(あ)(い)(う)(え)(お)のカタカナと同じ漢字を用いる語を選択肢から一つ選び、その記号をマークせよ。

(あ)　シャテイ

a　雑音をシャダンする。
b　景気がピークを過ぎてシャヨウ産業になりつつある。
c　実質をシャショウすると形式だけが残る。
d　レーザー光をショウシャする。
e　大自然の風景をビョウシャする。

(い)　ソショウ

a　国民からソゼイを徴収する。
b　何事もヘイソの心がけが大切だ。
c　彼はシンソの別なく誰にでも会う。
d　ソキュウリョクの高い広告で売上げを伸ばす。
e　今日の繁栄のソセキを築く。

(う)　シンサ

a　留学のビザをシンセイする。
b　防犯のためにフシン者に注意する。
c　古くなった家をフシンする。
d　医師が患者の自宅を訪問シンリョウする。
e　事のシンソウをつきとめる。

問６　人間にとってのデータについて、筆者はどのように述べているか。最も適当なものを選択肢から一つ選び、その記号をマークせよ。

a　「ナッジ」されると、人はその方向に動いてしまうが、データの指図に従う他律的な生き方それ自体は決して悪というわけではなく、個人の内面を操作し、個人の自律を脅かすようなナッジの設計自体が、プライバシーの統治の問題であり、それを規制の対象とすることによって、人間は情報から解放され自由に生きることができる。

b　人間は提示された情報に流されやすいので、「ナッジ」する広告を広告であると認識しうる透明性と、個人の自律による解決を図る場面が残されるべきだが、個人の自律を脅かすようなナッジの設計自体を規制の対象とするなら、人間が主体となり、データがその客体となることができる。

c　人間は提示された情報に流されやすく、ナッジには個人の内面を操作しうる危険性があるので、人間は自らの人格をまわりの環境にすべて委ねてしまうべきではなく、ときには「おすすめ」に逆らってでも、自らと向き合い、データに従属した生き方から解放されることが必要である。

d　ナッジの危険性は個人の内面を操作しうる点にあり、個人の自律を脅かすようなナッジの設計自体を規制の対象とする必要があるが、自らの人格をまわりの環境にすべて委ねることを否定することによって、人間はデータの隷従となることなく、あらゆる情報について合理的に判断できるようになる。

e　ナッジの危険性は個人の内面を操作しうる点にあるが、人間はすべて「おすすめ」に従って生きるのではなく、ときに「おすすめ」に逆らってでも、自らと向き合い、反芻のプロセスを経て、人格発展の道を進むものなので、人間が主体となり、データがその客体であって、その逆は成立しない。

問5　プライバシーをめぐるポズナーの見解について、筆者はどのように考えているか。最も適当なものを選択肢から一つ選び、その記号をマークせよ。

a　そもそもプライバシーなどいらない、というポズナーの見解は、企業の採用における面接の手間を省き、友人を作ろうとするときに相性の不一致により無駄な時間をかけなくてすむようになるので、合理的であることは認められるが、まだAIの性能が高くないので現実的ではない。

b　そもそもプライバシーなどいらない、というポズナーの見解は、あらゆる情報について各人が合理的に判断できることが前提とされるが、仮にすべての正確な情報を入手できたとしても、様々な情報を合理的に精査しても、将来を正確に予測できるとは限らないので、人間は常に合理的な判断を下せないという前提に立つべきである。

c　個人の秘密を隠し取引することは、取引の相手を欺く行為であって、プライバシーは取引コストを高めるというポズナーの見解は、企業の採用において面接の手間を省くことができるので有効だが、友人を作ろうとするときには、人間はAIではないので、私秘性を保有しながら、他者との交流をしていかざるを得ない。

d　個人の秘密を隠し取引することは、取引の相手を欺く行為であって、プライバシーは取引コストを高めるというポズナーの見解によれば、企業の採用や友人を作るにはプライバシーなどいらないことになるが、人間は合理的な判断も正確な未来の予測もできるとはかぎらないので、ポズナーを支持することはできない。

e　法と経済学の観点に立つポズナーの見解によれば、個人の秘密を隠し取引することは、取引の相手を欺く行為であって、プライバシーは取引コストを高めることとなるので、秘密を保持することは不合理なことなのかもしれないが、プライバシーの権利については、より実証的な観点から問題にしなければならない。

問4　個人データ保護について、筆者はどのように述べているか。最も適当なものを選択肢から一つ選び、その記号をマークせよ。

a　個人データ保護については、事後の裁判所による救済ソチとは別に、事前のチェック機能を果たすための独立した監督機関が必要であり、その監督機関は政府機関や民間企業への立入検査、個人データ処理の停止命令、違反に対する制裁金を科すことなどの強力な権限を持つことが重要となる。

b　個人データ保護については、個人データ保護の権利の擁護者としての独立した第三者機関による監視が一般的だが、その監視の多くは本人の知らないところで行われ、裁判所による損害の認定がしにくく、官民問わずあらゆる組織で侵害の可能性があるので、それをいかに統治していくかが課題となる。

c　個人データ保護については、ヨーロッパの場合、個人データ保護のための独立した監督機関の存在を設けることを規定しているのに対して、日本には、明文化された規定がなく、裁判所が個人データ保護を行っているが、それとは別にプライバシー保護に特化した機関の存在が必要となる。

d　個人データ保護については、ヨーロッパでは、事前のチェック機能を果たすための独立した監督機関が存在しているのに対して、アメリカでは、プライバシーに特化した機関が存在し、政府機関や民間企業への立入検査、個人データ処理の停止命令、違反に対する制裁金を科すことまで認められている。

e　個人データ保護については、権利が侵害されていることが認識されて初めてできるのであって、ソショウ要件などの制約があることから裁判所だけでは十分ではなく、侵害された権利を救済するためには、独立した行政機関こそがプライバシーと個人データ保護のアーキテクチャーの一つとして存在することが重要となる。

問3　インターネットとプライバシーの問題について、筆者はどのように述べているか。最も適当なものを選択肢から一つ選び、その記号をマークせよ。

a　プライバシーについては、個人の権利の保障が、国会が制定する法律、行政による法令に基づく運用、裁判所の法令解釈を通じて行われるのとは異なり、「コード」という側面に着目する必要があり、特に国境のないインターネットの世界では、規制の設計材料を法令以外のところに求める必要がある。

b　特にインターネットの利用場面においては、本人に気付かれないように行動が監視されたり、パソコンがハッキングされ通信内容が見られるなどの問題を未然に防止するために、プライバシーについては、コンピュータのソフトウェアを通じた規制が求められるだけでなく、法律や社会規範や市場における規制も必要となる。

c　プライバシーは、本人が気付かないうちに侵害されることがあり、事後に回復することが困難な権利であるため、権利侵害を未然に防止するための統治システムが必要であるが、特にインターネットの世界では、法令による規制以外にも、コンピュータのソフトウェアを通じた規制が求められる。

d　インターネットにおけるプライバシーの保護には、ネットワークシステムの構造に着目し、権利侵害を未然に防止するための統治システムが必要であるが、それは、特に国境のないインターネットの世界では、喫煙を規制するときのような法律や社会規範や市場における価格の引き上げによる規制ができないからである。

e　プライバシーの保護には、権利侵害を未然に防止するための統治システムが必要であり、個人情報が第三者に開示・公表される具体的な危険が生じていない場合でも、インターネットにおいては「システム技術上又は法制度上の不備」を理由として、その不備の有無をシステム技術・法制度の観点から検討すべきである。

問１　太線部㋐「ケンイキ」、㋑「コウケン」を漢字に改めよ。

問２　プライバシーの権利について、筆者はどのように述べているか。最も適当なものを選択肢から一つ選び、その記号をマークせよ。

a　法学では、どのように個人が自らのプライバシーを確保できるかという権利としての視点と、どのように各組織がプライバシーを保護できるかという統治としての視点がそれぞれ重要であり、さらに人々が日常生活で使うプライバシーという日本語についての視点よりも、法的承認を受ける価値を有するプライバシーの権利としての視点が重要となる。

b　人々が日常生活で使うプライバシーという日本語と、法的承認を受ける価値を有するプライバシーの権利は異なり、プライバシーそのものは実証的に捉えられるのに対して、プライバシーの権利には規範的な意味合いが含まれるが、プライバシー自体は相対的な概念であり、プライバシーの権利のシャテイもまた、時代、場所、文化によって異なりうる。

c　人々が日常生活で使うプライバシーという日本語と、法的承認を受ける価値を有するプライバシーの権利は異なるが、アメリカではプライバシーそのものを四類型に区分しており、人により、経済状況、健康状況、思想や信条など、何をどの程度センシティブと感じるのかは異なるため、プライバシーの権利は、今日でも共通了解を調達できていない。

d　プライバシーの権利とは、他者による評価の対象になることのない生活状況や人間関係が確保されている状態に対する正当な要求や主張と定義づけられ、実証的に捉えられるものであり、規範的な意味合いが含まれるが、プライバシーそれ自体もプライバシーの権利も、時代、場所、文化によって異なりうる文脈的概念である点では共通している。

e　プライバシーの権利とは、他者による評価の対象になることのない生活状況や人間関係が確保されている状態に対する正当な要求や主張と定義づけられてきたが、現代においては、家族という「親密な関係性」、家庭という「物理的な場所」、通信という「人の精神・経済活動に関する媒体」もまたプライバシー権の対象として保障されるように意味が変化している。

体ではなく、ましてやデータではありません。この個人とデータの主従関係を逆転させることがあってはならない、というのが現代的意味における個人としての尊重を意味していると考えています。

（宮下紘『プライバシーという権利―個人情報はなぜ守られるべきか』による）

注　＊1　阪本昌成＝日本の法学者。（一九四五～　）　＊2　ウィリアム・プロッサー＝アメリカの法学者。（一八九八～一九七二）　＊3　センシティブ＝取り扱いに細心の注意を要すること。　＊4　ダニエル・ソロブ＝アメリカの法学者。（一九七二～　）　＊5　一六類型＝ダニエル・ソロブはプライバシー権の侵害を、情報収集（①監視、②尋問）、情報処理（③集積、④識別、⑤安全管理の欠陥、⑥二次利用、⑦排除）、情報流通（⑧信頼義務違反、⑨開示、⑩漏洩《ろうえい》、⑪アクセス、⑫無断利用、⑬盗用、⑭誤認）、私事への侵略（⑮平穏への侵入、⑯意思決定への干渉）の四段階一六類型に整理している。　＊6　ローレンス・レッシグ＝アメリカの法学者。（一九六一～　）　＊7　コード＝インターネット社会における規制のあり方。　＊8　ケンブリッジ・アナリティカ事件＝世界中のフェイスブック利用者の最大八七〇〇万人の個人データが、選挙活動のコンサルティングを行うデータ分析会社であるケンブリッジ・アナリティカなどへと流され、二〇一六年に実施されたイギリスのEU離脱をめぐる国民投票やアメリカ大統領選挙において、選挙活動に利用された事件。　＊9　アーキテクチャー＝社会環境の物理的・生物的・社会的条件を操作し、人間の行動を誘導する仕組み。　＊10　住民基本台帳ネットワークシステム＝住民票を世帯ごとに編成して作成した住民基本台帳を、地方公共団体共同のシステムとしてネットワーク化したもの。　＊11　アフン・ウェスティン＝アメリカの法学者。（一九二九～二〇一三）　＊12　リチャード・ポズナー＝アメリカの法学者。（一九三九～　）　＊13　プライバシー・ナッジ＝人々が自己のプライバシーに関してより良い選択を行うことができるよう「ナッジ」すること。「ナッジ（そっと押す）」とは、周囲の環境を人為的にデザインすることにより、人々の選択の自由を尊重しつつ、より良い選択をしやすいように手助けする手法をいう。　＊14　キャス・サンスティン＝アメリカの法学者。（一九五四～　）

ながら、他者との交流をしていかざるを得ないのです。

人間は常に合理的な判断を下せないという前提に立ち、より実証的な観点からプライバシーの権利への異論が想定されます。＊13「プライバシー・ナッジ」という問題です。

近くのおすすめのレストランを検索した場合、検索結果に出てきたすべてのレストランを精査することはほとんどなく、おすすめとして紹介されたページや多くの人は最初のページの上に表示されるレストランを見てそこに決めてしまいます。人間は提示された情報に流されやすいのです。

「ナッジ(そっと押す)」されると、人はその方向に動いてしまいます。進学、就職、結婚に至るまでデータの指図に従う他律的な生き方それ自体は決して悪ではないのかもしれませんが、ナッジの危険性は個人の内面を操作しうる点にあります。＊14キャス・サンスティンがナッジについて、広告を広告であると認識しうる透明性の確保が不可欠であり、個人の自律による解決を図る場面が残されるべきだと論じています。また、このような個人の自律を脅かすようなナッジの設計自体が、プライバシーの統治の問題であり、規制の対象とする必要があります。

プライバシー権が人格形成の利益を有している以上、自らの人格をまわりの環境にすべて委ねてしまうという安易な方向性を肯定するべきではありません。人はすべて「おすすめ」に従って生きるのではなく、ときに「おすすめ」に逆らってでも、自らと向き合い、反芻《はんすう》のプロセスを経て、人格発展の道を進む時間を必要とするべきです。

このデータに従属した生き方から解放される瞬間こそが、人間が主体となり、データがその客体であり、その逆が成立しないときです。本書において、プライバシー権が自我を自ら造形する人格発展の権利といった背景には、個人として尊重されるという規範が何よりもまず改めて引き合いに出される必要があります。プライバシー権が想定する個人像とは、データの隷従となることなく、自己決定できる理性的な個人です。尊重されるべき者は、個人であって、国民全体やインターネット民といった集合

れて初めてできるのであって、その救済の前提となる権利侵害が秘密裏に行われていないかどうかをチェックするために独立した監督機関が設けられています。*11アラン・ウェスティンがアメリカの古典的プライバシー権の課題を指摘した際に、監視の多くは本人の知らないところで行われ、裁判所による損害の認定がしにくく、そして官民問わずあらゆる組織で侵害の可能性があることをあげていました。このような課題を克服するため、プライバシー保護に特化した機関の存在が必要となるのです。

　これらの監督機関は強力な権限を有しており、政府機関や民間企業への立入検査のほか、個人データ処理の停止を命じたり、さらに違反に対する制裁金を科すことまで認められています。別の言い方をすれば、プライバシーや個人データ保護の権利を保護するためには、ソショウ要件などの制約があることから裁判所だけでは十分ではなく、独立した行政機関こそがまさにプライバシーと個人データ保護のアーキテクチャーの一つとして存在することが重要となります。

　プライバシーの権利を考えるにあたり、そもそもプライバシーなどいらない、という見解について考える必要があります。たとえば、法と経済学の観点から、*12リチャード・ポズナーは、個人の秘密を隠し取引することは、取引の相手方を欺く行為であって、プライバシーは取引コストを高めることとなる、と論じています。企業の採用において、企業側の採用したい人物像と、志望者側の能力などに関するすべての情報が開示されれば、面接を何度も慎重に行う手間は省けるでしょう。また、初対面で友人を作ろうとするとき、多くの人が自分を飾り良く見せようと思いますが、そもそも相性として不一致の双方が自らの内心を隠すことはかえって無駄な時間を費やすことになるというわけです。

　しかし、ポズナーのこの議論は、あらゆる情報について各人が合理的に判断できることが前提とされます。採用後のその人の㋑コウケン度がどれほどのものか、また相手との相性が本当に不一致かどうかは、仮にすべての正確な情報を入手できたとしても、様々な情報を合理的に精査しても、将来を正確に予測できるとは限りません。すべての人間がＡＩのように計算高く行動できるのであれば、秘密を保持することは不合理なことなのかもしれませんが、人間はＡＩではありません。人間は、私秘性を保有し

プライバシーは事後に回復することが困難な権利であるため、実質的害悪が生じていなくても、権利侵害を未然に防止するための統治システムが必要となります。日本の最高裁判所も、*10住民基本台帳ネットワークシステムをめぐる(い)ソショウにおいて、「システム技術上又は法制度上の不備」が理由となって、個人情報が第三者に開示・公表される具体的な危険は生じていない、と判断しています。すなわち、住基ネットというネットワークシステムの構造に着目し、不備の有無をシステム技術・法制度の観点から検討しているため、システム構造それ自体を(う)シンサしたとみることができます。

さらに、このシステム構造としての統治の観点を一歩進めて検討すると、プライバシーは信頼の確保について考えることでもあります。自身の秘密を明かすことができるのは、信頼できる人だけです。信頼できる人は自分の秘密を守ってくれる人であり、共感してくれる人です。妊娠した女性が医師に話をするのは医師が患者の秘密を守ってくれるからであり、また妊娠したことを打ち明けるのを親しい友人のみにとどめておくのはその友人を信頼しているからです。これに対し、女性の買い物の(え)リレキから見ず知らずのスーパーが突然ベビー用品のクーポンを送りつけることは、信頼関係に基づかない私的(ア)ケンイキへの侵略とみなされることがあるでしょう。プライバシーの保護は、大切な財産を信頼のおける人に託す信託という制度とのアナロジーが成り立ち、この信頼とプライバシーとの関係は重要になってきます。

ヨーロッパにおいてプライバシーが統治の問題であるといった場合、個人データ保護の権利の擁護者としての独立した第三者機関(データ保護監督機関)による監視というのが一般的です。他の人権規定にはみられませんが、EU基本権憲章第八条三項は、個人データ保護の権利について独立した監督機関の存在を設けることを規定しています。このデータ保護監督機関は、しばしば誤解されることがありますが、裁判所ではなく、日本の憲法で明文化されている会計検査院のような独立行政機関です。プライバシーや個人データの問題は、事後の裁判所による救済(お)ソチとは別に、事前のチェック機能を果たすための独立した監督機関が必要となります。裁判所への救済を求めることは、自らのプライバシーや個人データ保護の権利が侵害されていることが認識さ

このようにプライバシーの権利を説明すると、これを保護するための法制度は、プライバシー・リスクに対処するための無色透明の立法となることがあります。しかし、実際には、それぞれの段階におけるプライバシーの権利侵害の認定には、プライバシーを構成する核心的利益とは何かということが求められます。この核心的利益を明らかにするためには、なぜプライバシーは守られなければならないのか、という別の問いを立てる必要があります。

本書では、日本におけるプライバシーの権利の核心にある利益を、憲法第一三条の個人の尊重の原理に照らした人格的利益であると主張します。より厳密には、データによる決定からの解放により、情報サイクルの中で人間を中心に据えて、本人自らがネットワーク化された自我を造形する利益、別の言い方をすれば、自らの情報に関する決定の利益こそが現代的プライバシー権の中核をなすものであると考えています。この利益を導き出す根底にある原理の考究が必要となりますが、この点については、アメリカとヨーロッパのそれぞれのプライバシーの思想をあぶり出す中で考えていくこととします。

個人の権利の保障は、国会が制定する法律、行政による法令に基づく運用、そして裁判所による法令解釈を通じて行われます。プライバシー権については、[*6]ローレンス・レッシグの言葉を借りれば、[*7]「コード」という側面についても着目する必要があります。すなわち、プライバシーは、本人が気付かないうちに侵害されることがあります。典型例が、[*8]ケンブリッジ・アナリティカ事件のように本人に気付かれないように行動が監視されたり、あるいはパソコンがハッキングされ通信内容が見られることです。そこで、特にインターネットの利用場面においては、プライバシーをめぐる問題について、コンピュータのソフトウェアを通じた規制が求められています。喫煙を規制するためには、法律によって年齢制限を設けるなどの規制ができ、社会規範において食事中の喫煙許可をしないことで規制でき、また市場においてたばこの価格を引き上げることで規制することができます。しかし、それ以外に、[*9]アーキテクチャーにおいてたばこのにおいを強くすることで喫煙する機会を減らすという規制を実現することができます。特に国境のないインターネットの世界では、規制の設計材料が法令以外のところからも調達できるのです。

状態に対する正当な要求または主張」と定義づけました。阪本も認めているとおり、プライバシーそのものは実証的に捉えられるものであり、プライバシーの権利には規範的な意味合いが含まれます。

アメリカでは、一九六〇年にウィリアム・プロッサー[＊2]が不法行為上のプライバシーについて、①私事への侵入、②知られたくない私事の公開、③事実の公表により誤った印象を与えること、④氏名・肖像の盗用、の四類型を公表したことが有名です。

プライバシーの権利を考えるにあたり、プライバシー自体が相対的な概念であることを前提とせざるを得ません。人により、経済状況、健康状況、思想や信条など、何をどの程度センシティブ[＊3]と感じるのかは異なります。世界中の研究者が一世紀以上にわたり「プライバシーとは何か」という問いに取り組んできましたが、今日でも共通了解を調達できていない状況です。

プライバシーそれ自体が、時代、場所、そして文化によって異なりうる文脈的概念である以上、プライバシーの権利の(あ)シャテイもまた時代、場所、そして文化によって異なりうるのです。そこで、現代的な考究の対象は、プライバシーの権利の核心を構成する利益を明らかにすることとなっています。

プライバシーとは私秘性に関する多様な事象を指します。たとえば一九四八年の国連世界人権宣言第一二条においては、プライバシーと並んで家族、家庭または通信が列挙されています。家族という「親密な関係性」をプライバシーの権利は保護の対象とし、家庭という「物理的な場所」をプライバシー権のシャテイに入れ、そして通信という「人の精神・経済活動に関する媒体」もまたプライバシー権の対象として保障されることとなります。

ここでアメリカのプライバシー保護法の著名な研究者である、ダニエル・ソロブ[＊4]によるプライバシー権の侵害類型の整理が参考になります。ソロブは、プライバシーが侵害されうる情報流通の動態に着目し、収集、処理、流通、侵略の四段階におけるプライバシー権の侵害を一六類型[＊5]に区別しています。プライバシー保護立法も、これらの四段階におけるそれぞれのプライバシー・リスクに対処するための規定が整備されるのが一般的です。

国語

▲3教科型・2教科型（英語外部試験利用方式）▼

（七五分）

一　次の文章を読んで、後の問いに答えよ。

プライバシーそれ自体は、法学、社会学、経済学または工学などの様々な分野において研究開拓されてきました。その中でも本書は、プライバシーを法学の視点から考えるものです。法学では、どのように個人が自らのプライバシーを確保できるか、という権利としての視点と、どのように各組織がプライバシーを保護できるか、という統治としての視点がそれぞれ重要となります。

ここで、プライバシーの権利とは何かについて紹介します。重要なのは、人々が日常生活で使うプライバシーという日本語と、法的承認を受ける価値を有するプライバシーの権利は異なるということです。

＊1阪本昌成は、このことを意識して、プライバシーとは「他者による評価の対象になることのない生活状況または人間関係が確保されている状態」と定義し、プライバシーの権利とは「評価の対象になることのない生活状況または人間関係が確保されている

解答編

英語

I 解答　A. (1)—B　(2)—A　(3)—B　(4)—D　(5)—C

B. (1)—F　(2)—E　(3)—B　(4)—Z　(5)—D　(6)—C

◆全　訳◆

A.≪日本人留学生，アメリカで古本の教科書を買う≫

日本人交換留学生のカホが友だちのノラに教科書について尋ねている。

カホ：ノラ，教えて，アメリカ文学の入門コースのこと聞いた？

ノラ：聞いただけじゃあないわ，受講申し込みもしたわよ。

カホ：私もよ！　じゃあ，私たち，クラスメートになるのね！　もうテキスト買った？

ノラ：まだよ。あなたは？

カホ：それがね，今朝，大学の本屋へ買いに行ったんだけど，現金が十分なくて。75ドルもするのよ！

ノラ：信じられないわね！　中古の本，探してみた？　たいてい，本屋の古本コーナーに何冊かはあるわよ。

カホ：そうなの？　知らなかったわ。

ノラ：そうよ，あの授業は人気なのでお店にはたくさん古本が残っているはずよ。でも急いだほうがいいわね，お得な本はすぐ売れてしまうから。

カホ：教えてくれてありがとう。すぐ本屋に戻ってみるわ。一緒に来る？

ノラ：ええ，行くわ。私もお金を節約する必要があるしね。貧しい学生がこんなテキストを全部どうして買えるのかといつも不思議に思っていたのよ。

カホ：同感ね。これらのテキストがもっと安い値段で買えなければ授業をいくつかあきらめなければいけないかも。

ノラ：まだ，心配しないで！　本屋で古本が品切れだったら，ネットで探すこともできるわよ。解決方法は常にあるものよ。

カホ：あなたの言うとおりだと思うわ。希望は簡単に捨ててはいけないわね。気分がよくなってきたわ。

B．≪人気上昇，キノア≫

A．米やパンのような主食は世界中によく知られている。しかし，あまり知られていないが今注目を集めている一つの主食がある。それはキノアである。キノアは同じ名前の植物から収穫される一種の種である。

F．多くの地域でキノアの人気が高まっているのには様々な要因があり得る。しかし，キノアの起源は何だろうか？

C．キノアが他の地域へ普及し始めるまで，南アメリカの北西部のアンデス地域，主に現在のペルーとボリビアに相当する地域で長い間栽培されていた。初めは家畜の飼料に使われていたが，4000年くらい前に人間もキノアを食べ始めた。それにはちゃんとした理由がいくつかあった。

B．これの理由の一つは栄養と関係がある。第一に，種子としてキノアには大量の繊維が含まれているが，現在知られているように繊維は消化，体重管理，血糖値の調整などに必要不可欠な栄養分である。さらに，キノアは素晴らしいリーンプロテイン源，つまり脂肪分をほとんど犠牲にすることなく筋肉を作り，維持するために使うことができるのである。

E．このことは別にして，便利なことにキノアは多くの他の食べ物と非常によく合う。その結果，自分たちの食事の一部にキノアを含める人々がますます増えてきているのである。

D．これらの利点を考えると，近年キノアが世界中でますます食べられるようになったのもそれほど驚くべきことでもない。また，近い将来においてもこの傾向は続くと言ってもおそらく大丈夫であろう。そうであるならば，あなたもいつか食べてみたらどうであろうか？

◀解　説▶

A．(1)下線部の直後でカホは「じゃあ，私たち，クラスメートになるのね」と言っているので，カホも受講申し込みをしたとわかる。したがって，Bが正解。So did I. は重要表現 So do I.「私もそうだ」の過去形。

(2)ノラから古本コーナーの話を聞いて，カホは下線部の直後で古本屋のことは「知らなかったわ」と言っている。また，ノラの次のセリフが Yes から始まっている。したがって，下線部には Yes で応答できる表現が入ると考えられる。よって，A.「そうなの？」が適切だとわかる。

(3)下線部の直前で，ノラは古本はたくさんあるが，売り切れるのも早いから急いだほうがいいと言っている。下線部では，この助言を受けてカホが「ありがとう」と言った場面だと考えられるので，Bが正解。tip は「チップ」の意味と「助言，情報」の意味があるが，ここではノラの助言のことを指している。

(4)下線部の直前で，貧乏学生が高い教科書をどうやって購入できるのか不思議だとノラが発言しているのに対して，下線部の直後でカホは自分も安いテキストが手に入らないと授業をいくつかあきらめないといけないと言っている。つまり，ノラの言葉に同意している。同意を表す選択肢は，D. You're telling me.「同感だ」である。これはイディオムとして覚えよう。

(5)下線部の前の発言で，ノラは解決方法は常にあると言っている。それを聞いたカホは下線部の直前でノラに同意し，下線部の直後では「気分がよくなってきたわ」と言っている。つまり，授業をいくつかあきらめないといけないと考えていたカホは，ノラの言葉によってそうしなくてもよいという希望があることを認識して気分がよくなったと考えられる。したがって，この文脈に当てはまるC.「希望は簡単に捨ててはいけないわね」が適切。

B. Aはキノアという主食が今注目を集めているという導入部分である。この gaining attention「注目を集めている」を受けて，Fの「人気が高まっているのは様々な要素がある」につながる。Fの最終文（But what are …）では，「起源は何だろうか」と質問を投げかけている。この質問に答える形で「起源」の説明をしているのがCである。Cではキノアが他の地域に普及する前に南アメリカのアンデス地域で栽培されていたという説明がなされている。Cの最終文（While it was …）では，キノアを人間も食べるようになったが，それには「理由がいくつかあった」と述べられている。この reasons「理由」を受けるのがBの冒頭の「これら（の理由）の一つは栄養と関係がある」である。One of these の後には reasons が省略されている。Bではキノアがもつ素晴らしい栄養素について二つの例が挙げられている。これを受けてつながりそうなのは，冒頭に「これらの利点を考えると」とあるDか，「これとは別に」から始まり，キノアが他の食べ物とよく合うという別の利点が述べられているEだが，Dは最終文が「あなたも試してみたらどうだろう」と結論的な表現となっているため，この文章全体の最後に来ると考えられる。したがって，B（キノアの二つの利点）の後にE（さらなる利点）が来て，最後にD（これらすべての利点を受けての結論）という順番になるのが適切。Eではキノアが他の食材とよく合うという利点が述べられている。Bの利点とEの利点を受けて，DのGiven these benefits「これらの利点を考えると」につながる。Dはキノアの人気の様々な理由を受け，今後も人気は続きそうだから，「あなたも試してみたら」と結論的表現が来ている。したがって，これが最終段落として適切。(A)→F→C→B→E→Dの順になる。

Ⅱ 解答

A．(1)—C　(2)—C　(3)—A　(4)—B　(5)—D　(6)—A　(7)—A　(8)—B　(9)—B　(10)—D　(11)—A　(12)—C　(13)—B　(14)—D　(15)—D

B．(1)—A　(2)—C　(3)—B　(4)—C　(5)—B　(6)—C　(7)—A

◆全　訳◆

≪ピカソの絵，盗まれる≫

1986年8月4日，パトリック＝マッコイ美術館館長がビクトリア国立美術館に着くと，スタッフたちの間に危機的雰囲気が漂っていた。警備指令長が近づいてきて，動揺した面持ちで「あのピカソの絵がなくなったと思います」と言った。

ビクトリア国立美術館はオーストラリアの主要美術館だが，ピカソの「泣く女」を購入してからまだ1年も経っていなかった。購入時，この絵はオーストラリアの美術館が購入したものの中では最も高価なものであった。価格は160万オーストラリアドル（今日のドルでは430万オーストラリアドル以上)。当時一般の人には理解ができないほどの，とてつもない高額だった。オーストラリアドルは急落して間もなく，その絵の評価額は200万オーストラリアドルになっていた。

「泣く女」はピカソが1930年代に描いた一連の作品の一つで，傑作「ゲルニカ」の姉妹作と考えられている。「泣く女」はピカソの愛人ドラ＝マールを描いたもので，若草色と紫色で描かれ，女はハンカチを苦渋に満ちた角張った顔に当てている。この絵を購入したとき，マッコイは自慢げに「この顔は今後100年間，メルボルンの人々に取りついて離れることはないだろう」と言った。しかし今，この絵は壁から消えてしまったのだ。

館長とスタッフは当惑した。絵のあった場所には一枚の紙片があり，絵はThe ACTへ持って行ったと書かれていた。館長とスタッフは，絵はthe ACT —— the Australian Capital Territory（オーストラリア首都特別地域）——にある姉妹美術館へ移動したと考えて，確認のため電話をかけ始めた。しかし，「泣く女」はないとの回答だったため，状況は緊迫し始めた。

ほどなくthe ACTが何者か明らかになった。その日の午前遅く，ジ・エイジというメルボルンの新聞社がThe Australian Cultural Terrorists（オーストラリア文化テロリスト）という署名入りの手紙を受け取った。手紙にはそのグループが絵を盗み，現在グループの手にその絵はあると書かれていた。芸術大臣レース＝マシューズ宛てに，「我々はお粗末で想像を絶するほど愚かな美術行政」に抗議すると書かれていた。テロリスト集団は要求リストを作成していたが，その中には芸術資金の増額，若いオーストラリアの芸術家たちに与える賞が含まれていた。もしマシューズがグループの要求を1週間以内にのまなければ，ピカソの絵は焼かれるであろうと述べられていた。

警察が美術館の建物をくまなく捜索した。その結果，額は発見されたが，キャンバスは見当たらなかった。一時，警察は有名な掘，それは美術館の建物の周囲を囲む水をたたえた深く広い防御用のくぼみであり，その水を抜きさえしたが，何も出てこなかった。

美術館は，警備が甘かったことできまりの悪い思いをしたが，それに加えてこの絵には保険がかけられていなかった。もし絵が破損してしまうようなことがあっても，補償金は入ってこないのである。

警察が進展を求めて懸命に努力する中，世界中の新聞がこの事件で紙面を飾った。メルボルンの町では様々な説が満ちあふれた。「内部の犯行」を疑う者も多かった。なぜなら，美術館に無理矢理押し入った形跡がなかったばかりではなく，その絵は特別なネジで壁に留められており，それを外すにはある特定の道具と専門知識が必要であったと思われるからである。また，これはいちかばちかの一種のパフォーマンスアート行為であり，1911年のピカソ自身も少し関わったもう一つの悪名高き強盗事件である「モナリザ」窃盗事件へのオマージュかもしれないという人もいた。

日は過ぎていったが，なんら手がかりはなかった。2 通目の身代金要求の手紙はマシューズ芸術大臣を「うんざりするようなドブ沼の悪臭を放つガスの詰まったジジイ野郎」「もったいぶった馬鹿」と呼び，執拗に攻撃した。文化テロリスト団は次のように書いてきた。「もし我々の要求が満たされない場合，お前は今後ケロシンとキャンバスが燃える臭いにずっとつきまとわれることになるぞ」と。3 通目の手紙で，マシューズ大臣は燃えかすのマッチを受け取った。

当時の美術館の責任者であったトーマス＝ディクソンが，2019 年にシドニー・モーニング・ヘラルド紙に寄稿し，期限が過ぎると「館員たちの士気は崩壊していった。仮説はますます出回ったが，結局何も起きなかった」と述べている。

しかし，それから垂れ込みがあった。マッコイに地元の美術商が連絡を取ってきて，彼女の知っている若い芸術家が何か知っているようだと言ってきた。マッコイがその芸術家のアトリエを訪れると，壁にその窃盗に関する新聞記事がピンで留められていた。館長は，絵は匿名で駅か市の空港のロッカーに返しておいてもよいという話を出しておいた。ディクソンが書いているように，「その芸術家はその間ずっと石のように無表情のままだった」

その窃盗から 2 週間以上が経ったとき，新聞社が匿名の電話を受けた。電話の主は「スペンサーストリート駅へ行って番号が 227 のロッカーの中を見ろ」と言った。

警察，新聞記者，美術館のスタッフがその場所に駆けつけた。警察がロッカーをこじ開けると，きちんと茶色の紙に包んだ小荷物があった。一同はそれを急いで署へ持ち帰り，包みを開けてみた。「そうして絵は見つかったのだ。燃えた跡もなく，傷もなかった。我々が恐れていたようなことは何もなかった」とディクソンは書いている。その絵がだれか芸術作品の扱い方を知っている人間によって丁寧に管理されていたことは明らかだった。

今日までその犯罪は解明されていない。事件はオーストラリアの人々の想像の中に留まるものとなり，映画や小説のネタになっている。

絵が戻ってきてから，ビクトリア国立美術館は警備をかなり厳しくした。次の美術館長が仕事を始めたとき，彼がディクソンに最初に聞いたことの一つは，窃盗事件の背後にはだれがいたのかということであった。「みんなが知っている。だが，同じ意見の人間はだれもいない」とディクソンは答えた。

◀解　説▶

A．(1)ピカソの絵となれば高額である。次文で eye-watering amount「涙が出るほど高い」と述べられているので，C．「高価な」が適切。

(2)eye-watering は「涙が出るほど（高い・多い）」という意味。「絵の価格があまりにも高かったので the public「一般大衆」には理解することもできなかった」という文脈になるように，C．digest「（意味などを）飲み込む，理解する」を入れるのが適切。

(3)空所直後の works は「作品」の複数形である。of 以下に複数名詞をとるのは A のみである。a series of works「一連の作品」が正解。C．means は a means of ～ で「～の手段」の意となり不適。

(4)この段落では消えた絵が他の美術館にもないということがわかり，事態が悪い状況になっているという文脈である。したがって，B．get heated「緊迫する」が適切。D は alarmed「警戒している」と過去分詞になっているため不適。空所を含む節の主語は things「事態，状況」なので，alarming「心配な」と現在分詞にすれば可能。

(5)空所の前文が It wasn't long until ～「まもなく～した」という時に関わる構文。また空所直後の that morning「その日の朝」という時の表現から考えて，D．Later を入れ，「その日の午前中の遅い時間に」と理解するのが適切。C．Since は「その日の朝から」という意味になるが，後に続く文が「手紙を受け取った」と過去形になっているので不自然。何通も何通も次から次へメールが連続して来ているというような文脈であれば可能。

(6) in *one's* possession で「～の手にある，～が所有している」の意。つまり，その絵が ACT 窃盗団の手にあるということ。よって，A が適切。

(7)選択肢はすべて必須イディオム表現。A．「～に屈する」 B．「～を見下す」 C．「～を考え出す，提案する」 D．「つかまらずに逃げおおせる」 この文脈は窃盗団が要求をのまなければ絵を焼いてしまうと脅している部分なので，A が適切。

(8)ここの選択肢も基本イディオム。A．「たとえば」 B．「結果として」

C.「実際」 D.「そのことでは」 警察が美術館の建物をくまなく捜索して，絵の額は見つけたがキャンバスはなかったという話になっている。したがって，「捜索した結果～を見つけた」と理解すべき。したがって，Bが正解。

(9)空所では窃盗が「内部の犯行」だと考える人がどのくらいいたかが問題になっている。空所の後にあるコロン以下の説明を読むと，無理矢理押し入った形跡もなく，絵画の取り外しにも専門家を思わせるところがあると述べられている。これらは「内部の犯行」の可能性が高いことを示している証拠だと考えられる。したがって，窃盗は「内部の犯行」と考える人はB.「多かった」か，C.「全員」だったと考えるのが妥当。空所を含む文の次の文にSome said … と別の考え方をする人もいたことが示されている。つまり，「内部の犯行」だと考えた人は「全員」ではない。よって，Bが適切。

(10)関係代名詞の問題。be involved in ～「～に関わる」のinが前に出た形。先行詞はピカソも関わった「窃盗（theft）事件」である。したがって，Dの目的格whichが適切。

(11)窃盗団の脅迫文であるから「要求が満たされなければ」と理解するのが適切。空所に続く節はすでにare not metと否定になっているので，否定の意味が含まれるB. Unless「もし～でなければ」は不適。単にA. Ifが適切。

(12)事件が解決しなければtheories「説」はいろいろ出てくる。その意味で使えるのはC. circulated「出回った」である。

(13)語彙の問題。空所前後は，何か事件に関する事情を知っていると思われる若い芸術家と美術館長が対面している場面。この芸術家が犯人（または犯人と関係がある）かもしれないので，館長はわざと「絵は駅か市の空港のロッカーに返しておいてもよい」ということを匂わせている。このとき，「身元は明かさなくてもよいので絵を返してほしい」と暗に告げていると考えられるので，B.「匿名で」が適切となる。

(14)空所の直後の文で「事件は人々の想像の中に留まるものとなった」と述べられていることから，犯人は特定されなかったことがわかる。したがって，Dを入れて「事件は解明されていない」と理解するのが適切。

(15)空所直前のsubsequentは「後続の」という意味。つまり「次の美術館長」が責任者のトーマス＝ディクソンに犯人のことを聞いたと理解するのが適切。よって，Dが正解。

B. (1)第2段第1文（The NGV ― a…）にピカソの「泣く女」を購入したと述べられている。したがって，A.「泣く女」が正解。

(2)絵の窃盗がいつ確認されたかについては，第5段第1・2文（It wasn't long…）にジ・エイジという新聞がThe ACT（The Australian Cultural Terrorists）からの手紙を受け取り，この手紙の中で犯人が絵を盗んだことを認めている。したがって，C.「現地の新聞が“The ACT”と呼ばれるグループから手紙を受け取った」が正解。

(3)絵が盗まれた理由に関しては，第5段第3文（Addressing arts minister…）で芸術大臣に対して「我々はお粗末で想像を絶するほど愚かな美術行政」に抗議すると述べられている。この内容にふさわしいのはB.「窃盗団は政府の芸術に関する扱いに不満を抱いていた」である。

(4)絵画が盗まれる前のビクトリア国立美術館に関しては，第7段第1文（Adding to the…）でits lax security「甘い警備」と述べられている。この内容に一致するのはC.「絵の警備に対して不十分な手段しか持たなかった」である。

(5)盗まれた絵の話題を世界中の新聞が取り上げたことは第8段第1文（As the police…）で言及されており，その理由に関しては，直後の同段第2文（The city was…）に，この事件についての「様々な説」が出てきたことが述べられている。つまり，犯行が謎に満ちていた点にニュース価値があったためだとわかる。したがってB.「事件の謎に満ちた性格が人々を引きつけた」が適切。

(6)窃盗犯が美術品の知識があったことをうかがわせる理由については，第13段最終文（The painting had…）に「その絵がだれか芸術作品の扱い方を知っている人間によって丁寧に管理されていたことは明らかだった」と述べられている。この内容と一致するのはC.「絵は素晴らしい状態で見つけられた」である。

(7)ディクソンが示唆していることについては，最終段最終文（“Everyone knows,” Dixon…）に「みんなが知っている。だが，同じ意見の人間はだれもいない」とディクソンが述べたとあることから，説はいろいろあるが実はだれも犯人がわかっていないということだとわかる。この内容に近いのはA.「すべての人がその犯行を犯した人について異なった意見を持っている」である。

Ⅲ　解答　A. (1)—C　(2)—C　(3)—A　(4)—A　(5)—C　(6)—B　(7)—B　(8)—A　(9)—B　(10)—C

B. (1)—B　(2)—C　(3)—A　(4)—A　(5)—C　(6)—C　(7)—A

◆全　訳◆

≪文化の一般化とステレオタイプの問題≫

文化的差違のテーマが議論されるときはいつでも，ステレオタイプ化に対する非難が普通ついて回る。たとえば，男女の文化様式について比較がなされている場合，ある女性が私は「そんな振る舞い」はまったくしないと言うことは十分ありうることだ。

ステレオタイプのレッテル貼りが起こるのは，ある一つの文化や集団に所属する人たちがすべて同じ特徴を持っているかのように私たちが振る舞うときである。ステレオタイプのレッテルは，国民的文化ばかりでなく，人種，宗教，民族性，年齢，性別など集団の成員の指標と仮定されたいかなるものにも貼ることができる。集団の成員が共有していると考えられる特徴は，観察者によって尊重されるかもしれず，その場合それは肯定的ステレオタイプである。だが，もっとありうることはその特徴が尊重されない場合であり，それは否定的ステレオタイプとなる。ステレオタイプは，その両方とも異文化コミュニケーションでは問題となるが，それにはいくつかの明白な理由がある。一つは，ステレオタイプは話をしている相手に関して間違った理解をさせるかもしれないからである。そのステレオタイプが肯定的であれ否定的であれ，通常は部分的にしか正しくない。さらに，ステレオタイプは自己成就的予言となるかもしれず，その場合偏った見方で相手を観察することによって自らの偏見を確かなものにすることになるのだ。

ステレオタイプに伴う問題があるとはいえ，異文化コミュニケーションにおいては，文化的一般化を行うことは必要なことである。異文化の中で出合う可能性がある文化的差違について何らの前提や仮説もなければ，すべての人間は完全にその人に固有なやり方で行動するものであるという素朴な個人主義の犠牲になるかもしれないのである。もしくは，普通に「常識」に頼って自分たちのコミュニケーションのとり方を決めるかもしれない。もちろん常識はある特定の文化において常識であるに過ぎない。その常識を自分たち自身の文化圏外に適用すると通常は自民族中心主義となる。自民族中心主義とは自分たち自身の決まった基準や習慣を使って，しばしば無意識にすべての人々を判断することと定義されている。

文化的一般化は，支配的信念という考え方を維持することによってステレオタイプを避けながら行うことができる。考えられるほとんどすべての信条はいつの時代でもあらゆる文化に見られるが，異なったそれぞれの文化にはある信条が他の信条よりも好まれる傾向がある。大きな集団の調査から引き出されるこの嗜好を記述することが文化的一般化である。もちろんどのような文化においても他の文化の人々と似た信条の持ち主は見つけられる。ただ，そのような人々はあまり多くないということだけだ。そのような人々は，集団の規範，すなわち「中心的傾向」に近い信念を抱いた大多数の人々を代表していないということである。具体的な例として，アメリカ人は日本人よりも個人主義的であり，日本人はアメリカ人よりも集団志向的であるという正確な文化的一般化に反して，日本人のだれと比べても寸分違わず集団志向的なアメリカ人もいれば，どのアメリカ人よりも個人主義的な日本人もいるということができる。しかしながら，このような相対的に数少ない人々はそれぞれの文化の周辺に近いところにいる人々である。言葉の中立な社会学的意味において，そういった人々は「逸脱者」，つまり普通とは違うということである。

「演繹的」ステレオタイプが行われるのは，抽象的な文化的一般化がその文化内のすべての個人に適用されるのが当然だと考えられるときである。集団としてアメリカ人は日本人よりも個人主義的であるという一般化は適切であるが，その一方ですべてのアメリカ人は非常に個人主義的だと当然のように考えるのはステレオタイプを行っていることになる。話している相手は逸脱者かもしれないからである。文化的一般化は作業仮説として暫定的に使われるべきもので，その仮説はそれぞれのケースにおいて検証される必要がある。その仮説は時には非常にうまくいく場合もあれば，修正を加える必要がある場合もあるし，特定のケースにはまったく当てはまらない場合もある。考え方としては，カテゴリーをあまりにも「固定化」することなく，文化様式を認識するメリットを引き出すことである。

あまりにも少ないサンプルから一般化すると「帰納的」ステレオタイプになる可能性がある。たとえば，1人か数人のメキシコ人に会ったことを元にしたメキシコ文化についての一般化された知識を当然視すると不適切なことになるかもしれない。このような前提が特に問題になるのは，最初の異文化接触がその文化の逸脱者との接触であることが多いからである。(その文化における「典型的」成員は同じ文化内の人々と交わっている可能性が高い。そうしているから，そのような人々は典型的でいられるのである。）したがって，異文化接触において，1人の人間（自分自身を含めて）の行動から文化様式を一般化することはステレオタイプ的であり，かつ不正確になる可能性がある。

帰納的ステレオタイプのもう一つの形態は，カルロス＝E.コルテスが「社会的カリキュラム」と呼んだものに由来する。児童たちが，ジプシーの文化に所属する人に1人でも会ったことがあるものはほとんどいないにもかかわらず，ジプシーのことをたくさん知っていると報告していることにコルテスは着目する。コルテスの研究によれば，この知識は古いホラー映画から得られたものであった！　あらゆる種類のメディアを通して「文化的」行動のイメージは満ちあふれている。ヒップホップをしたり医療にぬくもりを持ち込むアフリカ系アメリカ人とか，作物を収穫したり法廷でずる賢さを見せるヒスパニック系アメリカ人とか，十字架を燃やしたりホームレスの人々を助けたりするヨーロッパ系アメリカ人といったイメージである。このようなイメージの中の何か一つから一般化を行うとき，人はおそらくステレオタイプを生み出しているのである。メディアのイメージはそのイメージの一般性によって選び出されているのではなくて，その特異性によって選び出されているのである。したがって，初めての異文化接触と同じように，目の前にあるイメージの向こうにある，研究によって初めて確固たるものになりうる文化様式というものに目を向ける必要があるのだ。

◀解　説▶

A．(1)下線部の not far behind「はるか背後にはない」は，この文脈においては the allegation of stereotyping「ステレオタイプに対する批判」が，文化的差違のテーマが議論されるときはいつでもすぐ側にあるということ。この意味に近いのはC．「ステレオタイプに対する批判がありそうだ」である。

⑵下線部の self-fulfilling prophecies は「自己成就的予言」と言われるもので,「こうではないか」と思い込み，その思い込みを信じてその通りに行動した結果，その予言が本当に現実のものとして成就してしまう（ように見える）現象のことである。ここでは where 以下で「偏った見方で相手を観察することによって自らの偏見を確かなものにすることになる」と説明されている。つまり，偏見に満ちた見方で他人を見れば，その他人が本当にその偏見に合致する特徴を持っているように見えるのだが，それは実は自分の偏見（思い込み）を自分で確かめているに過ぎないということである。これに最も近いのはＣ.「私たちが元から持っている考え方がこれからの自分たちの考え方を決定することがあり得る」である。

⑶下線部の直前の文では「文化的一般化を行うことは必要」だと述べられている。つまり，不用意な一般化はステレオタイプを招くが，だからといってあらゆる一般化を退けてしまうのは,「すべての人間は完全にその人に固有」の振る舞いをすると断ずる「素朴な個人主義」に陥ってしまうのでよくないと論じているのである。これは，各個人を所属する文化的集団の観点からとらえるのが重要だということなので，Ａ.「文化的集団という文脈が人々を理解するのに重要である」が適切。Ｂ.「常識はある集団の文化を理解するのに極めて重要である」は第３段第４・５文（Common sense is, …）と一致しない。Ｃ.「自己同一性は人が新しい状況にいかに反応するかに影響する」は本文に記述がない。

⑷dominance of belief の意味は「支配的信念」ということであるが，この説明は下線部の次の文の後半部にあり「ある信条が他の信条よりも好まれる傾向がある」とされている。この説明に一致するのはＡ.「ある信条を好むこと」である。

⑸下線部を含む文の下線部以前の部分では，日本人は「集団志向的」であり，アメリカ人は「個人主義的」だという一般化が行われている。この一般化に当てはまらない特殊なケースを例示しているのが下線部である。下線部は「日本人のだれと比べても寸分違わず集団志向的なアメリカ人もいる」という意味で，その例外的なアメリカ人は「典型的な」アメリカ人が共有するはずの「個人主義」を示していないことになる。よって，Ｃ.「アメリカ人の中にも個人主義的価値観を示さない人もいる」が適切。

⑹fringe の意味は「縁，周辺」。この意味に近いのはB.「端」である。

⑺下線部中の “hardening” of the categories は「(文化的) 範疇を固定化させる」ということである。これをせずに「文化様式」を認識するということ。この内容に近いのはB.「文化的一般化に関して思考の柔軟性を保持すること」である。

⑻*inductive* stereotype とは「帰納的ステレオタイプ」という意味。この具体例は，下線部直後の For example 以下に挙げられているが，それは「ごく少数のメキシコ人に会ったことを元にしたメキシコ文化についての一般化された知識を当然視する」というものである。この内容に合うのはA.「特定の例から過剰に一般化すること」である。

⑼下線部中の we are flooded with images of ～ は「私たちは～のイメージであふれている」の意味である。つまり下線部の意味は「あらゆる種類のメディアを通して『文化的』行動のイメージは満ちあふれている」ということ。この内容が暗に示しているのはB.「そのようなイメージが非常にたくさんあるので避けがたい」である。つまりメディアが作り出すイメージが多すぎて必然的に影響されるということ。Aは紛らわしいが，「行動を決定する」が不適切。ステレオタイプは「行動」ではなくて異文化の人たちに対する決まった「見方」である。

⑽下線部は「メディアのイメージはそのイメージの一般性によって選び出されているのではなくて，特異性によって選び出されている」という意味である。下線部の直前の文で「このような (メディアの取り上げる) イメージの中の何か一つから一般化を行うとき，ステレオタイプを生み出している」とされているので，正解はC.「メディアが作り出すイメージから文化様式を一般化してはいけない」である。

B. ⑴第 1 段最終文 (For instance, if …) で女性が「私はそんな『振る舞い』はまったくしない」と言うのは性別に基づいた一般化から生じるステレオタイプに対する異議の申し立てである。この内容に近いのはB.「人々は性の観点から容易には特徴づけられない」である。

⑵第 2 段第 5 文 (Stereotypes of both …) には「ステレオタイプは，異文化コミュニケーションでは問題となる」とあり，また同段第 7 文 (Whether the stereotype …) には「ステレオタイプは通常部分的にしか正しくない」と述べられている。これらが第 2 段の筆者の要点を端的に表

しているので，C.「もし私たちがステレオタイプを100％信じてしまうならば，ステレオタイプを持つことには危険性がある」が適切。

(3)異文化コミュニケーションの場において「常識」を使うことについては，第3段第3文（Or we may …）以下に述べられている。「常識」は特定の文化にのみ適用できるものであり，異文化に適用すると自民族中心主義になると否定的に説明されている。したがって，A.「それ相応に過剰な一般化をはらんでおり，避けられるべきだ」が「常識」の説明の主旨に合っている。

(4)文化的ステレオタイプに比較した場合の文化的一般化については，第4段第1文（Cultural generalization can …）に「文化的一般化はステレオタイプを避けながら行うことができる」と述べられている。また以下の具体例の中で文化的一般化から漏れる例外的なものがあることに言及している。この内容に合致しているのはA.「例外を考慮して文化を全体として考えれば文化的一般化は正しい」である。

(5)第5段では「演繹的ステレオタイプ」ということが説明されている。これは，第1文（*Deductive* stereotypes occur …）のwhen以下に「抽象的な文化的一般化がその文化内のすべての個人に適用される」ことだと説明されている。この内容に最も近いのはC.「集団があらゆる個人の特徴を定義づけると思い込む」である。これが設問に与えられている英文の最後のwe shouldn't とつながって「～と思い込むべきではない」となり，文意が通る。

(6)第6段は，第1文（Generalizing from too …）からわかるように「あまりにも少ないサンプルから一般化することによって生じる帰納的ステレオタイプの危険性」について述べたものだと要約することができる。「少ないサンプルから一般化する」ことの具体例は同段第2文（For example, we …）以降に挙げられているが，この「少ないサンプル」という要素に言及している選択肢は「一人だけ…」という記述をもつC.「他の文化の人間一人だけと話をするのを避けることが必要不可欠である」のみである。よってCが正解。A.「肯定的なステレオタイプは個人的な経験から容易に学習される」は第6段に記述がないため不適。B.「個人間のコミュニケーションを経験することは有益ではないかもしれない」は第6段の要旨である「少ないサンプルから一般化することの危険性」に全く触れていないため不適。

(7)本文では，ステレオタイプを避けながら文化的一般化を行う必要性が第3段第1文（Despite the problems …）や第4段第1文（Cultural generalization can …）などで述べられており，そのために「演繹的ステレオタイプ」と「帰納的ステレオタイプ」などを詳しく論じて，ステレオタイプに関する理解を深めることが目指されている。したがって，本文全体としては，A.「異文化コミュニケーションにおけるステレオタイプの理解」が適切。

❖講　評

2022 年度の大問の構成は，会話文・段落整序 1 題，長文読解 2 題の計 3 題で，従来通りであった。

I は，**A** が会話文の空所補充，**B** がひとまとまりの文章を 6 つに分けたものを並べ替える整序形式。**A** は対話の流れをつかめば取り組みやすい問題。**B** は注意深く論旨の流れをつかむ力が求められる。特に文中の these，this などの指示代名詞には注意したい。指示代名詞が何を指しているか，それを手繰っていくと文や段落の流れがわかる。

II は，有名なピカソの絵「泣く女」がオーストラリアの美術館から盗まれた話。文の内容を把握する力だけでなく，anonymously のような語句を問う問題や関係代名詞，接続詞，give in to のようなイディオム，文法，語彙知識が幅広く問われている。

III は，比較文化における「文化的一般化」とそれが陥りやすいステレオタイプの問題が語られている。deductive stereotype「演繹的ステレオタイプ」，inductive stereotype「帰納的ステレオタイプ」といった抽象的概念が出てくる。英文中でこのような概念は具体的に説明されているが，「演繹」「帰納」という言葉を知っているに越したことはない。日頃から抽象概念にも親しむようにしたい。若干抽象度が高い英文であるが，全体的には標準的英文と標準的な設問である。

日本史

I　解答

1 —(ネ)　2 —(フ)　3 —(セ)　4 —(ヌ)　5 —(サ)　6 —(ツ)
7 —(ハ)　8 —(ク)　9 —(コ)　10—(チ)

◀解　説▶

≪平安時代の文化≫

1．藤原実資の『小右記』には，藤原道長の「望月の……」の歌が掲載されている。実資が右大臣（『小野宮右大臣日記』を略して『小右記』という）であったことも押さえておきたい。

2．国風文化期の女流文学作品として，『蜻蛉日記』（藤原道綱の母の著作）と『更級日記』（菅原孝標の女の著作）を混同しないように注意しよう。

3・4．最初の勅撰和歌集である『古今和歌集』は醍醐天皇の命により紀貫之らによって編纂された。紀貫之は最初のかな日記とされる『土佐日記』の作者としても知られる。

6．やや難。源信は比叡山横川の恵心院に居住したことから，恵心僧都とも呼ばれる。

7．難問。五代十国のうち，江南の杭州に都を置いたのは呉越国。呉越国については一部の教科書に記載があるが，日本史選択者が解答するのは難しい。なお，選択肢にある(イ)後周は，華北に興亡した五代（5王朝）の一つである。

8．平等院鳳凰堂阿弥陀如来像は定朝による寄木造の作品。寄木造により分業が可能となり仏像が量産できるようになった。

10.「修行僧命蓮にまつわる説話」だけをヒントに『信貴山縁起絵巻』を選択するのはやや難しいが,「修行僧にまつわる説話」より，応天門の変を題材にした『伴大納言絵巻』や，宮廷行事などを描いた『年中行事絵巻』とは考えにくいと判断し，消去法で解答できるとよい。

II　解答

1 —(セ)　2 —(テ)　3 —(サ)　4 —(タ)　5 —(ク)　6 —(フ)
7 —(イ)　8 —(ナ)　9 —(シ)　10—(チ)

◀解　説▶

≪江戸～明治時代初期の対外関係≫

1．ポルトガル船の来航は，1637～38 年に起きた島原の乱を契機として 1639 年に禁止とされた。

2・4．日清間の貿易では，主に銀や銅などが輸出された。金とともにこれらの流出を防ぐことを目的に 1715 年に出されたのが海舶互市新例である。海舶互市新例では，貿易額を年間で清船は 30 隻・取引高を銀 6000 貫，オランダ船は 2 隻・取引高を銀 3000 貫に制限した。

3．やや時期は前後するが，アジア貿易の拠点として，オランダのバタヴィアに加えて，ポルトガルのマカオ，スペインのマニラを押さえておきたい。

5．1609 年，薩摩藩主島津家久に降伏した琉球王国は，将軍の代替わりごとに慶賀使を，琉球国王の代替わりごとに謝恩使を幕府に派遣した。

8・9．樺太・千島交換条約は，黒田清隆の建議にもとづき，駐露公使榎本武揚が調印した。この条約によって，樺太全島がロシア領，千島全島が日本領となったが，千島列島については，択捉島以南は江戸時代に結ばれた日露和親条約で日本領とされており，同条約によって日本が新たに獲得した領土は得撫島以北であったことに注意したい。問題文には「樺太に持っていた一切の権利をロシアにゆずり，そのかわりに（　9　）以北の計 18 島を領有」とあるので，得撫島が該当する。なお，千島列島の最北端の島が占守島である。

Ⅲ　解答

問 1．(ア)　問 2．(ウ)　問 3．(ウ)　問 4．(ア)　問 5．(ウ)
問 6．(イ)　問 7．(イ)　問 8．(ウ)　問 9．(ウ)　問 10．(イ)
問 11．(ウ)　問 12．(イ)　問 13．(ア)　問 14．(イ)　問 15．(イ)

◀解　説▶

≪近現代の小問集合≫

問 2．国税総額に占める地租の割合は，1875 年には約 85％を占め，1877 年までは 80％を超えていた。松方財政が始まると，1882 年にはその割合は 65％程度まで低下した。

問 3．地租改正条例によって，地租は定額金納となった。したがって，史料では「豊熟ノ年」（豊作の年）であっても増税はしない，「違作ノ年」

(凶作の年) であっても減税はしないと表現している。

問４．史料の第六章の中ごろに「先ツ以テ地価百分ノ三ヲ税額ニ相定《さだめ》候《そうら》得《え》共《ども》」，最後に「地租ハ終《つい》ニ百分ノ（　④　）ニ相成候迄漸次《ぜんじ》減少致スヘキ事」とあり，地租は地価の３％（百分の三）に設定されたこと，地租はしだいに減少すべきとしていることがわかる。したがって(イ)の「三」や(ウ)の「五」を除外し，(ア)の一（百分の一）と判断したい。

問７．「日露戦争の際……外債の募集に取り組み」や「大蔵大臣・内閣総理大臣などを歴任」，「二・二六事件で暗殺された」から，この人物は高橋是清である。二・二六事件では，斎藤実内大臣，渡辺錠太郎陸軍教育総監も殺害された。

問８．やや難。空欄⑥・⑦の直後にある「もう君，腹が裂けるよ」という表現から，『イソップ寓話』の一つである「牛と競争する蛙」を想起する必要があった（子蛙から牛の話を聞いた母蛙が，牛のお腹の大きさに負けまいとお腹を膨らませすぎ，最終的にお腹を破裂させてしまうという話)。夏目漱石は，外国からの借金を背負って勝利した日露戦争後の日本を，無理して一等国になってしまったのではないか，と懸念した。

問 10.　やや難。「国本社を組織」や「枢密院議長，内閣総理大臣なども歴任」から平沼騏一郎をさす。国本社は，1923 年の虎の門事件に衝撃を受けた平沼騏一郎が翌年に組織した右翼思想団体。諸外国から「日本ファシズムの総本山」ととらえられた。

問 12.　やや難。池田勇人内閣時の「『国民所得倍増計画の構想』の閣議決定」は問 11 の設問文から 1960 年とわかる。「カラーテレビの本放送開始」がこの年の出来事であった。なお，「インスタントラーメンの発売」は 1958 年，「海外旅行の自由化」は 1964 年であるが，これらの判断は難しい。

問 13.「GNP」は国民総生産，「GDP」は国内総生産，「GNI」は国民総所得を指す。

問 15.　やや難。(イ)誤文。企業合理化促進法は 1952 年に制定され，これにより企業の設備投資の促進をはかった。「その後（1960 年）の取り扱いに関する説明」として誤り。「中小企業の近代化」をめざしたものとしては，1963 年に制定された中小企業近代化促進法などがある。

Ⅳ 解答

1―(ウ)　2―(イ)　3―(ア)　4―(イ)　5―(ア)　6―(イ)
7―(イ)　8―(ア)　9―(ア)　10―(ウ)　11―(ウ)　12―(ウ)
13―(イ)　14―(ア)　15―(ウ)

◀解　説▶

≪世界遺産からみた古代～現代≫

2．誉田御廟山古墳は，大阪府羽曳野市誉田の古市古墳群の中心的存在で，日本第2位の規模をもつ古墳。第1位の規模をもつ，大阪府堺市にある百舌鳥古墳群の中心となる大仙陵古墳と比較して押さえたい。

3．倭の五王については，讃は応神・仁徳・履中のいずれか，珍は反正・仁徳のいずれかと考えられ，済は允恭，興は安康，武は雄略の諸天皇に比定されている。

4．与謝野晶子は日露戦争中に，「君死にたまふこと勿れ（旅順口包囲軍の中に在る弟を歎きて)」を『明星』に発表した。

5．当時の摂関家を外戚としない後三条天皇の皇子の一人にのちの白河天皇がいる。白河天皇は1086年に子（のちの堀河天皇）に譲位して，院政を開始した。

6．『明月記』は，藤原定家の日記。定家は，後鳥羽上皇の命によって勅撰和歌集である『新古今和歌集』の編纂にあたったことでも知られる。

7．やや難。姫路城は関ヶ原の戦いののち，池田輝政が城主となって改修を行い，1609年に完成した。

8．空欄8がある学生Bの発言の次に発言した，学生Aの「同じ年（1972年）……沖縄の日本（本土）復帰が実現しています」から，沖縄返還を実現させた佐藤栄作内閣と判断できるとよい。

9・10．京都栂尾にある高山寺は，明恵（高弁）が華厳宗道場として再興した。明恵は，『摧邪輪』を著し，法然が『選択本願念仏集』で説いた専修念仏を批判した。

11．東寺の現在の金堂を1603年に再建した人物を答えるのは難しいが，「1603年」から消去法で豊臣秀頼（1593～1615年）だと判断したい。豊臣秀吉は1598年，豊臣秀次は1595年と，関ヶ原の戦い（1600年）前に死去している。

12．大極殿は，政務・儀礼などが行われた宮城内の中心的建物である朝堂院にある施設の一つ。2010年の平城遷都1300年祭の際に，第一次大極殿が復元された。朱雀門は平安宮の正門，紫宸殿は天皇の住まいである内裏の正殿である。

13. 東大寺大仏殿は1180年と1567年の2度にわたって兵火で焼失した。1180年は平重衡，1567年は松永久秀によるものである。松永久秀は，13代将軍足利義輝を自殺に追い込んだことでも知られる人物。

❖講　評

2022年度は，2021年度同様，大問数が4題，小問数が50問，試験時間が60分と変化はなかった。大問ごとに出題された時代は同一ではなかったが，Ⅰ・Ⅱでは語群選択式の空所補充問題，Ⅲは史料問題，Ⅳはテーマ史であることに変化はなかった。

Ⅰでは，日記・文学・仏教・絵巻物などの平安時代の文化を中心に出題された。中国の五代十国の呉越国を問う7は難問，源信が居住した恵心院の場所を問う6はやや難問であったが，その他は基本～標準的な問題であった。関西大学では，文化史からの出題が多いため，対策を欠かすことはできない。平安時代の文学作品は2021年度も出題されている。

Ⅱでは，江戸時代から明治時代初期の対外関係が出題された。難問はなく標準的な問題で構成されていたため，取りこぼしなく得点を重ねたい。

Ⅲでは，近現代の史料問題が出題された。(A)は地租改正条例，(B)が夏目漱石の『それから』，(C)は池田勇人内閣の「国民所得倍増計画」が題材とされた。1960年代の出来事や法整備を問う問12・問15，設問文の説明から平沼騏一郎を判断する問10はやや難。その他史料内容の読解を要する問題も出題されていたため，日頃から史料を熟読する練習を積んでおきたい。

Ⅳでは，先生と学生の会話文を用いた，世界遺産を題材とした問題が出題された。姫路城の城郭整備の時期を問う7はやや難。全体としては標準的な問題が多かったが，古代から現代まで幅広く，文化史からの出題を基本としていたため，文化史学習が進んでいない受験生は苦戦したと思われる。

世界史

I 解答

①―(ア) ②―(セ) ③―(ネ) ④―(ア) ⑤―(コ) ⑥―(シ)
⑦―(ア) ⑧―(ナ) ⑨―(ス) ⑩―(ア)

◀解 説▶

≪中国仏教史≫

①正しい。仏教は1世紀頃に西域から中国に伝わっていた。なお，仏教が中国に広がったのは4世紀後半からである。

②誤り。西域から中国を訪れ，仏典の漢訳に多大な業績を残したのは鳩摩羅什である。ほぼ同時代に仏図澄も活躍したが，彼は漢訳を残さなかった。なお，道安は仏図澄の弟子。

③誤り。「空」の思想は大乗仏教の根本的な教えである。

④正しい。竜樹（ナーガールジュナ）は『中論』で「空」や「縁起」の思想を大成して大乗仏教を理論化した。

⑤誤り。「貞観の治」は，唐の第2代太宗の治世である。

⑥誤り。インドを訪れた玄奘を歓迎し優遇したのはヴァルダナ朝のハルシャ王である。玄奘は帰国後，ハルシャ王を「戒日王」として中国に紹介している。

⑧誤り。ナーランダー僧院はグプタ朝時代に創建された仏教の中心的研究機関。中国から訪れた玄奘と義浄はここに学んだ。

⑨誤り。玄奘は陸路インドへ往復し，中央アジア・南アジアなどの見聞を『大唐西域記』に記録した。『南海寄帰内法伝』は海路でインドを往復した義浄の著作。

II 解答

1―(キ) 2―(ノ) 3―(ト) 4―(タ) 5―(ハ) 6―(ケ)
7―(サ) 8―(ヌ) 9―(テ) 10―(ス)

◀解 説▶

≪19世紀後半～20世紀前半のアメリカ≫

1．ジャガイモ飢饉は，ジャガイモへの依存度がひときわ大きかったアイルランドで1840年代半ばに発生した。100万人以上が餓死し，ほぼ同数がイギリスやアメリカに移住していった。アメリカ合衆国第 35 代大統領ケネディの曾祖父がアメリカに移住してきたのもこの時期である。

４・５．1920 年代のアメリカは，ハーディング，クーリッジ，フーヴァーの３代にわたる共和党大統領の下で「永遠の繁栄」を謳歌した。しかし，その繁栄は，1929 年 10 月 24 日の「暗黒の木曜日」の株価大暴落にはじまる大恐慌で幕を閉じた。

６．ダーウィンが『種の起源』で発表した進化論は，人間は神によって創造されたとするキリスト教世界観を否定するもので，宗教界から厳しく批判された。現在でも，アメリカを含むキリスト教会の一部には，進化論を全否定する教派が存在する。

７．クー＝クラックス＝クラン（KKK）は，南北戦争後の南部において，黒人の権利を認めず，黒人に味方する白人も攻撃した白人至上主義の結社。1920 年代，アメリカ社会の保守化を背景として台頭した。

９．リューベックは北ドイツの商業都市で，ハンザ同盟の盟主として有名。トーマス＝マン（８の正解）の代表作の１つである『ブッデンブローク家の人々』は，故郷リューベックを舞台にマンの一族の自伝的物語として描かれた。

Ⅲ 解答

１―(ト)　２―(ク)　３―(イ)　４―(チ)　５―(テ)　６―(タ)
７―(チ)　８―(イ)　９―(ツ)　10―(ト)　11―(タ)　12―(チ)
13―(オ)　14―(ウ)　15―(サ)

◀解　説▶

≪成都・武漢・広州の歴史≫

２．王莽は前漢王室の外戚で，８年に実権を奪って新を建国した。新は周の時代を理想とし，復古主義の政策を実施したために，赤眉の乱（18〜27 年）をまねいて滅亡した。

３．劉備は後漢末期の豪族のひとり。諸葛亮らの賢臣に支えられて蜀を建国した。

４．安史の乱は 755 年，節度使安禄山とその部下史思明によっておこされた大反乱。当時の皇帝玄宗は長安を追われたが，北方の遊牧民ウイグルの援軍を得て次の皇帝の時代に鎮圧に成功した。

５．杜甫は，安史の乱に際してうたった『春望』や均田農民の苦難をテーマに『兵車行』などの作品を残した社会派詩人で，「詩聖」と称される。

7．フビライは，1260 年に即位したモンゴル帝国第 5 代皇帝。1276 年に南宋を滅ぼし，中国統一を完成した。

9．新軍は，清末期に創設された洋式軍隊で，この中の革命派が 1911 年に武昌で蜂起して辛亥革命が開始した。

10. 天津条約（1858 年）では，漢口など 10 港が新たに開港されることとなった。この条約批准のために訪中した各国全権を中国側が攻撃したため再び戦争となり，1860 年に北京条約が結ばれた。

11. 南越は，秦滅亡を契機に漢人の趙佗がベトナム北部に建てた国である。前 111 年に武帝はこれを滅ぼし，南海郡以下 9 郡をおいた。

14. 乾隆帝は，貿易港を広州一港に限定し，特許商人の組合である公行にのみ貿易を行うことを認めた。この貿易制限に不満を持ったイギリスは，マカートニー，アマーストらを派遣して自由貿易を求めたが拒否された。このことがアヘン戦争の背景となった。

15. 北伐は，蔣介石を司令官として広州から北上し，軍閥が割拠する中国を統一することをめざした軍事行動である。1927 年に上海クーデタで第 1 次国共合作が崩壊したことにより一時中断されたが，1928 年に完成した。

Ⅳ 解答

1 —(ス) 2 —(イ) 3 —(ウ) 4 —(ト) 5 —(ア) 6 —(カ)
7 —(ツ) 8 —(ア) 9 —(ナ) 10—(サ) 11—(イ) 12—(ニ)
13—(オ) 14—(シ) 15—(コ)

◀解 説▶

≪ビザンツ帝国と周辺諸国≫

2．西ローマ帝国は，476 年にゲルマン人傭兵隊長オドアケルによって国を奪われ滅亡した。

3．ユスティニアヌス帝は，北アフリカのヴァンダル王国，イタリア半島の東ゴート王国を征服し，かつてのローマ帝国領を一時的に回復したが，彼の死後は領域は後退していった。

4．ハギア（セント）=ソフィア大聖堂は，ビザンツ様式の代表建築。1453 年にイスラームのオスマン帝国に征服されて以降，モスクとして使用された。

5．ユスティニアヌス帝の導入した養蚕技術により，その後，ビザンツ帝国の絹織物業は，国内において中国産に匹敵する産業に成長した。

7．ブルガール人はトルコ系遊牧民。7世紀後半，バルカン半島に第1次ブルガリア帝国を建設した（681～1018年)。その間，ビザンツ帝国の影響を受けながらスラヴ化していった。その後ビザンツ帝国に併合されたが，12世紀後半に再独立した（第2次ブルガリア帝国，1187～1396年)。14世紀末にはオスマン帝国の支配下に入っている。

10．シーア派のブワイフ朝は946年にバグダードに入城し，アッバース朝カリフから大アミールの称号を受けて，事実上アッバース朝を支配下においた。セルジューク朝は1055年にバグダードに入城，ブワイフ朝を打倒してこの地にスンナ派を回復した。アッバース朝カリフは，この功績によりセルジューク朝の始祖トゥグリル＝ベクにスルタンの称号を与えた。

11．教皇インノケンティウス3世は第4回十字軍のほかに，イギリスのジョン王，フランスのフィリップ2世を屈服させ，教皇権の絶頂期を現出させた。

13．モンゴルの支配下にあったモスクワ大公国のイヴァン3世は，1480年にキプチャク＝ハン国から自立し，のちのロシア帝国の基礎を築いた君主。1453年に滅亡したビザンツ帝国の後継者を自認し「ツァーリ」を称したことから，モスクワは「第3のローマ」と言われるようになった。

14．百年戦争（1339～1453年）は，フランスのカペー朝が断絶してヴァロワ朝が成立した際，イギリスのプランタジネット朝エドワード3世が母方の血筋を理由にフランス王位を要求したことが発端であった。

❖講　評

I　中国での仏教の発展をテーマに中国とインドから出題された。難問はないが，下線部について「その内容が正しければ(ア)をマークし，誤っている場合は最も適当な語句を下記の語群から選び」という出題形式であるため，正確な知識が求められている。

II　ヘンリー＝フォードやトーマス＝マンの評伝を織り込みながら，移民，ユダヤ人迫害，1920年代の保守化など，アメリカ社会の動向の基本的事項を中心に，一部ヨーロッパからも出題された。9のリューベックは文化・経済から，10のチューリヒは宗教改革との関連で問われている。技術史や文化史から複数出題されているが，いずれも標準レベルである。

Ⅲ 中国の3つの都市，成都・武漢・広州をとりあげて，それぞれの都市にまつわる歴史を古代から現代までたどっている。標準的な内容だが，6の長江は正確な地理への理解が求められた。

Ⅳ ビザンツ帝国を軸とした東ヨーロッパ世界の展開，イスラーム世界との関係，十字軍や百年戦争などの基本的知識が問われている。トルコ系ブルガール人などバルカン半島における民族とビザンツ帝国の関係は学習が薄くなりがちなので十分な対策が求められる。

地理

I 解答

問１．(1)—ア　(2)—エ　(3)—ウ　(4)—ウ　(5)—エ　(6)—イ

問２．(オ)　問３．(ウ)　問４．(ウ)　問５．(ウ)

◀解　説▶

≪山地等の地形≫

問１．(1)①正。東京都心から小笠原諸島の中心である父島までの距離は約 1,000 km で，西之島はその西方に位置する。地図帳や教科書に記載されている日本の排他的経済水域の図を思い起こしたい。

②誤。西之島の東側には父島や母島があり，排他的経済水域の東への拡大はない。

(2)①誤。半径 1 m（実際には約 6,400 km）の地球上での 60 cm は，約 3,840 km に相当する。ヒマラヤ山脈が東西部分でインド・中国の国境地帯をなすと考え，北緯 30 度付近でおよそ東経 75 度から 100 度に至るとすると，北緯 30 度での経度差 25 度の長さは，25 度×111 km×cos30°（約 0.87）≒2,400 km となる。南北に傾いていることを考慮しても 3,840 km は長すぎる。

②誤。エヴェレスト山の標高は 8,848 m なので約 9 km と考えると，半径 1 m の地球では 9 km÷6,400 km≒0.0014 m＝0.14 cm となる。

(3)①正。主に海洋プレートは玄武岩，大陸プレートは花崗岩からなる。

②正。大西洋中央海嶺，インド洋中央海嶺，東太平洋海嶺がある。

(4)①正。断層運動により地震が発生する。

②正。アルプス山脈やヒマラヤ山脈のように大陸プレートの衝突ではあまり火山は生じず，環太平洋造山帯のロッキー山脈やアンデス山脈などで火山活動が活発である。

(5)①誤。高度の基準は，千代田区永田町に設置されている日本水準原点である。

②誤。三角点は山頂など相互に見通しのきく地点に設置されているのが通例であるが，最高地点とは限らない。立山など山頂部に神社がある場合に

は，それを避けて設置されている例もある。

(6)①誤。アルプス山脈は新期造山帯である。

②正。モレーンは氷河の侵食，運搬作用により砂礫が堆積した地形である。

問 2．昭和新山は，北海道の有珠山山麓で 1943（昭和 18）年に噴火が始まり，次第に隆起して 1945（昭和 20）年にかけて溶岩ドームが生成された火山である。平成新山は，1990（平成 2）年から 1996（平成 8）年にかけて，長崎県島原半島にある雲仙普賢岳の噴火で生じた溶岩ドームの名称である。溶岩ドームは成長と崩壊を繰り返し，崩壊の際にたびたび火砕流が起きて人的被害も発生した。

問 3．(ウ)不適。カルスト台地上では，水は地中に吸い込まれやすいため河川は発達しにくい。そのため，直線状の谷はカルスト台地特有のものとはいえない。

(ア)補助曲線は，台地上で傾斜が緩い地形を示す等高線である。カルスト台地上は，なだらかな傾斜となっている。

(イ)等高線間隔が狭い部分は急な崖を示しており，石灰岩の土地が付近を流れる河川で溶食されて台地が形成されたと考える。

(エ)・(オ)は凹地の記号で，カルスト地形特有のドリーネを示している。

問 4．a は陰影の差が小さく起伏があまりないことと，南北方向に河川らしき影があることから中央平原(プレーリー)と考え，西経 96 度と判断する。

b は北東から南西にかけて線状の陰影があることからアパラチア山脈付近ととらえ，西経 82 度と判断する。

c は陰影の差が明瞭で標高差が大きいことからロッキー山脈の存在を想起して西経 106 度と判断する。

問 5．海と陸の比率は約 71：29 であるので，(エ)より右の合計が 28.8%となっていることから(エ)が高度 0 m～2,000 m とわかる。よって，(ウ)が深度 −2,000～0 m となる。

Ⅱ　解答

問 1．(ア)　問 2．(イ)　問 3．(オ)　問 4．(エ)　問 5．(エ)
問 6．(1)―(ウ)　(2)―(エ)　(3)―(ウ)　問 7．(ウ)　問 8．(ア)

◀解　説▶

≪世界の水産資源と水産業≫

問 1．中国・ロシア・日本などが出漁する太平洋北西部漁場での漁獲量が世界で最も多く，20.9%（2018年）を占めている。
問２．水域に多数の島があると，排他的経済水域が広くなると考える。Bの漁区にはフィリピン・インドネシアの群島国や多くの島国が存在するミクロネシア・メラネシアがあることから推定する。
問４．アンチョビ漁で有名なのがペルーである。冷水域を好むアンチョビは，エルニーニョ現象で水温が上昇すると漁獲が激減する。
問６．(1) α は世界一の輸出国となっており，輸入上位国でないことからノルウェーとなる。サケ養殖が盛んで，日本にも輸出されている。
(2) β は輸出・輸入とも上位にあることから中国を考える。
(3) γ は最大の輸入国となっていることからアメリカ合衆国とわかる。
問７．遠洋漁業は，排他的経済水域を設定する国の増加と石油危機による燃料費の高騰により1970年代には衰退し，沖合漁業が拡大した。しかし沖合漁業も，乱獲や消費者の嗜好の変化により1980年代後半以降衰退に転じ，水産物の輸入が急増した。Zの沿岸漁業も，資源の減少と漁業者の高齢化により漁獲量は減少傾向にある。
問８．ほたて貝は，青森県陸奥湾や北海道噴火湾での養殖が盛んである。2017年の生産量は，青森県が58%，北海道が36%を占め，両道県で生産の大部分を占める。愛媛県は真珠，佐賀県はのり，鹿児島県はぶり類が，それぞれ全国一の生産量である（2017年）。

III　解答

問１．(1)―(イ)　(2)―(ウ)　問２．(ウ)
問３．(1)―(イ)　(2)―(オ)　問４．(イ)　問５．(エ)　問６．(エ)
問７．⑥―(ア)　⑦―(エ)

◀解　説▶

≪第三次産業≫

問１．(1)アジアは日本・韓国・シンガポールを除くと発展途上国が多いことから，第一次産業人口比率が高い国の多い(イ)となる。
(2)南アメリカは都市人口率が高いことから第三次産業人口比率が高い(ア)または(ウ)となる。両者を比較すると，(ウ)の方が第一次産業人口比率が高い国が多いことから，(ウ)を南アメリカ，(ア)をヨーロッパと判断する。
問２．(ウ)誤文。地方都市におけるショッピングセンターは，広い駐車場を確保するため一般に郊外に立地する。このため都市中心部の商店街や百貨店は売り上げが減少し閉店するなど，中心部の衰退が進んでいる。

問3．(1)一般に小売業年間販売額は人口に比例する。東京は大都市ならではの商品を扱う専門店も多く，人口比率よりも販売額が多くなるので13.8%の(イ)と判断する。

(2)ソフトウェア業は知識集約型産業で情報が入手しやすく大企業の需要が多いことから東京に一極集中すると考え，52.0%の(オ)と判断する。(ア)は集中度が非常に低いことから製造品出荷額等，(ウ)が預金残高，(エ)が卸売業年間販売額である。

問4．県庁所在地の都心部に立地するのは，百貨店と都心商店街である。専門量販店の多くは，郊外に立地している。郊外化の要因は主にモータリゼーションによる。コンビニは都心部だけでなく郊外にも立地する。

問5．(エ)誤文。コロナ禍以前の日本への外国人観光客は，2019年には中国26.2%，韓国19.1%，台湾16.2%，ホンコン7.8%であり，東アジア諸国・地域で69.3%を占めていた。

問6．高速道路網の充実は都市間移動を容易にしたが，高齢者は自動車の運転が困難なことも多く，買い物弱者の発生とは関係が薄い。

問7．⑥ドックランズは，かつてはテムズ河畔に港湾施設が立地する地域であった。ウォーターフロント再開発の典型例となっている。

⑦「汐留」は1872（明治5）年に日本最初の鉄道が開通した際の東京側の起点である新橋駅の所在地で，1914（大正3）年の東京駅開業後は1986（昭和61）年まで貨物ターミナルとなっていた。「さいたま新都心」は，1984（昭和59）年に廃止された大宮操車場を中心に開発された。

Ⅳ　解答

問1．(ウ)　問2．(オ)　問3．(ア)　問4．(イ)　問5．(ア)
問6．(ウ)　問7．(イ)　問8．(ウ)　問9．(エ)　問10．(エ)

◀解　説▶

≪中央ヨーロッパ地誌≫

問1．北緯30度はカイロ付近，北緯40度はマドリード・アンカラ付近，北緯60度はオスロ・ストックホルム付近を通る。

問2．年降水量が600mmを越えているので乾燥帯とは考えにくく，最寒月平均気温が −3°未満であるのでD気候となる。降水量の季節的配分を見ても著しい乾燥月がないことから，冷帯湿潤気候（Df）と判定できる。

問３．ヴルタヴァ川が流れている首都は，A国（チェコ）のプラハである。

問４．面積はD国（ウクライナ）が最も大きく 60.4 万 km^2，G国（ドイツ）が 35.8 万 km^2 でそれに次ぐ。人口はドイツが約 8,400 万人，次いでウクライナ約 4,400 万人，C国（ポーランド）約 3,800 万人となっている。他はB国（スロバキア）の約 500 万人を除き，チェコ・E国（ハンガリー）・F国（オーストリア）は 1,000 万人前後の人口規模である。GDP はこの地域で最も経済力のあるドイツが最大である（いずれも 2019 年）。

問５．シロンスク炭田のあるポーランドは，ロシアを除く欧州最大の石炭産出国であり，ドネツ炭田のあるウクライナは，これに次いで生産が多い。

問６．(ア)正文。1993 年に分離するまで，チェコスロバキア（分離直前はチェコとスロバキア）を構成していた。

(イ)正文。一般にスラブ民族には東方正教徒が多いが，ポーランドは歴史的経緯からカトリック教徒が大部分を占めている。

(ウ)誤文。ハンガリーはウラル語族に属するマジャール人の国家である。ワロン人はベルギー南部に居住する民族である。

(エ)正文。オーストリア・ドイツともにドイツ語が公用語である。

問８．ウクライナ南東部には，旧ソ連時代からドネツ炭田とクリボイログ鉄山を基盤としたドニエプルコンビナートが成立していた。ボヘミアはチェコ，クズネツクはロシア，シロンスクはポーランド南部の工業地域。

問９．冷涼な地域で栽培される農産物と考え，ジャガイモと判断する。ポーランドはブドウの栽培北限の北にあり，オリーブは地中海性気候の地域で，落花生は中国・インド・ナイジェリアなど温暖地で栽培される。

問10．オーストリア・スイス間の小国は，リヒテンシュタイン公国で，永世中立国である。一部を除いた外交はスイスに委任しており，EU 非加盟国である。アンドラはスペイン・フランス間のピレネー山中にあり，ルクセンブルクはベネルクス三国の一角をなす小国である。モルドバは西をルーマニアに接する旧ソ連構成国の一つである。

❖講　評

I　山地や台地など海抜高度が高い地形と関連した事項について，一部に応用的な問いもあるが，おおむね基本的な理解が問われている。問１は正誤判定問題で，教科書に記載のない内容も含まれている。問４の陰影図の問題は，アメリカ合衆国の大地形が，東部がアパラチア山脈，中部が中央平原，西部がロッキー山脈となっていることに基づいて判断するとよい。問5は地表面積の海と陸の比率をもとに判定すれば正解に至る。

Ⅱ　世界の水産資源・水産業に関する問題で，統計やグラフの読解に基づく思考力・判断力の有無が問われている。問1・問3・問4は基本的な問題で，確実に解答したい。問6は統計順位を知っていれば容易であるが，設問にαが漁区Eに属し輸出のみ，βが漁区Aに属し輸出入とも表示されていることから判断したい。最大の魚類輸入国のγは，輸出も多いことから日本ではなくアメリカ合衆国であると判断するのがやや難しい。

Ⅲ　第三次産業に関する基本事項の理解を問う問題で，グラフや統計の読解に基づく思考力・判断力の有無が問われている。問1の三角グラフの読解は，先進地域ほど第三次産業への就労人口が増加する，産業の高度化についての理解があれば容易に判断できる。問3の小売業年間販売額については，人口比に近いとの理解があれば判断しやすいが，ソフトウェア業年間売上高の判別は難しく，ソフトウェア業が東京への一極集中となっていると判断することが正解への道筋となる。卸売業年間販売額と預金残高も東京への集中度が高いと考えられるが，ソフトウェア業ほどではないと考えたい。問5はコロナ禍以前のインバウンド客が，経済成長が続いていた東アジアからが非常に多かったことを想起したい。

Ⅳ　中央ヨーロッパの内陸国であるチェコとスロバキアとその周辺諸国に関する，やや特異な地域設定の地誌問題である。A～G国の名称を確実に判別するのが前提となっている。問1は地理的位置を問う問題で，ヨーロッパ諸国がやや高緯度に位置していることから判断する。問3はヴルタヴァ川を知らなくても，「エルベ川の支流」と問いに示されていることから判断できる。問4・問5は統計的知識や地図を使った学習の有無で差がつく問題である。問6以降はおおむね基本的知識を問う設問で，確実に解答したい。

政治・経済

I 解答

問(A). (エ)　問(B). (エ)　問(C). (エ)　問(D). (ア)　問(E). (ウ)
問(F). (エ)　問(G). (イ)　問(H). (エ)　問(I). (ア)　問(J). (ウ)
問(K). (イ)　問(L). (ア)

◀解　説▶

≪言論・表現の自由≫

問(A). (エ)が正解。「テレワークの意義・効果」として，(x)のワーク・ライフ・バランスの実現，(y)の非常災害時の事業継続，(z)の環境負荷軽減を含めた8項目が挙げられている。

問(B). (エ)が正解。BPOは放送倫理・番組向上機構の略称である。

問(C). (エ)が正文。

(ア)誤文。立川反戦ビラ事件判決は，ビラの配布のための立ち入りを処罰することは憲法第21条1項に違反するものではないとした。

(イ)誤文。東京都公安条例事件判決は，集団行動の事前許可制は憲法第21条1項に違反しないとした。

(ウ)誤文。チャタレイ事件判決は，憲法21条の保障する表現の自由は公共の福祉によって制限されるとした。

問(D). (ア)が正文。

(イ)誤文。「投稿記事削除仮処分決定委認可決定に対する抗告審の取消決定に対する許可抗告事件」の判決であるが，「忘れられる権利」についての言及はなく，URL等情報を公表する行為の違法性の有無は諸事情を比較衡量して判断されると述べられている。

(ウ)誤文。通信事業者による立ち会いは2016年の法改正で不要になった。

問(F). (エ)が正文。

(ア)誤文。自治省は総務庁，郵政省と統合され総務省となった。

(イ)誤文。公正取引委員会の委員長および委員の任命を行うのは内閣総理大臣である。

(ウ)誤文。法務省ではなく，財務省である。

問(H). (エ)が正文。

㋐誤文。出版物の印刷，製本，販売，頒布等の仮処分による事前差し止めは，憲法21条2項前段にいう検閲には当たらないとした。
㋑誤文。法務大臣ではなく，総務大臣である。
㋒誤文。アンダードッグ効果とは，ある候補者を当選確実だと報道することが別の対立候補者に投票する人を増やす結果をもたらすことをいう。
問(J).　㋒が正解。商標法第2条の規定である。
問(K).　㋑が正文。
㋐誤文。平成21年の著作権法改正で，違法にアップロードされている音楽であると知りながらダウンロードすることは違法であると定められた。
㋒誤文。個人的に楽しむためのダウンロードでも違法となる。
㋓誤文。正規版が有償で提供されているものを反復・継続してダウンロードした場合は刑事罰の対象となりうる。
問(L).　㋐が正解。ADRとは裁判外紛争解決手続きのことを指す。

Ⅱ　解答

問(A).　㋑　問(B).　㋓　問(C).　㋓　問(D).　3―㋖　4―㋐
問(E).　㋑　問(F).　㋒　問(G).　6―㋒　7―㋑　問(H).　㋐
問(I).　㋑　問(J).　㋒　問(K).　㋐　問(L).　㋓　問(M).　㋑

◀解　説▶

≪自由貿易体制≫

問(B).　㋓が正解。GATTは1947年のジュネーブ協定で調印され，1948年に発効した。
問(C).　㋓が正解。最恵国待遇とは，ある国に与えた通商上の有利な待遇を他のすべての加盟国にも適用しなければならない原則のことを指し，GATTの原則の一つである。
問(D).　3は㋖，4は㋐が正解。GATTのラウンドの名称は，年号とともに基礎知識として押さえておこう。
問(E).　㋑が正解。ダンピングとは国内価格より不当に安い価格で商品を輸出することを指す。
問(G).　6は㋒，7は㋑が正解。GATSはサービスの貿易に関する一般協定，TRIPSは知的所有権の貿易関連の側面に関する協定の略称である。
問(H).　㋐が正解。WTOのルールとして，国内産業保護のための緊急輸入制限（セーフガード）を認めている。

問(I). (イ)が正解。ウルグアイ・ラウンドでは，農産物の例外なき関税化について交渉が行われた。

問(J). (ウ)が正解。東南アジア諸国連合はASEANであるが，ASEAN自由貿易地域をAFTAという。

問(K)・問(L). 日本は2002年にシンガポールと初の2国間EPA（経済連携協定）を結んだ。

問(M). (イ)が正解。(ア)TPPは環太平洋パートナーシップ，(ウ)AECはASEAN経済共同体，(エ)TICADはアフリカ開発会議の略称である。

III 解答

問(A). 1―(カ)　2―(テ)　3―(ウ)　4―(コ)　5―(ツ)　6―(ソ)

問(B). (エ)　問(C). (ウ)　問(D). (エ)　問(E). (ウ)

◀解　説▶

≪東シナ海の対立≫

問(B). (エ)が不適。連合国の占領はサンフランシスコ講和条約が発効した1952年4月28日まで続き，保安隊は同年10月15日に設立された。

問(C). (ウ)が正解。ASEANはベトナム戦争中の1967年に設立された。

問(E). (ウ)が正解。日米両政府は1996年に普天間基地の返還を発表し，1999年に移設先を名護市辺野古とすることが発表された。

IV 解答

問(A). 1―(コ)　2―(ア)　3―(シ)　4―(ウ)　問(B). (ウ)

問(C). (ア)　問(D). (イ)　問(E). (イ)　問(F). (ウ)　問(G). (ア)

◀解　説▶

≪日本の中小企業≫

問(B). (ウ)が不適。中小企業基本法が定める小売業における中小企業の範囲は，資本金5千万円以下または従業員数50人以下である。

問(C). (ア)が正解。正確に数値を暗記していなくても，製造業における中小企業の割合がほぼ99%であること，中小企業の従業者数の割合は約7割であることを把握していれば正解に至る。

問(D). (イ)が誤文。三種の神器と呼ばれる電気洗濯機，電気冷蔵庫，白黒テレビは1960年代には普及したが，3Cの一つであるカラーテレビの1970年の普及率は26.3%である。

問(E). (イ)が誤文。ネットワークを利用することでコミュニケーションを活発にすることが意図された言葉は，IT（情報技術）ではなくICT（情報通信技術）である。

問(F). (ウ)が誤文。日本の2019年の開業率は4.2％であり国際的にみて低い水準である。

問(G). (ア)が誤文。都市における買い物弱者の存在は，小売業の閉店や公共交通機関のサービス停止等よりもむしろ高齢化を原因としている。

❖講　評

Ⅰ　言論・表現の自由についての出題である。裁判例からの出題は，有名なものが多いとはいえ判決に関する正確な理解を前提としており，難度が高い。ポスト真実や，著作権法の改正による変更点など，時事問題の知識を問う出題もなされた。

Ⅱ　自由貿易についての出題であり，基本的な知識問題が多く見られた。難易度は標準だが，最恵国待遇やダンピングといった用語の意味を正確に理解しているかが問われている。国際経済で使用されるアルファベットの略語についてもきちんと押さえておく必要があるだろう。

Ⅲ　東シナ海の対立をテーマとしながら，沖縄をめぐる日本の政策の変化についての正確な理解を問う出題であった。沖縄の基地問題の経緯を十分に理解していなければ正解するのが難しい問題も出題された。

Ⅳ　日本の中小企業についての出題。中小企業の定義や割合など，資料集のデータを理解していなければ正解するのが難しい問題であった。ベンチャー・ビジネスなど，中小企業に関する時事問題の知識も求められている。

数学

◀３教科型・２教科型（英語外部試験利用方式）▶

I

解答　① p^2+p-4　② $p^3+\frac{3}{2}p^2-6p$　③ $\frac{1}{2}$　④ $\frac{9}{4}$

⑤ $-4<p<2$　⑥ -1　⑦ $\frac{3}{2}$

◀解　説▶

≪解と係数の関係，２次関数の最小値≫

$$x^2-px-\frac{1}{2}p+2=0 \quad \cdots\cdots ⊛$$

２次方程式の解と係数の関係より

$$\alpha+\beta=p,\ \alpha\beta=2-\frac{1}{2}p$$

$$\alpha^2+\beta^2=(\alpha+\beta)^2-2\alpha\beta$$

$$=p^2-2\left(2-\frac{1}{2}p\right)$$

$$=p^2+p-4 \quad (\to ①)$$

$$\alpha^3+\beta^3=(\alpha+\beta)^3-3\alpha\beta(\alpha+\beta)$$

$$=p^3-3\left(2-\frac{1}{2}p\right)p$$

$$=p^3+\frac{3}{2}p^2-6p \quad (\to ②)$$

次に，k を定数として

$$(\alpha+k)(\beta+k)=\alpha\beta+(\alpha+\beta)k+k^2$$

$$=2-\frac{1}{2}p+pk+k^2$$

$$=\left(k-\frac{1}{2}\right)p+2+k^2$$

この式は p の値によらず一定の値をとるので

$$k=\frac{1}{2} \quad (\to ③)$$

このとき，一定の値は　　$2+k^2=2+\frac{1}{4}=\frac{9}{4}$　(→④)

㊅の判別式を D とする。

α が虚数であるとき　　$D<0$

$$D=p^2-4\left(2-\frac{1}{2}p\right)<0$$

$$p^2+2p-8<0$$

$$(p+4)(p-2)<0$$

$$-4<p<2 \quad (\to ⑤)$$

次に，$\alpha=a+bi$ とおく。ただし，$b>0$，a は実数。b が α の虚部である。

このとき　　$\beta=a-bi$

$$\alpha-\beta=2bi$$

$$(\alpha-\beta)^2=-4b^2$$

また

$$(\alpha-\beta)^2=(\alpha+\beta)^2-4\alpha\beta$$

$$=p^2+2p-8$$

$$=(p+1)^2-9$$

$-4<p<2$ において，$(\alpha-\beta)^2$ は $p=-1$ で最小となる。

このとき，b^2 は最大となり，最大値は　　$b^2=\frac{9}{4}$

$b>0$ より　　$0<b\leqq\frac{3}{2}$

すなわち，α の虚部 b は $p=-1$ のとき，最大値 $\frac{3}{2}$ をとる。(→⑥，⑦)

II 解答

①3　②$\frac{2}{3}$　③$3^n$　④$\frac{4}{3}\cdot8^{n-1}$

⑤$\frac{4}{5}\cdot8^{n-1}-\frac{1}{5}\cdot3^{n+1}$　⑥$\frac{4}{5}\cdot8^{n-1}+\frac{2}{5}\cdot3^n$

◀解　説▶

≪連立漸化式の解法≫

$$a_{n+1}+\alpha b_{n+1}=\beta(a_n+\alpha b_n)\quad\cdots\cdots\circledast$$

⊛の左辺に $a_{n+1}=6a_n+2b_n$，$b_{n+1}=3a_n+5b_n$ を代入して

$$a_{n+1}+\alpha b_{n+1}=6a_n+2b_n+\alpha(3a_n+5b_n)$$
$$=(6+3\alpha)a_n+(2+5\alpha)b_n$$

⊛が成り立つとき

$$6+3\alpha=\beta,\quad 2+5\alpha=\alpha\beta$$

2式より，β を消去して

$$2+5\alpha=\alpha(6+3\alpha)$$
$$3\alpha^2+\alpha-2=0$$
$$(\alpha+1)(3\alpha-2)=0$$
$$\alpha=-1,\ \frac{2}{3}$$

$\alpha=-1$ のとき　　$\beta=3$

$\alpha=\dfrac{2}{3}$ のとき　　$\beta=8$

したがって　　$(\alpha,\ \beta)=(-1,\ 3),\ \left(\dfrac{2}{3},\ 8\right)$　(→①，②)

次に

$$a_{n+1}-b_{n+1}=3(a_n-b_n),\quad a_1-b_1=3$$

数列 $\{a_n-b_n\}$ は初項3，公比3の等比数列なので，一般項は

$$a_n-b_n=3^n\quad(\to③)\quad\cdots\cdots㋑$$

また

$$a_{n+1}+\frac{2}{3}b_{n+1}=8\left(a_n+\frac{2}{3}b_n\right),\quad a_1+\frac{2}{3}b_1=\frac{4}{3}$$

数列 $\left\{a_n+\dfrac{2}{3}b_n\right\}$ は初項 $\dfrac{4}{3}$，公比8の等比数列なので，一般項は

$$a_n+\frac{2}{3}b_n=\frac{4}{3}\cdot 8^{n-1}\quad(\to④)\quad\cdots\cdots㋺$$

㋺－㋑ より

$$\frac{5}{3}b_n=\frac{4}{3}\cdot 8^{n-1}-3^n$$

$$b_n=\frac{4}{5}\cdot 8^{n-1}-\frac{1}{5}\cdot 3^{n+1}\quad (\to ⑤)$$

㋑より

$$a_n=b_n+3^n$$
$$=\frac{4}{5}\cdot 8^{n-1}-\frac{1}{5}\cdot 3^{n+1}+3^n$$
$$=\frac{4}{5}\cdot 8^{n-1}+\frac{2}{5}\cdot 3^n\quad (\to ⑥)$$

Ⅲ 解答

(1)　$f(x)=2x^3-9x^2-60x+275$ とおく。

$$f'(x)=6x^2-18x-60$$

$f'(x)=0$ より

$$x^2-3x-10=0$$
$$(x+2)(x-5)=0$$
$$x=-2,\ 5$$

$f(x)$ の増減表は右のようになる。

$$f(-2)=343$$
$$f(5)=0$$

x		-2		5	
$f'(x)$	$+$	0	$-$	0	$+$
$f(x)$	↗	極大	↘	極小	↗

すなわち，$f(x)$ の極大値，極小値は

極大値 343　($x=-2$ のとき)
極小値 0　　($x=5$ のとき)　……(答)

(2)　与不等式より　　$2x^3-9x^2-60x+275>0$

左辺は $f(x)$ であり，(1)より　　$f(5)=f'(5)=0$

よって $f(x)$ は $(x-5)^2$ で割り切れる。割り算により

$$(2x+11)(x-5)^2>0$$

よって

$$-\frac{11}{2}<x<5,\ 5<x\quad \text{……(答)}$$

(3)　(2)より　　$2x^3-9x^2-60x+276>1$

(底)>1 なので

$$\log_{(2x^3-9x^2-60x+276)}(2x^2-x-1)>\log_{(2x^3-9x^2-60x+276)}(x^2+x-2)$$

……①

$$2x^2-x-1>x^2+x-2$$

$$x^2-2x+1>0$$

$$(x-1)^2>0$$

$$x\neq 1 \quad \cdots\cdots ②$$

また，①で真数の条件より

$$2x^2-x-1>0 \quad \cdots\cdots ③$$

$$x^2+x-2>0 \quad \cdots\cdots ④$$

③より　$(2x+1)(x-1)>0$

$$x<-\frac{1}{2},\ 1<x \quad \cdots\cdots ⑤$$

④より　$(x+2)(x-1)>0$

$$x<-2,\ 1<x \quad \cdots\cdots ⑥$$

また，(2)で求めた範囲より

$$-\frac{11}{2}<x<5,\ 5<x \quad \cdots\cdots ⑦$$

②，⑤，⑥，⑦をすべて満たす範囲が求めるものである。

$$-\frac{11}{2}<x<-2,\ 1<x<5,\ 5<x \quad \cdots\cdots (答)$$

◀解　説▶

≪3次方程式の極値，3次不等式，対数不等式≫

(1)　$f(x)$ は3次関数なので，$f(x)$ の極値は $f'(x)$ を計算して，増減表を書いて求める。

(2)　(1)において，$f(x)$ は $x=5$ のとき極小値0をとる。このことから，$f(x)$ は $(x-5)^2$ を因数にもつことがわかる。したがって，$f(x)$ は因数分解され，$f(x)=(2x+11)(x-5)^2$ となる。

(3)　(2)より $2x^3-9x^2-60x+276>1$ となっている。よって，(底)>1となる。$a>1$ のとき，$\log_a A>\log_a B$ は $A>B$ となる。また，真数の条件より，$2x^2-x-1>0$，$x^2+x-2>0$ である。これらと(2)で求めた不等式とあわせて，4式の連立不等式となる。

❖講　評

2022年度は大問3題のうち，Ⅰ・Ⅱが空所補充形式で，Ⅲが記述式であった。

Ⅰ　2次方程式の解と係数に関する問題で，基本的な問題である。

Ⅱ　数列の連立漸化式の解法に関する問題である。誘導式であり，解き方に迷うことはない。標準的な問題である。

Ⅲ　底が3次関数で与えられた，対数不等式を解く問題である。(1)で3次関数の増減を調べ，(2)で3次不等式，(3)で対数不等式を解く形となっている。微分法と対数関数の融合問題となっている。1つ1つは基本的な解法で解けるレベルである。

全体的に，標準レベルの問題である。対策としては教科書の例題レベルの問題を確実に解けるようにしておけばよい。

◀２教科選択型▶

I 解答

(1)　右へ１つ移動を a，下に１つ移動を b とする。

a を３個，b を３個の並べ方が，点Ａから点Ｂまで最短距離で行く道順の個数である。よって，その道順の個数は

$${}_6C_3=\frac{6!}{3!\cdot 3!}=20 \text{ 通り} \quad \cdots\cdots(\text{答})$$

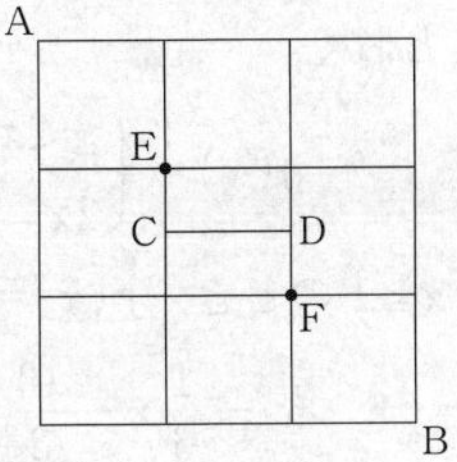

(2)　点Ｃの上の格子点をＥ，点Ｄの下の格子点をＦとする。

道順はＡ→Ｅ→Ｃ→Ｄ→Ｆ→Ｂとなり

Ｅ→Ｃ→Ｄ→Ｆは　　１通り

Ａ→Ｅは　　${}_2C_1=2$ 通り

Ｆ→Ｂは　　${}_2C_1=2$ 通り

したがって，街路CDを通る道順は $2\times2=4$ 通りある。

CDを通らない道順は(1)より20通りあるので，点Ａから点Ｂまで最短距離で行く道順は24通りある。　……(答)

(3)　点Ａから点Ｅは $(k-1)\times(k-1)$ のブロックで，点Ｆから点Ｂは $(n-k)\times(n-k)$ のブロックの街区である。したがって，その道順はそれぞれ ${}_{2(k-1)}C_{k-1}$，${}_{2(n-k)}C_{n-k}$ 通りある。

したがって，CDを通る道順は

$${}_{2(k-1)}C_{k-1}\times{}_{2(n-k)}C_{n-k}=\frac{(2k-2)!\cdot(2n-2k)!}{\{(k-1)!\cdot(n-k)!\}^2} \text{ 通り} \quad \cdots\cdots(\text{答})$$

あり，これが増加分である。

◀解　説▶

≪最短経路の個数≫

(1)　縦 l 本，横 m 本の経路がある長方形である街路があるとき，左上から右下へ行く最短経路の道順は右へ１つ移動を a，下へ１つ移動を b と考えると，a と b の並べ方で決まる。このとき，a は $l-1$ 個，b は $m-1$ 個あるので，道順の個数は，同じものを含む順列と考えると $\dfrac{(l+m-2)!}{(l-1)!(m-1)!}$ 個，組み合わせとして考えると ${}_{l+m-2}C_{l-1}$ 個ある。

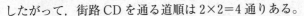

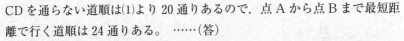

⑵　CDを通る道順とCDを通らない道順に場合分けして数える。

⑶　増加分はCDを通る道順の個数である。Cの上の点をE，Dの下の点をFとすると，点Aから点Eへ行く街路は $(k-1)\times(k-1)$ のブロック，点Fから点Bへ行く街路は $(n-k)\times(n-k)$ のブロックとなっている。

Ⅱ　解答

⑴　$f(x)=x^2-\frac{1}{3}x-\frac{10}{3}$，$g(x)=-2|x-1|+2$

とおく。

$$g(x)=\begin{cases}-2x+4 & (x\geqq 1)\\ 2x & (x<1)\end{cases}$$

$x\geqq 1$ のとき，$f(x)=g(x)$ は

$$x^2-\frac{1}{3}x-\frac{10}{3}=-2x+4$$

$$3x^2+5x-22=0$$

$$(3x+11)(x-2)=0$$

$$x=-\frac{11}{3},\ 2$$

$x\geqq 1$ より　　$x=2$

$x<1$ のとき，$f(x)=g(x)$ は

$$x^2-\frac{1}{3}x-\frac{10}{3}=2x$$

$$3x^2-7x-10=0$$

$$(3x-10)(x+1)=0$$

$$x=-1,\ \frac{10}{3}$$

$x<1$ より　　$x=-1$

したがって，交点の座標は

$(-1,\ -2)$，$(2,\ 0)$　……(答)

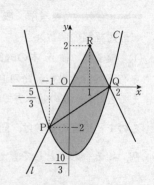

⑵　2曲線 C と l は右図のようになる。求める面積は網かけ部分の面積である。

$(-1,\ -2)$，$(2,\ 0)$，$(1,\ 2)$ を順に P，Q，

Rとする。

直線PQと曲線 C で囲まれた部分の面積を S_1 とする。

$$S_1=\int_{-1}^{2}\left\{\frac{2}{3}(x-2)-\left(x^2-\frac{1}{3}x-\frac{10}{3}\right)\right\}dx$$

$$=-\int_{-1}^{2}(x+1)(x-2)dx$$

$$=\frac{1}{6}\{2-(-1)\}^3$$

$$=\frac{9}{2}$$

次に，△PQRの面積を S_2 とする。

$$S_2=\triangle\mathrm{OQR}+\triangle\mathrm{OPQ}$$

$$=\frac{1}{2}\times2\times2+\frac{1}{2}\times2\times2$$

$$=4$$

したがって，C と l で囲まれた部分の面積は

$$S_1+S_2=\frac{9}{2}+4=\frac{17}{2}$$ ……(答)

◀解　説▶

≪絶対値を含む１次関数，直線と放物線で囲まれた部分の面積≫

⑴　$x\geqq1$ と $x<1$ で場合分けをして，共有点を求める。

$$|x-1|=\begin{cases}x-1 & (x\geqq1)\\ -x+1 & (x<1)\end{cases}$$

となっている。

⑵　C と l の交点をそれぞれP，Q，l の頂点をRとすると，C と l で囲まれた部分は△PQRと線分PQと C で囲まれた部分の和である。△PQRは△OPQと△ORQに分割して面積を求める。線分PQと C で囲まれた部分の面積は定積分を用いて，$-\int_{-1}^{2}(x+1)(x-2)dx$ となる。

定積分の計算は展開して求めてもよいし

公式 $\int_{\alpha}^{\beta}(x-\alpha)(x-\beta)dx=-\frac{1}{6}(\beta-\alpha)^3$

を用いて求めてもよい。

Ⅲ　解答

①$q\geqq 5$　②$\dfrac{1}{3}$　③$(p+1)q\geqq 10$　④$\dfrac{2}{3}$

⑤$q(n-1)$　⑥$\dfrac{q}{p-1}(p^{n-1}-1)$　⑦$\dfrac{5}{12}$

◀解　説▶

≪隣接2項間漸化式，サイコロを2回投げるときの確率≫

(1)　$a_1=0$，$a_{n+1}=pa_n+q$

$a_2=q\geqq 5$　(→①)

$q=5$，6，p は任意なので $(p,\ q)$ の取り方は12通りある。

したがって，$a_2\geqq 5$ となる確率は $\dfrac{12}{36}=\dfrac{1}{3}$ である。(→②)

(2)　$a_1=0$，$a_2=q$ より　$a_3=pq+q=(p+1)q$

よって，$a_3\geqq 10$ は　$(p+1)q\geqq 10$　(→③)

$p=1$ のとき，$q\geqq 5$，よって，q は2通り。

$p=2$ のとき，$q\geqq 4$，よって，q は3通り。

$p=3$ のとき，$q\geqq 3$，よって，q は4通り。

$p=4$，5，6のとき，$q\geqq 2$ なので，$3\times 5=15$ 通り。

以上を合わせて　$2+3+4+15=24$ 通り

したがって，$a_3\geqq 10$ となる確率は $\dfrac{24}{36}=\dfrac{2}{3}$ である。(→④)

(3)　$p=1$ のとき　$a_{n+1}-a_n=q$

数列 $\{a_n\}$ は初項0，公差 q の等差数列で，その一般項は

$$a_n=q(n-1)\quad(\to⑤)$$

$p\neq 1$ のとき，$k=\dfrac{q}{1-p}$ とおくと，$a_{n+1}=pa_n+q$ は

$$a_{n+1}-k=p(a_n-k)$$

と変形される。

数列 $\{u_n-k\}$ は初項 $-k$，公比 p の等比数列で，その一般項は

$$a_n-\frac{q}{1-p}=\frac{q}{p-1}\cdot p^{n-1}$$

$$a_n=\frac{q}{p-1}(p^{n-1}-1)\quad(\to⑥)$$

次に，$a_5\leqq 100$ は

$p=1$ のとき

$$4q \leqq 100 \qquad q \leqq 25 \qquad q \text{ は 6 通り}$$

$p=2$ のとき

$$15q \leqq 100 \qquad q \leqq \frac{20}{3} \qquad q \text{ は 6 通り}$$

$p=3$ のとき

$$40q \leqq 100 \qquad q \leqq \frac{5}{2} \qquad q \text{ は 1，2 の 2 通り}$$

$p=4$ のとき

$$85q \leqq 100 \qquad q \text{ は 1 のみの 1 通り}$$

$p=5$，６のとき

$$a_5=\frac{q}{p-1}(p^4-1)=q(p^3+p^2+p+1)$$

より，$a_5 \leqq 100$ を満たす q はない。

以上を合わせて　　$6+6+2+1=15$ 通り

したがって，$a_5 \leqq 100$ となる確率は $\frac{15}{36}=\frac{5}{12}$ である。（→⑦）

Ⅳ

解答　① $\frac{a}{2}$　② b　③ $\sqrt{\frac{a^2}{4}+b^2}-1$　④ $-\sqrt{\frac{a^2}{4}+b^2}-1$

⑤ $2\sqrt{19}$

◀解　説▶

≪三角関数の最大・最小≫

$$\begin{aligned} f(x)&=a\sin^3x\cos x-b\sin^4x+b\cos^4x+a\sin x\cos^3x-1\\ &=a\sin x\cos x(\sin^2x+\cos^2x)\\ &\qquad\qquad +b(\cos^2x-\sin^2x)(\cos^2x+\sin^2x)-1\\ &=\frac{a}{2}(2\sin x\cos x)+b(\cos^2x-\sin^2x)-1\\ &=\frac{a}{2}\sin 2x+b\cos 2x-1 \quad (\to ①，②)\\ &=\sqrt{\frac{a^2}{4}+b^2}\sin(2x+\alpha)-1 \end{aligned}$$

ただし　　$\sin\alpha=\frac{b}{r}$，$\cos\alpha=\frac{a}{2r}$，$r=\sqrt{\frac{a^2}{4}+b^2}$

a, b は正なので，α は鋭角とする。

$0\leqq 2x\leqq 2\pi$ より

$$|\sin(2x+\alpha)|\leqq 1$$

$$-\sqrt{\frac{a^2}{4}+b^2}-1\leqq f(x)\leqq \sqrt{\frac{a^2}{4}+b^2}-1$$

したがって

$$M=\sqrt{\frac{a^2}{4}+b^2}-1,\ m=-\sqrt{\frac{a^2}{4}+b^2}-1 \quad (\to ③,\ ④)$$

次に，$3M+m=0$ より

$$3\sqrt{\frac{a^2}{4}+b^2}-3-\sqrt{\frac{a^2}{4}+b^2}-1=0$$

$$2\sqrt{\frac{a^2}{4}+b^2}=4$$

$$\frac{a^2}{4}+b^2=4$$

$$a^2+4b^2=16 \quad \cdots\cdots ㋑$$

ここで，$2a+\sqrt{3}b=k$ とおく。

$$\sqrt{3}b=k-2a$$

$$3b^2=(k-2a)^2 \quad \cdots\cdots ㋺$$

㋑，㋺より b^2 を消去して

$$a^2+\frac{4(k-2a)^2}{3}=16$$

$$19a^2-16ka+4k^2-48=0 \quad \cdots\cdots ㋩$$

a は実数なので，㋩の判別式を D とすると　　$D\geqq 0$

$$D=(16k)^2-4\times 19\times(4k^2-48)\geqq 0$$

$$16k^2-19(k^2-12)\geqq 0$$

$$k^2-4\times 19\leqq 0$$

$$-2\sqrt{19}\leqq k\leqq 2\sqrt{19}$$

a, b は正なので　　$k>0$

よって　　$0<k\leqq 2\sqrt{19}$

すなわち，k の最大値は $2\sqrt{19}$ である。 $(\to ⑤)$

❖講　評

2022年度は大問4題のうち，Ⅰ・Ⅱが記述式で，Ⅲ・Ⅳが空所補充形式であった。

Ⅰ　最短経路の個数を求める問題で，基本的な問題である。

Ⅱ　放物線と絶対値を含む1次関数のグラフで囲まれた部分の面積を求める問題である。定積分で面積を求める頻出問題で，標準的なレベルである。

Ⅲ　係数をサイコロの目で決める，数列の隣接2項間漸化式の問題。数列と確率の両方の知識が要求されている。どちらも標準的なレベルである。

Ⅳ　三角関数の合成を用いて，三角関数の最大値・最小値を求める問題。頻出問題でレベルは標準的なもの。

全体的には例年通り標準的なレベルである。対策としては教科書の例題・章末問題等を確実に解けるようにしておけばよい。

❖講　評

本文中の該当箇所に傍線を付さない独特の設問形式だが、設問は本文の流れにそって前から順に設定されている。内訳は現代文（評論）一題、古文一題。

一は、プライバシーはなぜ保護しなければならないかを法的な観点から論じた文章。対立軸を明確にして持論を展開する評論文というよりも、一つの事柄を多方面から解説していく説明文に近い。説明される内容が多岐にわたるので、それらを一つずつ正確に押さえていくのがやっかいである。具体例も多く使われているので、たとえば具体例の部分を囲ってみると、それらによって説明しようとしている筆者の主張が浮かび上がってくる。各問、微妙な違いしかない選択肢が用意されているので、消去法によって一つ一つしぼっていく必要がある。特に、問6はどの選択肢も本文中の要所を踏まえており、明確な矛盾を見つけるのに苦労する。各選択肢を部分に分けて、各部分の因果関係にまで注意して間違いを見つけたい。問7の㋓のaは「弊履を捨てるがごとし（＝古くなった履き物を捨てるように躊躇しないさま）」という故事成語の一部。

二は、『源氏物語』〈明石巻〉からの出題。須磨で流浪する光源氏がなんとか嵐の夜を乗り切り、亡き父の霊と対面する有名な場面。どの設問も本文箇所を細部にわたって正確に訳している選択肢が正解となっている。問2は現代語の「おごる（費用を出してやる）」という語感に引っ張られるとaやeにひっかかる。また、やはり現代語の「うつくしい」のニュアンスから脱し切れていないとbやcを外すことができない。古文の「うつくし」は自分よりもか弱いものを〝かわいらしい〟と感じる様子を表し、その動詞形である「うつくしむ」は自分より弱いものを〝いつくしむ〟の意になる。問5は反実仮想などの文法事項の理解を問う問題。

▲2教科選択型▼

一

出典 宮下紘『プライバシーという権利―個人情報はなぜ守られるべきか』(岩波新書)

解答

問1〜問8　▲3教科型・2教科型(英語外部試験利用方式)▼一の問1〜問8に同じ。

問9 (1)(第二節)e　(第三節)h

(2)(第一節)c　(第二節)f　(第三節)i

▲解　説▼

問9　本文冒頭で筆者は、プライバシーに関する法学的な視点を二つ紹介している。一つは「個人」がプライバシーをいかに確保できるかという「権利」の視点であり、二つ目は「各組織」がプライバシーをどう保護するかという「統治」の視点である。この視点に気づけば第十段落までが〈個人の権利〉についての言及であり、第十一段落から〈組織の統治〉について述べていることに気づく。そして、それぞれの見出しタイトルも「権利」、「統治」を主眼としたものを選べばよい。この二つの視点に沿って読んでいくと、第十六段落で述べられるポズナーの議論がこれまでと異質であることに気づくだろう。ポズナーは「そもそもプライバシーなどいらない」という見解を示しているという。本文を大きく三つに分けるとすると、三つ目の段落の冒頭は第十六段落とし、見出しタイトルはiの「プライバシー無用論」がよいだろう。

二

▲3教科型・2教科型(英語外部試験利用方式)▼二に同じ。

「…と聞こえたまへば」までの間に書かれている。aとbは「住吉の神のお導きがあったならば」が不可。本文には「住吉の神の導きたまふままに（＝住吉の神のお導きそのままに）」とあり、仮定条件の表現は見当たらない。cは「院のお造りになったすばらしい都」が、eは「おそるべき神々」がそれぞれ不可。本文中の「御影」は〝（死んだ人などを）心に思い浮かべる姿〟のことで、ここでは亡くなった父・桐壺院と解釈することで、この部分とこの後の文章とが呼応する。桐壺院はこの後、自分が死んでからしばらくは罪の償いのためにこの世を顧みる暇がなかったが、光源氏の悲しみを見るに堪えがたくて死後の世からやってきたと述べている。

問8　桐壺院が光源氏に言いおいたことは、問7の根拠箇所に続く「いとあるまじきこと…」から、その段落の末までに書かれている。aとbは「少し不条理なものの報い」が不可。本文中の「いささかなる」は〝わずかだ〟〝ほんのすこしだ〟の意。cは「自分の生きた世の中を顧みることができなかった」が不可。本文中で桐壺院が述べる「この世」とは、光源氏が不幸な境遇に追いやられている現実の世のことである。不幸な境遇にあるのは光源氏であるから、「みなが深い悲しみを感じているのを見ると」とあるdも誤り。

問9　「御供」は、前文で桐壺院が京の内裏に参上するという、その参内の従者を指す。その桐壺院を慕って泣き、供を申し出る人物であるから、この部分の主語は光源氏。格助詞「に」はここでは資格や立場を表し〝～として〟と訳す。「参る」は〝参る〟のままでよいが、桐壺院に随伴して京都に上ることを意味する。「な」は強意の助動詞の未然形。「む」は意志の助動詞の終止形である。「泣き入る」は〝ひどく泣く〟。「たまふ」は光源氏を高める尊敬の補助動詞である。

不可。海人たちはめいめい「さへづりあへる（＝さえずりあっている）」だけで「柴の戸」の内にいる光源氏に話しかけることはない。ちなみに「さへづる」は小鳥が鳴くことを言うのだが、これは光源氏からみると、地元の漁師たちの方言がまるで小鳥がさえずりあっているように聞こえて意味が取れなかったことを表している。

問5　暴風雨に対して光源氏がどのように感じどのような歌を詠んだかについては、『この風いましばし止まざらましかば…」で始まる第二段落の最後の一文から、その後の「海にます…」の短歌に書かれている。dとeは「この風が長い間止まずに続いていたので」が不可。この部分にあたる本文には「この風いましばし止まざらましかば」とあり、「ましかば」の部分は〝もし〜だったら〟のように反実仮想で訳さなければならない。aとbは短歌の「神のたすけにかからずは」の訳し方がおかしい。ここでの「ず」は未然形で、「ず＋は」は〝もし〜でないなら〟などと仮定条件で訳さなければならない。「神のたすけにかかる」の意味は難しくても、少なくともa「疑わなかったので」、b「及ばなかったので」のように確定条件にはならない。この部分を「神の助けを受けなかったら」と訳しているcが正解。

問6　光源氏が眠りかかったところにどのようなことが起こったかについては、「海にます…」の歌の次の文とその次の文に書かれている。bとcは「光源氏が向いている先に立っていらっしゃって」が不可。本文には「故院（＝光源氏の父、桐壺院）ただおはしましさまながら立ちたまひて」とあり、〝今は亡き桐壺院がただ（生きて）いらっしゃった頃のご様子そのままでお立ちになって〟とある。仮にこの部分の解釈が困難でも、「おはしまし＋し＋さま」の「し」が過去の助動詞だとわかれば、現在形で訳しているbとcはおかしいと判断できる。dは「不吉なところに行こうとするのか」が不可。光源氏はただ物に寄りかかってまどろんでいるだけで、どこにも行こうとしてはいない。eは最後の「とがめなさった」が不可。桐壺院が〝どうしてこのように粗末なところにいるのか〟と言うのは、光源氏の境遇に同情してのことであり、とがめているわけではない。

問7　桐壺院と光源氏のやりとりについては、注6のある文の次の文の冒頭「住吉の神の…」から、その次の文の途中

と強く思っていらっしゃる」が不可。本文には「何ばかりの過ちにてかこの渚に命をばきはめん（＝どれほどの過ちで、この渚に命を落とそうというのか、いや命を落としていいはずがない）」と書かれている。この反語が読めていればcの「この渚で命を終えることになるだろう」も誤りだとわかる。dとeにしぼられるが、本文の「まことに迹を垂れたまふ神ならば」の部分を「もし本当に御仏の化身でいらっしゃるのならば」としっかり仮定条件で訳しているeを選ぶ。

問2　従者たちが光源氏についてどのように祈ったかについては、第一段落の第三文「帝王の深き宮に養はれたまひて…」で始まる会話文に書かれている。aとeは「人びとにおふるまいなさっていらっしゃった」が不可。「楽しみに驕りたまひしかど（様々な享楽をほしいままになさってはいたけれど）」の「驕る」は自分が思い上がったり、贅沢をしたりすることを表すので、「人びとに」とあるのはおかしい。bとcは「（光源氏の）深き御うつくしみ」を「優美さ」と訳している点が不可。古文の「うつくしみ」は〝自分よりか弱いものへの慈しみ〟を表す。

問3　風雨が静まった後の従者たちの様子は第二段落冒頭から、同文中の「…『夜を明かしてこそは』とたどりあへるに」までの間に書かれている。aとdは本文中の「かたじけなし」と「疎ましげなり」の解釈に難がある。「かたじけなし」は身分の高い人物に対する〝畏れ多さ〟や〝面目のなさ〟を表すが、aはこれを「やるせなく」と訳し、dは「珍しいことだ」と訳している。また「疎ましげ」は対象に対する〝不快感〟や〝気味悪さ〟を表すが、aもdも「悲惨な感じだ」と訳している。cとeはともに「大声で願を立て」の部分が不可。本文には、どうしてよいかわからずうろうろしている人々の様子が「まどへる」という表現で書かれているだけである。

問4　光源氏が柴の戸を押し開けたときの周囲の状況は、第二段落の第二文「月さし出でて…」から第四文「…え追ひも払はず」までに書かれている。aとbは「（海人などが…）従者たちの話を聞いて知ったことを話し合っている」が不可。光源氏の周りに、その日何が起きたのかをはっきり理解できるものはおらず、地元の海人たちはそれぞれ勝手にその日の嵐の様子を話し合っているのである。cとdは「光源氏が聞いてもわからない言葉を話しかけてくる」が

と話しているのも、大変普通ではないのだが追い払うこともできない。(海人たちが)「この嵐がもう少し収まらなかったら、潮が押し迫って(建物で)残るところはなかっただろうに。神の助けはひととおりではなかった」と言うのをお聞きになるのも、(言葉で)とても心細いと言ったところで言い尽くせるものではない。

海にまします神のご加護を受けなければ、(今頃は)潮の流れが集まる深みにきっと漂っていただろう

一日中荒れ狂った雷の騒ぎのために、そうはいっても(=気を強く持とうと思いなさっていても)、ひどくお疲れになってしまったので、思わずうとうととお眠りになる。(光源氏には)畏れ多い(粗末な)御座所なので、ただ(物に)よりかかっていらっしゃったのだが、今は亡き桐壺院がただ生きていらっしゃった頃のご様子そのままでお立ちになって、「どうしてこのように粗末なところにいるのだ」といって、(光源氏の)お手をお取りになって引き立てなさる。「住吉の神のお導きのままに、すぐに船を出してこの浦を去ってしまえ」とおっしゃる。(光源氏は)大変嬉しくて、「畏れ多いお姿に別れ申し上げてからこのかた、さまざま悲しいことばかりが多くございますので、今はこの渚にきっと身を捨ててしまいましょうか」と申し上げなさると、「まったくあってはならないことだ。これはただ些細なことの報いである。私は(帝の)位にあったとき、過失はなかったが、知らず知らずに犯していたことがあったので、その罪を終えるまで暇がなくて、この世を顧みなかったが、(そなたが)ひどい悲しみに沈むのを見るに堪えがたくて、海に入り、渚に上り、ひどく疲れたけれど(そなたに会いにやってきた)、このような機会に帝に申し上げなければならないことがあるので急いで(京に)上るのだ」といって立ち去ってしまわれた。

(光源氏は)名残惜しく悲しくて、(私も)お供として(京に)参りましょうとひどくお泣きになって、(空を)見上げなさると、(すでに)人影もなく、月の面だけがきらきらとして、夢であったようにも思えず、(桐壺院の)御気配が残っている気がして、空の雲がしみじみとたなびいているのだった。

◀解　説▶

問1　暴風雨に遭った光源氏の様子は第一段落冒頭の第一文に書かれている。aとbは「この渚で運命をまっとうしよう

断できる者はみな、（我が）身に代えてこの（光源氏の）御身ひとつを救い申し上げようと大声をあげて、声をそろえて仏神に祈り申し上げる。「（光源氏の君は）帝の奥深い御殿で養われなさって、様々な享楽をほしいままになさってはいたけれど、深いお慈悲は日本全土に広く（行き渡って）、（苦境に）沈んでいる人々を多く（救って）お浮かべになられた。（それなのに）今何の報いによって、はなはだ道理に合わない波風におぼれ死になさろうとしているのか。天地（の神々）は道理をはっきりなさってください。罪がないのに罰せられ、官位を奪われ、屋敷を離れて、（都との）境の外に出て、明けても暮れても安心して空（を見ること）なくお嘆きになっていらっしゃるのに、このように悲しい目にまであって、命も尽きようとするのは、前世の報いか、この世の罪（のため）かと、神仏が本当にいらっしゃるなら、この悲しみを癒されよ」と、（住吉の）御社の方を向いてさまざまな願いを立てなさる。また海の中の竜王や、よろずの神々に願をお立てになるのだが、（雷は）ますます鳴りとどろいて、（光源氏が）いらっしゃる所（＝母屋）に続いている渡り廊下に落ちてきた。炎は燃え上がって廊下は焼けてしまった。（人々は）正気を失ってみなあわてふためく。後方にある大炊殿と思われる建物に（光源氏の御座所を）移し申し上げて、（そこに）身分の上下なく（人々が逃げて来て）込み合って大変騒がしく泣き叫ぶ声は、雷にも劣らない。空は墨をすったようで（暗く）日も暮れてしまった。

しだいに風もおさまり、雨脚も衰え、星の光も見える（ようになった）ので、この御座所がとても異常であるのも、大変畏れ多くて、（光源氏を）寝殿にお戻し申し上げようとするが、「焼け残った方（の建物）も不気味で、大勢の人が（焼け跡を）踏み鳴らしてうろうろしているうえに、御簾などもみな（風が）吹き散らしてしまった」「夜を明かして（からにしよう）」と（従者たちが互いに）途方にくれているとき、（光源氏の）君は念仏をお唱えになって、さまざまなことをお考えになっているのだが、お心はとても落ち着かない。月が出て、潮が近くまで満ちてきた後もありありと（見えて）、（嵐の）なごりでなお寄せては返る荒い波を、粗末な戸を押し開けてながめていらっしゃる。この界隈に、ものの意味を理解し、これまでのことやこれからのことを判断し、あれこれとはっきりわかっている人もいない。身分の低い海人たちが、尊い人がいらっしゃるところだといって、集まってきて、（光源氏が）お聞きになってもわからない言葉をべらべら

・個人が自ら自我を形成することを推奨すること。

二

出典　紫式部『源氏物語』〈明石〉

解答

問１　e

問２　d

問３　b

問４　e

問５　c

問６　a

問７　d

問８　e

問９　光源氏は、私もお供として参りましょうとひどくお泣きになって

◆全　訳◆

（光源氏の）君はお心を静めて、どれほどの過ち（を犯した罪）でこの渚に命を落とそうというのか（いや命を落としていいはずがない）と（気を）強く持とうと思おうとなさるが、（雨風の強さに周囲が）大変騒いでいるので、いろいろな供物を捧げさせなさって、「住吉の神、（あなたは）この近辺を鎮護なさっていらっしゃる。（あなたが）本当に仏から化身なさった神であるならお助けください」と、多くの大願をお立てになる。（光源氏に仕える者たちは）それぞれ自らの命（が大切なこと）は当然として、このような（立派な）お方がまたとない（不遇な）例（に挙げられるもの）としてきっと（海に）お沈みになってしまうであろうことが大変悲しいので、心を奮い立たせて、少しでものを（正気に）判

の考えが何も書かれていない点が不可。「より実証的な観点」からの問題については第十九段落以降で述べられていくが、ポズナーとは無関係の内容である。

問6　人間にとってのデータについての筆者の考えは第十八～最終段落に書かれている。aは「それを規制の対象とすることによって、人間は情報から解放され自由に生きることができる」が不可。個人の自立を脅かすナッジの設定は規制の対象とするべきだが、それだけではなく、最終二段落にあるように、我々が自らの人格を『自己決定』する意識をもたなければならない。bも同様の理由で「ナッジの設計自体を規制の対象とするなら、人間が主体となり、データがその客体となることができる」が不可。cは「ナッジには個人の内面を操作しうる危険性があるので、人間は自らの人格をまわりの環境にすべて委ねてしまうべきではなく」の部分の因果関係に難がある。人間はたとえナッジのような危険性がなくても、そもそも主体的に自らの生き方を決めるべきなのである。dは文末の「あらゆる情報について合理的に判断できるようになる」が不可。第十八段落で筆者は「人間は常に合理的な判断を下せない」という前提に立っていた。

問8　現代的な意味でプライバシーが守られるべき理由についての筆者の考えは主に最終段落と第十段落に書かれている。現代は情報過多の時代であり、ともすれば情報に踊らされて自己の行動が決定されがちであることが特に第十八段落以降で述べられている。こうした状態を筆者は最終段落で「データに従属した生き方」「データの隷従」と呼び批判している。そしてやはり最終段落で「自我を自ら造形する人格発展」を呼びかけ「自己決定できる理性的な個人」であることを推奨する。実はこれらとほぼ同じ内容が第十段落でも「データによる決定からの解放」「人間を中心に据えて、本人自らが…自我を造形する」などと述べられていた。したがって解答はこれらの共通点である次の三点に留意して書けばよい。

・現代は情報過多の時代だと指摘すること。
・データに支配される生き方を否定すること。

や市場における価格の引き上げによる規制ができない」が不可。インターネットにおいてもこれらの規制は可能である。ｅは「『システム技術上又は法制度上の不備』を理由として…検討すべきである」という言い回しがおかしい。「不備」がすでにあり、それを「理由」として「不備の有無」を「検討」するのではなく、「システム技術上又は法制度上の不備」による人権上の「危険」が生じていないかを「検討」しなければならないのである。

問４　個人データの保護については第十三〜十五段落に書かれている。ｂは「独立した第三者機関」が本人の知らないところで「監視」を行っているように書かれている点がおかしい。「独立した第三者機関」はそうした「権利侵害」が秘密裏に行われていないかどうかをチェックする機関である。ｃは「日本には、明文化された規定がなく」が不可。日本の憲法には「会計検査院のような独立行政機関」が明文化されている（第十四段第三文）。ｄは後半の「アメリカでは…」以降の内容をアメリカに限定している点が不可。「プライバシーに特化した機関」が強い権限を持つのはアメリカだけではない。ｅは「訴訟要件などの制約があることから裁判所だけでは十分ではなく」が不可。「裁判所」だけでは不十分な理由は、プライバシーが侵害されてからでないと裁判所に救済を求めることができないからである。また「侵害された権利を救済するため」に「独立した行政機関」が必要だとしている後半もおかしい。そもそも「独立した行政機関」は権利の侵害を監督するために必要なのである。

問５　プライバシーをめぐるポズナーの見解は第十六段落に、それに対する筆者の考えは第十七段落に書かれている。ａはいくつかおかしいが、文末の「ＡＩの性能が高くないので現実的ではない」が明らかに不可。筆者は「人間はＡＩではありません」（第十七段落第三文）と述べており、たとえＡＩの機能が向上しても人間が機械のように合理的に振舞うとは考えていない。同様にｂも「将来を正確に予測できるとは限らないので、人間は常に合理的な判断を下せない」が不可。筆者は「人間は、私秘性を保有しながら、他者との交流をして」いくものだと考えており、ＡＩと人間を同一視していない。ｃは「友人を作ろうとするときには」という限定が狭すぎる。このことは本文中に書かれてはいるが、一部分だけ取り上げても筆者の考えを正確に述べたことにはならない。ｅはポズナーの見解に対する筆者

り、個人を取り巻く世界がどうプライバシー権を保護するかが重要になる。各国は、プライバシー保護に特化した強力な第三者機関を有し、プライバシーの権利侵害防止に努めることになる。経済的効率性の観点からプライバシーを非合理的とみなす考えもあるが、人間は私秘性を保持しつつ他者と交流して生きる存在であり、プライバシー保護は必須である。外部から個人の行動を操作しかねない「プライバシー・ナッジ」の問題は看過できず、統治の問題として規制すべきだ。個人は自己の生き方を主体的に決定すべきであり、データはあくまで個人に追従するものでなければならない。

▲解　説▼

問２　プライバシーの権利については第一～十段落に書かれているが、選択肢ａ～ｅは主に第一～八段落の内容について述べている。ａは後半の「日本語についての視点よりも…プライバシーの権利としての視点が重要となる」の部分が不可。第二段落で筆者は、「人々が日常生活で使うプライバシーという日本語」と「法的承認を受ける価値を有するプライバシーの権利」が「異なる」とは述べているが、両者を比較してはいない。ｃは「今日でも共通了解を調達できていない」という現状を「アメリカ」に限定している点が不可。ｄとｅはそれぞれ前半で「プライバシーの権利」が「定義づけ」られてきたとする点が不可。どちらも第三段落で述べられている阪本昌成の個人的な定義を拡大解釈している。第五段落の最後にあるように「プライバシーとは何か」ということについては「今日でも共通了解を調達できていない」のである。

問３　インターネットとプライバシーの問題については第十一・十二段落に書かれている。ａは前半の「プライバシーについては…のとは異なり」の部分が不可。「プライバシー」は「国会が制定する法律」「行政による法令」「裁判所の法令解釈」を通じて守られた上に、さらにインターネット上の規制を必要とするのである。同じ理由で、ｂは文末の「ソフトウェアを通じた規制が求められるだけでなく、法律や社会規範や市場における規制も必要となる」が不可。ネット上の「プライバシー」は、まずは「法律や社会規範や市場における規制」によって守られ、それ以外にも「アーキテクチャー」による規制、つまり「ソフトウェア」による規制が必要なのである。また、ｄは「法律や社会規範

国語

▲３教科型・２教科型（英語外部試験利用方式）▼

一

出典　宮下紘『プライバシーという権利―個人情報はなぜ守られるべきか』（岩波新書）

解答

問１　㋐圏域　㋑貢献

問２　b

問３　c

問４　a

問５　d

問６　e

問７　あ―d　い―d　う―b　え―a　お―b

問８　情報が氾濫する現代において、個人がデータではなく自らの理性に基づき自我を形成する利益を確保するため。（五十字以内）

◆要　旨◆

個人のプライバシーの権利を守る核心的利益は、個人の私秘性を保ち他者の介入を許さずに人格を発展させることにあ

■全学日程：２月６日実施分

３教科型，３教科型（同一配点方式），２教科型（英語＋１教科選択方式），２教科型（英数方式〈総合情報〉〈社会安全〉）

問題編

▶試験科目・配点

区分	教　科	科　　　　　目	配　点
３教科型	外国語	コミュニケーション英語Ⅰ・Ⅱ・Ⅲ，英語表現Ⅰ・Ⅱ	200 点
	選　択	日本史Ｂ，世界史Ｂ，地理Ｂ，政治・経済，「数学Ⅰ・Ⅱ・Ａ・Ｂ」から１科目選択	100 点
	国　語	国語総合・現代文Ｂ・古典Ｂ（いずれも漢文を除く）	150 点
３教科型（同一配点）	外国語	コミュニケーション英語Ⅰ・Ⅱ・Ⅲ，英語表現Ⅰ・Ⅱ	150 点
	選　択	日本史Ｂ，世界史Ｂ，地理Ｂ，政治・経済，「数学Ⅰ・Ⅱ・Ａ・Ｂ」から１科目選択	150 点
	国　語	国語総合・現代文Ｂ・古典Ｂ（いずれも漢文を除く）	150 点
２教科型（英語＋１教科）	外国語	コミュニケーション英語Ⅰ・Ⅱ・Ⅲ，英語表現Ⅰ・Ⅱ	150 点
	選　択	日本史Ｂ，世界史Ｂ，地理Ｂ，政治・経済，「数学Ⅰ・Ⅱ・Ａ・Ｂ」，「国語総合・現代文Ｂ・古典Ｂ（いずれも漢文を除く）」から１教科選択	100 点
２教科型（英数方式）	外国語	コミュニケーション英語Ⅰ・Ⅱ・Ⅲ，英語表現Ⅰ・Ⅱ	200 点
	数　学	数学Ⅰ・Ⅱ・Ａ・Ｂ	総合情報：200 点 社会安全：150 点

▶備　考

- ３教科型と３教科型（同一配点方式），３教科型と２教科型（英数方式）は併願できない。
- ３教科型（同一配点方式）：商・外国語・総合情報・社会安全学部を除く学部で実施。英語および選択科目は３教科型と同一問題を使用し，傾斜配点方式によりそれぞれ150点満点に換算する。

- 2教科型（英語＋1教科選択方式）：外国語学部で実施。英語および国語は3教科型と同一問題を使用し，傾斜配点方式によりそれぞれ150点満点，100点満点に換算する。また，学部指定の英語外部試験のスコアが基準を満たし，それを証明する書類を提出した者は，英語を満点とみなし，選択科目の得点とあわせて250点満点で合否判定を行う。
- 2教科型（英数方式）：総合情報・社会安全学部で実施。社会安全学部の数学は3教科型と同一問題を使用し，傾斜配点方式により150点満点に換算する。
- 「数学B」は「数列，ベクトル」から出題する。

英語

(90分)

〔Ⅰ〕A．次の会話文の空所(1)～(5)に入れるのに最も適当なものをそれぞれA～Dから一つずつ選び，その記号をマークしなさい。

Eric is taking Yuya, his college roommate from Japan, to Charity Mart, a used-goods shop.

Eric: Here we are. This is Charity Mart, the place I told you about.

(1)＿＿＿＿＿＿＿＿＿＿

Yuya: Well, I need a few things for our room: cups, a kettle, a lamp, things like that.

Eric: OK, they should have that stuff. (2)＿＿＿＿＿＿＿＿＿＿

Yuya: They have clothes? Are they used, too?

Eric: Yeah. They have a large selection, actually.

Yuya: Maybe I'll have a look as well. I kind of need a jacket.

Eric: (3)＿＿＿＿＿＿＿＿＿＿ We'll check it out.

Yuya: I know everything in here is used, but how does Charity Mart get all this stuff?

Eric: (4)＿＿＿＿＿＿＿＿＿＿ So the shop doesn't actually buy anything; it's all given to them for free.

Yuya: Wow! So everything in here was donated by individuals?

Eric: That's right. All the money we spend here goes to pay the employees. (5)＿＿＿＿＿＿＿＿＿＿

Yuya: Do you mean they try to take on people who are unemployed?

Eric: They do. That's a part of the charity. People who badly need work are helped by the money the shop makes.

Yuya: That's great. Let's hope they have some of the things we're looking for!

(1) A. When do we move into our place?

B. Do you need to buy a coat or jacket?

C. What is it that you want to get?

D. What do you think I should buy?

(2) A. I think I'll look for something to wear.

B. Supermarkets are available everywhere.

C. But I already have some of those things.

D. I don't think we should get any used items.

(3) A. Could I tell you my possible sizes?

B. Isn't it too warm outside for a jacket?

C. That will really help us out here.

D. They should have some in the back.

(4) A. Everything here is provided by people.

B. People leave their clothes in the store.

C. It could be from wholesale distributors.

D. You're really expected to help the store.

(5) A. The store manager isn't able to make any money herself.

B. Charity Mart tries to help people by hiring them to work.

C. My brother had a part-time job here, but he just got fired.

D. If we can't find a job, we may both end up working here.

B．下の英文A～Fは，一つのまとまった文章を，６つの部分に分け，順番をばらばらに入れ替えたものです。ただし，文章の最初にはAがきます。Aに続けてB～Fを正しく並べ替えなさい。その上で，次の(1)～(6)に当てはまるものの記号をマークしなさい。ただし，当てはまるものがないもの(それが文章の最後であるもの)については，Zをマークしなさい。

(1)　Aの次にくるもの
(2)　Bの次にくるもの
(3)　Cの次にくるもの
(4)　Dの次にくるもの
(5)　Eの次にくるもの
(6)　Fの次にくるもの

A．Dolphins are often regarded as one of Earth's most intelligent animals. They are social creatures, living in "pods" of up to a dozen individuals. In places with an abundance of food, pods can merge temporarily, forming a superpod. They communicate using a variety of clicks, whistle-like sounds, and other vocalizations.

B．Dolphins also display culture, something long believed to be unique to humans. In May 2005, dolphins in Australia were discovered teaching their young to use tools.

C．Membership in pods is not rigid; interchange is common. Dolphins can, however, establish strong social bonds: they will stay with injured or ill individuals, even helping them to breathe by bringing them to the surface if needed.

D．They have even been known to help humans. They have been seen protecting swimmers from sharks by swimming circles around the swimmers or attacking the sharks to make them go away.

E．This kindness does not appear to be limited to their own species. A dolphin in New Zealand has been observed guiding a female whale together with her calf out of shallow water where they had stranded several times.

F．For example, they covered parts of their heads with sponges to protect them while foraging (searching for food or provisions). Communicating the use of sponges as protection, as well as other transmitted behavior, proves dolphins' intelligence.

〔Ⅱ〕A．次の英文の空所(　1　)～(　15　)に入れるのに最も適当なものをそれぞれA～Dから一つずつ選び，その記号をマークしなさい。

When people talk about "intercultural exchange" in terms of the Japanese community, it tends to evoke images of smiling people putting on yukata or making origami. However, Nao Hirano—a long-term Japanese resident of Australia and a police liaison officer (PLO)—knows this is just the tip of the iceberg.

Hirano decided relatively early in life that his (　1　) didn't lie in Japan. He joined a major firm in the restaurant industry in Tokyo after college in 1983, and then a few years later took a (　2　) to study English abroad for six months. Hirano was already married by this time, and while his wife also moved to Australia, the young couple spent most of the time living in different cities.

"I was studying in Melbourne, while my wife was working at the World Expo 88 in Brisbane. We decided to live (　3　) so we would really improve our English," recalls Hirano. "I'd taken time off from work to study and I knew I had to come back with good skills. So, for the first few months I (　4　) an Indonesian guy called 'Jackie' so I could avoid speaking in Japanese with fellow students!"

Within two years, the Hiranos moved to Australia permanently. Although their families were sorry to see them go, Hirano says they understood that the couple had made their plans carefully and were serious about their intentions to build a life abroad.

The major reason behind their decision was a wish to raise their future children in a more family-friendly environment. "My dad was a public servant and always came home very late, and so I hardly ever had a conversation with him. It was the same with the people at the company (　5　) I worked (in Tokyo)—they left the house early and came home late at night, so there was no time to spend with their families," he says. "I also disliked the uniformity of Japanese education and I wanted a system that would allow our children to develop their own personalities."

The timing for the move proved fortunate, as the couple found they were expecting their first child around the time their Australian visas were approved. Their daughter was born in Brisbane in January 1991. Hirano stayed home for several months with his wife and their newborn—a move that would be (　6　) for most fathers in Tokyo even today.

Although Hirano started out working in the retail sector in Australia, by 2005 he had found his niche as an officer for Multicultural Communities Council Gold Coast Ltd., a nonprofit organization. He was employed under a program known as CAMS (Community Action for a Multicultural Society), (　7　) various groups in the community.

While working for CAMS, Hirano began thinking more deeply about the needs of the local Japanese community, including the potential for a PLO specifically for this group. PLOs in Queensland wear the same blue uniforms as police officers, but they have special badges to designate their unique role. They are not police; their function is to liaise, or coordinate, with culturally specific groups to (8) understanding and advise on the needs of the community in which they work. In a state where more than one in five people were born overseas, this system helps the international community both to integrate and to have a voice.

Hirano submitted a report to the local police administration, suggesting the idea of a Japanese PLO in his area. It took "about three years" for his report to make its way through the various (9), but Hirano was eventually informed that his idea had been approved. He applied for the position of Japanese PLO for South East Queensland and began his new job in 2015. He was (10) promoted to senior police liaison officer last year.

While Hirano works with various groups within the community, around 70 percent of his workload involves Japanese, ranging from students or people on short-term work assignments, through to those married to Australians or who have chosen to live permanently in Australia. Over the years, Hirano had been involved with groups promoting friendship and social gatherings within the Japanese community, as well as helping to organize events, including the popular annual Gold Coast Japan & Friends Day. However, he gradually realized that a deeper (11) of support was also required for the Japanese around him. "I was seeing people with problems such as bullying, domestic violence, or cybercrime, but there wasn't an organization to offer practical and specific help for Japanese," he says. "Many Japanese tend not to talk about bad things, so they may become isolated."

(12) his network, Hirano joined forces with some like-minded people to create the Japan Community of Queensland Inc. He currently serves as president for the volunteer group, which sees a mixture of people devoting their time and talent to provide hands-on support in Japanese. "Anybody with a problem can reach out to us, but in particular, we aim to help (13) members of the community who have nowhere else to turn,"

Hirano says.

According to Hirano, the most challenging group to (14) are Japanese students coming to Queensland on working holidays. "They move around a lot and often have no fixed base. While it is fine when things go well, it is hard to connect with them if there are problems. And, of course, young people often don't want to talk to older people or those they see as authorities," he explains.

Speaking of young people, Hirano's three children are now all young adults in their mid-to-late 20s. All are (15) careers where communication with others is an important aspect of their roles. "We are a close family. That was really the main reason for coming to Australia in the first place," says this devoted family man. "So I'm very happy that my wife and I have achieved this."

(1) A. future B. faith
C. job D. survival

(2) A. route B. post
C. role D. break

(3) A. peacefully B. together
C. separately D. isolated

(4) A. intended to find B. took issue with
C. spoke ill of D. pretended to be

(5) A. when B. that
C. where D. which

出典追記：The Japan Times, February 15, 2020

(6)　A. unthinkable　B. undetectable
C. unimaginative　D. unproductive

(7)　A. supporting　B. understanding
C. appreciating　D. expecting

(8)　A. focus　B. foster
C. enlighten　D. enforce

(9)　A. categories　B. programs
C. pipes　D. channels

(10)　A. substantially　B. supposedly
C. subsequently　D. superbly

(11)　A. level　B. amount
C. type　D. degree

(12)　A. Paid by　B. In contrast with
C. In exchange for　D. Drawing on

(13)　A. honest　B. vulnerable
C. risky　D. diligent

(14)　A. go around　B. take to
C. work with　D. search for

(15)　A. excellent　B. accumulating
C. pursuing　D. essential

B. 本文の内容に照らして最も適当なものをそれぞれA～Cから一つずつ選び，その記号をマークしなさい。

(1) Hirano and his wife chose their initial living situations in Australia mainly because

A. they wanted to develop their language skills.

B. they did not get along with each other.

C. they had different professional obligations.

(2) While enrolled in a language school, Hirano decided to hide his Japanese identity because of his

A. desire to become an Australian citizen.

B. unease at showing off his Japanese language ability.

C. determination to make the best of his time abroad.

(3) One reason Hirano decided to settle down in Australia was that

A. he respected his father's request to be a public servant abroad.

B. he thought overseas schooling would be good for his kids.

C. he wanted to spread a family-oriented philosophy to Australia.

(4) According to the passage, one of the PLOs' main responsibilities is to

A. police the community in their area.

B. protect new citizens in the area.

C. interact with cultural minorities.

(5) Hirano realized that many in the local Japanese community needed additional support because

A. they were less likely to seek help for their problems.

B. they were permanent residents with many needs.

C. they were often victims of hate crimes.

(6) Hirano had a hard time helping Japanese students on working holidays because

A. they were reluctant to confide in the elderly.

B. they were difficult to get in touch with.

C. they were afraid to speak to the authorities.

(7) The passage as a whole is best characterized as

A. an account of one man's journey toward helping his community.

B. an examination of the role of a PLO in Australia.

C. a look into the sufferings of Japanese people living abroad.

〔Ⅲ〕A. 次の英文の下線部①～⑩について，後の設問に対する答えとして最も適当なものをそれぞれA～Cから一つずつ選び，その記号をマークしなさい。

Serve spaghetti and meatballs to an Italian, and they may question why pasta and meat are being served together. Order a samosa, a type of fried pastry, as an appetizer, and an Indian friend might point out that this is similar to a British restaurant offering sandwiches as a first course. Each of these meals or dishes feels somehow odd or out of place, at least to one side, as though an unspoken rule ① has been broken. Except these rules have indeed been discussed, written about extensively, and given a name: food grammar.

Much like language, cuisine—or a style of cooking—obeys grammatical rules that vary from country to country, and academics have documented and studied them. They dictate whether food is eaten sitting or standing; on the floor or at a table; with a fork, chopsticks, or fingers. Like sentence structure, explains Ken Albala, Professor of History at the University of the Pacific, a cuisine's grammar can be reflected in the order in which it is served ②, and a grammar can dictate which foods can (or cannot) be paired, like cheese on fish, or barbecue sauce on ice cream. Grammars can even impose what is considered a food and what isn't: Horse and rabbit are food for the French but not for the English; insects are food in Mexico but not in Spain.

While a food grammar is far easier to grasp than a linguistic one, according to Albala, it's no less exempt from rule-breaking, especially when a dish appears in a new country that imposes a different grammar. ③ Someone attempting to recreate a foreign cuisine may find that their native grammar sneaks into their conception of the meal. As a result, trying your home food abroad can prove confusing: Parisian restaurants may serve a hamburger with a knife and fork; a Japanese restaurant serving *yoshoku*, or "Western food," might place croquettes and omelet in a bento-like box along with tiny portions of pickled vegetables and miso soup.

④ The "mistranslations" of cooking traditions are perhaps nowhere more evident than in chain restaurants offering an idealized vision of a foreign land. In his analysis of the Italian-American restaurant chain Fazoli's, Davide Girardelli, a communications researcher at the University of Gothenburg (Sweden), identifies color codes (red, white, and green) and other stereotypes of "the basic structure of the myth of Italian food in the United States" as ⑤ strategies to make the restaurant seem more Italian to American diners. But much like someone speaking English with a fake Italian accent, something about the Fazoli's experience just doesn't ring true. Restaurants like Fazoli's at once change the nature of Italian food and lock it in time. Such devotion to a now-outdated tradition, says Albala, can have strange consequences for a cuisine taken out of its homeland. "Sometimes ⑥ it becomes fossilized," he says, "because people think, 'Oh, this is the way the recipe is made, it has to be done this correct way.' Whereas back in the home country, it's evolved and changed already."

But bringing a food grammar into a new setting can also result in the creation of interesting, new dishes. ⑦ And just as some languages, like

English, are super elastic, welcoming innovations easily, while others, like French, are less manipulable, some cuisines are more welcoming of novelty than others. "Japanese people will take anything and make it theirs," says Albala, citing *shokupan*, a Japanese white bread that's even sweeter and softer than American Wonder Bread. Other examples include the Napolitan, which sees Italian spaghetti stir-fried with vegetables and ketchup.

Today, in the West, diners desiring "authenticity" may shy away from these adapted foods, but in the past, ⑧such adaptation was expected and even encouraged. Mukta Das, food anthropologist and research associate at the SOAS Food Studies Centre, notes that from the 1950s, many Indian and Chinese restaurants adopted a grammar of the British high society by adopting "fine-dining concepts (table service from waiters in uniform, table cloths, napkins, etc.)."

"You don't really understand a culture unless you speak their language," says Albala, "and I think the same thing is true of a cuisine, when you're born into it and doing it all the time and understand all those weird, unwritten rules." But when someone who is, in essence, ⑨bilingual in terms of cooking traditions, attempts these adaptations, exciting discoveries abound. Elis Bond, the Franco-Caribbean chef behind Paris's widely celebrated Mi Kwabo, marries African cuisine with contemporary European techniques, reinterpreting the homely warmth of one large dish to pave the way, instead, for a procession of modern small plates. In ⑩marrying African flavors and a French grammar, Bond has managed to create something that pleases both locals and members of the African community with the fluency of a mother-tongue translator.

"I think it's silly to ever think that a cuisine or a language is ever going to stop," Albala continues. Referencing dictionaries and grammar textbooks, he adds, "The minute you write that stuff down, it's already changing. It's going to happen whether people want it to or not."

出典追記：Introducing 'Food Grammar,' the Unspoken Rules of Every Cuisine, Atlas Obscura on January 19, 2021 by Emily Monaco

(1) What does Underline ① actually mean?

A. a rule that is common but not actually traditional

B. a rule that is written but not verbally stated

C. a rule that is understood but not directly given

(2) What does Underline ② imply?

A. The sequence in which dishes appear is telling about a cuisine.

B. Food grammar sets rules about how dishes must be discussed.

C. The way dishes are consumed modifies their cooking procedure.

(3) What does Underline ③ imply?

A. A foreign chef won't necessarily prepare one's national dish in a recognizable way.

B. When cooking a foreign dish, adding your own style enhances flavor.

C. A dish is rarely as good as when it is prepared in its country of origin.

(4) What does Underline ④ actually mean?

A. the unpopularity of traditional cooking styles

B. the failure to recreate classic national cuisines

C. the difficulty in translating the name of foreign dishes

(5) What does Underline ⑤ imply?

A. American diners care more about a food's decoration than its taste.

B. Italian dishes must be mixed with local food to sell in America.

C. Pleasing diners is more important than serving authentic cuisine.

(6) Which of the following has a meaning closest to Underline ⑥?

A. The cooking process changes over time.

B. The adapted way to cook stays the same.

C．The method of cooking is easy to understand.

(7) What does the author want to express most in Underline ⑦?

A．Cooking traditions vary in their degree of flexibility.

B．English cuisine is considered very adaptable food.

C．Cuisines represent how welcoming the home language is.

(8) What idea does Underline ⑧ refer to?

A．Serving authentic food was once part of a great dining experience.

B．The restyling of foreign food to fit local taste was once the norm.

C．Diners in the West once rejected authentic cooking styles.

(9) What does Underline ⑨ actually mean?

A．Some chefs master cuisines from two different traditions.

B．Some chefs have experience working in two countries.

C．Some chefs can teach a cooking class in two languages.

(10) Which of the following has a meaning closest to Underline ⑩?

A．declaring and documenting

B．listing and defining

C．embracing and merging

B．本文の内容に照らして最も適当なものをそれぞれA～Cから一つずつ選び，その記号をマークしなさい。

(1) The author explains "food grammar" as the way

A．university professors, experts, and critics write about food.

B．food is prepared, served, and consumed in various cultures.

C．food reflects the linguistic rules and conventions of a nation.

(2) The third paragraph, starting with "While a food," suggests that food grammar rules are

A. essential for good cooking.

B. strict in most countries.

C. not always observed.

(3) The author's main point in the fourth paragraph, starting with "The 'mistranslations,'" is that

A. the names of traditional Italian dishes are altered in the US.

B. Italian food in the US does not resemble Italian food in Italy.

C. many restaurants in Italy and the US use red, white, and green.

(4) In the fifth paragraph, starting with "But bringing," the author argues that

A. foreign cuisine is often adapted to the tastes of the host country.

B. cooking styles remain the same and retain their traditional flavors.

C. many local customers are eager to experience authentic cuisine.

(5) The seventh paragraph, starting with "You don't really," indicates that

A. Ellis Bond can speak both French and African languages.

B. the dishes at Mi Kwabo satisfy both the French and migrants.

C. Mi Kwabo is popular thanks to its Caribbean heritage.

(6) In the last paragraph, Professor Ken Albala's remarks suggest that

A. traditional dishes may disappear in the future.

B. dictionaries and grammar textbooks are obsolete.

C. cuisine, like language, undergoes perpetual adjustment.

(7) The most appropriate title for this passage is

A. "Food Culture and Its Evolution."

B．“Ethnic Cooking Styles.”

C．“The End of Local Cuisine.”

日本史

(60分)

〔Ⅰ〕次の(A)〜(E)の各文の(　1　)〜(　10　)に入れるのに最も適当な語句を下記の語群から選び，その記号をマークしなさい。

(A)　政府は西南戦争の軍事費を調達する必要から，不換紙幣を増発した。その一方で，1872(明治5)年に渋沢栄一らの尽力によって制定された(　1　)を1876(明治9)年に改正した。これに伴い，不換銀行券の発行も促されたため，激しいインフレーションが起こり，紙幣の価値が下落した。その結果として財政状況が悪化したことから，政府では1880(明治13)年，大蔵卿(　2　)が中心となって財政・紙幣整理に取りかかった。

(B)　日清戦争の講和条約である(　3　)条約によって清国から獲得した巨額の賠償金をもとに，貨幣制度改革が行われた。政府は1897(明治30)年に貨幣法を制定し，賠償金の一部を準備金として，欧米諸国にならった(　4　)を採用して，貨幣価値の安定をはかった。

(C)　政府は，関東大震災によって決済不能となった手形を震災手形に指定した。震災手形の処理法案が議会で審議される過程で，片岡直温蔵相の失言から取付け騒ぎが起こり，銀行，会社が休業，破綻するなど(　5　)が発生した。若槻礼次郎内閣は，経営破綻した鈴木商店への不良債権を抱えた(　6　)を緊急勅令で救済しようとしたが，枢密院の了承が得られず，総辞職した。

(D)　終戦後の日本では，物不足に加えて，終戦処理などに伴う通貨の増発で激しいインフレーションが発生した。政府は1946(昭和21)年2月に(　7　)を出し，預金の封鎖と旧円の流通を禁止するとともに，新円の引き出しを制限し，貨幣の流通量の削減をはかった。同年8月には，経済政策に関する企画調整を目的として(　8　)が設置された。

(E)　高度経済成長期の日本では，技術革新と設備投資を背景とした経済成長が実現した。貿易では輸出が急速に拡大し，1960(昭和35)年に「貿易・為替自由化計画大綱」が決定された。日本は，1964(昭和39)年に(　9　)8条国に移行するとともに，(　10　)に加盟し，為替と資本の自由化を行った。

〔語群〕

(ア)　朝鮮銀行	(イ)　金融緊急措置令	(ウ)　ＯＡＰＥＣ
(エ)　銀本位制	(オ)　台湾銀行	(カ)　新貨条例
(キ)　昭和恐慌	(ク)　経済安定九原則	(ケ)　天津
(コ)　世界銀行	(サ)　ＯＥＣＤ	(シ)　金銀複本位制
(ス)　三井銀行	(セ)　松方正義	(ソ)　下関
(タ)　経済安定本部	(チ)　ＧＡＴＴ	(ツ)　支払猶予令
(テ)　戦後恐慌	(ト)　企画院	(ナ)　ＩＭＦ
(ニ)　経済企画庁	(ヌ)　国立銀行条例	(ネ)　井上馨
(ノ)　ポーツマス	(ハ)　金本位制	(ヒ)　金融恐慌
(フ)　ＮＡＴＯ	(ヘ)　大隈重信	(ホ)　日本銀行条例

〔Ⅱ〕 次の文の(　1　)～(　10　)に入れるのに最も適当な語句を下記の語群から選び，その記号をマークしなさい。

江戸幕府は，上下の秩序を重んじる朱子学を積極的に取り入れた。なかでも京学派の影響は大きく，(　1　)の禅僧であった藤原惺窩が還俗して朱子学の啓蒙に努めた。また，その門人の林羅山は徳川家康に用いられ，その子孫は代々儒者として幕府に仕えた。慶長の役で日本に連行された(　2　)ら朝鮮の儒学者も日本の儒学者に影響を与えた。

諸藩も教育に力を入れ，藩士を教育する藩校以外に，庶民にも教育の機会を与える郷校も各地につくられた。なかでも(　3　)が設立した閑谷学校は有名である。また，大坂でも町人たちが出資して(　4　)のような学塾が設立され，『(　5　)』を著した山片蟠桃ら優れた学者たちを輩出した。初等教育機関としても多くの寺子屋が開かれ，福岡藩の儒学者(　6　)の著作をもとに作られたとされる『女大学』などを使用した女子教育も進められた。

明治政府も教育に力を入れた。1871(明治4)年には文部省が設置され，翌年には(　7　)の制度にならった学制が公布されて，国民皆学教育の建設が急がれた。1879(明治12)年には，学制を廃して自由主義的な(　8　)が公布されたが，強制から放任への急転換が混乱を招き，翌年には改正され，その後は次第に国家主義重視の方向へと傾いていった。(　9　)年には教育に関する勅語(教育勅語)が発布されて，忠君愛国を学校教育の基本とすることが強調された。教科書も文部省の著作に限定され，1907(明治40)年には義務教育が(　10　)年とされるなど，学校体系の整備が進められた。

〔語群〕

(ア) 明倫堂	(イ) 貝原益軒	(ウ) 保科正之
(エ) 草茅危言	(オ) 沈寿官	(カ) イギリス
(キ) 教育令	(ク) 夢の代	(ケ) 天龍寺
(コ) フランス	(サ) 池田光政	(シ) 稲生若水
(ス) 9	(セ) 懐徳堂	(ソ) 1886(明治19)
(タ) 南禅寺	(チ) 教学大旨	(ツ) 出定後語

(テ)　4　　(ト)　1890(明治23)　　(ナ)　姜沆
(ニ)　前田綱紀　　(ヌ)　6　　(ネ)　新井白石
(ノ)　1903(明治36)　　(ハ)　相国寺　　(ヒ)　学校令
(フ)　古義堂　　(ヘ)　ドイツ　　(ホ)　李退渓

〔Ⅲ〕 次の(A)～(G)の各史料に関する問1～問15について，(ア)～(ウ)の中から最も適当な語句を選び，その記号をマークしなさい。

(A)　(大化元年)冬十二月乙未の朔癸卯，天皇①，都を難波長柄豊碕②に遷す。老人等，相謂《あいかた》りて曰《いわ》く，春より夏に至るまでに，鼠の難波に向《ゆ》きしは，都を遷すの兆《しるし》なりけり，と。(中略)

二年春正月甲子の朔，賀正の礼畢《おわ》りて，即ち改新之詔を宣《のたま》ひて曰く，(以下略)

(『日本書紀』)

問1　下線部①の「天皇」は，次の誰のことか。

(ア)　孝徳天皇　　(イ)　皇極天皇　　(ウ)　天智天皇

問2　下線部②「難波長柄豊碕」に都を遷す前は，どこに宮都が置かれていたか。

(ア)　飛鳥浄御原宮　　(イ)　大津宮　　(ウ)　飛鳥板蓋宮

(B)　凡《およ》そ田は，長さ卅《(三十)》歩，広さ(　③　)歩を段と為《せ》よ。十段を町と為よ。段の租稲二束二把。町の租稲廿《(二十)》二束。

凡そ口分田給はむことは，男に二段。女は(　④　)減せよ。五年以下には給はず。其れ地，寛《ゆたか》に，狭きこと有らば，郷土の法に従へよ。易田は倍して給へ。給ひ訖りなば，具《つぶさ》に町段及び四至《しし》録せよ。

(『令義解』「田令」)

問3　上の文の(　③　)に入る数字はどれか。

(ア)　十　　(イ)　十二　　(ウ)　十五

問４　上の文の(　④　)に入る語句はどれか。

(ア)　三分が一　　(イ)　三分が二　　(ウ)　二分が一

(C)　(天平十五年《743》五月)乙丑《(27日)》，詔して曰く，「聞くならく，墾田は(　⑤　)七年の格に依りて，限満つる後，例に依りて収授す。是に由りて農夫怠倦《たいけん》して，開ける地復《ま》た荒る，と。今より以後は，任《まま》に私財と為し，三世一身を論ずること無く，咸悉《みなことごと》くに永年取る莫《なか》れ。

(『続日本紀』)

問５　上の史料の(　⑤　)に入る年号はどれか。

(ア)　和銅　　(イ)　神亀　　(ウ)　養老

問６　この法令が発布されたときの政権の中心人物は，次の誰か。

(ア)　長屋王　　(イ)　藤原仲麻呂　　(ウ)　橘諸兄

(D)　予《われ》二十余年以来，東西の二京を歴《あまね》く見るに，西京は人家漸《ようや》くに稀《まれ》らにして，殆《ほとほと》に幽墟《ゆうきょ》に幾《ちか》し。人は去ること有りて来ること無く，屋は壊《やぶ》るること有りて造ること無し。其の移徙《いし》するに処無く，賤貧に憚《はばか》ること無き者は是れ居り。或は幽隠亡命を楽しび，当《まさ》に山に入り田に帰るべき者は去らず。自ら財貨を蓄へ，奔営《ほんえい》に心有るが若き者は，一日と雖《いえど》も住むこと得ず。往年一つの東閣有り。華堂朱戸，竹樹泉石，誠に是れ象外《しょうがい》の勝地なり。主人事有りて左転し，屋舎火有りて自らに焼く⑥。其の門客の近地に居る者数十家，相率て去りぬ。其の後主人帰ると雖も，重ねて修《つくろ》はず。子孫多しと雖も，永く住まはず。

問７　上の史料は 10 世紀後半に慶滋保胤が記した『池亭記』で，平安京の西京に住む人が少なくなって荒廃していた様子を記している。次の中で，慶滋保胤の著作はどれか。

(ア)　『日本往生極楽記』　　(イ)　『大日本国法華験記』　　(ウ)　『続本朝往生伝』

問８　下線部⑥は，この史料が記された少し前に政治の争いに敗れて，大宰権帥に左遷された人物の屋敷が不審火で焼失したことを記している。その人物は誰か。

(ア)　菅原道真　　(イ)　源高明　　(ウ)　藤原伊周

(E)　臣⑦，去《い》にし寛平五年に備中介に任ず。かの国の下道郡に，邇磨《にま》郷あり。ここにかの国の風土記を見るに，皇極天皇の六年に，大唐の将軍蘇定方，新羅の軍を率《ひき》ゐ百済を伐《う》つ。百済使を遣《つか》はして救はむことを乞ふ。天皇筑紫に行幸したまひて，将《まさ》に救《すくい》の兵を出さむとす。(中略) 路に下道郡に宿したまふ。一郷を見るに戸邑《こゆう》甚だ盛なり。天皇詔を下し，試みにこの郷の軍士を徴《め》したまふ。即ち勝兵二万人を得たり。天皇大に悦びて，この邑を名《なづ》けて二万郷と曰《のたま》ふ。後に改めて邇磨郷と曰《い》ふ。(中略) 天平神護《765～767》年中に，右大臣(　⑧　)，大臣といふをもて本郡の大領を兼ねたり。試みにこの郷の戸口を計へしに，纔《わずか》に課丁千九百余人ありき。

問9　上の史料は，寛平五年(893)に備中介に任じられた人物が赴任地の人口調査をした史料である。下線部⑦の「臣」はこの人物を指す。文章博士としても知られた人物であるが，誰か。

(ア)　橘広相　　(イ)　紀長谷雄　　(ウ)　三善清行

問10　上の文の(　⑧　)には，当時この郡の大領を兼ねていた人物の名が入る。遣唐使として唐に渡ったこともあるこの人物は誰か。

(ア)　吉備真備　　(イ)　藤原豊成　　(ウ)　藤原永手

(F)　鹿子木⑨の事

一，当寺《(時)》の相承は，開発領主沙弥《しゃみ》，寿妙嫡々《ちゃくちゃく》相伝の次第なり。

一，寿妙の末流高方の時，権威を借らむがために，実政卿を以て領家と号し，年貢四百石を以て割《さ》き分ち，高方は庄家領掌進退の預所職《あずかりどころしき》となる。

一，実政の末流願西微力の間，国衙の乱妨を防がず。この故に願西，領家の得分二百石を以て，高陽院《かやのいん》内親王⑩に寄進す。件《くだん》の宮薨去《こうきょ》の後，御菩提の為め(中略) 勝功徳院を立てられ，かの二百石を寄せらる。其の後，美福門院の御計として御室⑪に進付せらる。これ則ち本家の始めなり。

問11　下線部⑨の「鹿子木」は荘園名である。この荘園があった国はどこか。

(ア)　筑前　(イ)　肥後　(ウ)　豊後

問12　下線部⑩の「高陽院内親王」は，ある上皇の娘である。彼女の父は誰か。

(ア)　白河上皇　(イ)　鳥羽上皇　(ウ)　後白河上皇

問13　下線部⑪の御室には，荘園が寄進された寺院があった。次のどれか。

(ア)　東寺　(イ)　蓮華王院　(ウ)　仁和寺

(G)　(文治《1185》元年十一月)廿《(二十)》八日丁未，陰晴定まらず。伝へ聞く，頼朝の代官北条丸⑫，今夜経房に謁すべしと云々。定めて重事等を示すか。又聞く，件の北条丸以下の郎従等，相分ちて五畿・山陰・山陽・南海・西海の諸国を賜はり，庄公を論ぜず，兵粮 段別五升，を宛て催すべし。啻《ただ》に兵粮の催のみに非《あら》ず，惣じて以て田地を知行すべしと云々。凡そ言語の及ぶ所に非ず。

問14　下線部⑫の「北条丸」は，次の誰のことか。

(ア)　北条時政　(イ)　北条義時　(ウ)　北条時房

問15　上の文が記された日記『玉葉』の著者は，次の誰か。

(ア)　中山忠親　(イ)　九条兼実　(ウ)　藤原定家

〔Ⅳ〕 次の(A)～(C)の各文の(　1　)～(　10　)について，語群の中から最も適当な語句を選び，その記号をマークしなさい。また，各文の下線部①～⑤の位置を，地図上の**a**～**o**から選び，その記号もマークしなさい。なお，地図の一部は省略している。

(A)　足利義持は，至徳3年(1386)に3代将軍足利義満の子として生まれる。応永元年(1394)，元服して将軍職を譲られるが，実権は父の義満にあった。同15年に義満が死去すると，親政を開始した。将軍在任中の応永23年に関東で(　1　)が反乱を起こし，同26年には(　2　)の大軍が対馬①に来襲する事件があった。

応永30年，義持は子の義量に将軍職を譲ったが，同32年に義量が早世したため再び政務をとった。同34年，赤松満祐が亡父から継承するはずの所領を，義持が一族の赤松持貞へ譲らせようとしたため，満祐が播磨白旗城②に籠城の準備をする事態になった。翌35年に義持は死去するが，後継者を指名しなかったため，くじ引きにより同母弟の青蓮院義円が選ばれ，還俗して6代将軍の(　3　)となった。

(B)　徳川吉宗は，貞享元年(1684)に紀州徳川家の2代藩主(　4　)の子として生まれる。元禄8年(1695)に元服し，同10年，5代将軍の徳川綱吉より越前国丹生郡③に3万石の領地を与えられた。しかし，宝永2年(1705)に兄たちが相次いで病死したため，紀州徳川家55万石を相続することとなった。さらに，正徳6年(1716・改元して享保元年)には7代将軍徳川家継の死去を受けて，御三家出身で最初の将軍となる。吉宗は，紀州から連れてきた有馬氏倫や加納久通らを(　5　)として重用し，以後約30年にわたる在任中，幕政の改革や財政の再建に熱心に取り組んだ。人材の登用，勘定所の整備，法典の編纂，目安箱の設置，諸大名からの上米，新田開発，米価対策，貨幣の改鋳などは，その代表的なものである。また，御三家に準じるものとして，4男宗尹の(　6　)家などを新たに立てた。

(C)　西園寺公望は，嘉永2年(1849)に公家の徳大寺公純の子として生まれ，同4年，西園寺師季の養子となる。安政4年(1857)に元服し，のち孝明天皇の近習として仕えた。慶応3年(1867)に新政府の参与となり，明治元年(1868)の戊辰戦争では山陰道鎮撫や会津④征討などに加わった。明治4～13年にフランスに留学し，ソルボンヌ大学に学ぶ。明治15～16年には伊藤博文の憲法調査に随行して再びヨーロッパへ渡り，伊藤と親しくなった。明治17年に華族令が制定されると，侯爵を授けられた。

明治27年，第2次伊藤博文内閣の文部大臣として初入閣し，のちには病気の外務大臣(　7　)の臨時代理や後任の外務大臣もつとめた。このとき外務次官の原敬と関係を深めた。明治31年の第3次伊藤内閣では再び文部大臣となり，同33年には伊藤の主導する立憲政友会の創立に参加した。同年，枢密院議長に就任する一方，成立直後の第4次伊藤内閣では，伊藤が病気のため総理大臣を臨時に代理・兼任した。明治36年に伊藤が枢密院議長になると，入れ替わる形で立憲政友会の総裁に就き，盛岡⑤選出の衆議院議員となっていた原敬らの補佐を受けて，同党の立て直しに尽力する。

明治39年，総理大臣として第1次内閣を組織すると，日露戦争後の経営を積極的に推し進めた。同年には堺利彦らによる(　8　)の結成を認め，鉄道国有法を成立させている。しかし，財政難や社会主義運動の取り締りの不十分さなどを元老の山県有朋らに攻撃され，明治41年に退陣した。明治44年，第2次桂太郎内閣のあとを受けて再び総理大臣となり，第2次内閣を組織する。行財政整理の必要から陸軍の要求する2個師団の増設案を拒否したが，(　9　)陸軍大臣が単独で辞職してその後任を得られず，大正元年(1912)末に退陣した。その際，天皇の命で元老となる。大正3年には政友会総裁の座を原に譲った。大正8年，パリ講和会議に日本政府の首席全権委員として参加し，ヴェルサイユ条約に調印した功績により，翌9年に(　10　)を授けられた。松方正義が死去した大正13年以降は，最後の元老として，後継総理大臣の推薦や天皇の政治顧問の任にあたった。

〔語群〕

(ア)　宇垣一成　　(イ)　御用取次　　(ウ)　明

(エ)　上杉禅秀	(オ)　田安	(カ)　足利持氏
(キ)　徳川光圀	(ク)　陸奥宗光	(ケ)　足利義政
(コ)　男爵	(サ)　高麗	(シ)　老中
(ス)　清水	(セ)　上原勇作	(ソ)　日本社会党
(タ)　朝鮮	(チ)　加藤高明	(ツ)　足利義輝
(テ)　公爵	(ト)　徳川頼宣	(ナ)　一橋
(ニ)　側用人	(ヌ)　社会民主党	(ネ)　寺内正毅
(ノ)　徳川光貞	(ハ)　土岐康行	(ヒ)　小村寿太郎
(フ)　日本労農党	(ヘ)　伯爵	(ホ)　足利義教

《地図》

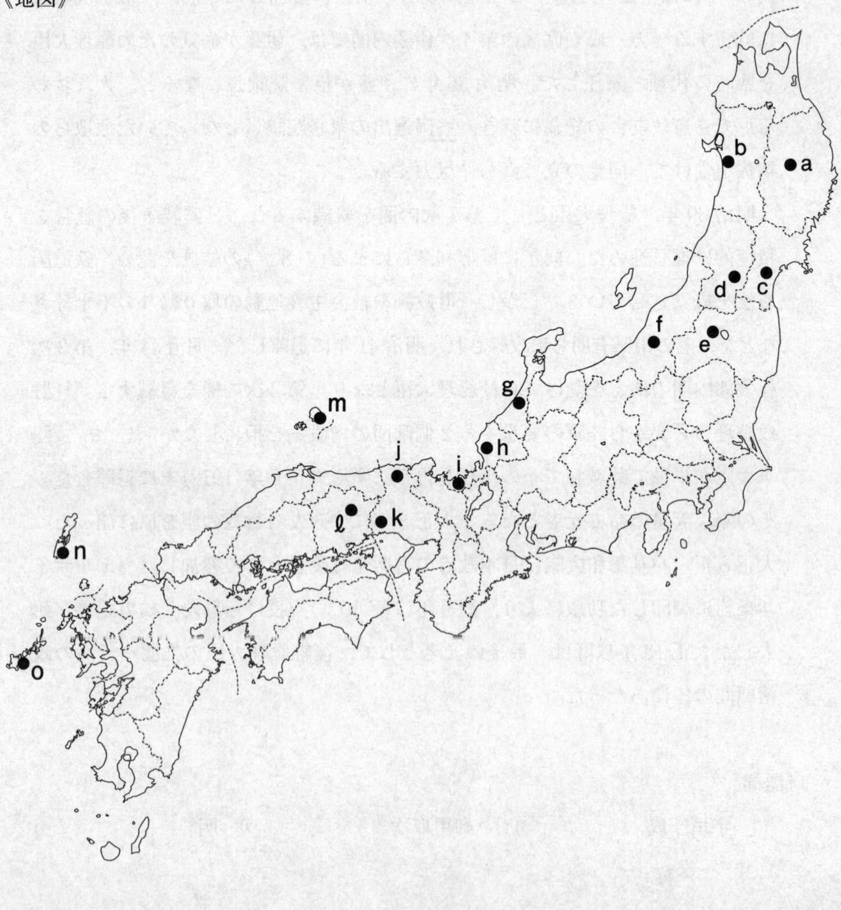

世界史

(60分)

〔Ⅰ〕 次の文の(　1　)〜(　3　)に入れるのに最も適当な語句を{　　}内の(ア)〜(ウ)から選び，その記号をマークしなさい。また，問1〜問7について答えなさい。

唐の都である長安は，6世紀後半に漢の長安城の東南に新たに建設され，(　1　){(ア) 隋の文帝　(イ) 隋の煬帝　(ウ) 唐の高宗}が都に定めた都城がもとになっている。長安城は図のように，最も北に位置する宮城から南にのびる朱雀門街を南北の軸線として東西対称のシンメトリー構造となっていた。城内はブロックに区切られ，それを坊といった。商業活動が許されていた坊は東西に二つ設けられ，東市と西市といった。また朱雀門街をはさんで，東に仏教①寺院の大興善寺，西に道教寺院の玄都観が配されていた。

唐代には仏教の他にも外国宗教が伝わっており，長安城内には様々な宗教施設が建立された。西方のキリスト教世界で異端とされた一派もその一つである。長安城内におけるその一派の寺院②は，現在1か所だけ，その位置が確認されている。イラン人が信仰し，(　2　){(ア) セレウコス朝　(イ) ササン朝　(ウ) カラハン朝}の国教となっていた宗教も伝わった。またこの宗教とキリスト教や仏教とが融合した宗教も伝わっていた。ちなみにこの融合宗教は，8世紀半ばころにモンゴル高原にあった遊牧国家③を滅ぼした(　3　){(ア) 吐蕃　(イ) ウイグル　(ウ) 柔然}で盛んに信仰された。

これら西方の諸宗教が中国へ伝わった背景には，イラン系のソグド人④などの中央アジアの人々の他，ペルシア人など西アジアの人々が政治的理由や交易などのためにユーラシア大陸を東西南北に往来したことがある。西方から長安に至る交易路⑤は長安の西側に到達し，そこから城内に入ると，そこには西市があった。西市では西方からもたらされた様々な品物が売り買いされていたと想像できるし，また西市の周辺に(　2　)の国教だった宗教の寺院が集中していたことは，このあたりに西域からやってきたソグド人などが住んでいたこともうかがわせる。

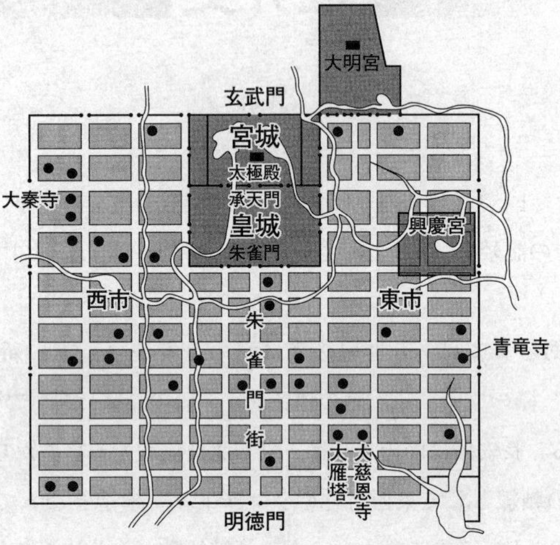

［図　唐の長安城］　●は宗教施設

『新選　世界史 B』東京書籍（2017 年）

問１　唐の長安(都城制)をモデルとして建設された東アジアの都城として最も適当なものを，次の(ア)〜(エ)から選び，その記号をマークしなさい。

(ア)　日本の江戸

(イ)　渤海の上京(東京)

(ウ)　吐蕃のラサ

(エ)　ベトナムのフエ

問２　下線部①に関連し，東アジアの仏教について述べたものとして**誤っているもの**を，次の(ア)〜(エ)から選び，その記号をマークしなさい。

(ア)　契丹(キタイ)や西夏では，仏教文化が栄えた。

(イ)　高麗は仏教を国教とした。

(ウ)　金や宋では禅宗が衰退した。

(エ)　奈良時代の天平文化は仏教色の強いものだった。

問3　下線部②に関連し，この宗教施設の名称は，ローマ帝国もしくはその東方領土を意味する言葉に由来する。この宗教施設の名称として最も適当なものを，次の(ア)～(エ)から選び，その記号をマークしなさい。

(ア)　大慈恩寺　　(イ)　大秦寺　　(ウ)　青竜寺　　(エ)　大雁塔

問4　下線部③について述べたものとして**誤っているもの**を，次の(ア)～(エ)から選び，その記号をマークしなさい。

(ア)　スキタイは，南ロシア平原から黒海北岸を支配した。

(イ)　匈奴の冒頓単于は前漢を破り，事実上の属国とした。

(ウ)　モンゴル高原の西方から鮮卑が台頭し，柔然を倒した。

(エ)　中央アジアのエフタルは，ササン朝やグプタ朝に侵入し，その国勢に大きな影響を与えた。

問5　下線部④に関連し，ソグド人の活動について述べたものとして最も適当なものを，次の(ア)～(エ)から選び，その記号をマークしなさい。

(ア)　ソグド人は，中国各地の大都市に会館・公所をつくって活動拠点とした。

(イ)　突厥はソグド人を交易・外交に活用し，ビザンツ帝国と外交関係をもった。

(ウ)　ソグド人が拠点とした都市は，木材や毛皮，海産物などの取引によって栄えた。

(エ)　ソグド人は十字軍の輸送を担当したため，彼らの都市は大きな富を得た。

問6　下線部⑤について，ユーラシア各地における交易に関連して述べたものとして**誤っているもの**を，次の(ア)～(エ)から選び，その記号をマークしなさい。

(ア)　前漢はタリム盆地に西域都護府を置き，オアシス諸都市を支配した。

(イ)　唐の広州には，アラブ・イラン系のムスリム商人が来航した。

(ウ)　10世紀にバグダードが政治的に混乱すると，イスラーム諸都市を結ぶ海上の交易ルートは，ペルシア湾ルートから紅海ルートへ変わった。

(エ)　リューベックを盟主とするロンバルディア同盟は，14世紀に北ヨーロッパ商業圏を支配した。

問7　長安城の宮城北門である玄武門には，皇帝の親衛隊である禁軍(近衛兵)が駐屯していた。唐の歴史では，この軍隊を掌握した者が，たびたび宮廷政変を起こしたことで有名である。こうした政変の一つで，皇太子だった兄と，弟とを殺害し，唐の第2代皇帝となった人物として最も適当なものを，次の(ア)〜(エ)から選び，その記号をマークしなさい。

(ア)　李淵　　(イ)　李自成　　(ウ)　李白　　(エ)　李世民

〔Ⅱ〕次の文の(　1　)〜(　10　)に入れるのに最も適当な語句を下記の語群から選び，その記号をマークしなさい。

19世紀の後半，欧米では科学技術がめざましい発展をとげた。イギリスの(　1　)は電磁誘導の現象や電気分解の法則を発見し，電磁気学の礎を築いた。また，(　2　)や，ディーゼルによる内燃機関の技術革新が，新しい交通手段の発展につながった。通信の分野では，イタリアの(　3　)が無線電信を発明し，情報がより早く，より広い範囲に伝達されるようになった。重工業や電機工業など，新産業の発展にともなって金融資本の役割が増大し，独占資本が発達した。大銀行を中心に，異なる産業間の企業を単一の資本のもとで統合する市場独占形態のひとつである(　4　)は，ドイツや日本で発達した。医学の分野では，結核菌の発見やツベルクリンの製造に成功したドイツの(　5　)の研究などによって，公衆衛生についての知識が広がり，病気の治療法や予防医学が発達した。

19世紀後半は，ヨーロッパ列強によるアフリカの植民地化が進んだ時代でもある。イギリスは，1881年〜1882年の(　6　)の反乱を鎮圧しエジプトを保護下においた。1881年には(　7　)でも，ムハンマド=アフマド率いる反乱がおこったが，1898年，イギリスに制圧された。イギリスは，また，南アフリカ戦争で，(　8　)人の子孫であるブール人のトランスヴァール共和国とオレンジ自由国をケープ植民地に併合した。フランスはチュニジアやサハラ砂漠地域をおさえ，アフリカ横断政策を取った。また，大西洋に面した(　9　)がポルトガルの植民地となるなど，20世紀初頭にはアフリカ大陸のほとんどの地域が列強の植民地となった。

エジプトでは，第一次世界大戦後，ワフド党を中心とした独立運動が展開され，1922年，エジプト王国が成立した。植民地宗主国からのアフリカ諸国の独立が達成されるのは，第二次世界大戦後である。1963年，（　10　）で開催されたアフリカ諸国首脳会議ではアフリカ統一機構(OAU)が結成され，植民地主義の根絶を目指した。その後も植民地支配がつづいた（　9　）は，独立戦争をへて1970年代にポルトガルからの独立をはたすが，独立後も内戦で苦しむこととなった。

〔語群〕

(ア) モロッコ	(イ) スーダン	(ウ) ベルギー
(エ) オランダ	(オ) ドイツ	(カ) パストゥール
(キ) フォード	(ク) ムハンマド=アリー	(ケ) コッホ
(コ) コンツェルン	(サ) ファラデー	(シ) ヘルムホルツ
(ス) マルコーニ	(セ) アジスアベバ	(ソ) ナイロビ
(タ) マイヤー	(チ) ダイムラー	(ツ) トラスト
(テ) カメルーン	(ト) シエラレオネ	(ナ) アンゴラ
(ニ) アフガーニー	(ヌ) ウラービー	(ネ) モールス(モース)

〔Ⅲ〕 次の文の(　1　)～(　8　)に入れるのに最も適当な語句を下記の語群から選び，その記号をマークしなさい。また，問1～問7に答えなさい。

現在の東南アジアには，多数のチャイナタウンが存在することが知られている。東南アジアにおける中国商人の交易活動が本格化したのは宋代①の頃だと言われているが，現在につながるような中国人の居留区が東南アジア各地で形成され始めるのは，18世紀のことである。この時期に多くの中国人が東南アジアに渡航するようになった背景としては，中国における人口増が挙げられる。鄭氏勢力②を滅ぼすなどして清朝の支配が安定したこと，アメリカ大陸から伝来した新作物③によって山地開発が進んだこと，(　1　)によって人頭税が土地税に繰り込まれたことなどを理由として，18世紀に中国の人口は急増した。

中国での人口増により，中国市場で求められる商品は奢侈品から大衆向け商品，米などの食糧品に転換した。日本④からも，俵物や昆布といった海産物が中国に輸出されるようになった。中国から東南アジアへは商人だけでなく大量の労働者も渡航し，中国市場向け商品の栽培や採掘が進められた。その結果，東南アジアには，マレー半島南端のリアウ，チャオプラヤー川流域の(　2　)や(　3　)，ベトナム南部の(　4　)など，各地に中国向け産品の集荷地が出現した。フィリピン南部ではスールー王国やマギンダナオ王国，タイでは(　2　)朝や(　3　)を首都とするラタナコーシン朝，ベトナムでは19世紀初頭にベトナム全土を支配下に置いた(　5　)朝のもとで，活発な中国向け貿易がおこなわれた。このように中国・東南アジア間の貿易が活発化するなかで，東南アジア各地に中国人居留区が形成されたのである。

また，イギリスも東南アジアでの交易に参入した。それ以前の18世紀に北西ヨーロッパで中国産品⑤の需要が急増したことを背景に，イギリスは主に中国沿海部の都市(　6　)で交易をおこなっていたが，やがて中国市場で需要がある東南アジア産品の入手が重要になったためである。イギリスは東南アジアで中国への中継地と中国向け商品の交易拠点を求め，1819年に(　7　)を獲得する。これ以後(　7　)は，関税を賦課されない自由港として発展していく。また，イギリスは1824年にオランダ⑥と協定を結んで(　8　)を獲得すると同時にイギリス・オランダ間の境界を確定し，1826年に(　7　)，(　8　)，ペナンを海峡植民地とした。⑦これ以後，イギリスは海峡植民地を拠点として，周辺のマレー半島諸国を次々に保護国としていく。

〔語群〕

(ア)　バンコク	(イ)　両税法	(ウ)　ハノイ
(エ)　マラッカ	(オ)　杭州	(カ)　黎
(キ)　スコータイ	(ク)　プノンペン	(ケ)　アユタヤ
(コ)　陳	(サ)　コンバウン	(シ)　マニラ
(ス)　バンテン	(セ)　一条鞭法	(ソ)　サイゴン
(タ)　地丁銀制	(チ)　阮	(ツ)　シンガポール
(テ)　広州	(ト)　クアラルンプール	(ナ)　寧波
(ニ)　ヤンゴン		

問１　下線部①に関して，宋代の海上交易に関する記述として，最も適当なものを次の(ア)〜(エ)の中から選び，その記号をマークしなさい。

(ア)　中国の貿易商人が日本に盛んに来航し，日本は中国へ定期的に使者を派遣した。

(イ)　交易には，貨幣として主に銀が使用された。

(ウ)　中国で建造されたダウ船と呼ばれる帆船が，海上交易で利用された。

(エ)　海上交易で繁栄した広州・泉州・明州などの港には，市舶司が置かれた。

問２　下線部②に関して，**誤っているもの**を次の(ア)〜(エ)の中から選び，その記号をマークしなさい。

(ア)　鄭氏勢力は，オランダ人を駆逐して台湾を占領し，これを拠点とした。

(イ)　清朝は鄭氏勢力の財源を絶つため，民間の海上交易を禁止すると共に，沿海部の住民を強制的に内陸に移住させた。

(ウ)　鄭氏勢力が清朝に対して降伏した直後，三藩の乱が発生した。

(エ)　鄭成功は，明朝の皇室の生き残りから皇族の姓である「朱」をたまわったことに由来して，「国姓爺」と呼ばれた。

問3 下線部③に関して，16〜18世紀頃にアメリカ大陸から中国に伝来した作物として**誤っているもの**を次の(ア)〜(エ)の中から選び，その記号をマークしなさい。

(ア) トウガラシ (イ) サトウキビ (ウ) サツマイモ

(エ) トウモロコシ

問4 下線部④に関して，18世紀頃の日本の対外関係について**誤っているもの**を次の(ア)〜(エ)の中から選び，その記号をマークしなさい。

(ア) 17世紀まで輸入に頼っていた生糸の国産化が進んだ。

(イ) 琉球は薩摩に服属していたため，中国に対する朝貢は断絶していた。

(ウ) 江戸幕府は松前氏にアイヌとの交易独占権を認めていた。

(エ) 対馬を通じて朝鮮との関係は維持され，たびたび朝鮮から日本へ使節が派遣された。

問5 下線部⑤に関して，18世紀の北西ヨーロッパで需要が高まっていた中国産品として最も適当なものを次の(ア)〜(エ)の中から選び，その記号をマークしなさい。

(ア) アヘン (イ) 茶 (ウ) 綿花 (エ) 生糸

問6 下線部⑥に関して，19世紀前半におけるオランダの植民地の状況に関する記述として最も適当なものを以下の(ア)〜(エ)の中から選び，その記号をマークしなさい。

(ア) オランダはスマトラ島北端を平定し，現在のインドネシアの領土に当たる地域を支配下に置いた。

(イ) ジャワ島のバタヴィアを香辛料交易の拠点として獲得した。

(ウ) 独立を目指すスカルノらが，インドネシア国民党を組織した。

(エ) コーヒーなどの作物を住民に低賃金で栽培させ，それらの販売によって得られた利益を本国政府の収入とする制度が開始された。

問7 下線部⑦に関して，イギリスがマレー半島諸国を保護国化していく契機となった当地の産品として最も適当なものを以下の(ア)〜(エ)の中から選び，その記号をマークしなさい。

(ア) 銀　(イ) 錫　(ウ) 米　(エ) 胡椒

〔Ⅳ〕 次の文の（　1　）〜（　14　）に入れるのに最も適当な語句を，｛　｝内の(ア)，(イ)ないし下記の語群から選び，その記号をマークしなさい。また，（　A　）の問に答えなさい。

第二次世界大戦後のアメリカ合衆国は，共産主義勢力の拡大を阻止するため世界中でさまざまな同盟網を作り出した。1951 年にオーストラリア・（　1　）｛(ア) ニュージーランド　(イ) フィリピン｝と太平洋安全保障条約（ANZUS）を結んだのがその一例である。さらに 1955 年にはイギリス・パキスタン・イラク・（　2　）｛(ア) サウジアラビア・シリア　(イ) レバノン・エジプト｝が参加するバグダード条約機構が結成された。

バグダードは，（　3　）｛(ア) 700　(イ) 750｝年に開かれたアッバース朝の第２代カリフの（　4　）｛(ア) マンスール　(イ) ハールーン=アッラシード｝が造営した都市であり，ティグリス川の流域に建てられた。

ティグリス川とその西方を流れるユーフラテス川の流域はメソポタミアと呼ばれ，世界で最も早く文明が成立した地域の一つである。メソポタミアでは，民族系統不明のシュメール人がウルやウルクなどの都市国家を形成し，楔形文字を使用するなどして文明を発展させた。その後，メソポタミアではさまざまな民族が勢力争いをくりひろげた。その一つがセム語系の（　5　）｛(ア) カッシート　(イ) アッカド｝人であり，彼らがたてたバビロン第１王朝のハンムラビ王は，ハンムラビ法典を発布した。

古代世界の歴史を解明するのに不可欠の古代の文字の解読に向けては多くの研究者が努力を傾けてきた。フランスの（　6　）｛(ア) エヴァンズ　(イ) シャンポリオン｝はナポレオンのエジプト遠征中に発見されたロゼッタ=ストーンをもとに神聖文字（ヒエログリフ）の解読に成功し，19 世紀に活躍したイギリスの（　7　）｛(ア) エヴァンズ　(イ) シャンポリオン｝は楔形文字の解読に大きな貢献をなした。

オリエントの諸地域の中でメソポタミアのティグリス川とユーフラテス川は南方の(　8　){(ア)　カスピ海　(イ)　紅海}に向かって流れている。一方，シリアやエジプトは地中海に面しており，その文明は，海路をつうじて地中海の各地の文明の発展に影響を与えた。

地中海の東部ではオリエントからの影響を受けて青銅器文明であるエーゲ文明が誕生した。エーゲ文明のうちクレタ島では，クノッソスの宮殿などに代表されるクレタ文明が栄えた。一方，ギリシア本土ではミケーネ文明がきずかれた。北方から移住してきてミケーネ文明の担い手となったギリシア人は城塞王宮を中心とする小王国をつくり，線文字B①を使用した。

ミケーネ文明が滅亡した後，暗黒時代と呼ばれる混乱の時代を経験したギリシア人は方言の違いからイオニア人・アイオリス人・ドーリア人にわかれつつアクロポリスやアゴラをそなえたポリスといわれる都市をつくって定住するようになった。また，活発な植民活動を展開し，地中海や黒海の各地に植民市を建設した。そのなかには(　9　){(ア)　シチリア島　(イ)　南フランス}に設けられたマッサリア(現マルセイユ)のように現在までつづき，その地方の中心的な都市となっているものもある。

ギリシアでは平民が自費で武具を調達し，重装歩兵として軍事上重要な役割をはたすようになった結果，平民の参政権が拡大し民主政の発達がうながされた。(　10　){(ア)　イオニア　(イ)　アイオリス}系のアテネでは，前7世紀に(　11　){(ア)　ソロン　(イ)　リュクルゴス}によって法律が成文化されたのち，前508年に指導者となった(　12　){(ア)　ペイシストラトス　(イ)　ペリクレス}によって，それまでの4部族制を10部族制に改める大改革が行われるなどして民主政の基礎がきずかれた。

一方，アテネの(　13　){(ア)　西方　(イ)　東方}にあったスパルタでは，支配的な立場にあったスパルタ市民のもとに，奴隷身分の農民や(　14　){(ア)　ヘイロータイ(ヘロット)　(イ)　ペリオイコイ}と呼ばれる商工業従事者がいた。スパルタでは，軍国主義的な特殊な体制のもとで市民のあいだの平等が徹底された。

全オリエントを統一する大帝国をきずいたアケメネス朝を相手どったペルシア戦争は，ギリシアの命運をかけた重大な戦いであった。強大なペルシア軍を相手にしたギリシア勢は，苦境に陥ることもあったものの，前 480 年のサラミスの海戦でペルシア軍をうち破り，さらに翌年マラトンの戦い②でも勝利し，戦争の行方を決定的なものにした。

〔語群〕

(ウ)　800	(エ)　ヴェントリス	(オ)　アブー=バクル
(カ)　ドラコン	(キ)　アラム	(ク)　ローリンソン
(ケ)　アラル海	(コ)　クレイステネス	(サ)　南イタリア
(シ)　インドネシア	(ス)　コロヌス	(セ)　テミストクレス
(ソ)　アムル	(タ)　シュリーマン	(チ)　ペルシア湾
(ツ)　ドーリア	(テ)　イラン・トルコ	(ト)　プレブス
(ナ)　バイバルス		

(　A　)　下線部①・②について，①のみ正しければ(ア)を，②のみ正しければ(イ)を，両方正しければ(ウ)を，両方誤りであれば(エ)をマークしなさい。

地理

(60 分)

〔Ⅰ〕 気候条件の差異によって形成される侵食・堆積地形が異なるという考え方のもと，世界各地を気候地形で区分することが行なわれてきた。その端緒は，ヨーロッパ諸国，とりわけドイツやフランスが，植民地獲得のために世界のさまざまな地域の探検に関わり，そこでさまざまな地形景観に出会ったことである。地形と人々の生活について，世界の気候地形を区分した**図**(外的地形プロセスからみた区分図)を見て，下の問 1 〜問 8 について該当するものを選んで，その記号をマークしなさい。

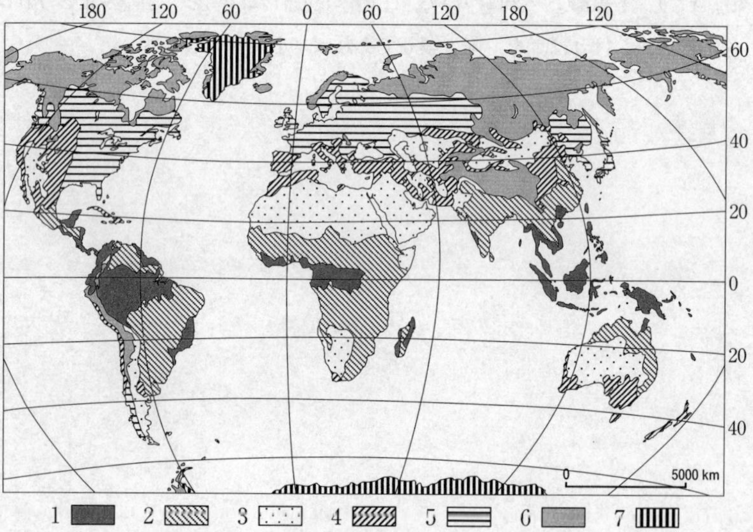

図

(『自然地理学事典』2017 を一部簡略化して提示)

問１　**図**の凡例は世界の気候地形区を８つに区分したものである。このうち凡例８はカルスト地形区であるが，局地的でこの地図スケールでは表現されない。緯度や経度などに着目して，(A)　凡例１，(B)　凡例２，(C)　凡例５に該当するものはいずれか，次の語群から選びなさい。なお，周氷河気候地形区とは，氷河の直接の影響ではなく，寒冷地で凍結・融解が主要な地形形成の営力となった気候地形区をさす。

〔語群〕

(ア)　湿潤熱帯　　(イ)　乾湿熱帯　　(ウ)　半乾燥　　(エ)　乾燥
(オ)　周氷河　　(カ)　氷河　　(キ)　湿潤温帯

問２　凡例１の気候地形区にみられるものについて，**最も不適当なもの**は次のいずれか。

(ア)　ラトソルが分布する。
(イ)　ボーキサイト鉱山が多い。
(ウ)　高さ(樹高)の異なる樹木が密生する。
(エ)　ナツメヤシのプランテーションがみられる。

問３　凡例２の気候地形区に関する以下のことについて，**最も不適当なもの**は次のいずれか。

(ア)　カカオの栽培に適している。
(イ)　インドでは綿花栽培が盛んな地域がある。
(ウ)　ブラジルでは大豆の産地が見られる。
(エ)　東南アジアでは稲作が卓越する。
(オ)　アフリカではバオバブやアカシアの疎林が広がる。

問４　凡例３の気候地形区で**見ることができない風景や地形・土壌**は次のいずれか。

(ア)　塩湖　　(イ)　ワジ　　(ウ)　オアシス　　(エ)　テラローシャ

問5　凡例6の気候地形区でみられる風景と生活について述べた次の文の下線部について，**最も不適当なもの**は次のいずれか。

(ア)　タイガが広がり，林業が盛んであるが，農作物の生育には適さない。

(イ)　北極海へ流れる河川では，融雪洪水が発生する。

(ウ)　低温のため針葉樹の落葉の分解が遅く，腐植層が厚く堆積した灰白色のツンドラ土がみられる。

(エ)　融解した表土が冬に地下水を吸いあげ凍結するため，地面が持ち上がる凍上現象が発生する。

問6　石灰岩がつくるカルスト地形の土地利用について述べた次の文の下線部について，**最も不適当なもの**は次のいずれか。

(ア)　岩石が河川の運搬作用をうけて，地下に鍾乳洞が形成される。

(イ)　中国南部のコイリン(桂林)の景観はタワーカルストと呼ばれる。

(ウ)　地表で溶解が進むと，ドリーネというくぼ地ができる。

(エ)　セメント工場が域内に立地することがある。

問7　凡例4の気候地形区は表流水と重力による面的削剥《さくはく》が顕著である。この範囲に含まれるケッペンの気候区分のうち，**最も不適当なもの**は次のいずれか。

(ア)　BW　　(イ)　BS　　(ウ)　Cs　　(エ)　Cw

問8　河川による線的な流水侵食が著しい気候地形区が2つある。次の凡例の組合せのうち，正しいのはいずれか。

(ア)　凡例1と凡例3　　(イ)　凡例1と凡例5

(ウ)　凡例3と凡例7　　(エ)　凡例5と凡例7

〔Ⅱ〕 国家・領域に関する次の問題〔Ａ〕〔Ｂ〕に答えなさい。

〔Ａ〕 次の文を読み，問１〜問７に答えなさい。

国家を構成する三要素は，主権・領域・国民であり，そのいずれが欠けても独立国a とは言えない。主権とは，他国からの干渉を受けることなく，領域や国民を統治するための最高の権力である。領域とは主権が及ぶ範囲であり，領土・領海・領空から構成される。国民とは法的には国籍をもつ国家の構成員をさす。

領土は，陸地のほかに河川・湖沼などの内水面も含んでいる。領土の形態には，一続きの陸地としてまとまっている国もあれば，多数の島々から成り立つ国もあり，b 陸続きだが領土の一部が外国の領土によって分断されている国(飛地国)もある。

領海とは，通常，沿岸の①〔(ア)　最高　(イ)　最低　(ウ)　平均〕潮位線を基線として，そこから②〔(ア)　3　(イ)　8　(ウ)　12　(エ)　24〕海里までの範囲で国家が設定した帯状の水域であり，沿岸国の主権が及ぶ水域である。また，領海の外側でも，接続水域と呼ばれる海域では，出入国管理や衛生上必要な規制などに関する権利が沿岸国に認められる。さらに，領海の外側に領海の基線から測って 200 海里c までの距離内に設定される水域のことを排他的経済水域d と言い，水産資源や鉱産資源などに対する沿岸国の排他的な利用と管理が認められている。四方を海に囲まれている日本は(領海と接続水域を含む)排他的経済水域が約 447 万 km^2 もあり，これは世界第６位で，国土の約③〔(ア)　8　(イ)　12　(ウ)　16　(エ)　20〕倍の面積にあたる。

領土・領海の上空は領空と呼ばれ，主権が及ぶ空域である。領空は飛行機の飛行可能な大気圏内とされ，宇宙空間は含まれない。

国家の領域は，国家と国家の境界線である国境によって他国と隔てられている。国境には，山脈・河川・海洋などの自然の障壁がもとになった自然的国境e もあれば，経線や緯線に沿って引かれた人為(数理)的国境f もある。国境線の確定や島の領有などをめぐって，g 領土問題が生じることがある。

問1　〔　①　〕～〔　③　〕中の選択肢から最も適当なものを選びなさい。

問2　下線部aに関して，西サハラ・南スーダン・東ティモール・プエルトリコのうちで独立国として国際的に承認されているものはいくつあるか。

(ア)　4　(イ)　3　(ウ)　2　(エ)　1　(オ)　なし

問3　下線部bに関して，現在(2021年)，ポーランドとリトアニアにはさまれたバルト海に面する地域は，ある国の飛び地となっている。ある国とは次のいずれか。

(ア)　ドイツ　(イ)　ロシア　(ウ)　ラトビア　(エ)　フィンランド

問4　下線部cに関して，200海里はおよそ何kmに相当するか。なお，1海里は地球表面上で緯度1分(1度の60分の1)の長さである。

(ア)　22 km　(イ)　37 km　(ウ)　220 km　(エ)　370 km

問5　文中の下線部dに関して，これの略称は次のいずれか。

(ア)　EEZ　(イ)　EPA　(ウ)　ODA　(エ)　PLO

問6　下線部e・fに関して，自然的・人為(数理)的国境とそれによって隔てられる2国の組合せとして**最も不適当なもの**は次のいずれか。

(ア)　アムール川(黒竜江)　―　中国とロシア

(イ)　セントローレンス川　―　アメリカ合衆国とカナダ

(ウ)　東経25度　―　エジプトとリビア

(エ)　東経151度　―　インドネシアとパプアニューギニア

問7　下線部gに関して，多くの島々からなる日本には，陸上の国境が存在しないため，地上の国境紛争は見られないが，他国との間にある島々の帰属をめぐって主張が対立している。その帰属をめぐって韓国と主張が対立している島あるいは島々は次のいずれか。

(ア)　竹島(島根県)　(イ)　色丹島　(ウ)　尖閣諸島　(エ)　南沙諸島

〔Ｂ〕 次の**写真**は日本の領土や排他的経済水域と密接な関係を有する３つの島Ｘ・Ｙ・Ｚの写真である。これらの**写真**に関する問８・問９に答えなさい。

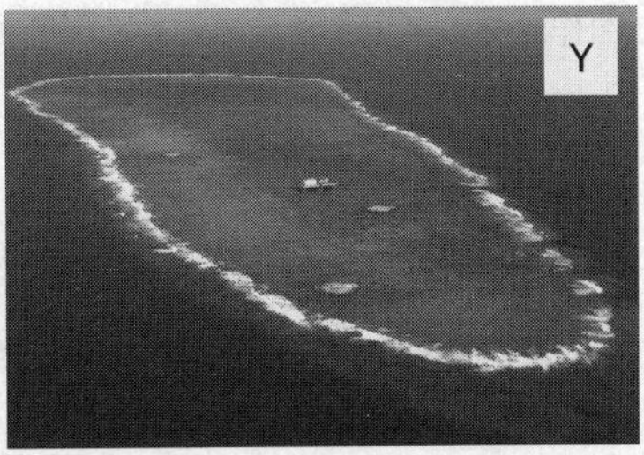

写真

Ｚ：海上保安庁ホームページ(2020年11月撮影)より。

著作権の都合上，Ｘ・Ｙの写真は類似のものと差し替えています。
共同通信社，ユニフォトプレス提供

問８　Ｘ・Ｙ・Ｚそれぞれの島名を選びなさい。

(ア) 西之島　(イ) 南鳥島　(ウ) 沖ノ鳥島　(エ) 与那国島

問９　Ｘ・Ｙ・Ｚのそれぞれに該当する説明文を選びなさい。

(ア) 日本最東端の島

(イ) 日本最西端の島

(ウ) 日本最南端の島

(エ) 断続的な火山活動によって島の面積を拡大させてきた

〔Ⅲ〕 自然環境や社会環境に関わる情報が地域的に整理された地理情報は，統計や地図として表現される。そして地理では，統計を用いてグラフや地図を作成したり，そこから地域の特徴を読み取ったりする。また作成に先立つ地理情報の取得や地図作成での表現も学習を進める。そこで地理情報の特徴や活用に関する理解程度を測るための問を準備した。以下の問1～問4に答えなさい。

問1 次の文(1)～(6)の下線部①，②の正誤を判定し，①のみ正しい場合は**ア**を，②のみ正しい場合は**イ**を，①，②とも正しい場合は**ウ**を，①，②とも誤っている場合は**エ**をマークしなさい。

(1) 5万分の1地形図の等高線は，主曲線が普通の幅の実線とすれば，50 m①ごとにある計曲線は太い幅の実線で，補助曲線は普通の幅の点線②で描かれている。

(2) リモートセンシングとは，航空機①や人工衛星から電磁波や音波を用いて地球を観測することであり，これより同時に広範囲の土地利用や標高②などの情報が得られる。

(3) GNSSは，人工衛星が受信した信号を発信①し正確に位置を知る仕組みであり，アメリカのGPS，ロシアのGLONASS，日本のひまわり②等の衛星測位システムの総称である。

(4) 船舶の安全な航行に必要な情報が記載された海図は，通常，ユニバーサル横メルカトル図法①で描かれ国土地理院②が発行している。

(5) 平成25年度の図式改訂により2万5千分の1地形図にあった地図記号の桑畑①と工場②は廃止された。

(6) 2万5千分の1の地形図は，地図の上が磁北①になるように描かれており，そこに1辺が8 cmの正方形があれば，その面積は2②km^2となる。

問2 隣接するaからe市の5市を含む範囲に対し主題図を作成するため，各市の人口と面積の情報を調査した。a市の人口を1とした時の比率はb市が2，c市が3，d市が4，e市が5で，a市の面積を10とした時の比率はb市が8，c市が6，d市が4，e市が2とする。適切な主題図にするための描画の注意に関する(A)の文を読み注意したい点として，またより細かい主題図にするための情報入手先に関する(B)の文を読み適切な公的機関として，最も適当なものを(ア)～(エ)から選びマークしなさい。

(A)　人口密度の違いを表現する主題図を描画する際に，ａ市に対し，〔(ア)　大きな，(イ)　小さな，(ウ)　淡い，(エ)　濃い〕凡例を使用することに注意したい。

(B)　各市よりさらに細かい小地域と呼ばれる範囲の人口情報は，〔(ア)　環境省，(イ)　国土交通省，(ウ)　総務省，(エ)　文部科学省〕のホームページからダウンロードすればよい。

問３　図１はある公的機関のホームページで使用された地図である。そこでは「沖縄県の県庁所在地である那覇と東京間を半径とする，1500 km の円内には，上海や台北，香港，ソウル，マニラなど，アジアの主要都市があります」と説明が付されるが，背景に用いられている地図の直交する経緯線から考えて正確な説明とは言えない。用いられているその図法として，最も適当なものは次のいずれか，マークしなさい。

(ア)　円筒図法　　(イ)　円錐図法　　(ウ)　擬円筒図法　　(エ)　方位図法

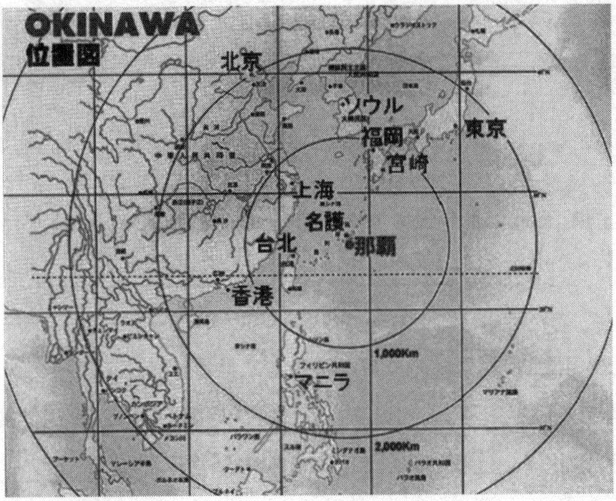

図１

外務省ホームページより

問4　**図2**は地理院地図の標準地図を背景に2つの地理情報を重ねて表示したものである。重ねた地理情報として正しい組合せを選び，その記号をマークしなさい。

(ア)　陰影起伏図，記念碑　　(イ)　陰影起伏図，自然災害伝承碑
(ウ)　陰影起伏図，指定緊急避難場所　　(エ)　傾斜量図，記念碑
(オ)　傾斜量図，自然災害伝承碑　　(カ)　傾斜量図，指定緊急避難場所

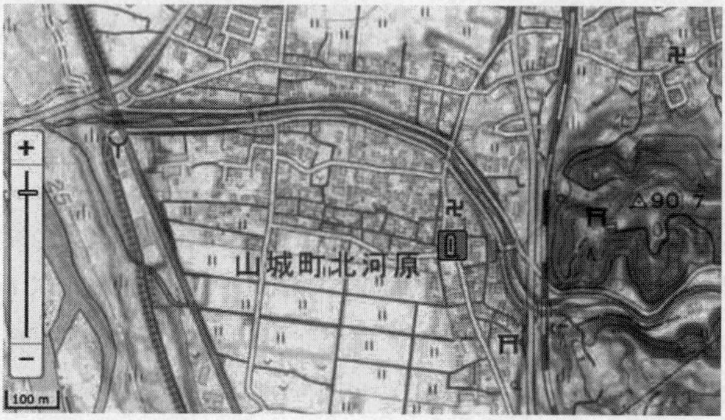

図2

〔Ⅳ〕　北米諸国(カナダ，アメリカ合衆国，中米諸国)に関して述べた次の文(A)～(J)の下線部①，②の正誤を判定し，①のみ正しい場合は**ア**を，②のみ正しい場合は**イ**を，①，②とも正しい場合は**ウ**を，①，②とも誤っている場合は**エ**をマークしなさい。

(A)　カナダ楯状《たてじょう》地は世界最大の広さを持つ楯状地であり，先カンブリア時代の古い岩石からなり，①ハドソン湾を中心に②アメリカ合衆国のアラスカ西部まで広がる。

(B)　カナダの国土面積は長らくロシアに次ぐ世界第2位であったが，国連の発行する『世界人口年鑑(Demographic Yearbook)』における算出方法が2016年度版から変更された結果，現在ではアメリカ合衆国，①オーストラリアに次ぐ世界第4位へと順位を落としている。それは，従来は②ウィニペグ湖などの淡水域を含む面積(998万km^2)だったものが，淡水域を除く陸地のみの面積(909万km^2)

になったためである。

(C)　イヌイット(エスキモー)は，①ベーリング海峡を渡ってアラスカに入り，北米大陸に分散したと言われている。カナダでは，多文化主義を憲法に明記し，1999年には彼らが大部分を占める②ヌナブト準州を設立した。

(D)　①リスボン条約に基づき，②オゾン層の保護のための国際的な枠組みを定めることを目的として，1987年にカナダで採択された国際条約は，モントリオール議定書と呼ばれる。

(E)　①ブリティッシュコロンビア・アルバータ・サスカチュワンの平原3州は，肥沃《ひよく》なプレーリー土に恵まれたカナダを代表する穀倉地帯で，②冬小麦が栽培されている。

(F)　アルミニウムは「電気の缶詰」と呼ばれるが，①原料のボーキサイトから中間製品のアルミナを電気分解によって製造する工程で大量の電力が消費されるからである。原料のボーキサイトが産出しないにもかかわらず，カナダでアルミニウム工業が盛んなのは，②国内の全発電量のうち水力発電が5割以上を占めるほど水資源に恵まれ，大量の電力を安価に供給できるからである。

(G)　アメリカ合衆国の①サンディエゴとメキシコのティファナは国境をまたぐ双子都市の代表例である。ティファナは，②マキラドーラ制度によって1960年代後半から設置された，輸出向け加工工場の集積拠点となっている。

(H)　メキシコとドミニカ共和国の民族・人種構成を比較すると，メキシコでは①ムラートの割合が高いのに対して，ドミニカ共和国では②メスチーソの割合が高い。

(I)　カリブ海でキューバ島に次いで大きな島である①イスパニョーラ島は，東部をドミニカ共和国が，西部をハイチが占める。ハイチは1804年に世界初の黒人共和国としてフランスから独立したが，長年にわたる政情不安や頻発する自然災害の影響を受け，世界で最も貧しい国の一つと言われる。出稼ぎ労働者・移民からの郷里送金が重要な外貨獲得源となっており，海外送金受取額が同国のGDPに占める割合は②25%を超える(2016年)。

(J)　世界の海上交通の要衝であるパナマ運河は，パナマ共和国のパナマ地峡を開削して太平洋と大西洋(カリブ海)をほぼ南北に結ぶ①水平式運河である。同国の首都パナマシティは運河の②太平洋側の玄関口に位置する。

政治・経済

(60分)

〔Ⅰ〕次の新聞記事を読んで，問(A)～問(H)に答えなさい。なお，各問題は，2021年7月1日までに参照することができた各公表資料などの内容に沿って作成されたものである。

「同性同士の事実婚の不倫」というややこしい裁判の考察(…)です。判決は，このカップルが事実婚をしていたと認定した理由のひとつに，①米国で法律婚をしていたことを挙げました。(…)憲法と外国法の関係について，考えてみましょう。

「同性婚が法律で認められている米国ニューヨーク州で婚姻登録証明書を取得した」

宇都宮地裁真岡支部が出した判決には，こう書かれています。わざわざ明記したということは，外国法は日本でも一定の法的拘束力を持つと認めたことになります。

日本の法体系と外国法の関係について，②日本国憲法(　a　)条は，こう規定します。

「日本国が締結した条約及び確立された国際法規は，これを誠実に遵守することを必要とする」

以前の本欄で，日本政府は日本国民だけでなく，外国人の子供にも教育機会を与える義務を負っていると説明したのを覚えていますか。国連がまとめた「児童の権利条約」に日本が加盟した時点で，この(　a　)条に基づき，条約の中身は法律と同じ扱いになったわけです。

条約は日本の国会で批准という手続きを踏むので，日本の法律と同等に扱うのは当然でしょう。では，日本の法体系と直接関係ない外国法はどう扱うべきでしょうか。

以前の本欄に登場した明治時代の憲法学者，穂積八束《やつか》の兄に，穂積陳重《のぶしげ》という民法学者がいます。1899 年，雑誌「法理精華」に掲載された「国際私法の性質を論ず」で，「外国法律は単に事実として自国裁判官の参考に供するに過ぎざるなり」との説を唱えました。あまり重視しなくてよい，といっているわけです。国際私法は商取引など③に関する国際慣習の総称です。

文明開化の明治の世で，外国との付き合いが増えると，欧州諸国などでは共通の国際慣習などに基づいて損害賠償訴訟④などが裁かれていることを日本人も知ります。明治政府は 1898 年，日本の法体系の適用範囲などを定めた「法例」という法律を制定しました。ちなみに法例は 2006 年，全面改正され，名称も「法の適用に関する通則法」に改められました。

(中略)

日本国憲法と外国法がぶつかる事例のほとんどが国際結婚に関わるものです。

配偶者の一方が外国人の場合，日本の役所に婚姻届を出すと，日本人の戸籍に国際結婚した旨が記載されます。離婚に関する訴訟を日本で起こす場合，原則として日本の民法が適用されます。

ところが，(　b　)人の夫との結婚生活が破綻した日本人の妻が「(　b　)法は異教徒同士の婚姻を禁じており，そもそも婚姻が無効」と訴えた裁判がありました。日本の民法で裁くならば，夫婦のどちらに破綻の責任があるのかなどを審理しないと離婚に至りませんし，宗教が違うだけでは婚姻無効にはなりません。

東京地裁は 1991 年，こんな判決を出しました。「婚姻を無効とすることは，信教の自由を保障する我が国の法体系のもとにおいては，公序良俗に反する」。(　b　)法だから無視するのではなく，その内容に踏み込んで検討したうえで，(　b　)法の当該部分は日本国憲法が定める「信教の自由」⑤と適合しないので使わない，と判断したのです。

この裁判のあとにできた法の適用に関する通則法でも，42 条で「外国法によるべき場合において，その規定の適用が公の秩序又は善良の風俗に反するときは，これを適用しない」と定めています。

日本国憲法と外国法の関係について，東北大の中林暁生教授は2014年の法曹誌「論究ジュリスト」に発表した論文で，こう書いています。

「日本の近代憲法が外国法を参照することによって成立した以上，日本の憲法論において外国法を参照することは避けて通ることはできない」

日本国憲法の前文は，この憲法を「人類（　c　）の原理」と位置付けています。日本国憲法も国際慣習の一部をなしていると考えれば，外国法にも一定の法的拘束力があると捉えるのが自然でしょう。法体系も外交と同じく，国粋主義ではなく，国際協調主義でいきたいものです。

(2019年12月4日付日本経済新聞(一部改変))

問(A)　下線部①に関連して，次に掲げるアメリカ合衆国憲法第1条第3節第1項中の（　i　）及び（　ii　）に入れるのに最も適当な数字の組み合わせを次の(ア)〜(エ)から一つ選び，その記号をマークしなさい。なお，この条文の日本語訳は，初宿正典・辻村みよ子編『新解説世界憲法集(第5版)』(三省堂，2020年)70頁によるものである。

合衆国の上院は，各州から（　i　）名ずつ選出される上院議員で組織する。≪上院議員の選出は，各州議会によって行われるものとし，≫その任期は（　ii　）年とする。上院議員はそれぞれ1票の投票権を有する。〔≪　≫内は，第17修正第1項により改正〕

	（　i　）	（　ii　）
(ア)	2	6
(イ)	3	4
(ウ)	4	3
(エ)	6	2

問(B)　下線部②に関連して，次の(w)〜(z)の記述のうち正しいものはいくつあるか。

最も適当な数を次の(ア)〜(オ)から一つ選び，その記号をマークしなさい。

(w)　日本国憲法は「行政権は，内閣総理大臣に属する」と定めている。

(x)　日本国憲法は「内閣総理大臣その他の国務大臣は，文民に限られない」と定めている。

(y)　日本国憲法は「内閣総理大臣は，国務大臣を任命する。但し，その過半数は，衆議院議員の中から選ばれなければならない」と定めている。

(z)　日本国憲法は「内閣総理大臣は，内閣を代表して議案を天皇に提出し，一般国務及び外交関係について天皇に報告し，並びに行政各部を指揮監督する」と定めている。

(ア)　0　　(イ)　1　　(ウ)　2　　(エ)　3　　(オ)　4

問(C)　文中（　a　）に入れるのに最も適当な数字を次の(ア)〜(オ)から一つ選び，その記号をマークしなさい。

(ア)　9　　(イ)　29　　(ウ)　41　　(エ)　76　　(オ)　98

問(D)　下線部③に関連して，次の(1)〜(3)に答えなさい。

(1)　次の(w)〜(z)の記述のうち正しいものはいくつあるか。最も適当な数を次の(ア)〜(オ)から一つ選び，その記号をマークしなさい。

(w)　会社法第331条第2項は「株主でない者は取締役になることはできない」と定めている。

(x)　会社法第331条第5項は「すべての株式会社において，取締役は，三人以上でなければならない」と定めている。

(y)　会社法第362条第1項は「取締役会は，代表取締役が指名する取締役のみで組織する」と定めている。

(z)　会社法第847条第1項は「株主は，株式会社のために，取締役の責任追及等の訴えを提起することができない」と定めている。

(ア)　0　　(イ)　1　　(ウ)　2　　(エ)　3　　(オ)　4

(2)　「ＣＥＯ」という欧文略語が一般に意味していると考えられるものとして

最も適当なものを次の(ア)～(エ)から一つ選び，その記号をマークしなさい。

(ア)　東証株価指数

(イ)　株式公開買付け

(ウ)　最高経営責任者

(エ)　新規株式公開

(3)　2021年4月16日付日本経済新聞(一部改変)には「株式市場でＥＳＧ(環境・社会・企業統治)を巡る投資家の目線が厳しくなってきた。中国の(　　　)自治区の人権問題への対応が不十分とみなされる良品計画などの株価は上値が重く(…)企業は『Ｅ(環境)』に加えて『Ｓ(社会)』への対応も重要になっている」という記載がある。空欄に入れるのに最も適当な語句を次の(ア)～(エ)から一つ選び，その記号をマークしなさい。

(ア)　チェチェン

(イ)　新疆ウイグル

(ウ)　カシミール

(エ)　ダルフール

問(E)　下線部④に関連して，次の(x)～(z)の記述のうち正しいものはいくつあるか。最も適当な数を次の(ア)～(エ)から一つ選び，その記号をマークしなさい。

(x)　国家賠償法第1条第1項は「国又は公共団体の公権力の行使に当る公務員が，その職務を行うについて，故意又は過失によつて違法に他人に損害を加えたときは，国又は公共団体が，これを賠償する責に任ずる」と定めている。

(y)　製造物責任法第3条は「製造業者等は，その製造，加工，輸入又は前条第三項第二号若しくは第三号の氏名等の表示をした製造物であつて，その引き渡したものの欠陥により他人の生命，身体又は財産を故意又は過失によつて侵害したときは，これによつて生じた損害を賠償する責に任ずる」と定めている。

(z)　大気汚染防止法第25条第1項は「工場又は事業場における事業活動に伴う健康被害物質(ばい煙，特定物質又は粉じんで，生活環境のみに係る被害を生ずるおそれがある物質として政令で定めるもの以外のものをいう。)の大気中への排出(飛散を含む。)により，人の生命又は身体を故意又は過失によつて害したときは，当該排出に係る事業者は，これによつて生じた損害を賠償する責に任ずる」と定めている。

(ア)　0　(イ)　1　(ウ)　2　(エ)　3

問(F)　文中の(　b　)に入る国が所有しているといわれている運河は，2021 年 3 月に我が国の船主が実質的に所有するコンテナ船「EVER GIVEN(エバー・ギブン)」の座礁によって 1 週間近く航行が遮断された運河であり(外務省ＨＰ・国土交通省ＨＰ参照)，その遮断は国際的なサプライチェーン(供給網)に相当程度の影響を与えた，と考えられている。そのことに関連して，次の(1)～(3)に答えなさい。

(1)　文中の(　b　)に入れるのに最も適当な国名を次の(ア)～(エ)から一つ選び，その記号をマークしなさい。

(ア)　エジプト　(イ)　パナマ　(ウ)　ドイツ　(エ)　アメリカ

(2)　次の(x)～(z)の記述のうち正しいものはいくつあるか。最も適当な数を次の(ア)～(エ)から一つ選び，その記号をマークしなさい。

(x)　我が国の外務省ＨＰによれば，海賊対処法(「海賊行為の処罰及び海賊行為への対処に関する法律」)成立以前に実施していた海上警備行動では，日本に関係する船舶のみ防護可能であったが，本法律により，船籍を問わず，すべての国の船舶を海賊行為から防護することが可能となるなど，より適切かつ効果的な海賊対処が可能となった。

(y)　国連海洋法条約(「海洋法に関する国際連合条約」)第 3 条は「いずれの国も，この条約の定めるところにより決定される基線から測定して二百海里を超えない範囲でその公海の幅を定める権利を有する」と定めている。

(z)　我が国の外務省ＨＰには，「尖閣諸島が日本固有の領土であることは歴史的にも国際法上も明らかであり，現に我が国はこれを有効に支配しています。したがって，尖閣諸島をめぐって解決しなければならない領有権の問題はそもそも存在しません」との記載がある。

(ア)　0　　(イ)　1　　(ウ)　2　　(エ)　3

(3)　「地域的な包括的経済連携（RCEP）協定」に2020年11月時点で署名していない国は，次の(v)～(z)のうちいくつあるか。最も適当な数を次の(ア)～(カ)から一つ選び，その記号をマークしなさい。

(v)　中国（中華人民共和国）

(w)　韓国（大韓民国）

(x)　アメリカ

(y)　ロシア

(z)　インド

(ア)　0　　(イ)　1　　(ウ)　2　　(エ)　3　　(オ)　4　　(カ)　5

問(G)　下線部⑤に関連して，信教の自由を定める日本国憲法第20条についての記述として正しいものは次の(x)～(z)のうちいくつあるか。最も適当な数を次の(ア)～(エ)から一つ選び，その記号をマークしなさい。

(x)　第1項は「信教の自由は，公共の福祉に反しない限り，何人に対してもこれを保障する。いかなる宗教団体も，国から特権を受け，又は政治上の権力を行使してはならない」と定めている。

(y)　第2項は「何人も，宗教上の行為，祝典，儀式又は行事に参加することを強制される」と定めている。

(z)　第3項は「何人も，宗教教育その他いかなる宗教的活動もしてはならない」と定めている。

(ア)　0　　(イ)　1　　(ウ)　2　　(エ)　3

問(H)　文中（　c　）に入れるのに最も適当な語句を次の(ア)～(カ)から一つ選び，その記号をマークしなさい。

(ア)　普遍　(イ)　不変　(ウ)　不偏　(エ)　享有　(オ)　共有
(カ)　協友

〔Ⅱ〕　次の文章を読んで，問(A)～問(O)に答えなさい。

近年，ヒトを含む霊長類の脳の中には「ミラーニューロン」と呼ばれる神経細胞の存在が知られるようになった。この神経細胞は，自分自身が行動する時と，他人が行動するのを見ている時の両方で活発に活動する神経細胞である。他人がしていることを見て，あたかも自分のことのように感じる能力を司っていると考えられている。この能力は「共感」と呼ばれる。

今から250年ほど前のイギリスで，『道徳感情論』という書籍を著し，「共感」を論じたのが(　1　)である。(　1　)は，『(　2　)』という書籍を著した人物としても有名であるが，脳科学の発展に先んじて「共感」を検討した研究者としても再評価されている。『(　2　)』は経済学の出発点とされる書籍で，①「分業の重要性」や②「見えざる手」といった重要な内容を含んでいる。また，(　1　)は，③夜警国家観が望ましいと考えた。19世紀に入ると，(　1　)が打ち立てた経済学は，トーマス=マルサス，デヴィッド=リカードらによって一層の発展を遂げた。

他方，19世紀前半は資本主義社会に多くの欠陥があることが明らかになった。具体的には，「恐慌」，「失業」，「貧富の差の拡大」，「独占」，「労働問題」といった弊害が次々に生じた。このような問題を前に，資本主義を批判し，生産手段を社会的に所有することで人間の平等を可能にする理論や運動として，(　3　)が登場した。当初は空想的(　3　)と呼ばれたが，(　4　)やフリードリヒ=エンゲルスによって，歴史的な視点や科学的視点を基礎に(　3　)を再構築し，科学的(　3　)として，19世紀後半から20世紀にかけて世界を席巻する社会思想となった。しかし，(　3　)は既存の社会経済体制に挑戦するものであったため，政治的な弾圧を受けることもあった。

1929年には，第一次世界大戦後，経済的活況を呈していた④アメリカにおける株価の大暴落によって，世界恐慌が始まり，文字通り世界経済に大きな打撃を与えた。⑤様々な国がこの恐慌を乗り越えようと経済政策を実施した。種々の経済政策が不況において重要であることを示したのが，『(　5　)』を著した(　6　)である。『(　5　)』において，(　6　)は⑥不況期における失業問題の原因を明らかにし，公共事業などで有効需要を高める必要があると論じた。彼の思想は経済学に(　6　)革命と呼ばれる衝撃をもたらし，⑦第二次世界大戦後の世界各国の経済政策にも多大な影響を与えた。

しかしながら，1970年代に発生した石油危機で(　6　)の考え方を基礎にした政策の効果が弱まった。その結果，⑧1980年代には新自由主義に基づいた新たな経済政策が実行されるようにもなった。

問(A)　文中の(　1　)に当てはまる人物として最も適当なものを次の(ア)～(エ)から一つ選び，その記号をマークしなさい。

(ア)　J・K・ガルブレイス　　(イ)　ミルトン・フリードマン

(ウ)　アダム・スミス　　(エ)　マックス・ウェーバー

問(B)　文中の(　2　)に当てはまる書籍として最も適当なものを次の(ア)～(エ)から一つ選び，その記号をマークしなさい。

(ア)　隷属への道　　(イ)　職業としての政治

(ウ)　諸国民の富　　(エ)　帝国主義論

問(C)　文中の(　3　)に当てはまる語句として最も適当なものを次の(ア)～(エ)から一つ選び，その記号をマークしなさい。

(ア)　開発主義　　(イ)　無政府主義

(ウ)　自由主義　　(エ)　社会主義

問(D)　文中の(　4　)に当てはまる人物として最も適当なものを次の(ア)～(エ)から一つ選び，その記号をマークしなさい。

(ア)　フォン・ノイマン　　(イ)　ローザ・ルクセンブルク

(ウ)　ジョン・ヒックス　　(エ)　カール・マルクス

問(E)　文中の(　5　)に当てはまる書籍として最も適当なものを次の(ア)～(エ)から

一つ選び，その記号をマークしなさい。

(ア) 蜂の寓話

(イ) 雇用・利子および貨幣の一般理論

(ウ) 平和の経済的帰結

(エ) 貧乏人の経済学

問(F) 文中の(　6　)に当てはまる人物として最も適当なものを次の(ア)〜(エ)から一つ選び，その記号をマークしなさい。

(ア) ヒックス

(イ) ハイエク

(ウ) マーシャル

(エ) ケインズ

問(G) 下線部①に関連して，分業の例として**最も適当でない**ものを次の(ア)〜(エ)から一つ選び，その記号をマークしなさい。

(ア) コンピュータのＣＰＵはインテル製，ハードディスクはサムスン製で，ＰＣの組み立ては日本のメーカーで行われる。

(イ) 金沢では，木地師，塗師，蒔絵師，彫刻師，金具師などが仏壇制作を行っている。

(ウ) 家電メーカーでは，下請け企業から調達した部品を組み合わせて完成品を製造する。

(エ) ソバの実の栽培，収穫，製粉，ソバ打ちを一人で行い，ソバ屋を経営する。

問(H) 下線部②に関連して，「見えざる手」の例として最も適当なものを次の(ア)〜(エ)から一つ選び，その記号をマークしなさい。

(ア) 価格メカニズムの働きによって，需要と供給が自然に調節されること。

(イ) 資本主義の発展によって，市場の調整機能がうまく働かない場合が生まれること。

(ウ) 技術革新によって，より優れた財やサービスが登場し，社会が発展すること。

(エ)　政府は民間に比べて経済政策の立案能力・実行能力に優れていること。

問(I)　下線部③に関連して，このような国家観から導き出される国家の役割として**最も適当でない**ものを次の(ア)〜(エ)から一つ選び，その記号をマークしなさい。

(ア)　治安の維持　(イ)　国土の防衛

(ウ)　福祉の充実　(エ)　必要最小限の公共事業

問(J)　空欄(　4　)に関連して，この人物が著した書籍として**最も適当でない**ものを次の(ア)〜(エ)から一つ選び，その記号をマークしなさい。

(ア)　『空想から科学へ』　(イ)　『共産党宣言』

(ウ)　『資本論』　(エ)　『経済学・哲学草稿』

問(K)　下線部④に関連して，株価の大暴落は数度発生したが，その初日のことをどのように呼ぶか。最も適当なものを次の(ア)〜(エ)から一つ選び，その記号をマークしなさい。

(ア)　ブラック・マンデー　(イ)　ブラック・チューズデー

(ウ)　ブラック・サーズデー　(エ)　ブラック・フライデー

問(L)　下線部⑤に関連して，世界恐慌を乗り越えようと実施された各国の政策として最も適当なものを次の(ア)〜(エ)から一つ選び，その記号をマークしなさい。

(ア)　国民所得倍増計画

(イ)　ニューディール政策

(ウ)　ドイモイ政策

(エ)　グレートディール政策

問(M)　下線部⑥に関連して，(　6　)の人物が失業の本質的な問題であると指摘した形態の失業として最も適切な例を次の(ア)〜(エ)から一つ選び，その記号をマークしなさい。

(ア)　働き口があるにもかかわらず，就職しないために発生した失業

(イ)　自分の求める職種と雇用先の求める職種がずれているために発生した失業

(ウ)　会社の業績悪化によるリストラや倒産で発生した失業

(エ)　新しい会社に移ろうと思い，職探しをするために発生した失業

問(N)　下線部⑦に関連して，(　6　)の人物の考え方に依拠する経済政策の説明として最も適切なものを次の(ア)～(エ)から一つ選び，その記号をマークしなさい。

(ア)　景気が悪くなったときには緊縮財政を行う。

(イ)　景気が悪くなったときには物価を下げるための政策を実施する。

(ウ)　景気が悪くなったときには政策金利を引き下げる。

(エ)　景気が悪くなったときには増税を行う。

問(O)　下線部⑧に関連して，この時期に実施された「新たな経済政策」として**最も適切でない**ものを次の(ア)～(エ)から一つ選び，その記号をマークしなさい。

(ア)　アメリカで実施された「レーガノミックス」

(イ)　イギリスで実施された「サッチャリズム」

(ウ)　日本で実施された「行財政改革」

(エ)　日本で実施された「郵政民営化政策」

〔Ⅲ〕 次の文章を読んで，問(A)～問(E)に答えなさい。

選挙制度は国によって大きく異なる。日本の場合，衆議院議員の定数は(　1　)であり，衆議院議員選挙には小選挙区比例代表並立制が採用されている。参議院に関しては，比例代表選挙と選挙区選挙によって議員が選出される。参議院議員の定数は，2019 年改選から 2022 年改選までの間は 245 で，2022 年改選以降は 248 となる。248 のうち，選挙区選出議員の定数は(　2　)である。衆議院議員の小選挙区選挙の候補者および参議院議員の選挙区選挙の候補者が支払う供託金は(　3　)万円であり，参議院議員の比例代表選挙に候補者を立てる政党が支払う供託金は候補者 1 名につき(　4　)万円である。

日本の選挙制度①は，公職選挙法の改正②により，たびたび変更されてきた。例えば，2013 年にインターネット選挙運動③が解禁された。これは，比較的厳しいと言われてきた日本の選挙運動に関するルールが，時代に合わせて修正された例である。また，2015 年には，選挙権年齢が満 20 歳以上から満 18 歳以上に変更された。

選挙運動などの様々な政治活動に関するルールを理解するうえでは，政治資金規正法④も重要である。この法律は，買収などの不正行為を防止し，過剰な金権選挙を抑止するため，個人や企業などの諸団体が政治家や政党などに対して行う政治献金に一定の制限を設けている。

問(A)　文中の(　1　)～(　4　)に入れるのに最も適当な数字を下記の語群から選び，その記号をマークしなさい。

〔語群〕

(ア) 100	(イ) 148	(ウ) 176	(エ) 200	(オ) 248
(カ) 300	(キ) 400	(ク) 465	(ケ) 475	(コ) 480
(サ) 500	(シ) 600			

問(B)　下線部①に関する説明として，最も適当なものを次の(ア)～(エ)から一つ選び，その記号をマークしなさい。

(ア) 衆議院議員選挙においては，小選挙区制と比例代表制の両方の選挙に立候補する重複立候補が禁止されている。

(イ) 参議院議員選挙においては，拘束名簿式比例代表制と選挙区選挙制が併用されている。

(ウ) 衆議院議員と都道府県知事については満25歳以上，参議院議員と市町村長については満30歳以上の日本国民が被選挙権を持つ。

(エ) 都道府県知事および市町村長の任期は4年で，参議院議員の任期は6年である。

問(C) 下線部②に関する説明として，**最も適当でない**ものを次の(ア)～(エ)から一つ選び，その記号をマークしなさい。

(ア) 1994年の公職選挙法の改正により，衆議院議員選挙における中選挙区制が廃止された。

(イ) 2003年の公職選挙法の改正により，期日前投票制度が導入された。

(ウ) 2006年の公職選挙法の改正により，国政選挙のうち，比例代表選出議員選挙に関してのみ在外投票制度が新たに導入された。

(エ) 2015年の公職選挙法の改正により，参議院選挙区選挙において，鳥取県選挙区と島根県選挙区が合区になった。

問(D) 下線部③に関連し，総務省のホームページに掲載されている2013年4月26日付の文書「改正公職選挙法(インターネット選挙運動解禁)ガイドライン」(https://www.soumu.go.jp/main_content/000222706.pdf，2021年9月9日閲覧)によると，現行の公職選挙法上できるとされている選挙運動に含まれる行為として最も適当なものを次の(ア)～(エ)から一つ選び，その記号をマークしなさい。ただし，ここでいう有権者とは，公職選挙法などの法律で選挙運動をすることを禁止されている者ではないものとする。

(ア) 選挙期日に，候補者が自分への投票を呼び掛ける動画を，YouTubeなどの動画共有サービスを利用して新たに一般公開すること。

(イ) 選挙期日の前日に，ある有権者が特定の候補者への投票を依頼する電子メールをその候補者から受信し，その電子メールを別の有権者に転送すること。

(ウ)　選挙期日の2日前に，ツイッターなどのＳＮＳを利用し，ある有権者が他の有権者に特定の候補者への投票を呼び掛けること。

(エ)　選挙期日の3日前に，ツイッターなどのＳＮＳを利用し，16歳の高校生が自発的に友人に特定の候補者への投票を呼び掛けること。

問(E)　下線部④に関する説明として，最も適当なものを次の(ア)～(エ)から一つ選び，その記号をマークしなさい。

(ア)　政治資金規正法によれば，会社および労働組合は，年間の寄附総額制限を超えない範囲で，公職の候補者個人の資金管理団体に対して政治活動に関する寄附を行うことができる。

(イ)　政治資金規正法によれば，会社および労働組合は，年間の寄附総額制限を超えない範囲で，政党および政治資金団体に対して政治活動に関する寄附を行うことができる。

(ウ)　政治資金規正法によれば，個人が政党および政治資金団体に対して政治活動に関する寄附を行う場合，その額が年間3千万円を超えてはならない。

(エ)　政治資金規正法によれば，政党が公職の候補者の政治活動に対して寄附を行う場合，その額が年間5千万円を超えてはならない。

〔Ⅳ〕 次の文章を読んで，問(A)〜問(H)に答えなさい。

通貨(貨幣)を発行するのは中央銀行で，日本の中央銀行は日本銀行である。日本銀行は，国全体の立場から金融活動を行う銀行として，政府から独立しており，(　あ　)と，経済の発展を目的として，①金融政策を行っている。企業や家計など民間の経済部門が保有している通貨量を(　1　)といい，中央銀行は，金融政策を通じて自ら供給する通貨量を操作することで，(　1　)に間接的に影響を及ぼし景気の調整をはかる。

1990年代に政策金利がほぼ0％になって以降，日本銀行は，実施する金融政策の目標や手段を変更するようになった。これは，②これまでの金融政策(伝統的金融政策)に対し，③非伝統的な金融政策と呼ばれている。こうした政策やその背景について見てみよう。

1990年代初頭にバブルが崩壊し，高騰していた資産価格が急落したため，借り入れを返済できなくなった投資家や企業が増え，金融機関は多額の(　2　)を抱えることとなった。その結果，銀行は貸し出しを抑制するようになり，日本経済は深刻な景気後退に陥った。この状況を打開するために様々な政策が行われてきた。しかしながら，1990年代後半には金融機関の破綻が相次ぎ，株価と地価の下落による資産デフレ，(　2　)問題による金融不安などが高まった。このため，1999年2月には，ゼロ金利政策((　3　)を実質0％に誘導する政策)が行われ，銀行の貸し出し金利などを低く抑え，企業への融資を円滑にすることが期待された。2001年には，日本経済が緩やかな④デフレにあると発表された。このため，同年には，量的緩和政策として(　4　)を増額させた。

その後，2008年9月のリーマンショックは世界的な景気後退を引き起こし，日本でも(　5　)による景気の悪化懸念が高まった。このため，2010年から再度ゼロ金利政策が行われた。そして，2013年に日銀総裁に就任した(　6　)氏は，「異次元の金融緩和」といわれるように，さらに量的・質的金融緩和を行い，⑤マネタリーベースの増加による景気刺激策を進めているが，⑥2013年当初の目標は，2021年5月でも実現していない。

問(A)　文中の(　1　)〜(　6　)に入れるのに最も適当な語句を下記の語群から

選び，その記号をマークしなさい。

〔語群〕

(ア) マネーストック	(イ) インターバンク	(ウ) マイナンバー
(エ) 借金	(オ) 内部留保	(カ) 不良債権
(キ) オーバーローン	(ク) 無担保コールレート	(ケ) レートチェック
(コ) 貨幣需要残高	(サ) 公定歩合	(シ) 日銀当座預金
(ス) 円高	(セ) 円安	(ソ) (選択肢削除)
(タ) 麻生太郎	(チ) 黒田東彦	(ツ) 白川方明

問(B) 日本銀行法にもとづく日本銀行の目的として，(あ)に入る最も適当なものを次の(ア)～(エ)から一つ選び，その記号をマークしなさい。

(ア) 為替相場の安定

(イ) 物価の安定

(ウ) 硬貨の発行

(エ) 国債の引き受け

問(C) 下線部①に関して，日本において，2020年度までに行われた金融政策として最も適当なものを(ア)～(エ)から一つ選び，その記号をマークしなさい。

(ア) 1989年5月から1年3か月の間に景気の過熱を抑えるため，公定歩合が引き上げられた。

(イ) 1985年のプラザ合意によって交易条件の改善が見込まれたため，金融引き締めが進められた。

(ウ) 1990年代後半のアジア通貨危機に対して，日銀は，1998年10月政策金利を引き上げた。

(エ) 2000年代に入り行われた金融緩和政策では，日銀が国債を売却した。

問(D) 下線部②に関して，伝統的金融政策として正しいものの組み合わせとして最も適当なものを次の(ア)～(エ)から一つ選び，その記号をマークしなさい。

a．誘導目標をマネタリーベースにおき，金融調節を行う。

b．市中銀行は中央銀行に預金の一定割合を準備金として預け入れなければならないが，中央銀行がその準備率を変化させる。

c．中央銀行が，市中金融機関に対して，資金の貸し付けを行う時の金利を変更する。

d．市中銀行に対して，自己資本比率が８％以上なければ業務改善命令を出す。

(ア)　aとb　　(イ)　bとc　　(ウ)　cとd　　(エ)　aとd

問(E)　下線部③に関して，非伝統的金融政策に関する記述として最も適当なものを(ア)〜(エ)から一つ選び，その記号をマークしなさい。

(ア)　金融政策決定会合ではなく，総理大臣と日銀総裁の話し合いで金融政策を決めることとなった。

(イ)　日銀は，長期国債の売買をやめ比較的短期の資産のみを売買の対象とすることにした。

(ウ)　マイナス金利が導入され，企業などへの貸し出しが増加することが期待された。

(エ)　金融市場の活性化を促すため，預金金利・貸し出し金利が自由化された。

問(F)　下線部④に関して，最も適当なものを(ア)〜(エ)から一つ選び，その記号をマークしなさい。

(ア)　デフレ下では，企業は債務の返済額が減少するので，新規の投資を行いやすい。

(イ)　日本では，1973年の第一次石油危機の時にもデフレ問題を経験した。

(ウ)　デフレ下で所得が一定ならば，貨幣の購買力が上昇するので，消費者はより多くの商品を購入できる。

(エ)　第一次世界大戦後のドイツでは，激しいデフレに見舞われた。

問(G)　下線部⑤に関して，マネタリーベースの拡大は，信用創造を引き起こす。信用創造に関する記述として最も適当なものを次の(ア)〜(エ)から一つ選び，その記号をマークしなさい。

(ア)　信用創造は，銀行の帳簿上での数字が増えることなので，信用創造された預金は銀行から引き出せるわけではない。

(イ)　最初の預金額が200億円，預金準備率が0.4のとき，理論上の信用創造額は，経済全体で80億円となる。

(ウ)　預金準備率が0.2であるとしよう。このとき，銀行Ａは，預金された100億円のうち20億円を準備金とし，80億円を新規に貸し出す。そのお金を借りた企業が自分の取引銀行である銀行Ｂに預ける。銀行Ｂは，16億円を準備金として64億円を新規に貸し出す。この2回の取引での信用創造額は，64億円である。

(エ)　最初に預金を受け入れた銀行Ａが，準備金の割合を増やせば，他の銀行の行動が変わらない場合，準備金の割合を増やす前と比べて経済は停滞する方向に動く。

問(H)　下線部⑥の目標として，最も適当なものを次の(ア)～(エ)から一つ選び，その記号をマークしなさい。

(ア)　２％のマネタリーベースの増加率

(イ)　２％のＧＤＰ成長率

(ウ)　２％のインフレターゲット

(エ)　２％の自己資本比率規制

数学

◀3教科型，3教科型（同一配点方式），2教科型（英語＋1教科選択方式），2教科型（英数方式〈社会安全〉）▶

(60分)

〔Ⅰ〕次の □ を数値でうめよ。

(1) t についての不等式

$$t^3 - 2t^2 - 5t + 6 \geqq 0$$

を解くと，［ ① ］$\leqq t \leqq 1$ または ［ ② ］$\leqq t$ である。

(2) x についての不等式

$$(\log_2 x)^3 - 2(\log_2 x)^2 - 5\log_2 x + 6 \geqq 0$$

を解くと，［ ③ ］$\leqq x \leqq 2$ または ［ ④ ］$\leqq x$ である。

(3) x についての不等式

$$(\log_2 x)^2 - 2\log_2 x + 6\log_x 2 \geqq 5$$

を解くと，

［ ⑤ ］$< x \leqq$ ［ ⑥ ］

または

［ ⑦ ］$< x \leqq 2$

または

［ ④ ］$\leqq x$

である。

〔Ⅱ〕 放物線 $y=x^2$ を C とおき，$a>0$ に対して，C 上の点 $\mathrm{P}(a,\ a^2)$ における接線を ℓ とおく。さらに，C 上の点Qを，Qにおける C の接線 m が ℓ と垂直に交わるように選んでおく。このとき，ℓ と m の交点をRとおく。次の $\boxed{\quad}$ をうめよ。

Qの x 座標は $\boxed{\text{①}}$ であり，m の方程式は $y=\boxed{\text{②}}$ である。また，Rの x 座標は $\dfrac{\boxed{\text{③}}}{8a}$，$y$ 座標は $\boxed{\text{④}}$ である。さらに，a の関数 $\boxed{\text{①}}-a$ は $a=\boxed{\text{⑤}}$ のとき，最大値をとる。このとき，ℓ と m および C で囲まれた図形の面積は $\boxed{\text{⑥}}$ である。

〔Ⅲ〕 p を3以上の整数とし，次のように定められた数列 $\{a_n\}$ を考える。

$$a_1=1,\ a_2=2p,\ a_{n+2}-2pa_{n+1}+p^2a_n=0 \quad (n=1,\ 2,\ 3,\ \cdots\cdots)$$

次の問いに答えよ。

(1) $b_n=a_{n+1}-pa_n$ とおく。b_{n+1} を b_n を用いて表せ。さらに，$\{b_n\}$ の一般項を求めよ。

(2) $c_n=\dfrac{a_n}{p^n}$ とおく。c_{n+1} を c_n を用いて表せ。

(3) $\{a_n\}$ の一般項を求めよ。

(4) 任意の $n=1,\ 2,\ 3,\ \cdots\cdots$ に対して，a_n を $p-1$ で割った余りと，n を $p-1$ で割った余りが等しくなることを，数学的帰納法を用いないで示せ。

◀2教科型（英数方式〈総合情報〉）▶

(90分)

〔Ⅰ〕 空間に3点 A$(a,\ 0,\ 0)$，B$(0,\ b,\ 0)$，C$(0,\ 0,\ c)$をとる。ただし，$a>0$，$b>0$，$c>0$とする。線分 AC を $t:1-t$ に内分する点をPとし，線分 BC を $1-t:t$ に内分する点をQとする $(0 \leqq t \leqq 1)$。

(1) PとQの座標をそれぞれ求めよ。また，ベクトル $\overrightarrow{\mathrm{PQ}}$ と $\vec{n}=\left(\dfrac{1}{a},\ \dfrac{1}{b},\ \dfrac{1}{c}\right)$ との内積は t の値によらず一定であることを示せ。

(2) 線分 PQ の長さを直径とする円の面積 $S(t)$ を求めよ。また，$S(t)$ が最小となる t の値を求めよ。

(3) (2)の $S(t)$ について，積分 $\displaystyle\int_0^1 S(t)\,dt$ を求めよ。

〔Ⅱ〕 $f(x)=x(3-x)$ とおく。曲線 $y=f(x)$ と x 軸とで囲まれる部分の面積を S とする。x 軸上の線分 $\{x \mid 0 \leqq x \leqq 3\}$ を線分 $I_k=\left\{x \,\middle|\, \dfrac{k-1}{n} \leqq x \leqq \dfrac{k}{n}\right\}$ によって $3n$ 等分する $(k=1,\ 2,\ \cdots\cdots,\ 3n)$。$I_k$ の長さと $f\left(\dfrac{k}{n}\right)$ を縦と横の長さとする長方形の面積の総和を S_n とする。ただし，n は自然数である。

(1) S_1 を求めよ。

(2) $S-S_n$ を求めよ。

(3) $S-S_n<\dfrac{S}{10^4}$ となるような最小の自然数 n を求めよ。

〔Ⅲ〕 1から9までの自然数が1枚に1つずつ書かれた9枚のカードがある。それらをよくまぜてから1枚のカードを取り出し，取り出したカードに書かれた数を a とする。取り出したカードを元に戻し，同様に9枚のカードから1枚を取り出し，取り出したカードに書かれた数を b とする。円

$$C : x^2-2ax+y^2-ay+\frac{5}{4}a^2-b=0$$

を考えるとき，次の［　　］をうめよ。ただし，［ ① ］，［ ③ ］，［ ⑤ ］は a，b を用いた式でうめよ。

(1) 円 C の中心と原点との距離が10以下となる条件は［ ① ］であり，その確率は［ ② ］である。

(2) 原点が円 C の内部(円周上は含まない)にある条件は［ ③ ］であり，その確率は［ ④ ］である。

(3) 円 C と直線 $y=x$ が異なる2つの共有点をもつための条件は［ ⑤ ］であり，その確率は［ ⑥ ］である。

〔Ⅳ〕 数列 $\{a_n\}$ は $a_1=2$，$\dfrac{a_{n+1}}{a_n}=2a_n^{-\frac{3}{2}}$ $(n=1, 2, 3, \cdots\cdots)$ を満たしている。$b_n=\log_2 a_n$ とおくとき，次の［　　］をうめよ。

正の実数 x に対して $\log_2\left(2x^{-\frac{3}{2}}\right)=$［ ① ］$+$［ ② ］$\log_2 x$ が成り立つので，与えられた $\{a_n\}$ の漸化式から $b_{n+1}+$［ ③ ］b_n+［ ④ ］$=0$ が得られる。このことから数列 $\left\{b_n-\dfrac{2}{3}\right\}$ は公比［ ⑤ ］の等比数列であることがわかり，$b_n=$［ ⑥ ］となる。よって，$|b_n-b_{n-1}|<\dfrac{1}{1024}$ となる最小の n は［ ⑦ ］である。

が、春宮の女御は、「これでは十分でない」と帝を非難申し上げる。

b　行幸には、親王をはじめ一人残らずお供された。春宮もお出ましである。音楽を奏でる船は池を漕ぎめぐり、唐、高麗など数多くの舞は、とても種類が多い。管弦の声や鼓の音が、響き渡る。帝は、先日の源氏の夕方のお姿があまりにも悲しそうに思われ、厄除けの御誦経もお命じになられる。それを聞く人々もごもっともなことだとお察し申し上げるが、春宮の女御は、「度を越している」と帝を非難申し上げる。

c　行幸には、親王をはじめ一人残らずお供された。春宮もお出ましである。音楽を奏でる船は池を漕ぎめぐり、唐、高麗など数多くの舞には、由来があれこれとある。管弦の声や鼓の音が、響き渡る。帝は、先日の源氏の夕方のお姿があまりにも素晴らしすぎてかえってそら恐ろしく思われ、厄除けの御誦経もお命じになられる。それを聞く人々もごもっともなことだとお察し申し上げるが、春宮の女御は、「これでは十分でない」と帝を非難申し上げる。

d　行幸には、親王をはじめ一人残らずお供された。春宮もお出ましである。音楽を奏でる船は池を漕ぎめぐり、唐、高麗など数多くの舞は、とても種類が多い。管弦の声や鼓の音が、響き渡る。帝は、先日の源氏の夕方のお姿があまりにも素晴らしすぎてかえってそら恐ろしく思われ、厄除けの御誦経もお命じになられる。それを聞く人々もごもっともなことだとお察し申し上げるが、春宮の女御は、「これでは十分でない」と帝を非難申し上げる。

e　行幸には、親王をはじめ一人残らずお供された。春宮もお出ましである。音楽を奏でる船は池を漕ぎめぐり、唐、高麗など数多くの舞は、とても種類が多い。管弦の声や鼓の音が、響き渡る。帝は、先日の源氏の夕方のお姿があまりにも素晴らしすぎてかえってそら恐ろしく思われ、厄除けの御誦経もお命じになられる。それを聞く人々もごもっともなことだとお察し申し上げるが、春宮の女御は、「度を越している」と帝を非難申し上げる。

そのお返事を持経の上にひろげて、じっと見入っておられた。

b この上もなくありがたいお返事だとご覧になり、舞楽のことまでもしっかりと心得ておられて、他国の朝廷にまで思いを馳せていらっしゃる、そのおことばには、皇后の風格が今から備わっていらっしゃるのだと、お顔をほころばせになり、そのお返事を持経のようにひろげて、じっと見入っておられた。

c この上もなくありがたいお返事だとご覧になり、和歌の表現はすこしたどたどしいことがないわけではないが、他国の朝廷にまで思いを馳せていらっしゃる、そのおことばには、皇后の風格が今から備わっていらっしゃるのだと、お顔をほころばせになり、そのお返事を持経のようにひろげて、じっと見入っておられた。

d この上もなく素晴らしいお返事だとご覧になり、舞楽の知識はすこしたどたどしいことがないわけではないが、他国の朝廷にまで思いを馳せていらっしゃる、そのおことばには、皇后の風格が今から備わっていらっしゃるのだと、お顔をほころばせになり、そのお返事を持経の上にひろげて、じっと見入っておられた。

e この上もなくありがたいお返事だとご覧になり、舞楽の知識はすこしたどたどしいことがないわけではないが、他国の朝廷にまで思いを馳せていらっしゃる、そのおことばには、皇后の風格が今から備わっていらっしゃるのだと、お顔をほころばせになり、そのお返事を持経のようにひろげて、じっと見入っておられた。

問10 行幸当日の様子として、最も適当なものを選択肢から一つ選び、その記号をマークせよ。

a 行幸には、親王をはじめ一人残らずお供された。春宮もお出ましである。音楽を奏でる船は池を漕ぎめぐり、唐、高麗など数多くの舞には、由来があれこれとある。管弦の声や鼓の音が、響き渡る。帝は、先日の源氏の夕方のお姿があまりにも悲しそうに思われ、厄《やく》除《よ》けの御誦経もお命じになられる。それを聞く人々もごもっともなことだとお察し申し上げる

となさったのだろうか、「唐の人が袖を振って舞ったのは遠い国の出来事ですが、立っていらっしゃるお姿を、しみじみ感慨深く拝見いたしました」という歌を返した。

b　これまで見たくても見られなかった舞のお姿やお顔立ち故に、源氏からの手紙をご覧になって、お返事を出すことをこらえられなかったのだろうか、「唐の人が袖を振って舞ったという故事には疎いのですが、立っていらっしゃるお姿を、しみじみ感慨深く拝見いたしました」という歌を返した。

c　正視できないほど素晴らしかった舞のお姿やお顔立ち故に、源氏からの手紙をご覧になって、お返事を出して偲ぼうとなさったのだろうか、「唐の人が袖を振って舞ったという故事には疎いのですが、あなたの舞の一挙一動を、しみじみ感慨深く拝見いたしました」という歌を返した。

d　正視できないほど素晴らしかった舞のお姿やお顔立ち故に、源氏からの手紙をご覧になって、お返事を出すことをこらえられなかったのだろうか、「唐の人が袖を振って舞ったという故事には疎いのですが、あなたの舞の一挙一動を、しみじみ感慨深く拝見いたしました」という歌を返した。

e　正視できないほど素晴らしかった舞のお姿やお顔立ち故に、源氏からの手紙をご覧になって、お返事を出すことをこらえられなかったのだろうか、「唐の人が袖を振って舞ったのは遠い国の出来事ですが、立っていらっしゃるお姿を、しみじみ感慨深く拝見いたしました」という歌を返した。

問9　藤壺からの手紙を受け取った源氏の反応として、最も適当なものを選択肢から一つ選び、その記号をマークせよ。

a　この上もなく素晴らしいお返事だとご覧になり、和歌のことまでもしっかりと心得ておられて、他国の朝廷にまで思いを馳せていらっしゃる、そのおことばには、皇后の風格が今から備わっていらっしゃるのだと、お顔をほころばせになり、

a　この手紙をどのようなお気持ちでご覧になるでしょうか。昨日は経験したことのないような取り乱した心地のままに舞いました。「物思いにふけったままでは舞うことなどできないと思いながらも、特にあなたのために袖を濡らしたこの心中をご存じでしょうか、とてもそうとは思えません」、ああ、恐れ多いことです。

b　この手紙をどのようなお気持ちでご覧になるでしょうか。昨日は経験したことのないような取り乱した心地のままに舞いました。「物思いにふけったままでは舞うことなどできないと思いながらも、特にあなたのために袖を打ち振ったこの心中をご存じでしょうか、とてもそうとは思えません」、ああ、悲しいことです。

c　昨日の私の舞をいかがご覧になったでしょうか。経験したことのないような取り乱した心地のままに舞いました。「物思いのために、とても舞うことなどできそうもない私が、特にあなたのために袖を打ち振ったこの心中をお察しくださいましたか」、ああ、恐れ多いことです。

d　昨日の私の舞をいかがご覧になったでしょうか。経験したことのないような取り乱した心地のままに舞いました。「物思いのために、とても舞うことなどできそうもない私が、特にあなたのために袖を打ち振ったこの心中をご存じでしょうか、とてもそうとは思えません」、ああ、悲しいことです。

e　昨日の私の舞をいかがご覧になったでしょうか。経験したことのないような取り乱した心地のままに舞いました。「物思いにふけったままでは舞うことなどできないと思いながらも、特にあなたのために袖を濡らしたこの心中をお察しくださいましたか」、ああ、恐れ多いことです。

問8　源氏からの手紙に対する藤壺の反応として、最も適当なものを選択肢から一つ選び、その記号をマークせよ。

a　これまで見たくても見られなかった舞のお姿やお顔立ち故に、源氏からの手紙をご覧になって、お返事を出して偲ぼう

b　帝は藤壺に「手のつなぎ方も悪くないように見えた。舞の様子にしても手の使い方にしても、良家の子弟はそこそこだ。世間で評判の舞人たちも、実際とても教養があるけれど、このような新鮮な美しさというものは見せてはくれない。試楽の日にこのように手を出し尽くしてしまったので、行幸当日の紅葉の木陰の舞は周りが騒々しい感じになるのではと思うけれども、あなたにお見せしようというつもりで準備させたのです」と話した。

c　帝は藤壺に「相手も悪くないように見えた。舞の様子にしても手の使い方にしても、良家の子弟は違うものだ。世間で評判の舞人たちも、実際とても教養があるけれど、おっとりとした新鮮な美しさというものは見せてはくれない。試楽の日にこのように手を出し尽くしてしまったので、行幸当日の紅葉の木陰の舞は周りが騒々しい感じになるのではと思うけれども、あなたにお見せしようというつもりで準備してもらったのです」と話した。

d　帝は藤壺に「相手も悪くないように見えた。舞の様子にしても手の使い方にしても、良家の子弟はそこそこだ。世間で評判の舞人たちも、実際とても上手ではあるけれど、おっとりとした新鮮な美しさというものは見せてはくれない。試楽の日にこのように手を出し尽くしてしまったので、行幸当日の紅葉の木陰の舞は物足りない感じになるのではと思うけれども、あなたにお見せしようというつもりで準備してもらったのです」と話した。

e　帝は藤壺に「手のつなぎ方も悪くないように見えた。舞の様子にしても手の使い方にしても、良家の子弟は違うものだ。世間で評判の舞人たちも、実際とても上手ではあるけれど、このような新鮮な美しさというものは見せてはくれない。試楽の日にこのように手を出し尽くしてしまったので、行幸当日の紅葉の木陰の舞は物足りない感じになるのではと思うけれども、あなたにお見せしようというつもりで準備させたのです」と話した。

問７　翌朝の源氏から藤壺への手紙の内容として最も適当なものを選択肢から一つ選び、その記号をマークせよ。

b　源氏との、当然とも思えた密通への苦悩がなかったら、もっと好ましく見えたでしょうとお思いになると、夢のような心地になられる。帝のお尋ねに対しては、不快に感じてお返事を申し上げにくく、「普通にございました」とだけ申し上げなさった。

c　源氏との、当然とも思えた密通への苦悩がなかったら、もっと好ましく見えたでしょうとお思いになると、夢のような心地になられる。帝のお尋ねに対しては、困り果ててお返事を申し上げにくく、「格別にございました」とだけ申し上げなさった。

d　源氏との、当然とも思えた密通への苦悩がなかったら、もっと素晴らしいものに見えたでしょうとお思いになると、夢のような心地になられる。帝のお尋ねに対しては、困り果ててお返事を申し上げにくく、「格別にございました」とだけ申し上げなさった。

e　源氏との、立場をわきまえない密通への苦悩がなかったら、もっと素晴らしく見えたでしょうとお思いになると、夢のような心地になられる。帝のお尋ねに対しては、不快に感じてお返事を申し上げにくく、「普通にございました」とだけ申し上げなさった。

問6　この後、帝は藤壺にどのような話をしたか。最も適当なものを選択肢から一つ選び、その記号をマークせよ。

a　帝は藤壺に「相手も悪くないように見えた。舞の様子にしても手の使い方にしても、良家の子弟は違うものだ。世間で評判の舞人たちも、実際とても上手ではあるけれど、おっとりとした新鮮な美しさというものは見せてはくれない。試楽の日にこのように手を出し尽くしてしまったので、行幸当日の紅葉の木陰の舞は物足りない感じになるのではと思うけれども、あなたにお見せしようというつもりで準備させたのです」と話した。

問4　源氏の青海波に対して春宮の女御はどのように反応し、それに対して若い女房たちはどうしたか。最も適当なものを選択肢から一つ選び、その記号をマークせよ。

a　源氏がこのように立派であるにつけても、趣き深いと思われ、「神などに魅入られそうな御様子だこと。ああ素晴らしい、恐れ多い」とおっしゃる。若い女房などは、情けないことだと、それを聞いて耳を塞ぐのであった。

b　源氏がこのように立派であるにつけても、心穏やかではなく、「神などに魅入られそうな御様子だこと。ああ気味が悪い、忌まわしい」とおっしゃる。若い女房などは、心して聞こうと、聞き耳を立てるのであった。

c　源氏がこのように立派であるにつけても、趣き深いと思われ、「神などに魅入られそうな御様子だこと。ああ素晴らしい、恐れ多い」とおっしゃる。若い女房などは、心して聞こうと、聞き耳を立てるのであった。

d　源氏がこのように立派であるにつけても、心穏やかではなく、「神などに魅入られそうな御様子だこと。ああ気味が悪い、忌まわしい」とおっしゃる。若い女房などは、情けないことだと、それを聞いて耳を塞ぐのであった。

e　源氏がこのように立派であるにつけても、心穏やかではなく、「神などに魅入られそうな御様子だこと。ああ気味が悪い、忌まわしい」とおっしゃる。若い女房などは、情けないことだと、聞き耳を立てるのであった。

問5　青海波について藤壺はどのように思ったか、また、その夜、帝からのお尋ねに、どのように対応したか。最も適当なものを選択肢から一つ選び、その記号をマークせよ。

a　源氏との、立場をわきまえない密通への苦悩がなかったら、もっと素晴らしく見えたでしょうとお思いになると、夢のような心地になられる。帝のお尋ねに対しては、困り果ててお返事を申し上げにくく、「格別にございました」とだけ申し上げなさった。

d 源氏は頭中将と一緒に舞った。頭中将は、顔だちといい心づかいといい、普通の人とは違って格別ではあるが、源氏と並んでは、やはり花のかたわらにある奥山に茂る木同然であった。西に傾く日の光があざやかにさして来て、楽の音が一段と美しく響き、情趣深い頃、頭中将の足拍子や表情は、この世のものとも思えない様子であった。

e 源氏は頭中将と一緒に舞った。源氏は、顔だちといい心づかいといい、普通の人とは違って格別ではあるが、頭中将と並んでは、やはり花のかたわらにある奥山に茂る木同然であった。西に傾く日の光が長い影を作り、楽の音が一段と美しく響き、情趣深い頃、源氏の足拍子や表情は、この世のものとも思えない様子であった。

問3 詠が終わったあとの様子として、最も適当なものを選択肢から一つ選び、その記号をマークせよ。

a 詠が終わって、舞の袖をおろしてお戻しになると、待ち受けていたように演奏する楽の音の活気あるさまに、お顔の色合いはまさって、いつもよりいっそう光り輝いていらっしゃる。

b 詠が終わって、見物の方々が涙に濡れた袖をととのえなさると、待ち受けていたように演奏する楽の音の騒々しさに、お顔の色合いはまさって、いつもよりもいっそう光り輝いていらっしゃる。

c 詠が終わって、見物の方々が涙に濡れた袖をととのえなさると、待ち受けていたように演奏する楽の音の騒々しさに、お顔の色合いはまさって、いつものことではあるが、とても光り輝いていらっしゃる。

d 詠が終わって、舞の袖をおろしてお戻しになると、待ち受けていたように演奏する楽の音の活気あるさまに、お顔の色合いはまさって、いつものことではあるが、とても光り輝いていらっしゃる。

e 詠が終わって、舞の袖をおろしてお戻しになると、待ち受けていたように演奏する楽の音の騒々しさに、お顔の色合いはまさって、いつもよりいっそう光り輝いていらっしゃる。

なられているので、試楽を前庭で催された。

d　朱雀院への行幸は、いつもとは違ってとても趣き深そうなものなので、女御・更衣などの方々は、物見遊山に参加できないことを悔しいと思っていらっしゃる。帝も藤壺が行幸に参加できず、行幸の様子をご覧にならないことをいつも気にしておられるので、試楽を前庭で催された。

e　朱雀院への行幸は、いつもとは違ってとても趣き深そうな旅なので、女御・更衣などの方々は、ご見物になれないことを残念だと思っていらっしゃる。帝も藤壺が行幸に参加できず、行幸の様子をご覧にならないことをいつも気にしておられるので、試楽を前庭で催された。

問２　青海波の舞はどのようなものであったか。最も適当なものを選択肢から一つ選び、その記号をマークせよ。

a　源氏は頭中将と一緒に手をつなぎながら舞った。源氏は、顔だちといい心づかいといい、普通の人とは違って格別ではあるが、頭中将と並んでは、やはり桜のかたわらにある奥山に茂る木同然であった。西に傾く日の光が長い影を作り、楽の音が一段と美しく響き、情趣深い頃、頭中将の足拍子や表情は、この世のものとも思えない様子であった。

b　源氏は頭中将と一緒に手をつなぎながら舞った。頭中将は、顔だちといい心づかいといい、普通の人とは違って格別ではあるが、源氏と並んでは、やはり桜のかたわらにある奥山に茂る木同然であった。西に傾く日の光があざやかにさして来て、楽の音が一段と美しく響き、情趣深い頃、源氏の足拍子や表情は、この世のものとも思えない様子であった。

c　源氏は頭中将と一緒に舞った。頭中将は、顔だちといい心づかいといい、普通の人とは違って格別ではあるが、源氏と並んでは、やはり花のかたわらにある奥山に茂る木同然であった。西に傾く日の光があざやかにさして来て、楽の音が一段と美しく響き、情趣深い頃、源氏の足拍子や表情は、この世のものとも思えない様子であった。

(『源氏物語』紅葉賀による)

注　＊1　朱雀院＝三条の南、朱雀大路の西。具体的には朱雀院に住む先帝。　＊2　御方々＝女御《にょうご》・更衣など。これらの人々は宮の外で開かれる行事に参加できない。　＊3　試楽＝舞楽の予行。　＊4　青海波《せいがいは》＝舞楽の曲名。　＊5　大殿＝左大臣家。　＊6　頭中将＝葵の上の兄。源氏の従兄《いとこ》。　＊7　詠＝舞楽の途中に舞人によって吟詠される詩歌のこと。　＊8　迦陵頻伽《かりょうびんが》＝極楽浄土にいるといわれる、声の美しい空想上の鳥。　＊9　春宮《とうぐう》の女御＝弘徽殿《こきでん》の女御。春宮の生母。　＊10　家の子＝良家の子弟。　＊11　持経《ちきやう》＝常に身につけている経典。

問1　朱雀院への行幸は、女御・更衣などの方々にはどのようにとらえられていたか。また、帝はどのように考えて試楽を催したか。最も適当なものを選択肢から一つ選び、その記号をマークせよ。

a　朱雀院への行幸は、いつもとは違ってとても楽しそうな旅なので、女御・更衣などの方々は、物見遊山に参加できないことを残念だと思っていらっしゃる。帝も藤壺が行幸に参加できず、行幸の様子をご覧にならないことをいつも気にしておられるので、試楽を前庭で催された。

b　朱雀院への行幸は、いつもとは違ってとても趣き深そうなものなので、女御・更衣などの方々は、ご見物になれないことを残念だと思っていらっしゃる。帝も藤壺が行幸に参加できず、行幸の様子をご覧にならないことを物足りなくお思いになられているので、試楽を前庭で催された。

c　朱雀院への行幸は、いつもとは違ってとても楽しそうなものなので、女御・更衣などの方々は、ご見物になれないことを悔しいと思っていらっしゃる。帝も藤壺が行幸に参加できず、行幸の様子をご覧にならないことを物足りなくお思いに

たまひ、上達部《かむだちめ》、親王《みこ》たちもみな泣きたまひぬ。詠はてて袖うちなほしたまへるに、待ちとりたる楽のにぎははしきに、顔の色あひまさりて、常よりも光ると見えたまふ。*9春宮の女御、かくめでたきにつけても、ただならず思して、「神など空にめでつべき容貌かな。うたてゆゆし」とのたまふを、若き女房などは、心うしと耳とどめけり。藤壺は、おほけなき心のなからましかば、ましてめでたく見えましと思すに、夢の心地なむしたまひける。

宮は、やがて御宿直《とのゐ》なりけり。「今日の試楽は、青海波にことみな尽きぬな。いかが見たまひつる」と聞こえたまへば、あいなう御答《いら》へ聞こえにくくて、「ことにはべりつ」とばかり聞こえたまふ。「片手もけしうはあらずこそ見えつれ。舞のさま手づかひなむ*10家の子はことなる。この世に名を得たる舞の男《をのこ》どもも、げにいとかしこけれど、ここしうなまめいたる筋をえなむ見せぬ。試みの日かく尽くしつれば、紅葉の蔭《かげ》やさうざうしくと思へど、見せたてまつらんの心にて、用意せさせつる」など聞こえたまふ。

つとめて中将の君、「いかに御覧じけむ。世に知らぬ乱り心地ながらこそ。

もの思ふに立ち舞ふべくもあらぬ身の袖うちふりし心知りきや

あなかしこ」とある御返り、目もあやなりし御さま容貌に、見たまひしのばれずやありけむ、

「から人の袖ふることは遠けれど立ちゐにつけてあはれとは見き

おほかたには」とあるを、限りなうめづらしう、かやうの方さへたどたどしからず、他《ひと》の朝廷《みかど》まで思ほしやれる、御后《きさき》言葉のかねても、とほほ笑まれて、*11持経のやうにひきひろげて見ゐたまへり。

行幸には、親王たちなど、世に残る人なく仕うまつりたまへり。春宮もおはします。例の楽の船ども漕《こ》ぎめぐりて、唐土《もろこし》、高麗《こま》と尽くしたる舞ども、くさおほかり。楽の声、鼓の音世をひびかす。一日《ひとひ》の源氏の御夕影ゆゆしう思されて、御誦経《みずきやう》など所どころにせさせたまふを、聞く人もことわりとあはれがりきこゆるに、春宮の女御は、「あながちなり」と憎みきこえたまふ。

㋔　ヒケン

a　レンズをケンマする。
b　会社のチュウケンとして活躍している。
c　粉飾決算がロケンして社長が辞任する。
d　赤字会社のサイケンに取り組む。
e　国民の期待をソウケンに担う。

二　次の文章は、『源氏物語』の一節である。十二歳で元服した源氏（本文中では「中将の君」とも）は、左大臣の娘葵《あおい》の上と結婚した。しかし、彼の心は亡き母と生き写しの、父帝の妃藤壺《ふじつぼ》（本文中では「宮」とも）への恋慕で占められていた。十八歳の春、源氏は里に下がって静養していた藤壺に迫り、ついに思いをとげた。この密会によって藤壺は懐妊する。その年の十月、帝《みかど》は朱雀《すざく》院《いん》に行幸することになったが、それに先立って藤壺を慰めるべく、宮中において舞楽の予行を催すこととなった。以下はその場面である。これを読んで、後の問いに答えよ。

*1朱雀院の行幸《ぎやうがう》は神無月《かんなづき》の十日あまりなり。世の常ならずおもしろかるべきたびのことなりければ、*2御方々物見たまはぬことを口惜しがりたまふ。上《うへ》も、藤壺の見たまはざらむをあかず思《おぼ》さるれば、*3試楽を御前にてせさせたまふ。

源氏の中将は、*4青海波をぞ舞ひたまひける。片手には*5大殿の*6頭中将、容貌《かたち》用意人にはことなるを、立ち並びては、なほ花のかたはらの深山木《みやまぎ》なり。入り方の日影さやかにさしたるに、楽《がく》の声まさり、もののおもしろきほどに、同じ舞の足踏み面持ち、世に見えぬさまなり。*7詠などしたまへるは、これや仏の御*8迦陵頻伽の声ならむと聞こゆ。おもしろくあはれなるに、帝涙をのごひ

㋑　ギジ

a　シンギフメイの情報が広まる。
b　ハンシンハンギに陥る。
c　巧みなサギにひっかかる。
d　ギリニンジョウに厚い人。
e　センタンギジュツを取り入れる。

㋒　シダイ

a　事務手続きをダイコウする。
b　寺のケイダイに句碑がある。
c　岬にトウダイが建っている。
d　期末試験にキュウダイする。
e　興味のあるワダイで盛り上がる。

㋓　キチャク

a　生活のキバンを固める。
b　学会のシンポジウムをキカクする。
c　被災地支援のキフを募る。
d　病気が治り職場にフッキする。
e　キフクの激しい山道を行く。

c　日本では、明治以前には自画像というジャンルがなく、今でも自画像の中に傑作といえる作品は少ないが、これは、明治以前の日本人が「世間」という集団の中で生きており、自己を描く必要性がなかったためであり、現在も個人が自己を発揮できる環境が十分ではないことによると述べている。

d　日本では、明治以前には自画像というジャンルがなく、今でも自画像の中に傑作といえる作品は少ないが、これは、明治以前の日本人が「世間」という集団の中で生きており、自己を描くことを禁じられていたためであり、現在も個人が自己を発揮することが忌避されることによると述べている。

e　日本では、明治以前には自画像というジャンルがなく、今でも自画像の中に傑作といえる作品は少ないが、これは、明治以前の日本人が「世間」という集団の中で生きており、自己を描くことは禅宗の僧侶にのみ許されていたためであり、現在も子供の頃から自己主張をしないように教育されていることによると述べている。

問8　二重傍線部(あ)(い)(う)(え)(お)のカタカナと同じ漢字を用いる語を選択肢から一つ選び、その記号をマークせよ。

(あ)　チュウコウ

a　けんかのチュウサイに入る。
b　係員をジョウチュウさせる。
c　主君にチュウセイを誓う。
d　出展場所はチュウセンにより決定する。
e　チュウシンより感謝する。

感じる時間の長さは異なっていると述べている。

b　日本では「世間」の中に共通の時間意識が流れており、初対面の人に対してもこれから同じ時間を過ごすことになるという感覚があるが、欧米では初対面の人とは同じ時間を過ごすという感覚がないと述べている。

c　日本では「世間」の中に共通の時間意識が流れており、過去に受けた恩恵には感謝の気持ちを持ち続けることになるが、欧米では過去に受けた恩恵をすぐに忘れてしまうと述べている。

d　日本では「世間」という共通の時間の中で生きていると意識されているが、欧米では一人一人が異なる時間意識をもっており、人間関係が恒久的ではないと述べている。

e　日本では「世間」という共通の時間の中で生きていると意識されているが、欧米では一人一人がそれぞれの時間を生きているという意識をもっており、共通の時間意識というものがないと述べている。

問7　日本における自画像の欠如について、筆者はどのように述べているか。最も適当なものを選択肢から一つ選び、その記号をマークせよ。

a　日本では、明治以前には自画像というジャンルがなく、今でも自画像の中に傑作といえる作品は少ないが、これは、明治以前の日本には個人という概念も社会という概念もなかったためであり、現在も個人と社会の区別が不明確であることによると述べている。

b　日本では、明治以前には自画像というジャンルがなく、今でも自画像の中に傑作といえる作品は少ないが、これは、明治以前の日本には個人という概念も社会という概念もなかったためであり、現在も個人や社会という概念への抵抗感があることによると述べている。

や企業の場合には礼状ですますことも出来るものであると述べている。

問5　筆者は、日本と西欧の人間関係のあり方の違いについてどのように考えているか。最も適当なものを選択肢から一つ選び、その記号をマークせよ。

a　日本では、人間関係はその人が置かれている場によって決まり、私的な関係が常にまとわりつくが、西欧の人間関係は人格をもった市民を主体とする公共的な関係であると考えている。

b　日本では、地位に基づく人間関係によって贈り物の価値に変動が生じるが、西欧では人格をもった個人間の人間関係には変化はなく、贈り物の価値も変動しないと考えている。

c　日本では、人間関係を良く保ちたいと思えば、丁重な礼状を書き、場合によっては返礼をし、それによって相手の敬意を受けるが、西欧ではそうした慣行はなく、返礼をすれば馬鹿にされることがあると考えている。

d　日本では、年長者に敬意を払うという長幼の序に基づく人間関係が重視されるが、西欧にはそうした慣行はなく、若年層が優位に立つと考えている。

e　日本では、人間関係を保つためにお礼の先払いや後払いの挨拶があるが、西欧では人間関係を保つための挨拶というものがないと考えている。

問6　日本と欧米の時間意識の違いについて、筆者はどのように述べているか。最も適当なものを選択肢から一つ選び、その記号をマークせよ。

a　日本では「世間」の中に共通の時間意識が流れており、人々の感じる時間の長さは共通しているが、欧米では一人一人が

c　明治政府の近代化政策は、個人の重視というハードの面ではある程度成功したが、教育勅語の思想を浸透させるというソフトの面では成功せず、二つのシステムが共存するダブルスタンダードの社会を生み出した。

d　明治政府の近代化政策は、国の制度のあり方の改革というハードの面ではある程度成功したが、教育勅語の思想を浸透させるというソフトの面では成功せず、二つのシステムが共存するダブルスタンダードの社会を生み出した。

e　明治政府の近代化政策は、国の制度のあり方の改革というハードの面ではある程度成功したが、人間関係を欧米化するというソフトの面では成功せず、二つのシステムが共存するダブルスタンダードの社会を生み出した。

問4　筆者は、日本の贈与・互酬の慣行についてどのように述べているか。最も適当なものを選択肢から一つ選び、その記号をマークせよ。

a　日本の贈与・互酬の慣行は、お中元やお歳暮、結婚の祝いや香典のように、その基礎には呪術があり、現世を越えて行われてきたものであると述べている。

b　日本の贈与・互酬の慣行は、ヨーロッパのような公共的な人間関係に基づくものではなく、私的な人間関係に対する返礼として生み出されたものであると述べている。

c　日本の贈与・互酬の慣行は、お中元やお歳暮、結婚の祝いや香典のように、自分が行った行為に対して相手から何らかの返礼があることが期待されており、その期待は事実上義務化しているというものであると述べている。

d　日本の贈与・互酬の慣行は、ヨーロッパのような公共的な人間関係に基づくものではなく、個人の人格に対する配慮によって生み出されたものであると述べている。

e　日本の贈与・互酬の慣行は、お中元やお歳暮、結婚の祝いや香典のように、返礼はしなければならないが、相手が俗物

問2 筆者は、巌谷小波によって「世間」という言葉にはどのような新しい意味が与えられたと述べているか。最も適当なものを選択肢から一つ選び、その記号をマークせよ。

a 巌谷小波が『世間学』という書物の中でドイツ語の世界市民 Weltbuergertum の訳語として「世間」を用いたことにより、「世間」という言葉には、個人の集合したものという新しい意味が与えられたと述べている。

b 巌谷小波が『世間学』という書物の中でドイツ語の世界市民 Weltbuergertum の訳語として「世間」を用いたことにより、「世間」という言葉には、欧米とは異なる秩序のある社会という新しい意味が与えられたと述べている。

c 巌谷小波が『世間学』という書物の中でドイツ語の世界市民 Weltbuergertum の訳語として「世間」を用いたことにより、「世間」という言葉には、日本特有の秩序のない社会という新しい意味が与えられたと述べている。

d 巌谷小波が『世間学』という書物の中で「世間」を人間の集合したものを指すと述べたことにより、「世間」という言葉には、ドイツ語の世界市民 Weltbuergertum とは異なる新しい意味が与えられたと述べている。

e 巌谷小波が『世間学』という書物の中で「世間」を秩序のない社会を指すと述べたことにより、「世間」という言葉には、ドイツ語の世界市民 Weltbuergertum に相当する新しい意味が与えられたと述べている。

問3 明治政府の近代化政策についての説明として、最も適当なものを選択肢から一つ選び、その記号をマークせよ。

a 明治政府の近代化政策は、教育勅語の思想を浸透させるというハードの面ではある程度成功したが、人間関係を欧米化するというソフトの面では成功せず、二つのシステムが共存するダブルスタンダードの社会を生み出した。

b 明治政府の近代化政策は、個人の重視というハードの面ではある程度成功したが、人間関係を欧米化するというソフトの面では成功せず、二つのシステムが共存するダブルスタンダードの社会を生み出した。

学者、民族学者。(一九〇八～二〇〇九)　＊5　雪舟＝日本の室町時代の水墨画家。(一四二〇～一五〇六)　＊6　白隠＝江戸中期の禅僧。(一六八六～一七六九)　＊7　良寛＝江戸時代後期の曹洞宗の僧侶、歌人、漢詩人、書家。(一七五八～一八三一)　＊8　アルブレヒト・デュラー＝ドイツの画家、版画家、数学者。(一四七一～一五二八)　＊9　レンブラント＝オランダの画家。(一六〇六～一六六九)
＊10　フリーダ・カーロ＝メキシコの画家。(一九〇七～一九五四)

問1　古代日本における「世間」という言葉の意味について述べたものとして、最も適当なものを選択肢から一つ選び、その記号をマークせよ。

a　古代日本では「世間」という言葉は、仏教の言葉として訳出され、ソサイエティに相当する意味をもっていたが、その訳語が出来ても社会の内容も個人の内容も全く実質をもたなかった。

b　古代日本では「世間」という言葉は、仏教の言葉として訳出され、その本来の意味は「壊されてゆくもの」というものであったが、もっぱらあの世の無常を意味する言葉として用いられた。

c　古代日本では「世間」という言葉は、「壊されてゆくもの」という意味をもつサンスクリットのローカの訳語として広まり、「この世は不完全なものである」という意味で用いられることが多かった。

d　古代日本では「世間」という言葉は、「壊されてゆくもの」という意味をもつサンスクリットのローカの訳語として仏教を介して広まり、無常な世という意味で用いられることが多かった。

e　古代日本では「世間」という言葉は、現世だけではなくあの世をも含む概念であるサンスクリットのローカの訳語として広まったが、この世の無常を意味する言葉として用いられることが多かった。

それ以前の日本人は「世間」という集団の中で生きており、そこに価値が置かれていたから、自己を描く必要性がなかったのである。明治以前の自画像のほとんどは、雪舟*5、白隠*6、良寛*7等であり、その多くが禅宗の僧侶のものである。

日本では今でも自画像の中に傑作といえる作品は少ない。個人が自己を発揮できる環境が必ずしも十分ではないからである。それと比べれば欧米では古くから十分に自己を発揮した作品が生まれている。アルブレヒト・デューラー*8は一三歳にしてすでに自画像を描いているし、レンブラント*9は生涯に数多くの自画像を描いている。またメキシコのフリーダ・カーロ*10はきわめて特異な自画像を残している。それらに(お)ヒケンしうるものはまだ日本にはない。

このことは自画像だけの問題ではない。私たちの生き方が「世間」によって大きな部分で縛られていることを示してもいるのである。私たちは子供の頃から自己主張をしないように教育されてきた。出来るだけ謙虚に生きることが優れた生き方とされていた。まわりの人の中で自分を主張することは良くないこととされ、周囲の人の中で目立たない存在になるように心がけてきた。したがって自画像を描く動機がそもそもなかったのである。

一人の人間としての生き方だけでなく、政治家も「世間」の中で生きているから「世間」の掟に従って行動している。派閥はその典型であり、政治家たちは自分が属する派閥の中から大臣がたくさん出て、総理が出ることを最終的な目的としている。将来の日本のあり方などは言葉の上だけの議論に過ぎず、現実にはほとんど意識にのぼっていない。「世間」には時間が特異な形でしか流れていないからである。

（阿部謹也『近代化と世間―私が見たヨーロッパと日本―』による　※一部本文を変更した箇所がある）

注　*1　サンスクリット＝古代インド・アーリア語に属する言語。　*2　巌谷小波《いわやさざなみ》＝日本の児童文学者、俳人。（一八七〇～一九三三）

*3　マルセル・モース＝フランスの社会学者、文化人類学者。（一八七二～一九五〇）　*4　レヴィ＝ストロース＝フランスの社会人類

という挨拶があるが、これは日本特有のものであって、欧米にはそれに当たる挨拶はない。なぜなら日本人は「世間」という共通の時間の中で生きているので、初対面の人でも何時《いつ》かまた会う機会があると思っている。しかし欧米の人は一人一人の時間を生きているので、そのような共通の時間意識はない。

　これと関連して日本では「先日は有難うございました」という挨拶がしばしば交わされる。しかし同じ挨拶は欧米にはないのである。欧米ではそのときのお礼はそのときにするものであって、遡ってお礼をいう習慣はない。日本の「今後ともよろしく」という挨拶がお礼の先払いであるとすると、「先日は有難う」という挨拶は過去の行為に対するお礼の後払いということになる。

「世間」は広い意味で日本の公共性の役割を果たしてきたが、西欧のように市民を主体とする公共性ではなく、人格ではなく、それぞれの場をもっている個人の集合体として全体を維持するためのものである。公共性という言葉は公として日本では大きな家という意味であり、最終的には天皇に㋓キチャクする性格をもっている。そこに西欧との大きな違いがある。現在でも公共性という場合、官を意味する場合が多い。「世間」は市民の公共性とはなっていないのである。

自画像の欠如

　このように「世間」の中で生きている日本人と「世間」をもたない欧米人との間にはこれだけの違いがある。このことを抜きにして欧米の文化と日本の文化を語ることは出来ないのである。日本で社会という言葉がソサイエティの訳語として生まれたのが明治一〇年であり、個人という言葉がインディヴィデュアルの訳語として生まれたのが明治一七年であるから、それ以前には個人という概念も社会という概念もなかったのである。

　個人という概念がなかったことは明治以前には日本には自画像というジャンルがなかったことにも示されている。明治以後、東京美術学校（現・東京芸術大学）が西洋画科の卒業生に自画像を描かせることを定めてから、自画像が描かれはじめたのである。

事実上義務化している。例えばお中元やお歳暮、結婚の祝いや香典などである。

　重要なのはその際の人間は人格としてそれらのやりとりをしているのではないという点である。贈与・互酬関係における人間とはその人が置かれている場を示している存在であって、人格ではないのである。こうした互酬関係と時間意識によって日本の世間はヨーロッパのような公共的な関係にはならず、私的な関係が常にまとわりついて世間を(い)ギジ公共性の世界としているのである。

　贈与の場合それは受け手の置かれている地位に送られるのであって、その地位から離れれば贈り物がこなくなっても仕方がないのである。贈り物の価値に変動がある場合も受け手の地位に対する送り手の評価が変動している場合なのであり、あくまでも人格ではなく、場の変化に過ぎないのである。しかし「世間」における贈答は現世を越えている場合もあり、あの世へ行った人に対する贈与も行われている。

　日本における人間関係を考える場合、この贈与・互酬慣行を無視することは出来ない。何らかの手助けをして貰《もら》ったときなどにもお礼としてものなどを送ることがある。その場合にも返礼はしなければならないが、場合によっては礼状ですますことも出来る。日本で人間関係を良く保ちたいと思えば、この慣行をうまく利用することが必要となる。単に場に対する贈り物であっても、自分の人格に貰ったものとして丁重な礼状を書き、場合によっては返礼をするのである。これは贈与・互酬慣行を逆手にとった手であって、それによって相手の敬意を受ける場合もある。しかしその場合も相手(う)シダイであって、相手がどうしようもない俗物や企業である場合にはその手は通用しない。

　次に問題になるのは長幼の序である。これは説明の必要はないかに見える。年長者に敬意を払うという意味であるが、ときには年長者を馬鹿にする場合もある。現実の日本では長幼の序は消えつつあり、若年者が優位に立ちつつある。

　次に時間意識の問題がある。「世間」の中には共通の時間意識が流れている。日本人の挨拶に「今後ともよろしくお願いします」

部洋学者の見解にとどまっていた。

　では世間はどのような意味の言葉だったのだろうか。明治二三年には教育勅語が発布されている。その内容は父母や友人を大切にし、兄弟仲良く、夫婦も仲良くし、(あ)チュウコウに励むべきであり、教育こそが国の基礎であるといった趣旨のことが書かれている。しかしそこには小波が主張した個人の重視という思想は見られない。このころの世間という言葉にはまだ明確な位置づけがなされていなかったから、教育勅語には小波のような主張をも排除しようという意図があったかもしれない。

　すでに述べたように明治政府は近代化政策を展開した。ハードの面ではある程度それは成功したが、ソフトの面には手もつけられなかった。ソフトの面とは人間関係である。親子関係から主従関係にいたるまで、欧米化することは出来なかったのである。そこでそれらの問題については旧来のまま残してハードの面の近代化だけを進めざるを得なかったのである。個人という訳語は出来ても、その実質は欧米のそれとは比ぶべくもなかった。こうして日本の社会は二つのシステムが共存するダブルスタンダードの社会となったのであり、その状態は今も続いている。

日本における贈与・互酬関係

　ではこの「世間」はどのような人間関係をもっていたのだろうか。そこにはまず贈与・互酬の関係が貫かれていた。贈与・互酬とは、マルセル・モース＊3が提唱した人間関係の概念であるが、モースはニュージーランドのマオリ族やアメリカ先住民の慣行からこの概念を抽出しており、その基礎には呪術があったとしている。

　しかし彼の呪術概念には問題点があり、そのまま採用するわけにはいかない。モース以後の研究者たちは例えばレヴィ＝ストロース＊4などは欧米人の中にも贈与・互酬の慣行の痕跡があるといっている。この点についてはここでは問題として残しておきたい。いずれにしても「世間」の中には自分が行った行為に対して相手から何らかの返礼があることが期待されており、その期待は

はかなり俗化され、無常な世という意味で用いられることが多かった。

*2
巌谷小波の『世間学』

この言葉の歴史を辿《たど》ってみると江戸時代には西鶴の『世間胸算用』などが出て、現在の世間という意味に近くなっているが、明治以降には大きな変化を迎えている。明治四一年（一九〇八）に巌谷小波の『世間学』という書物が出されている。小波は独逸《ドイツ》学協会学校の出であったからドイツ語が出来、ドイツ語の世界市民Weltbuergertumの訳語として世間という言葉を用いている。彼は「はしがき」で次のように述べている。

「『世間学』とは、大学の講座の中にも見ない名だ。それは其の筈《はず》、これは此度《この》此書を出すに付いて、新たに案出した名であるもの。其意は読んで字の如く、世間を知るの学である。蓋《けだ》し世間とは、人間の集合したものを指す。此故に、世間を知らんと欲せば、まず人間を知らざる可《べか》らず。人間を知らんと欲せば、まず自己を知らざる可らず。本書は其辺《その》の消息について、折に触れ、事に感じて吐いた気炎を、試みに一冊と纏《まと》めたに過ぎない。今のこの時節にこの議論、著者が自己を知らざるの不明を、寧《むし》ろ表白したものと見られれば、それまで」

その内容について少しだけ引用すると「日本の社界《しゃかい》は人前でおくびや屁《へ》をしても平気でいる社界だ。雪隠《せっちん》へ杓子《しゃくし》を納《い》れてかき回す社界だ。客の前へおまるを持ち出す社界だ。縁側から子供に小便をさせる社界だ。溝さらいの泥を路傍《みちばた》に置く社界で、大掃除の埃《ほこり》を大道に飛ばす社界だ。――而《しか》も所謂《いわゆる》潔癖の国民が、此《これ》らに対しては一向に嘔吐《おうと》を催さない社界だ。――日本の社界は醜業婦を公然貴賓に応対せしめる社界だ」

このように日本には秩序がないということをあげつらい、欧米の社会の秩序を真似なければならないと主張している。世間という言葉は小波によって新しい意味を与えられたことになる。しかし小波の意見には当時は追随者はなく、明治期の一

国語

（七五分）

一　次の文章を読んで、後の問いに答えよ。

日本の社会は明治以後に欧米化したといわれている。欧米化とは近代化という意味である。近代化によって日本の社会は国の制度のあり方から、司法や行政、郵政や交通、教育や軍事にいたるまで急速に改革された。服装も変わった。

近代化は全面的に行われたが、それが出来なかった分野があった。人間関係である。親子関係や主従関係などの人間関係には明治政府は手をつけることが出来なかった。その結果近代的な官庁や会社の中に古い人間関係が生き残ることになった。

明治一〇年（一八七七）に英語のソサイエティが社会という言葉に翻訳され、明治一七年にインディヴィデュアルが個人という言葉に訳された。

しかし訳語が出来ても社会の内容も個人の内容も現在にいたるまで全く実質をもたなかった。西欧では個人という言葉が生まれてから九世紀もの闘争を経てようやく個人は実質的な権利を手に入れたのである。日本で個人と社会の訳語が出来てもその内容は全く異なったものだった。なぜなら日本では古代からこの世を「世間」と見なす考え方が支配してきたからである。それは仏教の言葉であり、*1サンスクリットのローカの訳語であった。その意味は「壊されてゆくもの」というもので、この世は不完全なものであるということであった。この「世間」という言葉は現世だけでなく、あの世をも含む広い概念であった。日本ではこの言葉

解答編

英語

I 解答

A．(1)―C　(2)―A　(3)―D　(4)―A　(5)―B
B．(1)―C　(2)―F　(3)―E　(4)―B　(5)―D　(6)―Z

◆全　訳◆

A．≪日本人ルームメイトをチャリティマートへ案内≫

エリックが大学の日本人ルームメイトのユウヤを中古品ショップのチャリティマートへ連れて行っている。

エリック：さあ，着いたよ。ここが僕が話していたチャリティマートだよ。君が買いたいものは何だい？

ユウヤ　：そうだな，僕たちの部屋に必要なもの，コップ，ヤカン，スタンドのようなものだね。

エリック：わかった，そういうものはあるはずだよ。僕は何か着るものを探すよ。

ユウヤ　：服もあるの？　それも中古品？

エリック：そうだよ。実際，品ぞろえはいいよ。

ユウヤ　：僕も見てみようかな。ちょっとジャケットが必要なんで。

エリック：奥にあるはずだよ。見てみよう。

ユウヤ　：ここにあるものはみな中古なんだね。でもどうやってチャリティマートはこれを全部手に入れているの？

エリック：みんなもらい物だよ。だから店は実際何も買っていないんだ。全部ただでもらったものだよ。

ユウヤ　：そうなんだ！　ここにあるものはすべて人の寄付ってこと？

エリック：そうだよ。僕たちがここで使うお金はすべて従業員の賃金になるんだよ。チャリティマートは人々を雇うことで助けてあげているんだよ。

ユウヤ　：チャリティマートが失業者を引き受けているということ？

エリック：そうだよ。それも慈善活動の一環だよ。仕事を本当に必要としている人々を店が稼いだお金で助けてあげているんだ。

ユウヤ　：それはすごいね。僕たちが探しているものがあるといいね！

B．≪知性と文化を持つイルカ≫

A．イルカはしばしば地球上で最も知性の高い動物の一種だと考えられている。イルカは社会的動物であり，12 頭までの「小群」を作って生活している。食べ物が大量にあるところでは，小群が一時的に集まって大きな群を作ることもある。イルカはカチカチといった音や笛のような音，また他の発声音など様々な音を使って交信をしている。

C．小群の構成員となるイルカは厳密に決まっておらず，他のイルカと入れ替わるのは普通のことである。しかし，イルカは強い社会的絆を作ることがある。イルカは怪我をしたり病気になったイルカの側を離れず，必要ならば水面まで連れていって息をするのを助けてやったりすることさえある。

E．このような親切心は，自分たち自身の種に限られないように思われる。ニュージーランドでは，イルカが雌クジラをその子クジラと一緒に以前に何度か身動きが取れなくなった浅瀬から助け出しているのが観察されている。

D．イルカは人間を助けることさえ知られている。イルカが泳いでいる人たちの回りに円陣を組んで泳いだり，サメを攻撃して近づけないようにして，泳いでいる人たちをサメから守っているのが目撃されている。

B．イルカはまた，人間固有のものだと長い間考えられてきた文化も持っている。2005 年 5 月，オーストラリアのイルカが自分たちの子供に道具を使うことを教えているのが発見された。

F．たとえば，イルカは（食物，糧食を探す）えさ探しの時，スポンジを使って頭の一部を覆って身を守る。イルカは他の行動を伝達するのと同様に，身を守るためにスポンジを使うことも伝えるが，これはイルカの知性を証明している。

◀解　説▶

A．(1)空所でエリックが言ったことに対して，ユウヤはコップ，ヤカン，スタンドなど日用品を羅列して答えている。ということは，エリックはユウヤに買いたいものを聞いたと理解できる。したがって，C.「買いたいものは何？」が適切。この選択肢はwhatを強調する強調構文のWhat is it that ～となっているので注意。

(2)空所でのエリックの発言に対して，ユウヤが「服もあるの？」と聞いている。ということは，エリックは「服」に関わることを言ったと考えられる。したがって，A.「僕は何か着るものを探すよ」が適切。

(3)空所の直前でユウヤが「ちょっとジャケットが必要なんで」と自分も服が欲しいと言っている。それに対してエリックは空所の直後でWe'll check it out「見てみよう」と言っている。つまり，D.「奥にあるはずだ」。だから調べてみようということ。in the backは「奥に」の意味。また，check it outは「それを調べる」の意。

(4)空所の直前でユウヤはチャリティマートがどうやって商品を手に入れているのか尋ねている。それに対してエリックは空所の直後で「店は実際何も買っていないんだ。全部ただでもらったものだよ」と説明している。この会話の流れに合うのはA.「ここにあるすべてのものは人々によって与えられた」である。

(5)空所のエリックの発言を受けて，空所の直後でユウヤは「チャリティマートは失業者を引き受けているということか」と確認している。このやり取りに合う内容はB.「チャリティマートは人々を雇って仕事をさせることによって彼らを助けようとしている」が適切。

B．Aではイルカがpod「小群」を作って通常は生活しているということと，様々な音を使って交信をしているということが述べられている。この2点の中で交信の話は以下になく，pod「小群」の話がCで追加説明されている。したがってAからCへつながっていると考えられる。Cの後半では，怪我をしたイルカや病気のイルカを他のイルカが助けるという話が述べられている。イルカのこのような親切な行為に関する話は，EとDでさらに詳しく述べられている。しかし，Eの方は段落の初めにThis kindness「この親切心」と指示代名詞thisがある。このthisはCの「仲間のイルカを助ける親切心」という内容を直接的に受けていると考えられる。したがって，Cの次に来るのはEが適切。Eではイルカの親切心の例が挙げられている。この親切心のもう一つの例が，Dの人間も助けるという話につながっている。Dの第1文の副詞evenは，Eのイルカがクジラを助けた話を受けて「(イルカと似たクジラばかりでなく）人間を助けることさえ知られている」というニュアンスだと考えられる。したがって，Dが適切。DもC・Eと同じく「イルカの親切心」に関する段落である。Aでイルカが主題であることを示し，C・E・Dはそれを「イルカの親切心」というテーマで展開してきたという文章の流れをまずは理解する。BとFには「イルカの親切心」の話題はないので，テーマが別のものに移っていると考えられる。そこで，Bの冒頭にalsoという語があるのに注目する。これは，それまでに述べてきた「親切心」というテーマに付け加える形で，新たなテーマを導入する役割をもつ語である。BがDの後に来ることで「イルカは（親切心だけではなく）文化も持っている」のように話題の展開が自然になる。したがって，Bが適切。Bではイルカには文化があり，道具を使うという話が述べられている。道具に関してはFでイルカが防護用にスポンジを使う例が挙げられている。したがって，Bの次はFが来るとわかる。FはBの「イルカが子供に道具を使うことを教えている」という記述の具体例であり，これに続くような内容の段落は選択肢にない。したがって，これが最終段となる。

II 解答

A. (1)─A　(2)─D　(3)─C　(4)─D　(5)─C　(6)─A　(7)─A　(8)─B　(9)─D　(10)─C　(11)─A　(12)─D　(13)─B　(14)─C　(15)─C

B. (1)─A　(2)─C　(3)─B　(4)─C　(5)─A　(6)─B　(7)─A

◆全　訳◆

≪オーストラリアの日本人コミュニティで活躍する日本人≫

人々が日本人コミュニティという観点から「異文化交換」ということについて話をすると，浴衣を着たり折り紙を作ってニコニコしている人のイメージが湧きがちである。しかし，長期のオーストラリア在住者で連絡担当警察官（PLO）の平野ナオはこのようなことは氷山の一角に過ぎないことを知っている。

平野は比較的若い頃に，自分の将来が日本にはないと判断していた。彼は大学を1983年に卒業すると東京にあるレストラン業界では大手の会社に入社し，それから数年後，休暇を取って6カ月間海外で英語を勉強した。平野はこの時すでに結婚しており，妻もまたオーストラリアに引っ越してきたが，2人はほとんどの時間を別々の町で暮らした。

「妻がブリスベンのワールド・エキスポ 88 で仕事をする一方，私はメルボルンで勉強していた。私たちが別々に暮らすことに決めたのは，自分たちの英語力を本当に伸ばすためだった」と思い出しながら平野は言う。「私は会社に休みをもらって勉強していて，かなりの能力を身につけて帰らなければならないとわかっていた。だから，初めの数カ月は，仲間の学生たちと日本語で話すのを避けられるように『ジャッキー』というインドネシア人の振りをしていたんだ！」と彼は言う。

２年しないうちに，平野夫妻はオーストラリアに移り，永住することにした。両家の家族は二人が行ってしまうのを残念に思ったが，二人が計画を念入りに立てていて，海外生活を構築する意図が真剣であることを家族の者はわかってくれていたと平野は言う。

二人の決心の背後にあった主要な理由は，自分たちの将来の子供たちをもっと家族に優しい環境で育てたいという願いであった。「私の父は公務員で，いつも夜かなり遅く帰ってきた。だから私は父と話をすることなどめったになかった。（東京で）私が働いていた会社の人たちもそれは同じだった。彼らは朝早く家を出て，夜遅く帰宅していた。だから家族と過ごす時間はまったくなかった。また私は日本の教育の画一性が嫌で，子供たちが自分自身の個性を伸ばすことができる制度を求めていた」と彼は言う。

引っ越しのタイミングは結果的に幸運だった。二人に最初の子供ができたとわかったのはオーストラリアのビザが認められる頃だったからだ。娘は 1991 年 1 月にブリスベンで生まれた。平野は数カ月間，妻と生まれてきた赤ちゃんと一緒に家で過ごした。これは今日でさえ東京ではほとんどの父親にとって考えられないことであろう。

平野はオーストラリアの小売部門で仕事を始めたが，2005 年までには，Multicultural Communities Council Gold Coast Ltd.（法人の多文化社会カウンシル・ゴールド・コースト会社）という NPO の職員として自分に合った働き場所を見つけていた。彼は CAMS（Community Action for a Multicultural Society「多文化社会のための社会活動」）として知られているプログラムで雇用され，地域社会の様々な集団を支援した。

平野は CAMS で働く一方，現地の日本人コミュニティに必要なことについてより深く考え始めたが，それにはこの団体専門の PLO を配備する可能性も含まれていた。クイーンズランドの PLO は警察官と同じ青の制服を着ているが，自分たち固有の役割を示すための特別なバッジをつけていた。PLOは警察ではなく，その役割は文化的に特定の団体と連絡，協力して，自分たちが働いているコミュニティが必要とするものに関して理解を促進し，助言をすることだった。5人に1人以上が海外で生まれているような国では，この制度が国際的なコミュニティの統合を助けるとともに，発言権を持てるように手助けもしている。

平野は現地の警察業務を担当する部署にレポートを提出して，自分の住む地域に日本人PLOを配備する案を出した。彼の案は様々な部署で承認を得るのに「約3年」かかったが，ついに案が承認されたという知らせを受けた。彼は南東クイーンズランドの日本人PLOの仕事に応募し，2015年に新たな仕事を始めた。彼はそれに引き続き，昨年上級警察連絡官に昇進した。

平野は日本人コミュニティの様々な団体と協力しながら仕事をしているが，その仕事の約70%は，学生や短期任務の仕事で来ている人々からオーストラリアで結婚した人，もしくはオーストラリアに永住することを決めた人々まで含めて，日本人に関わる仕事である。過去何年間か平野は，毎年恒例の人気のあるゴールドコーストジャパン&フレンズデイを含め，様々な行事の企画を手助けするばかりでなく，日本人コミュニティ内部の友好や社交的な集会を促進する団体と関わってきた。しかしながら，次第に彼は自分の周囲の日本人にはもっと深いレベルでの支援が必要だということがわかってきた。「いじめ，家庭内暴力，サイバー犯罪など，様々な問題を抱えた人々を私は見てきたが，日本人に実践的で具体的な援助を行う機関がなかった。多くの日本人は悪いことは言わない傾向がある。それで孤立するようになるかもしれない」と彼は言う。

平野は自分のネットワークを使って，同じ考えの人々と力を合わせて「法人クイーンズランド日本コミュニティ」を作った。彼は今そのボランティア団体の会長を務めている。この団体には自分たちの時間と才能を使って日本語で実践的支援を行う様々な人々がいる。「問題を抱えた人はだれでも私たちと連絡を取れるが，特に私たちが目的としているのは，コミュニティの仲間の中でも他に頼るところがない傷つきやすい人たちを助けることです」と平野は言う。

平野によれば，もっともやっかいな人たちは，ワーキングホリデーでクイーンズランドに来る日本人学生たちである。平野の説明によれば「学生たちはいろいろ動き回り，決まった拠点がないことが多い。物事がうまく行っている間はいいのだが，問題があった時に連絡を取るのが難しい。それに，もちろんのことだが，若者たちは年輩の人や権威があるとみなす人とは話をしたがらないことも多い」とのことである。

若い人と言えば，平野の3人の子供たちは今みんな20代半ばから後半の若き大人である。3人とも，他の人たちとコミュニケーションを取ることが役割の重要な一面となっている仕事をしている。「私たちは仲の良い家族なんですよ。そもそもオーストラリアに来た一番大事な理由はそれでした。だから妻と私はこのことが実現できてとても幸せですね」と，この家族を非常に大切にしている男は言う。

◀解　説▶

A．⑴第2段第2・3文（He joined a …）より，平野は日本を出て海外に行くことを目指していたことがわかる。したがって，A．「将来，未来」を入れて「自分の将来が日本にはないと判断していた」という内容にすればよい。

⑵第3段第3文（“I'd taken time …）に「会社に休暇をもらって勉強に来たので高い技能を身につけて帰らないといけない」という言葉がある。したがって，Dを入れる。take a break は「休暇を取る」の意味。

⑶平野は結婚していた。しかし，平野が同じ日本人と話をしないようにインドネシア人の振りをしていたと第3段最終文（So, for the …）では述べられている。したがって，妻ともできるだけ日本語を使わないように live separately「別々に暮らす」と考えるのが妥当。したがってCが適切。

⑷語彙の問題。平野は英語を身につけるために，日本人と付き合うのを避ける目的でインドネシア人の「振りをした」と考えるのが妥当。D．pretended to be は「～の振りをした」の意味。C．speak ill of ～ は「～の悪口を言う」の意味。

⑸関係詞の問題。先行詞は the company「会社」であり，「その会社で私は働いていた」と理解すべきところ。Aの when だと接続詞の意味になり「私が働いていたとき」となり意味が通らなくなる。したがってC．where が正解。

⑹赤ちゃんが生まれて数カ月間，妻とともに家にいて子育てをするという

ことは日本では「考えられない」ということ。したがって，A. unthinkable「考えられない」が正解。C. unimaginative は「想像力がない」という意味で不適。unimaginable なら可。

(7)平野が働いているところは多文化社会に住む人々を「支援すること」が主目的であると考えられる。Bの「理解する」だけでは不十分。A.「支援する」が適切。

(8)空所は平野が働いていた団体の目的を説明している箇所の一部である。understanding「理解」を目的語とする動詞として適切なのは，B. foster「促進する，助長する」である。A.「集中する」とD.「強制する」は意味が通らないので不適。Cは「啓蒙する」だが，通常直接目的語に代名詞など「啓蒙される対象」となる名詞を取るため不適。

(9)この文中にある make its way は「進む」という意味の重要表現。つまり平野が提出したレポートが「様々な～を通って」３年もかかって承認されたということ。一つの提案がすぐ通るわけではなく「いろいろな部門，部署」の承認が必要。その意味として適切なのはD. channels「経路」である。C. pipes「管」はここでの channel のような比喩の意味はない。

(10)空所は平野が職を得て，そして昇進したという時系列を記述した文の一部である。この記述にふさわしい選択肢は，C. subsequently「その後に」である。なお，他の選択肢の意味は，A.「実質的に」，B.「おそらく」D.「すばらしく」である。

(11)コロケーションの問題。形容詞 deeper「より深く」にふさわしい形容詞はA.「レベル」である。B.「量」やC.「種類」はこの形容詞にそぐわない。

(12)ここでは平野が自分のネットワークを使って，新たな法人を作ったという話である。その意味で使えるのは，Dである。draw on ～ は「～を頼る，使う」の意味。

(13)語彙の問題。助けを求めている人々を修飾する形容詞としては，B. vulnerable「傷つきやすい」が適切。

(14)空所を含む文の次の文以降に，学生は「連絡が取れない」「年長者や権威者と話したがらない」などの問題点が述べられている。これらが学生が the most challenging group「もっともやっかいな集団」である理由だが，つまり学生は扱いが難しく，難儀するということである。選択肢の中でこの内容にふさわしいのはＣである。work with には「一緒に働く」という意味と，He is hard to work with.「彼は扱いづらい」のようなときに使う「～を扱う」という意味がある。ここでは後者の意味。

⒂目的語 career「仕事」にふさわしい動詞は pursue「追求する」である。pursue *one's* career で「仕事をする，キャリアを積む」の意味で使われる。したがって，Ｃが適切。

B．⑴平野夫妻が最初別々に暮らすことに決めた理由は，第３段第２文（We decided to …）に「英語力を伸ばすためだった」と述べられている。したがって，A.「二人は自分たちの語学能力を伸ばしたかった」が正解。

⑵平野が語学学校で日本人であることを隠した理由は，第３段第３文（"I'd taken time …）に「会社から休暇をもらって勉強に来ており，語学力をかなり身につけて帰らないといけなかった」と述べられている。この内容に近いのは，C.「海外での時間を最大限に活用するという決意」である。なお，make the best of は重要イディオムで「～を最大限活用する」の意。

⑶平野がオーストラリアに永住することに決めた理由は，第５段最終文（"I also disliked …）に「子供たちの個性を伸ばしてくれる教育制度を求めていた」と述べられている。この内容とB.「彼は海外の学校教育が子供たちにはよいと思った」が一致する。

⑷PLO の責任については第８段第３文（They are not …）に「文化的に特定の団体と連絡を取り協力することだ」と述べられている。これに近いのはC.「文化的少数者と交流する」である。

⑸日本人コミュニティがもっと支援を必要としていることがわかった理由については，第 10 段最終文（"Many Japanese tend …）に「多くの日本人は悪いことは話さない傾向があり，そのために孤立する可能性がある」と述べられている。この内容と一致するのはA.「日本人は自分たちの問題で助けを求める可能性が少ない」である。

⑹平野が日本人学生を助けるのに苦労した理由については，第 12 段第３文（While it is …）に「問題が起こったときに連絡を取るのが困難だ」ということが述べられている。この内容と一致するのはB.「学生たちは連絡を取るのが困難だった」である。A.「学生たちは年輩の人を信頼して話したがらない」は，第 12 段最終文に「もちろん若者は年輩の人と話

したがらないことが多い」と述べられているが，これは「若者一般」の話であり，この設問は「日本人学生」に限定されている。第12段第3文のthemは第12段第1文（According to Hirano…）のJapanese studentsを受けて「日本人学生」を指している。したがって，Bが適切。

(7)この英文全体の要旨は，平野という日本人がいかにしてオーストラリアで日本人コミュニティのために活躍するようになったかという話である。したがって，BのPLOの役割のことや，Cの「海外の日本人の苦労」などは平野が関わる活動の一面でしかないので不適。A.「一人の男の地域社会支援への道のりの話」が適切。なお，accountは「話，記述」の意味。

III 解答

A. (1)—C　(2)—A　(3)—A　(4)—B　(5)—C　(6)—B　(7)—A　(8)—B　(9)—A　(10)—C

B. (1)—B　(2)—C　(3)—B　(4)—A　(5)—B　(6)—C　(7)—A

◆全　訳◆

≪料理の文法≫

スパゲッティとミートボールをイタリア人に出してみよ，そうすれば，どうしてパスタと肉を一緒に出すのかと聞くかもしれない。油で揚げた一種のペーストリーのサモサを前菜として注文してみよ，そうすれば，インド人の友だちは，これはイギリスのレストランがコース料理の最初の一品にサンドイッチを出すのと似たようなものだと指摘するかもしれない。このような食事や料理の一つ一つはどこか変な感じ，場違いな感じを少なくとも一方の側の人間は感じる。それはあたかも暗黙の規則が破られたかのようである。ただし，これらの規則は実際に今まで議論されたりいろいろ書かれたりしてきたし，食文法という名前さえ与えられているのだ。

言語と非常によく似て，料理法，つまり料理の形式は国ごとに異なる文法的規則に従い，学者たちはその規則を記録し，研究してきた。これらの規則によって，食べ物は座って食べるのか，立って食べるのか，床に置いて食べるのかテーブルで食べるのか，またフォークを使うのか，箸を使うのか，指で食べるのかが決められる。パシフィック大学の歴史学教授であるケン＝アルバラの説明によれば，文構造と同じように，料理文法は料理が供されるその順序に反映される場合もあるし，魚にチーズを乗せたり，アイスクリームにバーベキューソースをつけたりといったように，どの食べ物とどの食べ物が一緒に出すことができるか，またはできないかを決めるのも食文法である。ある物が食べ物と考えられるか考えられないか，そういうことさえ決めるのも食文法なのである。馬とウサギはフランス人にとっては食べ物であるが，イギリス人には食べ物ではない。昆虫はメキシコでは食べ物だが，スペインでは食べ物ではない。

アルバラによれば，食文法は言語の文法よりもはるかに理解しやすいが，一方で言語の文法と同様ルール破りは免れられないし，ある料理が異なった食文法を課する別の国に登場したときは特にそうなる。外国料理を再現しようとしている人は，その人の母国の文法がその料理の概念に忍び込んでしまうことに気づくかもしれない。その結果，人が自国の料理を外国で食べると頭が混乱することにもなる。パリのレストランではハンバーガーにナイフとフォークをつけて客に出すかもしれない。また日本のレストランが「洋食」，すなわち「西洋の食事」を出すとき，コロッケとオムレツを弁当箱のようなものに入れて，少量の野菜の漬け物と味噌汁と一緒に出すかもしれない。

料理の伝統の「誤訳」を，外国を理想化したと思われるものを提供しているレストランのチェーン店ほどはっきりと示しているところはおそらくほかにないであろう。ヨーテボリ大学（スウェーデン）のコミュニケーション研究者のダビデ＝ギラデリは，イタリア系アメリカンのレストランチェーン・ファゾリを分析して，カラーコード（赤，白，緑）と「アメリカにおけるイタリア料理の神話の基本構造」に関するほかのステレオタイプは，レストランをアメリカ人の客にもっとイタリア的だと思わせるための戦略であると見極めている。しかし，偽のイタリア語アクセントで英語を話す人と非常に良く似て，ファゾリでの食事体験は何か本物らしくない。ファゾリのようなレストランは，イタリア料理の本質を変えると同時に，それを時間の中に閉じ込めてしまっている。今や時代遅れとなった伝統にそんなに一生懸命になると，母国から持ち出された料理に奇妙な影響を与えることにもなるとアルバラは言う。「時にそのような料理は化石化してしまう。なぜなら人々が，『そうか，これこそがこの料理の作り方だ，この料理はこの正しい方法で作らなければいけない』と思ってしまうからだ。ところが母国では，その料理は進化してすでに変化してしまっているのである」とアルバラは言う。

しかし，ある料理文法を新たな環境に持ち込むと面白い，新たな料理が作り出されるということもある。言語の中には英語のように非常に柔軟性があって容易に新しいものを歓迎するものもある一方で，フランス語のように変化を加えることが難しい言語があるのとちょうど同じように，新規なものを他の料理よりも受け入れる料理もある。「日本人は何でも取り入れ，それを自分たちのものにしてしまう」とアルバラは言い，「食パン」，すなわちアメリカのワンダーブレッドよりもかなり甘く柔らかい日本の白いパンの例を挙げた。また他の例にはナポリタンがあり，これはイタリアのスパゲッティを野菜とケチャップと一緒に油で炒めたものである。

今日では西洋において，「本物」を求める客はこのように変えられた料理を避けるかもしれないが，過去にはそのような変更は期待もされ推奨さえされていた。食物人類学者であり，またSOASフード研究所の研究員でもあるムクタ＝ダスは，1950年代から多くのインドレストランや中国レストランが，「洗練された食事という概念（ユニフォーム着用のウェイター，テーブルクロス，ナプキンなどのテーブルサービス）」を採用することで，イギリスの上流社会の食文法を採用したと述べている。

「ある文化の言語が話せなければ，その文化をあまり理解したことにならない。同じことは料理にも言える。その料理文化の中に生まれて，いつもその料理をしていると，その奇妙な暗黙の規則がわかるのである」とアルバラは言う。しかし，料理の伝統という点で本質的にバイリンガルの人が料理にこのような変化を加えると，面白い発見が多々ある。パリの広く賞賛されているミ・クワボというレストランのフレンチカリブ料理のシェフであるエリス＝ボンドは，アフリカ料理を現代ヨーロッパの技と結びつけ，大皿料理の家庭的ぬくもりを再解釈して，大皿の代わりに現代的な小さな皿を並べるという方向に道を開いた。アフリカの味とフランス料理文法を結び合わせる中で，ボンドは母語翻訳者なみの流暢さで地元人もアフリカ人コミュニティの住民も両方が喜ぶようなものを創り出してしまった。

アルバラは続けて，「どの料理，どのような言語でもそれが変化を止めてしまうなどということは考えるだけでも馬鹿馬鹿しいことである」と言う。さらに，辞書や文法書に言及しながら，「そのようなものは書き留めるや否や，すでに変化しているのである。人々が望もうと望むまいと，変化は起きる」と付け加えている。

◀解　説▶

A．(1)an unspoken rule「話されていない規則」とは「暗黙の了解」のこと。この意味になっているのはC.「理解はされているが直接与えられていない規則」である。

(2)下線部の「料理文法は料理が出される順序に反映されている」の意味は，料理にはそれぞれ一品一品出す順番が文法のように決まっているということ。この意味に近いのはA.「一品一品が現れてくる一連の流れがある料理についての本質を表している」である。この選択肢中の telling は形容詞で「そのものの本質を示している」という意味。

(3)下線部の sneak into は「～の中に忍び込んでくる」という意味。したがって，外国の料理を再現しようとしても知らぬまに自国の料理のやり方が入ってくるということ。この意味に近いのはA.「外国人シェフは必ずしも他の国の料理をそれとわかるように作らない」である。つまり無意識のうちに変えてしまうということ。

(4)「料理の伝統の『誤訳』」とは他の国の料理を実はその国と異なった方法で料理をしてしまうことを意味している。この内容に近いのは，B.「典型的な国民料理を再現できないこと」である。

(5)下線部の意味は「アメリカ人の客にこのレストランがもっとイタリア風であるように思わせる戦略」という意味である。つまり，実際のイタリア料理やレストランのあり方よりもアメリカ人が持つイタリアのイメージに合わせようとすることである。この意味に近いのはC.「客を喜ばせる方が本物の料理を出すことよりも重要である」である。

(6)下線部の fossilized は「化石化した」という意味である。つまり，ある料理の作り方や出し方が固定してしまっているということ。この意味に近いのは，B.「一度変えられた料理方法がずっと同じままで続くこと」である。

(7)elastic は「弾性がある」，つまり「変化しやすい」という意味。manipulable は「操作しやすい」という意味。また，novelty は「新奇さ」である。つまり，下線部で言いたいことは，料理の中には英語のように新しいものを受け入れるものもあればフランス語のようにそうでないものもあるということ。この内容になっているのは，A.「料理の伝統はその柔軟性の程度が様々に異なる」である。

⑻下線部の such adaptation は，ある国の料理が他の国に採用されたときにその国に適応するように変化を加えることを意味している。これはBの主部 The restyling of foreign food to fit local taste「その土地の人の口に合うように外国料理を作り直すこと」と一致している。Bの述部 was once the norm「かつては当然のことだった」の norm は「規範」だが，ここでは the norm で「当然行われること，標準的な状況」という意味。それが下線部の「(料理の変化は) 期待もされ推奨もされていた」という記述と近い内容となる。したがって，B.「その土地の人の口に合うように外国料理を作り直すことは，かつては当然のことだった」が適切。

⑼下線部の「料理の伝統に関してバイリンガル」であるという意味は，第７段第３文 (Elis Bond, the …) および同段最終文 (In marrying African …) にフランスとアフリカ双方の料理に精通するエリス＝ボンドの例があることからわかるように，A.「二つの異なった伝統料理をマスターした料理人もいる」が正しい。

⑽この文脈において「結婚させる」とはアフリカの味をフランスの料理文法と結婚させる，つまり結び合わせるということである。この意味に近いのはC.「取り込み，融合させること」である。

B. ⑴「料理文法」は第２段第２文 (They dictate whether …) から同段最終文 (Grammars can even …) までに具体的に説明されている。その内容と一致するのはB.「色々な文化における料理の作り方，出し方，食べ方」である。

⑵第３段第１文 (While a food …) に「料理文法も言語の文法と同様ルール破りは免れられない」とある。したがって，料理文法のルールはC.「いつも守られるとは限らない」が適切。なお，この選択肢における observe は「観察する」の意味ではなく「遵守する」の意味。

⑶第４段第２文 (In his analysis …) で言及されているイタリア系アメリカンレストランの例と，同段第６文 (“Sometimes it becomes …) および同段最終文 (Whereas back in …) の記述を合わせると，アメリカでイタリア料理だと考えられているものは本国イタリアの料理とは別物であると考えられる。したがって，B.「アメリカにおけるイタリア料理はイタリアのイタリア料理と似ていない」が適切。Aの「料理の名前」については本文に記述がない。Cの「赤，白，緑」という色については，第４段第

2文に関連する記述があるが，イタリア系アメリカンレストランがそれらの色を戦略的に利用していると述べられているだけで，イタリアで使われているかどうかについては記述がないため不適。

(4)第5段第3文・4文（“Japanese people will …）で，日本の「食パン」や「ナポリタン」の例を挙げて，外国の食品や料理がいかに日本人の味覚に合うように変えられているかについて述べられている。この段の内容にふさわしいのはA.「外国料理は受け入れられた国の味覚に合うようにしばしば変えられる」である。なお host country とは，この文脈では「外国料理を受け入れた国」という意味。

(5)第7段最終文（In marrying African …）の記述がB.「ミ・クワボの料理はフランス人と移民の双方を満足させている」に一致する。

(6)アルバラは最終段第2文（Referencing dictionaries and …）および同段最終文（It's going to …）で，言語の変化は望む望まないに関わらず決して止まらないと語っている。また，最終段第1文（“I think it's …）では料理と言語を並列しているので，アルバラはこの「変化が止まらない」という性質は料理にも同じように当てはまるのだと主張しているのがわかる。したがって，C.「料理は言語のように絶えず修正を受けていく」が適切。

(7)この出題文はある国の料理が他の国に移植されると必然的に変化を被るという主旨である。B.「民族料理の様式」では，この「変化」という主題に触れていないので不適。また，C.「現地料理の終焉」という話題は本文にないため不適。よって，A.「食文化とその発展」が最も適切。

❖講　評

2022年度の大問の構成は，会話文・段落整序1題，長文読解2題の計3題で，従来通りであった。

Ⅰは**A**が会話文の空所補充，**B**がひとまとまりの文章を6つに分けたものを並べ替える整序形式。**A**は対話の流れをつかめば取り組みやすい問題。**B**は注意深く論旨の流れをつかむ力が求められる。特に代名詞の they, their や副詞の also, for example などは段落と段落，また文と文のつながりを示しているので，注意が必要である。

Ⅱはオーストラリアの日本人コミュニティで活躍する日本人の話であ

る。語彙レベルはそれほど高くないが，subsequently，draw on など若干難易度の高いものもある。また unthinkable と unimaginative の able と ive の語尾の相違による意味の違いなど派生語の意味の差違を問う問題もある。関係詞の問題もあり，文法知識も問われている。

Ⅲは，料理にも言語のように「文法」があり，また言語のように料理は変化するという話。sneak into や fossilize など語句の意味を問う問題もあり，若干語彙レベルは高いが全体的には標準的な英文と標準的な設問である。

日本史

I 解答

1―(ヌ)　2―(ヘ)　3―(ソ)　4―(ハ)　5―(ヒ)　6―(オ)
7―(イ)　8―(タ)　9―(ナ)　10―(サ)

◀解　説▶

≪明治～昭和戦後期の貨幣・金融史≫

1．1872年，渋沢栄一が中心となって国立銀行条例が定められ，翌年から第一国立銀行など民間銀行が設立された。しかし，発行する銀行券には正貨兌換が義務づけられたため，国立銀行の設立は4行にとどまった。1876年に条例が改正され，兌換義務が停止となると，設立は急増し，1879年に第百五十三国立銀行が設立されるまで続いた。1882年の日本銀行条例により日本銀行が設立されると，翌年に国立銀行は普通銀行に転換した。

2．1880年に大蔵卿であったのは，大隈重信。松方正義は明治十四年の政変後の1881年に大蔵卿に就任した。

5．第1次若槻礼次郎内閣の蔵相片岡直温の失言を契機に発生したのは，金融恐慌（1927年）。第一次世界大戦後の株式市場の大暴落を契機に発生した戦後恐慌（1920年）や，関東大震災を契機に発生した震災恐慌（1923年），世界恐慌が日本に波及するさなか，浜口雄幸内閣の蔵相井上準之助の金解禁断行にともなって発生した昭和恐慌（1930年）などと区別して覚えたい。

7・8．金融緊急措置令は，インフレ阻止を目的に通貨量の縮減をはかったもので，幣原喜重郎内閣時の1946年2月に出された。経済安定本部は，経済復興計画を遂行するため，第1次吉田茂内閣時の1946年8月に設置された。「経済政策に関する企画調整」とあるため，企画院と迷うかもしれないが，企画院は1937年に設置され，戦時の物資動員を計画・立案した機関。なお，経済安定本部はその後改組を重ね，1955年7月に経済企画庁となった。

9・10．貿易と資本を自由化し，開放経済体制を実現させることで，先進工業国として世界経済に加わることをめざした日本は，1963年には

GATT 11 条国に移行（GATT 加盟は 1955 年）し，翌年には IMF 8 条国に移行（IMF 加盟は 1952 年）するとともに，OECD（経済協力開発機構）に加盟した。

II 解答

1―(ハ)　2―(ナ)　3―(サ)　4―(セ)　5―(ク)　6―(イ)
7―(コ)　8―(キ)　9―(ト)　10―(ヌ)

◀解　説▶

≪江戸～明治時代の教育史≫

1．やや難。藤原惺窩は相国寺の禅僧であった。相国寺は室町時代に足利義満が創建し，京都五山の第2位に指定された臨済宗寺院。

2．やや難。姜沆は，慶長の役で日本に連行された朝鮮の儒学者。李退渓も藤原惺窩や林羅山に大きな影響を与えた朝鮮の儒学者であるが，来日はしておらず慶長の役の前に死亡している。

3．閑谷学校は，17 世紀後半に岡山藩主池田光政が藩内に築かせた郷校。これより少し前，岡山藩には最古の私塾とされる花畠教場も熊沢蕃山によって設立されている。

4・5．町人らの出資で設立された大坂の私塾懐徳堂は，『夢の代』を著した山片蟠桃や，『出定後語』の著者である富永仲基らを輩出した。

6．『女大学』は，福岡藩の儒学者貝原益軒の著作である『和俗童子訓』をもとに作られたとされる女子を対象にした教訓書。寺子屋の教科書としても用いられた。貝原益軒は本草学にも傾倒し，『大和本草』を著した。

7・8．1872 年に出された学制はフランスの制度を，1879 年に制定された教育令はアメリカの制度を参考にした。

III 解答

問1．(ア)　問2．(ウ)　問3．(イ)　問4．(ア)　問5．(ウ)
問6．(ウ)　問7．(ア)　問8．(イ)　問9．(ウ)　問10．(ア)
問11．(イ)　問12．(イ)　問13．(ウ)　問14．(ア)　問15．(イ)

◀解　説▶

≪古代～中世の小問集合≫

問1．「大化元年」や「難波長柄豊碕」，「改新之詔」などから，孝徳天皇の時代と判断したい。のちに天智天皇となる中大兄皇子は，このとき皇太子である。

問 2．皇極天皇（飛鳥板蓋宮）→孝徳天皇（難波長柄豊碕宮）→斉明天皇（後飛鳥岡本宮）→天智天皇（近江大津宮）→天武天皇（飛鳥浄御原宮）の順に天皇・宮都は推移した。

問 3．律令制下において，1 段は 360 歩とされた。長さ三十歩×広さ（　③　）歩＝1 段（360 歩）を計算すればよい。360 歩÷30 歩＝12 歩となる。

問 4．律令制下において，口分田は良民男子に二段，女子にはその 3 分の 2 が班給されたが，「三分が二」を選択しないように注意したい。空所④の直後には「減せよ」とあるため，「三分が一」が正しい（男子の二段から三分の一を減らした三分の二が女性に班給された）。

問 8．問 7 の設問文とあわせて考えると，「この史料が記された 10 世紀後半の少し前」となることから，969 年の安和の変により大宰権帥に左遷された源高明を想起したい。慶滋保胤の『池亭記』は 982 年に成立した。菅原道真は藤原時平の讒言により 901 年に，藤原道長との政争に敗れた藤原伊周は 996 年に大宰権帥に左遷されている。

問 10．空所⑧の直前にある「天平神護《765～767》年中」や設問文の「遣唐使として唐に渡った」から吉備真備と判断できるとよい。吉備真備は唐に留学し帰国した後，橘諸兄政権で玄昉とともに活躍した。その後，藤原仲麻呂政権では冷遇されるが，764 年に仲麻呂が敗死すると再び昇進し，右大臣となった。藤原豊成は仲麻呂の兄，藤原永手は北家の房前の子で，ともに仲麻呂と対立し，仲麻呂失脚後に政権の中枢にのぼっている。永手はその後，藤原百川とともに光仁天皇の即位実現に尽力した。

問 12・問 13．やや難。寄進の例を示した，肥後国鹿子木荘の史料（『東寺百合文書』）は頻出史料であるものの，「高陽院内親王」が鳥羽上皇の娘であることや，仁和寺に荘園が寄進されていたことまで把握するためには丁寧に史料を読み込んでおく必要がある。

問 14．史料の「文治元年《1185》」「兵粮段別五升」から，守護・地頭の設置を朝廷と交渉している場面と考えたい。1185 年当時，朝廷との交渉役を務めた「北条丸」とは，北条時政のことである。

Ⅳ　解答

(A) 1 —(エ)　2 —(タ)　3 —(ホ)　①— n　②— k

(B) 4 —(ノ)　5 —(イ)　6 —(ナ)　③— h

(C) 7 —(ク)　8 —(ソ)　9 —(セ)　10—(テ)　④— e　⑤— a

◀解　説▶

≪足利義持・徳川吉宗・西園寺公望の人物史≫

(A) 1．「応永23年（応永元年が問題文中で1394年と示されていることからこれは1416年)」,「関東で……反乱」などを手がかりにしたい。もと関東管領の上杉禅秀（氏憲，禅秀は出家名）は1416年，鎌倉公方足利持氏に反逆したが敗北した。その後足利持氏は1438～39年の永享の乱で幕府に滅ぼされている。

2．1419（応永26）年，朝鮮が対馬を倭寇の根拠地とみなして襲撃した，応永の外寇が起きた。

②播磨国（地図ｋ）の位置が問われているが，但馬国（地図ｊ）との区別が難しかったかもしれない。現在の兵庫県の南部が播磨国，北部が但馬国である。

(B) 4．紀州徳川家（三家の紀伊藩）の2代藩主徳川光貞は詳細な知識であるが，語群から消去法を用いて判断できるとよい。「徳川光圀」は水戸徳川家（三家の水戸藩）の2代藩主で『大日本史』の編纂を開始した人物，「徳川頼宣」は徳川家康の子で紀州徳川家の祖（初代紀伊藩主)。

5．御用取次は，吉宗の時代に新設され，将軍と幕閣の取次ぎなどを職務とするなど，廃止された側用人の機能を引き継いだ。語群の「老中」には譜代大名が就任したこと,「側用人」は徳川吉宗により廃止されたことから除外して正解を導けるとよい。

6．やや難。吉宗は徳川家の安泰をはかるため，子の宗武に田安家を，宗尹に一橋家を立てさせた。9代将軍徳川家重が子の重好に立てさせた清水家と合わせて，三卿という。

(C) 7．「第2次伊藤博文内閣の……外務大臣」から，陸奥宗光と判断したい。陸奥宗光は同内閣の外務大臣として，日英通商航海条約を締結し，法権を回復させた。また，その直後に始まった日清戦争の講和条約である下関条約の全権として活躍したことで知られる。

8．「日露戦争後」の1906年に結成された日本社会党は，第1次西園寺公望内閣によって公認された，初の政府公認の社会主義政党である。日本最初の社会主義政党である社会民主党と区別しよう。社会民主党は1901年に結成されたが，治安警察法により，即日解散させられている。

10．やや難。摂家の家柄に次ぐ清華家出身である西園寺公望は大正9

(1920) 年に公爵を授けられた。問題文の第1段落最後の「明治17年に華族令が制定されると，侯爵を授けられた」に注目し，五爵位の序列が上から公爵・侯爵・伯爵・子爵・男爵だという知識をふまえて正解の「公爵」を導くことが求められた。

❖講　評

2022年度は，大問が4題，小問数が50問，試験時間が60分であった。**Ⅰ**・**Ⅱ**では語群選択式の空所補充問題，**Ⅲ**は史料問題，**Ⅳ**はテーマ史が出題された。

Ⅰでは，明治～昭和戦後期の貨幣・金融史が出題された。1880年の大蔵卿から「大隈重信」を導く2は，松方正義と勘違いした受験生もいただろう。

Ⅱでは，江戸から明治時代の教育史が出題された。1の藤原惺窩が所属していた「相国寺」や，2の朝鮮の儒学者の「姜沆」は差がついたと思われる。

Ⅲでは，古代～中世の史料問題が出題された。(A)は大化改新（『日本書紀』，(B)は律令制度下の田令（『令義解』），(C)は墾田永年私財法（『続日本紀』），(D)は平安京右京の荒廃（『池亭記』），(E)は三善清行意見封事十二箇条（『本朝文粋』），(F)は鹿子木荘の寄進（『東寺百合文書』），(G)は守護・地頭の設置をめぐる交渉（『玉葉』）を題材としたものだった。(D)以外は頻出の史料であるが，問12・問13のように詳細な知識を要する出題もあった。教科書掲載の史料を中心に丁寧に読み込んでおきたい。

Ⅳでは，足利義持・徳川吉宗・西園寺公望の人物史が題材とされた。空所6・10ではやや詳細な知識を要するが，10については問題文に手がかりが示されているなど，空所補充については全体的に問題文を注意深く読み取ることが求められていた。また，関西大学で頻出となる地図問題も出題されている。旧国名の位置を地図で正確に把握しておきたい。

世界史

I 解答

1―(ア)　2―(イ)　3―(イ)

問1．(イ)　問2．(ウ)　問3．(イ)　問4．(ウ)　問5．(イ)

問6．(エ)　問7．(エ)

◀解　説▶

≪唐と東西交易≫

1．長安は，隋の文帝（楊堅）が建設した大興城を，唐代にも都として継承したものである。

2．ササン朝の国教となっていたのはゾロアスター教で，中国では祆教とよばれた。

3．ゾロアスター教・仏教・キリスト教が融合した宗教はマニ教で，ウイグルでは国教とされた。

問1．長安をモデルとして建設された東アジアの都城は，渤海の上京竜泉府と奈良の平城京などである。

問2．(ウ)誤文。金や宋では禅宗が盛んに信仰されている。宋では禅宗が士大夫層に支持され，中国仏教の主流となっていた。

問3．(イ)大秦寺の「大秦」はローマ帝国の意。この寺はネストリウス派キリスト教（中国では景教とよばれた）の寺院で，「大秦景教流行中国碑」が残されている。

問4．(ウ)誤文。モンゴル高原の西方から台頭し，柔然を滅ぼしたのは突厥。鮮卑は柔然の前にモンゴル高原で勢力を張り，その後中国に進出して北魏などを建国した。

問5．(ア)誤文。会館・公所は明代に中国国内の同郷・同業の商人や職人が，親睦と互助のために各都市に建設した施設。

(ウ)誤文。ソグド人が拠点としたのは内陸都市のサマルカンド。海産物の取引はなかった。木材や毛皮，海産物を扱ったのは北ヨーロッパ商業圏である。

(エ)誤文。ソグド人の活動地域は中央アジアから中国にかけてで，十字軍の輸送に関係していない。十字軍の輸送を担当した都市としては，第4回十字軍におけるヴェネツィア商人が有名。

問 6．(エ)誤文。リューベックを盟主としたのはハンザ同盟。ロンバルディア同盟は，ミラノを盟主とした北イタリア諸都市の同盟。

II 解答

1 —(サ) 2 —(チ) 3 —(ス) 4 —(コ) 5 —(ケ) 6 —(ヌ)
7 —(イ) 8 —(エ) 9 —(ナ) 10—(セ)

◀解 説▶

≪19 世紀後半における科学技術の発展，アフリカの植民地化と独立≫

2．ダイムラーはドイツの機械技術者。1883 年に内燃機関を発明し，その後，ガソリン自動車を完成させた。

6．エジプトの軍人ウラービーは，イギリスの支配に対抗して「エジプト人のためのエジプト」をかかげて蜂起したが鎮圧され，エジプトは事実上イギリスの保護国となった。

7．ムハンマド＝アフマドに率いられたスーダンの反乱はマフディーの乱（マフディー運動）とよばれる。マフディーは「救世主」の意。長期に及ぶ反乱で，イギリスの将軍ゴードン（太平天国の乱の際，常勝軍を率いたことで知られる）も戦死した。

8．1652 年，アジアへの中継基地として南アフリカにケープ植民地を築いたのはオランダであった。その後，1814 年から開催されたウィーン会議でイギリス領になると，イギリス支配を嫌ったオランダ系子孫のブール人は，ケープ植民地の北にオレンジ自由国・トランスヴァール共和国を建設した。19 世紀後半になると，両国にダイヤモンドや金が発見され，イギリスは南アフリカ戦争をしかけて両国を征服した。

9．アフリカにおけるポルトガルの植民地は，大西洋側のアンゴラとインド洋側のモザンビークの 2 つが重要。

10．アジスアベバはエチオピアの首都。アフリカ諸国首脳会議ではアフリカ統一機構（OAU）が結成され，その後 2002 年にアフリカ連合（AU）に基本理念が引き継がれた。

III 解答

1 —(タ) 2 —(ケ) 3 —(ア) 4 —(ソ) 5 —(チ) 6 —(テ)
7 —(ツ) 8 —(エ)

問 1．(エ) 問 2．(ウ) 問 3．(イ) 問 4．(イ) 問 5．(イ) 問 6．(エ)

問7．(イ)

◀解　説▶

≪18世紀から20世紀初頭の中国と東南アジア≫

1．地丁銀により事実上人頭税は消滅し，税逃れのために隠されていた人口が表面に出てくるようになったため，18世紀の人口増加は実態を反映するようになった。

5．1802年に阮朝を建てたのは阮福暎。建国の際，フランス人宣教師ピニョーの援助を受けたが，このことが後のフランス勢力進出の背景となった。

7．シンガポールは，1819年にイギリス人のラッフルズが上陸して商館を建設した。

問1．(ア)誤文。日本が中国に定期的に使者を派遣したのは，明の時代。室町幕府第3代足利義満が明に冊封（「日本国王」に封ぜられた）されたことによる朝貢貿易である。

(イ)誤文。日宋貿易で使用されたのは銀ではなく銅銭（宋銭）であった。

(ウ)誤文。ダウ船は，アラビア海などのイスラーム世界で使われた帆船である。中国ではジャンク船が使われた。

問2．(ウ)誤文。三藩の乱の発生は1673年，鄭氏勢力の降伏は1683年。順序が逆である。

問3．(イ)サトウキビはニューギニア島などが原産地（諸説ある）とされ，各地に伝播した作物である。

問4．(イ)誤文。琉球は薩摩と中国に両属状態となったが，中国への朝貢は続いた。

問6．(ア)誤文。スマトラ島北端にあったアチェ王国をオランダが制圧したのは，20世紀に入ってからの1912年。

(イ)誤文。オランダがバタヴィアを貿易拠点として獲得したのは17世紀。

(ウ)誤文。スカルノがインドネシア国民党（当初はインドネシア国民同盟）を結成したのは1927年。

(エ)正文。住民に低賃金で強制的に商品作物を栽培させる強制栽培制度は1830年に導入された。

Ⅳ　解答

1—(ア)　2—(テ)　3—(イ)　4—(ア)　5—(ソ)　6—(イ)
7—(ク)　8—(チ)　9—(イ)　10—(ア)　11—(カ)　12—(コ)
13—(ア)　14—(イ)
A—(ア)

◀解　説▶

≪古代オリエント世界とギリシア≫

1．太平洋安全保障条約（ANZUS）はA（オーストラリア），NZ（ニュージーランド），US（アメリカ合衆国）の同盟である。

2．バグダード条約機構は，本部をバグダードにおき，イギリス，イラク，パキスタン，トルコ，イランで1955年に結成された。その後イラクで王政から共和政にかわるイラク革命が1958年に起き，イラクが条約から脱退したため，翌年から中東条約機構（METO）と名称変更した。

4．アッバース朝第2代カリフのマンスールは，ティグリス川のほとりに「平安の都」と名付けた円形の都城を建設した。これがバグダードのはじまりである。

6．フランスのシャンポリオンは，ロゼッタ＝ストーンに刻まれた神聖文字（ヒエログリフ），民用文字（デモティック），ギリシア文字を比較しながら神聖文字を解読した。

7．イギリスのローリンソンは，イランにあるベヒストゥーン碑文（アケメネス朝ダレイオス1世の事績を刻んだもの）から楔形文字を解読した。

12．クレイステネスは，従来の血縁にもとづく4部族制から，地縁的な10部族制への改革を行い，1部族50人の代表からなる五百人評議会も設置された。また，僭主の出現を防止するために陶片追放（オストラシズム）を始めたのも彼である。

14．スパルタでは，完全市民（スパルティアタイ），商工業に従事する半自由民（ペリオイコイ），奴隷身分の農民（ヘイロータイ，ヘロット）に分かれていた。完全市民が圧倒的多数のヘイロータイの反乱に備えることが，スパルタの軍国主義体制を生んだ。

A．①正しい。ミケーネ文明では，先行したクレタ文明で使用されていた線文字A（未解読）を継承した線文字Bが使用された。線文字Bはイギリスのヴェントリスによって解読された。

②誤り。前479年の戦いは，ギリシア側が勝利したプラタイアの戦いであ

る。ペルシア戦争は，マラトンの戦い（前 490 年：アテネ勝利）→テルモピレーの戦い（前 480 年：スパルタ敗北）→サラミスの海戦（前 480 年：アテネ勝利）→プラタイアの戦い（前 479 年）の順で展開する。

❖講　評

Ⅰ　唐代の国際的文化と東西交流をテーマとして，語句選択と正文（誤文）選択で構成されている。正文（誤文）選択問題では，ヨーロッパやイスラーム世界の知識が問われており，問２では日本史からの選択肢も見られたので注意を要する。内容は標準的であるが，モンゴル高原や中央アジアの民族の知識が正確でないと失点しやすい。

Ⅱ　19 世紀後半の科学技術の発展と，同時期のアフリカの植民地化が問われている。１～３・５の科学技術，医学関係の人名については，学習が不十分だと得点が伸びにくい。また，６～10 のアフリカ史も同様で，９のポルトガル領アンゴラと 10 のアジスアベバは得点差が開きやすい問題であった。アフリカ関連は学習が手薄になりやすい分野だが，植民地化と独立の歴史はしっかり整理しておきたい。

Ⅲ　中国と東南アジアについて，日本やヨーロッパ勢力との関係を含めて出題されている。問４では 18 世紀頃の日本の状況が問われているが，基本的知識を押さえていれば十分対応できる問題であった。東南アジアからの出題が半分程度あるため，この地域をどれだけ学習していたかで得点差が生じると思われる。

Ⅳ　古代オリエントと古代ギリシアをテーマとしているが，１と２ではアメリカの対共産主義軍事同盟である太平洋安全保障条約とバグダード条約機構についても問われている。スパルタの位置を問う 13 は見逃しやすく，地図理解の重要性を認識させる出題であった。

地理

I 解答

問1．(A)—(ア)　(B)—(イ)　(C)—(キ)　問2．(エ)　問3．(ア)
問4．(エ)　問5．(ウ)　問6．(ア)　問7．(エ)　問8．(イ)

◀解　説▶

≪気候地形区の諸相≫

問1．気候地形区はなじみがないであろうが，ケッペンの気候区分と関連付けて考えたい。

(A)赤道付近に位置していることから熱帯雨林気候区（Af）とほぼ同じと考え，湿潤熱帯となる。

(B)凡例1の高緯度側に分布しておりサバナ気候区（Aw）と温暖冬季少雨気候（Cw）とおおむね一致している。よって雨季と乾季が明瞭であることから，乾湿熱帯と考える。

(C)凡例5は一部に冷帯気候区（Df・Dw）も含むが，西岸海洋性気候区（Cfb）と温暖湿潤気候区（Cfa）の地域が広いため，湿潤温帯と判断する。なお，凡例3は乾燥，凡例4は半乾燥，凡例6は周氷河，凡例7は氷河である。

問2．(エ)誤文。ナツメヤシは砂漠気候のオアシスで栽培されている。熱帯雨林気候区ではアブラヤシのプランテーションが発達している。

問3．(ア)誤文。カカオは凡例1の地域が主産地である。

問4．テラローシャは凡例2に属するブラジル高原に発達する赤紫色の土壌である。

問5．(ウ)誤文。腐植層は薄く，灰白色のポドゾルや青灰色のツンドラ土が分布している。

問6．(ア)誤文。河川の運搬作用ではなく，雨水による溶食作用により形成される。

問7．「削剝」とは風化・侵食などによって地表がけずり取られ，地下の岩石が露出することである。Cw気候区では，河川水の侵食による地形形成がみられる。

問8．凡例3の地域には，日常的に流水のある河川はあまりない。凡例7

の地域には氷河が発達しており，面的な氷河侵食が中心である。

II　解答

〔A〕問1．①―(イ)　②―(ウ)　③―(イ)　問2．(ウ)
問3．(イ)　問4．(エ)　問5．(ア)　問6．(エ)　問7．(ア)
〔B〕問8．X―(イ)　Y―(ウ)　Z―(ア)　問9．X―(ア)　Y―(ウ)　Z―(エ)

◀解　説▶

≪国家・領域≫

〔A〕問1．①領海の基準は，干潮時の最低潮位線である。

②現在は多くの国が領海12海里を採用している。

③日本の国土面積は約37.8万km^2であるので，447÷37.8≒12倍となる。

問2．西サハラは一部をモロッコが占領しており，独立をめざす勢力と対立が続いているため，国際的な独立は承認されていない。プエルトリコはアメリカ合衆国の自治領で，独立国ではない。

問3．第二次世界大戦前までドイツ領であったが，第二次世界大戦後にロシア領となり，飛び地のカリーニングラード州となっている。

問4．緯度1度の長さは約111kmであるので，緯度1分の長さは，111÷60≒1.85kmとなる。

問5．EEZはExclusive Economic Zoneの略である。EPAは経済連携協定（Economic Partnership Agreement），ODAは政府開発援助（Official Development Assistance），PLOはパレスチナ解放機構（Palestine Liberation Organization）の略称である。

問6．インドネシアとパプアニューギニアの国境は，一部を除き東経141度である。

問7．色丹島はロシアが占有中，尖閣諸島は中国や台湾が領有権を主張しているが，日本は固有の領土で領土問題は存在しないとの立場である。南沙諸島は南シナ海に分布する多数の島からなり，中国が領有権を主張していくつかの島に軍事施設を建設し，周辺諸国との対立が発生している。

〔B〕問8・問9．X・Yは日本の領域の学習で目にする島である。Xは三角形の隆起サンゴ礁からなる低平な島で，海上自衛隊や気象庁の職員が常駐している。南鳥島の名称ではあるが，最南端ではなく最東端の島である。Yは小さな岩礁を波食から守るために周囲を囲む保全工事がなされているので沖ノ鳥島となる。最南端の島であるので，日本の排他的経済水域設定上，重要な意味がある。Zは中央に大きな火口があるので，火山島であることがわかる。したがって最西端の与那国島ではなく，西之島となる。2013年の噴火で従来の西之島が新島と一体化し，面積が増加した。

III **解答**　問1．(1)―エ　(2)―ウ　(3)―エ　(4)―エ　(5)―ウ　(6)―エ

問2．(A)―(ウ)　(B)―(ウ)　問3．(ア)　問4．(オ)

◀解　説▶

≪地理情報と地図≫

問1．(1)①誤。5万分の1地形図での計曲線は100mごとに引かれている。

②誤。補助曲線は破線（------）である。

(2)①正。航空機にもセンサーを搭載して遠隔観測が行われている。

②正。観測衛星等から発信した電磁波の地上からの反射や，太陽の光の反射光を観測することで，標高を測定することができる。

(3)①誤。GNSSは全球測位衛星システムの略称であり，複数の人工衛星が発信する信号を受信することで，位置を知ることができる。

②誤。「ひまわり」は測位システム用ではなく気象観測用の衛星で，リモートセンシングによる天気予報に活用されている。日本のGNSSとしては，準天頂衛星の初号機「みちびき」が2010年に打ち上げられている。

(4)①誤。ユニバーサル横メルカトル図法は地形図作成用の図法であり，海図は特別なものを除きメルカトル図法で描かれている。

②誤。海図は海上保安庁海洋情報部（2002年3月末までは水路部）が作成している。

(5)①正。養蚕の衰退とともに関東内陸部など一部の地域を除いて栽培が見られなくなったため廃止された。

②正。工場の他に「樹木で囲まれた居住地」と「採石地」も平成25(2013）年図式から廃止されている。

(6)①誤。真北になるように描かれており，磁北との偏角は図の枠外に表記されている。

②誤。8cmは2kmに相当するので，面積は4km^{2}となる。

問2．(A)人口密度は相対分布図で示す必要があるので，階級区分図を使用

する。人口密度の比は，ａ市 $\frac{1}{10}$，ｂ市 $\frac{1}{4}$，ｃ市 $\frac{1}{2}$，ｄ市 $\frac{1}{1}$，ｅ市 $\frac{5}{2}$ となり，ａ市が最小で他はａ市より大きいので，ａ市を淡く，ｂ市以降を段階的に濃くする必要がある。

⒝総務省統計局が実施する国勢調査では，小地域の人口情報についても集計している。

問３．経緯線がそれぞれ平行となるのは，メルカトル図法など円筒に投影する図法である。那覇を中心とする正しい距離と方位を示す地図としては，正距方位図法が適している。

問４．陰影起伏図では，起伏のある地表面の北西側が白く，南東側が黒くなるよう陰影が付くが，図の右側の山地をみるとそのようになっておらず，急傾斜ほど黒く表現される傾斜量図であるとわかる。また，寺院近くに新しい地図記号「自然災害伝承碑」が描かれている。記念碑との違いに注意。

Ⅳ　解答

⒜―ア　⒝―イ　⒞―ウ　⒟―イ　⒠―エ　⒡―イ
⒢―ウ　⒣―エ　⒤―ウ　⒥―イ

◀解　説▶

≪北アメリカ地誌≫

⒜①正。17 世紀に同地を探検したヘンリー＝ハドソンにちなんだ名称で，かつては大陸氷河に覆われていた。

②誤。アラスカ西部は環太平洋造山帯の地域である。

⒝①誤。アメリカ合衆国に次ぐ国土面積の国は，中国である。

②正。ウィニペグ湖などの，氷食により形成された湖沼が多く分布している。

⒞①正。イヌイット（エスキモー）はアジア系の民族とされ，現在もベーリング海峡の両岸に居住している。

②正。1999 年にノースウェスト準州の一部を分割し，イヌイットの自治準州として設立された。

⒟①誤。もとになったのは 1985 年に定められたウィーン条約である。リスボン条約は，マーストリヒト条約，ローマ条約などを修正し，EU の統治制度の簡素化や合理化を目指したもので，2009 年に発効した。

②正。国際的な枠組みを定めたウィーン条約に基づいて採択されたのが，

モントリオール議定書である。

(E)①誤。太平洋岸のブリティッシュコロンビア州ではなく，マニトバ州が含まれる。

②誤。冬季が寒冷なカナダでは，春小麦が栽培される。

(F)①誤。ボーキサイトから取り出した水酸化アルミニウムに処理を加えて得たアルミナを，アルミニウムに精錬する工程で大量の電力が必要となる。

②正。カナダの発電エネルギー源の6割近くが水力である。

(G)①正。サンディエゴは海軍基地のあるカリフォルニア州南部の都市で，メキシコ国境に接する。

②正。マキラドーラはメキシコのティファナなど，アメリカ合衆国との国境沿いに設けられた保税輸出加工区である。1965年に創設され，安価な労働力を求めて，自動車・電機などの企業が多数進出した。1994年のNAFTAの発効を受け，2000年末に北米向け保税制度は廃止されている。

(H)①誤。メキシコは白人とインディオとの混血であるメスチーソの割合が高く，人口の約6割を占める。

②誤。ドミニカ共和国は白人と黒人との混血であるムラートの割合が高く，人口の約7割を占める。

(I)①正。コロンブスが到達した際，小さなスペインの意で命名された。

②正。ハイチのGDPは約76億ドルで，海外送金受取額は約24億ドルあり，対GDP比は30%を超える（2016年）。ハイチが最貧国の一つで，近年自然災害が多発して経済が低迷していることから，海外送金受取額への依存が非常に高いと考える。

(J)①誤。パナマ運河は山地を通過するため，閘門式運河となっている。

②正。大西洋（カリブ海）側の玄関口は，コロンである。

❖講　評

I　気候地形区という教科書には記載がない地図を基にした問題であるが，ケッペンの気候区分図と対比することで解決できる。問1の凡例もケッペンの気候区から考えればよい。問2は熱帯雨林気候区（Af），問3はサバナ気候区（Aw），問4は砂漠気候区（BW），問5は冷帯冬季少雨気候区（Dw）とツンドラ気候区（ET）の，それぞれの特徴から考える。問７は地中海性気候区（Cs）が中心であるが，その周囲にはステップ気候区（BS）と砂漠気候区が位置することを読み取る。問８は流水侵食がさかんでない砂漠気候区と，氷河の侵食が見られる氷雪気候区（EF）を考える。

Ⅱ　国家・領域に関する標準的な問題である。問２は南スーダンと東ティモールが比較的最近独立した国であることと，領土を巡り紛争状態にある西サハラの知識が必要である。野球選手を輩出するプエルトリコがアメリカ合衆国の一部であることも比較的身近な事項であろう。〔B〕の問８・問９は写真を基にした日本の領域に関する問題である。写真Zは特徴的な火口を読み取って与那国島ではなく西之島と判断できるかがポイントとなる。南鳥島が最南端ではなく最東端であることは確認しておきたい。

Ⅲ　地理情報と地図に関する基本事項を問う問題であるが，やや応用的な問いも含まれている。問１は地形図，リモートセンシング，GNSS，海図，２万５千分の１地形図の図式改訂などに関する問いで，GNSSや地形図図式の改訂が新しい内容である。正誤判定問題であるので，正確な知識がないと正答できない点が難しい。問２は人口密度図の作成上の留意点は多少の計算が必要であり，人口情報データの入手先は人口問題と関係深い政府機関を考えるという点で応用的といえる。問４は地理院地図を活用して地理的技能の有無を見る新傾向の問題である。

Ⅳ　北アメリカの諸地域に関する基本的な地誌問題であるが，環境問題や工業等の問題を含む。正誤判定問題となっているので，**Ⅲ**の問１と同様，正確な知識が必要な点で，やや難しい。(I)のハイチの海外送金受取額は，同国が世界最貧国であり，地震（2010 年）やハリケーン（2016 年他）の被害で経済が低迷していることから，海外からの送金依存度が非常に高いと考えることが肝要である。

政治・経済

I 解答

問(A).　(ア)　問(B).　(ア)　問(C).　(オ)　問(D).　(1)―(ア)　(2)―(ウ)　(3)―(イ)　問(E).　(イ)　問(F).　(1)―(ア)　(2)―(ウ)　(3)―(エ)　問(G).　(ア)　問(H).　(ア)

◀解　説▶

≪日本国憲法と外国法≫

問(A).　アメリカ合衆国の上院は各州から 2 名ずつ選出され，その任期は 6 年である。

問(B).　(ア)が正解。すべて誤文である。

(w)誤文。憲法第 65 条は「行政権は，内閣に属する」と定めている。

(x)誤文。憲法第 66 条 2 項は「内閣総理大臣その他の国務大臣は，文民でなければならない」と定めている。

(y)誤文。憲法第 68 条は「内閣総理大臣は，国務大臣を任命する。但し，その過半数は，国会議員の中から選ばれなければならない」と定めている。

(z)誤文。憲法第 72 条は，「内閣総理大臣は，内閣を代表して議案を国会に提出し，一般国務及び外交関係について国会に報告し，並びに行政各部を指揮監督する」と定めている。

問(C).　憲法第 98 条 2 項の規定である。

問(D).　(1)(ア)が正解。すべて誤文である。

(w)誤文。会社法第 331 条第 2 項は「株式会社は，取締役が株主でなければならない旨を定款で定めることができない」と定めている。

(x)誤文。会社法第 331 条第 5 項は「取締役会設置会社においては，取締役は，三人以上でなければならない」と定めている。

(y)誤文。会社法第 362 条第 1 項は「取締役会は，すべての取締役で組織する」と定められている。

(z)誤文。会社法第 847 条第 1 項は「株主は，株式会社のために，取締役の責任追及等の訴えを提起することができる」と定めている。

(2)(ウ)が正解。CEO は Chief Executive Officer の略語であり，一般に最高経営責任者と訳される。

問(E). (イ)が正解。(x)が正文である。

(y)誤文。製造物責任法第３条には「故意又は過失によつて」とは記されていない。

(z)誤文。大気汚染防止法第25条第１項には「故意又は過失によつて」とは記されていない。

問(F). (1)(ア)が正解。設問文でいわれる運河とはエジプトのスエズ運河を指す。

(2)(ウ)が正解。(x)と(z)が正文である。

(y)誤文。国連海洋法条約第３条は「いずれの国も，この条約の定めるところにより決定される基線から測定して十二海里を超えない範囲でその領海の幅を定める権利を有する」と定めている。

(3)(エ)が正解。(x)アメリカ，(y)ロシア，(z)インドは署名していない。RCEPに署名している国は，ASEAN 10カ国に加え，日本，中国，韓国，オーストラリア，ニュージーランドである。

問(G). (ア)が正解。すべて誤文である。

(x)誤文。第１項には「公共の福祉に反しない限り」とは記されていない。

(y)誤文。第２項は「何人も，宗教上の行為，祝典，儀式又は行事に参加することを強制されない」と定めている。

(z)誤文。第３項は「国及びその機関は，宗教教育その他いかなる宗教的活動もしてはならない」と定めている。

Ⅱ　解答

問(A). (ウ)　問(B). (ウ)　問(C). (エ)　問(D). (エ)　問(E). (イ)
問(F). (エ)　問(G). (エ)　問(H). (ア)　問(I). (ウ)　問(J). (ア)
問(K). (ウ)　問(L). (イ)　問(M). (ウ)　問(N). (ウ)　問(O). (エ)

◀解　説▶

≪近代経済思想史≫

問(A)・問(B). アダム＝スミスは『道徳感情論』，『諸国民の富』を著した。

問(C)・問(D). カール＝マルクスは科学的社会主義を構築した。

問(E)・問(F). ケインズは『雇用・利子および貨幣の一般理論』を著した。

問(G). (エ)が誤文。ソバの実の栽培，収穫，製粉，ソバ打ち，ソバ屋の経営を一人で行うことは，分業の例として不適切である。

問(H). (ア)が正解。市場メカニズムによって需要と供給が自然に調整されることを，アダム＝スミスは「見えざる手」と表現した。

問(I). (ウ)が不適。福祉の充実は夜警国家ではなく福祉国家の役割である。

問(J). (ア)が不適。『空想から科学へ』はエンゲルスの著作である。

問(K). (ウ)が正解。なお(ア)ブラック・マンデーとは1987年の株価大暴落を指し，1929年のブラック・サーズデーに倣ってつけられた言葉である。

問(M). (ウ)が正解。ケインズの指摘した失業はリストラや倒産を原因とする非自発的失業である。(ア)・(イ)・(エ)はすべて自発的失業の例である。

問(N). (ウ)が正解。(ア)・(イ)・(エ)は不況時に政府が経済に介入して有効需要を創出するというケインズに依拠する経済政策に反する。

問(O). (エ)が不適。郵政民営化政策は2007年に実施された。

Ⅲ 解答

問(A). 1―(ク) 2―(イ) 3―(カ) 4―(シ)

問(B). (エ) 問(C). (ウ) 問(D). (ウ) 問(E). (イ)

◀解　説▶

≪選挙制度≫

問(B). (エ)が正文。

(ア)誤文。衆議院議員選挙においては重複立候補が禁止されていない。

(イ)誤文。参議院議員選挙においては，候補者名または政党名のいずれかを記載して投票する非拘束名簿式比例代表制が用いられている。

(ウ)誤文。衆議院議員と市町村長については満25歳以上，参議院議員と都道府県知事については満30歳以上の日本国民が被選挙権を持つ。

問(C). (ウ)が誤文。2006年の公職選挙法改正により比例代表選出議員選挙だけでなく，衆議院小選挙区選出議員選挙，参議院選挙区選出議員選挙とこれらに関わる補欠選挙および再選挙に関しても在外投票制度が導入された。

問(D). (ウ)が正文。

(ア)誤文。選挙運動用の動画を，動画共有サービスを利用して新たに一般公開することができるのは選挙期日の前日までである。

(イ)誤文。選挙運動用の電子メールを送信，転送することができるのは候補者と政党のみである。

(エ)誤文。16歳の高校生は選挙権を持たないため，特定の候補者への投票を呼びかけることはできない。

問(E). (イ)が正文。

(ア)誤文。会社および労働組合による候補者個人への寄付は一切禁止となっている。

(ウ)誤文。3千万円ではなく，2千万円の誤りである。

(エ)誤文。政党が公職の候補者の政治活動に対して寄付を行う場合，その額の制限はない。

IV 解答

問(A). 1―(ア)　2―(カ)　3―(ク)　4―(シ)　5―(ス)　6―(チ)

問(B). (イ)　問(C). (ア)　問(D). (イ)　問(E). (ウ)　問(F). (ウ)　問(G). (エ)

問(H). (ウ)

◀解　説▶

≪日本銀行の金融政策≫

問(B). (イ)が正解。日銀が金融政策を行う目的は，物価の安定と安定した物価を基盤とした国民経済の健全な発展である。

問(C). (ア)が正文。

(イ)誤文。プラザ合意後の円高による不況を克服するため，金融緩和が進められた。

(ウ)誤文。アジア通貨危機に対して，日銀は政策金利を引き下げた。

(エ)誤文。2000年代の金融緩和政策では，日銀は国債の買い入れを行った。

問(D). (イ)が正解。bとcが正しい。伝統的金融政策とは，公定歩合操作，公開市場操作，支払準備率操作等を通じて金融調節を行う政策である。

a．不適。誘導目標をマネタリーベースにおく金融政策は伝統的な金融政策ではない。

d．不適。国際業務を行う銀行が経営危機に陥ることのないように設けられたBIS規制の説明であり，金融政策と直接の関係はない。

問(E). (ウ)が正文。2016年にマイナス金利が導入された。

(ア)誤文。現在も金融政策決定会合で政策を決定している。

(イ)誤文。日銀は長期国債の売買をやめていない。

(エ)誤文。預金金利・貸出金利の自由化は1970年代以降進められた金融制度改革であり，金融政策ではない。

問(F). (ウ)が正文。

(ア)誤文。デフレ下では企業の債務の返済額が増大するため新規の投資が行いにくい。

(イ)誤文。第一次石油危機の時に日本が経験したのは，景気停滞と物価上昇が同時に起きるスタグフレーションである。

(エ)誤文。第一次世界大戦後のドイツで起きたのは激しいインフレである。

問(G). (エ)が正文。準備金の割合を増やせば，貸し出しに用いる資金が減少し信用創造も減少するため，社会全体の通貨量が減少し経済は停滞する。

(ア)誤文。信用創造された預金は引き出すことができる。

(イ)誤文。理論上の信用創造額は $200 \div 0.4 - 200 = 300$ 億円となる。

(ウ)誤文。この 2 回の取引での信用創造額は，$80 + 64 = 144$ 億円となる。

問(H). (ウ)が正解。2013 年に日本銀行は物価安定の目標として消費者物価の前年比上昇率を 2 %と定めた。

❖講　評

Ⅰ　日本国憲法と外国法をテーマとしながら，憲法や法律，条約について幅広く問う問題であった。すべての選択肢を正誤判定する問題が 6 問も出題されており，難易度は高い。条約や法律についても，正確な知識が必要である。RCEP の加盟国や EVER GIVEN 号の座礁などの時事問題についても問われている。

Ⅱ　近代経済思想史についての，オーソドックスな出題であった。思想家と著書，主要な考え方がわかっていれば，正答に至る問題が多かった。専門用語について具体例を交えて理解できているかどうかが問われている。

Ⅲ　選挙制度についての細かな知識が出題された。政治資金規正法の寄付の範囲や，改正公職選挙法によるインターネット選挙運動についての出題など，法律について正確な理解を問う内容であった。

Ⅳ　日銀の金融政策についての出題であったが，伝統的金融政策と非伝統的金融政策がそれぞれ出題されるなど，金融政策についての深い理解が必要な問題であった。信用創造に関する簡単な計算問題も出題された。

数学

◀ 3 教科型，3 教科型（同一配点方式），2 教科型（英語＋1 教科選択方式），2 教科型（英数方式〈社会安全〉）▶

I

解答　① -2　② 3　③ $\frac{1}{4}$　④ 8　⑤ 0　⑥ $\frac{1}{4}$　⑦ 1　⑧ 8

◀解　説▶

≪3 次不等式，対数不等式≫

(1)　$f(t)=t^3-2t^2-5t+6$ とおく。

$$f(1)=1-2-5+6=0$$

なので，因数定理より $f(t)$ は $t-1$ を因数にもつ。

$$f(t)=(t-1)(t^2-t-6)$$
$$=(t-1)(t-3)(t+2)$$

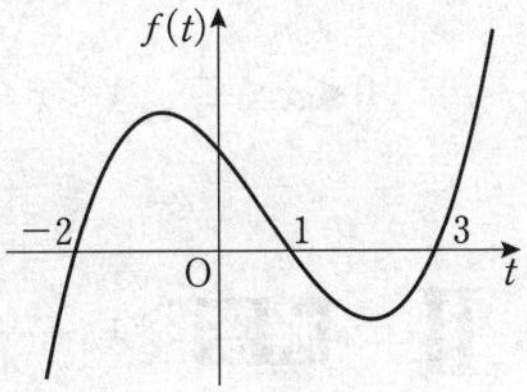

したがって，$t^3-2t^2-5t+6\geqq 0$ の解は

$$-2\leqq t\leqq 1,\ 3\leqq t\quad (\to ①,\ ②)$$

(2)　$(\log_2 x)^3-2(\log_2 x)^2-5\log_2 x+6\geqq 0$

(1)の結果より

$$-2\leqq \log_2 x\leqq 1,\ 3\leqq \log_2 x$$
$$\log_2 2^{-2}\leqq \log_2 x\leqq \log_2 2,\ \log_2 2^3\leqq \log_2 x$$

(底)>1 より

$$\frac{1}{4}\leqq x\leqq 2,\ 8\leqq x\quad (\to ③,\ ④)$$

（これらは真数の条件 $x>0$ をみたしている）

(3)　$(\log_2 x)^2-2\log_2 x+6\log_x 2\geqq 5$

x は真数であり，底でもあるから

$$0<x<1\quad または\quad x>1$$

$$(\log_2 x)^2-2\log_2 x+\frac{6\log_2 2}{\log_2 x}\geqq 5\quad \cdots\cdots ⊛$$

$\log_2 x>0$ のとき　　$x>1$

$\log_2 x<0$ のとき　　$0<x<1$

(イ)　$x>1$ のとき，㊟は

$$(\log_2 x)^3-2(\log_2 x)^2-5\log_2 x+6\geqq 0$$

(2)の結果より

$$\frac{1}{4}\leqq x\leqq 2,\ 8\leqq x$$

$x>1$ なので　　$1<x\leqq 2,\ 8\leqq x$

(ロ)　$0<x<1$ のとき，㊟は

$$(\log_2 x)^3-2(\log_2 x)^2-5\log_2 x+6\leqq 0$$

(2)の解を用いると，この不等式の解は

$$0<x\leqq\frac{1}{4},\ 2\leqq x\leqq 8$$

$0<x<1$ なので　　$0<x\leqq\frac{1}{4}$

(イ)，(ロ)より，㊟の解は

$$0<x\leqq\frac{1}{4},\ 1<x\leqq 2,\ 8\leqq x\quad(\to⑤\sim⑧)$$

Ⅱ　解答

① $-\frac{1}{4a}$　② $-\frac{x}{2a}-\frac{1}{16a^2}$　③ $4a^2-1$　④ $-\frac{1}{4}$

⑤ $\frac{1}{2}$　⑥ $\frac{1}{12}$

◀解　説▶

≪放物線とその2つの接線で囲まれる部分の面積≫

$f(x)=x^2$ とおくと　　$f'(x)=2x$

点Pにおける C の接線 l の方程式は

$$y-f(a)=f'(a)(x-a)$$

$$y-a^2=2a(x-a)$$

$$y=2ax-a^2$$

点Qを $(b,\ b^2)$ として，接線 m の方程式は

$$y=2bx-b^2$$

$l\perp m$ より　　$(2a)(2b)=-1$

$$4ab=-1$$

$$b=-\frac{1}{4a}\quad (\to①)$$

したがって，$\mathrm{Q}\left(-\dfrac{1}{4a},\ \dfrac{1}{16a^2}\right)$

また，m の方程式を a で表すと

$$y=-\frac{x}{2a}-\frac{1}{16a^2}\quad (\to②)$$

l，m の方程式より y を消去して

$$2ax-a^2=2bx-b^2$$

$$2(a-b)x=a^2-b^2$$

$a\neq b$ より　　$x=\dfrac{a+b}{2}$

したがって，R の x 座標は

$$x=\frac{1}{2}(a+b)=\frac{1}{2}\left(a-\frac{1}{4a}\right)=\frac{4a^2-1}{8a}\quad (\to③)$$

このとき

$$y=2a\left(\frac{4a^2-1}{8a}\right)-a^2$$

$$=-\frac{1}{4}\quad (\to④)$$

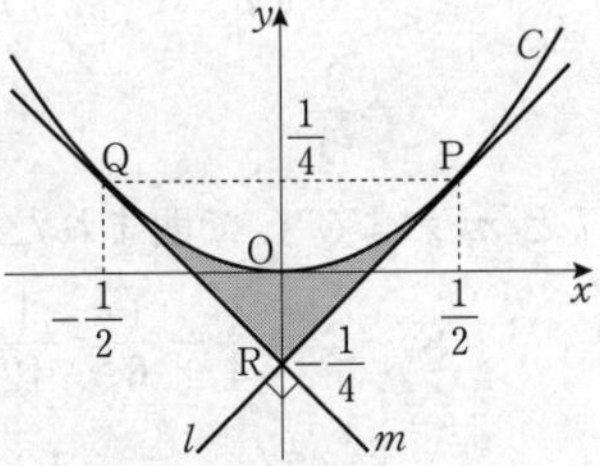

さらに，$g(a)=-\dfrac{1}{4a}-a$ とおく。

$$g(a)=-\left(\frac{1}{4a}+a\right)$$

$a>0$ なので，相加平均と相乗平均の関係より

$$\frac{1}{4a}+a\geqq 2\sqrt{\frac{1}{4a}\cdot a}=1$$

よって　　$-\left(\dfrac{1}{4a}+a\right)\leqq -1$

等号は $\dfrac{1}{4a}=a$ のときで，$a>0$ で解くと　　$a=\dfrac{1}{2}$

すなわち，$g(a)$ は $a=\dfrac{1}{2}$ のとき最大値 -1 をとる。（→⑤）

$a=\frac{1}{2}$ のとき，l，m の方程式はそれぞれ

$$y=x-\frac{1}{4},\ y=-x-\frac{1}{4}$$

となり

$$\mathrm{P}\left(\frac{1}{2},\ \frac{1}{4}\right),\ \mathrm{Q}\left(-\frac{1}{2},\ \frac{1}{4}\right),\ \mathrm{R}\left(0,\ -\frac{1}{4}\right)$$

△PQR の面積を S_1 とすると

$$S_1=\frac{1}{2}\times1\times\frac{1}{2}=\frac{1}{4}$$

直線 PQ と C で囲まれた部分の面積を S_2 とすると

$$S_2=\int_{-\frac{1}{2}}^{\frac{1}{2}}\left(\frac{1}{4}-x^2\right)dx$$

$$=\int_{-\frac{1}{2}}^{\frac{1}{2}}\left(\frac{1}{2}-x\right)\left(\frac{1}{2}+x\right)dx$$

$$=\frac{1}{6}\left\{\frac{1}{2}-\left(-\frac{1}{2}\right)\right\}^3$$

$$=\frac{1}{6}$$

l と m および C で囲まれた部分の面積は S_1-S_2 となり

$$S_1-S_2=\frac{1}{4}-\frac{1}{6}=\frac{1}{12}\quad(\to⑥)$$

（注）　$S=2\int_0^{\frac{1}{2}}\left(x^2-x+\frac{1}{4}\right)dx$ で求めるのもよい。

III　解答

(1)　$a_{n+2}-2pa_{n+1}+p^2a_n=0$

$a_{n+2}-pa_{n+1}=p(a_{n+1}-pa_n)$

$a_{n+1}-pa_n=b_n$ とおくと

$b_{n+1}=pb_n$　……(答)

$a_1=1$，$a_2=2p$ より　　$b_1=a_2-pa_1=p$

数列 $\{b_n\}$ は初項 p，公比 p の等比数列なので，その一般項は

$b_n=p^n$　……(答)

(2)　$a_{n+1}-pa_n=p^n$

$$\frac{a_{n+1}}{p^{n+1}}-\frac{a_n}{p^n}=\frac{1}{p}$$

$c_n=\dfrac{a_n}{p^n}$ とおくと　　$c_1=\dfrac{1}{p}$

$$c_{n+1}-c_n=\frac{1}{p}$$

よって　　$c_{n+1}=c_n+\dfrac{1}{p}$　……(答)

(3)　数列 $\{c_n\}$ は初項 $\dfrac{1}{p}$，公差 $\dfrac{1}{p}$ の等差数列なので，その一般項は

$$c_n=\frac{n}{p}$$

よって　　$\dfrac{a_n}{p^n}=\dfrac{n}{p}$

$a_n=np^{n-1}$　……(答)

(4)　$n=1$ のとき，$a_1=1$ であるから成り立つ。

$n\geqq 2$ のとき

$$\begin{aligned}a_n&=np^{n-1}-n+n\\&=n(p^{n-1}-1)+n\\&=n(p-1)(p^{n-2}+p^{n-3}+\cdots+p+1)+n\end{aligned}$$

$$\frac{a_n}{p-1}=n(p^{n-2}+p^{n-3}+\cdots+p+1)+\frac{n}{p-1}$$

$n(p^{n-2}+p^{n-3}+\cdots+p+1)$ は整数なので

a_n を $p-1$ で割った余りと，n を $p-1$ で割った余りは等しくなる。

(証明終)

◀解　説▶

≪隣接3項間漸化式の解法≫

(1)　$a_{n+1}-pa_n=b_n$ とおくと，$a_{n+2}-2pa_{n+1}+p^2a_n=0$ は $b_{n+1}=pb_n$ と変形される。これは，数列 $\{b_n\}$ が公比が p の等比数列であることを表している。

(2)　(1)の結果より $\{a_n\}$ の漸化式 $a_{n+1}-pa_n=p^n$ が求められる。ここで，$c_n=\dfrac{a_n}{p^n}$ とおくと，$a_{n+1}-pa_n=p^n$ は $c_{n+1}-c_n=\dfrac{1}{p}$ と変形される。これ

は数列 $\{c_n\}$ が公差 $\dfrac{1}{p}$ の等差数列であることを表している。

(3) $a_n=np^{n-1}=n(p^{n-1}-1)+n$ と分解して，a_n と n を作る。ここで，$p^{n-1}-1$ は $p-1$ を因数にもつので，a_n と n の $p-1$ で割ったときの余りは等しくなる。

❖講　評

2022 年度は大問 3 題のうち，Ⅰ・Ⅱが空所補充形式で，Ⅲが記述式であった。

Ⅰ　$\log_2 x=t$ とおくと，t の 3 次不等式になる。対数不等式の問題である。標準的なレベルの問題となっている。

Ⅱ　放物線における直交する 2 つの接線を求め，その 2 つの接線と放物線で囲まれた部分の面積を求める問題で，頻出問題である。

Ⅲ　数列の隣接 3 項間漸化式の解法に関する問題である。誘導式であり(1)～(3)で解法に迷うところはない。(4)は整数問題の証明問題である。

全体的には，標準的なレベルである。融合，混合問題が多く，穴のない学習が求められている。

◀2教科型（英数方式〈総合情報〉）▶

I

解答　(1)　点Pは線分ACを $t:1-t$ に内分する点なので

$$\overrightarrow{OP}=(1-t)\overrightarrow{OA}+t\overrightarrow{OC}$$

点Qは線分BCを $1-t:t$ に内分する点なので

$$\overrightarrow{OQ}=t\overrightarrow{OB}+(1-t)\overrightarrow{OC}$$

よって，$P((1-t)a,\ 0,\ tc)$，$Q(0,\ tb,\ (1-t)c)$　……(答)

$$\begin{aligned}\overrightarrow{PQ}&=\overrightarrow{OQ}-\overrightarrow{OP}\\&=((t-1)a,\ tb,\ (1-2t)c)\end{aligned}$$

$$\begin{aligned}\overrightarrow{PQ}\cdot\vec{n}&=(t-1)a\cdot\frac{1}{a}+tb\cdot\frac{1}{b}+(1-2t)c\cdot\frac{1}{c}\\&=t-1+t+1-2t\\&=0\quad(\text{一定値})\end{aligned}$$

(証明終)

(2)

$$\begin{aligned}|\overrightarrow{PQ}|^2&=(t-1)^2a^2+t^2b^2+(1-2t)^2c^2\\&=(a^2+b^2+4c^2)t^2-2(a^2+2c^2)t+a^2+c^2\end{aligned}$$

$$\begin{aligned}S(t)&=\frac{\pi}{4}|\overrightarrow{PQ}|^2\\&=\frac{\pi}{4}\{(a^2+b^2+4c^2)t^2-2(a^2+2c^2)t+a^2+c^2\}\quad\text{……(答)}\\&=\frac{\pi}{4}(a^2+b^2+4c^2)\left\{\left(t-\frac{a^2+2c^2}{a^2+b^2+4c^2}\right)^2-\left(\frac{a^2+2c^2}{a^2+b^2+4c^2}\right)^2\right\}\\&\qquad+\frac{\pi}{4}(a^2+c^2)\\&=\frac{\pi}{4}\left\{(a^2+b^2+4c^2)\left(t-\frac{a^2+2c^2}{a^2+b^2+4c^2}\right)^2\right.\\&\qquad\left.-\frac{(a^2+2c^2)^2}{a^2+b^2+4c^2}+a^2+c^2\right\}\end{aligned}$$

$a^2+b^2+4c^2>a^2+2c^2>0$ なので

$$0<\frac{a^2+2c^2}{a^2+b^2+4c^2}<1$$

したがって，$0\leqq t\leqq 1$ において，$S(t)$ は $t=\dfrac{a^2+2c^2}{a^2+b^2+4c^2}$ で最小となる。

……(答)

(3)　$\displaystyle\int_0^1 S(t)dt=\frac{\pi}{4}\int_0^1\{(a^2+b^2+4c^2)t^2-2(a^2+2c^2)t+a^2+c^2\}dt$

$\displaystyle=\frac{\pi}{4}\left[\frac{1}{3}(a^2+b^2+4c^2)t^3-(a^2+2c^2)t^2+(a^2+c^2)t\right]_0^1$

$\displaystyle=\frac{\pi}{4}\left\{\frac{1}{3}(a^2+b^2+4c^2)-a^2-2c^2+a^2+c^2\right\}$

$\displaystyle=\frac{\pi}{12}(a^2+b^2+c^2)$　……(答)

◀解　説▶

≪空間ベクトル，内積，定積分の計算≫

(1)　点 P が線分 AB を $t:1-t$ に内分するとき

$\overrightarrow{\mathrm{OP}}=(1-t)\overrightarrow{\mathrm{OA}}+t\overrightarrow{\mathrm{OB}}$

２つのベクトル $\vec{a}$，$\vec{b}$ がそれぞれ $\vec{a}=(a_1,\ a_2,\ a_3)$，$\vec{b}=(b_1,\ b_2,\ b_3)$ と成分で表されている場合，$\vec{a}$ と $\vec{b}$ の内積は $\vec{a}\cdot\vec{b}=a_1b_1+a_2b_2+a_3b_3$ となる。

(2)　$S(t)$ は t の２次関数となるので，平方完成により $S(t)$ が最小となる t の値を求める。区間 $0\leqq t\leqq 1$ における２次関数の最小値なので，放物線の軸が $0\leqq t\leqq 1$ の範囲に含まれるかどうか確認しておく。

(3)　定積分は整関数の積分なので，$\displaystyle\int x^n dx=\frac{1}{n+1}x^{n+1}+C$ $(n\geqq 0)$ を用いて，項別に積分する。

Ⅱ　解答

(1)　$\displaystyle S_1=\sum_{k=1}^{3}f(k)$

$=f(1)+f(2)+f(3)$

$=2+2+0=4$　……(答)

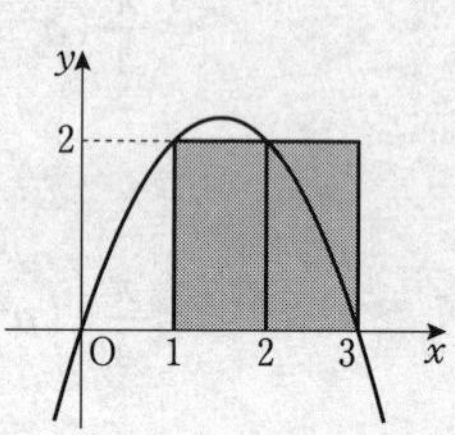

(2)　$\displaystyle S_n=\sum_{k=1}^{3n}\frac{1}{n}f\left(\frac{k}{n}\right)$

$\displaystyle=\frac{1}{n}\sum_{k=1}^{3n}\frac{k}{n}\left(3-\frac{k}{n}\right)$

$\displaystyle=\frac{1}{n^3}\sum_{k=1}^{3n}(3kn-k^2)$

$\displaystyle=\frac{1}{n^3}\left\{3n\cdot\frac{3n(3n+1)}{2}-\frac{3n(3n+1)(6n+1)}{6}\right\}$

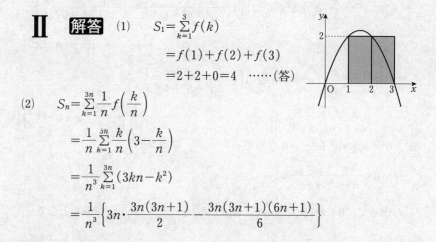

$$=\frac{3n(3n+1)}{n^3}\left(\frac{3n}{2}-\frac{6n+1}{6}\right)$$

$$=\frac{(3n+1)(3n-1)}{2n^2}$$

$$=\frac{9}{2}-\frac{1}{2n^2}$$

一方　$S=\int_0^3 x(3-x)\,dx=\frac{1}{6}(3-0)^3=\frac{9}{2}$

$S-S_n=\frac{9}{2}-\left(\frac{9}{2}-\frac{1}{2n^2}\right)=\frac{1}{2n^2}$ ……(答)

(3)　$\frac{1}{2n^2}<\frac{9}{2}\cdot\frac{1}{10^4}$

$10^4<9n^2$

$n^2>\frac{10^4}{9}$

$n>0$ より　$n>\frac{100}{3}$

これをみたす最小の自然数 n の値は　$n=34$ ……(答)

◀解　説▶

≪数列の和と定積分，放物線と直線で囲まれた部分の面積≫

(1)　S_1 は幅 1，高さが $f(1)$，$f(2)$，$f(3)$ である 3 つの長方形の和である。

(2)　$\frac{1}{n}f\left(\frac{k}{n}\right)$ は k の 2 次式になる。展開して，Σ の計算公式を用いて S_n を求める。ここで，$\sum_{k=1}^{m}k=\frac{1}{2}m(m+1)$，$\sum_{k=1}^{m}k^2=\frac{1}{6}m(m+1)(2m+1)$ の m の部分に $3n$ を入れる。一方，S は放物線と直線の囲む部分の面積なので，定積分を用いて計算する。

Ⅲ　解答

①$a^2\leqq 80$　②$\frac{8}{9}$　③$5a^2<4b$　④$\frac{4}{27}$　⑤$8b>a^2$
⑥$\frac{16}{27}$

◀解　説▶

≪円の方程式，復元抽出の確率≫

(1)　$x^2-2ax+y^2-ay+\frac{5}{4}a^2-b=0$

$$(x-a)^2+\left(y-\frac{a}{2}\right)^2=b$$

円 C の中心は $\left(a,\ \frac{a}{2}\right)$，半径は $\sqrt{b}$ である。

円 C の中心と原点との距離が 10 以下なので

$$\sqrt{a^2+\frac{a^2}{4}}\leqq 10$$

$$a^2\leqq 80\quad (\to①)$$

a は $1\leqq a\leqq 9$ をみたす自然数なので，a の値は $1\leqq a\leqq 8$ をみたす自然数となり，8 個ある。b は $1\leqq b\leqq 9$ をみたす自然数なので，求める確率は $\frac{8}{9}$ である。（→②）

(2)　原点が円の内部（周上にはない）

$\Longleftrightarrow$(円の中心と原点との距離)<(円の半径)

であるので，求める条件は

$$\sqrt{a^2+\frac{a^2}{4}}<\sqrt{b}$$

$$5a^2<4b\quad (\to③)$$

$a=1$ のとき，$\frac{5}{4}<b\leqq 9$ より　　b の値は 8 個。

$a=2$ のとき，$5<b\leqq 9$ より　　b の値は 4 個。

$a\geqq 3$ のとき，$b>\frac{5a^2}{4}\geqq\frac{45}{4}$ より　　b の値はない。

したがって，求める確率は $\frac{12}{81}=\frac{4}{27}$ である。（→④）

(3)　$x^2-2ax+y^2-ay+\frac{5}{4}a^2-b=0$

$y=x$ を代入して

$$2x^2-3ax+\frac{5}{4}a^2-b=0$$

この２次方程式の判別式を D とする。

円 C と直線 $y=x$ が２つの異なる交点をもつとき　$D>0$

$$D=(-3a)^2-4\times2\times\left(\frac{5}{4}a^2-b\right)>0$$

$$8b>a^2\quad(\to⑤)$$

$a=1,\ 2$ のとき，$1\leqq b\leqq 9$ より，b の値は 18 個。

$a=3$ のとき，$8b>9$ より $2\leqq b\leqq 9$，よって，b の値は 8 個。

$a=4$ のとき，$8b>16$ より $3\leqq b\leqq 9$，よって，b の値は 7 個。

$a=5$ のとき，$8b>25$ より $4\leqq b\leqq 9$，よって，b の値は 6 個。

$a=6$ のとき，$8b>36$ より $5\leqq b\leqq 9$，よって，b の値は 5 個。

$a=7$ のとき，$8b>49$ より $7\leqq b\leqq 9$，よって，b の値は 3 個。

$a=8$ のとき，$b>8$ より $b=9$，よって，b の値は 1 個。

$a=9$ のとき，b の値はない。

以上，合わせて $(a,\ b)$ の取り方は

$$18+8+7+6+5+3+1=48\ 通り$$

したがって，求める確率は $\dfrac{48}{81}=\dfrac{16}{27}$ である。（→⑥）

Ⅳ　解答

①1　②$-\dfrac{3}{2}$　③$\dfrac{1}{2}$　④-1　⑤$-\dfrac{1}{2}$

⑥$\dfrac{2}{3}+\dfrac{1}{3}\left(-\dfrac{1}{2}\right)^{n-1}$　⑦12

◀解　説▶

≪対数で表された数列，２項間漸化式の解法≫

$$\log_2(2x^{-\frac{3}{2}})=\log_2 2+\log_2 x^{-\frac{3}{2}}$$

$$=1-\frac{3}{2}\log_2 x\quad(\to①,\ ②)$$

次に，$a_1=2$ と $\dfrac{a_{n+1}}{a_n}=2a_n{}^{-\frac{3}{2}}$　……(＊) より，すべての n について $a_n>0$ である。

(＊)の両辺の２を底とする対数をとると

$$\log_2 a_{n+1}-\log_2 a_n=1-\frac{3}{2}\log_2 a_n$$

$b_n=\log_2 a_n$ とおくと

$$b_{n+1}-b_n=1-\frac{3}{2}b_n \quad \cdots\cdots(**)$$

$$b_{n+1}+\frac{1}{2}b_n-1=0 \quad (\to③,\ ④)$$

$$b_{n+1}-\frac{2}{3}=-\frac{1}{2}\left(b_n-\frac{2}{3}\right)$$

数列 $\left\{b_n-\frac{2}{3}\right\}$ は初項 $b_1-\frac{2}{3}=\log_2 2-\frac{2}{3}=\frac{1}{3}$，公比 $-\frac{1}{2}$ の等比数列なので　(→⑤)

$$b_n-\frac{2}{3}=\frac{1}{3}\left(-\frac{1}{2}\right)^{n-1}$$

$$b_n=\frac{2}{3}+\frac{1}{3}\left(-\frac{1}{2}\right)^{n-1} \quad (\to⑥)$$

また，⑥と(**)より

$$\begin{aligned} b_n-b_{n-1}&=1-\frac{3}{2}b_{n-1}\\ &=1-\frac{3}{2}\left\{\frac{2}{3}+\frac{1}{3}\left(-\frac{1}{2}\right)^{n-2}\right\}\\ &=\left(-\frac{1}{2}\right)^{n-1} \end{aligned}$$

したがって

$$|b_n-b_{n-1}|=\frac{1}{2^{n-1}}$$

$|b_n-b_{n-1}|<\frac{1}{1024}=\frac{1}{2^{10}}$ より

$$\frac{1}{2^{n-1}}<\frac{1}{2^{10}}$$

$$n-1>10$$

$$n>11$$

これをみたす最小の n は 12 である。(→⑦)

❖講　評

2022年度は大問4題のうち，Ⅰ・Ⅱが記述式で，Ⅲ・Ⅳが空所補充形式であった。

Ⅰ　空間座標に関する問題で，ベクトルと積分の混合問題である。(1)はベクトルの内積，(2)は2次関数の最小値，(3)は定積分の問題である。1つ1つは基本的な問題である。

Ⅱ　数列の和と定積分に関する問題である。(1)・(3)は易しい。(2)は標準的なレベルの問題となっている。

Ⅲ　図形と方程式と確率の融合問題である。円と点，円と直線がある条件をみたすときの確率を求める問題。図形と方程式と確率の両方の知識が要求されている。標準的なレベルの問題である。

Ⅳ　数列 $\{a_n\}$ の漸化式を，$b_n=\log_2 a_n$ とおいて漸化式を解くタイプの問題である。誘導式であり，基本的な知識があれば解ける。

全体的には標準的である。融合，混合問題が多く，幅広い知識が要求されるが，レベル的には教科書の例題，章末問題を超えるものはない。

問2の正答aの「(『世間』という言葉に)個人の集合したものという新しい意味が与えられた」の部分は、「巌谷小波の『世間学』」第二段落には「人間の集合したものを指す」と書いてありやや気になるが、第六段落まで読み進むと「小波が主張した個人の重視という思想」という記述があり、「人間」を「個人」と置き換えても差し支えないと判断できる。問3のキーワードである「ハードの面」という語は、本文中に明確な説明がないのでやや迷うが、たとえば学校や役所、会社などを創るといった、組織の近代化や産業化を指すと考えてよいだろう。

二は『源氏物語』〈紅葉賀〉からの出典。光源氏と頭中将が美しく舞う有名な箇所からの出題である。省略が多く、書かれていない部分を補って読むのが難しい文章であった。問1は基本古語の意味を確認する問題だが、現代語の感覚で解答すると間違える。「行幸」などの古文常識もしっかり学習しておきたい。問8は直訳するだけでなく、文脈を考えて意訳する必要があり難しい。また、単語だけでなく「目もあやなり」という慣用句の知識も問われている。

ぼうとなさった」が不可。本文には「しのばれずやありけむ」とあり、この部分の打消の意を落としている。eは和歌中の「遠けれど」をそのまま「遠い国の出来事ですが」と訳している点が不可。直訳としてはこれでよさそうだが、これではeの後半の文意が成り立たない（源氏が舞った青海波が遠い国の出来事であることと、源氏の姿をしみじみと見たということとの関連性が見出せない）。〈舞の故事には疎い自分が、それでもあなたの舞を見守った〉という文脈で意訳しているdが正解。

問９　藤壺からの手紙を受け取った源氏の反応は、第四段落の藤壺の歌の次の文から、その段落の最後までに書かれている。c・d・eはそれぞれ前半に「たどたどしいことがないわけではない」とあるのが不可。本文には「たどたどしからず（＝たどたどしくない）」と書いてある。aは「和歌のことまでもしっかりと心得ておられて」が不可。藤壺が和歌の中で触れていたのは「から人の袖ふること」、つまり、唐から伝わったという舞楽のことであった。

問10　行幸当日の様子については、最後の段落に書かれている。aとbは試楽での源氏の舞い姿を帝が「悲しそう」に思ったとしている点が不可。本文には「一日の源氏の御夕影ゆゆしう思されて」とある。「ゆゆし」は〈神聖なものへの禁忌〉を表し、対象が〝あまりにも不吉〟な場合や、反対に〝あまりにも立派〟な場合などを表し、ここでは後者。cとdは春宮の女御の台詞の「これでは十分ではない」が不可。春宮の女御は終始源氏に敵対しているのであるし、「あながちなり」は反対に〝あまりに度が過ぎている〟状態を意味する。

❖講　評

本文中の該当箇所に傍線を付さない独特の設問形式だが、設問は本文の流れにそって前から順に設定されている。内訳は現代文（評論）一題、古文一題。

一は、日本人の生き方を欧米と対置して述べた比較文化論であるが、両者の違いを明確にするというより、「世間」とは何かという説明に重点が置かれている。各段落で述べられている「世間」の特徴を端的にまとめつつ読み進めたい。

る点が不可。「あいなし」を〝不快だ〟と訳さないこともないが、この場面で后が天皇に対して抱く感情としては不適当。ここでの「あいなう」は〝むやみやたらに〟〝ただもう〟といった意味である。また「ことにはべりつ」を「普通にございました」と訳している点も不可。「ことに」は「異に」または「殊に」と書き、良くも悪くも〝普通ではない〟状態を表す。

問6　藤壺が宿直を勤めた夜、帝が藤壺にどのような話をしたかについては、第三段落の第三文「片手もけしうはあらずこそ…」以降に書かれている。問2でも解説したが「片手」は舞の〝相手〟のことであり、「手のつなぎ方」と訳しているbとeはまず外せる。次に本文の「家の子はことなる」を「良家の子弟はそこそこだ」としてあるdは不可。問5で解説した「ことに」と同様に「ことなる」は〝普通ではない〟状態を表す。cは「周りが騒々しい感じになる」が不可。本文中の「さうざうし」は、「さくさくし（索々し）」がウ音便化した語であり〝もの寂しい〟の意を表す。cは最後の「準備してもらった」も不可。本文には「用意せさせつる」とあり、aの「準備させた」のように「させ」は使役で訳すべきである。

問7　翌朝の源氏から藤壺への手紙の内容については、「つとめて中将の君…」から始まる第四段落の第一文と、続く和歌に書かれている。aとbは冒頭の「どのようなお気持ちでご覧になるでしょうか」が不可。本文には「いかに御覧じけむ」と過去推量の助動詞が使われているので、c・d・eの「いかがご覧になったでしょうか」のように過去形で訳すべきである。eは後半の「袖を濡らした」が誤り。和歌中には「袖うちふりし」とあり、源氏が藤壺に袖を振ったと書かれていた。ちなみに袖を振るとは、もちろん舞うことでもあるが、わが国では古来、思い人への求愛の仕草でもあった。dは「とてもそうとは思えません」が強すぎるし、「かしこ」を「悲しい」としている点も不可。

問8　源氏からの手紙に対する藤壺の反応については、第四段落の源氏の歌の次の文と、それに続く藤壺の和歌の中に書かれている。aとbは冒頭の「これまで見たくても見られなかった」が不可。本文の「目もあやなり」は、対象がまぶしいほど立派で正視できないことを表す慣用句。まずこの点を踏まえて訳しているc・d・eにしぼる。cは「偲が不可。この部分の主語は頭中将でなければならない。ｄは「頭中将の足拍子や表情は、この世のものとも思えない様子であった」が不可。この世のものとは思えない足拍子と表情の主は源氏でなければならない。

問３　詠が終わったあとの周囲と源氏の様子は、第二段落の第六文（「詠はてて袖うちなほしたまへるに…」で始まる文）に書かれている。「詠」は注にあるように、舞楽の途中で吟詠される舞人の詩歌。演奏の途中で舞人による独唱が入り、再び演奏が始まるという流れになっている。ｂ・ｃ・ｅは「楽のにぎははしき」を「演奏する楽の音の騒々しさ」と訳している点が不可。基本的に「にぎははし」に負のニュアンスはないし、荘厳な雰囲気の中で源氏が舞う場面にそぐわない。ｄは「いつものことではあるが」が不可。本文には「常よりも光る」とある。なお、ｂとｃは「袖うちなほしたまへる（＝袖をお直しになった）」の主語を「見物の方々」としている点もおかしい。楽隊は袖を直した人を〝待ち受けて〟再び演奏を始めるのだから、袖を直したのは源氏である。

問４　源氏の青海波に対して春宮の女御がどのように反応し、それに対して若い女房たちはどうしたかについては、第二段落の終わりから二つ目の文（「春宮の女御、かくめでたきにつけても…」で始まる文）に書かれている。ａとｃは「ただならず思して」と「うたてゆゆし」を「趣き深いと思われ」「ああ素晴らしい、恐れ多い」と好意的に訳している点が不可。春宮の女御は、自分の息子である春宮の地位を脅かしかねない源氏を疎ましく思っている。また、ｂとｃにある「心して聞こうと」は不可。若い女房たちは「心うし」、つまり〝不快な〟ものとして春宮の女御の言葉を聞いている。ｄは本文の「耳とどめけり」を「耳を塞ぐのであった」と訳している点が不可。「耳とどむ」は〝耳に留める〟〝留意して聞く〟の意であり、「聞き耳を立てる」と訳してあるｅがよい。

問５　青海波について藤壺はどう思ったか、また、帝からのお尋ねにどのように対応したかについては、第二段落の最後の一文から、第三段落の始めの二文に書かれている。ｂ・ｃ・ｄは「当然とも思えた密通への苦悩」が不可。本文には「おほけなき心」とあり、これは〝源氏との恋に悩む身分不相応な心境〟を指す。したがってまずは本文中の「おほけなき」を「立場をわきまえない」と解しているａとｅにしぼる。ｅは「あいなう」を「不快に感じて」としてい

で）限りなくありがたく、このような（舞楽の）方面までたどたどしくはなく（＝しっかりと心得ていらっしゃって）、外国の朝廷のことまで思いを馳せていらっしゃる、（そのお言葉には）皇后の言葉（の風格）があらかじめ（備わっていらっしゃる）、と自然にほほ笑まれて、（そのお手紙を大切な）持経のように広げて見入っていらっしゃった。

行幸には、親王方など、世に残る人なく（皆が）供奉なさった。（その中には）春宮もいらっしゃる。いつものように音楽の船が（庭の池を）漕ぎめぐって、中国、高麗と（曲目を）尽くした舞は、種類が多い。管弦の音、太鼓の音が世を響かせる。（帝は）先日の源氏の御夕影（＝夕陽の中で青海波を舞った源氏の姿）が（素晴らしすぎて）そら恐ろしいとお思いになって、（厄除けの）御誦経をあちらこちらでおさせになるのを、（それを）聞く人はもっともなことだと同情申し上げるのだが、春宮の女御は、「度を越している」と（帝を）非難申し上げなさる。

▲解　説▼

問1　朱雀院への行幸が、女御・更衣などの方々にどのようにとらえられたか、また帝はどのように考えて試楽を催したかについては、第一段落に書かれている。「行幸」は天皇が宮中を離れて外出すること。ここでは注にあるように帝（＝源氏の父である桐壺帝）が先帝の屋敷で行う催しに出かけることを指している。したがって「行幸」を「旅」や「物見遊山」と解しているa、d、eは不可。bとcで迷うが、cは「おもしろかるべき」を〝楽しそうな〟と訳している点と、「口惜し」を「悔しい」と訳している点に難がある。古文の「おもしろし」は〝目の前がぱっと明るくなるほどすばらしい〟〝趣がある〟といった意味で、まだ現代語の〝楽しい〟という意味にはなっていないことが多い。また古文の「口惜し」も〝期待や希望が満たされないのが残念だ〟〝がっかりだ〟という意味で、〝悔しい〟という意味になるのはもっと後世のことである。

問2　青海波の舞の様子は、第二段落の第一～三文に書かれている。aとbは「頭中将と一緒に手をつなぎながら」が本文中の「片手」のひっかけ。ここでの「片手」は舞の〝相方〟〝相手〟のことである。「書き手」「語り手」のように、「手」には〝人物〟の意があることを確認したい。eは「源氏は、顔だちといい心づかいといい…格別ではあるが」

色はまさって、いつもより光るように見えなさる。春宮の女御は、このように（源氏が）立派であるにつけても、穏やかならずお思いになって、「神などが空から魅入ってしまいそうなご様子だなあ。気味悪く忌まわしい」とおっしゃるのを、若い女房などは、情けないと耳に留めて（聞いて）いた。藤壺は、もし身分不相応な心（＝源氏との恋に悩む心）がなかったならば、いっそう素晴らしく（源氏の姿が）見えただろうにとお思いになられ、夢のような心地になりなさった。

（藤壺の）宮は、そのまま御宿直（＝一晩中帝の側にいる役目）であった。（帝が）「今日の試楽は、青海波に尽きた（＝なんといっても青海波がよかった）なあ。（あなたは）どのようにご覧になったか」と申し上げなさると、（藤壺は源氏とのことがあるので）ただもうお答え申し上げにくくて、「格別にございました」とだけ申し上げなさる。「（源氏の舞の）相手も悪くないように見えた。舞い方や手さばきも良家の子弟は違うものだ。世間に知られている舞手たちも、なるほどとても才知に優れているけれど、（子供のように）おおらかで新鮮な素質を見せることができない。試楽の日にこのように（素晴らしい舞楽を）やり尽くしてしまったので、紅葉の木陰（で行う当日の舞楽）は物足りなくなると思うが、（あなたに）お見せ申し上げようとの一心で、（今日の舞楽を）用意させたのだよ」などと申し上げなさる。

翌朝中将の君（＝源氏）（の藤壺への手紙に）、「（昨日の私の舞を）どのようにご覧になったでしょうか。（私は）これまでに経験したことのない乱れた心のまま（舞いました）。

（あなたへの）もの思いのために立ち振舞うこともできないはずの私が袖を振りました、その私の心を（あなたは）
　ご存知でしたか

ああ恐れ多いことです」とある（ことへの藤壺の）ご返事は、まぶしいほど立派であった（源氏の）お姿やお顔立ちのために、（源氏の手紙を）ご覧になり我慢なさることができなかったのであろうか、

「唐の人が袖を振って（舞った）という青海波の故事には疎い私ですが、（あなたの舞の）一挙一動を感慨深く拝見い
　たしました

（こうした私の気持ちは）並々のことでは（ございません）」とあるのを、（源氏は、藤壺からの手紙がめったにないこと

解答

問1　b
問2　c
問3　a
問4　e
問5　a
問6　a
問7　c
問8　d
問9　b
問10　e

◆全　訳◆

朱雀院への行幸は十月十日ほどである。（今回は源氏が舞を披露し）普段とは異なり趣深くなるはずの行幸であるので、（女御・更衣の）方々は見物なさらないことを残念にお思いになる。帝も、藤壺が（行幸での催しを）ご覧にならないのを物足りなくお思いになるので、舞楽の予行を（清涼殿の）前庭でおさせになる。

源氏の中将は、青海波をお舞いになった。（舞の）お相手には左大臣家の頭中将、お顔だちといい心づかいといい人よりも格別だが、（源氏の横に）立ち並んでは、やはり桜の横にある山奥の木（も同然）である。夕方の陽光がはっきりと差しているときに、雅楽の演奏がいちだんと響き、（宴が）趣き深い頃、同じ舞の足拍子や面持ち（であっても）、（源氏が舞うと）この世のものとは思えない様子である。（源氏が）詠唱などなさっているのは、これが仏の（世の）迦陵頻伽の声であろうかと聞こえる。（詠唱が）趣き深く感傷的なので、帝は涙をおぬぐいになり、上達部や、親王方も皆お泣きになった。詠唱が終わって（源氏が）袖をお直しになったところ、待ち受けていた雅楽が活気にあふれ、（源氏の）お顔

問6　日本と欧米の時間意識の違いについては、「日本における贈与・互酬関係」の第七・八段落に書かれている。aは日本と欧米人が感じる「時間の長さ」の違いについて述べている点が不可。筆者はそのような実測できる時間の違いについて述べているのではない。bは「欧米では初対面の人とは同じ時間を過ごすという感覚がない」が不可。欧米人は初対面であるかないかに関わらず、「一人一人の時間を生きている」のである（第七段落）。cは「欧米では過去に受けた恩恵をすぐに忘れてしまう」が不可。「欧米ではそのときのお礼はそのときにする」のである（第八段落）。dの「欧米では…人間関係が恒久的ではない」がやや言い過ぎ。「欧米では…共通の時間意識というものがない」と述べているeが正解。

問7　日本における自画像の欠如については「自画像の欠如」に書かれている。aは今でも日本に自画像の傑作が少ない理由を「個人と社会の区別が不明確であることによる」としている点が不可。第三段落の「個人が自己を発揮できる環境が必ずしも十分ではないからである」という理由と一致しない。同じ部分を根拠としてbは「個人や社会という概念への抵抗感があることによる」が不可。dは「自己を描くことを禁じられていた」が言い過ぎ。「（日本人は）自己主張をしないように教育されてきた」（第四段落）とはあるが、自画像を描くことが禁止されていたわけではない。eは「禅宗の僧侶にのみ許されていたため」がやはり言い過ぎ。明治以前の自画像のほとんどは禅宗の僧侶の手によったものだとは述べられているが（第二段落）、禅宗の僧侶以外が自画像を描くことを禁止されていたわけではない。本文中に直接の記述はないが、禅宗は大陸由来の思想であり、「世間」の中で生きる日本人の感性とは一線を画すものと筆者はとらえているものと考えられる。

二

出典　紫式部『源氏物語』〈紅葉賀〉

目指すための政策ではない。同じ理由でｃとｄは「明治政府の近代化政策は…教育勅語の思想を浸透させるというソフトの面では成功せず」が不可。また、ｂは「個人の重視というハードの面ではある程度成功したが」が不可。日本では「個人」という概念は定着しなかったのだし、そもそも「個人の重視」は「ハードの面」ではない。

問４　日本の贈与・互酬の慣行についての筆者の考えは「日本における贈与・互酬関係」の第一～五段落に書かれている。ａは「日本の贈与・互酬の慣行は…その基礎には呪術があり」が不可。筆者はマルセル＝モースの「呪術概念」には問題点があると指摘している。ｄは「日本の贈与・互酬の慣行は…個人の人格に対する配慮によって生み出された」が不可。第三段落にあるように、日本ではそもそも「個人の人格」を重視することが形式化されていた。ｅは「相手が俗物や企業の場合には礼状ですますことも出来る」が不可。筆者は「相手が俗物や企業の場合」には、丁寧な礼状や返礼で相手の敬意を受けようとする手は通用しないと述べている（第五段落）。ｂは「日本の贈与・互酬の慣行は…私的な人間関係に対する返礼として生み出されたものである」の部分の言い回しにズレがある。日本の人間関係はたしかに「私的な」関係なのだが、「日本の贈与・互酬」は「自分が行った行為」への「返礼」として行われると説明しなくてはならない。この点を正しく指摘しているｃが正解。

問５　筆者が考える日本と西欧の人間関係のあり方の違いは、「日本における贈与・互酬関係」に書かれている。ｂは特に後半の「西欧では…贈り物の価値も変動しないと考えている」が不可。筆者は欧米人の贈与・互酬の慣行については「ここでは問題として残しておきたい」（第二段落）と述べており、何らかの結論めいたことは述べていない。同様の理由でｃは「西欧では…返礼をすれば馬鹿にされることがあると考えている」が不可。ｄは「西欧にはそうした慣行はなく、若年層が優位に立つと考えている」が不可。筆者は第六段落で「現実の日本では…若年者が優位に立ちつつある」と述べている。ｅは「西欧では人間関係を保つための挨拶というものがないと考えている」が不可。筆者は「共通の時間意識」（第七段落）に基づいた挨拶が西欧にはないと述べているのであって、「人間関係」そのものを保つ挨拶がないとは述べていない。

に縛られて生きているのである。

◀解　説▶

問１　古代日本における「世間」という言葉の意味については、冒頭から第四段落までに書かれている。aは「その訳語が出来ても社会の内容も個人の内容も全く実質をもたなかった」が不可。この内容は古代日本についてではなく、明治以降に「社会」と「個人」の訳語が出来てからについての内容である。bは「（『世間』という言葉は）…もっぱらあの世の無常を意味する言葉として用いられた」が不可。「世間」は「あの世」も含むが基本的には「現世」を意味する。cは「『この世は不完全なものである』という意味で用いられることが多かった」が不可。これは原義であり、実際には「無常な世」という意味で用いられることが多かった。eは「あの世をも含む概念であるサンスクリットのローカ」の部分がおかしい。もともとのサンスクリットの「ローカ」は「この世は不完全なものである」という意味であった。

問２　巌谷小波によって「世間」にどのような新しい意味が与えられたか、そのことについての筆者の考えは「巌谷小波の『世間学』」の第一～五段落に書かれている。bは「欧米とは異なる秩序のある社会という新しい意味が与えられた」が不可。巌谷小波は「日本には秩序がないということ」をあげつらっていた。cは「日本特有の秩序のない社会という新しい意味が与えられた」が不可。巌谷は日本の秩序のなさを批判しているのであって、「世間」を「秩序のない社会」だと定義づけたのではない。巌谷は「世間とは、人間の集合したものを指す」（第二段落）と述べている。dは「ドイツ語の世界市民 Weltbuergertum とは異なる新しい意味が与えられた」が不可。巌谷小波は「世間」を「人間の集合したもの」と説明したが、これはドイツ語の世界市民 Weltbuergertum からの訳語である。eはcと同じ理由で「巌谷小波が…『世間』を秩序のない社会を指すと述べた」が不可。

問３　明治政府の近代化政策については「巌谷小波の『世間学』」の第六・七段落に書かれている。aは「教育勅語の思想を浸透させるというハードの面」が不可。「教育勅語」はむしろ近代化を排除しようとするものであり、近代化を

国語

一

出典　阿部謹也『近代化と世間―私が見たヨーロッパと日本』（朝日新書）

解答

問1　d

問2　a

問3　e

問4　c

問5　a

問6　e

問7　c

問8　あ―c　い―b　う―d　え―d　お―e

◆要　旨◆

古来日本には「社会」や「個人」という言葉はなかったが、それは日本人が欧米とは全く違った「世間」という比較的狭い人間関係の中で生きていたからであった。近代化によって日本社会はハード面では変化しえたが、人間関係を近代化するには至らなかった。この「世間」は贈与・互酬の関係によって維持され、長幼の序を重んじ共通の時間意識を有している。日本に傑作と呼べる自画像がないのは、「世間」を生きる我々に自己を描く必要がなかったからであり、今でも個人を発揮する環境は少ない。日本人は自己を主張せず目立たない存在になるよう心がけて生きてきた。私たちは「世間」

MEMO

MEMO

MEMO

MEMO

2021年度

問題と解答

■全学日程：２月１日実施分

３教科型，２教科型英語外部試験利用方式，２教科選択型

問題編

▶試験科目・配点

区分	教　科	科　　目	配　点
３教科型	外国語	コミュニケーション英語Ⅰ・Ⅱ・Ⅲ，英語表現Ⅰ・Ⅱ	200点
	選　択	日本史Ｂ，世界史Ｂ，地理Ｂ，政治・経済，「数学Ⅰ・Ⅱ・Ａ・Ｂ」から１科目選択	100点
	国　語	国語総合・現代文Ｂ・古典Ｂ（いずれも漢文を除く）	150点
２教科型英語外部試験	選　択	日本史Ｂ，世界史Ｂ，地理Ｂ，政治・経済，「数学Ⅰ・Ⅱ・Ａ・Ｂ」から１科目選択	100点
	国　語	国語総合・現代文Ｂ・古典Ｂ（いずれも漢文を除く）	150点
２教科選択型	選　択	「コミュニケーション英語Ⅰ・Ⅱ・Ⅲ，英語表現Ⅰ・Ⅱ」，「数学Ⅰ・Ⅱ・Ａ・Ｂ」，「国語総合・現代文Ｂ・古典Ｂ（いずれも漢文を除く）」から２教科選択	各200点

▶備　考

- 「数学Ｂ」は「数列，ベクトル」から出題する。
- ２教科型英語外部試験利用方式は，学部指定の英語外部試験のスコアが基準を満たした者のみを対象とした方式。外部試験の証明書は出願時に提出する。文〈初等教育学専修〉・商・社会・外国語・総合情報学部では実施されていない。
- ２教科選択型は，総合情報学部で実施。

英語

(90分)

〔Ⅰ〕A．次の会話文の空所(1)～(5)に入れるのに最も適当なものをそれぞれA～Dから一つずつ選び，その記号をマークしなさい。

Rick has just finished giving Yuta a tour of the university campus.

Rick: Thank you for joining the campus tour today. Do you have any remaining questions?

Yuta: You mentioned there's a writing center for students on campus. (1) ______________________

Rick: Certainly! The writing center is a great resource for helping students with their assignments and so on.

Yuta: Oh, and is this service free?

Rick: (2) ______________________ Just remember to bring your student ID card with you and you can schedule a session with one of the writing tutors there.

Yuta: I'm glad to hear there's no charge. So it isn't necessary to reserve a tutoring session in advance?

Rick: As long as it's not too busy, you can usually just go there directly. During busy times, such as near the end of the semester, you might want to schedule a time beforehand.

Yuta: (3) ______________________

Rick: If you go to the university homepage, there's a link to the writing center. (4) ______________________

Yuta: How convenient!

Rick: Just keep in mind that the writing-center tutors can't rewrite your assignments for you. They're only allowed to give you general advice on your writing.

Yuta: (5)____________________ If they rewrite it for me, I won't learn anything.

Rick: That's exactly right.

Yuta: Well, I think that answers all my questions. Thank you!

(1) A. Can you imagine what they do all the time?
B. Could you tell me what kind of services are available?
C. Do you think you'd be able to teach me there?
D. Would I be able to work there as a teacher?

(2) A. It's free for me.
B. Not for you, unfortunately.
C. You have to pay for that.
D. In your case, it will be.

(3) A. How far in advance?
B. Why's that?
C. How do I do that?
D. When is the best time?

(4) A. It's simple to write what you know.
B. It's complicated, but you can figure it out.
C. After that, you're on your own.
D. You can easily sign up from there.

(5)　A. I don't know about that.

B. That makes sense.

C. They had better!

D. They wouldn't dare!

B. 下の英文A～Fは，一つのまとまった文章を，6つの部分に分け，順番をばらばらに入れ替えたものです。ただし，文章の最初にはAがきます。Aに続けてB～Fを正しく並べ替えなさい。その上で，次の(1)～(6)に当てはまるものの記号をマークしなさい。ただし，当てはまるものがないもの(それが文章の最後であるもの)については，Zをマークしなさい。

(1)　Aの次にくるもの

(2)　Bの次にくるもの

(3)　Cの次にくるもの

(4)　Dの次にくるもの

(5)　Eの次にくるもの

(6)　Fの次にくるもの

A. It's one of our favorite treats, and it seems like it's been around forever. But chocolate as we know it today is very different from chocolate of the past.

B. New inventions from the Industrial Revolution changed how quickly and easily the cacao seeds could be processed, and in 1847 a man named Joseph Fry was able to create the first solid chocolate.

C. Cacao trees, which grow the pods that contain the seeds that chocolate is made from, were originally located in South America. The seeds are brownish-red and shaped like an almond. When the first visitors from Spain arrived in South America, they were given a drink made from cacao, but they thought the taste was too bitter.

D. The next step in the development of chocolate was new technology to enhance the speed of production and taste of chocolate, and then, finally, to increase its availability. By the early 1900s, chocolate was available almost everywhere in the world, being sold by famous companies such as Cadbury, Lindt, and Hershey's.

E. Cacao was later introduced to Europe, where sugar or honey was added to it. This added sweetness made it very popular, and cacao-tree plantations were established by the English, French, and Dutch.

F. In fact, chocolate was not eaten until it was available in Europe about 150 years ago. Before that, chocolate was drunk as a liquid. The history of chocolate began as far back as 5,000 years ago in a region far from Europe.

〔Ⅱ〕A．次の英文の空所(　1　)〜(　15　)に入れるのに最も適当なものをそれぞれA〜Dから一つずつ選び，その記号をマークしなさい。

In 1848, an American man left the ship *Plymouth* on a small boat, just off the coast of Hokkaido. This man, Ranald MacDonald—not to be confused with the restaurant mascot Ronald McDonald—was to become the first native English speaker to teach the language in Japan and to help shape the future of the country. Why did he decide to take such a journey? What could one man achieve on his own at such a dangerous time?

MacDonald was born in what today we know as Astoria, in the US state of Oregon, in 1824. His father worked for a company that sold animal fur and other products from Canada, the US, and England. His mother was the daughter of the leader of the indigenous people that lived in the area, the Chinook. After moving many times with his family across Canada and the US, he (　1　) an interest in Japan—though why exactly remains unclear. This fascination with a distant land led him on the journey that was to change both his life and the future of Japan.

In 1848, MacDonald finally arrived in Japan. He had spent three years on the whaling vessel *Plymouth*, and finally neared the place where he wanted to land in Japan, Rishiri Island, in Hokkaido. Members of the indigenous Ainu people found him, and he pretended to be shipwrecked, meaning that his boat was damaged and he was (　2　) in Japan. The Ainu brought him to the local government, who decided to send him to Nagasaki.

It is important to note what was happening at this time in Japan, and why MacDonald's arrival was so dangerous. Japan had shut its borders to all foreigners during the Edo period, (　3　) lasted from 1603 to 1868. If any foreigners were found in Japan, they were (　4　) sent to prison or killed. The only place that allowed non-Japanese was in Nagasaki, and most of the foreigners there were Chinese or Dutch traders. Ranald MacDonald was neither of these, so his arrival created (5) for everyone there. He was placed in a Buddhist temple, and not allowed to leave.

The Tokugawa Shogunate, the rulers of Japan at the time, (6) English skills for communicating with foreign countries in Nagasaki, which made MacDonald the perfect person to assist them. There were no Japanese with great English fluency at this time, so for ten months, 14 samurai were taught English by MacDonald. These samurai had studied Dutch before, but they were (7) to master the English language due to there being no foreigners with enough language ability. This time spent studying with MacDonald was the first time any Japanese were to learn the language from a native English speaker, and the result of this teaching (8) help to change the country forever.

Of the samurai who studied with MacDonald, Einosuke Moriyama was his (9) student. Later, in 1854, Moriyama was the main Japanese-English interpreter for Japan when Commodore Matthew C. Perry arrived and demanded that Japan open its borders to the US. (10) Moriyama, the discussions between the two countries would have been very difficult.

In April 1849, the American warship the *USS Preble* arrived in Nagasaki to (11) some sailors who had been put in prison after they ran away from the boat they were on and came to Japan. MacDonald had a chance to get on the *Preble*, so he left Japan together with them. When he arrived in the US, he wrote to the government about how well behaved the Japanese were and how interesting their society was. Shortly afterwards, he traveled around Europe, Asia, and Australia, returning home again in 1853.

MacDonald had worked as a bank clerk, whale hunter, language teacher, gold miner, and farm worker, (12) writing about his adventures.

His book, *Japan: Story of Adventure of Ranald MacDonald, First Teacher of English in Japan, AD 1848-49*, was published in 1923, almost 30 years after he died, in 1894. He never married or had children; however, monuments to him were (13) in Nagasaki, on Rishiri Island, and near where he was born, in Astoria, Oregon.

Ranald MacDonald was never famous during his lifetime, even though his actions were so important to the future relationship between Japan and the United States, eventually opening the country to the whole world. He left the US (14) what Japan was, and returned as the person who most likely knew more about Japan than any other American. (15), rather than staying to share his adventures after returning to the US in 1849, he traveled the world, and by the time he returned in 1853, stories of Commodore Perry's journey to Japan were of greater interest to people. Today, we can remember him for the actions that changed Japan and see how even one person can make a big difference in the world.

(1) A. created B. needed
C. developed D. wanted

(2) A. free B. stuck
C. gladly D. fixed

(3) A. and B. but
C. who D. which

(4) A. neither B. either
C. never D. rarely

(5) A. confusion B. understanding

C. happiness　D. peace

(6) A. missed　B. disliked
C. needed　D. found

(7) A. likely　B. unable
C. unsuited　D. qualified

(8) A. would　B. will
C. might　D. may

(9) A. latest　B. strictest
C. best　D. highest

(10) A. Beside　B. Without
C. Despite　D. Unlike

(11) A. collect　B. deliver
C. return　D. celebrate

(12) A. as well as　B. rather than
C. as opposed to　D. more often than

(13) A. restored　B. built
C. found　D. considered

(14) A. curious of　B. confused by
C. familiar with　D. knowing about

⒂　A．Cleverly　B．Skillfully

C．Luckily　D．Unfortunately

B．本文の内容に照らして最も適当なものをそれぞれA～Cから一つずつ選び，その記号をマークしなさい。

(1)　For Ranald MacDonald to first enter Japan, he had to

A．lie to people.

B．pay money.

C．follow a map.

(2)　MacDonald was most likely kept in a Buddhist temple because he was

A．interested in their religion.

B．unlike previous foreign visitors.

C．useful to the residents of the temple.

(3)　The main reason for the 14 samurai to be in Nagasaki at this time was

A．to teach European languages.

B．to learn from a foreigner.

C．to help MacDonald.

(4)　The passage suggests that as a result of MacDonald's teaching,

A．most samurai in Japan began to learn English.

B．MacDonald was allowed to leave on the *USS Preble*.

C．America and Japan were able to have peaceful negotiations.

(5)　Ranald MacDonald was not famous when he arrived in America in 1853 because

A．he came back too late.

B．he was a prisoner.

C．he didn't write a book.

(6) Monuments to MacDonald most likely serve as a way to remember

A．the popularity of his book in many countries.

B．how he changed history with his educational efforts.

C．his hero status in every country he visited.

(7) MacDonald's experiences in Japan suggest the country was

A．not interested in English.

B．becoming very wealthy.

C．ready to change its outlook.

〔Ⅲ〕A．次の英文の下線部①～⑩について，後の設問に対する答えとして最も適当なものをそれぞれA～Cから一つずつ選び，その記号をマークしなさい。

Deciding when human beings first started to write is quite tricky, because it's a problem deciding whether the marks they made are drawing or part of a writing system. A drawing of a buffalo on the wall of a cave is definitely art, not writing. The marks only look like writing when they start being used to replace drawings, have a definite size and shape, and appear on a surface in a line with a particular direction. The day I kill three buffaloes and draw them as three dead animals on my cave wall, I'm being an artist. ①But the day I kill three buffaloes and invent a sign for them (such as ^=^) and mark up on my cave wall "^=^ 111," then I'm being a writer.

We see signs of this kind of system emerging from around 30,000 BC. People started to cut marks in sticks or on bones to show numbers of things.

They're called "tally-sticks" and "tally-bones." We don't know what they were counting.

The next step was to distinguish types of things, using clay. This happened around 9,000 BC. Small lumps of clay were shaped into a ball, or a cone, or a rectangle, and so on. They're called "clay tokens," because ② they were used to stand for things. A ball might mean a sheep; five balls would then mean five sheep. A cone might mean a cow; three cones would mean three cows. Again, we don't know what they were counting. However, we can guess, because ③ this was the period when people were beginning to set up farms, so it would have been important to keep track of the number of animals someone had or the amount of grain they were holding.

Around 4,000 BC there was another development. ④ People started making marks on the clay tokens to show different types of things. One type of mark (such as X) might mean a male pig; another type of mark (such as O) might mean a female pig. So if I sent my servant to my cousin in another village with five pigs, and three of my pig-tokens had Xs on them and two had Os on them, everyone there would know what I was sending.

But there was a problem. ⑤ What if my servant wasn't honest? Say I gave him five pig-tokens, but when he got to my cousin's farm he showed him only four? He'd stopped off on the way and hidden one of the pigs for himself, and destroyed one of the tokens to hide what he'd done. My cousin wouldn't ⑥ know any better. Four pigs—four tokens. No problem. ⑦ No phones around in those days to check.

We can imagine that it didn't take long before people realized that this sort of thing was going on. In response, they put all their tokens into a hollow clay ball, then sealed the entrance hole with another piece of clay, and put their seal on that. No servant could get at the tokens without breaking the container—and then they'd be found out straight away.

But it can't have been long before someone noticed a problem with this way of doing things. What if someone stops my servant on the way and asks "What are you carrying there?" The servant might not know. And there was no way of seeing inside. So people hit on ⑧ the idea of showing the tokens on the outside of the container. The clay was quite soft, so all they had to do was take each token and press it down into the clay so that you could see its shape. Now anyone who wanted to know what was in the container would simply have to look at the marks on the outside.

"But what's the point of that ⑨?" you might say. If there are now marks on the outside of the clay to show what the tokens are, then why did they need to have the tokens inside as well? Why not just let the marks do the job? Why not get rid of the tokens altogether and just put the marks representing sheep, pigs, and everything else onto a clay tablet? That would be a lot simpler.

And that's exactly what they did. By around 3,400 BC, a writing system had begun to develop in which scribes scratched marks into clay tablets. A thousand years later, these had become clusters of small straight wedge-shaped marks, made by the end of a reed. The system was called "cuneiform"—a name that comes from *cuneus*, the Latin word for "wedge."

The earliest cuneiform writing has been found in the ruins of the ancient city of Uruk, on the banks of the River Euphrates in modern Iraq. It had about 800 signs, representing numbers, types of produce (such as "sheep" and "fish"), and parts of the body (such as "head" and "mouth"), as well as everyday objects (such as "pot" and "plough").

Eventually, cuneiform writing came to be used for all kinds of purposes, such as making lists of possessions, sending messages between governments, and recording events. It was easy to see the value ⑩ of a writing system of this kind, and soon other languages in the region started to use it. In fact, it lasted for over 2,000 years, and only died out when more convenient ways of writing were invented.

(1) What does Underline ① imply?

A. Writing acquires meaning through the use of signs that represent concepts.

B. Writers are better than artists at expressing the meaning of things on signs.

C. Signs used in caves to transmit meanings are a dubious form of writing.

(2) What does Underline ② actually mean?

A. The tokens could be placed upright on the ground.

B. The tokens could be accurately shaped into things.

C. The tokens could be used to imagine other items.

(3) What does Underline ③ imply?

A. Early writing systems were mainly used for commerce.

B. Early writing systems were mainly used for agriculture.

C. Early writing systems were mainly used for hunting.

(4) Which of the following can be a concrete example for Underline ④?

A. two clay tokens used to show two pigs

B. three tokens with Os that show three female pigs

C. a token in the shape of a ball that means "pig"

(5) What does Underline ⑤ imply?

A. Clay tokens could not prevent deceitful behavior.

B. Members of the servant class could not be trusted.

C. The person should have relied on a cousin instead.

出典追記：A Little Book of Language by David Crystal, Yale University Press

(6) Which of the following has a meaning closest to Underline ⑥?

A. be naive about something

B. be educated about something

C. be aware of something

(7) What does Underline ⑦ actually mean?

A. There was no easy way to confirm the details of faraway transactions.

B. Technology was unable to keep up with the quick advances in writing.

C. People did not go to the trouble of communicating about business details.

(8) Which of the following has a meaning closest to Underline ⑧?

A. didn't like

B. thought of

C. argued for

(9) What does Underline ⑨ refer to?

A. using clay balls instead of tokens

B. using marks pressed inside the clay balls

C. using both tokens and marks

(10) Which of the following has a meaning closest to Underline ⑩?

A. amount

B. cost

C. usefulness

B．本文の内容に照らして最も適当なものをそれぞれＡ～Ｃから一つずつ選び，その記号をマークしなさい。

(1) The author uses the example of buffalo drawings to show that

Ａ． drawing was an important first step in early writing.

Ｂ． drawing and writing are conceptually different.

Ｃ． drawing was an enjoyable way to represent animals.

(2) In the third paragraph, starting with "The next step," the author's primary purpose is to explain that

Ａ． different-shaped objects could be used to represent different things.

Ｂ． it was difficult to interpret what commodity was being counted.

Ｃ． clay was the best material to use for shaping animal figures.

(3) The main point of the sixth paragraph, starting with "We can imagine," is that

Ａ． people were largely unaware of the problem.

Ｂ． people took measures to address the problem.

Ｃ． people considered the problem, but took no action.

(4) The cuneiform system improved upon the previous writing system because

Ａ． it eliminated the need to use tokens.

Ｂ． it integrated Latin words into the writing.

Ｃ． it prevented servants from being dishonest.

(5) The cuneiform writing system is notable for its

Ａ． intensity.

Ｂ． difficulty.

C．longevity.

(6) Which of the following would the author be most likely to agree with?

A．Clay should not have been used due to its limitations.

B．Cuneiform greatly expanded the usefulness of writing.

C．Drawing is appropriate when artistic expression is the goal.

(7) The most appropriate title for this passage is

A．"The Challenges of Writing."

B．"The Benefits of Writing."

C．"The Origins of Writing."

日本史

(60 分)

〔 I 〕 次の(A)〜(C)の各文の(　1　)〜(　10　)に入れるのに最も適当な語句を下記の語群から選び，その記号をマークしなさい。

(A) 1881 年，政府は(　1　)を出して，1890 年に国会を開設すると公約した。これ以後政党の結成が進み，(　2　)を総理としてフランス流の急進的な自由主義を主張する自由党や，大隈重信を党首としてイギリス流の穏健な議会主義を主張する(　3　)が結成された。政府は民権運動に厳しい弾圧を加える一方，民権派の分裂や懐柔をはかり，福地源一郎らに(　4　)を組織させた。

(B) 大正政変を契機とする民衆運動の高揚は，政治思想にも大きな影響を与え，(　5　)が民本主義を提唱するなど，政治の民主化を求める国民の声もしだいに強まっていった。1916 年，第 2 次大隈重信内閣が総辞職すると，陸軍軍人で初代朝鮮総督をつとめた(　6　)が内閣を組織したが，1918 年に起きた米騒動の責任を問われて総辞職し，同年，(　7　)総裁の原敬が首相となり，本格的な政党内閣が誕生した。

(C) 1954 年，(　8　)事件や自由党の分裂で，7 年に及んだ吉田茂内閣は総辞職し，日本民主党の(　9　)内閣が成立した。この内閣が憲法改正を唱えると，それまで左派と右派に分裂していた(　10　)が再統一され，改憲阻止に必要な 3 分の 1 の議席を確保した。これに対して保守陣営でも，日本民主党と自由党による保守合同が実現し，自由民主党が結成された。

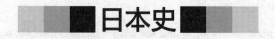

〔語群〕

(ア) 民主社会党	(イ) 造船疑獄	(ウ) 立憲改進党
(エ) 清浦奎吾	(オ) 中江兆民	(カ) ロッキード
(キ) 漸次立憲政体樹立の詔	(ク) 立憲帝政党	(ケ) 憲政党
(コ) 吉野作造	(サ) 伊藤博文	(シ) 立憲同志会
(ス) 立憲国民党	(セ) 日本社会党	(ソ) 岸信介
(タ) 戊申詔書	(チ) 板垣退助	(ツ) 立憲民政党
(テ) 日本共産党	(ト) 立憲政友会	(ナ) 愛国公党
(ニ) 国会開設の勅諭	(ヌ) 鳩山一郎	(ネ) 美濃部達吉
(ノ) 立志社	(ハ) 昭和電工	(ヒ) 寺内正毅
(フ) 福沢諭吉	(ヘ) 芦田均	(ホ) 山本権兵衛

〔Ⅱ〕 次の(A)～(C)の各文は，古代から中世にかけての文学について述べたものである。各文の(　1　)～(　10　)に入れるのに最も適当な語句を下記の語群から選び，その記号をマークしなさい。

(A)　奈良時代の貴族のあいだでは，漢詩を作ることが教養とされた。『(　1　)』は，現存する最古の漢詩集である。和歌集の『万葉集』には，防備のために北九州に派遣された(　2　)が詠んだ歌など，貴族だけでなく庶民の感情がうかがえる歌も多数収録されている。(　3　)は，今日の図書館のような施設である芸亭を設け，好学の士に公開した。

(B)　平安時代は和歌が盛んになり，(　4　)天皇の命による初の勅撰和歌集『古今和歌集』には，小野小町や(　5　)など「六歌仙」と呼ばれた名人たちの作品が収められている。また，紫式部の『源氏物語』や清少納言の随筆『枕草子』，(　6　)の『更級日記』など，女性の手による多彩な作品が生まれた。

(C)　鎌倉時代，和歌では『新古今和歌集』など，勅撰和歌集が編纂され，個人の和歌集も(　7　)の『山家集』などがまとめられた。また，武士の活躍を描く軍記物が盛んになり，なかでも信濃前司行長の作とされる『(　8　)』は，琵琶法師によって語られ，庶民にも広まった。京都での大火や地震，飢餓や遷都などの描写を通じて，人の世の無常を説いた随筆『(　9　)』や，武家政権の出現を必然(道理)と説いた慈円の『(　10　)』のような歴史書も記された。

〔語群〕

(ア)　西行	(イ)　徒然草	(ウ)　醍醐
(エ)　衛士	(オ)　凡河内躬恒	(カ)　粟田真人
(キ)　平治物語	(ク)　和泉式部	(ケ)　懐風藻
(コ)　防人	(サ)　源実朝	(シ)　菅原孝標の女
(ス)　凌雲集	(セ)　保元物語	(ソ)　藤原定家
(タ)　石上宅嗣	(チ)　水鏡	(ツ)　淡海三船
(テ)　経国集	(ト)　在原業平	(ナ)　紀貫之
(ニ)　平家物語	(ヌ)　白河	(ネ)　十六夜日記
(ノ)　愚管抄	(ハ)　村上	(ヒ)　方丈記
(フ)　藤原道綱の母	(ヘ)　吾妻鏡	(ホ)　運脚

〔Ⅲ〕 次の(A)〜(C)の各史料に関する問1〜問15について，(ア)〜(ウ)の中から最も適当な語句を選び，その記号をマークしなさい。

(A)　異国船渡来の節，二念無く打払ひ申すべき旨，文政八年①仰せ出され候。然ル処，当時万事御改正②ニて，享保・寛政の御政事ニ復され，何事ニよらず御仁政を施され度《た》しとの有難き思召ニ候。右ニ付ては，外国の者ニても難風に逢ゐ漂流等ニて，食物・薪水を乞ひ候迄ニ渡来り候を，其事情相分からざるニ一図ニ打払ひ候ては，万国江対せられ候御処置とも思召されず候。これにより文化三年異国船渡来③の節，取計ひ方の儀ニ付仰せ出され候趣ニ相復し候様ニ仰せ出され候間，異国船と見請け候ハヾ得と様子相糺《ただ》し，食料・薪水等乏しく帰帆成難き趣ニ候ハヾ，望の品相応ニ与へ帰帆致すべき旨申し諭し，尤《もっと》も上陸は致させ間敷候。併《あわせ》て此通り仰せ出され候ニ付ては，海岸防禦《ぼうぎょ》の手当ゆるがせニ致し置き宜《ぎ》など心得違ひ，又は猥ニ異国人ニ親しミ候儀等ハ致す間敷筋ニ付，警衛向の儀は弥《いよいよ》厳重ニ致し，人数幷《ならびに》武器手当等の儀は，是迄よりハ一段手厚く，聯《いささか》ニても心配これ無き様相心得申すべく候。

(『通航一覧続輯』)

問1　下線部①の「文政八年」について，文政8年(1825)以前に起こった事件は次のどれか。

(ア)　モリソン号事件　　(イ)　シーボルト事件　　(ウ)　フェートン号事件

問2　下線部②の「当時万事御改正」について，この時期の幕府の政策でないものは，次のうちどれか。

(ア)　農民の都市流入への対策　　(イ)　株仲間の公認

(ウ)　江戸・大坂周辺の直轄領化

問3　下線部③の「文化三年異国船渡来」について，文化3年(1806)の2年前に日本へ来航したロシアの使節は誰か。

(ア)　レザノフ　　(イ)　ゴローウニン(ゴローニン)　　(ウ)　ラクスマン

(B)　第一条　両締約国ハ相互ニ清国及(　④　)ノ独立ヲ承認シタルヲ以テ，該《がい》二国孰《いず》レニ於テモ全然侵略的趨向《すうこう》ニ制セラルルコトナキヲ声明ス，然レトモ両締約国ノ特別ナル利益ニ鑑ミ，即チ<u>其利益タル大不列顛《ブリテン》国ニ取リテハ主トシテ清国ニ関シ，又日本国ニ取リテハ其清国ニ於テ有スル利益</u>⑤ニ加フルニ，(　④　)ニ於テ政治上並商業上及工業上格段ニ利益ヲ有スルヲ以テ，両締約国ハ若《も》シ右等利益ニシテ<u>別国</u>⑥ノ侵略的行動ニ由リ，若《もし》クハ清国又ハ(　④　)ニ於テ両締約国孰レカ<u>其臣民ノ生命及財産ヲ保護スル為メ干渉ヲ要スヘキ騒擾</u>⑦ノ発生ニ因リテ侵迫セラレタル場合ニハ，両締約国孰レモ該利益ヲ擁護スル為メ必要欠クヘカラサル措置ヲ執リ得ヘキコトヲ承認ス

(『日本外交文書』)

問 4　この史料は，1902 年に結ばれた日英同盟協約である。当時の日本の内閣総理大臣は誰か。

(ア)　山県有朋　　(イ)　桂太郎　　(ウ)　西園寺公望

問 5　文中の(　④　)に入る語句は何か。

(ア)　満州　　(イ)　台湾　　(ウ)　韓国

問 6　下線部⑤の「其利益タル大不列顛国ニ取リテハ主トシテ清国ニ関シ，又日本国ニ取リテハ其清国ニ於テ有スル利益」について，日清戦争後にはヨーロッパの列強や日本が進出し，中国を分割する動きが強まった。1899 年にフランスが清国から租借したのはどこか。

(ア)　広州湾　　(イ)　膠州湾　　(ウ)　九龍半島

問 7　下線部⑥の「別国」とは，どこの国を想定したものか。

(ア)　ドイツ　　(イ)　フランス　　(ウ)　ロシア

問 8　下線部⑦の「其臣民ノ生命及財産ヲ保護スル為メ干渉ヲ要スヘキ騒擾」について，日英同盟協約が結ばれる数年前，列強の進出に反対する中国民衆

の運動が起こり，1900 年には清国もそれを支持して列強に宣戦布告した。この運動を主導した白蓮教系の集団は何か。

(ア)　東学党　　(イ)　義和団　　(ウ)　太平天国

問９　1905 年に日英同盟協約が改定されるが，その際，適用範囲に含められたのはどこか。

(ア)　インド　　(イ)　アメリカ　　(ウ)　アフリカ

問10　日英同盟が廃棄される結果をもたらした条約は何か。

(ア)　四カ国条約　　(イ)　ヴェルサイユ条約　　(ウ)　九カ国条約

(C)　六，吾等ハ無責任ナル軍国主義カ世界ヨリ駆逐《くちく》セラルルニ至ル迄ハ，平和，安全及正義ノ新秩序カ生シ得サルコトヲ主張スルモノナルヲ以テ，日本国国民ヲ欺瞞《ぎまん》シ之ヲシテ世界征服ノ挙ニ出ツルノ過誤ヲ犯サシメタル者ノ権力及勢力ハ，永久ニ除去セラレサルヘカラス

七，右ノ如キ新秩序カ建設セラレ，且日本国ノ戦争遂行能力カ破砕セラレタルコトノ確証アルニ至ルマテハ，⑧連合国ノ指定スヘキ日本国領域内ノ諸地点ハ，吾等ノ茲《ここ》ニ指定スル基本的目的ノ達成ヲ確保スルタメ占領セラルヘシ

八，(　⑨　)ノ条項ハ履行セラルヘク，又日本国ノ主権ハ本州，北海道，九州及四国並ニ吾等ノ決定スル諸小島ニ局限セラルヘシ

(中略)

十，吾等ハ日本人ヲ民族トシテ奴隷化セントシ，又ハ国民トシテ滅亡セシメントスルノ意図ヲ有スルモノニ非サルモ，吾等ノ俘虜《ふりょ》ヲ虐待セル者ヲ含ム一切ノ⑩戦争犯罪人ニ対シテハ，厳重ナル処罰ヲ加ヘラルヘシ。日本国政府ハ日本国国民ノ間ニ於ケル民主主義的傾向ノ復活強化ニ対スル一切ノ障《しょう》礙《がい》ヲ除去スヘシ。言論，宗教及思想ノ自由並ニ基本的人権ノ尊重ハ確立セラルヘシ

(『日本外交年表竝主要文書』)

問11　この史料は，1945年7月に発表されたポツダム宣言である。この宣言に名を連ねた連合国の首脳は誰か。

(ア)　ローズヴェルト　　(イ)　蔣介石　　(ウ)　スターリン

問12　下線部⑧の「連合国ノ指定スヘキ日本国領域内ノ諸地点ハ，吾等ノ茲ニ指定スル基本的目的ノ達成ヲ確保スルタメ占領セラルヘシ」について，米・英・ソ・中4カ国の代表で構成され，東京に設置された連合国軍最高司令官の諮問機関は何か。

(ア)　信託統治理事会　　(イ)　対日理事会　　(ウ)　極東委員会

問13　文中の(　⑨　)に入る語句は何か。

(ア)　「ヤルタ」協定　　(イ)　「大西洋」憲章　　(ウ)　「カイロ」宣言

問14　1945年9月，東京湾に停泊していたアメリカの戦艦ミズーリ号上で，ポツダム宣言に基づく降伏文書の調印がなされた。このとき日本側の代表をつとめたのは，参謀総長の梅津美治郎と外務大臣の誰か。

(ア)　幣原喜重郎　　(イ)　重光葵　　(ウ)　東郷茂徳

問15　下線部⑩の「戦争犯罪人」について，1946年の極東国際軍事裁判所条例では，3つの犯罪の類型が定められた。日本の重要な戦争犯罪人(いわゆるA級戦犯)を訴追する際に主として用いられた犯罪の類型は，次のうちどれか。

(ア)　人道ニ対スル罪　　(イ)　平和ニ対スル罪　　(ウ)　通例ノ戦争犯罪

〔Ⅳ〕 次の(A)～(E)の各文の(　1　)～(　10　)について，語群の中から最も適当な語句を選び，その記号をマークしなさい。あわせて，各文の下線部の「この城」の位置を，地図上の**a**～**o**から選び，その記号をマークしなさい。なお，地図の一部は省略している。

(A)　663年，百済復興を目指した倭と旧百済勢力の連合軍は，唐・新羅の連合軍と朝鮮半島南西部の(　1　)河口で交えた白村江の戦いで，大敗を喫した。『日本書紀』の記事によれば，敗戦の翌664年に対馬・壱岐・筑紫国などに防人と烽を置き，水城を築いたという。665年から667年には，大宰府政庁の背後に位置する四王寺山の尾根に沿って巡らされた，土塁・石塁の総延長が約6.5kmに及ぶこの城をはじめ，北部九州から瀬戸内海沿岸にかけて，防衛体制整備の一環として朝鮮式山城の築造が行われた。このうち，長崎県対馬市に築かれた(　2　)城は，朝鮮海峡から湾入した浅茅《あそう》湾南岸の湾内に突き出た半島先端に位置する。城山の山頂を巡る一周約3kmの石塁が築かれ，谷間には城戸《きど》と称される3カ所の城門や，水門が設けられている。

(B)　14世紀初期から15世紀初期の三山時代，沖縄本島北部を支配した北山王の王城跡と伝わるこの城は，石灰岩丘陵上に築かれた山城で，北側の断崖を背にして割石積みの城壁が巡る。城郭面積は4万㎡を超える，首里城に次ぐ規模をもつ城塞的城《グスク》である。15世紀初頭，北山は中山に滅ぼされ，以降はこの城に中山から監守が派遣された。次いで1429年には南山も中山王の(　3　)に滅ぼされ，統一王朝が樹立された。1609年，薩摩・島津氏18代の島津家久は徳川家康の許可を得て出兵し，首里城を落として国王を捕えて服属させ，琉球王国をその支配下に置いた。これにより琉球は薩摩を介して幕藩体制の一環に組み込まれたが，中国との伝統的な外交・貿易関係は維持され，最後の国王(　4　)まで約450年間続いた。

(C)　1575年(天正3)，全国制覇の過程において織田信長が徳川家康と連合し，(　5　)国を拠点とする戦国大名・武田勝頼を三河国内で衝突した戦いで討ち破った。武田信玄から家督を継ぎ，その喪を秘して西上作戦を続けた武田勝頼は，高天神城を陥落させたのち，徳川方の城主・奥平定昌(のち信昌)が立て籠《こ》もるこの城を大軍で包囲し，家康に圧力を加えた。この危機にあたり，家康は信長との同盟関係で克服することを図った。これに応えた信長は大軍を率いて来援し，この城の西方の設楽原《したらがはら》に(　6　)を設け，足軽鉄砲隊の一斉射撃で武田軍を迎撃したと伝わる。この戦いで大敗した勝頼はその後，次第に領国を縮小させていった。1582年(天正10)，親族衆の木曽義昌の離反に端を発して信長勢に攻められ，勝頼の自刃により武田氏は滅亡した。

(D)　キリシタン大名である小西行長は，1600年(慶長5)の関ヶ原の戦いで西軍に属して斬首され，同じくキリシタン大名であった有馬晴信は1612年，長崎港外でのポルトガル船爆沈事件に端を発する賄賂事件に連座して処刑された。その結果，新たな領主として旧領地の支配を始めた島原藩主の(　7　)氏と唐津藩主の寺沢氏は，幕府の意向に沿った禁教政策を強力に推し進めた。さらに，過重な築城の労役や異常な気象現象が多発したことなども加わり，これに反発した民衆は1637年(寛永14)10月に決起した。一揆勢は天草四郎(益田四郎時貞)を総大将とし，一国一城令などから廃城となっていたこの城を修復して本拠地とし，約3万人が籠城したと伝わる。幕府は西国諸藩に出動を命じた約12万の軍と，(　8　)の軍艦による海上からの砲撃などで総攻撃し，1638年2月に落城させた。

(E)　開国を巡る外圧と激動する政局の中で，政権一元化が模索されたが，慶応年間には朝廷と結びついて幕府に対抗する西南雄藩の討幕派と幕府との対立が決定的になっていた。1867年(慶応3)10月3日，坂本龍馬の「船中八策」などにみられる政治構想に賛同した土佐藩の(　9　)は，前藩主の名前で大政奉還建白書を老中・板倉勝静《かつきよ》を通して，15代将軍徳川慶喜に提出した。慶喜は10月12日から13日にかけて，この城に幕府の有司や在京諸藩の重臣を集めて意見を求め，14日朝廷に政権の返上を申し出，15日に勅許された。翌11月，徳川慶喜は側近の洋学者の(　10　)にも，三権分立やイギリス議院制について聴取した。この洋学者は，大政奉還のとき慶喜のために憲法草案に相当する「議題草案」を起草した。

〔語群〕

(ア)　尚巴志　　(イ)　漢江　　(ウ)　後藤象二郎
(エ)　基肄《きい》　　(オ)　イギリス　　(カ)　馬出《うまだし》
(キ)　板倉　　(ク)　尚泰　　(ケ)　久坂玄瑞
(コ)　石垣　　(サ)　金田　　(シ)　板垣退助
(ス)　錦江　　(セ)　武蔵　　(ソ)　西周
(タ)　護佐丸　　(チ)　オランダ　　(ツ)　森有礼
(テ)　尚寧　　(ト)　松平　　(ナ)　鞠智《きくち》
(ニ)　越後　　(ヌ)　馬防柵　　(ネ)　洛東江
(ノ)　尚思紹　　(ハ)　松倉　　(ヒ)　甲斐
(フ)　ポルトガル　　(ヘ)　尚円　　(ホ)　加藤弘之

《地図》

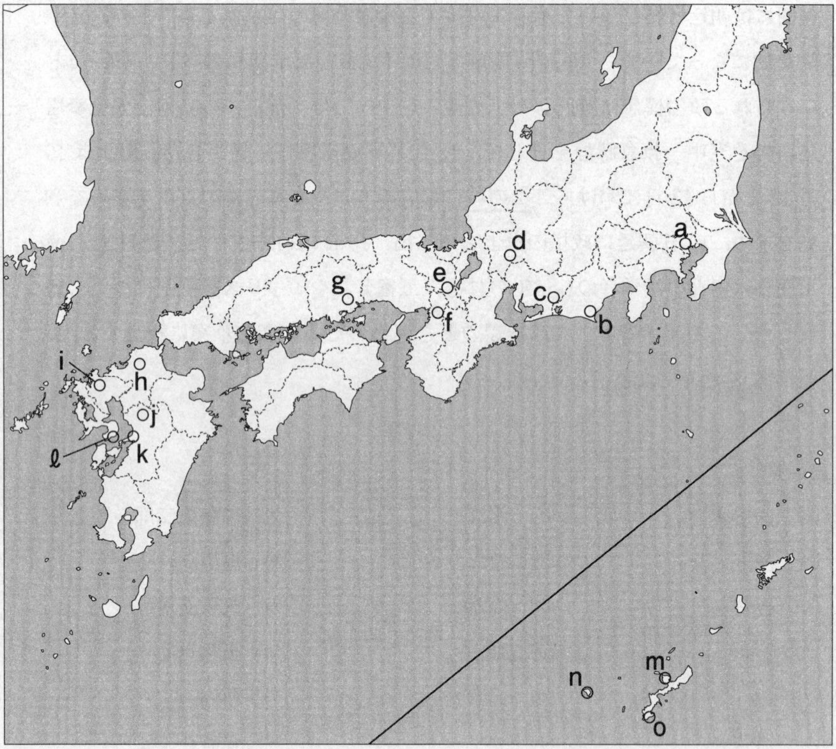

世界史

（60分）

〔Ⅰ〕 次の文の（　1　）～（　10　）に入れるのに最も適当な語句を，｛　　｝内の(ア)ないし下記の語群から選び，その記号をマークしなさい。

人類は長い歴史の中で，絶えず自然災害や病気と向き合ってきた。

紀元後79年のヴェスヴィオ火山の噴火では，『博物誌』を著わした（　1　）｛(ア)　ストラボン｝が巻き込まれて命を落とし，ポンペイの町が火砕流によって埋没した。ポルトガルの首都（　2　）｛(ア)　セビリャ｝は，1755年に起こった大地震で市街地が完全に破壊された。

西洋のキリスト教世界では，聖人は奇跡により病気を治癒することができると信じられていた。また，キリストや聖人の遺品などの聖遺物にも，病を治す聖なる力があると考えられていた。（　3　）｛(ア)　ルブルック｝をモンゴルに派遣したことで知られる（　4　）｛(ア)　カペー｝朝のルイ９世は，収集した聖遺物を納めるために，パリにサント=シャペルと呼ばれる教会堂を建てた。

中世のフランスやイギリスでは，王権の強化と演出のために，国王が瘰癧《るいれき》患者に手を差し伸べる儀式も行われた。この儀式は，イギリスでは18世紀初頭に大ブリテン王国を成立させた（　5　）｛(ア)　ウィリアム３世｝を最後に行われなくなったが，フランスでは1830年に（　6　）｛(ア)　メキシコ｝遠征を実行したシャルル10世の治世にも行われた。

14世紀半ばにヨーロッパ全域を襲ったペストは，東方から伝わったものが，イタリア北西部の港湾都市（　7　）｛(ア)　ナポリ｝からヨーロッパに侵入したとされる。その後もペストはたびたびヨーロッパを襲った。『ロビンソン=クルーソー』で有名なイギリスの作家（　8　）｛(ア)　ミルトン｝は，ペストを題材にした作品を書いている。

19世紀にはコレラなどの疫病がしばしば流行し，とくに都市下層民に大きな被害を与えた。しかし世紀後半には，フランスの(　9　){(ア)　コッホ}らにより細菌学や予防医学が発達し，公衆衛生についての知識も広まった。またセーヌ県知事オスマンは，(　10　){(ア)　パリ=コミューン}期にパリの大改造に着手し，上下水道の大規模な整備を実行するなど，公衆衛生の基盤拡充にもつとめた。

〔語群〕

(イ)　アン女王	(ウ)　デフォー	(エ)　バルセロナ
(オ)　インドシナ	(カ)　スウィフト	(キ)　モンテ=コルヴィノ
(ク)　ヴェネツィア	(ケ)　第二帝政	(コ)　ジェノヴァ
(サ)　ヴァロワ	(シ)　リスボン	(ス)　ジョージ1世
(セ)　タキトゥス	(ソ)　第三共和政	(タ)　パストゥール
(チ)　キュリー夫妻	(ツ)　アルジェリア	(テ)　プラノ=カルピニ
(ト)　カロリング	(ナ)　プリニウス	

〔Ⅱ〕 次の文の下線部①〜⑩について，その内容が正しければ(ア)をマークし，誤っている場合は最も適当な語句を下記の語群から選び，その記号をマークしなさい。

2019年4月21日，キリスト教の復活祭のこの日にスリランカ最大の都市であるコロンボを中心に連続テロ事件が起きたことは記憶に新しい。スリランカ政府の調査結果では，テロの首謀者は地元のイスラーム過激派団体とのことであるが，同国の宗教事情は複雑である。かつて東晋の僧である義浄①が約2年間滞在したことでも知られる同地は，大乗仏教②徒の国として知られているが，少数派ながら，ヒンドゥー教徒やイスラーム教徒，そしてキリスト教徒も暮らしている。ヒンドゥー教徒の多くはドラヴィダ③系のモン④人であり，多数派である仏教徒はセム⑤系のクメール⑥人である。この地域にイスラームを伝えたのは，既に8世紀にはインド洋に進出していたトルコ⑦系のムスリム商人たちであった。他方，キリスト教は同地を植民地化した西洋諸国によってもたらされた。最初に同地での覇権を握ったのはスペイン⑧で，次いでオーストリア⑨，そして最終的にはイギリス⑩に領有権が認められることになったが，この最終決定は1814年から翌年にかけて開かれたウィーン会議での決議によるものであった。

〔語群〕

(ア) 正しい	(イ) オーストロアジア	(ウ) アラブ
(エ) 中央アジア	(オ) メソポタミア	(カ) アーリヤ
(キ) 法顕	(ク) 玄奘	(ケ) 鳩摩羅什
(コ) フランス	(サ) ポルトガル	(シ) ロシア
(ス) オランダ	(セ) ドイツ	(ソ) タミル
(タ) シンハラ	(チ) ムンダー	(ツ) サカ
(テ) 密教	(ト) 上座部仏教	

〔Ⅲ〕 歴史上の人物X，Yについての記述を含む次の文の(　1　)～(　14　)に入れるのに最も適当な語句を，{　　}内の(ア)，(イ)ないし下記の語群から選び，その記号をマークしなさい。また，(　A　)の問に答えなさい。

アメリカの文学者で，20世紀の代表的な作家の一人であったヘミングウェーは，1899年に中西部のイリノイ州で生まれた。

イリノイ州は19世紀にリンカンが政治家として活躍した場所である。同州の上院議員の座をかけて政敵と論争して名前をあげたリンカンは，1860年の大統領選挙で，奴隷制反対を唱える政党であった共和党の候補となり当選をはたした。これに対して南部諸州は連邦から分離して1861年にアメリカ連合国をつくり，南北戦争がはじまった。南北両軍は激しい戦いを繰り広げたが，次第に北軍の優位が明らかとなり，1865年には南部の首都(　1　){(ア)　ヨークタウン　(イ)　レキシントン}が陥落し，北部が勝利した。この間，リンカンは1863年1月に南部反乱地域の奴隷解放宣言を発した。その前の1861年には，ロシアで皇帝Xによって農奴解放令が出されている。Xは，クリミア戦争中の1855年に，開戦時の皇帝(　2　){(ア)　アレクサンドル1世　(イ)　アレクサンドル2世}のあとをついで即位した人物であった。

第一次世界大戦がはじまりアメリカ合衆国が(　3　){(ア)　ウィルソン　(イ)　セオドア=ローズヴェルト}大統領のもとで参戦すると，ヘミングウェーは戦地のイタリアにむかった。1861年に成立したイタリア王国は1870年に(　4　){(ア)　ヴェネツィア　(イ)　ローマ教皇領}を占領して国家統一をはたしたが，なおオーストリア領の南チロルなどが「未回収のイタリア」として残されていた。その後，1881年にフランスが北アフリカの(　5　){(ア)　モロッコ　(イ)　リビア}を保護国化すると，これに反発したイタリアは，翌年ドイツ・オーストリアと三国同盟を結んだ。第一次世界大戦がはじまると連合国は，「未回収のイタリア」などの譲渡を約束した(　6　){(ア)　パリ　(イ)　ロンドン}秘密条約によりイタリアを連合国側で参戦させた。イタリアにおもむいて戦場で活動するようになったヘミングウェーはそこで負傷し長期の入院生活をよぎなくされた。

第一次世界大戦後，本格的な作家生活にはいったヘミングウェーは1926年に

『日はまた昇る』を発表し，いわゆる「失われた世代」の代表的作家とみなされるようになる。ついでヘミングウェーは大戦中のイタリアでの経験をもとに 1929 年に『武器よさらば』を刊行した。同年ニューヨーク株式市場の株価暴落が起こるとこれをきっかけに恐慌がはじまった。1929 年から 33 年にかけてアメリカ合衆国大統領をつとめた(　7　){(ア)　ハーディング　(イ)　マッキンリー}は恐慌をおさめるための有効な手立てを講じえず，つぎの大統領Ｙはテネシー川流域開発公社(TVA)など大規模な公共事業によって失業者を減らそうとする一方，1935 年の(　8　){(ア)　ワグナー法　(イ)　タフト・ハートレー法}によって労働者の団結権と団体交渉権を認めて労働組合の結成をうながした。

アメリカ合衆国ではじまった恐慌は，世界に波及し，各国は社会的・経済的な混乱におちいった。イギリスでは 1929 年の選挙で労働党が第一党となると，第２次(　9　){(ア)　ロイド=ジョージ　(イ)　ネヴィル=チェンバレン}内閣が発足した。この内閣が提案した緊縮財政に労働党が反対すると，(　9　)は首相を辞職し，その後，挙国一致内閣を組織して財政削減や金本位制の停止を実施し経済危機への対処にあたった。また，1932 年のオタワ連邦会議①ではイギリス連邦内の関税を下げる一方で連邦外の国に対して高関税を課すスターリング=ブロックが結成された。

一方，恐慌により経済が壊滅的打撃を受け社会混乱が続いたドイツでは，(　10　){(ア)　1931　(イ)　1933}年にヒトラーが首相に任命されナチ党が政権を獲得した。その後，ヴェルサイユ体制の破壊をすすめたナチス=ドイツに対し周辺諸国は危機感をつのらせ，フランスでは 1936 年に(　11　){(ア)　ブルム　(イ)　ブリアン}を首相とする反ファシズムの人民戦線内閣が成立した。同年スペインでも人民戦線政府が成立したが，これに対してフランコが反乱をおこし内戦がはじまった。イタリアとドイツがフランコ側を支援する一方で，人民戦線側には，ソ連②が支援を行うとともに，各国から社会主義者や知識人が国際義勇軍としてスペインにむかった。国際義勇軍などの参加者には，イギリスの(　12　){(ア)　トーマス=マン　(イ)　オーウェル}などの作家がおり，内戦を描いた作品を残した。ヘミングウェーもスペインにおもむき，そこでの体験をもとに 1940 年に『誰がために鐘は鳴る』を著わしている。

ヘミングウェーは第二次世界大戦でも戦場の土を踏んだ。1943年にイギリス・ソ連・アメリカ合衆国の首脳が(　13　){(ア)　カイロ　(イ)　ヤルタ}会談で連合軍の北フランス上陸作戦を協議したのに基づき，翌年連合軍がノルマンディーに上陸すると，ヘミングウェーは従軍記者として上陸後の連合軍に同行している。

第二次世界大戦後の1952年に大魚と戦う老漁師の不屈の姿をえがいた『老人と海』を著わしたヘミングウェーは1954年にノーベル文学賞を受賞したのち，1961年に死亡した。この年アメリカ合衆国では(　14　){(ア)　ニューフロンティア　(イ)　封じ込め}政策を掲げるケネディが大統領に就任している。

〔語群〕

(ウ)　1935	(エ)　テヘラン	(オ)　両シチリア王国
(カ)　チュニジア	(キ)　ポワンカレ	(ク)　タフト
(ケ)　巻き返し	(コ)　マルロー	(サ)　リッチモンド
(シ)　サイクス・ピコ	(ス)　偉大な社会	(セ)　ロンバルディア
(ソ)　ニコライ1世	(タ)　エジプト	(チ)　フーヴァー
(ツ)　反トラスト法	(テ)　ニコライ2世	(ト)　マクドナルド
(ナ)　クーリッジ	(ニ)　ジュネーヴ	(ヌ)　クレマンソー
(ネ)　アトリー		

(　A　)　上の文の下線部①～②について，①のみ正しければ(ア)を，②のみ正しければ(イ)を，両方正しければ(ウ)を，両方誤りであれば(エ)をマークしなさい。

〔Ⅳ〕 次の文の(　1　)～(　10　)に入れるのに最も適当な語句を，{　　}内の(ア)ないし下記の語群から選び，その記号をマークしなさい。また，問1～問5について，それぞれ答えなさい。

中国という大地に興亡した王朝を，システム(制度)という視点からみてみると，王朝の命運とともになくなったものもあれば，王朝の興亡と関係なく，それを超越して存続したシステムもあったことに気づかされる。例えば，現在の法に相当する(　A　)や(　B　)というものがあった。特に有名なのは，隋唐時代のそれで，古代日本も使節を派遣してこれらを取り入れた。しかし，その古いものは，秦のそれもあるし，時代が下って明や清の時代にもあった。江戸時代の荻生徂徠は，明朝の(　B　)について注釈書を著わしている。古い時代の中国の法には(　B　)と別に，行政法をさだめた(　A　)もある。おもしろいことに，唐代の(　A　)と(　B　)を輸入した日本では(　A　)は残っているが(　B　)は失われ，一方，中国では唐の(　B　)が残り，(　A　)が失われている。

中国の歴代王朝は，国家を経営するための収入が必要だった。有名なのは唐代の(　1　){(ア)　両税法}だ。これは(　C　)という，成人に達した農民に土地を支給する制度をもとに農民の生活を安定させ，穀物や絹や麻の織物，徭役(労役)を王朝が徴収するシステムだった。この制度は，戸籍をつくり，戸籍にもとづいておこなわれた。しかし，8世紀になると，その負担にたえかねた農民たちが本籍地から逃亡し，租税や労役の徴収が困難になっていった。さらに8世紀の半ばに(　2　){(ア)　黄巣}が反乱をおこし社会が混乱すると，唐朝は戸籍によらず，実際に所有している土地に応じて，税を徴収するあたらしいシステムに切り替えた。780年に実施されたこのシステムは，その後，16世紀の明代まで続くことになる。また，(　2　)の反乱を契機として，(　3　){(ア)　絹}が専売化される。この専売制度は歴代の中国王朝に継承された。

16世紀の中国に銀が大量に流入する$_{\text{D}}$ようになると，租税徴収システムにも影響をあたえ，明朝は税の納入を銀でおこなうようになった。このため，各種の税や徭役を銀に一本化して納税するシステムに改革した。これが(　4　){(ア)　地丁銀制}とよばれるものである。

中国歴代王朝にとって，軍事的に最も重要な懸案事項は，北方の騎馬遊牧民の侵入だった。これに対し，中国王朝と遊牧勢力の境界域の警備に駆り出されたのは農民であり，それも一種の税負担といえる。農民を兵士に徴発する有名なシステムとして，唐朝の(　5　){(ア)　募兵制}を思いうかべることは容易ではないだろうか。(　5　)も戸籍にもとづいて農民を兵士に徴発し，都や国境の警備にあたらせたものである。しかし，(　1　)や(　C　)の崩壊によってこのシステムも機能しなくなり，新しい方式にかわっていく。そして，この新しい軍事システムによって集められた兵士を指揮するために置かれたのが，(　6　){(ア)　節度使}である。(　2　)は 3 つの(　6　)を兼任していた。(　2　)の反乱以降，唐の各地に(　6　)が置かれ，それらが大きな力を持ちはじめ，それが成長した姿が五代十国につながっていく。

中国王朝の統治の最も根本にある思想は(　7　){(ア)　仏教}といえるだろう。北魏の太武帝が(　8　){(ア)　白蓮教}を信仰し保護した例などもあるが，長い中国の歴史からみれば，一時的なものといえるだろう。(　7　)は春秋時代の末期にあらわれた(　9　){(ア)　孔子}によってはじめられた学派がもととなって発展したものである。前漢の武帝の時，(　10　){(ア)　董其昌}の献策によって官学となり，中国の皇帝制度を支える政治思想となっていく。隋の文帝が官吏登用の方法として(　E　)を廃止して新しい任用システムをはじめたが，その中に(　7　)は取り込まれていく。南宋の時代に(　7　)の新しい解釈が登場すると，唐の孔穎達の注釈書で有名な五つの経典にかわって(　F　)が(　7　)の主要なテキストとなっていった。

〔語群〕

(イ)　韓非子	(ウ)　安禄山	(エ)　郷勇	(オ)　一条鞭法
(カ)　塩	(キ)　綿	(ク)　道教	(ケ)　人頭税
(コ)　天朝田畝制	(サ)　墨子	(シ)　募役法	(ス)　呉広
(セ)　祆教	(ソ)　総理衙門	(タ)　市易法	(チ)　王安石
(ツ)　荀子	(テ)　景教	(ト)　都護	(ナ)　張居正
(ニ)　董仲舒	(ヌ)　府兵制	(ネ)　五斗米道	(ノ)　租調庸制
(ハ)　中書省	(ヒ)　儒学		

問1　上の文の（　A　）と（　B　）に入る語句の組み合わせとして最も適当なものを，次の(ア)～(エ)から一つ選び，その記号をマークしなさい。

(ア)（　A　）律　（　B　）令　　(イ)（　A　）律　（　B　）格

(ウ)（　A　）令　（　B　）格　　(エ)（　A　）令　（　B　）律

問2　上の文の（　C　）に該当するものとして最も適当なものを，次の(ア)～(エ)から一つ選び，その記号をマークしなさい。

(ア)　課田制　　(イ)　均田制　　(ウ)　限田制　　(エ)　占田制

問3　上の文の下線部Dに関連して述べた次の文(ア)～(エ)のうち，最も適当なものを一つ選び，その記号をマークしなさい。

(ア)　銀は中国東北の特産品であり，16世紀の明の富裕層の間で需要が高まった。

(イ)　スペインはマカオを貿易拠点とし，中南米産の銀を中国にもたらした。

(ウ)　明の洪武帝は，鄭和を東南アジアへ派遣し，銀を求めた。

(エ)　日本の銀の産出量は，年によっては世界全体量の3分の1に達した。

問4　上の文の（　E　）に関連して述べた次の文(ア)～(エ)のうち，最も適当なものを一つ選び，その記号をマークしなさい。

(ア)　地方に置かれた中正官が，官吏にふさわしい人材を九等にわけて推薦した。

(イ)　学科試験によって官吏を任用した。

(ウ)　皇帝みずからが試験官となるシステムにより，官吏を任用した。

(エ)　地方での評判をもとに，地方長官に官吏候補者を推挙させた。

問5　上の文の（　F　）に該当する（　7　）の経典の一つとして最も適当なものを，次の(ア)～(エ)の中から一つ選び，その記号をマークしなさい。

(ア)『春秋』　　(イ)『書経』　　(ウ)『大学』　　(エ)『詩経』

地理

(60分)

〔Ⅰ〕 氷河に関する次の文を読み，問1～問4に答えなさい。

降雪量が融雪量を上回る高緯度地方や高山地域では，夏になっても融けずに残った(　1　)が形成される。その上にさらに雪が積もると，積もった雪の重みで(　1　)が圧縮されて氷の塊が形成される。これが氷河である。山頂付近の氷河が発達していくと，下部は圧縮されて密度を増し，重力のため山の斜面に沿ってゆっくりと流れ下る。

氷河の流速は遅いが，その侵食力はきわめて大きい。山頂付近に発達した氷河は，自らの重さで岩石を削ったり，もぎ取ったりして移動するため，(　2　)と呼ばれるすり鉢状の凹地を形成する。さらに山頂の氷河が幾方向にも流下し，(　2　)が複数できることにより，削られずに残った部分は尖った峰になる。これを(　3　)という。

氷河はその運搬力もきわめて大きい。氷河に削り取られた砂礫《れき》は，氷河の移動とともに運搬されていくが，氷河が後退・消失すると，その場所に取り残された砂礫が堆積した堤防状の地形を形成する。これを(　4　)という。これに対して，氷河の底を流れる河川が砂礫を堆積して形成された堤防状の地形を(　5　)という。

(　4　)の堆積物中の細粒物質が風で飛ばされて再堆積したものを氷成レスといい，(　X　)。(　6　)が代表的な分布地である。氷河が削った凹地や(　4　)による堰《せき》に水がたまると氷河湖ができる。代表的な例としては，(　7　)がある。

今から約2万年前の最終氷期の最寒冷期には，全陸地面積の約3割が氷河に覆われており，海水面は現在より100m以上も(　Y　)していたと考えられている。また，もし地球温暖化の影響で南極大陸の氷がすべて融けてしまったとしたら，氷に押さえつけられていた南極大陸の地面はアイソスタシーの原理によって現在よりも40 mから70 mぐらい(　Z　)すると考えられている。

問1　(　1　)～(　7　)に入れるのに最も適当な語句を次の語群から選び，その記号をマークしなさい。

〔語群〕

(ア) カール	(イ) U字谷	(ウ) カスピ海
(エ) ハイデ	(オ) V字谷	(カ) バイカル湖
(キ) プスタ	(ク) エスカー	(ケ) フィヨルド
(コ) メセタ	(サ) ビュート	(シ) ブリザード
(ス) 五大湖	(セ) モレーン	(ソ) モナドノック
(タ) 万年雪	(チ) ツンドラ	(ツ) ホルン(ホーン)

問2　(　4　)と(　5　)の堆積物について，最も適当な説明は次のいずれか。

(ア)　(　4　)の堆積物は丸みを帯びる傾向があるのに対して，(　5　)の堆積物は角張っている傾向がある。

(イ)　(　4　)の堆積物は角張っている傾向があるのに対して，(　5　)の堆積物は丸みを帯びる傾向がある。

(ウ)　(　4　)と(　5　)の堆積物はともに丸みを帯びる傾向がある。

(エ)　(　4　)と(　5　)の堆積物はともに角張っている傾向がある。

問3　(　X　)に入れるのに最も適切な文を選び，その記号をマークしなさい。

(ア)　腐植物をたくさん含んでいるため農耕に適している

(イ)　腐植物をたくさん含んでいるため農耕に適していない

(ウ)　腐植物をほとんど含んでいないため農耕に適している

(エ)　腐植物をほとんど含んでいないため農耕に適していない

問4　(　Y　)と(　Z　)に入れるのに最も適切な語句の組合せを選び，その記号をマークしなさい。

	Y	Z
(ア)	上昇	低下
(イ)	低下	上昇
(ウ)	上昇	上昇
(エ)	低下	低下

〔Ⅱ〕 人口と人口移動に関連する次の文を読み，問1～問4に答え，その記号をマークしなさい。

世界の人口は，産業革命以降は生産力の向上や医療・衛生の進歩によって先進国を中心に急激に増加し，さらに第二次世界大戦後は発展途上国などで人口の急増がみられた結果，2017年段階では約①〔(ア) 55　(イ) 65　(ウ) 75　(エ) 85〕億人となっている。人口は地域によって大きく異なり，自然環境や社会・経済の形態などを反映する。人口が最も多いのはアジアで，中国，インドに次いで②〔(ア) 日本　(イ) インドネシア　(ウ) バングラデシュ　(エ) ベトナム〕と続く。

人口の増加は出生数と死亡数の差によって起こる自然増加と，ある地域への移入人口と移出人口の差で起こる社会増加がある。発展途上国では多産多死型から死亡率の低下によって多産少死型へ移行したが，年少人口を労働力として活用することも存続しているため出生率の低下は進まず，自然増加が多い傾向にある。一方，先進国では少産少死型が多い。a発展途上国・先進国ともに国によって人口構成は異なる。

発展途上国では人口の急激な増加によりb食料やエネルギーの供給不足，生活環境の悪化などが大きな問題となっている。一方，先進国では人口減少や高齢化などが進むためc経済・社会の維持が危ぶまれる。人口問題は各地域で課題と対策が異なるため，適切な対応が必要となっている。

日本では急激な少子高齢化の進展や地方の過疎化などが問題となっており，労働人口の減少に対しては外国人労働者の一部受け入れも進められている。2017年の外国人労働者の国籍(特別永住者を除く)をみると中国が最も多く，次いで〔(ア)　フィリピン　(イ)　ブラジル　(ウ)　ベトナム　(エ)　韓国〕③と続く。

問１　文中の〔　　〕①～〔　　〕③の語句から最も適当なものを選びなさい。

問２　文中の下線部**a**に関して，下の**表**は各国の年齢別人口の割合(2017年)と自然増加率を示したものである。**表**中のＡ～Ｅに当てはまるものを以下の語群から選びなさい。なお国際移住者率とは国際移住者数の全人口に対する割合を指す。

表１

国名	年齢(３区分)別割合(%，2017年)			人口千人あたりの自然増加率(‰，2016年)*	国際移住者率(%，2017年)
	0～14歳	15～64歳	65歳以上		
日本	12.4	60.3	27.3	-2.6	1.8
A	17.2	73.2	9.6	5.9	0.07
B	25.2	63.9	10.9	8.6	4.9
C	28.8	65.6	5.6	14.3	0.4
D	12.9	65.9	21.2	-1.5	14.8
E	18.5	62.4	19.1	2.5	12.2

(出典)『世界国勢図会 2018/19』，『2017年少子化社会対策白書』，国連経済社会局データ

* Ｃ国の自然増加率は2015年のもの

〔語群〕

(ア)　アルゼンチン　(イ)　イギリス　(ウ)　インド　(エ)　シンガポール
(オ)　スウェーデン　(カ)　中国　(キ)　ドイツ　(ク)　フランス

問３　文中の下線部**b**に関して，次の**図１**は東南アジア，西アジア・北アフリカ，サブサハラ(サハラ砂漠以南のアフリカ)，ラテンアメリカ・カリブ海諸国，各地域の栄養不良の人口比率を示したものである。東南アジア地域に当てはまるものを選びなさい。

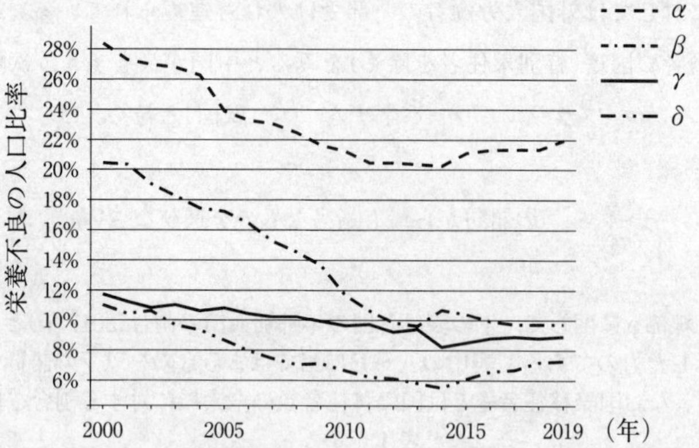

(出典)FAO資料より

図1

(ア)　α　　(イ)　β　　(ウ)　γ　　(エ)　δ

問4　文中の下線部cに関して，次の**図2**は2015年のアメリカ合衆国，フィンランド，フランス，イタリア，日本の老年人口比率と公的社会支出のGDPに対する割合を示したものである。アメリカ合衆国に当てはまるものを(ア)～(エ)から選びなさい。なお主軸(左)は老年人口比率，2軸(右)は公的社会支出のGDPに対する割合である。

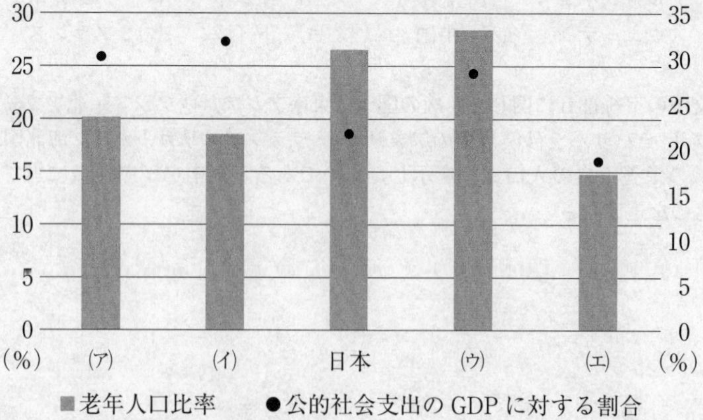

(出典)OECD資料より

図2

〔Ⅲ〕 高等学校の「地理」教科書の最初に「地図と地理的技能」という学習項目がある。そこではさまざまな地図の活用や地理情報の地図化を通じて地域調査について技能(スキル)を身につけるとともに，その応用として「身近な地域の調査」を学ぶ。ここでは，沖縄県の離島「南大東島」の調査をすることを想定して，下の問１～問10 に答え，その記号をマークしなさい。

問１　南大東島は沖縄本島の約 400 km 東方に位置する絶海の孤島である。その位置は北緯 25 度 50 分，東経 131 度 14 分である。この位置よりも南にある島は，次のいずれか。

(ア) 沖ノ鳥島(東京都)　　(イ) 沖縄本島
(ウ) 奄美大島　　(エ) 竹島(島根県)

問２　この島の面積は 31 km^2 である。この島全体をカバーする１枚の地図を購入して，地形と土地利用の関係を予察し，現地に行って自転車で確認してみたい。そのときに利用する地図として適当なものは，次のいずれか。

(ア) 5000 分の１都市計画図　　(イ) 2.5 万分の１地形図
(ウ) ５万分の１地形図　　(エ) 20 万分の１地勢図

問３　南大東島には地方気象台があり気象統計が得られる。次の**図１**はそのホームページからのデータで，縦軸が月平均湿度，横軸が月平均気温である。比較のため東京，札幌も示されている。その考察として**最も不適当なもの**は次のいずれか。

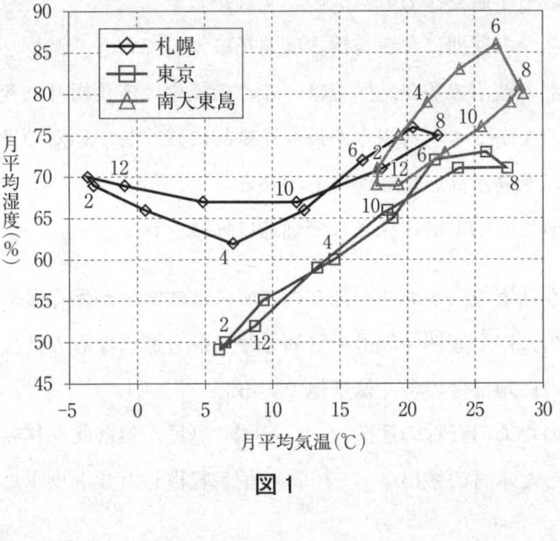

図１

(ア)　高等学校で学ぶハイサーグラフの横軸は月平均降水量である。

(イ)　南大東島と札幌はいずれも夏に湿度が高い。

(ウ)　南大東島は**図1**の3地点のうちでは湿度も平均気温も高いといえる。

(エ)　南大東島はケッペンの気候区分では熱帯(記号A)に属する。

問4　この島の開発過程を考えるために，時期の異なる同縮尺の地形図の比較を試みた。**図2**(1917年)と**図3**(2002年)を比較した文として，**最も不適当なもの**は次のいずれか。なお**図2**と**図3**は地形図を縮小している。

(ア)　**図2**の製糖会社のある集落がこの島の中心で，これは**図3**では在所にあたる。現在でも公共施設が集中し最も人口の多い地区となっている。

(イ)　**図3**の西港から在所にある地方気象台まで自転車で行くとすると2回の急坂をのぼらなければならない。

(ウ)　**図2**の**a**，**b**，**c**地点のうち，**b**の標高がいちばん高い。

(エ)　**図2**では海岸は断崖で港はまったくなかったが，**図3**は3か所建設されている。しかし図から判断して大型船が接岸することはむずかしい。

問5　南大東島は長く無人島で，1885(明治18)年に沖縄県に編入され，20世紀になってから開発が本格化した。**図2**の地図中に**〇**で囲んだ植生はシュロ科樹木である。これは**図3**では地図中に**〇**で囲んだヤシ科樹木という植生に引き継がれているが，基本的に同じものである。**図2**と**図3**のこの植生の変化について**最も不適当なもの**は次のいずれか。

(ア)　この2つの期間にヤシ科樹木は開拓によって大きく減少した。

(イ)　中央部の池沼の多い地区では，ここの植生は広葉樹林に変化した。

(ウ)　**図3**のなかでヤシ科樹木が最も連続的に残存しているのは，周囲よりも相対的に標高が高い地域が中心である。

(エ)　この植生の樹木は伐採されて畑地に転換された。

問6　**図2**にも鉄道線路があり，**図3**の在所には機関車が保存展示されてあった。この島での人口全盛期の鉄道の目的として最も適当なものは次のいずれか。なお**図2**の白地部分の多くは畑地である。

(ア)　開拓のための資材の運搬　　(イ)　島民が集落間を移動する交通手段

(ウ)　伐採した木材の搬出　　(エ)　収穫したサトウキビの運搬

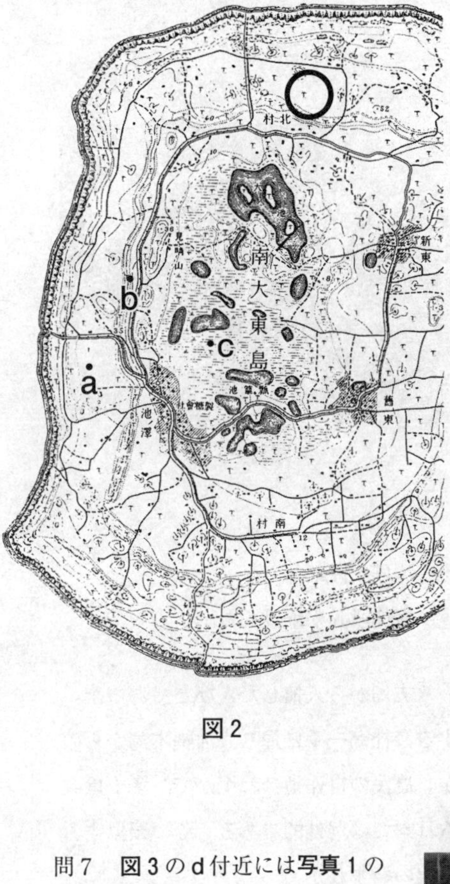

図２

図３

編集部注：編集の都合上，90%に縮小

問７　**図３**の**ｄ**付近には**写真１**の風景がみられ，観光資源となっている。地形図も参考にしながら，この島の自然について述べた文のうち，**最も不適当なもの**は次のいずれか。

(ア)　地図中の**ｄ**にある星野洞は鍾乳洞である。

(イ)　島の中央部には池沼があり，その周辺は湿地となっている。

写真１

(ウ)　島の地質は石灰岩が卓越する。

(エ)　河川は畑地造成で廃川となった。

問8　**図3**の**e**付近で**写真2**を撮影した。オヒルギ群落といわれるマングローブ植生が海岸部でなく，島の中央の大池付近にみられるのは珍しく，天然記念物になっている。この島の成因と関連づけてこの群落がなぜこの場所に立地するのか。その説明として最も可能性の高いのは次のいずれか。

写真2

(ア)　裾礁《きょしょう》が隆起した。　　(イ)　環礁が隆起した。

(ウ)　火山の火口が沈没した。　　(エ)　海岸段丘が陥没した。

問9　この島の最初の移住者は伊豆諸島の八丈島から入植した人びとであった。その後，島の経済は製糖工場を経営する会社が一手に握り，沖縄本島からの移住者によって人口が増加した。しかし農民の自作地はわずかで，多くは会社の所有であった。この形態はむしろ日本では例外的である。その類似する農業形態として最も近い世界の事例は次のいずれか。

(ア)　スリランカ高地の茶栽培　　(イ)　ルソン島の棚田での米作

(ウ)　黄河流域の小麦栽培　　(エ)　コートジボアールのカカオ栽培

問10　この島の課題を現地でいろいろ調べ，最新の地形図をみながら島民の方々と懇談して実感した内容として，**最も不適当な理解**は次のいずれか。

(ア)　ガソリンや日用品の物価が他の地域よりも高い。

(イ)　台風の常襲地帯で，飛行機や船の欠航が多い。

(ウ)　農業が沖縄県のなかでは盛んな村ではあるが，収入の多くを公共事業に依存している世帯も多い。

(エ)　環太平洋パートナーシップ協定(TPP)に村は賛成の立場をとる。

(オ)　島(**図３**の範囲)には中学校までしかなく，高校へ進学するには島外に出なければならない。

〔Ⅳ〕 東ヨーロッパについて述べた次の文を読み，問１～問３に答えなさい。

東ヨーロッパの範囲には，様々な定義が存在している。東西冷戦時代には，東側諸国として東ヨーロッパの範囲が定義されたこともあった。現在では，ヨーロッパ全体を，西ヨーロッパ，東ヨーロッパ，南ヨーロッパ，北ヨーロッパと区分されることが多く，東ヨーロッパの範囲は冷戦時代の区分よりも狭いものとなっている。ここでは，第二次世界大戦後に社会主義国となり，ソビエト連邦と同盟を結んでいた国々を東ヨーロッパの構成国とする。なお，かつての東ドイツ，統合後のドイツは対象としない。

東ヨーロッパは平坦な大地が広がっているが，北海やバルト海に向かって流れる河川の流域，黒海に向かって流れる河川の流域，地中海に向かって流れる河川の流域，の３つに大きく分かれている。北海，バルト海へ向かう河川の流域が国土の大半を占めるのは①〔(ア)　チェコ，スロバキア，ポーランド　(イ)　チェコ，ハンガリー，ポーランド　(ウ)　チェコ，ポーランド　(エ)　ハンガリー，ポーランド〕である。東ヨーロッパで見られる気候区は②〔(ア)　Cfa，Cfb，Cs　(イ)　Cfa，Cfb　(ウ)　Cfa，Cs　(エ)　Cfb，Cs〕とDfである。

東ヨーロッパの主要国であるポーランドは，2018年段階で人口が約③〔(ア)　2,800　(イ)　3,800　(ウ)　4,800　(エ)　5,800〕万人である。首都はワルシャワで国土の④〔(ア)　北半分　(イ)　南半分　(ウ)　東半分　(エ)　西半分〕の中心付近に位置している。⑤〔(ア)　ヴィスワ　(イ)　オーデル　(ウ)　エルベ　(エ)　ポー〕川は，南側の国境付近に広がる山岳地帯を源に北に向かって流れ，バルト海に注いでいる。国土の南端部には古都クラクフがあり，その近郊にはアウシュヴィッツ収容所がある。ポーランドの主な宗教は⑥〔(ア)　カトリック　(イ)　プロテスタント　(ウ)　正教会　(エ)　イスラーム(イスラム教)〕である。

問1　上の文章は，東ヨーロッパの自然や歴史・文化について述べたものである。〔 ① 〕～〔 ⑥ 〕の選択肢から，最も適当なものを選び，その記号をマークしなさい。

問2　アルプス山脈を源として東ヨーロッパに流れるドナウ川は，東ヨーロッパ諸国の首都を水運でつなげる役割を果たしている。上流から下流にかけて沿岸に位置する首都の順番として正しいものを選び，その記号をマークしなさい。

(ア)　ブラチスラバ → ブダペスト → ベオグラード

(イ)　ブダペスト → ベオグラード → ブラチスラバ

(ウ)　ベオグラード → ブラチスラバ → ブダペスト

問3　下の表は，東ヨーロッパの4カ国に関する統計等をまとめたものであり，①～④はチェコ，ハンガリー，ブルガリア，ルーマニアのいずれかである。①～③に該当する国を下の語群から選び，その記号をマークしなさい。

表

	①	②	③	④
人口(万人)2019年	1,069	969	1,937	700
面積(千 km^2)	79	93	238	110
1人あたり国民総所得(USドル)2017年	19,077	13,802	10,508	8,326
第1次産業就業人口の割合(%)2017年	2.8	5.0	22.8	7.0
主な宗教	カトリック	カトリック	正教会	正教会

(出典)『世界国勢図会 2019/20』

〔語群〕

(ア)　チェコ　　(イ)　ハンガリー　　(ウ)　ブルガリア

(エ)　ルーマニア

政治・経済

(60 分)

〔Ⅰ〕 次の会話文を読んで，問(A)～問(H)に答えなさい。

息子：ただいま。あ，またオンデマンドで映画を観ているんだね。

父親：おかえり。そう，お父さんが小さい頃からずっとファンだったゴジラシリーズの映画を観ているんだよ。いやー，やっぱりいいよな。

息子：『シン・ゴジラ』(東宝製作，2016 年公開)だね。たしか映画館でも観ていたよね。

父親：うん，これで観るのは 4 回目。もうゴジラシリーズの映画は作られないのかなと思っていたときに発表された作品だったから，思い入れも強いんだ。

息子：それにしても，この『シン・ゴジラ』っていう作品は，怪獣映画にしてはちょっと切り口が変わっているよね。怪獣同士が戦うわけでもないし，特別な力を持ったヒーローが出てくるわけでもないし。

父親：そうなんだ。もちろんゴジラっていう怪獣が作品の中心ではあるんだけど，むしろ描かれているのは未知の巨大生物による大規模災害に対応する日本の行政①のあり方とも言える。まぁその辺をどう捉えるかは観る人次第かもね。

息子：たしかに，今こうして観ていても，会議室にスーツを着た人がずらりと並んでいるシーンが多いよね。登場人物には必ず役職名が付いていたりする。

父親：映画はあくまでフィクションだけど，それでも日本の行政や公務員制度について，いろいろと考えるきっかけにはなるんじゃないかな。あ，ほら，ここからが特に好きなシーンなんだ。

―― 映画視聴後 ――

息子：本当にいろいろな肩書の人が出てきたなぁ。まだちょっと混乱している。行政って複雑なんだね。

父親：それは仕方ないよ。日本に限らず，実際の行政の活動は多くの組織や人間が関与して初めて成り立つもの②だしね。

息子：作中に出てくる人はみんな官僚③なの？

父親：いや，そういうわけじゃない。現に，主人公である矢口蘭堂は内閣官房副長官として登場しているけど，彼は現職の国会議員でもあるわけだし。

息子：え，それって官僚とどう違うの？

父親：官僚は広い意味では公務に関わる公務員一般を指す言葉だけど，民主主義国家では選挙によって選ばれる政治家とは区別するんだ。たしかに日本国憲法の第 15 条第 2 項には「すべて公務員は，(　a　)」と書かれている。でも，官僚は国民の代表として選ばれているわけではないでしょ。日本では試験に合格することで官僚になることができるのだからね。

息子：へー。行政に関わる人はみんな官僚だって思っていた。

父親：『シン・ゴジラ』の矢口蘭堂も，国家公務員であることに変わりはないよ。でも，内閣官房副長官の職も，国会議員という身分も，どちらも特別職と呼ばれるもので，いわゆる官僚などの一般職の公務員とは区別されているんだ。作中でも矢口は自分のことを「政治家」って言っていたでしょ。

息子：ああ，あの「政治家の責任の取り方は，自らの進退だ」っていうところね。

父親：よく覚えてるなぁ。

息子：まぁね。ところで，『シン・ゴジラ』を観ていると，ちょっとまどろっこしい気がするんだよね。なんて言うか，大変なことが目の前で起きていてもまずは会議って感じだし，自衛隊がすぐにゴジラを攻撃するように命令すれば良いのにいちいち自衛隊法の条文を確認したりさ。

父親：そうだね，気持ちはわかるよ。でもそういう部分を描いているから『シン・ゴジラ』が好きだっていう人も多いはず。

息子：もっと総理大臣とかの偉い人が一気に全部決めちゃえば話が早いと思うんだけど。

父親：たしかに緊急事態では決定者の数が少ない方が迅速な対応が可能になるの

かもしれない。ただ，実際には複雑な事象に対して少数の政治家だけで的確な判断を下すことは難しいし，行政組織をうまく連携させるためにも踏まなきゃいけない手続きはあるんだ。それに何より，法に則った行政をしていくことは，法治国家の大前提だしね。

息子：でも，少なくとももう少し行政組織がシンプルだったら，ゴジラ襲来みたいな緊急事態にも対処しやすいんじゃない？

父親：それがさ，これでも以前よりは省庁は再編統合されているんだよ。2001年の中央省庁再編④の時にね。これで１府 22 省庁制から１府 12 省庁制に移行したんだ。

息子：あー，僕が生まれる前か。どうりで覚えていないはずだ。

父親：まぁ省庁が再編されたからといって，実際の行政活動が以前よりもシンプルで効率的になったかどうかは別問題だけどね。それに，⑤行政の活動は省庁の内部だけで完結するものでもないし。行政を効率的に運営していくことと，民主的な統制の下で公平で公正な行政を行うことを両立させるのは，なかなか難しいんだ。

息子：ふーん。どのみち，行政とか官僚とかって，僕からしたら本当に謎だらけ。『シン・ゴジラ』を観ていると国や自治体のために一生懸命働いているっていうイメージになるけど，天下りとかのニュースを見るとやっぱり悪い人たちなのかなって気もするし。

父親：官僚が良い人間か悪い人間かを考えるよりも，日本の官僚制のどういうところに問題があって，問題があるとすればどういう風に制度を変えていくべきかを考えるべきかもね。天下りだって，官僚の世界に特有の昇進制度に由来しているところがあるんだ。

息子：例えばどんな？

父親：同期で入省したキャリア官僚(注：国家公務員採用総合職試験の合格者の通称)のうち，トップの事務次官になれるのは原則的に１人だけという慣行があるんだ。数十人いた同期入省者の中から高い役職に就ける人がだんだん絞り込まれていって，出世コースに乗らなかった人は中央省庁とは別のところに就職先を探し出さなきゃいけなくなる。それで……

息子：天下りをするってわけね。

父親：そう。もちろん，こうした官僚人事の慣行は別に法律で決まっていることでもないんだけど，逆に言えば法律で決まっているわけじゃないからこそ，なかなか変わらないのかもしれないね。それに天下りを受け入れる側の組織にも，元官僚に来てもらうことのメリットがあったりもするから，さらに問題は根深いんだ。

息子：じゃあ官僚の天下りって，どうしようもないことなの？

父親：一応，官僚の天下りを規制する取り組みもなされつつはある。例えば，2008年に内閣府に設置された(　b　)や，2014年に設置された内閣人事局とかが，幹部職にある国家公務員の再就職や昇任人事を一元的に管理することで，省庁ごとに行われていた天下り先の斡旋《あっせん》をなくすことが期待されていたわけだけど，実際には天下りはなくなっていないとも指摘されているよ。それに，政府が幹部職員の人事を管理するようになることで，その時々の政権に都合の良い官僚人事が行われる危険性があると言われたりもしている。

息子：じゃあさ，いっそのこともっと官僚に依存しないで国家を運営していくとかできないのかなぁ。

父親：「脱官僚支配」というスローガン自体は結構根強いけど，国民に選挙で選ばれた政治家が法案を作るなどの活動をするためには，やっぱり官僚というか行政職員との協働は不可欠になるよね。それこそ『シン・ゴジラ』の矢口蘭堂がたくさんの行政職員たちと一緒になってゴジラ対策を立案したようにさ。

息子：だけど，前に学校で習った三権分立の話では，立法府である国会が法律を作って，行政府である内閣がそれを実行するってことだったと思うんだけどな。お父さんの話だと官僚は国会議員ではないんだから，官僚が法律を作るのに携わるというのはおかしいんじゃないの？

父親：もちろん，三権が相互に抑制し合うことで権力の集中と暴走を防ぐことは大事だよ。でも，議院内閣制である日本が厳密な意味での三権分立であるという理解は不正確かもしれないね。立法府での多数派が行政府を構成することになるわけだし。ただ，官僚が実質的に法案を作成していると言っても，最終的にそれを法律として成立させる権限は国会にしか与えられていないのだから，立法権は依然として国会に独占されていると考えることもできる。だから，⑥行政が立法過程に関与するというのは，それほどおかしな話じゃない。

息子：そうなんだ。お父さんの話が全部わかったかどうかはともかく，官僚と政治の関係をきちんと理解すると『シン・ゴジラ』ももっと楽しめそうな気がするよ。

父親：そっか(笑)。動機はなんであれ，学ぼうという意欲は偉いと思うな。

問(A)　下線部①に関連して，東日本大震災をきっかけとした日本の行政の動きを説明する記述として最も適当なものを次の(ア)～(エ)から一つ選び，その記号をマークしなさい。

(ア)　東日本大震災が発生した当時の自民党政権は，震災対応に不満を持つ自民党内部の反主流派からの圧力を受け，後に内閣総辞職を閣議決定した。

(イ)　東日本大震災からの復興を目的として，2012 年には設置期限付きで復興庁が新設された。

(ウ)　未曽有の原発事故への対応のため，原子力行政は原子力規制委員会から資源エネルギー庁に移管された。

(エ)　東日本大震災がきっかけとなり，内閣の重要政策に関する会議の一つとして中央防災会議が新設された。

問(B)　下線部②に関連して，以下の棒グラフは 2018 年時点での日本，アメリカ，イギリス，ドイツ，フランスにおける人口 1000 人当たりの公務員数を比較したものである(アメリカは 2013 年時点，ドイツは 2017 年時点)。このグラフのＡ～Ｃが表す国名の組合せとして最も適当なものを次の(ア)～(カ)から一つ選び，その記号をマークしなさい。

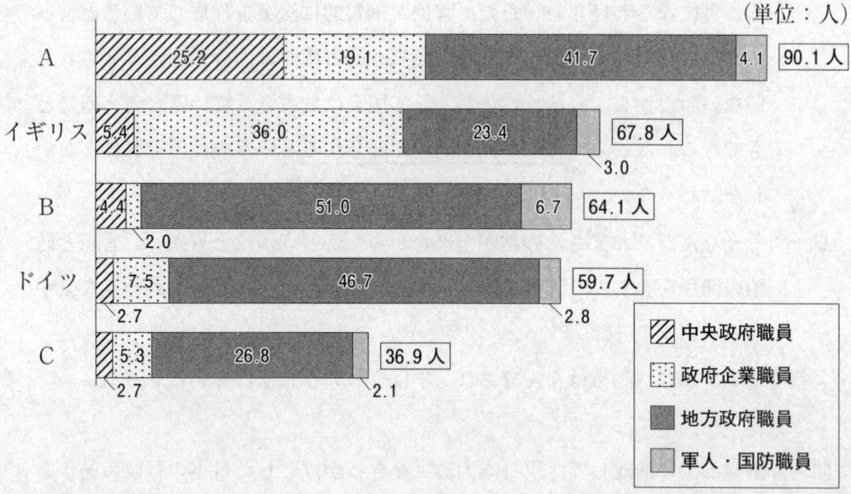

(内閣人事局資料(未定稿))

※人事院パンフレット『令和 2 年度　人事院の進める人事行政について——国家公務員プロフィール——』より。

(ア)　A：アメリカ　　B：日本　　C：フランス

(イ)　A：アメリカ　　B：フランス　　C：日本

(ウ)　A：日本　　B：アメリカ　　C：フランス

(エ)　A：日本　　B：フランス　　C：アメリカ

(オ)　A：フランス　　B：日本　　C：アメリカ

(カ)　A：フランス　　B：アメリカ　　C：日本

問(C)　下線部③に関連して，マックス・ウェーバーは近代の大規模な組織には典型的な官僚制の特徴が見られるようになると指摘している。ウェーバーが指摘する近代社会における官僚制の一般的特徴に関する記述として**最も適当でない**ものを次の(ア)～(エ)から一つ選び，その記号をマークしなさい。

(ア)　役職における上下の指揮命令系統は，ヒエラルキー構造によって一元的である。

(イ)　職場と自宅の区別といった，職員の公私区分が曖昧になる。

(ウ)　あらゆる種類の決定・合意事項は，最終的に文書として記録される。

(エ)　組織内の部局が担当する業務は，規則に定められた権限の範囲内で行われる。

問(D)　文中の(　a　)に入れるのに最も適当なものを次の(ア)〜(エ)から一つ選び，その記号をマークしなさい。

(ア)　全体の奉仕者であつて，一部の奉仕者ではない。

(イ)　国家の奉仕者であつて，個人の奉仕者ではない。

(ウ)　内閣の奉仕者であつて，国会の奉仕者ではない。

(エ)　国民の奉仕者であつて，政府の奉仕者ではない。

問(E)　下線部④に関連して，2001 年の中央省庁再編の際に消滅した省庁の名称として最も適当なものを次の(ア)〜(エ)から一つ選び，その記号をマークしなさい。

(ア)　農林水産省　　(イ)　国家公安委員会　　(ウ)　経済企画庁　　(エ)　防衛庁

問(F)　下線部⑤に関連して，日本では政策の立案過程において広く利害関係者の意見を聴取し有識者の見解を取り入れることを目的として，審議会が開催されることがある。この審議会に関する記述として**最も適当でない**ものを次の(ア)〜(エ)から一つ選び，その記号をマークしなさい。

(ア)　中央省庁再編に合わせて，国の行政機関に附属する既存の多くの審議会も整理・統合されることになった。

(イ)　地方公共団体も法律または条例に基づいて審議会を設置することができる。

(ウ)　国家行政組織法に基づいて設置される全ての審議会については，その答申及び勧告に法的拘束力が備わる。

(エ)　審議会を構成する委員の人選が諮問する行政機関自体によって行われるため，審議会は施策等の責任をあいまいにする「隠れ蓑《みの》」であるとの批判が以前から行われてきた。

問(G)　文中の(　b　)に入れるのに最も適当な語句を次の(ア)〜(エ)から一つ選び，その記号をマークしなさい。

(ア)　人事院　　(イ)　独立行政法人　　(ウ)　官民人材交流センター

(エ)　行政刷新会議

問(H)　下線部⑥に関して，日本の行政と立法過程に関する記述として**最も適当でない**ものを次の(ア)〜(エ)から一つ選び，その記号をマークしなさい。

(ア)　内閣も国会への法案提出権を持つが，1947 年の第 1 回国会以来，内閣提出法案が成立する割合は議員提出法案が成立する割合の半分以下である。

(イ)　行政の活動範囲が広がり，その内容も複雑化・高度化した現代では，法律の規定を実施する際の細部について，行政機関が命令を定めることがある。

(ウ)　衆議院法制局および参議院法制局は，国会議員が国会に法案を提出する際に，専門的見地から現行法制との整合性のチェックや不正確な用語の修正などを行う機関である。

(エ)　内閣が制定する政令の効力は，各省大臣が発する省令の効力より優先するものの，国会で制定される法律の効力よりは劣るものとなる。

〔Ⅱ〕次の文章を読んで，問(A)〜問(L)に答えなさい。

地球環境問題は現在世界全体で取り組むべき重要な課題であり，地球温暖化，オゾン層破壊①，野生生物種の減少，森林減少による砂漠化，水資源問題，酸性雨や海洋汚染，生態系の破壊②など，様々な問題が挙げられている。これら地球規模の問題の解決には国際的な協力が必要である。

地球環境問題に対し，世界で行われてきた取り組みを見ていく。まず1971年に，水鳥の生息地として重要である湿地の生態系を守ることを目的として，(　あ　)条約が締結された。その翌年にはスウェーデン・ストックホルムにて(　1　)が開かれ，(　2　)をスローガンに国連環境計画③の設置が決定した。この組織は後に有害廃棄物の国境を越えた移動(輸出入)やその処分を規制する(　い　)条約を採択している。また同年，民間のシンクタンクであるローマクラブはその著書において資源の(　a　)をアピールしている。1973年には正式名称を「絶滅のおそれのある野生動植物の種の国際取引に関する条約」という，野生動植物の保護を目的とする(　う　)条約が締結された。1985年にはオゾン層破壊物質の研究や，国際的に協調してオゾン層保護に取り組むことを定めた(　え　)条約が締結された。1987年にはブルントラント委員会の報告書にて「持続可能な開発」という考え方が提起され，持続可能な社会を目指して様々な取り組み④が行われた。1992年には(　3　)が開催され，地球温暖化防止を目的とする気候変動枠組み条約⑤などが採択された。日本では1997年に公共事業を行う際の環境への配慮を定めた(　4　)が成立した。さらに2015年に採択されたパリ協定⑥において，発展途上国も温室効果ガスの排出量を規制することが決定した。

今後も持続可能な開発を続けていくには，石炭や石油などの化石燃料や鉱物資源の(　a　)と，天然に存在する地域の(　b　)を理解した上で，これら資源の大量消費による地球環境の悪化を防ぐ必要がある。つまり資源・エネルギー問題の解決が必要となる。現在では資源量に問題が無く，地球温暖化に影響しない再生可能エネルギー⑦が注目されているが，技術的な問題により経済的な効率性が低いなどの課題も残っている。今後も循環型社会を形成するための取り組み⑧を続けていくことが重要である。

問(A)　文中の(　1　)～(　4　)に入れるのに最も適当な語句を下記の語群から選び，その記号をマークしなさい。

〔語群〕

(ア)　宇宙船地球号　　(イ)　かけがえのない地球
(ウ)　環境影響評価法　　(エ)　環境開発サミット
(オ)　環境基本法　　(カ)　環境首脳会議
(キ)　環境と開発に関する世界委員会
(ク)　国連環境開発会議　　(ケ)　国連環境開発特別総会
(コ)　国連気候変動サミット　　(サ)　国連持続可能な開発会議
(シ)　国連人間環境会議　　(ス)　資源保全再生法
(セ)　自然環境保全法　　(ソ)　成長の限界
(タ)　我々が望む未来

問(B)　下線部①に関して，オゾン層破壊を引き起こす物質名として最も適当なものを次の(ア)～(エ)から一つ選び，その記号をマークしなさい。

(ア)　亜硫酸ガス　　(イ)　二酸化炭素　　(ウ)　メタンガス
(エ)　フロンガス

問(C)　下線部②に関して，1962年に『沈黙の春』を著し，生態系の破壊をいち早く警告した人物の名前として最も適当なものを次の(ア)～(エ)から一つ選び，その記号をマークしなさい。

(ア)　ペッチェイ　　(イ)　カーソン　　(ウ)　マータイ　　(エ)　ソロー

問(D)　文中(　あ　)～(　え　)に入る組合せとして最も適当なものを次の(ア)～(エ)から一つ選び，その記号をマークしなさい。

(ア)　(　あ　)→ワシントン　(　い　)→バーゼル
　　(　う　)→ラムサール　(　え　)→ウィーン
(イ)　(　あ　)→ラムサール　(　い　)→ウィーン

（ う ）→ ワシントン　（ え ）→ バーゼル

(ウ)（ あ ）→ ラムサール　（ い ）→ バーゼル

（ う ）→ ワシントン　（ え ）→ ウィーン

(エ)（ あ ）→ ワシントン　（ い ）→ ウィーン

（ う ）→ ラムサール　（ え ）→ バーゼル

問(E)　下線部③の略称として最も適当なものを次の(ア)〜(エ)から一つ選び，その記号をマークしなさい。

(ア)　UNCOD　(イ)　UNDP　(ウ)　UNEP　(エ)　UNF

問(F)　文中（ a ）と（ b ）に入る組合せとして最も適当なものを次の(ア)〜(エ)から一つ選び，その記号をマークしなさい。

(ア)（ a ）→ 有限性　（ b ）→ 偏在性

(イ)（ a ）→ 有限性　（ b ）→ 遍在性

(ウ)（ a ）→ 再生性　（ b ）→ 偏在性

(エ)（ a ）→ 再生性　（ b ）→ 遍在性

問(G)　下線部④に関して，最も適当と考えられる記述を次の(ア)〜(エ)から一つ選び，その記号をマークしなさい。

(ア)　生物多様性条約は環境開発サミットにおいて署名が始まった。

(イ)　国連環境開発会議にてヨハネスブルク宣言が採択された。

(ウ)　生物多様性条約第 10 回締約国会議において名古屋議定書が採択された。

(エ)　国連持続可能な開発会議にて，アジェンダ 21 が採択された。

問(H)　下線部⑤に関して，**最も適当でない**と考えられる記述を次の(ア)〜(エ)から一つ選び，その記号をマークしなさい。

(ア)　締約国は「共通だが差異ある責任」に基づき，各国の能力に応じた気候系の保護を原則としている。

(イ)　気候変動枠組み条約第３回締約国会議において，先進国が温室効果ガスを1990年比で平均5.2%削減する数値目標を載せた京都議定書が採択された。

(ウ)　京都メカニズムには先進国の途上国に対する持続可能な発展の支援については触れられていない。

(エ)　気候変動枠組み条約第15回締約国会議では，気温上昇を2℃以内に抑えるべきという見解を共有するコペンハーゲン合意に至った。

問(I)　下線部⑥に関して，**最も適当でない**と考えられる記述を次の(ア)〜(エ)から一つ選び，その記号をマークしなさい。

(ア)　各国ごとに温室効果ガスの削減目標を定めているが，合意達成を優先したため削減目標が達成できなかった時の罰則規定は定められていない。

(イ)　京都議定書では発展途上国に対し温室効果ガス削減が義務づけられなかったことが，パリ協定の締結につながった。

(ウ)　先進国は発展途上国に対する資金拠出が義務づけられている。

(エ)　2018年にG20の全ての国がパリ協定の履行に合意した。

問(J)　下線部⑦に関して，再生可能エネルギーに**含まれないもの**として最も適当なものを次の(ア)〜(エ)から選び，その記号をマークしなさい。

(ア)　太陽光　　(イ)　地熱　　(ウ)　シェールガス　　(エ)　バイオマス

問(K)　下線部⑧に関して，最も適当と考えられる記述を次の(ア)〜(エ)から一つ選び，その記号をマークしなさい。

(ア)　循環型社会形成推進基本法をもとに，食品リサイクル法や建設リサイクル法などの個別のリサイクル法が施行されている。

(イ)　製品販売時に小売店が消費者から容器代を預かり，消費者から容器を返却された時に代金を戻す制度のことをエコポイント制度という。

(ウ)　循環型社会形成推進基本法では，製品の使用や廃棄後にも，製品の生産者が循環的利用や処分について一定の責任をもつという排出者責任の原則を規定している。

(エ)　循環型社会ではまず廃棄物を削減し，次に使用済み製品等の適切な再使用を行った上でも利用できないものは処分する。

問(L)　同じく下線部⑧に関して，現在では5Rが提唱されているが，5R**に含まれないもの**として最も適当なものを次の(ア)～(エ)から選び，その記号をマークしなさい。

(ア)　リターン　　(イ)　リデュース　　(ウ)　リフューズ　　(エ)　リペア

〔Ⅲ〕次の会話文を読んで，問(A)～問(G)に答えなさい。

弟：今，カルロス・ゴーン氏に関するニュースを見ていたんだけど，保釈中に出国したことが問題になっているね。

姉：そうだね。保釈によって被告人①の拘束を解くことを許すときには，条件を付けることができるんだけど，ゴーン氏の保釈には，海外渡航の禁止などの条件が付けられていたみたい。実際，海外渡航できないように，弁護人が3通のパスポートを預かっていたらしいよ。

弟：3通？何でパスポートを複数持っていたのだろう。

姉：彼はフランス②，ブラジル，レバノンの3つの国籍を持っているみたいだからね。彼に限らず，複数の国籍を持つ人は，それぞれの国が発行するパスポートを所持することができるはずよ。

弟：なるほど……。じゃあそもそも，複数の国籍を持つ状態はどのようにして生じるの？僕は今日本国籍しか持っていないけれど，これからどこかの国の国籍を取得して，重国籍者になることはできるのかな？

姉：それについて考えるためには，国籍の仕組みについて勉強する必要があるかな。そもそも，国籍というのは，特定の国の構成員であるための資格のことで，各国はどの範囲の人に自分の国の国籍を与えるか，自ら決定することができるの。

弟：日本国憲法にも規定があったよね。憲法第10条に，「日本国民たる要件は，

(　1　)でこれを定める」と規定されているよ。

姉：そうそう。日本では，日本国籍の取得や喪失の原因について，国籍法に規定が置かれているよ。国籍法，読んだことある？

弟：ないなあ……。あ，でも，国籍法違憲判決なら授業で習った記憶があるよ。

姉：最高裁判所③の(　2　)で平成20年6月4日に下された判決だね。当時の国籍法第3条第1項は，「父母の婚姻及びその認知により(　3　)たる身分を取得した子で20歳未満のもの(日本国民であつた者を除く。)は，認知をした父又は母が子の出生の時に日本国民であつた場合において，その父又は母が現に日本国民であるとき，又はその死亡の時に日本国民であつたときは，法務大臣に届け出ることによつて，日本の国籍を取得することができる。」と規定していたの。

弟：思い出してきたよ。日本国民である父と日本国民でない母との間の子は，出生後に認知されただけでは日本国籍の取得が認められなくて，その父母が結婚して(　3　)としての身分を取得した場合にだけ，日本国籍が取得できるようになっていたんだよね。

姉：よく知っているね。最高裁は，国籍法第3条第1項の規定がこのような区別を生じさせていることは，憲法第14条第1項の定める(　4　)に違反するものであったとしたよ。

弟：この判決を受けて，国籍法の改正④がなされたんだよね。

姉：うん。今の国籍法第3条第1項は，「父又は母が認知した子で20歳未満のもの(日本国民であつた者を除く。)は，認知をした父又は母が子の出生の時に日本国民であつた場合において，その父又は母が現に日本国民であるとき，又はその死亡の時に日本国民であつたときは，法務大臣に届け出ることによつて，日本の国籍を取得することができる。」という規定になっているよ。

弟：父母の婚姻は，日本国籍を取得するための要件から外れたんだね。

姉：その通り。この第3条は届出によって日本国籍を取得する場合の規定だけど，出生によって日本国籍を取得する場合もあるよ。日本の国籍法では，基本的に，親のどちらかが日本国民である場合に，その子に日本国籍を認めるという制度が取られているんだ。

弟：つまり，アメリカで生まれた子であっても，親のどちらかが日本国民であれば，日本国籍を取得できるんだね。

姉：そういうこと。このような立場は(　5　)と呼ばれるのだけど，これに対して，アメリカやブラジルなどの国では，生地主義の立場に立っていて，主に，その国で生まれた子にその国の国籍を付与しているんだよ。

弟：それなら，出生時に父母が日本国籍で，かつアメリカで生まれた子は，日本国籍とアメリカ国籍の両方を取得することができるのか。このようなときに，重国籍となりうるんだね。

姉：他にもあるけど，それが重国籍となりうる一例だね。ただ，日本の国籍法は重国籍に対して厳格な立場だと言われていて，重国籍者は，一定の期限までにいずれかの国籍を選択しなければならないとされているの。

弟：そうすると，生まれたときから日本とアメリカの国籍を持っているような人も，アメリカの国籍を選択すれば，日本では外国人としての権利保障⑤しか受けられなくなるんだね。

姉：そうなるね。ちなみに，最初の質問に戻るけど，国籍法第 11 条によれば，自己の志望によって外国の国籍を取得したり，外国の法令によりその国の国籍を選択したりした場合，日本の国籍を失うとされているよ。

弟：僕が今から外国の国籍を取得しても，日本国籍を失うから重国籍にはならないってことか。それにしても，生まれながらに複数の国籍を持っている人などにとって，国籍の選択は難しい問題だろうなあ。

姉：国籍はその人のアイデンティティーともかかわるような問題だからね。特に，そのような場合には重国籍を容認すべきだとする意見も以前からあって，例えば，日本弁護士連合会は，2008 年に国籍選択制度に関する意見書を出しているんだけど，その中でこのように述べているよ。

「一般に，人がどの国に帰属するかは個人のアイデンティティーの要素として非常に重要な一部である。特に，国籍の異なる父と母の間に生まれ，その双方の親と国籍を同一にし，主として日本以外の国に居住しながらも，定期的に日本人として日本を訪れ，日本の文化や親族に触れながら育った者にとっては，両方の国籍がそのアイデンティティーの一部になっていることが認められる。

(中略)

そして，人が成育し，社会生活を行う中で獲得したアイデンティティーは，合理的理由なく，国家によって一方的に喪失させられたり，その放棄を強制されることがあってはならない。

この点，子どもの権利条約第8条は『締約国は，児童が(　1　)によって認められた国籍，氏名及び家族関係を含むその身元関係事項について不法に干渉されることなく保持する権利を尊重することを約束する』(外務省訳)と定めるが，この『身元関係事項』の公式語は identity であり，国籍がアイデンティティーの一部として法的に保護されるべきであることを示している。

日本国憲法においても，上記のような個人のアイデンティティーを不法に国家により干渉されない権利は，憲法第13条の(　6　)の一部として保障されていると解されるべきである。」(一部省略・改変)

弟：国籍の話から，人権の話につながるとは思わなかった。(　6　)って，確か，⑥自己決定権やプライバシーの権利などの根拠とされる権利だよね。

姉：そうそう。重国籍を認めることに問題点がありうることももちろん指摘されているんだけど，このような個人の人権の観点から，重国籍を容認するかどうかについて，もっと検討する必要があるのかもしれないね。

問(A)　文中の(　1　)～(　6　)に入れるのに最も適当な語句を下記の語群から選び，その記号をマークしなさい。

〔語群〕

(ア)　小法廷	(イ)　養子	(ウ)　表現の自由
(エ)　任意	(オ)　大法廷	(カ)　幸福追求権
(キ)　血統主義	(ク)　憲法裁判所	(ケ)　非嫡出子
(コ)　生存権	(サ)　政令	(シ)　嫡出子

(ス)　法の下の平等　　(セ)　各国　　(ソ)　両性の本質的平等

(タ)　再審　　(チ)　社会主義　　(ツ)　国民主義

(テ)　絶対主義　　(ト)　法律　　(ナ)　思想及び良心の自由

(ニ)　配偶者

問(B)　下線部①に関連して，日本の刑事司法に関する説明として最も適当なものを次の(ア)～(エ)から一つ選び，その記号をマークしなさい。

(ア)　裁判員裁判では，裁判に市民感覚を取り入れるために，裁判員のみで有罪・無罪の判断や量刑の判断がなされる。

(イ)　検察官は，公益の代表者として職務を行わなければならないため，日本国憲法において，検察官の独立が明示的に定められている。

(ウ)　公訴の提起をする権限は検察官にあるが，例外として，検察審査会の起訴議決に基づく公訴の提起は，弁護士が行う。

(エ)　司法制度改革においては，刑事裁判の迅速化のために，裁判外紛争解決手続（ＡＤＲ）の拡充が行われた。

問(C)　下線部②に関する説明として最も適当なものを次の(ア)～(エ)から一つ選び，その記号をマークしなさい。

(ア)　フランスは，安全保障理事会の常任理事国である。

(イ)　第二次世界大戦中，フランスの首脳は，アメリカ，イギリスの首脳とともに，戦後の世界秩序や国連の創設などを協議するために，ヤルタ会談を開催した。

(ウ)　国際司法裁判所の所在地は，フランスのパリである。

(エ)　フランスは，大統領制を採用しているが，大統領には象徴的役割しかなく，首相の任免権も有しない。

問(D)　下線部③に関する説明として**最も適当でない**ものを次の(ア)～(エ)から一つ選び，その記号をマークしなさい。

(ア)　検察官は，最高裁判所の定める規則に従わなければならない。

(イ)　衆議院議員総選挙が行われる度に，最高裁判所の全ての裁判官が国民審査に付される。

(ウ)　最高裁判所は，訴訟に関する手続，弁護士，裁判所の内部規律及び司法事務処理に関する事項について，規則を定める権限を有する。

(エ)　最高裁判所の指名した者の名簿によって，下級裁判所の裁判官が任命される。

問(E)　下線部④に関連して，国籍法は 1984 年にも改正がなされており，父が日本国籍を有する場合だけではなく，父母のいずれかが日本国籍を有していれば日本国籍を取得できるものとされた。この改正に影響を与えた条約として最も適当なものを次の(ア)〜(エ)から一つ選び，その記号をマークしなさい。

(ア)　子どもの権利条約　　(イ)　難民条約　　(ウ)　移民労働者条約

(エ)　女子差別撤廃条約

問(F)　下線部⑤に関連して，外国人の権利に関する説明として最も適当なものを次の(ア)〜(エ)から一つ選び，その記号をマークしなさい。

(ア)　日本国憲法上，外国人は，国政選挙における参政権を有していないが，地方選挙における参政権を有している。

(イ)　最高裁判所によると，公権力の行使に当たる行為を行う地方公務員に外国人が就任できないとすることは，違憲である。

(ウ)　最高裁判所によると，憲法に規定されている基本的人権の保障は，権利の性質上日本国民のみをその対象としていると解されるものを除き，日本に在留する外国人に対しても等しく及ぶ。

(エ)　国民年金の被保険者は，日本国民に限定されている。

問(G)　下線部⑥に関連して，いわゆる新しい人権に関する説明として最も適当なものを次の(ア)〜(エ)から一つ選び，その記号をマークしなさい。

(ア)　最高裁判所は，大阪空港騒音公害訴訟(最高裁昭和 56 年 12 月 16 日判決)において，人格権と環境権に基づき，夜 9 時以降の飛行差し止めを認めた。

(イ)　知る権利に関連し，地方公共団体では情報公開条例が定められ，行政機関が持つ情報の開示を市民が請求できるようになっているが，国レベルでは同様の制度がなく，国の持つ情報の開示を請求することはできない。

(ウ)　日本では，自己決定権に基づく積極的安楽死を認める法律が，1995年に制定された。

(エ)　最高裁判所は，サンケイ新聞意見広告訴訟(最高裁昭和62年4月24日判決)において，上告人が主張する反論文掲載請求権を認めなかった。

〔Ⅳ〕 次の文章を読んで，問(A)〜問(M)に答えなさい。

1929年10月24日，(　1　)の株式市場で株価の大暴落が発生した。これを発端に，またたく間に金融恐慌が世界中に広がり，大恐慌となった。不況は(　2　)年まで続いた。アメリカでは(　3　)万人を超える失業者が発生し，物価は約3分の1に下落したと言われている。(　2　)年に就任した(　4　)大統領は，ニューディール政策と呼ばれる一連の対策を打ち出し，この空前の不況の克服に努めた。

経済学者ケインズは，1936年に著作『(　5　)』を著した。彼はそこで有効需要の不足が過少生産を招き，失業や不況をもたらすと指摘し，これを克服するための財政政策や金融政策①の必要性を訴えた。この著作以降，とくに，失業問題の解決には政府の介入が必要という思想が，広く受け入れられるようになった。ケインズのこうした主張は，のちの福祉国家②に大きな影響を与えた。

第二次世界大戦中から戦後にかけて，アメリカの国際的な存在感は，確実に大きなものとなっていった。1944年，アメリカのブレトン-ウッズで結ばれたブレトン-ウッズ協定においては，(　6　)と，ＩＢＲＤ(国際復興開発銀行)の設立が決定された。さらに，1947年にジュネーブで設立された(　7　)においては，関税の撤廃と貿易の拡大を基本路線に，世界経済の成長を目指すことが確認された。

こうしてでき上がったブレトン－ウッズ体制は，戦後のアメリカの経済的な覇権の基礎となった。ところが60年代に入ると，日本やドイツの経済成長をひとつの背景に，ドルの価値は下落していった。1971年に(　8　)大統領によって打ち出された新経済政策は，金－ドルの交換を停止させるという内容を含んでいたが，これを受けて，世界経済は混乱に陥った。

1985年にG5において行われた(　9　)においては，ドル高の是正が議論され，これ以降日本で急激な円高が進んだ。1990年代以降は，グローバル化が進み，国際的な金融取引が増えるなかで，ヘッジファンドが通貨危機を引き起こすなど，一部で加熱した投機が問題を引き起こすこともあった。2007年には，アメリカの低所得者などを対象にした審査の甘い住宅ローンに，延滞や破産が急増した。これらは不動産価格の下落がきっかけであった。これをとくに(　10　)問題という。そして，この問題をきっかけのひとつとして，2008年には，投資銀行リーマン・ブラザーズが破綻したり，保険業最大手のアメリカン・インターナショナル・グループ(ＡＩＧ)が経営危機に陥った。このような危機が続いた一連のできごとを，とくに(　11　)と呼ぶ。

問(A)　文中の(　1　)に当てはまる語句として最も適当なものを次の(ア)～(エ)から一つ選び，その記号をマークしなさい。

(ア)　シカゴ　　(イ)　ニューヨーク　　(ウ)　ロンドン

(エ)　ワシントンD.C.

問(B)　文中の(　2　)に当てはまる語句として最も適当なものを次の(ア)～(エ)から一つ選び，その記号をマークしなさい。

(ア)　1933　　(イ)　1935　　(ウ)　1937　　(エ)　1939

問(C)　文中の(　3　)に当てはまる語句として最も適当なものを次の(ア)～(エ)から一つ選び，その記号をマークしなさい。

(ア)　100　　(イ)　500　　(ウ)　1000　　(エ)　2000

問(D)　文中の(　4　)に当てはまる語句として最も適当なものを次の(ア)～(エ)から一つ選び，その記号をマークしなさい。

(ア)　クーリッジ　(イ)　トルーマン　(ウ)　フーバー

(エ)　ローズヴェルト

問(E)　文中の(　5　)に当てはまる語句として最も適当なものを次の(ア)～(エ)から一つ選び，その記号をマークしなさい。

(ア)　経済発展の理論　(イ)　雇用・利子および貨幣の一般理論

(ウ)　資本論　(エ)　厚生経済学

問(F)　下線部①に関して，ケインズの主張として最も適当なものを次の(ア)～(エ)から一つ選び，その記号をマークしなさい。

(ア)　公共投資を増やし，利子率を上げる。

(イ)　公共投資を増やし，利子率を下げる。

(ウ)　公共投資を減らし，利子率を上げる。

(エ)　公共投資を減らし，利子率を下げる。

問(G)　下線部②に関して，福祉国家の目標とする政策として**最も適当でない**ものを次の(ア)～(エ)から一つ選び，その記号をマークしなさい。

(ア)　社会保障制度の充実　(イ)　財政赤字の削減

(ウ)　完全雇用の実現　(エ)　所得の再分配

問(H)　文中の(　6　)に当てはまる語句として最も適当なものを次の(ア)～(エ)から一つ選び，その記号をマークしなさい。

(ア)　ＩＭＦ　(イ)　ＩＬＯ　(ウ)　ＷＴＯ　(エ)　ＮＡＦＴＡ

問(I)　文中の(　7　)に当てはまる語句として最も適当なものを次の(ア)～(エ)から一つ選び，その記号をマークしなさい。

(ア)　ＦＴＡ　(イ)　ＧＡＴＴ　(ウ)　ＮＩＥＯ　(エ)　ＵＮＣＴＡＤ

問(J)　文中の(　8　)に当てはまる語句として最も適当なものを次の(ア)～(エ)から一つ選び，その記号をマークしなさい。

(ア)　アイゼンハワー　(イ)　ケネディ　(ウ)　ジョンソン

(エ)　ニクソン

問(K)　文中の(　9　)に当てはまる語句として最も適当なものを次の(ア)～(エ)から一つ選び，その記号をマークしなさい。

(ア)　ＴＲＩＭ協定　(イ)　スミソニアン協定　(ウ)　プラザ合意

(エ)　ルーブル合意

問(L)　文中の(　10　)に当てはまる語句として最も適当なものを次の(ア)～(エ)から一つ選び，その記号をマークしなさい。

(ア)　サブプライムローン　(イ)　デフォルト

(ウ)　タックス－ヘイブン　(エ)　セーフガード

問(M)　文中の(　11　)に当てはまる語句として最も適当なものを次の(ア)～(エ)から一つ選び，その記号をマークしなさい。

(ア)　アジア通貨危機　(イ)　ドル危機　(ウ)　世界金融危機

(エ)　石油危機

数学

◀ 3 教科型・ 2 教科型英語外部試験利用方式▶

(60 分)

〔Ⅰ〕 関数 $f(t)$ と定数 a について，x の関数

$$F(x) = \int_a^x f(t)\,dt$$

は，$F'(x) = -3x^2 + 2x + 8$ を満たすとする。ただし，$F'(x)$ は $F(x)$ の導関数である。次の問いに答えよ。

(1) 不定積分 $\int (-3x^2 + 2x + 8)\,dx$ を求めよ。

(2) 関数 $f(t)$ を求めよ。

(3) 関数 $F(x)$ の極大値が 16 になるときの a の値をすべて求めよ。

〔Ⅱ〕 2 つの関数

$$f(x) = \sin x + 3\sqrt{2}\sin\left(x + \frac{\pi}{4}\right), \quad g(x) = \sin x + 3\sqrt{2}\sin\left(x - \frac{\pi}{4}\right)$$

を考える。次の $\boxed{}$ を数値でうめよ。

$f(x) =$ $\boxed{①}$ $\sin x +$ $\boxed{②}$ $\cos x$ と変形できる。したがって，$f(x)$ の最大値は $\boxed{③}$ ，最小値は $\boxed{④}$ である。また，$f(x)g(x) + \sin x$ の最大値は $\boxed{⑤}$ ，最小値は $\boxed{⑥}$ である。

〔Ⅲ〕 n を正の整数，a，b を 1 から 9 までの整数とし，循環小数

$$\alpha = \begin{cases} n.\dot{a}\dot{b} & (a \neq b \text{ のとき}) \\ n.\dot{a} & (a = b \text{ のとき}) \end{cases}$$

を考える。次の $\boxed{}$ をうめよ。

α をこえない最大の整数は，$a = b =$ $\boxed{①}$ のとき，$\boxed{②}$ となり，それ以外のときは，$\boxed{③}$ となる。

以下では，$a = b =$ $\boxed{①}$ 以外のときを考える。α を分数で表すと

$$\alpha = \frac{\boxed{④}}{99}$$

となる。この表示が既約分数にならないための必要十分条件は，

$a + b$ が $\boxed{⑤}$ の倍数であるか，または $a =$ $\boxed{⑥}$

であることである。α を既約分数で表したときに，分母が 9 となるような a と b の組 $(a,\ b)$ は，$\boxed{⑦}$ 個ある。

◀2教科選択型▶

(90分)

〔Ⅰ〕 $f(x)=\int_0^x 3t|t-2|\,dt$ とおき，曲線 $C: y=f(x)$ と直線 $\ell: y=x+5$ を考える。

(1) $f(x)$ を求めよ。

(2) C と ℓ は2つの共有点をもつことを示せ。

(3) C と ℓ によって囲まれる部分の面積を求めよ。

〔Ⅱ〕 a, b, p, q を実数とする。ただし $p<q$ とする。

x の整式 $f(x)=(x^2+ax+b)(x^2-2x+3)$ が $x-p$ でも $x-q$ でも割り切れるとき，次の問いに答えよ。

(1) a と b をそれぞれ p, q を用いて表せ。

(2) $p<r<q$ をみたす実数 r に対して，$f(r)=(r^2+ar+b)(r^2-2r+3)$ の符号を調べよ。

〔Ⅲ〕 数列$\{a_n\}$が$a_1 = 6$, $a_n = a_{n-1} - n^2 + 7n$ ($n = 2, 3, 4, \cdots\cdots$)を満たしているとき，次の［　　］をうめよ。

(1) $a_2 =$ ［①］, $a_3 =$ ［②］である。また，一般項a_nをnを用いて表すと$a_n =$ ［③］となる。

(2) a_nは$n =$ ［④］または$n =$ ［⑤］のとき，最大値［⑥］をとる。

(3) $a_n \leqq 0$となるような最小のnは$n =$ ［⑦］である。

〔Ⅳ〕 △ABCにおいて辺ABを2：1に内分する点をDとし，点E，FをそれぞれBC，CA上にとる。また，△ABCの重心をGとする。$\overrightarrow{\mathrm{AB}} = \vec{a}$, $\overrightarrow{\mathrm{AC}} = \vec{b}$とおくとき，次の［　　］をうめよ。

(1) $\overrightarrow{\mathrm{AD}} =$ ［①］$\vec{a} +$ ［②］$\vec{b}$であり，$\overrightarrow{\mathrm{AG}} =$ ［③］$\vec{a} +$ ［④］$\vec{b}$である。

(2) AF：FC＝1：2で△DEFの重心がGと一致するとき，
$\overrightarrow{\mathrm{AE}} =$ ［⑤］$\vec{a} +$ ［⑥］$\vec{b}$である。

(3) AF：FC＝2：1，BE：EC＝1：2のとき，△DEFの重心をG′とすれば，
$\overrightarrow{\mathrm{GG'}} =$ ［⑦］$\vec{a} +$ ［⑧］$\vec{b}$である。

c　きまじめな心性

d　物の消費から事態の消費へ

e　快楽のない社会

f　生産性という論理

g　資本主義のシステム

h　マルクス主義の功罪

i　労働主義の過剰展開

j　産業社会の展開

二

▲3教科型・2教科型英語外部試験利用方式▼二に同じ。

としての消費者へと、確実に重心移動を引き起こしていったのだった。

c　〈インダストリー〉(勤勉・勤労)という名の、あの近代生活を蔽う「真空恐怖」はこうして、空き時間をもまたすきまなく活用し、開発するようわたしたちを駆りたててくる。

d　こうしたきまじめなメンタリティが人びとのうちにしみ込んでいくなかで、つまり、ありとあらゆる活動がすきまなく労働化してきたなかで、人びとはいま、そのようなエートスの飽和状態のなかで息がつまって、逆にそうしたエートスの外部に出よう、出ようとしているようにみえる。

e　前に、前のめりの生活、前望的(プロスペクティヴ)な時間意識について述べたが、このように意識を先へ先へと牽引していくことをラテン語で表現すれば、producere という語になる。

f　ここでポイントになるのは、生産性の論理が労働の現場から消費の過程にも浸透していったということではない。

g　ところで、人間を労働力として規定するこのような生産主義的な視点は、ボードリヤールによれば、マルクス主義によって駆逐されるどころか、逆に強化されたのであって、(中略)まことにアイロニカルな事態がそこには見いだされるのである。

h　同じ問題は、「労働の尊厳」という別の強迫的観念のもつ問題性として、今村仁司によっても指摘されている。

i　が、強制収容所には強制労働がつきものである。

(2)　第一〜四節の見出しタイトルとして最も適当なものを選択肢からそれぞれ一つ選び、その記号をマークせよ。

a　安定と停滞を忌避する社会

b　〈インダストリー〉の精神

㋓ サクシュ

a インターネットでケンサクする。
b シコウサクゴを繰り返す。
c 巧みにサクリャクをめぐらす。
d 予算をサクゲンする。
e 大豆をアッサクして採油する。

㋔ ケイキ

a 伝統芸能をケイショウする。
b 一次方程式の解からケイスウを求める。
c 業務テイケイを結ぶ。
d 借家のケイヤクをする。
e 最新のニュースをケイサイする。

問８ 〈労働主義〉の過剰展開とはどういうことか。五十字以内で記せ。なお、句読点・符号も字数に含めるものとする。

問９ 本文は大きく四つの節からなる。次の問いに答えよ。

(1) 第二、三、四節のそれぞれの節の冒頭の一文を、選択肢からそれぞれ一つ選び、その記号をマークせよ。

a とくにわたしたちが経験してきたこの四半世紀は、こうした心性そのものをひたすら高密度化してきたといってよい。
b こうして、産業社会から高度消費社会への移行のなかで、主体は、価値生産的主体としての労働者から価値消費的主体

問7　二重傍線部(あ)(い)(う)(え)(お)のカタカナと同じ漢字を用いる語を選択肢から一つ選び、その記号をマークせよ。

(あ)　カチュウ

a　彼はカモクな人だ。
b　カカンに挑戦する。
c　センカに巻き込まれる。
d　カコクな運命が待っている。
e　将来にカコンを残す。

(い)　ホウシ

a　教諭として母校にホウショクする。
b　他人のやり方をモホウする。
c　遺産相続をホウキする。
d　国会にホウアンを提出する。
e　事故防止のホウサクを立てる。

(う)　ジュウテン

a　ガスストーブにテンカする。
b　赤字をホテンする。
c　メールにファイルをテンプする。
d　引用文献のシュッテンを明記する。
e　屋上から地上をテンボウする。

問６　人間を労働力として規定する生産主義的な視点についてのボードリヤールの主張を説明したものとして、最も適当なものを選択肢から一つ選び、その記号をマークせよ。

a　人間を労働力として規定する生産主義的な視点は、「人間は労働力を売ることによって疎外されている」と説くマルクス主義とは相容れないものであるため、ボードリヤールは、そうしたマルクス主義の考え方からの脱却を主張している。

b　人間を労働力として規定する生産主義的な視点は、「人間は労働力を売ることによって疎外されている」と説くマルクス主義から生み出されたものであり、ボードリヤールは、そうした視点を取ることからの脱却を主張している。

c　人間を労働力として規定する生産主義的な視点は、マルクス主義が非難した「人間は労働力である限りは疎外されている」という考え方につながっており、ボードリヤールは、そうした考え方からの脱却を主張している。

d　人間を労働力として規定する生産主義的な視点は、「人間は労働力である限りは疎外されている」という仮説の根拠になっており、ボードリヤールは、そうした仮説を生み出す思考法からの脱却を主張している。

e　人間を労働力として規定する生産主義的な視点は、価値の生産ということに人間存在の本質をみるような思考法につながっており、ボードリヤールは、そうした思考法からの脱却を主張している。

d　産業社会から高度消費社会への移行のなかで、その消費のあり方が、欲求の充足から「新しい欲望の発明」へと位相変換したことにより、わたしたちは余暇活動のディレクションとマネージメントに注目するようになった。

e　産業社会から高度消費社会への移行のなかで、何ごとも、仕事も遊びも、全力投球してこそよろこびはあるという、きまじめなメンタリティが形成されるようになった。

問5　ボードリヤールの言う「生産という鏡」の囚われた社会を、筆者はどのような社会ととらえているか、最も適当なものを選択肢から一つ選び、その記号をマークせよ。

a　人間を労働力として規定する生産主義的な視点がマルクス主義によって強化されたことにより、じぶんの身体までもが他人から消費対象として意識されるようになった社会ととらえている。

b　人間が労働力を売ることによって疎外されていると説くマルクス主義によって、価値の生産ということに人間存在の本質を見る資本主義的な思考から脱却した社会ととらえている。

c　生産性の論理が労働の現場から消費の過程に浸透していっただけでなく、個的な主体としての人間の自己理解の構造にまで入り込んでいき、じぶんの身体までもが消費対象として意識されるようになる社会ととらえている。

d　人間が労働力を売ることによって疎外されていると説くマルクス主義によって、個的な主体としての人間が固有の意味を持ち、〈生産性〉という観念から解放された社会ととらえている。

e　生産性の論理が労働の現場から消費の過程にも浸透し、ありとあらゆる活動が消費で飽和状態となり、〈生産性〉という観念が破壊された社会ととらえている。

の精神に基づく価値観は、常に新たなカウンター・カルチャーを求める強迫観念を生み出した。

b　パンクやグランジといった顰蹙もののアンチ・モードが、現在では一個の定番となっているように、〈インダストリー〉の精神に基づく価値観は、それに対する批判や異和の意識をも、新たな資源として吸引していった。

c　「ゆとり」や「感性」など、能率や合理性と対立するような観念が、企業戦略の主要なターゲットになったように、〈インダストリー〉の精神に基づく価値観は、八〇年代のいわゆるバブル現象をも引き起こした。

d　「ゆとり」や「感性」など、能率や合理性と対立するような観念が、企業戦略の主要なターゲットになったように、〈インダストリー〉の精神に基づく価値観は、先端的な流行商品を生み出した。

e　「環境保護」や「清貧」が先端の流行商品になったように、〈インダストリー〉の精神に基づく価値観は、八〇年代のバブル現象に対する反動として、世界について堅実に対処することを求める潮流を生み出した。

問４　産業社会から高度消費社会への移行のなかで、どのようなことが起こったと筆者は述べているか、最も適当なものを選択肢から一つ選び、その記号をマークせよ。

a　産業社会から高度消費社会への移行のなかで、価値生産的主体としての労働者と価値消費的主体としての消費者との間に対立が生じた。

b　産業社会から高度消費社会への移行のなかで、労働よりも消費に価値がおかれるようになったことにより、ゲーム、リゾート、観光旅行といったレジャー産業のリュウセイが生じた。

c　産業社会から高度消費社会への移行のなかで、わたしたちは新たな快楽を求めて、大きなビジネス・チャンスを探すようになった。

問1　太線部㋐「テッテイ」、㋑「リュウセイ」を漢字に改めよ。

問2　〈インダストリー〉の精神と生産、消費との関係を説明したものとして、最も適当なものを選択肢から一つ選び、その記号をマークせよ。

a　〈インダストリー〉の精神は、高度消費社会においては、価値の生産への欲望を煽りたてるだけではなく、消費をより生産的な未来に備えた目的のある支出であるべきものとする価値観を浸透させた。

b　〈インダストリー〉の精神は、高度消費社会においては、価値の生産への欲望を煽りたてる一方で、消費が無目的な浪費あるいは無意味な喪失であることを容認する姿勢を浸透させた。

c　〈インダストリー〉の精神は、高度消費社会においては、本来生産とは逆ヴェクトルの行為である消費においても、生産と同様に、欲望に駆り立てられるままに進む姿勢を浸透させた。

d　〈インダストリー〉の精神は、高度消費社会においては、価値の生産と消費への欲望を煽りたて、労働・利潤・合理性などのイデオロギー的価値を浸透させた。

e　〈インダストリー〉の精神は、高度消費社会においては、生産と消費というもともと効率や速度とは無縁な生活領域に、より高く、より速く、より高度にという向上を求める価値観を浸透させた。

問3　一九七〇年代以降の四半世紀の出来事と、それに対する筆者の解釈を述べたものとして、最も適当なものを選択肢から一つ選び、その記号をマークせよ。

a　パンクやグランジといった襤褸もののアンチ・モードが、現在では一個の定番となっているように、〈インダストリー〉

——ひょっとすると回復不可能な〈労働主義〉の過剰展開——が横たわる」というのである。そういえば、ドイツの国家社会主義政府が設置した強制収容所の入口には、「労働は自由への道」(Arbeit Macht Frei)と書かれてあった。労働が福音をもたらすというわけだ。

が、強制収容所には強制労働がつきものである。強制という㋔ケイキこそ、肉体の骨折り以上に、わたしたちに労働を嫌悪させるものであろうが、生産性の論理はその嫌悪を使命感へと裏返すよう、人びとをその内面からうながすような心的機制を編みだした。それが〈インダストリー〉というエートスであった。

産業社会、それは労働過程をとおしてひたすらインダストリアス(勤労・勤勉)な心性をもつよう要求する社会なのだが、その産業社会、インダストリアル・ソサエティとは、別の視点からいえば、いうまでもなく工業社会ということであり、工場生産が大幅に機械化していった時代の社会のことである。そしてその労働過程は、工場の生産装置の活動に対応できるような規則的ですきまのない活動を人びとに強いてくるものである。

(鷲田清一『だれのための仕事　労働vs余暇を超えて』による　※一部本文を変更した箇所がある)

注　＊1　エートス＝特質、慣習、習性などの持続的な倫理。　＊2　とばくち＝入り口。　＊3　ロック＝イギリスの哲学者。(一六三二〜一七〇四)　＊4　ボードリヤール＝フランスの哲学者。(一九二九〜二〇〇七)　＊5　カウンター・カルチャー＝対抗文化。支配的な文化に対抗するもう一つの文化。　＊6　パンク＝一九七〇年代なかば、主にイギリスで広まったロック音楽を中心とした社会的ムーヴメント。　＊7　グランジ＝一九九〇年代に流行したアメリカのシアトルから始まったロック音楽に端を発し、ファッションにも及ぶ社会的ムーヴメント。　＊8　マルクス＝ドイツの哲学者、革命家。(一八一八〜一八八三)　＊9　ラディカル＝根本的。急進的。　＊10　アイロニカル＝皮肉な。逆説的な。　＊11　今村仁司＝日本の現代哲学・思想研究者。(一九四二〜二〇〇七)

同一視したりするなどの、ものの考え方のなかに根をおろしているのである。要するに、資本主義的な経済の体系による、生産力としての人間の量的な(え)サクシュがあるだけではなく、経済のコードによる、生産者としての人間の形而上学的な多元決定もある。

ここでポイントになるのは、生産性の論理が労働の現場から消費の過程にも浸透していったということではない。それをも超えて、生産性の論理が、個人としての人間、個的な主体としての人間の自己理解の構造にまで入り込んでいったことである。のちに見るように、それは、じぶんの身体までも開発されるべき資材として、あるいは消費対象として意識するようになるところまで行きつくだろう。そして快楽までも、生産性の論理に巻き込まれることになるはずだ。

ところで、人間を労働力として規定するこのような生産主義的な視点は、ボードリヤールによれば、マルクス主義[*8]によって駆逐されるどころか、逆に強化されたのであって、「マルクス主義は、人間に対して、人間は労働力を売ることによって疎外されているのだと説くことによって、……〔人間は〕労働力である限りは、労働によって価値を生む《譲渡しえざる》力である限りは疎外されているのだというずっとラディカル[*9]な仮説を非難することになっている」という、まことにアイロニカル[*10]な事態がそこには見いだされるのである。ちなみに、ここで「譲渡しえざる」というのは、他人のものとはなっていない、つまり「じぶんに固有の」という意味である。そしてそういう価値の生産ということに人間存在の本質をみるような思考法からこそ脱却しようと、ボードリヤールはいうのである。

同じ問題は、「労働の尊厳」という別の強迫的観念のもつ問題性として、今村仁司[*11]によっても指摘されている。「〈社会主義〉の諸思想と諸システムが、基本的な人間活動としての労働の了解様式に関しては、〈資本主義〉といささかも変わりがなく、いやむしろ〈資本主義〉以上に〈労働の尊厳〉なるものを極端にまで引き伸ばしてみせたこと、おそらくそこに現代の最も根源的な問題

労働からの免除という意味での余暇活動のディレクションとマネージメントこそが、もっとも大きなビジネス・チャンスとして浮上してくる。気持ちのいいこと、愉《たの》しいことをこそしなければ、という意識が煽りたてられる。快楽までもが、まるで義務のように強迫的に感じられるようになるのだ。こうして、たえず何かをしていないと不安になるというビョーキが生産される。何ごとも、仕事も遊びも、手を抜くことなく全力投球してこそよろこびはあるという、そういうきまじめなメンタリティ(心性)が形成されてくるのだ。

　こうしたきまじめなメンタリティが人びとのうちにしみ込んでいくなかで、つまり、ありとあらゆる活動がすきまなく労働化してきたなかで、人びとはいま、そのようなエートスの飽和状態のなかで息がつまって、逆にそうしたエートスの外部に出よう、出ようとしているようにみえる。〈生産性〉という観念の外部に、である。が、「価値の彼岸にあるものを見出そうとするならば、西欧のすべての形而《けいじ》上学が映っている、生産という鏡を壊さなくてはならない」。労働と仕事の現在をより正確にとらえるためにも、この「生産という鏡」の囚《とら》われた社会をさらに突っ込んで分析しておく必要があるだろう。

　前に、前のめりの生活、前望的(プロスペクティヴ)な時間意識について述べたが、このように意識を先へ先へと牽引《けんいん》していくことをラテン語で表現すれば、producere という語になる。前に—引っぱる(pro-ducere)、つまり、英語でいう「生産」(produce)の語源になることばである。この「プロダクション」の観念がわたしたちの社会で普遍化してくる過程を、ボードリヤールはずばり『生産の鏡』と題した書物のなかで次のように描きだしている。

> 経済システムは、売買される労働力としての個人を生産するだけではなく、労働力を基本的な人間の可能性としてみなす考え方そのものを生産する。経済システムは、市場で自分の労働力を自由に交換する個人というフィクションのなかに入りこんでいるばかりか、それ以上に深く、個人をその労働力と同一視したり、《人間の目的にあわせて自然を変形する》行為と

とくにわたしたちが経験してきたこの四半世紀は、こうした心性そのものをひたすら高密度化してきたといってよい。そういう強迫観念が普遍的なのは、あらゆるものに浸透していくからだけでなく、そういう心性に対する批判や異和の意識をも、そのなかに新たな資源として、どんどん吸引していくからである。一九七〇年代以降、さまざまのカウンター・カルチャー*5が同時に商品として消費・流通の機構のなかに回収されていき、現在ではパンク*6やグランジ*7といった顰蹙《ひんしゅく》もののアンチ・モードですら、すでに一個の定番となっているくらいだ。また、八〇年代のいわゆるバブル現象の(あ)カチュウで、「ゆとり」や「感性」など、能率や合理性と対立するような観念まで、企業戦略の主要なターゲットになったことも記憶に新しい。そして九〇年代に入って、「環境保護」や「清貧」も先端の流行商品になった。記号の戯れから下りて世界についてもっと堅実に対処すること、そのことが「九〇年代っぽい」などと受けとめられて、流行した。まるで「新しさ」にもあきてしまったかのように、である。

こうして、産業社会から高度消費社会への移行のなかで、主体は、価値生産的主体としての労働者から価値消費的主体としての消費者へと、確実に重心移動を引き起こしていったのだった。さらにその消費も、物の消費から事態の消費へ、さらには欲求の充足から「新しい欲望の発明」へと、位相変換していった。生活必需品を買うためではなく、新たな快楽を求めて、ひとは商品の集積をうっとり眺めるようになるのである。「勤勉・勤労」という同じ強迫的エートスが、価値を産出する主体の存在や、あるいはその主体の非労働時間のありかたにまで浸透していったのだ。

〈インダストリー〉(勤勉・勤労)という名の、あの近代生活を蔽《おお》う「真空恐怖」はこうして、空き時間をもまたすきまなく活用し、開発するようわたしたちを駆りたててくる。インダストリーの精神は〈生産性〉という鏡にじぶんを映す。余暇(自由時間)そのものが消費の制度のなかに組み込まれ、たえず新たな欲望で埋められるだけでなく、さらには何か実のあること、たとえば自己学習や家庭(い)ホウシ、ヴォランティアなどといった別の意味で価値生産的な活動で(う)ジュウテンしなければ……という強迫的な意識がわたしたちのなかで芽生えてくる。あるいは、ゲーム、リゾート、観光旅行などといったレジャー産業の(イ)リュウセイ。そこでは

▲2教科選択型▼

（九〇分）

一　次の文章を読んで、後の問いに答えよ。

より多く、より速やかにという、累進性と効率性の要求、つまり無為と怠惰を忌避する〈インダストリー〉の精神は、価値の生産にはじまってその蓄積と所有への欲望を煽《あお》りたてるだけではない。わたしたちがそのうちにどっぷりと浸っている高度消費社会においては、さらに消費という、本来生産とは逆ヴェクトルの行為ですらも、同じエートス*1のなかで規定されるようになる。消費もまた、無目的な浪費あるいは無意味な喪失であってはならず、逆に価値の投資、つまりより生産的な未来に備えた目的のある支出でなければならないとされる。近代の労働社会のとばくち*2でロック*3がすでに指摘していたように、戒められねばならないのは「貪欲」ではなく「浪費」なのであった。

高度消費社会では時代はさらに進行し、ボードリヤール*4も指摘するように、「労働・利潤・合理性というなまぐささむきだしの現実と見たところ真反対のもののように思われるイデオロギー的価値のあれこれが巧妙に結びつけられる」必要に迫られるようになっていく。より高く、より速く、より高度に、といった姿勢は、今日では生産や流通の場面だけでなく、遊びや社交や快楽の場面など、もともと効率や速度とは無縁な生活領域にまで浸透した普遍的な心性となっている。この社会はどうも長く、安定と停滞とを(ア)テッテイして忌避してきたようだ。

で身投げでもなさったのだろうか。そうでなければ物《もの》の怪《け》にさらわれなさったのか。あれほどしみじみとお優しい方であったのに、と女房たちも残念なことだと思いなさる。中納言の君も、女がいなくなってしまったことを困ったものだと嘆いていらっしゃる。

c　とても不思議なことだ。最近人があれこれと噂していたのを、女は苦しく感じているように見えたので、こうした悩みで身投げでもなさったのだろうか。そうでなければ盗人に捕われなさったのか。あれほどしみじみとお優しい方であったのに、と女房たちも残念なことだと思いなさる。中納言の君も、女がいなくなってしまったことをあれこれ嘆いていらっしゃる。

d　とても不思議なことだ。最近人があれこれと噂していたのを、女は苦しく感じているように見えたので、こうした悩みで身投げでもなさったのだろうか。そうでなければ物の怪にさらわれなさったのか。あれほどしみじみとお優しい方であったのに、と女房たちも惜しいことだと思いなさる。中納言の君も、女がいなくなってしまったことをあれこれ嘆いていらっしゃる。

e　とても不思議なことだ。最近人があれこれと噂していたのを、女は苦しく感じているように見えたので、こうした悩みで身投げでもなさったのだろうか。そうでなければ物の怪にさらわれなさったのか。あれほどしみじみとお優しい方であったのに、と女房たちも珍しいことだと思いなさる。中納言の君も、女がいなくなってしまったことを困ったものだと嘆いていらっしゃる。

問9　傍線部Ⓐを、主語を補って現代語訳せよ。

なってしまったのかと、ひどく嘆いていらっしゃいます」などと、誰ともなく姫君に申し上げるので、女を隠したのは宮であるに違いないと思っている。

d　最近、女房たちの言っていた宮の御心変わりも本当のことであって、宮が女をお隠しになったのだろうと思っていた。女房たちもそのように言っていたのだが、「宮も女が失踪したことをお聞きになってからはご様子も普通ではなく、どうなってしまったのかと、ひどく嘆いていらっしゃいます」などと、誰ともなく姫君に申し上げるので、女を隠したのは宮ではあるまいと思っている。

e　最近、女房たちの言っていた宮の御心変わりも本当のことであって、宮が女をお隠しになったのだろうと思っていた。女房たちもそのように言っていたのだが、「宮も女が失踪したことをお聞きになってからは世の無常をお感じになったご様子で、どうなってしまったのかと、ひどく嘆いていらっしゃいます」などと、誰ともなく姫君に申し上げるので、女を隠したのは宮であるに違いないと思っている。

問8　また兵部卿宮周辺の女房たち、および中納言の君の反応はどのようなものであったか。最も適当なものを選択肢から一つ選び、その記号をマークせよ。

a　とても不思議なことだ。最近人があれこれと噂していたのを、女は苦しく感じているように見えたので、こうした悩みで身投げでもなさったのだろうか。そうでなければ盗人に捕われなさったのか。あれほどしみじみとお優しい方であったのに、と女房たちも惜しいことだと思いなさる。中納言の君も、女がいなくなってしまったことをあれこれ嘆いていらっしゃる。

b　とても不思議なことだ。最近人があれこれと噂していたのを、女は苦しく感じているように見えたので、こうした悩み

女君をお世話申し上げることができるのは、本当に夢のようなことでございます。

d　御両親さえ生きていらっしゃれば、どうしてこのような物思いに沈みなさることがありましょうか。このように女君にお会い申し上げることは、本当に夢のようなことでございます。

e　御両親も生きてここにおいでならば、きっとこのような物思いに沈みなさるはずです。このように女君をお世話申し上げることができるのは、本当に夢のようなことでございます。

問7　女の失踪という事態を受けて、兵部卿宮の妻である姫君の反応はどのようなものであったか。最も適当なものを選択肢から一つ選び、その記号をマークせよ。

a　最近、女房たちの言っていた宮の御心変わりも本当のことであって、それゆえ女が姿を消したのだろうと思っていた。女房たちもそのように言っていたのだが、「宮も女が失踪したことをお聞きになってからはご様子も普通ではなく、どうなってしまったのかと、ひどく嘆いていらっしゃいます」などと、誰ともなく姫君に申し上げるので、女を隠したのは宮ではあるまいと思っている。

b　最近、女房たちの言っていた宮の御心変わりも本当のことであって、それゆえ女が姿を消したのだろうと思っていた。女房たちもそのように言っていたのだが、「宮も女が失踪したことをお聞きになってからは世の無常をお感じになったご様子で、どうなってしまったのかと、ひどく嘆いていらっしゃいます」などと、誰ともなく姫君に申し上げるので、女を隠したのは宮ではあるまいと思っている。

c　最近、女房たちの言っていた宮の御心変わりも本当のことであって、宮が女をお隠しになったのだろうと思っていた。女房たちもそのように言っていたのだが、「宮も女が失踪したことをお聞きになってからはご様子も普通ではなく、どう

こまでの思いとは知らずに、なだめていたこともあるのですが、たいそう苦しまれ、死んでしまいたいとお嘆きになるのを拝見するのも辛く、そこでなんとか説得して、こうして逃げ出してくることを決心したのです。

c　宮仕えに馴れていらっしゃる御身とはいえわびしくお思いになり、ともすればしおれてらっしゃるのを、ここまでの思いとは知らずに、解決しようとしていたこともあるのですが、たいそう苦しまれ、死んでしまいたいとお嘆きになるのを拝見するのも辛く、そこで無理を承知で、こうまでして逃げ出してくることを決心したのです。

d　宮仕えに馴れていらっしゃらない御身なのでわびしくお思いになり、ともすれば涙を流しがちでいらっしゃるのを、ここまでの思いとは知らずに、解決しようとしていたこともあるのですが、たいそう苦しまれ、死んでしまいたいとお嘆きになるのを拝見するのも辛く、そこでなんとか説得して、こうして逃げ出してくることを決心したのです。

e　宮仕えに馴れていらっしゃらない御身なのでわびしくお思いになり、ともすれば涙を流しがちでいらっしゃるのを、ここまでの思いとは知らずに、なだめていたこともあるのですが、たいそう苦しまれ、死んでしまいたいとお嘆きになるのを拝見するのも辛く、そこで無理を承知で、こうして逃げ出してくることを決心したのです。

問6　侍従の説明を聞いた二人は、どのように答えたか。最も適当なものを選択肢から一つ選び、その記号をマークせよ。

a　御両親がここにお出かけになられたとしても、きっとこのような物思いに沈みなさるはずです。このように女君にお会い申し上げることは、本当に夢のようなことでございます。

b　御両親が生きていらっしゃったとしても、きっとこのような物思いに沈みなさるはずです。このように女君にお会い申し上げることは、本当に夢のようなことでございます。

c　御両親さえここにお出かけになられれば、どうしてこのような物思いに沈みなさることがありましょうか。このように

ん。どこにでもお隠し申し上げたいと思うのですが、なんとか取り計らってください。けっして誰にも知られないようにしてください」と依頼した。

c　女の父大納言の在世中からの知り合いであった翁に対し、「とても恐ろしいことがあって、ここにいることができません。どこにでもお隠し申し上げたいと思うのですが、なんとか取り計らってください。いかにしても女君に事情を知られないように配慮してください」と依頼した。

d　女の父大納言の死後に知り合いとなった翁に対し、「とても恐ろしいことがあって、ここにいることができません。どこにでもお隠し申し上げたいと思うのですが、なんとか取り計らってください。いかにしても女君に事情を知られないように配慮してください」と依頼した。

e　女の父大納言の在世中からの知り合いであった翁に対し、「とても恐ろしいことがあって、そちらへ出かけることができません。どこにでもお隠し申し上げたいと思うのですが、なんとか取り計らってください。いかにしても女君に事情を知られないように配慮してください」と依頼した。

問5　嵯峨に着いた後、侍従は老人夫婦に女の状況についてどのように説明したか。最も適当なものを選択肢から一つ選び、その記号をマークせよ。

a　宮仕えに馴れていらっしゃる御身とはいえわびしくお思いになり、ともすればしおれていらっしゃるのを、ここまでの思いとは知らずに、なだめていたこともあるのですが、たいそう苦しまれ、死んでしまいたいとお嘆きになるのを拝見するのも辛く、そこで無理を承知で、こうまでして逃げ出してくることを決心したのです。

b　宮仕えに馴れていらっしゃらない御身なのでわびしくお思いになり、ともすれば涙を流しがちでいらっしゃるのを、こ

持つことをお勧め申し上げましたが、またこのような宮との間の悩みごとまで加わってしまいましたので、女君がこのようにお思いになることは当然ながら、頼りになる人も今はおりませんし、どうしたものでしょうか。

c　最近のご様子を拝見するにつけお気の毒で、どのようにしてでも女君の御ためによかろうと思ってこそ、宮とご縁を持つことをお勧め申し上げましたが、またこのような宮との間の悩みごとまで加わってしまいましたので、女君がこのようにお思いになることは当然ながら、頼りになる人も今は亡くなりましたし、どうしたものでしょうか。

d　最近のご様子を拝見するにつけご病気がちで、どのようにしてでも女君の御ためによかろうと思ってこそ、姫君への出仕をお勧め申し上げましたが、このような宮との間の悩みごとすら解決できずにいますので、女君がこのようにお思いになることは当然ながら、頼りになる人も今はおりませんし、どうしたものでしょうか。

e　最近のご様子を拝見するにつけお気の毒で、どのようにしてでも女君の御ためによかろうと思ってこそ、姫君への出仕をお勧め申し上げましたが、このような宮との間の悩みごとすら解決できずにいますので、女君がこのようにお思いになることは当然ながら、頼りになる人も今は亡くなりましたし、どうしたものでしょうか。

問4　女の置かれた事態に対処するため、侍従は誰にどのような依頼をしたか。最も適当なものを選択肢から一つ選び、その記号をマークせよ。

a　女の父大納言の死後に知り合いとなった翁に対し、「とても恐ろしいことがあって、そちらへ出かけることができません。どこにでもお隠し申し上げたいと思うのですが、なんとか取り計らってください。けっして誰にも知られないようにしてください」と依頼した。

b　女の父大納言の在世中からの知り合いであった翁に対し、「とても恐ろしいことがあって、ここにいることができませ

が心を合わせていたのだと、姫君はお思いになり、またおっしゃるでしょう。ずいぶんうしろめたいところがあるように、女房たちがいろいろ噂をしていたことも、やはりそういうことがあったのに、何事もなかったかのようにふるまっていたのだなと姫君に思われると、自分としてはどっちつかずになってしまいます。

d　宮のおっしゃったとおりになったら、どれだけ隠しても隠しきれないでしょうに。私がどう思おうと、私と宮とが心を合わせていたのだと、姫君はお思いになり、またおっしゃるでしょう。ずいぶんうしろめたいところがあるように、女房たちがいろいろ噂をしていたことも、やはりそういうことがあったのに、知らぬふりをして寵愛を受けていたのだなと姫君に思われると、自分としてはどっちつかずになってしまいます。

e　宮のおっしゃったとおりになったら、どれだけ隠しても隠しきれないでしょうに。私がどう思おうと、私と宮とが心を合わせていたのだと、姫君はお思いになり、またおっしゃるでしょう。ずいぶんやましいところがあるように、女房たちがいろいろ噂をしていたことも、やはりそういうことがあったのに、何事もなかったかのようにふるまっていたのだなと姫君が思われるのも、自分にとってはとてもみっともないことです。

問3　女がことのはじまりから今の気持ちまでを侍従に語った時、それを聞いた侍従は何と言ったか。最も適当なものを選択肢から一つ選び、その記号をマークせよ。

a　最近のご様子を拝見するにつけお気の毒で、どのようにしてでも女君の御ためによかろうと思ってこそ、姫君への出仕をお勧め申し上げましたが、またこのような宮との間の悩みごとまで加わってしまいましたので、女君がこのようにお思いになることは当然ながら、頼りになる人も今はおりませんし、どうしたものでしょうか。

b　最近のご様子を拝見するにつけご病気がちで、どのようにしてでも女君の御ためによかろうと思ってこそ、宮とご縁を

苦しいし、かといって二人の関係が露見しては、世間の人がどう思うかなかなか判断が難しいから。

c　以前にもまして女のことがしみじみと思われ、忘れる間もなく思いが募るので、このまま人目を忍んで会うのもたいそう苦しいし、かといって二人の関係が露見しては、かえって女が悩むことになり、気の毒に思われるから。

d　以前にもまして女のことがしみじみと思われ、忘れる間もなく思いが募るので、このまま人目を忍んで会うのもたいそう苦しいし、しかし自分が世間に二人の関係を公表することも、かえって女が悩むことになり、気の毒に思われるから。

e　以前にもまして女のことがかわいそうに思われ、忘れる間もなく思いが募るので、このまま人目を気にして過ごすのもたいそう苦しいし、しかし自分が世間に二人の関係を公表することも、世間の人がどう思うかなかなか判断が難しいから。

問２　兵部卿宮が帰った後、女はどのように考えたか。最も適当なものを選択肢から一つ選び、その記号をマークせよ。

a　宮のおっしゃったとおりになったら、どれだけ隠しても隠しきれないでしょうに。私がどう思おうと、私と宮とが心を合わせていたのだと、姫君はお思いになり、またおっしゃるでしょう。ずいぶんやましいところがあるように、女房たちがいろいろ噂《うわさ》をしていたことも、やはりそういうことがあったのに、何事もなかったかのようにふるまっていたのだなと姫君に思われると、自分としてはどっちつかずになってしまいます。

b　宮のおっしゃったとおりになったら、どれだけ隠しても隠しきれないでしょうに。私がどう思おうと、私と女房たちとが心を合わせていたのだと、姫君はお思いになり、またおっしゃるでしょう。ずいぶんやましいところがあるように、女房たちがいろいろ噂をしていたことも、やはりそういうことがあったのに、知らぬふりをして寵愛《ちょうあい》を受けていたのだなと姫君が思われるのも、自分にとってはとてもみっともないことです。

c　宮のおっしゃったとおりになったら、どれだけ隠しても隠しきれないでしょうに。私がどう思おうと、私と女房たちと

もなけれど聞こゆれば、その心、疑ひもなし。「いといと不思議なるわざなり。この頃、人のとかく言ひしを、いたう苦しげに見えしかば、かかることにて身や投げ給ひけん。さらずはものに取られ給ひけるか。あはれに、優しき人を」と、誰も誰もあたらしきものに思ひ給ふに、中納言の君*5と聞こえしは、中に親しく馴れ睦《むつ》び給ひければ、局にも折々まうで給ひて、残れる人々の嘆くも慰め、我もまたかうせ給ひけることを尽きせず嘆き給ふに、常に寄りゐ給ひし障子《しやうじ》のつまに、いと小さくものの書かれたるを寄りて見給へば、その人の手にて、

　　ながらへばなほも憂き身は白雲の八重立つ山をわけぞみるべき

と、片仮名《かたかんな》にて書き付け給ひしを見出で給うて、いとどあはれに悲しくて、このほどの人の気色にて、かうは思ひ立ち給ひけんといとほしく、いかなる山路にか迷ひ給ふらんを、我には少しもほのめかし給はでなど、Ⓐ人にもえ言はで、思ひ嘆き給ふ。

（『兵部卿物語』による）

注　＊1　侍従＝女の、今は亡き乳母の娘。　＊2　初夜＝現在の午後八時ごろ。　＊3　女房＝ここでは翁の妻のこと。　＊4　かの古里＝女が住んでいた西の京の住まい。　＊5　中納言の君＝女と同僚であった女房。

問1　兵部卿宮はなぜ女を別の所に隠し据えることを提案したのか。最も適当なものを選択肢から一つ選び、その記号をマークせよ。

a　以前にもまして女のことがかわいそうに思われ、忘れる間もなく思いが募るが、このまま人目を気にして会わないのもたいそう苦しいし、しかし自分が世間に二人の関係を公表することも、世間の人がどう思うかなかなか判断が難しいから。

b　以前にもまして女のことがしみじみと思われ、忘れる間もなく思いが募るが、このまま人目を忍んで会うのもたいそう

からうじて、やうやう思ひ出でて、昔、父大納言殿、領じ給ひしところ、嵯峨野《さがの》にありしが、その里人、昔を忘れず折々とぶらひ奉る老人《おいひと》夫婦ありしを思ひ出でて、そのもとへ人を遣はして、「ちと言ひ合はすべきことあれば、二人に一人いそぎおはせよ」と言ひやりしかば、翁《おきな》ぞいそぎ参りしかば、侍従出でて、「ここにいと恐ろしきことありて、えおはしますまじきことなんあるを、今宵《こよひ》のほどに、いづちへも隠し奉るべく思ふを、そこよりほかに言ひ合はすべき頼もし人もなきを、ともかくもはからひ給へ」と、「いかにもいかにも人に知らせぬさまに」と言ひければ、翁もうち泣きて、京に知る人のありしところにて、やつれたる車借りつつ、たそかれ時のたどたどしきほど、さし寄せぬれば、よろづのもの、昼より取りしたため、そこら見苦しからぬさまにぞとりまかなひつつ、侍従うち連れて出で奉れど、何のあやめも見分かぬほどなりしかば、知る人なかりけり。

　かの翁、かひがひしくよろづこしらへつつ、初夜*2の頃、嵯峨に着きぬ。翁、まづ入りて、女房*3にしかしかと語りければ、走り出でつつ、車も、我と引き入れつつ下ろし奉り、互ひのことわりも言ひやらず、聞きも得ず、さし集ひてまづ泣きける。とばかりありて、侍従、よろづのことを語り続けて、「とかく馴《な》らはぬ御身に宮仕ひももの憂く思して、ともすれば、しほたれがちに見えさせ給ふを、かかる御物思ひとは知らで、聞きよく言ひもてゆくことなどもありしを、いとど苦しがらせ給うて、死なばやと嘆かせ給ふが、見奉るもいと苦しきに、やうやうすかし奉りて、かうまでも思ひ立ちしを、必ず人に知らせ給ふな」と泣く泣く言へば、二人の人もうち泣きて、「御親たちだにおはせば、などてかかる御物思ひに沈み給ふべき。かくて見奉るは、まことに夢のやうにこそ」とて、尽きせず泣く。

　宮には、「この人見え給はぬはいかなることか」と騒ぎつつ、局《つぼね》に残りたる人々を苛《さいな》み尋ねけれど、まことに知らぬことなれば、恐ろしき誓言《ちかごと》をしつつ明きらめ聞こゆ。「不思議なること」とも、かの古里*4にも人をやりて尋ねけれど、あとかたなければ、この頃、人の言ひし宮の御心移りもまことにて、さは隠し給ひけんと姫君も思し、人々もさ言ひけれど、「宮もこのこと聞こし召してより、御気色も常ならず、いかになりにけることにかと思す御気色にて、内々には、いたう嘆かせ給ふ」など、誰《たれ》言ふと

二　次の文章は、『兵部卿物語《ひょうぶきょうものがたり》』の一節である。帝《みかど》の御子である兵部卿宮（本文中では「宮」）は、西の京で見初めた女（故《こ》按察大納言《あぜちのだいなごん》の娘、本文中では「女」）のもとに通っていたが、女は突然失踪してしまった。後にその女が、自分が最近結婚した女性（右大臣の娘、本文中では「姫君」）に女房として出仕していたことがわかり、兵部卿宮は女のもとを訪れ、女を別の所に隠し据えることを提案する。これを読んで、後の問いに答えよ。

　宮は、かくうち出で給ひてよりは、いとどあはれに忘るる間なく思《おぼ》しければ、かうながら人目をつつむにもいと苦し。さりとてあらはれてはなかなか人の思ひもいとほしきを、密《みそ》かに盗み出だしつつ、深く隠し置きて、心安く見んと思しければ、例の更かしておはしつつ、「かくと思ひ寄りにしを、必ず人に気色《けしき》見えで、その心し給へ」とのたまふ。いと恐ろしくて、御答《いら》へも聞こえず、ほろほろと泣き給ふさま、いかに思ふらんと心苦しければ、いよいよ浅からず契り給ひつつ出で給ふに、女、つくづくと思ふに、かののたまひしことのさもあらば、いかに深う隠すとも、つひには隠れあるまじきを。我、いかに思ふとも、心を合はせぬると姫君の思しのたまはん。いとうしろぐらきやうに、人々の、この頃、数々言ひしことも、さればこそ、かかることありしを、ことなしびにもてなしけるよなど思はれんも、身のほどにはいとはしたなきことなり。この度否ぶとも、また、さまざまに憂きことはまさりなんを、いかにもして死なんと念ずれども、それさへもかなはぬ身にしあれば、いかばかり罪深き身にこそあるらんに、いかにもしてここを逃れて、深き山にも閉ぢ籠もり、後の世を願はばやと思せど、心ひとつには思ひ立つべきやうもなきを、泣く泣く侍従*1に、初めよりのたまはせしさま、思ふ心のほどを語り給へば、侍従もうち泣きて、「このほどの御有様を見奉ればいたはしく、とてもかくても御ためよからんとてこそ、この憂き世にもすすめ奉りしを、また、かかる御物思ひさへ添ひにて侍れば、かう思ほすもことわりなれど、頼もし人とても今はなきを、いかがはせん」と、たださし向かひ、泣くよりほかのことなし。

㋓ サクシュ

a インターネットでケンサクする。
b シコウサクゴを繰り返す。
c 巧みにサクリャクをめぐらす。
d 予算をサクゲンする。
e 大豆をアッサクして採油する。

㋔ ケイキ

a 伝統芸能をケイショウする。
b 一次方程式の解からケイスウを求める。
c 業務テイケイを結ぶ。
d 借家のケイヤクをする。
e 最新のニュースをケイサイする。

問8 〈労働主義〉の過剰展開とはどういうことか。五十字以内で記せ。なお、句読点・符号も字数に含めるものとする。

問7　二重傍線部あいうえおのカタカナと同じ漢字を用いる語を選択肢から一つ選び、その記号をマークせよ。

あ　カチュウ

a　彼はカモクな人だ。
b　カカンに挑戦する。
c　センカに巻き込まれる。
d　カコクな運命が待っている。
e　将来にカコンを残す。

い　ホウシ

a　教諭として母校にホウショクする。
b　他人のやり方をモホウする。
c　遺産相続をホウキする。
d　国会にホウアンを提出する。
e　事故防止のホウサクを立てる。

う　ジュウテン

a　ガスストーブにテンカする。
b　赤字をホテンする。
c　メールにファイルをテンプする。
d　引用文献のシュッテンを明記する。
e　屋上から地上をテンボウする。

e　生産性の論理が労働の現場から消費の過程にも浸透し、ありとあらゆる活動が消費で飽和状態となり、〈生産性〉という観念が破壊された社会ととらえている。

問６　人間を労働力として規定する生産主義的な視点についてのボードリヤールの主張を説明したものとして、最も適当なものを選択肢から一つ選び、その記号をマークせよ。

a　人間を労働力として規定する生産主義的な視点は、「人間は労働力を売ることによって疎外されている」と説くマルクス主義とは相容れないものであるため、ボードリヤールは、そうしたマルクス主義の考え方からの脱却を主張している。

b　人間を労働力として規定する生産主義的な視点は、「人間は労働力を売ることによって疎外されている」と説くマルクス主義から生み出されたものであり、ボードリヤールは、そうした視点を取ることからの脱却を主張している。

c　人間を労働力として規定する生産主義的な視点は、マルクス主義が非難した「人間は労働力である限りは疎外されている」という考え方につながっており、ボードリヤールは、そうした考え方からの脱却を主張している。

d　人間を労働力として規定する生産主義的な視点は、「人間は労働力である限りは疎外されている」という仮説の根拠になっており、ボードリヤールは、そうした仮説を生み出す思考法からの脱却を主張している。

e　人間を労働力として規定する生産主義的な視点は、価値の生産ということに人間存在の本質をみるような思考法につながっており、ボードリヤールは、そうした思考法からの脱却を主張している。

ゾート、観光旅行といったレジャー産業のリュウセイが生じた。

c　産業社会から高度消費社会への移行のなかで、わたしたちは新たな快楽を求めて、大きなビジネス・チャンスを探すようになった。

d　産業社会から高度消費社会への移行のなかで、その消費のあり方が、欲求の充足から「新しい欲望の発明」へと位相変換したことにより、わたしたちは余暇活動のディレクションとマネージメントに注目するようになった。

e　産業社会から高度消費社会への移行のなかで、何ごとも、仕事も遊びも、全力投球してこそよろこびはあるという、きまじめなメンタリティが形成されるようになった。

問5　ボードリヤールの言う「生産という鏡」の囚われた社会を、筆者はどのような社会ととらえているか、最も適当なものを選択肢から一つ選び、その記号をマークせよ。

a　人間を労働力として規定する生産主義的な視点がマルクス主義によって強化されたことにより、じぶんの身体までもが他人から消費対象として意識されるようになった社会ととらえている。

b　人間が労働力を売ることによって疎外されていると説くマルクス主義によって、価値の生産ということに人間存在の本質を見る資本主義的な思考から脱却した社会ととらえている。

c　生産性の論理が労働の現場から消費の過程に浸透していっただけでなく、個的な主体としての人間の自己理解の構造にまで入り込んでいき、じぶんの身体までもが消費対象として意識されるようになる社会ととらえている。

d　人間が労働力を売ることによって疎外されていると説くマルクス主義によって、個的な主体としての人間が固有の意味を持ち、〈生産性〉という観念から解放された社会ととらえている。

問３　一九七〇年代以降の四半世紀の出来事と、それに対する筆者の解釈を述べたものとして、最も適当なものを選択肢から一つ選び、その記号をマークせよ。

ａ　パンクやグランジといった顰蹙もののアンチ・モードが、現在では一個の定番となっているように、〈インダストリー〉の精神に基づく価値観は、常に新たなカウンター・カルチャーを求める強迫観念を生み出した。

ｂ　パンクやグランジといった顰蹙もののアンチ・モードが、現在では一個の定番となっているように、〈インダストリー〉の精神に基づく価値観は、それに対する批判や異和の意識をも、新たな資源として吸引していった。

ｃ　「ゆとり」や「感性」など、能率や合理性と対立するような観念が、企業戦略の主要なターゲットになったように、〈インダストリー〉の精神に基づく価値観は、八〇年代のいわゆるバブル現象をも引き起こした。

ｄ　「ゆとり」や「感性」など、能率や合理性と対立するような観念が、企業戦略の主要なターゲットになったように、〈インダストリー〉の精神に基づく価値観は、先端的な流行商品を生み出した。

ｅ　「環境保護」や「清貧」が先端の流行商品になったように、〈インダストリー〉の精神に基づく価値観は、八〇年代のバブル現象に対する反動として、世界について堅実に対処することを求める潮流を生み出した。

問４　産業社会から高度消費社会への移行のなかで、どのようなことが起こったと筆者は述べているか、最も適当なものを選択肢から一つ選び、その記号をマークせよ。

ａ　産業社会から高度消費社会への移行のなかで、価値生産的主体としての労働者と価値消費的主体としての消費者との間に対立が生じた。

ｂ　産業社会から高度消費社会への移行のなかで、労働よりも消費に価値がおかれるようになったことにより、ゲーム、リ

メント。　＊7　グランジ＝一九九〇年代に流行したアメリカのシアトルから始まったロック音楽に端を発し、ファッションにも及ぶ社会的ムーヴメント。　＊8　マルクス＝ドイツの哲学者、革命家。（一八一八～一八八三）　＊9　ラディカル＝根本的。急進的。　＊10　アイロニカル＝皮肉な。逆説的な。　＊11　今村仁司＝日本の現代哲学・思想研究者。（一九四二～二〇〇七）

問1　太線部㋐「テッテイ」、㋑「リュウセイ」を漢字に改めよ。

問2　〈インダストリー〉の精神と生産、消費との関係を説明したものとして、最も適当なものを選択肢から一つ選び、その記号をマークせよ。

a　〈インダストリー〉の精神は、高度消費社会においては、価値の生産への欲望を煽りたてるだけではなく、消費をより生産的な未来に備えた目的のある支出であるべきものとする価値観を浸透させた。

b　〈インダストリー〉の精神は、高度消費社会においては、価値の生産への欲望を煽りたてる一方で、消費が無目的な浪費あるいは無意味な喪失であることを容認する姿勢を浸透させた。

c　〈インダストリー〉の精神は、高度消費社会においては、本来生産とは逆ヴェクトルの行為である消費においても、生産と同様に、欲望に駆り立てられるままに進む姿勢を浸透させた。

d　〈インダストリー〉の精神は、高度消費社会においては、価値の生産と消費への欲望を煽りたて、労働・利潤・合理性などのイデオロギー的価値を浸透させた。

e　〈インダストリー〉の精神は、高度消費社会においては、生産と消費というもともと効率や速度とは無縁な生活領域に、より高く、より速く、より高度にという向上を求める価値観を浸透させた。

同じ問題は、「労働の尊厳」という別の強迫的観念のもつ問題性として、今村仁司[*11]によっても指摘されている。「〈社会主義〉の諸思想と諸システムが、基本的な人間活動としての労働の了解様式に関しては、〈資本主義〉といささかも変わりがなく、いやむしろ〈資本主義〉以上に〈労働の尊厳〉なるものを極端にまで引き伸ばしてみせたこと、おそらくそこに現代の最も根源的な問題――ひょっとすると回復不可能な〈労働主義〉の過剰展開――が横たわる」というのである。そういえば、ドイツの国家社会主義政府が設置した強制収容所の入口には、「労働は自由への道」（Arbeit Macht Frei）と書かれてあった。労働が福音をもたらすというわけだ。

が、強制収容所には強制労働がつきものである。強制という(お)ケイキこそ、肉体の骨折り以上に、わたしたちに労働を嫌悪させるものであろうが、生産性の論理はその嫌悪を使命感へと裏返すよう、人びとをその内面からうながすような心的機制を編みだした。それが〈インダストリー〉というエートスであった。

産業社会、それは労働過程をとおしてひたすらインダストリアス（勤労・勤勉）な心性をもつよう要求する社会なのだが、その産業社会、インダストリアル・ソサエティとは、別の視点からいえば、いうまでもなく工業社会ということであり、工場生産が大幅に機械化していった時代の社会のことである。そしてその労働過程は、工場の生産装置の活動に対応できるような規則的ですきまのない活動を人びとに強いてくるものである。

（鷲田清一『だれのための仕事　労働vs余暇を超えて』による　※一部本文を変更した箇所がある）

注　*1　エートス＝特質、慣習、習性などの持続的な倫理。　*2　とばくち＝入り口。　*3　ロック＝イギリスの哲学者。（一六三二～一七〇四）　*4　ボードリヤール＝フランスの哲学者。（一九二九～二〇〇七）　*5　カウンター・カルチャー＝対抗文化。支配的な文化に対抗するもう一つの文化。　*6　パンク＝一九七〇年代なかば、主にイギリスで広まったロック音楽を中心とした社会的ムーヴ

経済システムは、売買される労働力としての個人を生産するだけではなく、労働力を基本的な人間の可能性としてみなす考え方そのものを生産する。経済システムは、市場で自分の労働力を自由に交換する個人というフィクションのなかに入りこんでいるばかりか、それ以上に深く、個人をその労働力と同一視したり、《人間の目的にあわせて自然を変形する》行為と同一視したりするなどの、ものの考え方のなかに根をおろしているのである。要するに、資本主義的な経済の体系による、生産力としての人間の量的な㋓サクシュがあるだけではなく、経済のコードによる、生産者としての人間の形而上学的な多元決定もある。

ここでポイントになるのは、生産性の論理が労働の現場から消費の過程にも浸透していったということではない。それをも超えて、生産性の論理が、個人としての人間、個的な主体としての人間の自己理解の構造にまで入り込んでいったことである。のちに見るように、それは、じぶんの身体までも開発されるべき資材として、あるいは消費対象として意識するようになるところまで行きつくだろう。そして快楽までも、生産性の論理に巻き込まれることになるはずだ。

ところで、人間を労働力として規定するこのような生産主義的な視点は、ボードリヤールによれば、マルクス主義[8]によって駆逐されるどころか、逆に強化されたのであって、「マルクス主義は、人間に対して、人間は労働力を売ることによって疎外されているのだと説くことによって、……〔人間は〕労働力である限りは、労働によって価値を生む《譲渡しえざる》力である限りは疎外されているのだというずっとラディカル[9]な仮説を非難することになっている」という、まことにアイロニカル[10]な事態がそこには見いだされるのである。ちなみに、ここで「譲渡しえざる」というのは、他人のものとはなっていない、つまり「じぶんに固有の」という意味である。そしてそういう価値の生産ということに人間存在の本質をみるような思考法からこそ脱却しようと、ボードリヤールはいうのである。

のが消費の制度のなかに組み込まれ、たえず新たな欲望で埋められるだけでなく、さらには何か実のあること、たとえば自己学習や家庭(い)ホウシ、ヴォランティアなどといった別の意味で価値生産的な活動で(う)ジュウテンしなければ……という強迫的な意識がわたしたちのなかで芽生えてくる。あるいは、ゲーム、リゾート、観光旅行などといったレジャー産業の(イ)リュウセイ。そこでは労働からの免除という意味での余暇活動のディレクションとマネージメントこそが、もっとも大きなビジネス・チャンスとして浮上してくる。気持ちのいいこと、愉《たの》しいことをこそしなければ、という意識が煽りたてられる。快楽までもが、まるで義務のように強迫的に感じられるようになるのだ。こうして、たえず何かをしていないと不安になるというビョーキが生産される。何ごとも、仕事も遊びも、手を抜くことなく全力投球してこそよろこびはあるという、そういうきまじめなメンタリティ(心性)が形成されてくるのだ。

こうしたきまじめなメンタリティが人びとのうちにしみ込んでいくなかで、つまり、ありとあらゆる活動がすきまなく労働化してきたなかで、人びとはいま、そのようなエートスの飽和状態のなかで息がつまって、逆にそうしたエートスの外部に出よう、出ようとしているようにみえる。〈生産性〉という観念の外部に、である。が、「価値の彼岸にあるものを見出そうとするならば、西欧のすべての形而《けいじ》上学が映っている、生産という鏡を壊さなくてはならない」。労働と仕事の現在をより正確にとらえるためにも、この「生産という鏡」の囚《とら》われた社会をさらに突っ込んで分析しておく必要があるだろう。

前に、前のめりの生活、前望的(プロスペクティヴ)な時間意識について述べたが、このように意識を先へ先へと牽引《けんいん》していくことをラテン語で表現すれば、producere という語になる。前に──引っぱる(pro-ducere)、つまり、英語でいう「生産」(produce)の語源になることばである。この「プロダクション」の観念がわたしたちの社会で普遍化してくる過程を、ボードリヤールはずばり『生産の鏡』と題した書物のなかで次のように描きだしている。

うになっていく。より高く、より速く、より高度に、といった姿勢は、今日では生産や流通の場面だけでなく、遊びや社交や快楽の場面など、もともと効率や速度とは無縁な生活領域にまで浸透した普遍的な心性となっている。この社会はどうも長く、安定と停滞とを(ア)テッテイして忌避してきたようだ。

とくにわたしたちが経験してきたこの四半世紀は、こうした心性そのものをひたすら高密度化してきたといってよい。そういう強迫観念が普遍的なのは、あらゆるものに浸透していくからだけでなく、そういう心性に対する批判や異和の意識をも、そのなかに新たな資源として、どんどん吸引していくからである。一九七〇年代以降、さまざまのカウンター・カルチャー*5が同時に商品として消費・流通の機構のなかに回収されていき、現在ではパンク*6やグランジ*7といった顰蹙《ひんしゅく》もののアンチ・モードですら、すでに一個の定番となっているくらいだ。また、八〇年代のいわゆるバブル現象の(あ)カチュウで、「ゆとり」や「感性」など、能率や合理性と対立するような観念まで、企業戦略の主要なターゲットになったことも記憶に新しい。そして九〇年代に入って、「環境保護」や「清貧」も先端の流行商品になった。記号の戯れから下りて世界についてもっと堅実に対処すること、そのことが「九〇年代っぽい」などと受けとめられて、流行した。まるで「新しさ」にもあきてしまったかのように、である。

こうして、産業社会から高度消費社会への移行のなかで、主体は、価値生産的主体としての労働者から価値消費的主体としての消費者へと、確実に重心移動を引き起こしていったのだった。さらにその消費も、物の消費から事態の消費へ、さらには欲求の充足から「新しい欲望の発明」へと、位相変換していった。生活必需品を買うためではなく、新たな快楽を求めて、ひとは商品の集積をうっとり眺めるようになるのである。「勤勉・勤労」という同じ強迫的エートスが、価値を産出する主体の存在や、あるいはその主体の非労働時間のありかたにまで浸透していったのだ。

〈インダストリー〉（勤勉・勤労）という名の、あの近代生活を蔽《おお》う「真空恐怖」はこうして、空き時間をもまたすきまなく活用し、開発するようわたしたちを駆りたててくる。インダストリーの精神は〈生産性〉という鏡にじぶんを映す。余暇（自由時間）そのも

国語

▲３教科型・２教科型英語外部試験利用方式▼

（七五分）

一　次の文章を読んで、後の問いに答えよ。

より多く、より速やかにという、累進性と効率性の要求、つまり無為と怠惰を忌避する〈インダストリー〉の精神は、価値の生産にはじまってその蓄積と所有への欲望を煽《あお》りたてるだけではない。わたしたちがそのうちにどっぷりと浸っている高度消費社会においては、さらに消費という、本来生産とは逆ヴェクトルの行為ですらも、同じエートス＊1のなかで規定されるようになる。消費もまた、無目的な浪費あるいは無意味な喪失であってはならず、逆に価値の投資、つまりより生産的な未来に備えた目的のある支出でなければならないとされる。近代の労働社会のとばくち＊2でロック＊3がすでに指摘していたように、戒められねばならないのは「貪欲」ではなく「浪費」なのであった。

　高度消費社会では時代はさらに進行し、ボードリヤール＊4も指摘するように、「労働・利潤・合理性というなまぐささむきだしの現実と見たところ真反対のもののように思われるイデオロギー的価値のあれこれが巧妙に結びつけられる」必要に迫られるよ

解答編

英語

I **解答** **A**．(1)—B　(2)—D　(3)—C　(4)—D　(5)—B
B．(1)—F　(2)—D　(3)—E　(4)—Z　(5)—B　(6)—C

◆全　訳◆

A．≪大学案内≫

リックがユウタに大学を案内し終わったところ。

リック：今日の大学案内に参加してくれてありがとう。まだ，何か疑問な点はありますか。

ユウタ：大学には学生のためのライティングセンターがあると言われていましたね。どんなサービスが受けられるか教えていただけますか。

リック：もちろん，いいですよ！　ライティングセンターは，学生たちの課題などをお手伝いする，とても役立つところです。

ユウタ：そうですか，そのサービスは無料ですか。

リック：あなたの場合は無料です。ただ，学生証を持ってくることだけは忘れないで下さい。学生証を持ってくれば，そこのライティングチューターの一人に教えてもらう時間を設定できますよ。

ユウタ：無料とは嬉しいですね。それで，教えてもらう時間を設定するのに，前もって予約は要らないのですか。

リック：センターがそんなに忙しくない限り，普通は直接行けばいいだけですよ。学期末近くなど，忙しいときには，予め時間を取り決めておいた方がいいでしょう。

ユウタ：どのようにしてそれをしたらいいですか。

リック：大学のホームページを見たら，ライティングセンターのリンクがありますから，そこから簡単に申し込めますよ。

ユウタ：便利ですね！

リック：ただ，ライティングセンターのチューターたちは課題を書き直してくれることはないということを覚えておいて下さい。あなたが書いたものについて一般的なアドバイスをすることしか許されていませんから。

ユウタ：それはわかります。もし書き直してもらったら，私は何も学ばないことになりますよね。

リック：まさにその通りです。

ユウタ：これで，僕の質問にはすべて答えてもらったと思います。ありがとうございました！

B．≪チョコレートの歴史≫

A．それは私たちが一番好きなお菓子の一つである。そして，それはずっと前からあったように思われる。しかし，昔のそれは，今私たちが知っているようなチョコレートとは随分違うものだ。

F．実際，150 年ほど前にヨーロッパでチョコレートが手に入るようになるまで，チョコレートは食べられていなかった。それまでは，チョコレートは液体として飲まれるものであった。チョコレートの歴史はヨーロッパから遠く離れた地域で，はるか昔の 5,000 年前に始まった。

C．カカオの木はさやをつけるが，そのさやにはチョコレートが作られる種が入っている。カカオの木は，元々は南アメリカにあった。この種は茶色っぽい赤色で，アーモンドのような形をしている。スペインから南アメリカに人々が初めて来たとき，彼らはカカオから作った飲み物を飲ませてもらった。しかし，その味は苦すぎると彼らには思われた。

E．後にカカオがヨーロッパにもたらされたが，ヨーロッパでは，カカオに砂糖や蜂蜜が加えられた。甘みがこのように添加されると，カカオは非常に人気が出た。そこで，イギリス，フランス，オランダによってカカオの木のプランテーションが作られた。

B．産業革命による新たな技術によって，カカオ豆を処理するスピードとその容易さが変わり，そして 1847 年，ジョセフ＝フライという一人の男が最初の固形のチョコレートを作ることに成功した。

D．チョコレート開発の次の段階は，チョコレートの生産スピードを高め，味を向上させて，そして最後には人々の手に渡りやすくする新たな技術であった。1900 年代初期までには，キャドバリー，リンツ，ハーシーズのような有名な会社がチョコレートを売り出し，チョコレートは世界中ほとんどどこでも手に入るようになった。

◀解 説▶

A. (1)ユウタが大学のライティングセンターに言及し，何か言った後にリックが「もちろん！」と言ってライティングセンターの説明をしている。したがって，ユウタが言う言葉としては，B.「どんなサービスが受けられるか教えていただけますか」が適切。

(2)ユウタがこのサービスは無料かどうかを聞いている。この次の発言でユウタは無料でよかったと言っているので，リックの発言としてはD.「あなたの場合は無料です」が適切。In your case, it will be の後に free が省略されている。

(3)リックは「学期末近くなど，忙しい時期には，予め時間を取り決めておいた方がいいでしょう」と言っている。この次の発言で，リックは大学のホームページからアクセスできると言っているので，ユウタは予約方法を聞いたと考えられる。C.「どのようにしてそれをしたらいいですか」が妥当。

(4)リックは，大学のホームページに行けばライティングセンターのリンクがあると言っている。ユウタは，空所の次の発言で「便利ですね！」と言っているので，その前のリックの言葉としては，D.「そこから簡単に申し込めますよ」が適切。

(5)リックがライテングセンターでは課題の書き直しはしてくれないと言ったのに対して，ユウタは「もし書き直してもらったら，私は何も学ばないことになりますよね」と理解を示している。この内容にふさわしいのは，B.「それはわかります」である。make sense は「意味をなす，わかる」という意味のイディオム。

B. Aの「昔のチョコレートは今私たちが知っているようなチョコレートとは随分違う」という内容には，違いを説明しているFの「チョコレートは食べるものではなく飲むものだった」がつながる。次に，Fのチョコレートの歴史が5,000年前に遡り，それはヨーロッパから遠い地でのことであったという話には，その土地について，カカオの木は「南アメリカが原産地である」と述べるCがつながる。Cの後半の南アメリカのカカオの飲み物はスペイン人には苦すぎたという話につながるのは，Eのカカオに砂糖や蜂蜜が加えられるようになったという話である。そして，Eの甘みを加えたカカオがヨーロッパで大人気になり，プランテーションが始まったことを受けるのは，Ｂの産業革命の技術がカカオ豆の処理速度を高め，そして初めて「固形のチョコレート」が作られたという話である。Ｂの「1847 年に初めて固形のチョコレートができた」という話の the first を受けるのは，Ｄの The next step である。チョコレートは生産スピードがどんどん速くなり味も向上し，1900 年代には有名ブランドのチョコレートが世界中で売られるようになったというＤの内容は，結びとしてふさわしい。(A) →F→C→E→B→Dの順になる。

II **解答**　**A**. (1)—C　(2)—B　(3)—D　(4)—B　(5)—A　(6)—C　(7)—B　(8)—A　(9)—C　(10)—B　(11)—A　(12)—A　(13)—B　(14)—A　(15)—D

B. (1)—A　(2)—B　(3)—B　(4)—C　(5)—A　(6)—B　(7)—C

◆全　訳◆

≪日本人に英語を教えた最初のアメリカ人≫

1848 年，あるアメリカ人の男が北海道の沖合でプリマス号を降りて小さな舟に乗った。このラナルド＝マクドナルドという男，ロナルド＝マクドナルドというレストランのマスコットと混同しないようにしてほしいが，この男は日本で英語を教え，日本の将来を形作る手助けをした最初の英語母語話者になった。彼はどうしてそのような旅に出る決心をしたのか。一人の人間がそのような危険な時代に一人の力で何を達成できたのか。

マクドナルドは，1824 年，アメリカのオレゴン州アストリアとして今日知られているところで生まれた。彼の父は動物の毛皮やカナダ，アメリカ，イギリスから入って来るその他の商品を販売する会社で働いていた。彼の母はチヌークというその地域に暮らす先住民の首長の娘であった。家族とともにカナダ，アメリカの地を何度も移動した後，彼はその理由は定かではないが，日本に興味を抱いた。遠い国に魅了され，彼は自分の生涯と日本の未来の両方を変えることになる旅に出かけた。

1848 年，マクドナルドはついに日本に到着した。彼は捕鯨船のプリマス号に３年間乗っていた。そしてついに彼は日本で上陸したいと思っていた北海道の利尻島に近づいた。先住民のアイヌ人たちが彼を見つけた。彼は船が難破した振りをした。つまり，彼の乗った船が破損して彼は日本で立ち往生する羽目になったと。アイヌの人たちは彼を現地の役所に連れていくと，役所の人間は彼を長崎に送ることにした。

日本はこの時代，どうなっていたかということ，またなぜマクドナルドが日本に来たことがそれほど危険であったかということに注意を払っておくことは重要だ。日本は江戸時代の間，それは 1603 年から 1868 年まで続いたのであるが，すべての外国人に対して国境を閉鎖していた。もし，外国人が日本で見つかれば，誰であれ牢獄へ送られるか殺されるかのどちらかだった。日本人でない者が許された唯一の場所は長崎にあった。そこにいる外国人のほとんどは中国人かオランダ商人であった。ラナルド＝マクドナルドはそのどちらでもなかった。したがって，彼が日本に来たことはそこにいる者たちすべてにとって困惑をもたらすものであった。彼は寺に預けられ，外に出ることは許されなかった。

当時の日本の支配者である徳川幕府は，長崎で外国と交渉をするための英語力を必要としていた。そのことがマクドナルドを，幕府を助けるにはもってこいの人間にした。この当時，英語を非常に流暢に話す日本人は一人もいなかった。それで 10 カ月の間，マクドナルドは 14 人の日本人の武士に英語を教えた。この武士たちはそれより前にオランダ語を学習していたが，十分な語学力を有した外国人がいなかったために，英語を習得することはできていなかった。マクドナルドとの勉強時間は，日本人が英語の母語話者から英語を学ぶことになる最初であった。この英語指導の結果は日本を永遠に変える手助けになるものであった。

マクドナルドの下で学んだ武士の中に森山栄之助がいた。彼は最も優秀な生徒であった。後の 1854 年に，森山はマシュー＝C. ペリー提督が日本にやって来て，アメリカに対する門戸開放を要求したとき，日本側の主要な通訳となった。森山がいなければ，両国の話し合いは相当難しいものになったであろう。

1849 年 4 月，アメリカの軍艦，帆走戦闘スループ・プレブル（the *USS Preble*）が長崎に来航し，乗っていた船から逃げて日本に来た後，監獄に入れられていた船員を引き取りに来た。マクドナルドはプレブル号に乗船できる機会ができた。そこで，彼は彼らとともに日本を去った。彼はアメリカに着くと，政府に手紙を書いて，日本人がいかに行儀がよいか，また日本の社会はいかに興味深いかということを知らせた。その後まもなくして，彼はヨーロッパ，アジア，オーストラリアを旅して1853年に再び故郷に帰って来た。

マクドナルドは，自身の冒険について書き記すとともに，銀行員，捕鯨漁師，語学教師，金採掘者，農場労働者として働いた。『日本：日本における初めての英語教師，ラナルド＝マクドナルドの冒険物語，西暦1848-1849』という彼の本が彼の死んだ1894年のほぼ30年後の1923年に出版された。彼は一度も結婚せず，子供もいなかった。しかし彼の碑が長崎，利尻島，オレゴン州アストリアの彼の生誕地の近くに建てられた。

ラナルド＝マクドナルドの活躍は日本とアメリカの将来の関係にとって非常に重要で，ついには世界全体に日本を開かせることになるものであったにもかかわらず，彼が生きている間に彼が有名になることは決してなかった。彼は日本がどんな国なのか好奇心に駆られてアメリカを出て，他のどのアメリカ人よりも日本について多く知っている可能性が最も高い人間として帰国した。不幸なことに，1849年にアメリカに戻った後，アメリカに留まって彼の冒険を人に語るのではなく，彼は再び世界旅行に出かけてしまった。そして，1853年に帰国するまでには，ペリー提督の日本旅行の話の方が人々にははるかに面白いものになっていたのである。今日，日本を変えた彼の活躍ぶりを思い出せば，一人の人間であっても，いかに世界を大きく変えることができるかを理解することができる。

◀解　説▶

A．⑴「(関心)を持つ，(関心)を抱く」に相当する英語の動詞はcreateではなく，developである。したがって，Cが正解。

⑵船が難破したと嘘を言ったという話。そのことが意味するのは「彼は日本で身動きが取れなくなった」である。be stuck in ～は「～で動けなくなる」という意味。したがって，Bが正解。

⑶空所の後のlastedは「続いた」という動詞。したがって，Aのandや Bのbutという接続詞を持ってくると，意味上の主語がJapan「日本」となり不自然。1603年から1868年まで続いたのは「江戸時代」である。したがって，これを先行詞とする関係代名詞のD．whichが正解。

⑷sent to prisonの後にorがある。したがって，either *A* or *B*「*A*，もしくは*B*」の相関語句が適切。「獄に送られるか殺されるかした」という意味。Bが正解。

⑸直前で，当時日本に外国人は中国人かオランダ人しかいなかった，そして，マクドナルドは中国人でもオランダ人でもなかったと述べられている。よって，このような外国人が来れば時の役人は処置に困ったと考えられる。したがって，A.「困惑」が適切。

⑹幕府は交渉のための English skills「英語能力」を必要としたと考えるのが適切。したがって，C が正解。

⑺当時の武士は，オランダ語は学べた。しかし，鎖国で英語の母語話者は日本にいなかった。したがって，B．unable を入れて「英語はマスターできなかった」と理解するのが適切。

⑻この文の時制は過去であるので，B と D は不適。また，マクドナルドが日本人に英語を教えたことが，後に影響を与えたということが本文の主旨である。したがって，C.「～かもしれない」は不自然。A.「～することになる」が適切。would（will）は確信度が高いときに使う推量の助動詞である。

⑼次文で，森山が日本側の通訳として活躍した旨が述べられている。したがって，森山は優秀な生徒であったことがわかる。このことから，C.「最も優れた」が適切。

⑽この設問は「もし～がなければ…であったろうに」の仮定法の問題。「もし～がなければ」に相当する選択肢は B の Without であるが，他に，But for ～，If it were not for ～ は覚えておきたい。

⑾空所以下の sailors「船員たち」の説明では，彼らは自分たちが乗っていた船から逃げ出し，日本に来たものの獄に入れられていたとなっている。したがって，アメリカの船が来た目的はこの者たちを引き取ることと考えられる。A.「迎えに行く，集める」が適切。

⑿次文から，マクドナルドが冒険談の本を書いたとわかる。銀行員や語学教師など多くの仕事をしたということなので，「冒険談を書くとともに」とするのが適切。したがって，A が正解。*A* as well as *B* は「*B* と同様に *A* も」の意味である。

⒀monument「記念碑」は「建てられる」と理解するのが適切。したがって，B が正解。

⒁第 2 段最終 2 文（After moving…）からマクドナルドは日本に関心を持っていたとわかる。したがって，A の「好奇心を持って」が正解。な

お，この文の He left the US curious of ～ の curious 以下は being curious of ～ の分詞構文の being が省略された形。leave O C ではない。

⒂前文ではマクドナルドが日本について一番よく知っている人間だったと述べられているが，後に続く文の後半ではペリーが人々の関心の的になっていたと述べられている。したがって，マクドナルドにとってはD.「不幸なことに」有名になれなかったと理解するのが適切。

B. ⑴マクドナルドが日本に来て最初にしたのは，第3段第3文 (Members of …)「彼は船が難破した振りをした」より，嘘を言うことである。したがって，A.「人々に嘘を言う」が正解。

⑵マクドナルドが寺預かりになった理由については，第4段第5文 (Ranald MacDonald …) より，彼が「中国人でもオランダ人でもなかった」からと考えられる。この内容と一致するのはB.「先に来ていた外国人と違って」である。

⑶当時14人の武士が長崎にいた理由については，第5段第3文（These samurai …）に「オランダ語を学んでいた」とあることから考えて，B.「外国人から学ぶため」が正解。

⑷マクドナルドの英語指導の結果に関しては，第6段最終文（(　10　) Moriyama, …）に優秀な生徒であった森山について「森山がいなかったら，日米交渉は困難であったであろう」と述べられていることから考えて，C.「アメリカと日本は平和的交渉ができた」が適切。

⑸マクドナルドがアメリカで有名でなかった理由については，最終段第3文（(　15　), rather …）後半で，マクドナルドがアメリカに戻った1853年には，ペリーの方が人々の関心を惹いていたと述べられている。したがって，A.「彼は戻るのが遅すぎた」が正解。C については，空所⒂の後にある rather than staying to share his adventures に対応するとも考えられるが，本を書いていなくても，人々の関心がペリーに移る前なら有名になる余地はあったと考えられるので，理由として「本を書かなかった」は不適と判断した。

⑹長崎などに建てられたマクドナルドの記念碑は，彼の活躍を讃えたものだと考えられる。最終段最終文で「日本を変えた活躍」と述べられており，第2段最終文（This fascination …）より，これは日本の未来を変えたのだとわかる。そして，彼の業績は日本人に英語を教えることによって達成

されたと第 5 段からわかる。したがって，B.「どのようにして彼が教育的努力によって歴史を変えたかということ」が適切。

⑺日本でのマクドナルドの経験が示唆する点に関しては，第 5 段第 1 文（The Tokugawa Shogunate, …）で徳川幕府は英語能力を必要としていた旨が述べられている。このことから言えることは，C.「（日本は）考え方を変える用意ができていた」である。

Ⅲ　解答

A. ⑴―A　⑵―C　⑶―B　⑷―B　⑸―A
⑹―C　⑺―A　⑻―B　⑼―C　⑽―C

B. ⑴―B　⑵―A　⑶―B　⑷―A　⑸―C　⑹―B　⑺―C

◆全　訳◆

≪文字の起源≫

人間がいつ初めて文字を書き始めたかということを決定するのは，かなりやっかいである。というのも，これは人間がつける印が絵なのか，書記法の一部なのかということを決める問題であるからだ。洞窟の壁のバッファローの絵は明らかに絵であって文字ではない。その印が文字のように見え始めるのは，それが絵に取って代わって使われ始め，はっきりとした大きさ，形を持ち，特定の方向でまっすぐに何かの表面に現れたときである。私が 3 頭のバッファローを殺し，それを私の洞窟の壁に 3 頭の死んだ動物として絵を描いた日，私は芸術家をやっているのである。しかし，私が 3 頭のバッファローを殺し，それを表す記号（例えば ^=^ のような）を発明し，それを使って私の洞窟の壁に “^=^ 111” と書いた日，私はそのときには文字を書いているのである。

この種の方式の記号は紀元前 3 万年頃に現れていたようだ。人間は棒切れや骨に印の切り込みを入れて何かの数を表し始めた。このようなものは，「タリー・スティック」「タリー・ボーン」と呼ばれている。これで人間が何を数えていたのかはわからない。

次の段階は粘土を使ってものの種類を区別することだった。これは紀元前 9,000 年頃に現れた。粘土の小さな塊を使って，ボール，円錐，または長方形などの形が作られた。これは「クレー・トークン」と呼ばれている。なぜならこれらはものを表すために使われたからである。ボール状のものは羊を意味したかもしれない。そうだとすれば，5 つのボールは 5 匹の羊を表すことになろう。円錐形のものは雌牛を意味したかもしれない。3つの円錐形は3頭の雌牛を表していることになろう。しかし，ここでもまた，何を数えていたかはわからない。しかし，推測してみることはできる。なぜなら，この時代は農場が作られ始めた時期だからだ。そうだとすれば，ある人間が所有している動物の数や所蔵している穀物の量を記録しておくことは重要なことであったであろう。

紀元前4,000年頃にもう一つの発展が見られた。クレー・トークンの上に印がつけられ始め，異なった種類のものが表されるようになり始めたのだ。ある種の印（例えばX）はオスの豚を表し，またもう一つの種類の印（例えばO）はメスの豚を表したかもしれない。そこで，もし私が召使いを他の村に住むいとこのところに豚5匹とともに送るとする。その豚のトークンのうち3つにはXの印があり，2つにはOの印があるものを持たせて送り出せば，その村の人は誰でも私が送っているものが何かわかったであろう。

しかし，一つ問題がある。もし召使いが正直者でなかったとしたらどうなるか。例えば，私が召使いに豚のトークン5つを渡しても，召使いが私のいとこの農場に着いたときに，4つしかトークンを見せなかったらどうなるか。召使いは途中で他に立ち寄り，豚を自分のものにするために1匹を隠し，自分がやったことを隠蔽するためにトークンの一つを壊したのだ。私のいとこはそのことを知るよしもない。4匹の豚と4つのトークン。問題はない。当時，調べようにも電話などはない。

この種のことが行われていることに人々が気づくのにそれほど時間はかからなかっただろうと想像される。このようなことに対応するために，トークンすべてが，空洞の粘土のボールの中に入れられ，それから入れ口を他の粘土で塞ぎ，その上に封印を押した。容器を壊さずにトークンを取り出すことのできる召使いはいなかった。もしそんなことをすればすぐにばれたであろう。

しかし，このやり方にも問題があることに人が気づくのにもあまり時間はかからなかったに違いない。もし誰かが途中で召使いを止めて，「今何を持っているんだい？」と聞いたらどうなるであろうか。召使いは知らないかもしれない。そして，中を見る方法もない。そこで人々は，容器の外側にトークンが見えるようにしておくということを思いついた。粘土は非常に柔らかい。したがって，それぞれのトークンを取り出して，粘土に押しつけて，その形が見えるようにしておけばよい。そうすれば，容器の中に何があるか知りたい人は誰でも，容器の外側の印を見さえすればよいことになろう。

「しかし，そんなことをして何になるのだ？」と人は言うかもしれない。粘土の外に印があって，トークンが何であるかわかるならば，どうしてその上，トークンを中に入れておく必要があるだろうか。ただ，印だけでいいのではないか。トークンなどは取り除いて，羊，豚，他の何であれ，それらを表す印を粘土板の上につけておけばよいのではないか。その方がずっと簡単である。

実際，まさにそのようになされたのである。紀元前 3,400 年頃までには書記法が発達し始め，筆記する人間は印を粘土板に引っかいて書き込んだ。それから 1,000 年後，このような印は葦の先で書かれた小さなまっすぐの楔形の印が集まったものになった。この書記法は「楔形文字」と呼ばれた。この名前はラテン語の「楔」を表す *cuneus* という言葉から来ている。

最も早い楔形文字は，古代都市ウルクの廃墟，現代のイラクのユーフラテス川の土手から発見された。この文字には約 800 の記号があり，それらは数字，産物の種類（例えば，「羊」「魚」など），体の一部（例えば，「頭」「口」など）を表していた。また，日用品（例えば，「鉢」「鋤」など）も表していた。

やがて，楔形文字はあらゆる種類の目的，例えば所有物の目録作り，政府間の伝言，行事の記録などに使われるようになった。この種の書記法の価値を理解するのは簡単であり，まもなく，その地域の他の言語でも楔形文字が使われ始めた。実際，楔形文字は 2,000 年以上にわたって使われ，それが滅びるのはもっと便利な書記法が発明されてからのことである。

◀解　説▶

A．(1) ^=^ という記号がバッファローを表し，“^=^ 111” と記すことで 3 頭のバッファローを殺したことを表したとき，人は文字を使っている，というのが下線部の意味することである。「^=^ という記号がバッファローを表す」とは，概念を表す記号の使用であり，「“^=^ 111” と記すことで 3 頭のバッファローを殺したことを表す」とは，書いたものが意味を持つ（3 頭のバッファローを殺したという意味を表す）ことである。よって，

A.「概念を表す記号の使用を通じて，書いたものは意味を獲得する」が正解。

(2) they は直前の clay tokens を表す。また下線部の stand for ～ は「～を表す」の意。したがって，下線部は「クレー・トークンがものを表すために使われた」という意味であり，これに近いのは，C.「トークンは他のものを想像するために使われたかもしれない」である。

(3)下線部中の keep track of ～ は「～の記録をつける」という意味。また，grain は「穀物」。したがって，下線部の概略は，人間が農耕を始め，所有する動物や穀物の記録をつけることが重要になったということである。これが意味する内容は，B.「初期の書記法は農業のために主に使われた」である。

(4)下線部はクレー・トークンの上に種類を表すためのマークをつけるという内容である。この内容の具体例は，次の文にＸがオスの豚を，Ｏがメスの豚を表すと書かれている。この説明の具体例となるのは，B.「３匹のメスの豚を表すＯの印のついた３つのトークン」である。

(5) What if ～ は「～したらどうなるか」という意味を表す省略表現。下線部は「召使いが正直でなかったらどうなるか」ということ。この内容が示すのは続きにあるように，召使いがごまかしたとしても，いとこは気づきようがないということである。これに近いA.「クレー・トークンはだまそうとする行為を防げないであろう」が正解である。

(6)文全体を直訳すると「私のいとこは，よりよく知ることはできないであろう」となる。つまり，召使いがごまかしても私のいとこは気づかないということである。したがって，この文脈における下線部の意味は，C.「何かに気づいている」である。

(7)下線部中の around は「存在する」という意味を表す副詞。したがって，下線部の意味は「当時，調べようにも電話は存在していなかった」ということ。この内容に近いのは，A.「遠くの人間との取引の細部を確認する簡単な方法はなかった」である。

(8) hit on the idea of ～ は「～という考えを思いつく」というイディオム表現。したがって，B.「～のことを思った」が近い。

(9) what's the point of that? は「そんなことをして何になるか」という意味。この「そんなこと」は前段最終２文（The clay …）より，容器の中のトークンがわかるように，容器の外側にそのトークンの印をつけておくことを指す。ここではトークンを表す印とトークン自体が両方使われていることになる。that が示すのはこのことだから，C.「トークンと印の両方を使うこと」が正解。

⑽この文脈における value は「(書記法の) 価値」である。この「価値」の意味に近いのは，C.「有用性」である。

B. ⑴著者がバッファローの絵を例に用いた理由については，第 1 段第 4 文（The day …）で，3 頭のバッファローを殺し 3 頭のバッファローの絵を描くなら芸術家であると述べ，次の文で，記号を発明してそのことを記すなら筆記者であると述べていることからわかる。バッファローの「絵」とバッファローを表す「文字」は抽象度の次元が異なることを示すためである。したがって，B.「絵と文字は概念的に異なるものである」が正解。

⑵ここでの著者の目的は，下線部②に「クレー・トークンが何かを表す目的で使われた」とあるように，あるもの（球や円錐状の粘土）で別のもの（羊や牛）を表したと説明することである。この内容に近いのはA.「異なる形に成形されたものが，それぞれ別のものを表すために使われたのかもしれない」である。Bの「どのようなものが数えられているのか解釈するのは難しかった」は第 3 段第 7 文（Again, …）に近いかもしれないが，その直後に However が続くことからもそれほど重要な情報ではないことがわかるので，不適。

⑶第 6 段第 1・2 文（We can imagine … seal on that.）に，この種のこと（前段に述べられている実際に送ったものの数を相手が確認できないこと）に気づき，その問題解決のためにトークンを空洞の粘土のボールの中に入れたと述べられている。主旨としてふさわしいのは，B.「人々は問題に対処するための措置を取った」である。

⑷楔形文字がそれまでの書記体系よりよい点については，第 8 段第 4 文（Why not get …）に「トークンをまったくやめて，羊や豚などを表す印をつけるだけではどうか」と述べられ，第 9 段でその方法として cuneiform「楔形文字」が登場したと述べられている。この内容を表しているのは，A.「それはトークンを使う必要性を取り除いた」である。

⑸「楔形文字」の際立った点については，最終段最終文（In fact, …）に

「楔形文字は 2,000 年以上も続いた」と述べられている。この内容と近いのは，C.「長寿」である。

(6)最終段第１文（Eventually, cuneiform …）に，楔形文字はあらゆる種類の目的に使われるようになったと述べられている。楔形文字のおかげで，いろいろな場面で書記言語が使われるようになったと解釈できる。この内容を踏まえて著者が同意しそうなものを選ぶと，B.「楔形文字は書記の有用性を非常に広げた」になる。

(7)本文は，文字がどのようにして始まり，どのように発展していったかを論じたものである。したがって，C.「文字の起源」が適切。

❖講　評

大問の構成は，会話文・文整序１題，長文読解２題の計３題で，従来通りであった。

I は，**A** が会話文の空所補充，**B** がひとまとまりの文章を６つに分けたものを並べ替える段落整序形式。**A** は対話の流れをつかめば取り組みやすい問題。**B** は注意深く論旨の流れをつかむ力が求められる。特に文中の 1847 年，1900 年代などの年号や the first 〜, The next step など話の順序を示唆する言葉には注意する必要がある。また，段落整序においては，話題の展開を示す副詞（句）や接続詞，this / these などの前文を受ける指示代名詞に着目することが重要である。

Ⅱ は，江戸時代末期に日本に密航し，日本人に初めてネィティブの英語を教えたアメリカ人冒険家の話。**A** では，語彙問題に加えて，関係代名詞，either *A* or *B* の相関語句，仮定法などの文法知識を問う箇所もある。**B** の英文完成問題では，該当箇所を素早く見つけることが重要である。全体的に標準的な難易度となっている。

Ⅲ は，文字がいかに発展してきたかを話題にした文章。**A** の設問は下線部の同意表現や意味する内容を問うもので，下線部の前後を少し丁寧に読めば答えられる設問が多い。消去法も使える。**B** は内容に関する英文完成問題であるが，この設問でも関連箇所を素早く見つけることが求められる。全体的には標準的な英文と標準的な設問である。

日本史

I 解答

1 —(ニ)　2 —(チ)　3 —(ウ)　4 —(ク)　5 —(コ)　6 —(ヒ)
7 —(ト)　8 —(イ)　9 —(ヌ)　10—(セ)

◀解　説▶

≪近現代の政党史≫

1．1881 年，明治十四年の政変により参議大隈重信らが罷免されると，政府の主導権を握った伊藤博文は欽定憲法の方針を決定した上で，国会開設の勅諭を出して 1890 年に国会を開設すると公約した。

2．国会開設の時期が決まると，政党の結成が進んだ。フランス流の急進的な自由主義を主張する自由党の総理となったのは板垣退助である。

3．1882 年，大隈重信は立憲改進党を結成してイギリス流の議院内閣制を主張した。

4．1882 年，福地源一郎は政府の御用政党である立憲帝政党を組織したが，民権派に対抗できず，翌 1883 年に解党した。

5．大正初期，吉野作造は民本主義を唱え，明治憲法の枠内で主権運用の目的を国民の福利増進におき，政策決定の際に国民の意向を重視した。民本主義は，政党内閣制と普通選挙を目指す大正デモクラシーの指導理論となった。

6・7．1918 年に起きた米騒動の責任を問われて寺内正毅内閣が総辞職すると，元老の山県有朋は国民の政治参加の拡大を求める民衆運動をおさえるため，立憲政友会総裁の原敬を首班とする政党内閣を認めた。

8．第 5 次吉田茂内閣は，造船疑獄事件による指揮権発動や日本民主党の結成によって追いつめられ総辞職した。

9．1951 年，公職追放解除後に自由党に復帰した鳩山一郎は吉田茂と対立すると，1954 年に自由党反主流派を率いて改進党と合流し，日本民主党の総裁になった。第 5 次吉田茂内閣の退陣後，鳩山一郎内閣が発足した。

10．1951 年，サンフランシスコ平和条約の批准をめぐって日本社会党は党内の対立が激化したため左右に分裂したが，総評の支持を得て勢力をのばした左派の主導で 1955 年に再統一した。

Ⅱ 解答

1 —(ケ)　2 —(コ)　3 —(タ)　4 —(ウ)　5 —(ト)　6 —(シ)
7 —(ア)　8 —(ニ)　9 —(ヒ)　10—(ノ)

◀解　説▶

≪古代・中世の文学≫

1．７世紀後半頃から豪族たちに受容された漢詩文は，奈良時代には貴族や官人にとって必要な教養とされた。751 年，淡海三船によって現存最古の漢詩集として『懐風藻』が編まれた。

2．『万葉集』には様々な身分の人々の歌が収録されており，天皇や貴族の歌以外にも北九州に派遣された防人が詠んだ庶民的な歌も含まれている。

4．10 世紀初頭，最初の勅撰和歌集である『古今和歌集』は，醍醐天皇の命により紀貫之らによって編纂された。

5．『古今和歌集』に多くの作品が収録された「六歌仙」のうち，特に代表的な者は，小野小町と在原業平である。在原業平は『伊勢物語』の主人公にも目されており，数多くの恋愛譚が伝えられる。

6．国風文化期には，女流文学者による仮名文学の作品が多くつくられた。藤原道綱の母によって著された『蜻蛉日記』と菅原孝標の女によって著された『更級日記』を混同しないように気を付けよう。

7．鎌倉時代に編纂された和歌集のうち，『新古今和歌集』は後鳥羽上皇の命により技巧的な表現を凝らした和歌を集めた勅撰和歌集である。一方，『山家集』は極楽往生を願う仏教思想の影響を受けた秀歌をまとめた西行の私家集である。

8．軍記物語の『平家物語』は，琵琶法師によって平曲として語られたため，文字を読めない武士や庶民にも多く親しまれた。

10．慈円が著した『愚管抄』は道理の理念によって歴史の展開と論理を叙述した史論の一つである。慈円は政治のあるべき姿を説くことで，後鳥羽上皇を中心とした朝廷による討幕計画（＝承久の乱）を諌めようとしたといわれる。

Ⅲ 解答

問１．(ウ)　問２．(イ)　問３．(ア)　問４．(イ)　問５．(ウ)
問６．(ア)　問７．(ウ)　問８．(イ)　問９．(ア)　問 10．(ア)
問 11．(イ)　問 12．(イ)　問 13．(ウ)　問 14．(イ)　問 15．(イ)

◀解　説▶

≪近世～現代の外交≫

問 1．史料(A)の「異国船渡来の節，二念無く打払ひ申すべき旨」とは，異国船打払令（無二念打払令）を指している。1808 年に起こったフェートン号事件をはじめ，イギリス船やアメリカ船が日本近海に出没したことを受けて，幕府は諸大名に対して外国船を撃退するように命じた。

問 2．「当時万事御改正」とは，水野忠邦の天保の改革において 1842 年に出された天保の薪水給与令を指している。天保の改革では商品流通の混乱を解消するため，株仲間の公認ではなく解散が命じられた。

問 3．(ウ)のラクスマンが通商要求のため根室に来航したのは 18 世紀末の寛政期であるのに対し，(ア)のレザノフが長崎に来航したのは，19 世紀初頭の文化期である。

問 4．20 世紀初頭，ロシアが満州を占領してさらに南下を進めるなか，桂太郎内閣はイギリスと同盟を結んでロシアから韓国の権益を守ろうとする対露強硬方針をとった。

問 5．日英同盟協約では，日英両国が互いに清国及び韓国の独立と領土の保全を認め合った上で，清国における両国の利益と韓国における日本利益を承認した。

問 7．日英同盟協約では，日英両国の利益を守る上で「別国」と交戦した場合は他の同盟国は厳正中立を守り，さらに「第三国」が相手国側として参戦した場合は協同戦闘を行うことが定められた。ここでいう「別国」はロシアを想定し，「第三国」はフランスやドイツを想定している。

問 9．1905 年，日英同盟協約は改定され，イギリスは日本の韓国保護国化を認める一方で，同盟の適用範囲にイギリスの植民地であるインドを加えた。

問 10．1921～22 年に開催されたワシントン会議において，米・英・日・仏のあいだで太平洋の現状維持を決めた四カ国条約が結ばれると，多国間での国際的な安全保障体制を構築するねらいから日英同盟は廃棄された。

問 11．史料(C)のポツダム宣言は，米・英・ソ三国首脳によるポツダム会談で決定され，中国の同意を得て 1945 年 7 月 26 日に発表された。この時，ソ連の対日参戦は未発表であったため，ポツダム宣言にはソ連のスターリンではなく中国の蔣介石の名が連ねられた。

問12．占領下における対日政策を遂行するため，最高機関としてワシントンに極東委員会が設置される一方，GHQの諮問機関として東京に対日理事会が設置された。

問13．1943年に発表されたカイロ宣言では，連合国が日本の無条件降伏まで徹底的に戦うことのほか，日本領土の処分方針についても定められていた。

問15．戦時中に捕虜や住民を虐待するなど通例の戦争犯罪を犯した者がB級・C級戦犯と呼ばれたのに対し，侵略戦争を計画・実行した指導者はA級戦犯と呼ばれ，28名の容疑者が極東国際軍事裁判に起訴された。

Ⅳ 解答

(A) 1―(ス)　2―(サ)　この城：h

(B) 3―(ア)　4―(ク)　この城：m

(C) 5―(ヒ)　6―(ヌ)　この城：c

(D) 7―(ハ)　8―(チ)　この城：l

(E) 9―(ウ)　10―(ソ)　この城：e

◀解　説▶

≪城の歴史≫

(A)1．難問である。選択肢にみられる(イ)漢江・(ス)錦江・(ネ)洛東江はいずれも朝鮮半島の大河川である。漢江は朝鮮西部，錦江は朝鮮南西部，洛東江は朝鮮南東部をそれぞれ流れ，白村江は錦江と推定されている。

2．西日本に築かれた朝鮮式山城のうち，対馬に築かれた山城は金田城である。佐賀県から福岡県にかけて築かれた(エ)基肄城や熊本県に築かれた(ナ)鞠智城と混同しないように気を付けよう。

「この城」：福岡県四王寺山の尾根に沿って築かれた大野城は，土塁・城門・水門跡と倉庫などの建物の礎石が残されている。

(B)3．14世紀頃から北山・中山・南山の三つの王国が沖縄本島の支配をめぐって争う三山時代が始まり，1429年に中山王の尚巴志が三山を統一した。

4．1879年，琉球処分により琉球藩が廃止され沖縄県が設置された。これにより琉球王国は解体され，最後の王である尚泰は東京へ移住させられた。

「この城」：下線部の直前に「沖縄本島北部を支配した北山王の王城跡」と

書かれていることから判断しよう。

(C) 5．武田氏は甲斐国の守護出身の戦国大名で，武田信玄は中部地方一帯に勢力を拡大させ，三河国を拠点とする徳川家康や尾張国を拠点とする織田信長と対抗した。

6．織田信長は長篠合戦の際，武田勝頼の騎馬軍団に対抗するため馬防柵と呼ばれる柵をつくり，足軽鉄砲隊を組織して武田軍を打ち破った。

「この城」：奥平定昌の居城は三河国の長篠城であるが，徳川家康が三河国を拠点とする戦国大名であることさえわかれば，地図中から答えを導ける。

(D) 8．1637～38 年の島原・天草一揆に際して，幕府軍を率いる松平信綱は長崎奉行を通じてオランダ商館から大砲を手に入れたほか，海上からの砲撃を要請した。

「この城」：島原・天草一揆の際，天草四郎（益田四郎時貞）を総大将とした一揆勢は，島原半島南部にある原城跡に籠城して幕府軍に抵抗した。

(E) 9．1867 年，武力討幕を目指す薩長両藩は岩倉具視と結んで討幕の密勅を手に入れた。一方，土佐藩は公武合体の立場を堅持し，藩士の後藤象二郎は坂本龍馬の政治構想を受けて前藩主の山内豊信（容堂）を通じて大政奉還を建白した。

10．難問である。徳川慶喜の側近となった洋学者のなかで，徳川慶喜のために「議題草案」を起草したのは，西周である。西周は 1862 年に津田真道らとともにオランダに留学し，帰国後は開成所教授として徳川慶喜の側近となった。

「この城」：大政奉還は二条城二の丸御殿の大広間で，在京諸藩の重臣の意見を求めて決定した。

❖講　評

Ⅰ　近現代の政党に関する出題である。(A)は自由民権運動，(B)は大正デモクラシー，(C)は 55 年体制の成立の基本的な内容について問われており，いずれの問題も取りこぼしのないようにしたい。

Ⅱ　古代・中世の文学史が出題された。貴族の教養とされた和歌・漢詩を中心として，物語・日記・随筆・史論などを細かくおさえておく必要がある。関西大学の入試問題では文化史に関してしばしば出題されるため，特に力を入れて学習してほしい。

Ⅲ　近世〜現代の外交に関して，史料を素材に語句選択問題として出題された。いずれも教科書レベルの基礎史料なので，ここで高得点をねらいたい。

Ⅳ　日本史に登場する様々な城について出題された。定番の地図問題については，城の所在地の都道府県名がわかれば解答できる易しいものであった。

世界史

I　解答

1 —(ナ)　2 —(シ)　3 —(ア)　4 —(ア)　5 —(イ)　6 —(ツ)
7 —(コ)　8 —(ウ)　9 —(タ)　10—(ケ)

◀解　説▶

≪自然災害と病気の歴史≫

1．プリニウスは，ヴェスヴィオ火山の噴火に際し，住民の救援と調査で現地に赴き，被災して死亡したといわれる。

3・4．カペー朝（987～1328 年）のルイ 9 世（在位 1226～70 年）は，第 6・7 回十字軍を率いるとともに，南フランスのアルビジョワ派を討伐している。ルブルックは，ルイ 9 世に命じられて，モンゴルの偵察に派遣された。

5．18 世紀初頭の大ブリテン王国の成立は，イングランドとスコットランドの合併を指している。1707 年，ステュアート朝のアン女王のときに成立した。

6．ウィーン会議で復活したブルボン朝最後の王シャルル 10 世は，反動政治に反発する国民の目を外に向けさせようと，アルジェリア遠征を行い，同地を植民地としたが，七月革命（1830 年）は避けられなかった。

7．14 世紀半ばのペストの流行は，ジェノヴァの商船が黒海のクリミア半島あたりから病原菌を持ち込み，シチリア島に感染を拡大，商船の集まっていたこの地から地中海の港に広がっていったとされる。

8．デフォーは，1665 年のペスト大流行に遭遇し，記録を残している。

10．第二帝政期に，セーヌ県知事オスマンはナポレオン 3 世に命じられてパリの大改造に取り組んでいる。凱旋門から放射状に広がる現在のパリは彼の時代に整備された。

II　解答

①—(キ)　②—(ト)　③—(ア)　④—(ソ)　⑤—(カ)　⑥—(タ)
⑦—(ウ)　⑧—(サ)　⑨—(ス)　⑩—(ア)

◀解　説▶

≪スリランカの民族と宗教≫

①法顕は東晋の僧で，義浄は唐代にインドを訪れた僧である。

②スリランカ（セイロン島）は，アショーカ王時代に仏教が伝えられて以降上座部仏教の拠点であった。スリランカからタイ・ビルマ（ミャンマー）など東南アジアに上座部仏教が伝わっていった。

④タミル人は，もとは南インドに居住しているドラヴィダ系民族であった。スリランカのタミル人には，古代からスリランカに移住したタミル人（スリランカ・タミル人）もいたが，近代ではイギリスによる植民地時代に，プランテーションの労働力として南インドから連れてこられた事情がある（インド・タミル人)。なお，モン人は，7世紀頃にビルマ（ミャンマー）にドヴァーラヴァティー王国を建国した民族である。

⑤・⑥シンハラ人は，現在もスリランカで多数派を占めるインド・アーリヤ系の民族である。なお，クメール人はカンボジア人のことである。

⑧スリランカで最初に覇権を握ったヨーロッパ勢力は，いち早くアジア貿易に進出したポルトガルである。

⑨オランダは，1658年にポルトガルからスリランカを奪って植民地とした。

III 解答

1―(サ)　2―(ソ)　3―(ア)　4―(イ)　5―(カ)　6―(イ)
7―(チ)　8―(ア)　9―(ト)　10―(イ)　11―(ア)　12―(イ)
13―(エ)　14―(ア)　A―(ウ)

◀解　説▶

≪ヘミングウェーの時代≫

問題文中に出てくるロシアの「皇帝X」はアレクサンドル2世，アメリカの「大統領Y」はフランクリン＝ローズヴェルトである。

2．ニコライ1世時代（在位1825～55年）の1853年にクリミア戦争がはじまり，アレクサンドル2世時代（在位1855～81年）の1856年にロシアの敗北で終結した。

4．ローマ教皇領は，1870年にプロイセン＝フランス（普仏）戦争が勃発し，教皇領を警備していたフランス軍がプロイセンとの戦いのため撤退したことでイタリア王国が併合した。

5．チュニジアは，以前からイタリアが植民地化をねらっていた地であったが，1881年にチュニジアに隣接するアルジェリアを植民地としていたフランスが獲得した。このことで，ビスマルクはフランスに敵意をもったイタリアを誘って，ドイツ・オーストリア・イタリアの三国同盟を成立させた（1882年）。

7．1929年の大恐慌に直面したフーヴァー大統領（共和党）は，はじめ資本主義の自然回復力に期待する無為無策で，1931年に賠償金と戦債支払いの1年間猶予を定めたフーヴァー＝モラトリアムを打ち出したが時すでに遅く，恐慌による経済破綻を防ぐことはできなかった。

8．ワグナー法は，全国産業復興法（NIRA）が1935年に違憲判決を受けたため，NIRAにあった労働関係法を改めて制定したもの。

11．反ファシズムの統一戦線は「人民戦線」とよばれ，コミンテルンによって提唱された。人民戦線内閣はスペインでアサーニャ内閣，フランスでブルム内閣として成立した。

12．オーウェルは，スペイン内戦に参加した経験をもとに『カタロニア讃歌』を著している。また，近未来の管理社会をディストピアとして描き全体主義を批判した『1984年』を遺している。

13．テヘラン会談では，ヨーロッパの西部に第二戦線の形成を求めるソ連の要求にしたがって，ノルマンディー上陸作戦が協議された。

Ⅳ　解答

1―(ノ)　2―(ウ)　3―(カ)　4―(オ)　5―(ヌ)　6―(ア)
7―(ヒ)　8―(ク)　9―(ア)　10―(ニ)

問1．(エ)　問2．(イ)　問3．(エ)　問4．(ア)　問5．(ウ)

◀解　説▶

≪中国の諸制度≫

2．安禄山と史思明は，755年に安史の乱を起こした。全国に及ぶ戦乱で農民は農地を放棄して放浪し，戸籍の回復は困難であった。

3．塩が専売となると，高価な専売塩よりも安価な塩を扱う密売商人も暗躍することとなる。そのような塩の密売商人が起こした反乱が黄巣の乱（875～884年）である。

5．府兵制は，均田農民を徴発して折衝府で訓練し，国境警備や首都防衛にあたらせる制度である。

6．府兵制が均田制の崩壊とともに実施不能になると，代わって傭兵による募兵制が行われた。この募兵集団の指揮官となったのが節度使である。

8．道教を教団として組織した北魏の寇謙之は，北魏第3代皇帝太武帝に重用され，道教を国教とすることに成功した。道教に帰依した太武帝が仏教弾圧（廃仏）を行った。

問1．律は刑法典，令は民法典や行政法とされる。格は律・令の補充改正規定，式は施行細則である。これらをあわせて律令格式と総称する。

問3．(ア)誤文。銀は中国では貨幣として広く流通し，明代には深刻な不足状態にあった。16世紀の銀流通は新大陸産と日本産の銀の流入による。

(イ)誤文。スペインが中国にもたらした銀の貿易拠点はフィリピンのマニラである。マカオはポルトガルが拠点とした。

(ウ)誤文。鄭和を派遣したのは永楽帝である。また，鄭和派遣の目的は，南海諸国に明の威勢を誇り，朝貢を促すことであった。

(エ)正文。16世紀後半から17世紀前半にかけて，日本産の銀は世界の産出量の約3分の1を占め，そのかなりの部分は島根県の石見銀山（世界遺産）から産出していた。

問4．Eは九品中正。(ア)正文。

(イ)誤文。学科試験による官吏任用は科挙。

(ウ)誤文。皇帝みずからが試験官となるのは科挙における殿試のこと。

(エ)誤文。地方長官が推挙するのは漢代（武帝時代）にはじまる郷挙里選。

問5．Fは四書。四書は『大学』『論語』『中庸』『孟子』。五経は『詩経』『書経』『易経』『春秋』『礼記』。

❖講　評

Ⅰ　人類史における自然災害や疫病に関する出題である。内容は標準的で，ヨーロッパの古代から近代までを範囲として出題されている。7のジェノヴァの選択では，「イタリア北西部の港湾都市」からヴェネツィアでないことを想起しなければならない。「｛　　｝内の(ア)ないし下記の語群から選び」という出題形式に慣れておく必要があるだろう。

Ⅱ　スリランカは，学習の盲点となりやすい地域である。仏教徒でアーリヤ系のシンハラ人（多数派）とヒンドゥー教徒でドラヴィダ系のタミル人（少数派）の対立は現代まで続いており，現代史としても把握しておきたい。ポルトガル，オランダ，イギリスと変遷した旧宗主国にも注意したい。下線部について「正しければ(ア)をマークし，誤っている場合は…下記の語群から選び」という正誤法と選択法を組み合わせた出題形式にも慣れておきたい。

Ⅲ　アメリカの作家ヘミングウェーの生涯をたどりながら，19世紀後半から第二次世界大戦後までが問われている。スペイン内戦における国際義勇軍など，文化人も参加した歴史的事件に注意したい。「{　　}内の(ア)，(イ)ないし下記の語群から選び」という出題形式に，下線部の正誤判定問題が1問加わる。難問は見られず，標準的である。

Ⅳ　出題形式はⅠと同じだが，問1～問5の選択問題が加わっている。中国の法律，土地制度，税制，兵制，官吏任用制度などが問われているが，内容は標準的である。基本的事項の確実な理解が求められる。

地理

I 解答

問１．１―(タ)　２―(ア)　３―(ツ)　４―(セ)　５―(ク)
６―(キ)　７―(ス)

問２．(ウ)　問３．(ア)　問４．(イ)

◀解　説▶

≪氷河地形≫

問１．１．「夏になっても融けずに残った」とあるので，越年性の氷雪である万年雪となる。

２．圏谷とも呼ばれ，山地斜面をスプーンでえぐったような凹地となる地形である。凹地部に湖ができることもある。

３．スイスアルプスには「ホルン」の付く山名が多く存在しており，マッターホルンはその典型例である。

５．「氷河の底を流れる河川が砂礫を堆積」とあるのでエスカーとなる。氷河底は圧力により融氷した水流ができ，流れに沿って砂礫が堆積する。

６．レスが堆積した地域名が問われているので，ハンガリー盆地のプスタとなる。メセタは一般的にイベリア半島の高原地域の名称である。

問２．氷河の侵食により形成された砂礫は，運搬途中で大きな摩擦力により岩角がとれ円礫となる。

問３．レスは植物の栄養となる塩基類で飽和されており，運搬先が温暖であるとその土地は長草草原となり，その腐植により肥沃土となる。

II 解答

問１．①―(ウ)　②―(イ)　③―(ウ)

問２．A―(カ)　B―(ア)　C―(ウ)　D―(キ)　E―(ク)

問３．(イ)　問４．(エ)

◀解　説▶

≪世界の人口問題≫

問１．③「外国人労働者」であることに注意。在留外国人数では中国に次いで多いのが韓国であるが，労働者数となると外国人技能実習制度の導入により中国とベトナムからの入国者が多い。技能実習生は研修が前提ではあるが，低賃金労働者として単純労働に従事するケースが多く，大きな社会問題となっている。

問2．まず，日本とよく似た年齢別割合であり，自然増加率がマイナスであるD国をドイツと判断する。次に65歳以上の割合が低いA国・B国・C国は発展途上国と考え，アルゼンチン・インド・中国のいずれかとする。その中で65歳以上の割合が5.6%ともっとも低く自然増加率が高いC国をインド，A国は15〜64歳の割合が73.2%ともっとも高く自然増加率が5.9%とやや低いことから中国と判断する。中国やインドは，移民の割合が非常に少ないことからも考えたい。残るB国がアルゼンチンである。E国はスウェーデンかフランスとなるが，国際移住者率がドイツとほぼ同じ水準であることから多数の移民を受け入れているフランスと判断する。

問3．東南アジアはそもそもの人口が多く，フィリピンやカンボジア，ラオスといった多数の貧困層を抱える国が存在する。一方で，全体的には近年の経済発展で貧困は急速に改善されていることから，比率が顕著に減少しているβが正解である。なお，αは深刻な栄養不良状況にあることから，サヘル地域を含むサブサハラ，γは産油国など比較的豊かな国が多いが近年内戦などの影響で下げ止まっている西アジア・北アフリカ，δはアルゼンチンやブラジル，チリといった人口が多くかつ比較的古くから経済発展を遂げた国が存在するラテンアメリカ・カリブ海諸国である。

問4．アメリカ合衆国は先進国の中では若い移民者が多く，老年人口比率が低い。また，健康保険制度をはじめ公的社会保障支出が少ないことで知られることから，(エ)と判断する。(ア)はフィンランド，(イ)はフランス，(ウ)はイタリアとなる。

III　解答

問1．(ア)　問2．(イ)　問3．(エ)　問4．(ウ)　問5．(ウ)
問6．(エ)　問7．(エ)　問8．(イ)　問9．(ア)　問10．(エ)

◀解　説▶

≪地域調査―南大東島の地理―≫

問2．$31\,\mathrm{km}^2$を円形の島と考えると，その半径は約$\sqrt{10}\,\mathrm{km}$，すなわち約3.16kmとなる。これは5000分の1都市計画図なら半径約60cmとなり，販売されている1枚の地図には収まりにくい。また，「自転車で確認」とあるので，微細な地形が読み取りやすい2.5万分の1地形図が適当である。なお，国土地理院発行の地形図や地勢図の印刷用紙は柾《まさ》判と呼ばれ，460×580mmのサイズである。

問４．(ウ)誤文。図２は不鮮明なため，図３で同一地点の標高を読み取るとよい。ａ地点は40mの主曲線に囲まれた内側であるから約40m，ｂ地点は20mの主曲線上にあるので20m，ｃ地点は５mの補助曲線の内側であるため５m未満に相当する。

問５．(ウ)誤文。「連続的に残存」しているのは，「南大東村」の表記の「村」の下（南）にある水準点付近で，道路に沿って東西に記号が連続しているのがわかる。この付近は，海抜約５～10mに位置し，周囲より標高が高いとはいえない。

問６．図２の「白地部分の多くは畑地である」ことから，収穫物の運搬用と判断する。製糖工場が立地しているように，栽培作物はサトウキビである。

問７．(エ)誤文。もともとこの島には河川らしきものは存在しない。この島は隆起珊瑚礁であり，ドリーネが発達している。このようなカルスト地形が発達する地域では，降雨の水はドリーネの中心の穴から地中に流れ込み，地表には河川が発達しにくい。

問９．南大東島は，戦前は行政制度がなく製糖会社が所有する島であり，日本では珍しいプランテーションが営まれた島であった。したがって，スリランカ高地の茶栽培か，コートジボアールのカカオ栽培のいずれかを考える。だが，現在コートジボアールのカカオ栽培は家族経営の小規模農園で行われており，大規模資本によるプランテーションとは異なっている。

問10．(エ)誤文。南大東島の主産品はサトウキビを加工した砂糖であるので，TPP（環太平洋パートナーシップ協定）により自由貿易が進めば安価な海外製品が流入し，大きな打撃を受けることになる。したがって賛成の立場にはならないと考える。

Ⅳ　解答

問１．①―(ウ)　②―(ア)　③―(イ)　④―(ウ)　⑤※―(ア)・(イ)　⑥―(ア)

問２．(ア)　問３．①―(ア)　②―(イ)　③―(エ)

※問１．⑤については，正答となる選択肢が２つあり，そのいずれを選択しても正解としたと大学から発表があった。

◀解　説▶

≪東ヨーロッパ地誌≫

問1．②ポーランドからブルガリアにかけてCfbが卓越しているが，ハンガリー盆地など最暖月平均気温が22℃以上となるCfa地域，クロアチアのアドリア海沿岸にCs地域が存在している。

④第二次世界大戦後，国土が西方に移動したため，ワルシャワは国土の東寄りになっている。

⑥ポーランドはスラブ系民族ではあるが，歴史的経緯から同じスラブ民族国家のチェコ・スロバキア・スロベニア・クロアチアとともにカトリック信徒が多い。

問2．ドナウ川沿いの首都は，上流から順にウィーン（オーストリア），ブラチスラバ（スロバキア），ブダペスト（ハンガリー），ベオグラード（セルビア）が位置している。

問3．①・②がカトリック国であることから，チェコかハンガリーとなる。①の方が，1人あたり国民総所得が多いことから，古くから工業国であったチェコと判断する。よって②がハンガリーとなる。残る③と④のうち，人口が多く面積も④の約2倍ある③をルーマニアと判断する。

❖講　評

Ⅰ　氷河地形と氷河と関連した地理的事項について，基本的な理解が問われている。問1は用語の理解を問うもので，6の分布地がやや難であるものの，基本的なものがほとんどである。問2・問3はやや応用的ではあるが，氷河の侵食作用の大きいことやプスタがハンガリーの穀倉地帯であることから考えたい。

Ⅱ　世界の人口と人口移動に関する問題で，統計やグラフの読解に基づく思考力・判断力の有無が問われている。問2にはやや紛らわしい選択肢があるので，日本の統計と比較しながら解答していくことが必要である。問4も日本と比較しながら考えたい。アメリカ合衆国の老年人口比率が高くないことと公的社会保障支出の割合がやや低いことから考えるとよい。

Ⅲ　南大東島を題材にした地域調査形式の問題である。問1など基本的知識で解ける問いもあるが，グラフや地形図を確実に読み取って考え，判断しないと正解できない，やや難しい問題が含まれている。問４～問８の地形図読図問題は，地図が５万分の１地形図を縮小したもので，あまり鮮明でないため標高情報などの地理情報が読み取りにくい。問９はコートジボアールのカカオ栽培が小農による経営であることの知識がないと判断に迷う。

Ⅳ　ポーランドを中心にした東ヨーロッパの地誌問題である。問２のドナウ川沿いの首都配列は，頻出事項である。問３は東欧４国の統計をもとに国名を判断する比較地誌的問題で，統計指標から総合的に判断する地理的技能が必要とされるが，各国の統計の特徴を読み取れば，さほど判断に迷わないであろう。

政治・経済

I 解答

問(A). (イ) 問(B). (カ) 問(C). (イ) 問(D). (ア) 問(E). (ウ)
問(F). (ウ) 問(G). (ウ) 問(H). (ア)

◀解　説▶

≪行政と三権分立≫

問(A). (イ)が正文。復興庁は東日本大震災後に10年間の設置期限付きで新設された省庁である。現在はさらに期限が延長され，2031年までとなっている。

(ア)誤文。当時は民主党政権であった。

(ウ)誤文。原子力行政は，以前は原子力政策を推進する資源エネルギー庁と規制を行う原子力安全・保安院とが，ともに経済産業省に属していたが，福島原発事故後に新たな規制機関である原子力規制委員会が環境省の外局として設置され，原子力政策の推進と規制が分離された。

(エ)誤文。中央防災会議は東日本大震災前に災害対策基本法（1961年）に基づいて設立されている。

問(B). (カ)が正解。まず，選択肢に注目し，アメリカ・日本・フランスのいずれかがA～Cに入ることを確認すると速い。その上で各国の特徴を考える。まず，フランスは伝統的に中央集権国家であり，エリート官僚が大きな力を持っている。そこで，圧倒的に公務員数が他の国より多く，特に「中央政府職員」の人数が多いAの国がフランスであると類推できる。次に，アメリカについて考える。アメリカは世界最大の軍事大国である。BとCを比較すると，特に「軍人・国防職員」の人数がBの方が3倍以上多い。そこで，Bがアメリカで，残りのCが日本であると考えることができる。以上により，(カ)が正解となる。

問(C). (イ)が誤文。近代的な官僚制においては，公私区分は明確となる。

問(D). (ア)が正解。憲法第15条第2項は重要条文なので，押さえておこう。

問(E). 正解は(ウ)。経済企画庁は2001年の省庁再編で消滅し，内閣府に統合された。

問(F). (ウ)が誤文。「全ての審議会」が誤り。審議会はその機能に着目して参与機関と諮問機関に分類されるが，その答申に法的に拘束されるのは参与機関だけであり，諮問機関の答申に法的拘束力はない。

問(G). (ウ)が正解。官民人材交流センターは，職員の離職後の就職援助等を目的として，2008 年に内閣府に設置された。

問(H). (ア)が誤文。議員提出法案の成立割合は，内閣提出法案の成立割合の半分にも満たない。令和２年の通常国会では，議員提出法案は 57 件中 8 件が成立したのに対し，内閣提出法案は 59 件中 55 件が成立している（内閣法制局ホームページ「過去の法律案の提出・成立件数一覧」参照)。

Ⅱ 解答

問(A). 1 —(シ)　2 —(イ)　3 —(ク)　4 —(ウ)

問(B). (エ)　問(C). (イ)　問(D). (ウ)　問(E). (ウ)　問(F). (ア)

問(G). (ウ)　問(H). (ウ)　問(I). (エ)　問(J). (ウ)　問(K). (ア)　問(L). (ア)

◀解　説▶

≪地球環境問題≫

問(A). 1は(シ)，2は(イ)が正解。1972 年に開かれた国連人間環境会議のスローガンは「かけがえのない地球」である。この会議において人間環境宣言が採択され，国連環境計画の設置が決定された。

3．(ク)が正解。1992 年にブラジルのリオデジャネイロで開かれたのは国連環境開発会議である。

4．(ウ)が正解。日本では 1997 年に環境影響評価法が制定され，公共事業を行う際に事前に環境への影響を調査・評価する環境アセスメントが定められた。

問(B). (エ)が正解。フロンガスは，オゾン層破壊を引き起こす物質である。以前は冷蔵庫の冷媒などとして利用されてきたが，現在先進国においては，特定フロンの生産は全廃されている。

問(D). (ウ)が正解。（あ）は「湿地の生態系」とあるのでラムサール条約が入る。（い）は有害廃棄物の国境を越えた移動についてのバーゼル条約が入る。（う）は「野生動植物の保護」とあるので，絶滅の危機にある動植物の国際取引を規制するワシントン条約が入る。（え）はオゾン層保護についてのウィーン条約が入る。

問(F). (ア)が正解。化石燃料や鉱物資源は有限であり，天然に存在する地域は偏在（偏って分布）している。この２つを本文に沿って有限性・偏在性とすればよい。「偏在」と「遍在」が紛らわしいが，「偏《かたよ》る」と「遍《あまね》く」でまったく逆の意味になる。

問(G). (ウ)が正文。

(ア)誤文。環境開発サミットではなく，国連環境開発会議（地球サミット）である。

(イ)誤文。国連環境開発会議ではなく，環境開発サミット（持続可能な開発に関する世界首脳会議，ヨハネスブルグ＝サミット）である。

(エ)誤文。国連持続可能な開発会議ではなく，国連環境開発会議（地球サミット）である。国連持続可能な開発会議は国連環境開発会議（地球サミット）から20周年を記念して，2012年にリオデジャネイロで開催された。

問(H). (ウ)が誤文。京都メカニズムでは先進国の途上国に対する持続可能な発展の支援が明文化されている。

問(I). (エ)が誤文。「全ての国」ではない。アメリカのトランプ政権は2017年6月にパリ協定からの離脱を表明した。2020年11月には正式に離脱したが，バイデン政権は2021年2月19日にパリ協定に復帰した。

問(J). 正解は(ウ)。シェールガスは天然ガスであり，化石燃料の一つである。

問(K). (ア)が正文。

(イ)誤文。エコポイント制度ではなく，デポジット制度である。

(ウ)誤文。排出者責任ではなく，拡大生産者責任である。

(エ)誤文。循環型社会では廃棄物の発生抑制（リデュース，Reduce）を行い，適切な再利用（リユース，Reuse）を行ったうえで，利用できないものは処分するのではなく再生利用（リサイクル，Recycle）に回す。これらを3Rと呼ぶ。

問(L). 正解は(ア)。上記の3Rに，ゴミになるものを断ること（リフューズ，Refuse）と，ものを修理して使うこと（リペア，Repair）を加えて5Rとするのが一般的である。

III　解答

問(A). 1―(ト)　2―(オ)　3―(シ)　4―(ス)　5―(キ)　6―(カ)

問(B). (ウ)　問(C). (ア)　問(D). (イ)　問(E). (エ)　問(F). (ウ)　問(G). (エ)

◀解　説▶

≪国　籍≫

問(A). 4．(ス)が正解。憲法第 14 条第１項が定めているのは法の下の平等である。平等権とだけ覚えていると，(ソ)の「両性の本質的平等」と誤る可能性があるため注意が必要。

5．(キ)が正解。父母から受け継いだ血縁関係で国籍を取得する血統主義は，両親の国籍に関係なく生まれた国の国籍を取得する生地主義と対立する。

6．(カ)が正解。憲法第 13 条は幸福追求権と呼ばれ，新しい人権の根拠とされる権利である。

問(B). (ウ)が正文。

(ア)誤文。裁判員のみではなく，原則として裁判員６人と裁判官３人の合議。

(イ)誤文。憲法に検察官の独立の規定はない。裁判官はそれぞれが独立して裁判を行い，他の裁判官からも干渉を受けないが，検察官は検事総長を頂点として一体的に職務を遂行することが求められる（検察官同一体の原則）。

(エ)誤文。裁判外紛争解決手続（ADR）が行われているのは，民事紛争を訴訟以外の方法で迅速に解決するためである。

問(C). (ア)が正文。

(イ)誤文。ヤルタ会談はソ連・アメリカ・イギリスの三国の代表によって行われた。

(ウ)誤文。国際司法裁判所の所在地はオランダのハーグである。

(エ)誤文。フランスの大統領は強い権限を持ち，首相の任免権も有する。

問(D). (イ)が誤文。憲法第 79 条第２項により，「最高裁判所の裁判官の任命は，その任命後初めて行はれる衆議院議員総選挙の際国民の審査に付し，その後十年を経過した後初めて行はれる衆議院議員総選挙の際更に審査に付し，その後も同様とする」と定められている。

問(E). (エ)が正解。女子差別撤廃条約は日本の法制度に影響を与え，国籍法の改正や男女雇用機会均等法の制定が行われた。国籍法改正後の 1985 年に日本は条約を批准した。

問(F). (ウ)が正文。1978 年のマクリーン事件の最高裁判所の判決の一部である。

(ア)誤文。最高裁は永住者らに地方選挙権を与えることは憲法上禁止されていない，との判断を下しているが，立法によって外国人の参政権は定められていない現状がある。

(イ)誤文。東京都管理職選考試験事件において，2005年に最高裁は公権力の行使に当たる行為を行う地方公務員に外国人が就任することは憲法上禁止されていると判断した。

(エ)誤文。国民年金の被保険者は，日本に住所のある外国人も対象である。

問(G).　(エ)が正文。

(ア)誤文。大阪空港騒音公害訴訟では，夜9時から朝7時までの夜間飛行差し止めは却下となり，一部の損害賠償のみが認められた。

(イ)誤文。国レベルでは1999年に情報公開法が制定され，2001年に施行された。

(ウ)誤文。日本では積極的安楽死は認められていない。

Ⅳ　解答

問(A).　(イ)　問(B).　(ア)　問(C).　(ウ)　問(D).　(エ)　問(E).　(イ)
問(F).　(イ)　問(G).　(イ)　問(H).　(ア)　問(I).　(イ)　問(J).　(エ)
問(K).　(ウ)　問(L).　(ア)　問(M).　(ウ)

◀解　説▶

≪世界恐慌以後の国際経済≫

問(B).　(ア)が正解。2つ目の空欄がヒントになる。アメリカの大統領選挙は4年に1回，4の倍数の年に行われ，翌年の1月に新しい大統領が就任する。1932年の大統領選挙で，それまでの共和党に代わって民主党のローズヴェルトが当選し，翌年就任した。世界恐慌は1929年から1933年まで続いた。

問(D).　(エ)が正解。ローズヴェルト大統領のニューディール政策は頻出事項である。押さえておこう。

問(E).　(イ)が正解。(ア)はシュンペーター，(ウ)はマルクス，(エ)はピグーの代表的な著作である。

問(F).　(イ)が正解。ケインズの主張に基づけば，不況時は，有効需要を増加させるために，財政政策として公共投資を増やし，金融政策として利子率を下げる政策を行う。

問(G).　正解は(イ)。財政赤字の削減を目指すのは，新自由主義の考え方である。

問(J). (エ)が正解。金－ドル交換停止はニクソン＝ショックと呼ばれる。

問(L)・問(M). 問(L)は(ア), 問(M)は(ウ)が正解。サブプライムローンとは，低所得者向けの住宅ローンのことである。不動産価格が上昇している間は，債務者が返済に行き詰まっても，住宅を売却することで返済が可能であった。しかし，不動産価格が下落したことにより，回収できない不良債権が増大した。このアメリカでのサブプライムローン問題をきっかけの一つとして起きたのが，世界金融危機である。世界恐慌以来最大の金融危機といわれる。

❖講　評

Ⅰ　行政をテーマにした問題。基礎的な知識だけでなく，かなり専門的な知識を必要とする問題も出題されている。世界の公務員数の比較や，ウェーバーの官僚制についてなど，レベルの高い問いが散見された。

Ⅱ　地球環境問題について，幅広く出題された。環境に関する会議の名称が似ているため，正確な知識が必要とされる。アメリカのパリ協定離脱や循環型社会形成の取り組みなど，近年の環境に関わる動向の理解が必要とされる内容となっている。

Ⅲ　国籍をテーマにしながら，裁判制度や判例について幅広く問う問題であった。判例は有名なものが多いとはいえ，かなり正確に理解していることを前提に出題されており，難易度が高い。資料集の判例についての記述を隅々まで読み，概要を理解していることが求められている。

Ⅳ　国際経済について，基礎的なレベルの知識を有しているかを問う問題である。教科書レベルの知識を問う出題であった。基本的な事項ばかりなので，取りこぼしなく解答したい。

数学

◀ 3 教科型・2 教科型英語外部試験利用方式▶

I **解答** (1)　$\int(-3x^2+2x+8)dx$

$$=-3\cdot\frac{1}{3}x^3+2\cdot\frac{1}{2}x^2+8\cdot x+C$$

$$=-x^3+x^2+8x+C$$　（C は積分定数）　……(答)

(2)　$F(x)=\int_a^x f(t)dt$　……①

①の両辺を x で微分して

$$F'(x)=\frac{d}{dx}\int_a^x f(t)dt=f(x)$$

したがって　　$f(t)=-3t^2+2t+8$　……(答)

(3)　①で $x=a$ のとき　　$F(a)=0$

(1)の結果より

$$F(x)=-x^3+x^2+8x+C$$

$$F(a)=-a^3+a^2+8a+C=0$$

$$C=a^3-a^2-8a$$

したがって　　$F(x)=-x^3+x^2+8x+a^3-a^2-8a$

次に，$F'(x)=0$ より　　$3x^2-2x-8=0$

$$(3x+4)(x-2)=0$$

$$x=-\frac{4}{3},\ 2$$

したがって，$F(x)$ の増減表は右のようになり $x=2$ で極大値をとる。

x		$-\frac{4}{3}$		2	
$F'(x)$	$-$	0	$+$	0	$-$
$F(x)$	↘	極小	↗	極大	↘

極大値が 16 なので　　$F(2)=16$

$$-8+4+16+a^3-a^2-8a=16$$

$$a^3-a^2-8a-4=0$$

$$(a+2)(a^2-3a-2)=0$$

$$a=-2,\ \frac{3\pm\sqrt{17}}{2}\ \cdots\cdots(答)$$

◀解　説▶

≪定積分で表された関数，関数の増減≫

(1)　整関数 x^n（n は 0 以上の整数）の不定積分は $\int x^n dx=\frac{x^{n+1}}{n+1}+C$（$C$ は積分定数）となる。

(2)　微分と積分の関係公式 $\frac{d}{dx}\int_a^x f(t)dt=f(x)$（ただし，$a$ は定数）を用いると，$F'(x)=f(x)$ となる。

(3)　$F(x)$ は(1)で求めた x の 3 次関数で，$F(x)=\int_a^x f(t)dt$ に $x=a$ を代入すると $F(a)=0$ となる。$F(a)=0$ より積分定数 C を a で表す。次に，$F(x)$ を微分して，$F(x)$ の増減を調べ，極大値をとる x の値を求める。極大値をとる x の値は $x=2$ となるので，$F(2)=16$。$F(2)=16$ は a の 3 次方程式 $a^3-a^2-8a-4=0$ となって，これは因数定理を用いて左辺を因数分解することにより解ける。定数項 -4 の約数 ±1，±2，±4 と順に調べていけばよい。

II　解答　①4　②3　③5　④−5　⑤17　⑥$-\frac{901}{100}$

◀解　説▶

≪三角関数の合成，三角関数の最大・最小≫

$$f(x)=\sin x+3\sqrt{2}\sin\left(x+\frac{\pi}{4}\right)$$

$$=\sin x+3\sqrt{2}\left(\sin x\cdot\cos\frac{\pi}{4}+\cos x\cdot\sin\frac{\pi}{4}\right)$$

$$=\sin x+3\sqrt{2}\cdot\frac{1}{\sqrt{2}}(\sin x+\cos x)$$

$$=4\sin x+3\cos x\quad(\to①，②)$$

次に，$\cos\alpha=\frac{4}{5}$，$\sin\alpha=\frac{3}{5}$，$0<\alpha<\frac{\pi}{2}$ をみたす α を用いて

$$f(x)=5\sin(x+\alpha)$$

となる。

$|\sin(x+\alpha)|\leqq 1$ より　　$|f(x)|\leqq 5$

したがって，$f(x)$ の最大値は 5，最小値は -5 である。（→③，④）

同様にして

$$g(x)=\sin x+3\sqrt{2}\cdot\frac{1}{\sqrt{2}}(\sin x-\cos x)$$

$$=4\sin x-3\cos x$$

よって

$$f(x)g(x)+\sin x=(4\sin x+3\cos x)(4\sin x-3\cos x)+\sin x$$

$$=16\sin^2 x-9\cos^2 x+\sin x$$

$$=16\sin^2 x-9(1-\sin^2 x)+\sin x$$

$$=25\sin^2 x+\sin x-9$$

ここで，$\sin x=t$ とおいて，$f(x)g(x)+\sin x=F(t)$ とすると

$$F(t)=25t^2+t-9,\ |t|\leqq 1$$

$$F(t)=25\left(t+\frac{1}{50}\right)^2-\frac{901}{100}$$

$-1\leqq t\leqq 1$ において，$F(-1)=15$，$F(1)=17$ より

$$-\frac{901}{100}\leqq F(t)\leqq 17$$

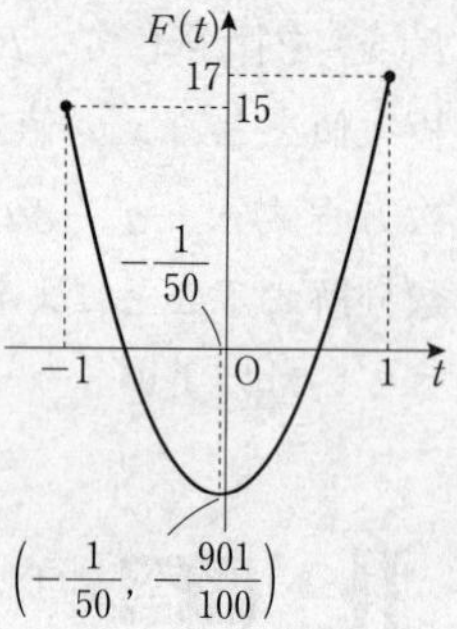

すなわち，$f(x)g(x)+\sin x$ の最大値は 17，最小値は $-\dfrac{901}{100}$ である。（→⑤，⑥）

Ⅲ　解答

①9　②$n+1$　③n　④$99n+10a+b$

⑤3　⑥b　⑦6

◀解　説▶

≪循環小数，既約分数≫

$a=b=9$ のとき　　$\alpha=n.9999\cdots$

$$
\begin{array}{rr}
 & 10\alpha=n9.999\cdots \\
-) & \alpha=\ \ n.999\cdots \\ \hline
 & 9\alpha=(10\cdot n+9)-n \\
 & =9(n+1) \\
 & \alpha=n+1
\end{array}
$$

$a=b\neq 9$ のとき　　$\alpha=n.aaa\cdots$

$$n<\alpha<n+1$$

$a\neq b$ のとき　　$\alpha=n.abab\cdots$

$$n<\alpha<n+1$$

したがって，α をこえない最大の整数は，$a=b=9$ のとき，$n+1$ となり，それ以外のときは，n となる。(→①〜③)

以下では，$a=b=9$ 以外のときを考える。

$\alpha=n.\dot{a}\dot{b}$ として

$$
\begin{array}{rr}
 & 100\alpha=nab.abab\cdots \\
-) & \alpha=\quad n.abab\cdots \\ \hline
 & 99\alpha=(100n+10a+b)-n \\
 & =99n+10a+b \\
 & \alpha=n+\dfrac{10a+b}{99}
\end{array}
$$

この式は，$a=b$ のときも成り立つ。

よって　　$\alpha=\dfrac{99n+10a+b}{99}$　(→④)

これが既約分数にならないための条件は，$10a+b$ が 3 または 11 の倍数であることである。

$$10a+b=9a+(a+b)$$

なので，$10a+b$ が 3 の倍数であるための条件は $a+b$ が 3 の倍数であることである。また

$$10a+b=11a+b-a,\quad -8\leqq b-a\leqq 8$$

なので，$10a+b$ が 11 の倍数になるための条件は $a=b$ である。すなわち，求める必要十分条件は

　　$a+b$ が 3 の倍数であるか，または $a=b$　(→⑤，⑥)

である。

次に，α を既約分数で表したとき，分母が 9 となるのは，$10a+b$ が 11 の倍数であり，かつ 3 の倍数でないときなので

$$(a,\ b)=(1,\ 1),\ (2,\ 2),\ (4,\ 4),\ (5,\ 5),\ (7,\ 7),\ (8,\ 8)$$

の 6 個ある。(→⑦)

❖講　評

2021 年度は大問 3 題のうち，**I** が記述式で，**II**・**III** が空所補充形式であった。

I　定積分で表された関数に関する問題で，基本的な問題である。

II　三角関数の最大・最小を三角関数の合成を用いて求める問題である。誘導式であり，基本的な問題である。

III　循環小数に関する整数問題。その中で，倍数に関する知識などが求められている。標準的なレベルであるが，頻出問題ではない。

全体的には，標準レベルの出題である。対策としては教科書の例題レベルの問題を確実に解けるようにしておけばよい。

◀2教科選択型▶

I **解答**　(1)　$y=3t|t-2|$ とおくと

$t\leqq 2$ のとき　　$y=3t(2-t)$

$t>2$ のとき　　$y=3t(t-2)$

(i)　$x\leqq 2$ のとき

$$f(x)=\int_0^x 3t(2-t)dt$$
$$=\int_0^x(-3t^2+6t)dt$$
$$=\Big[-t^3+3t^2\Big]_0^x$$
$$=-x^3+3x^2$$

ここで　　$f(2)=-8+12=4$

(ii)　$x>2$ のとき

$$f(x)=\int_0^2 3t(2-t)dt+\int_2^x 3t(t-2)dt$$
$$=f(2)+\Big[t^3-3t^2\Big]_2^x$$
$$=4+(x^3-3x^2)-(8-12)$$
$$=x^3-3x^2+8$$

(i), (ii)より　　$f(x)=\begin{cases}-x^3+3x^2 & (x\leqq 2)\\ x^3-3x^2+8 & (x>2)\end{cases}$　……(答)

(2)　(i)　$x\leqq 2$ のとき

$$-x^3+3x^2=x+5$$
$$x^3-3x^2+x+5=0$$
$$(x+1)(x^2-4x+5)=0$$
$$x^2-4x+5=(x-2)^2+1>0$$

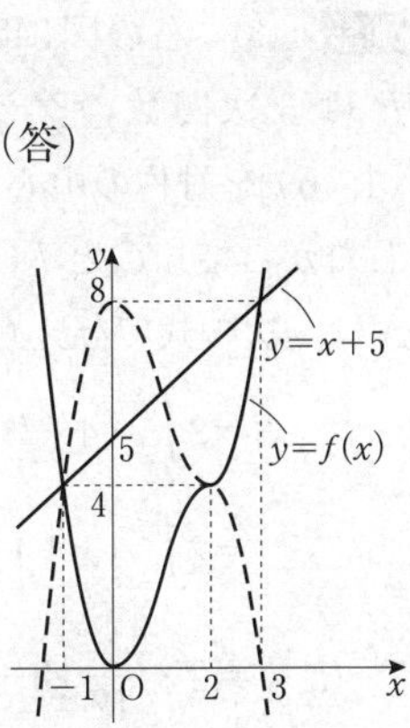

よって，$x\leqq 2$ において，解は $x=-1$ のみ。

すなわち，C と l は $x\leqq 2$ において共有点は1つ。

(ii)　$x>2$ のとき

$$x^3-3x^2+8=x+5$$

$$x^3-3x^2-x+3=0$$
$$(x+1)(x-1)(x-3)=0$$

よって，$x>2$ において，解は $x=3$ のみ。

すなわち，C と l は $x>2$ において共有点は 1 つ。

(i), (ii)より，C と l は 2 つの共有点をもつ。　(証明終)

(3)　C と l によって囲まれる部分の面積を S とする。

$-1\leqq x\leqq 2$ のとき　　$x+5\geqq -x^3+3x^2$

$2\leqq x\leqq 3$ のとき　　$x+5\geqq x^3-3x^2+8$

したがって

$$S=\int_{-1}^{2}\{(x+5)-(-x^3+3x^2)\}dx+\int_{2}^{3}\{(x+5)-(x^3-3x^2+8)\}dx$$
$$=\int_{-1}^{2}(x^3-3x^2+x+5)dx-\int_{2}^{3}(x^3-3x^2-x+3)dx$$
$$=\left[\frac{x^4}{4}-x^3+\frac{x^2}{2}+5x\right]_{-1}^{2}-\left[\frac{x^4}{4}-x^3-\frac{x^2}{2}+3x\right]_{2}^{3}$$
$$=\frac{16-1}{4}-(8+1)+\frac{4-1}{2}+5(2+1)$$
$$-\frac{81-16}{4}+(27-8)+\frac{9-4}{2}-3(3-2)$$
$$=\frac{27}{2}\quad\cdots\cdots(\text{答})$$

別解　(3)　右の図において，網かけ部分の A と B は 3 次関数のグラフの対称性によって，点 $(1,\ 6)$ を対称の中心とする点対称な図形である。したがって，C と l によって囲まれる図形の面積 S は，次の式で与えられる。

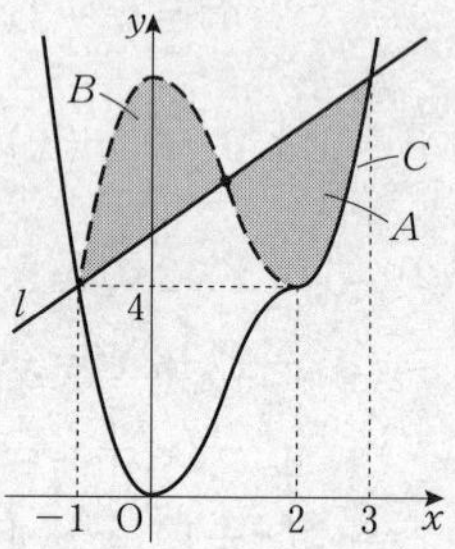

$$S=2\int_{-1}^{2}\{4-(-x^3+3x^2)\}dx$$
$$=2\int_{-1}^{2}(x+1)(x-2)^2dx$$
$$=2\times\frac{1}{12}\{2-(-1)\}^4$$
$$=\frac{27}{2}$$

◀解　説▶

≪定積分で表された関数，曲線と直線で囲まれる部分の面積≫

(1)　まず，被積分関数 $3t|t-2|$ の絶対値記号を場合分けによりはずす。一般に，$A\geqq 0$ のとき $|A|=A$，$A<0$ のとき $|A|=-A$。この場合分けにより，それぞれの範囲で $f(x)$ を求める。このとき，$x=2$ で連続になっていることを確認すること。

(2)　(1)の場合分けにより，$x\leqq 2$ の部分と $x>2$ の部分でそれぞれの3次方程式を解く。因数分解には，因数定理を用いる。また，グラフを描くことも，因数分解の手助けになる。

(3)　場合分けにより，$x\leqq 2$ の部分と $x>2$ の部分をそれぞれ積分して面積を求める。2曲線 $y=f(x)$ と $y=g(x)$ が $x=a$，b で交わり，かつ $a\leqq x\leqq b$ で $f(x)\leqq g(x)$ であるとき，$y=f(x)$ と $y=g(x)$ の囲む部分で $a\leqq x\leqq b$ である部分の面積は $\int_a^b\{g(x)-f(x)\}dx$ である。

〔別解〕は3次関数のグラフの対称性より，求める部分を等積変換により単純な図形に直して積分している。$S=2\int_{-1}^{2}\{4-(-x^3+3x)\}dx$ とすることにより定積分の公式 $\int_\alpha^\beta(x-\alpha)(x-\beta)^2dx=\frac{1}{12}(\beta-\alpha)^4$ が使え，計算をほとんど省くことができる。

II　解答

(1)　$f(x)=(x^2+ax+b)(x^2-2x+3)$

$f(x)$ が $x-p$ でも $x-q$ でも割り切れるので，因数定理より　　$f(p)=0$　かつ　$f(q)=0$

$x^2-2x+3=(x-1)^2+2>0$ なので，$f(p)=0$ かつ $f(q)=0$ より

$$p^2+ap+b=0 \quad \text{かつ} \quad q^2+aq+b=0$$

すなわち，p，q は $x^2+ax+b=0$ の2解である。

解と係数の関係より

$$p+q=-a,\ pq=b$$

したがって　　$a=-p-q$，$b=pq$　……(答)

(2)　(1)の結果より $x^2+ax+b=(x-p)(x-q)$ だから

$$f(x)=(x-p)(x-q)(x^2-2x+3)$$

$$f(r)=(r-p)(r-q)(r^2-2r+3)$$

$r^2-2r+3>0$，$p<r<q$ より

$$r-p>0,\ r-q<0$$

したがって　$f(r)<0$　……(答)

◀解　説▶

≪因数定理，2 次方程式の解と係数の関係≫

(1)　$f(x)$ が $x-a$ で割り切れるとき，因数定理より $f(a)=0$ が成り立つ。したがって，$f(p)=f(q)=0$ となり，$x^2-2x+3=0$ は実数解をもたないので，p，q は $x^2+ax+b=0$ の 2 つの異なる実数解である。そこで 2 次方程式の解と係数の関係を用いると，a，b は p，q の和と積で表される。

2 次方程式の解と係数の関係とは，x の 2 次方程式 $ax^2+bx+c=0$ $(a\neq 0)$ が $x=\alpha$，β を 2 解とするとき，$\alpha+\beta=-\dfrac{b}{a}$，$\alpha\beta=\dfrac{c}{a}$ が成り立つことである。

(2)　(1)の結果より $(r^2+ar+b)=(r-p)(r-q)$ となり，$p<r<q$ より，$r-p$，$r-q$ の符号がわかる。

III　解答

①16　②28　③$-\dfrac{1}{3}n(n+1)(n-10)$

④6　⑤7　⑥56　⑦10

◀解　説▶

≪階差数列，数列の最大値≫

(1)　$a_1=6$，$a_n=a_{n-1}-n^2+7n$ より

$n=2$ のとき　$a_2=a_1-4+14=6+10=16$　(→①)

$n=3$ のとき　$a_3=a_2-9+21=16+12=28$　(→②)

また　$a_{n+1}-a_n=-(n+1)^2+7(n+1)=-n^2+5n+6$

$n\geqq 2$ において

$$a_n=a_1+\sum_{k=1}^{n-1}(-k^2+5k+6)$$

$$=6-\frac{1}{6}(n-1)n(2n-1)+\frac{5}{2}(n-1)n+6(n-1)$$

$$=-\frac{1}{6}n\{(n-1)(2n-1)-15(n-1)-36\}$$

$$=-\frac{1}{3}n(n^2-9n-10)$$

$$=-\frac{1}{3}n(n+1)(n-10)$$

これは $a_1=6$ をみたすので，$n\geqq 1$ において

$$a_n=-\frac{1}{3}n(n+1)(n-10) \quad (\to ③)$$

(2)　$a_n-a_{n-1}=n(7-n)$ より

$n=7$ のとき　　$a_6=a_7$

$n<7$ のとき　　$a_n>a_{n-1}$

$n>7$ のとき　　$a_n<a_{n-1}$

したがって

$$a_1<a_2<a_3<a_4<a_5<a_6=a_7>a_8>a_9>\cdots$$

すなわち，a_n は $n=6$ または $n=7$ のとき，最大値 $a_6=a_7=56$ をとる。

(→ ④～⑥)

(3)　$a_n\leqq 0$ より　　$n(n+1)(n-10)\geqq 0$

$n(n+1)>0$ なので　　$n-10\geqq 0$　　$n\geqq 10$

よって，$a_n\leqq 0$ となるような最小の n は $n=10$ である。(→ ⑦)

Ⅳ 解答　① $\frac{2}{3}$　② 0　③ $\frac{1}{3}$　④ $\frac{1}{3}$　⑤ $\frac{1}{3}$　⑥ $\frac{2}{3}$　⑦ $\frac{1}{9}$　⑧ 0

◀解　説▶

≪ベクトルの平面図形への応用≫

(1)　$\overrightarrow{AD}\,/\!/\,\vec{a}$，AD : DB=2 : 1 なので

$$\overrightarrow{AD}=\frac{2}{3}\vec{a}+0\cdot\vec{b} \quad (\to ①,\ ②)$$

点 G は △ABC の重心なので

$$\overrightarrow{AG}=\frac{1}{3}(\overrightarrow{AB}+\overrightarrow{AC})=\frac{1}{3}\vec{a}+\frac{1}{3}\vec{b} \quad (\to ③,\ ④)$$

(2)　$\overrightarrow{AC}=\vec{b}$，AF : FC=1 : 2 なので

$$\overrightarrow{AF}=\frac{1}{3}\vec{b}$$

点 G が △DEF の重心と一致するので

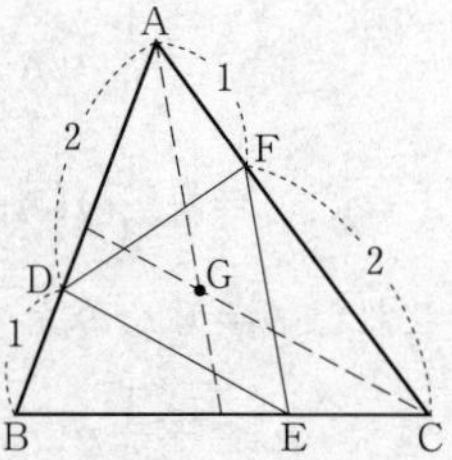

$$\overrightarrow{AG}=\frac{1}{3}(\overrightarrow{AD}+\overrightarrow{AE}+\overrightarrow{AF})$$

$$\frac{1}{3}\vec{a}+\frac{1}{3}\vec{b}=\frac{1}{3}\left(\frac{2}{3}\vec{a}+\overrightarrow{AE}+\frac{1}{3}\vec{b}\right)$$

よって　$\overrightarrow{AE}=\frac{1}{3}\vec{a}+\frac{2}{3}\vec{b}$　(→⑤, ⑥)

(3)　AF：FC＝2：1, BE：EC＝1：2 より

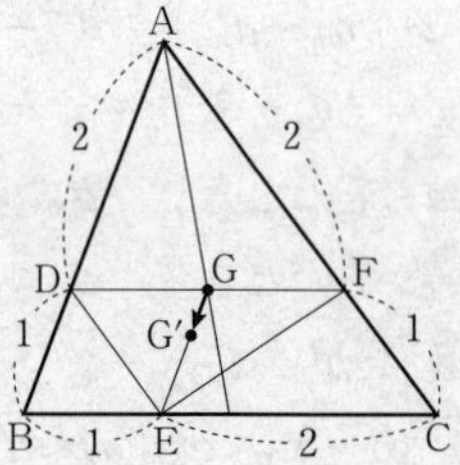

$$\overrightarrow{AF}=\frac{2}{3}\vec{b},\ \overrightarrow{AD}=\frac{2}{3}\vec{a}$$

$$\overrightarrow{AE}=\frac{2}{3}\vec{a}+\frac{1}{3}\vec{b}$$

よって

$$\overrightarrow{AG'}=\frac{1}{3}\left(\frac{2}{3}\vec{a}+\frac{2}{3}\vec{a}+\frac{1}{3}\vec{b}+\frac{2}{3}\vec{b}\right)$$

$$=\frac{4}{9}\vec{a}+\frac{1}{3}\vec{b}$$

ゆえに

$$\overrightarrow{GG'}=\overrightarrow{AG'}-\overrightarrow{AG}$$

$$=\frac{4}{9}\vec{a}+\frac{1}{3}\vec{b}-\left(\frac{1}{3}\vec{a}+\frac{1}{3}\vec{b}\right)$$

$$=\frac{1}{9}\vec{a}+0\cdot\vec{b}$$　(→⑦, ⑧)

❖講　評

2021 年度は，大問 4 題のうち，**Ⅰ**・**Ⅱ**が記述式で，**Ⅲ**・**Ⅳ**が空所補充形式であった。

Ⅰ　絶対値記号を含む関数の定積分，定積分で表された関数，曲線と直線で囲まれる部分の面積で構成された定積分の総合問題である。いろいろな知識が要求されているが，個々の問題は基本・標準的なものである。

Ⅱ　因数定理と 2 次方程式の解と係数の関係を用いる基本的な問題。

Ⅲ　数列の2項間漸化式を解き，求めた数列の増減を調べる問題である。漸化式は階差数列になっていて，解法は基本的なものである。

Ⅳ　ベクトルの平面図形への応用問題で，分点の公式を用いる。

全体的には例年通り標準的であり，対策としては教科書の例題レベルの問題を確実に解けるようにしておけばよい。

略が多く注も少ないので文章の読解は容易ではないように見える。ただ、選択肢には明らかな間違いも多く、それらを削除していけば正答に結びつくようになっており、その正答そのものが全体の解釈の助けとなる。文法を直接問う設問はないが、各選択肢の選別、および記述の現代語訳の際に文法的知識は必須である。問2は「はしたなし」がもつ複数の意味のうちどの意味が適当かを、文脈に即して判断しなければならない。

必要以上に「尊厳」を与えた社会主義を批判するのだが、一言で言えばそこで起こったことは「〈労働主義〉の過剰展開」と言える（第四節）。

二

▲3教科型・2教科型英語外部試験利用方式▼二に同じ。

❖講　評

本文中に傍線を付さない独特の設問形式だが、設問は本文の流れにそって前から順に設定されている。内訳は現代文（評論）一題、古文一題。2教科選択型は3教科型・2教科型英語外部試験利用方式より設定時間が十五分長く、その分、現代文の設問が一問多く設定されている。

一は、現代社会が抱える問題点を、近代の労働重視の観念の中に見出そうとする評論文。近代から現代にかけて「勤勉・勤労」をよしとする精神が産業化を加速し、ついには人間の余暇や快楽までもが効率を求める〈生産性〉の論理に覆われていく過程が述べられているのだが、文章後半では、そうした〈たえず何かをしていないと不安になる心性〉がむしろマルクスの社会主義によって強化されたことが付け加えられている。本文には直接の記述が少ないが、これらの対立概念として、人々が進歩も効率も目指さずにいわばのびのびと暮らしていた前近代を念頭に読むとわかりやすい。それは筆者の言葉を借りれば、人々が「安定と停滞」の中で暮らしていた時代ということになろう。問2〜問6はほぼ同じ型の選択肢が並んでいるので、分節ごとに本文の該当箇所と照合していけば間違いが見つかる。問5だけ各選択肢の型がやや異なるので、選択肢一つ一つの妥当性を判断する必要がある。

二は、鎌倉時代後期の擬古物語『兵部卿物語』からの出典。身分違いの男に見初められたはかないさだめの女と、高貴な育ちであるがゆえに相手の心の痛みに気づけずにいる皇子との心のすれ違いが描かれている部分である。主語の省

▲2教科選択型▼

出典 鷲田清一『だれのための仕事―労働vs余暇を超えて』(講談社学術文庫)

解答

問1～問8 ▲3教科型・2教科型英語外部試験利用方式▼一の問1～問8に同じ。

問9 (1)（第二節）b（第三節）d（第四節）h

(2)（第一節）a（第二節）c（第三節）f（第四節）i

▲解　説▼

問9 本文ではまず冒頭に、近代から現代に至る産業化社会の過程と現状が述べられている。それは第二段落末にあるように「安定と停滞とを徹底して忌避してきた」社会ということであり、そこに至るまでの過程が第三段落で一九七〇年代から九〇年代まで例を挙げて述べられている（第一節）。

続いて、そうした社会的傾向が人間の心理にどのような影響を与えたのかが述べられるのだが、人間の「新たな快楽」や「強迫的エートス」に話題が及ぶ第四段落からを二つ目の節と考えたい。そして、こうした人間の心理は第五段落末で「きまじめなメンタリティ（心性）」という語でまとめられている（第二節）。

続いてこうした人間心理からの脱却を訴えるボードリヤールについて述べた節に入るのだが、第九段落末にあるように、ボードリヤールが具体的に批判したのは「価値の生産ということに人間存在の本質をみるような思考法」、つまり「生産性の論理」であった。こうした「生産性」を否定する考えは、「生産という鏡を壊さなくてはならない」という表現で、実は第六段落ですでに述べられていた（第三節）。

最後は、ボードリヤールから今村仁司の主張へと論点を移す部分であり比較的わかりやすい。今村仁司は、労働に

この部分の訳にあたる本文は「隠し給ひけん」なので、ｃ・ｄ・ｅのように「宮が女をお隠しになったのだろう」と訳すのが適当。ｅは「世の無常をお感じになったご様子で」が不可。本文に「御気色も常ならず」とあるのは、宮の様子がいつもとは違っていることを述べている。ｃは「女を隠したのは宮であるに違いない」が不可。本文には「その心、疑ひもなし」とあるわけだが、ここでの「その心」は、宮が女の失踪を受けてひどく嘆いているという心情を指している。宮が嘆いている心情が疑いないと書いてあるのだから、姫君は女を宮が隠したのではないと判断しているはずである。

問８　女の失踪を受けての兵部卿宮周辺の女房たち、および中納言の君の反応については、第四段落第三文「いといと不思議なるわざなり」から、この文章の文末までに書かれている。ａとｃは「盗人に捕われなさったのか」が不可。本文中には「ものに取られ給ひけるか」とあり、「もの」は〝怨霊〟や〝物の怪〟を指す。ｅは「珍しいことだと思いなさる」が不可。本文には「あたらしきものに思ひ給ふに」とあり、「あたらし」は〝惜しい〟〝もったいない〟の意である。ｂとｅは「困ったものだと嘆いていらっしゃる」が不可。中納言の君は終始、女に深く同情している。

問９　呼応の副詞「え」は下に打消を伴って不可能を表す。ここでは打消の意を含む接続助詞「で」を伴って〝〜できないで〟と訳す。また、ここでの「人」は〝兵部卿宮周辺の女房たち〟あるいは漠然と〝他の人〟を指し、その〝他の人〟に複雑な内心を打ち明けられずにいるのは「中納言の君」である。

問4　女の置かれた事態に対処するために、侍従が誰にどのような依頼をしたのかについては、第二段落の初めから、「いかにもいかにも人に知らせぬさまに」までに書かれている。aとdは「父大納言の死後に知り合いとなった翁」が不可。この翁は父大納言が領有していた地の人物で、大納言の死後も折に触れて訪ねて来る旧知の人物である。aとeの「そちらへ出かけることができません」も不可。女は「ここ」にいることができないのである。またc〜eは「いかにしても女君に事情を知られないように配慮してください」が不可。本文の「いかにもいかにも人に知らせぬさまに」は女の身を案じた侍従の言葉であり、ここでの「人」は〝周囲の人〟を指す。

問5　嵯峨に着いた後、侍従が老夫婦に説明した女の状況は、第三段落中ほどの侍従の台詞「とかく馴らはぬ御身に」から「必ず人に知らせ給ふな」までの中に書いてある。aとcは「宮仕えに馴れていらっしゃる御身」が不可。本文には「馴らはぬ（＝慣れていない）」とある。cとdは「解決しようとしていたこともある」が「聞きよく言ひもてゆくことなどもありし」の部分の読み違い。「聞きよく」は〝聞こえよく〟といった意味で、ここでは、侍従が体よく女をなだめていた様子を表している。bとeで迷うが、eは「無理を承知で」が不可。この部分は選択肢文の前後の内容から考えて、本文の「やうやうすかし奉りて」の部分が根拠となるが、「すかす」は〝なだめすかす〟の意であり、この部分を「なんとか説得して」と訳しているbの方が適当である。

問6　侍従の説明を聞いた老夫婦がどのように答えたかは、第三段落の最後の文中の「御親たちだにおはせば…まことに夢のやうにこそ」という台詞の中に書いてある。冒頭の「御親たちだにおはせば」は「御親たち＋だに＋おはせ＋ば」と分解できる。「だに」は最小限を表し〝せめて〜だけでも〟と訳す。「おはせ＋ば」は未然形に接続助詞「ば」が接続した形なので〝もしいらっしゃったら〟ほどの意味。各選択肢の中でこの部分を正確に訳しているのはdだけである。

問7　女の失踪を受けての姫君の反応については、第四段落の第二文中の「この頃、人の言ひし宮の御心移りもまことにて」から、その文末の「その心、疑ひもなし」の部分に書いてある。aとbは「女が姿を消したのだろう」が不可。

ょうか（＝出家してしまった方がよいのでしょうか）。

と、片仮名でお書き付けになったのを（中納言の君は）見つけなさって、ますますしみじみと悲しくて、この頃の（周囲の）人の（冷たい）気配によって、このように思い立ちなさったのだろうかと気の毒で、（今頃は）どのような山道でお迷いになっているだろうか（と思う）と、私（＝中納言の君）には少しもほのめかしなさらないでなどと、（他の）人に言うこともできず、思い嘆きなさる。

◀解　説▶

問１　兵部卿宮が女を隠し据えることを提案した理由は、第一段落の冒頭部から第二文中の「…人の思ひもいとほしきを」までの間に書いてある。ａ・ｄ・ｅは「二人の関係を公表する」が不可。本文中の「あらはれて」は〝二人の関係が周囲に露わになっては〟という意味にとるべきで、宮に女との関係を「公表する」意志はない。ｂは「世間の人がどう思うかなかなか判断が難しい」が不可。宮と女との不適切な関係が露見すれば世間の人から悪評が立つのは明らか。本文中の「人の思ひ」の「人」は、「いとほし（＝気の毒だ）」に続く点も考慮して「女」ととるべきである。

問２　兵部卿宮が帰った後に女が考えたことは、第一段落第三文中の「女、つくづくと思ふに」以下、「いとはしたなきことなり」までの間に書かれている。ｂとｃは「私と女房たちとが心を合わせていた」が不可。「心を合わせていた（＝しめし合わせていた）」と思われるのは宮と女である。ａとｄは「自分としてはどっちつかずになってしまいます」が不可。女は宮の強引な誘いに困惑し死まで考えているのであり、「どっちつかず」といった状態ではない。

問３　女が宮との事の始まりから今の気持ちまでを侍従に語ったときの侍従の台詞は、第一段落の最後の文中の「侍従もうち泣きて」に続くカギ括弧の中に書いてある。ｂとｄは「ご病気がちで」が不可。女は宮仕えや宮の強引な誘いに心こそ疲弊しているが病気ではない。文中の「いたはし」は〝気の毒だ〟といった侍従の女に対する気持ちを表している。またｂとｃは「宮とご縁を持つことをお勧め申し上げました」が不可。侍従は宮と女との関係を、直前に女から聞かされている。ｄとｅの「宮との間の悩みごとすら解決できずにいます」も同様に不可。

などもあったのを、（女君は）以前にもまして苦しがりなさって、死にたいとお嘆きになるのを、見申し上げるのもとても苦しいので、どうにかなだめ申し上げて、ここまで決心したのですから、けっして人に知らせなさるな」と泣く泣く言うので、二人の人も泣いて、「（女君の）ご両親さえ生きていらっしゃれば、どうして（女君は）このような物思いに沈みなさることがあろうか。このように（悲しいお姿を）拝見するのは、ほんとうに夢のようで（ございます）」と言って、尽きることなく泣く。

宮邸では、「この方（＝女）がお見えにならないのはどのようなことか」と騒ぎながら、（女の）部屋に残っていた人々を責め立てて尋ねたけれど、（人々は）ほんとうに知らないことなので、恐ろしい誓言（＝神仏に誓う言葉）を言いつつ本当のことを申し上げる。「不思議なことだ」と、例の古里（＝もとの女の住まい）にも人を送って尋ねたけれど、跡形もないので、この頃、人（＝周りの女房たち）が言っていた宮のお心移りも本当であって、さては（宮が女を）お隠しになったのだろうかと姫君もお思いになり、人々（＝周りの女房たち）もそう言ったけれど、「宮もこのこと（＝女の失踪をお聞きになってから、ご様子もいつもと違って、どのようになってしまったのかとお思いになるご様子であって、内心では、ひどく嘆いていらっしゃる」などと、誰というのでもなく（姫君に）申し上げるので、その心は、疑うこともない。「とてもとても不思議なことだなあ。この頃、人があれこれと（女に嫌なことを）言ったが、（女が）ひどく苦しそうに見えたので、このようなことで身をお投げになったのだろうか。そうでなければ物の怪に取られなさったか。しみじみと、優しい人であったのに」と、誰も誰も惜しいことだとお思いになる中に、中納言の君と申し上げた人は、（大勢の女房の中でも（女に）親しく慣れ親しんでいらっしゃったので、（女の）部屋にもときどき参上なさって、残っている女房が嘆くのも慰め、ご自分もまた（女が）このようにお消えになってしまったことを尽きることなくお嘆きになると、（女が）常に寄りかかって座られていた障子の端に、とても小さく文字が書かれているのを近寄ってご覧になると、その人（＝女）の筆跡で、

生きながらえばさらにつらい（この）身は、白雲が幾重にもわき立つ（奥深い）山を分け入ってみる方がよいのでし

ったことや、（ご自分の）思いのたけをお語りなさると、侍従も泣いて、「このたびのご様子を拝見するとお気の毒で、とにもかくにも（あなた様の）御ためによかろうと思って、この憂き世（＝つらい宮仕え）に（出ること）もお勧め申し上げましたが、また、このようなご心労（＝宮の強引な誘いによる苦悩）までも加わってしまいましたので、このように（死にたいなどと）お思いになるのも当然なのですが、頼りになる人（＝女の乳母で、侍従の母）も今はいませんので、どうしたものでしょうか」と、ただ向き合って、泣くよりほかのことはない。

（侍従は）やっとのことで、だんだんと思い出して、昔、（女の）父の大納言殿が、お治めになっていたところが、嵯峨野にあったのだが、その里人で、昔のことを忘れずにことあるごとに（女のもとを）訪ね申し上げる老夫婦がいたのを思い出して、そのもとへ使者を遣わして、「少し相談したいことがあるので、二人のうち（どちらか）一人急いでおいでください」と言い送ったところ、翁が急ぎ参ったので、侍従が迎え出て、「ここに大変恐ろしいことがあって、（女君が）おられそうもないことがあるので、今夜のうちに、どこへでも隠し申し上げたいと思うのだが、そなたよりほかに相談できる頼りになる人もないので、とにかくお取り計らいください」と（言って、さらに）、「けっしてけっして人に知らせないように」と言ったので、翁も泣いて、京の知人がいたところで、粗末な牛車を借りてきて、黄昏時の薄暗いときに、（その牛車を屋敷に）寄せたところ、（女は）あらゆるものを、昼のうちから整えて、そのあたりを見苦しくないように片付けて、侍従を連れて（屋敷を）出立申し上げるけれど、（暗くて）何も見分けられない時間であったので、（女の出奔を）知る人はなかった。

その翁は、頼もしくもすべて取り繕って、初夜の頃（＝夜八時頃）、嵯峨に着いた。翁は、まず（自分の屋敷に）入って、妻にこれこれと（事情を）語ったので、（妻は）走り出て、牛車を、自ら引き入れつつ（女を）下ろし申し上げ、互いの事情も最後まで言うことができず、聞くこともできず、（四人が）集まってまず泣いた。少しして、侍従が、さまざまなことを語り続けて、「何やかやと慣れていない御身なので宮仕えもつらくお思いになって、どうかすると、涙を流しがちにお見えであったのを、このような（宮とのことでの）お悩みとは知らないで、聞こえがよいように言い含めること

問6 d

問7 d

問8 d

問9 中納言の君は、他の人にも言うことができずに、思い嘆きなさる。

◆全 訳◆

宮（＝兵部卿宮）は、このように（女への思いを）打ち明けなさってからは、（女を）以前にもましてしみじみと忘れる間もなくお思いになったので、このまま人目を（忍んで）隠れて会うのもとても心苦しい。そうかといって（女と自分との関係が）露見してはかえって女の悩みも気の毒なので、密かに（局から）盗み出して、深く（人目のつかない場所に）隠しておいて、気兼ねなく会おうとお思いになったので、いつものように夜遅くにおいでになって、「このように考えついたので、決して他人に意図を見すかされないで、その心づもりをしてください」とおっしゃる。（女は）とても恐ろしくて、お答えも申し上げず、ほろほろとお泣きになる様子を、（女は）どのように思っているのだろうと（宮は女のことを）気の毒に思って、ますます深くお約束なさって（女のもとを）お出になると、女が、つくづくと思うに、あの（宮が）おっしゃったことがもしそうなったら、どんなに深く隠しても、最後には隠せるものではないのに。私が、どのように思おうとも、心を合わせ（てそうし）たのだと姫君は思われ（そのように）おっしゃるだろう。（私のことを）とても疑わしいように、（周囲の）人々が、この頃、数々言ってきたことも、思ったとおりだ、このようなこと（＝宮としめし合わせて密かに会っていたこと）があったのに、何もないかのようにふるまっていたのだよなどと思われるのも、自分にとってはとてもみっともないことだ。（たとえ）今回は（宮の申し出を）断っても、また、さまざまにつらいことは増えていくだろうから、なんとかして死のうと祈るけれども、それさえもかなわない身であるので、（私は）どんなにか罪深い身であることだろう（と思う）から、なんとかしてここを逃れて、深い山に閉じこもり、来世を願いたいものだとお思いになるが、（ご自分の）お考えだけでは決心しようもないので、泣く泣く侍従に、事の始めから（宮が）おっしゃ

壊された社会」が不可。〈生産性〉は終始西洋の文明を貫き「普遍化」されていく。aは「じぶんの身体までもが他人から消費対象として意識される」が不可。本文には自分で自分の身体を消費対象とする現状が書かれている。

問６　人間を労働力として規定する近代西洋の生産主義的な視点についてのボードリヤールの主張は、問５とほぼ同じ箇所を根拠とするが、とりわけ、第九段落の最後の一文の「価値の生産ということに人間存在の本質をみるような思考法からこそ脱却しようと、ボードリヤールはいうのである」の部分に要約されている。ボードリヤールは西洋近代の〈生産性〉を人間の基本とする考え方そのものから脱却しろと言っているのであり、マルクス主義から脱却しろと言っているわけではない。a〜dは結局、マルクス主義からの脱却を主張する内容になっているので不可。正解はe。

問８　〈労働主義〉の過剰展開については、終わりから二つ目と三つ目の今村仁司の主張を援用した段落に書かれており、社会主義が労働の価値を高めたことで、人々が労働に尊厳すら見出すようになる過程が述べられている。具体的には、終わりから二つ目の段落の第二文に書いてあるように、本来「嫌悪」されるはずの「労働」が「使命感」にまで高められるのである。以上の内容を本文中の「〈社会主義〉の諸思想と諸システムが」という主語を補ってまとめればいい。

二

出典　『兵部卿物語』

解答

問１　c
問２　e
問３　a
問４　b
問５　b

不可。本文には〈インダストリー〉の精神が「バブル現象」を吸引していった事実が述べられている。dも〈インダストリー〉の精神に基づく価値観が「先端的な流行商品を生み出した」としている点が不可。本文には九〇年代の「先端の流行商品」が〈インダストリー〉の精神に飲み込まれていった事実が書かれている。eは「八〇年代のバブル現象に対する反動として」が不可。そのような記述は本文中に見られない。

問4　産業社会から高度消費社会への移行のなかで起こったことについては第四・五段落に書いてあるのだが、第四段落の最後の文と、第五段落の最後の文がほぼ同じ内容を述べている点に注目したい。ここで述べられているのは、高度消費社会になるにつれて、常に「勤勉・勤労」でなければならないという強迫観念が、「仕事」としての「生産」の場面だけでなく「余暇」における「消費」の場面にまで浸透していったということであり、第五段落の言い方で言えば「仕事も遊びも、手を抜くことなく全力投球してこそよろこびはあるという、そういうきまじめなメンタリティ（心性）」が形成されたということである。この内容と選択肢eの内容がほぼ重なる。

問5　ボードリヤールの言う「生産という鏡」の囚われた社会を筆者がどう捉えているのかについては、第七段落のボードリヤールの『生産の鏡』の引用部と、それを解説した次の第八段落（「ここでポイントになるのは…」で始まる段落）と、続く第九段落（「ところで…」で始まる段落）に書いてある。ここで言う「生産の鏡」とは、西洋近代思想の根底にある「生産性の論理」、「〈インダストリー〉の精神」、「『勤勉・勤労』という同じ強迫的エートス」等のことと考えるとわかりやすい。西洋の近代資本主義文明では、常に「勤勉・勤労」であることが求められ、その精神が人間に「生産」を促すのだが、その強迫観念はやがて「じぶんの身体」にも及び、ついには快楽までもが「生産性の論理」に巻き込まれるといった内容が第七・八段落にまず書いてある。さらにボードリヤールによれば、人間の「生産」に価値を見出すこうした視点は、マルクス主義によってむしろ強化されたということが第九段落で述べられている。bは「資本主義的な思考から脱却した社会」が、dは「〈生産性〉という観念から解放された」が、それぞれ不可。マルクス主義は近代西洋の「資本主義」や「〈生産性〉」を強化したのである。eも「〈生産性〉という観念が破

み、遊びや社交、快楽までも効率的にという強迫観念を生み出した。それは、たえず何かをしないと不安になる心性とも言える。深刻なのは、こうした勤労・勤勉を常態とする〈生産性〉の論理が、人間の根本的な自己理解の構造にまで入り込んだことだ。ボードリヤールは、価値の生産に人間存在の本質を見ようとする思考法が、資本主義を批判したはずのマルクス主義の中でむしろ強化されたことを見抜いた。今村仁司も、社会主義こそが労働に尊厳を与え、人々を生産性の論理へと向かわせたことを指摘している。

▲解　説▼

問２　〈インダストリー〉の精神と生産、消費との関係については第一段落に書いてある。「〈インダストリー〉の精神」とは、常に「勤勉・勤労」であろうとする心の持ちようのこと。筆者はこの精神が「生産」はもとより「消費」にまで及んだのが「高度消費社会」だと指摘している。ｂは「容認する姿勢を浸透させた」が不可。「高度消費社会」においては「無目的な浪費」や「無意味な喪失」は忌避される。ｃは「欲望に駆り立てられるままに進む姿勢」が不可。これは前項の「無目的な浪費」や「無意味な喪失」に相当し、やはり〈インダストリー〉の精神が忌避するものである。ｅは「生産と消費」の双方を「効率や速度とは無縁」としている点が不可。「生産」においては「効率や速度」は重視される。ａとｄで迷うが、ｄは第二段落の内容にまで踏み込んでいる点が不可。第二段落はその冒頭にあるように、「高度消費社会」がさらにどのように進行していくのかを述べた段落であり、設問の「〈インダストリー〉の精神と生産、消費との関係」の次の段階について述べている。

問３　一九七〇年代以降の四半世紀の出来事と、それに対する筆者の解釈は第三段落に書いてある。筆者の解釈は最初の二文に、「勤勉・勤労」であろうとする〈インダストリー〉の精神は、それに対する批判や異和の意識までもどんどん吸引していった、とまとめられており、第三段落のそれ以降はこの主張の具体例である。ａは「カウンター・カルチャーを求める強迫観念」が不可。筆者の言う「強迫観念」とは、常に「勤勉・勤労」であろうとする心性である。ｃは〈インダストリー〉の精神に基づく価値観が「八〇年代のいわゆるバブル現象」を引き起こしたとしている点が

国語

▲3教科型・2教科型英語外部試験利用方式▼

一

出典　鷲田清一『だれのための仕事―労働vs余暇を超えて』(講談社学術文庫)

解答

問1　㋐徹底　㋑隆盛

問2　a

問3　b

問4　e

問5　c

問6　e

問7　(あ)―c　(い)―a　(う)―b　(え)―e　(お)―d

問8　社会主義の諸思想と諸システムが労働への嫌悪感を使命感へと高め、労働が尊厳すら持つにいたったこと。(五十字以内)

◆要　旨◆

無為と怠惰を忌避する近代の〈インダストリー〉の精神は、対立する批判や異和の意識をも産業化の対象として取り込

■学部独自日程：２月４日実施分

総合情報学部２教科型英数方式

問題編

▶試験科目・配点

教　科	科　　　　　目	配　点
外国語	コミュニケーション英語Ⅰ・Ⅱ・Ⅲ，英語表現Ⅰ・Ⅱ	200 点
数　学	数学Ⅰ・Ⅱ・A・B	200 点

▶備　考

- 「数学Ｂ」は「数列，ベクトル」から出題する。

英語

(90 分)

〔Ⅰ〕A．次の会話文の空所(1)～(5)に入れるのに最も適当なものをそれぞれA～Dから一つずつ選び，その記号をマークしなさい。

Ken is an exchange student living in Australia. He calls Amy, the manager of the restaurant where he does a part-time job.

Ken: Amy, sorry for the short notice, but I need to change my schedule for next week. My professor has suddenly given me a big assignment.

Amy: Okay, I'll see what I can do for you. (1)＿＿＿＿＿＿＿＿＿＿

Ken: Well, I'd actually like to change two days. Thursday and Friday.

Amy: Hmm. (2)＿＿＿＿＿＿＿＿＿＿ Friday evening is a busy time, you know.

Ken: The thing is, I have to hand the assignment in on Friday night. But I'd be happy to do any weekend shifts instead.

Amy: (3)＿＿＿＿＿＿＿＿＿＿ Can you handle the five p.m. to midnight slot on both Saturday and Sunday?

Ken: I haven't done that particular shift before, but it should be fine. I'm used to doing night shifts.

Amy: Yes, I can see you've filled in for us like that before. All right then, I'll go ahead and change the days for you.

Ken: Thanks a lot, Amy. (4)＿＿＿＿＿＿＿＿＿＿

Amy: No problem. By the way, what kind of assignment do you have to do?

Ken: I need to interview 20 English native speakers about how many languages they know. I don't know where I'm going to find them.

Amy: (5) ______________________ Though I have to admit I only speak English!

Ken: That's okay. It'd still be a great help!

(1) A. Shall I take a day off?

B. Shall I change with you?

C. What day next week?

D. What time on Thursday and Friday?

(2) A. That looks fine to me.

B. I have something on those days.

C. Maybe Friday is better, then.

D. That might be tough.

(3) A. Okay, but only if you're free during the week.

B. In that case we can work something out.

C. The work is much easier than you think.

D. Fine, but I'll have to shift you to the morning.

(4) A. Do you still have any difficulties?

B. Will you do my assignment for me?

C. That'll really help me out.

D. I'd prefer to do my usual shift.

(5) A. I'd be very happy to take part.

B. It's been good talking with you.

C. I can be completely truthful with you.

D. I don't know any native speakers of French.

B．下の英文A～Fは，一つのまとまった文章を，6つの部分に分け，順番をばらばらに入れ替えたものです。ただし，文章の最初にはAがきます。Aに続けてB～Fを正しく並べ替えなさい。その上で，次の(1)～(6)に当てはまるものの記号をマークしなさい。ただし，当てはまるものがないもの(それが文章の最後であるもの)については，Zをマークしなさい。

(1)　Aの次にくるもの

(2)　Bの次にくるもの

(3)　Cの次にくるもの

(4)　Dの次にくるもの

(5)　Eの次にくるもの

(6)　Fの次にくるもの

A．Today, when we think about what an electric guitar is, we probably imagine something similar to what we find in most music shops all over the world. Before the electric guitar was created, large, hollow guitars were played by musicians so that they could play as loudly as possible.

B．About 10 years later, the Beatles became very popular, showing the world their electric guitars on TV and in live concert performances. Fans of such bands wanted electric guitars, so music companies rushed to make as many guitars as possible, continuing to sell every guitar they produced.

C．Electric-guitar sales have recently started to increase again, making them more popular instruments than ever. Though they look a lot different from their ancestors, they share the ability to make memorable and exciting music.

D. As guitars became more common in bands, musicians needed to make them even louder, and playing through a microphone was too noisy. Along with the popularity of Hawaiian music, two American inventors created the first electric guitar, which was made of metal and nicknamed the *Frying Pan* because of its shape.

E. Despite the worldwide fame of such groups, sales started to fall over time as many companies closed or joined with other companies in order to survive. Yet this was only a temporary trend.

F. Further experiments with electric guitars were done by the musician Les Paul and the inventor Leo Fender. The Gibson Guitar Corporation, which began in 1902, worked with Paul to create the famous guitar with his name on it in 1952, while Fender released their famous *Stratocaster* guitar in 1954.

〔Ⅱ〕A. 次の英文の空所(1)～(15)に入れるのに最も適当なものをそれぞれA～Dから一つずつ選び，その記号をマークしなさい。

El Capitan, a totally vertical granite wall that towers 2,900 feet above Yosemite National Park in California, is one of the most famous climbs in the world. Professional climbers are so familiar with this challenging rock formation that some climb it without rope or race up as fast as they can; the speed record on a route called the Nose, set in 2018 by Alex Honnold and Tommy Caldwell, is a little under two hours.

But for climbers in the first half of the 20th century, limited by simple tools and techniques, El Capitan was unknown territory. The rock face was very smooth, without many of the vertical cracks climbers rely on, and many considered it unclimbable. Most climbers who did try were (1) climb part of the way up El Capitan's base. But Wayne Merry, Warren Harding, and George Whitmore were determined to go much higher.

On November 12, 1958, they became the first climbers to reach the top of El Capitan after (2) the Nose. The climb took 45 days, spread out over about a year and a half; on each leg of the climb they would secure fixed ropes to the highest point they had reached so that they could later resume the climb with relative ease.

Harding first undertook the climb in 1957 with Mark Powell and Bill Feuerer, who were aware of the difficulties they faced. "It was obvious that existing methods of conducting a sustained rock climb would be (3)," Harding wrote in an article in *American Alpine Journal* in 1959. "Because of the extreme difficulty of the climbing, we (4) slow progress—perhaps no more than 100 to 200 feet a day." He added, "We agreed unanimously that the only feasible plan of attack would be to establish a succession of camps up the face, linking them with fixed ropes."

Powell and Feuerer dropped out before (5) the climb. Whitmore,

Merry, and Rich Calderwood joined Harding in 1958. They subsisted on cheese, raisins, canned fruit, and sardines. They carried water in an old tin can, and drank wine. "We trained on red wine, if anything," Merry told *The Yukon News* in 2015.

They relied on (6) implements, including pitons, or spikes, that they made from the legs of old wood stoves and tools from a hardware store that they repurposed for climbing. "I wouldn't hang a picture from them today, but back then we hung our lives on them," Merry told *Yukon North of Ordinary* magazine in 2016.

The climbers also faced limitations imposed by humans. Yosemite park rangers—officers who patrolled the park—(7) them to climb during the summer tourist season, so they had a limited time to climb and faced greater risk of bad weather. They also had jobs or were attending school, so they climbed mainly on weekends.

The National Park Service gave them a (8) of Thanksgiving to reach the top, so in early November they began an urgent final push. (9) that effort Merry dropped letters to Cindy Barrison, then his girlfriend and later his wife, from the cliff in tin cans.

"We were (10) half the time," Merry told *The San Francisco Chronicle* in 2008, the year of the climb's 50th anniversary. "There were days I didn't know what I was doing up there."

The push took about 12 days, interrupted by an intense snowstorm; Calderwood dropped out before they reached the top. Frustrated by the delay, the three remaining climbers decided to push on, even in the dark. Harding, wearing a head lamp, climbed up the final section overnight, mounting a 90-foot wall, which he later described as "completely devoid of cracks," with the help of "15 pitons, 28 bolts, and 14 hours."

Harding crawled (11) over the top of the wall at about six o'clock on the morning of November 12, with Merry and Whitmore close behind.

Members of their small support team (12) up the mountain from the other side and greeted them with champagne. Fifty years later the House of Representatives passed a resolution honoring Merry, Whitmore, and Harding for the (13).

In a phone interview, Whitmore, the last survivor of the three, described Merry as “the perfect example of a good, steady fellow” whose “even-tempered, usually cheerful, never negative” outlook made climbing El Capitan possible.

“Don't get excited, just keep plugging away at it” was Merry's climbing (14), Whitmore said. “Maintain a positive attitude.”

Merry became a park ranger in Yosemite and later in Denali National Park in Alaska. Returning to Yosemite, he founded the Yosemite Mountaineering School and Guide Service in 1969. He later persuaded park rangers there to work with climbers, a group with whom they had often clashed, to form Yosemite Search and Rescue, now widely regarded as a top rescue program.

In 2016 a student in Atlin asked Merry how he dealt with fear on El Capitan. “Recognize when you don't feel up to something,” he replied. “(15) just get out there and go for it.”

(1) A. amused to B. content to
C. discouraged to D. reluctant to

(2) A. sensing B. elevating
C. ascending D. wiping

(3) A. inadequate B. ideal
C. unknown D. suitable

出典追記：© The New York Times

(4)　A．promoted　　B．regretted
　　C．doubted　　D．anticipated

(5)　A．initiating　　B．allowing
　　C．accompanying　　D．completing

(6)　A．brand-new　　B．antique
　　C．improvised　　D．expensive

(7)　A．forbade　　B．tempted
　　C．encouraged　　D．allowed

(8)　A．deadline　　B．suggestion
　　C．prediction　　D．festival

(9)　A．Despite　　B．Through
　　C．During　　D．As

(10)　A．in full control　　B．scared to death
　　C．taking it easy　　D．right on schedule

(11)　A．repeatedly　　B．exhaustedly
　　C．resentfully　　D．dishonorably

(12)　A．could have hiked　　B．had hiked
　　C．would have hiked　　D．were hiking

(13)　A．memory　　B．satisfaction
　　C．prestige　　D．accomplishment

(14) A. philosophy B. issue
C. equipment D. command

(15) A. In that case B. Then
C. Otherwise D. Likewise

B. 本文の内容に照らして最も適当なものをそれぞれA～Cから一つずつ選び，その記号をマークしなさい。

(1) El Capitan was once renowned for being
A. like other difficult-to-climb mountain faces.
B. hard to climb because of the steep slope of the wall.
C. nearly impossible to climb because of its very flat surface.

(2) In a 1959 article, Warren Harding wrote about his first climbing attempt based on
A. trusted techniques from the past.
B. a new approach to climbing.
C. a single continuous mission.

(3) Their old climbing implements
A. now hold up paintings in their homes.
B. were bought new from specialist shops.
C. enabled them to stay alive.

(4) According to paragraph 10, starting with "The push took," their successful attempt to climb El Capitan featured
A. climbing mainly during the day.
B. stoppages due to extreme weather.

C． using cracks for grips all the way up.

(5) In a later conversation, George Whitmore described Wayne Merry's

A． character.

B． appearance.

C． qualifications.

(6) Wayne Merry's work with Yosemite National Park

A． ended in the late sixties.

B． involved new special projects.

C． was copied in other parts of America.

(7) The passage as a whole is best characterized as

A． an account of man versus nature.

B． the geological history of an amazing mountain.

C． a review of essential climbing skills.

〔Ⅲ〕A．次の英文の下線部①～⑩について，後の設問に対する答えとして最も適当なものをそれぞれA～Cから一つずつ選び，その記号をマークしなさい。

Some machines can take something written in one language and give users the same or similar wording in another language. These machines are designed to do this kind of work quickly and without mistakes. Some of the devices are so small they can be carried around the world. The quality of translation software has greatly improved in recent years, thanks to new, fast-developing technologies. This has led many people to start using machine translators. Some depend on the technology for day-to-day activities, while others use it in their job.

But how will this① affect language learning across the world? Will fewer people decide to take traditional language classes? Will human language teachers no longer be needed? One of the most widely used machine-translation services is Google Translate. Google says the service completes billions of translation requests, involving 103 languages, each year. Google Translate can translate whole websites, text messages, and information inside programs on smartphones. ②It also can translate speech spoken into a device.

Sundar Pichai is Google's Chief Executive Officer. He said at a recent launch event that the company has made important progress with machine translation in the past few years. Pichai said Google is now excited to be moving on to a new model—one that provides better results. "Just recently we announced our first end-to-end, self-learning machine-translation systems."

The new system is known as "neural machine translation"—a system that imitates the workings of the human brain. It uses large amounts of computer information to learn over time how to produce translations that sound more like real human language. Pichai said ③Google's own research has shown progress in this area. He added that the company's neural machine-translation system is even "approaching human-level translation."

Other companies and organizations are also studying neural machine translation. It is closely related to a machine-learning method known as "deep learning." Deep learning involves putting large amounts of data into a computer for processing. The computer then uses a program to learn how to recognize and organize different objects, including words and sentences.

Philipp Koehn teaches at Johns Hopkins University in the US state of Maryland. He has studied machine translation for many years. He says ④all methods work in a similar way. Over time, the software program learns to translate from billions of language examples. Koehn agrees that the quality of machine translation has improved a lot. But he says machines still have a long way to go to catch up with humans. "I would be very cautious about any claims about near-human-level quality. There are just too many problems. ⑤Ultimately, to solve the machine-translation problem, you have to solve all the problems in AI (Artificial Intelligence) and understanding, and we are not close to ⑥that by any means."

Koehn is also working on neural machine-translation methods. Koehn says people can now expect fast translation of websites, texts, and social-media messages. But he does not think the wide availability and future improvements in software will lead people to stop studying languages. He gives the example of Europe—where borders are open and people travel often, but speak different languages. "Things like automated translation—which makes it possible that everything gets translated into your native language—actually help in preserving the diversity of languages."

⑦Marty Abbott agrees. She is the executive director of the American Council on the Teaching of Foreign Languages. Abbott says teachers can act as a bridge for students to learn about new cultures—something technology cannot provide. "And it's that connection when you develop an

⑧insight into not just the culture where they speak the language that you're learning, but also your own culture, and your own perspectives on the world." Abbott says many young people want to try to learn one or more foreign languages to connect with people around the world. Some might start out using Google Translate, but then decide they want to expand their learning and knowledge in the classroom.

She adds that technologies like machine translation are giving teachers many more tools to assist in teaching languages. She says that teachers are even using Google Translate with their students to have them analyze why they are accurate or inaccurate, so it really can be a useful tool for teachers in the classroom. Some of these tools can be used by students to improve their own learning in larger classes, but ⑨nothing will be able to replace the help and guidance provided by human teachers, Abbott believes.

Koehn says machines will just keep getting better at translating in many different languages. They will also be able to communicate and react to other requests. But he cautioned that getting the machines to think on their own in truly human-like ways is still a long way off: "To have a machine being as smart as a human and holding up a conversation—where you actually have a meaningful counterpart—that's still ⑩pretty much science fiction at the moment."

(1) What does Underline ① refer to?

A. machine technology

B. machine learning

C. machine translation

(2) What does Underline ② actually mean?

A. Some smartphones can also speak the translation back to you.

B. Your oral speech can be translated by a machine translator.

出典追記：Voice of America

C. Written text can be translated by a device in spoken form.

(3) What does Underline ③ imply?

A. Google has developed its own neural machine-translation system.

B. Google has made progress in research on human translation.

C. Google Translate has become the leading machine translator.

(4) What does Underline ④ actually mean?

A. The way machine learning works for all machine translation is almost the same.

B. All types of machine translations developed so far produce similar translations.

C. All methods used for machine translation come from studies that differ little from each other.

(5) Which of the following has a meaning closest to Underline ⑤?

A. On the way

B. In the end

C. To the point

(6) What does Underline ⑥ refer to?

A. producing translations with near-human-level quality

B. understanding how the human brain produces language

C. finding solutions to the issues remaining with AI

(7) In Underline ⑦, what does Marty Abbott agree with?

A. Machine translation is required for language learning.

B. Studying language is needed even alongside machine translation.

C. We should preserve the number of languages spoken in Europe.

(8) Which of the following has a meaning closest to Underline ⑧?

A. example regarding

B. opinion about

C. understanding of

(9) What does Underline ⑨ imply?

A. Standard teachers' assistance is essential for language learning.

B. Machine translation will barely be a substitute for actual teachers.

C. It is unclear whether machine translation can help students learn.

(10) What does Underline ⑩ actually mean?

A. a short-term scientific goal

B. little more than a fantasy

C. something that is of no practical use

B. 本文の内容に照らして最も適当なものをそれぞれA～Cから一つずつ選び，その記号をマークしなさい。

(1) In this passage, "neural machine translation" is described as

A. a system that enhances the way humans speak and translate.

B. a set of computers that work to replace the human brain.

C. a new system recently adopted for Google Translate.

(2) The author says that deep learning is

A. capable of handling larger data than the neural machine system can process.

B. a machine-learning method that can distinguish human translation from machine translation.

C. one of the machine-learning methods that is used for neural machine translation.

(3) According to Philipp Koehn,

A. there are still many issues for machine translation to overcome.

B. machine translation quality is now equal to that of human translation.

C. human translators need to learn to catch up with machine translation.

(4) Koehn believes that

A. the developments in machine translation will hinder language learning.

B. it is more enjoyable to travel in Europe without automated translation.

C. machine translation may help to keep variety in languages alive.

(5) Marty Abbott says that

A. language teachers should focus on teaching .about cultures rather than languages.

B. machine translation can motivate young people to learn about foreign languages.

C. young people need to know one or two foreign languages if they use machine translation.

(6) Koehn believes that human-level thought in machines

A. will not soon be achieved.

B. is about to become a reality.

C. has already occurred.

(7) The most appropriate title for this passage is

A. "When Machine Translators Learn Language and Culture."

B. "How Machine Translation Changes Language Learning."

C. "Can Machine Translators Replace Human Translators?"

数学

(90 分)

〔Ⅰ〕 $-\dfrac{\pi}{2} \leqq \theta \leqq 0$ なる θ に対して $x = \sin\theta + \cos\theta$, $y = \sin^3\theta + \cos^3\theta$ とおく。

(1) y を x を用いて表せ。

(2) x のとりうる値の範囲を求めよ。

(3) y のとりうる値の範囲を求めよ。

(4) $y = -\dfrac{13}{27}$ のとき，$\tan\theta$ の値を求めよ。

〔Ⅱ〕 a, b, c を実数とするとき，次の不等式を証明せよ。また，等号が成立するための必要十分条件を述べよ。

(1) $a^2 + b^2 + c^2 \geqq ab + bc + ca$

(2) $a^4 + b^4 + c^4 \geqq abc(a + b + c)$

〔Ⅲ〕 $\mathrm{AB}=\mathrm{AC}=1$, $\angle\mathrm{BAC}=\dfrac{\pi}{2}$ である直角三角形 ABC がある。サイコロを 3 回投げて出た目を順に a, b, c とし，点 P を $\overrightarrow{\mathrm{AP}}=\dfrac{a\overrightarrow{\mathrm{AB}}+c\overrightarrow{\mathrm{AC}}}{a+b}$ によって定める。次の $\boxed{}$ をうめよ。ただし，$\boxed{\text{①}}$，$\boxed{\text{③}}$，$\boxed{\text{⑤}}$ は a, b, c を用いて表せ。

(1)　点 P が線分 BC 上の点であるための条件は $\boxed{\text{①}}$ であり，その確率は $\boxed{\text{②}}$ である。

(2)　点 P が △ABC の周および内部にあるための条件は $\boxed{\text{③}}$ であり，その確率は $\boxed{\text{④}}$ である。

(3)　△ABP の面積が 1 以上となるための条件は $\boxed{\text{⑤}}$ であり，その確率は $\boxed{\text{⑥}}$ である。

〔Ⅳ〕 数列 $\{a_n\}$ は $a_1=\dfrac{7}{2}$, $na_{n+1}=(n+2)a_n+1$ $(n=1,\ 2,\ 3,\ \cdots\cdots)$ を満たしている。$b_n=\dfrac{a_n}{n(n+1)}$ とおくとき，次の $\boxed{}$ をうめよ。

$b_{n+1}-b_n=\dfrac{1}{\boxed{\text{①}}}=\dfrac{1}{2n(n+1)}-\dfrac{1}{\boxed{\text{②}}}$ となるので，b_n を n を用いて表せば $b_n=\boxed{\text{③}}$ となる。従って $a_n=\boxed{\text{④}}$ である。

また $\displaystyle\sum_{k=1}^{n}a_k=\boxed{\text{⑤}}$，$\displaystyle\sum_{k=1}^{n}b_k=\boxed{\text{⑥}}$ である。

解答編

英語

I　**解答**　A．(1)―C　(2)―D　(3)―B　(4)―C　(5)―A
B．(1)―D　(2)―E　(3)―Z　(4)―F　(5)―C　(6)―B

◆全　訳◆

A．≪交換留学生とアルバイト先の支配人との対話≫

ケンはオーストラリアで生活している交換留学生である。彼はアルバイトをしているレストランの支配人のエイミーに電話をかけている。

ケ　　ン：エイミー，直前で申し訳ないですが，来週の僕のシフトを変える必要が出てきたんです。僕の教授が突然，大きな課題を出したものですから。

エイミー：わかったわ。どう変えられるか見てみましょう。来週の何曜日を変えたいの？

ケ　　ン：それが，実は2日変えたいんです。木曜日と金曜日です。

エイミー：うーん，なかなか厳しいわね。金曜日の夜は忙しいときだということはあなたもわかっているでしょう。

ケ　　ン：問題は，課題を出さないといけないのが，金曜日の夜なんですよ。でも，その代わり週末のシフトはいつでも喜んでやりますよ。

エイミー：それなら，なんとかできるかもしれないわね。土曜日と日曜日の両方とも午後5時から深夜までのところでバイトできる？

ケ　　ン：これまでに，その勤務時間では働いたことがないですが，でも大丈夫ですよ。夜のシフトは慣れていますから。

エイミー：そうね。以前こんなふうに仕事の穴を埋めてもらったことがあるわね。それでは，大丈夫ね。これで曜日を変えていきましょう。

ケ　　ン：エイミー，ありがとう。とても助かります。

エイミー：いえいえ，大丈夫よ。ところで，あなたがしないといけない課題って何？

ケ　　ン：20人の英語母語話者にインタビューをして，その人たちがいくつの言語を知っているか聞くことです。その20人をどこで見つけたらいいのかわからないんです。

エイミー：喜んで参加するわよ。私は英語しか話せないって認めないといけないけど！

ケ　　ン：それは大丈夫です。それだけでもとっても助かります！

B．≪エレキギターの発達≫

A．今日，エレキギターがどのようなものであるかと考えたとき，たぶん世界中のほとんどの楽器店にあるものと似たものを想像するであろう。エレキギターが作られる前は，できるだけ大きな音が出るように，ミュージシャンたちは大きな，中が空洞のギターを演奏していた。

D．ギターがバンドにおいて一般化するとともに，ミュージシャンたちはもっと大きな音が出るようにする必要があったが，マイクロフォンを使って演奏するとノイズが大きすぎた。ハワイアン音楽の流行に伴って，アメリカ人の二人の発明家が最初のエレキギターを作った。これは金属からできており，その形から「フライング・パン」とあだ名がつけられた。

F．エレキギターは，ミュージシャンのレス＝ポールと発明家のレオ＝フェンダーによってさらに実験が重ねられた。1902年に始まるギブソン・ギター社はポールと協力して，ポールの名前が入ったあの有名なギターを1952年に作った。一方，フェンダー社は1954年に有名なストラトキャスターを発売した。

B．それから約10年後，ビートルズが非常に人気になり，世界中の人がテレビやライブコンサートの演奏でエレキギターを見るようになった。ビートルズのようなバンドのファンは，エレキギターをほしがった。そこで，楽器会社は急遽できるだけ多くのギターを作るとともに，製作したすべてのギターを売り続けた。

E．そのようなグループの世界的名声にもかかわらず，時とともに売り上げが落ち始め，多くの会社が閉鎖されたり，生き残りのために他の会社と合併したりした。しかし，これは単に一時的な動向だった。

C．エレキギターの販売は最近再び伸び始めて，かつてよりも人気のある楽器となった。今のエレキギターは昔のものとはかなり違って見えるが，記憶に残る，興奮するような音楽を作り出すことができるという点は共通している。

◀解　説▶

A．(1)エイミーの発言の後で，ケンは「２日変えたい」と言っているので，エイミーは１日のことだと思っていたと推測される。したがって，Ｃの「来週の何曜日？」が適切。

(2)エイミーは２日，それも木曜日と金曜日と聞いて，空所に続く箇所で「金曜日の夜は忙しいときなのよ」と言っている。金曜日の変更は難しそうだとわかる。したがって，Ｄの「それはなかなか厳しいわね」が適切。

(3)ケンが直前の発言で，「週末のシフトはいつでもやる」と言っているので，この発言の応答としては，Ｂ.「それなら，なんとかできるかもしれないわね」が適切。Ｄは fine という応答はよいが，「朝に移す」の部分が続きの夜のシフトを示す箇所と合わない。

(4)直前で，エイミーは「曜日を変えてあげましょう」と言っている。これに対するケンの応答としては，Ｃ.「とても助かります」が適切。

(5)ケンが課題で 20 人の英語母語話者にインタビューしないといけないと言っている。これに対するエイミーの応答としては，Ａ.「喜んで参加するわよ」が最も適切。

B．Ａは，エレキギター登場以前は中が空洞の大きなギターを使い，できるだけ大きな音で演奏しようとしていたと述べられている。この「できるだけ大きな音で演奏する」が，Ｄの「バンド（編成）でギターが普及するにつれて，さらに（even）音を大きくする必要があった」という部分につながる。Ｄの後半では，ハワイアンの演奏から最初のエレキギターが開発されたと述べられている。これに続くのは，最初のエレキギターの開発を受けて，さらに実験が続けられた結果，レスポールやストラトキャスターなどの有名モデルが出てきたという内容のＦである。Ｆの後半の，1952 年，1954 年に有名なエレキギターが開発されたという話を受けるのは，それから 10 年後にビートルズが使うことによって，エレキギターの売り上げが高まったという話のＢである。この内容に続くのは，Ｂの such bands を such groups で言い換え，その人気にもかかわらず，エレキギターの販売は低迷し始めたと述べるＥである。そして，Ｅの後半に，エレキギターの販売の落ち込みは一時的なものに過ぎなかったとあるので，これにつながるのは，第1文でエレキギターの販売が盛り返してきたとあるCである。また，Cの最終文のエレキギターの見た目は，昔と今でかなり違うが人々をワクワクさせる音楽を作る点は共通だという内容は結論としてふさわしい。(A)→D→F→B→E→Cの順になる。

II　解答

A. (1)—B　(2)—C　(3)—A　(4)—D　(5)—D　(6)—C　(7)—A　(8)—A　(9)—C　(10)—B　(11)—B　(12)—B　(13)—D　(14)—A　(15)—C

B. (1)—C　(2)—B　(3)—C　(4)—B　(5)—A　(6)—B　(7)—A

◆全　訳◆

≪岩壁エル・キャピタンの初登頂≫

エル・キャピタンは垂直に切り立った花崗岩の一枚岩である。これはカリフォルニアのヨセミテ国立公園にそびえ立つ2,900フィートもある岩であり，世界で最も有名なロッククライミングの山の一つになっている。プロの登山家たちには，この困難な岩壁は非常によく知られたものであり，ロープなしで登ったり，できるだけ短時間で駆け上がる人たちもいる。このノーズと呼ばれる登山ルートの最速記録は，2018年にアレックス＝オノルドとトミー＝カルドウェルによってうち立てられた2時間弱である。

しかし，20世紀の前半の登山家たちにとっては，単純な道具や登山技術しかないという制限もあり，エル・キャピタンは未知の領域だった。岩の表面は非常に滑らかで，登山家たちが足場にする垂直の亀裂があまりなく，この岩壁は登頂不能だと多くの登山家が思っていた。この岩壁に実際に挑戦した登山家たちのほとんどが，エル・キャピタン下方まで登るルートを途中まで登って満足していた。しかし，ウェイン＝メリー，ウォレン＝ハーディングとジョージ＝ホィットモアの決意は固く，はるかに高いところを目指した。

1958年11月12日，彼らはノーズを登り，エル・キャピタン登頂を果たした最初の登山家となった。この登山には45日を要した。それも約1年半にわたるものであった。この登山では，一行程ごとに，彼らが達した最高地点に固定したロープを確保し，次の登山の再開が多少なりとも容易にできるようにしておいた。

ハーディングは 1957 年にマーク＝パウエルとビル＝フューラーと一緒にこの登山に初めて挑戦した。彼らは自分たちが直面している困難を意識していた。「継続的にロッククライミングを行う既存の方法が不十分であることは明らかだった」とハーディングは 1959 年の *American Alpine Journal* 誌の記事の中で書いている。「この登山には相当の困難が伴うために，登山はゆっくりなものになると予想された。恐らく 1 日 100 フィートから 200 フィートしか進めないということだ」と。「我々全員が一致した意見は，実現可能な唯一の登頂計画は，表面にキャンプを連続して築いていき，それを固定したロープでつなぐというものであった」と彼はつけ加えた。

パウエルとフューラーは登頂が達成されないうちに脱落した。ホィットモア，メリー，そしてリッチ＝カルダーウッドが 1958 年にハーディングに加わった。彼らを支えた食料は，チーズ，レーズン，缶詰の果物とイワシだった。水は古いブリキの缶に入れて持ち運び，またワインも飲んだ。「どちらかというと，赤ワインで訓練した」とメリーは 2015 年に *The Yukon News* 紙に語っている。

彼らが頼りにしたのは，ハーケンやスパイクを含め，自分たちが即席で作った道具であり，それらは古い木のストーブの脚から作ったものだった。また，金物屋から手に入れ，登山用に転用した道具を頼りにしていた。「私は今日そのようなものに写真を掛けておこうとは思わないが，当時は私たちの命がそれらにかかっていた」と 2016 年に *Yukon North of Ordinary* 誌にメリーは語っている。

登山家たちはまた，人間によって課された制限にも直面した。ヨセミテ公園警備隊（公園をパトロールしている役人たち）は，彼らが夏の観光シーズン中に登山することを禁止した。それで，彼らは限られた期間しか登ることができず，悪天候というより大きな危険に直面した。彼らにはまた仕事もあり，学校にも通っていた。それで彼らは主に週末に登った。

国立公園事務所は彼らに感謝祭までに頂上まで登るようにという最終期限を切った。そこで 11 月始めに彼らは切迫した最後の奮闘を始めた。その努力の間，メリーは手紙をブリキ缶に入れ崖から落として，当時の彼の恋人であり，後に彼の妻となったシンディ＝バリソンに出していた。

「私たちはしばしば死ぬ思いをしていた。その岩壁で自分が何をしているのかもわからない日々があった」と2008年，登頂50年記念のときにメリーは，*The San Francisco Chronicle* 紙に語っている。

その最後の奮闘には約12日間かかった。それも途中，ひどい吹雪のために中断があった。カルダーウッドは頂上に達する前に脱落した。登山の遅れにイライラしながら，残った3人は，たとえ闇の中でも前進することに決めた。ハーディングはヘッドランプをつけて，一晩かけて最後の部分を，90フィートの岩壁を登っていった。この岩壁について，「岩に裂け目がまったくなく」，「ハーケン15個，ボルト28個，14時間」の助けを借りて登ったと彼は後に述べている。

ハーディングは疲れ果てながら11月12日の午前6時頃に岩壁の頂上にはい登った。メリーとホィットモアがぴったりと後についてきた。彼らを支える小さなサポートチームの面々が山の反対側から登っていて彼らをシャンパンで出迎えた。50年後，アメリカ下院はメリー，ホィットモア，ハーディングの業績に対して彼らの栄誉を讃える決議案を承認した。

電話インタビューで，3人の中の最後の生存者であるホィットモアは，メリーは「立派で堅実な人間の完璧な模範」であり，彼の「心が乱れない，常に明るく，決して消極的にならない」見通しのおかげで，エル・キャピタン登頂は可能になったと述べている。

「興奮するな。ただコツコツと頂上を目指そう。このまま前向きで」というのがメリーの登山哲学であったとホィットモアは言っている。

メリーはヨセミテ警備隊員になり，後にアラスカのデナリ国立公園の警備隊員になった。ヨセミテに戻ってくると，彼は1969年にヨセミテ登山学校・ガイドサービスを設立した。後にそこの公園警備隊員に対し，彼らがよく衝突した団体である登山者たちと協力するように説得して，ヨセミテ捜索・救助隊を組織した。これは今ではトップレベルの救助プログラムだと広く見なされている。

2016年，アトリンの学生がメリーにエル・キャピタンでは恐怖にどのように対処したのかを聞いた。「自分がやれそうもないときを認識せよ。そうでなければ，外に出て，それに向かえ」というのが彼の答えであった。

◀解　説▶

A. (1)次文で「しかし，ウェイン＝メリー，ウォレン＝ハーディングとジョージ＝ホィットモアはより上まで登ることを決心していた」と述べられているので，ほとんどの登山家たちは途中まで登って，それでよしとしていたと考えられる。したがって，B.「〜に満足する」が適切。

(2)エル・キャピタンに登頂するには，「ノーズ」というルートを登って行かないといけない。したがって，C.「登る」が適切。

(3)エル・キャピタンに登るのは非常に困難であると次文に述べられている。したがって「既存の方法」で登頂成功を狙うのは「不適切」だと理解するのが妥当であり，A.「不十分な，不適切な」が適切。

(4)文前半に「この登山は困難なので」と述べられている。また文後半では「1 日 100 フィートから 200 フィートしか進めない」と述べられている。したがって，D.「予想した」を入れ，「遅い進行を予想した」と理解するのが適切。

(5)drop out は「脱落する」という意味である。したがって，D.「達成する」を入れ，パウエルとフューラーの二人は「登頂を達成する前に脱落した」と理解するのが適切。

(6)「古い木製のストーブの脚」を使って自分たちで登山道具を作っている。この内容にふさわしいのは，C.「即席に作った」である。

(7)文後半で「彼らは登山する期限が限られた」と述べられているので，A.「禁止した」を入れて「彼らが夏の観光シーズン中に登山することを禁止した」と理解するのが適切。

(8)文後半で「11 月始めに彼らは切迫した最後の奮闘を始めた」と述べられていることから，彼らは登頂の期限を切られたと理解するのが適切。したがって，A.「期限」が正解。

(9)メリーが恋人に手紙を落としたのは，「その登山の努力をしている間に」と理解するのが適切。したがって，C.「〜の間に」が正解。

(10)次の文でメリーは「その岩壁で自分が何をしているのかもわからない日々があった」と述べている。自分がやっていることがわからないほど「怖かった」と理解するのが適切。したがって，B.「死ぬほど怖い」が正解。なお，half the time とは「しょっちゅう，しばしば」の意味。

(11)登山において夜を徹して登り，午前 6 時に登頂ということになれば，B.「疲れ果てて」いると考えるのが適切。

(12)支援チームは山の反対側から登っている。そしてシャンパンでハーディングらを迎えている。したがって，ハーディングらの前に山の上にいたと考えられる。B. had hiked「ハイキングした」の過去完了が適切。

⒀文中の a resolution honoring ～ は「～を讃える決議」であるから，メリーたちの登頂達成を讃えると理解するのが適切。したがって，D.「達成」が適切。

⒁「興奮するな。ただコツコツと頂上を目指そう。このまま前向きで」というのは，メリーが登山をするときに心がけていることである。したがって，これは彼の「登山哲学」であると理解するのが適切。したがって，A.「哲学」が適切。

⒂前文の feel up to something は「何かやれそうに思う」という意味のイディオム表現。したがって全体の意味は，「自分がやれそうもないときを認識せよ」という意味になる。また設問相当箇所の get out there and go for it を直訳に近い形で訳せば，「そこへ出ていって，それを追い求めよ」となる。これは恐怖に対処するときのいわば教訓だから「やれそうもないと思ったときはやめて，そうでないときはただそれを追い求めよ」とつなげばいい。この意味になるのは，C.「そうでなければ」である。ちなみに，A と B は共に順接なので不正解とわかる。

B. ⑴エル・キャピタンがかつて有名だった理由については，第 2 段第 2 文（The rock …）に登山家たちが足場にできるような岩の裂け目がなく表面がすべすべしていて，登るのが不可能だと思われていたと述べられている。この内容になっているのは，C.「表面がとても平らなために登るのがほとんど不可能」である。B の「スロープが険しい」だけでは不十分である。

⑵ハーディングは，第 4 段最終文（He added, …）で，実現可能な唯一の方法は「キャンプを連続して作っていき，それをロープでつないでいくことだ」と述べている。また同段第 2 文（“It was …）では「既存の方法」では不十分だと言っていることから，この方法が新しい方法だとわかる。したがって，B.「登山の新しい方法」が適切。

⑶登山道具に関しては，第 6 段第 2 文（“I wouldn't …）の but 以下で「私たちの命をそれら（自前の登山道具）にかけていた」と述べられている。この内容と一致するのは，C.「（古い登山道具で）彼らは生き延びることができた」である。

⑷B.「ひどい天候のために停止したこと」が第 10 段第 1 文（The push

…）に「ひどい吹雪で中断され」と述べられていることと一致する。

(5)第 12 段（In a phone …）でホィットモアがメリーについて，「心が乱れない，常に明るく，決して消極的にならない」と述べている。これはメリーの性格に関することである。したがって，A.「性格」が正解。

(6)メリーのヨセミテ国立公園での仕事については，最後から２つ目の段（Merry became …）から「ヨセミテ登山学校・ガイドサービスを設立」したり，「ヨセミテ捜索・救助隊」を作ったりしたとわかる。この内容に一致するのは，B.「新しい特別なプロジェクトを含んだ」である。

(7)本文はエル・キャピタンという人を寄せつけない岩壁とそれに挑んだ登山家たちの話である。この内容を特徴づけるとしたらA.「人間 vs 自然の話」が最も適切。Cの「本質的な登山技術の見直し」は一面的すぎる。

III 解答

A. (1)—C　(2)—B　(3)—A　(4)—A　(5)—B　(6)—C　(7)—B　(8)—C　(9)—A　(10)—B

B. (1)—C　(2)—C　(3)—A　(4)—C　(5)—B　(6)—A　(7)—B

◆全　訳◆

≪機械翻訳はどのように言語学習を変えるか≫

機械の中には，ある言語で書かれたものを取り込み，他の言語でのまったく同じ，もしくは似た言い回しをユーザーに返すことができるものもある。このような機械はこの種の仕事を素早く，また間違いなく行うように作られている。そのような機器の中には非常に小さくて，世界中持ち運びできるものもある。翻訳ソフトの質は，急速に進歩している新しい技術のおかげで，近年非常に向上した。これによって，多くの人々は機械翻訳を使い始めることができるようになった。日々の活動でこの技術に頼る人もいれば，仕事で使う人もいる。

しかし，これは世界の語学学習にどのような影響を与えるであろうか。伝統的な語学レッスンを受けることにする人々は減っていくであろうか。語学を教える人間の教師はもはや必要でなくなるのであろうか。もっとも広く使われている機械翻訳サービスの一つはグーグル翻訳である。グーグルによれば，このサービスは毎年 103 の言語に関わる何十億件という翻訳依頼を片づける。グーグル翻訳はウェブサイト全体，テキストメッセージ，スマートフォンのプログラム内の情報を翻訳することができる。またグーグル翻訳は機器に向けて話された言葉も翻訳できる。

サンダー＝ピチャイはグーグルの CEO（最高経営責任者）である。彼は最近のローンチイベントで，グーグル社は過去数年の間に機械翻訳に関して重要な進展を見たと言った。ピチャイによれば，グーグルは今新たなモデル，もっとよい結果を出してくれるモデルに向けて進んでおり，心が躍るとのことである。「つい最近，当社は初めてのエンドツーエンド自己学習機械翻訳システムを発表した」とピチャイは言った。

この新しいシステムは「ニューラル機械翻訳」として知られている。これは人間の脳の働きを模倣したシステムである。このシステムは大量のコンピュータ情報を使い，より本物の人間の言語らしい翻訳を生み出す方法を，時間をかけて学習するものである。ピチャイによれば，グーグル自身の研究はこの分野において進歩した。さらにピチャイによれば，グーグル社のニューラル機械翻訳システムは「人間レベルの翻訳に近づいてきて」さえいるとのことだ。

他の会社や機関でもニューラル機械翻訳を研究している。こちらは「ディープラーニング」として知られる機械学習方法と非常に関係があるものだ。ディープラーニングは，処理を行うコンピュータに大量のデータを入れることを伴う。データを入れた後，コンピュータはプログラムを使って，言葉や文を含め，様々なものを認識し，組み立てる方法を学習する。

フィリップ＝コーエンはアメリカのメリーランド州にあるジョンズ・ホプキンズ大学で教えている研究者である。彼は何年も前から機械翻訳を研究している。彼によれば，すべての方法は同じような働き方をする。時間とともに，翻訳ソフトは何十億という言葉の例から翻訳を学ぶ。コーエンは，機械翻訳の質は非常に向上したということには同意する。しかし，機械が人間に追いつくにはまだまだであると彼は言う。「私は機械翻訳の品質が人間のレベルに近いという主張には非常に慎重だ。まだまだ問題が多すぎるからだ。究極的には，機械翻訳の問題を解決するには，AI（人工知能），および理解に関する問題をすべて解決しなければならないが，それに近いところまで我々は決して達してはいない」と。

コーエンはまたニューラル機械翻訳の方法にも取り組んでいる。コーエンによれば，人々は今やウェブサイト，テキスト，ソーシャルメディアのメッセージの迅速な翻訳を期待できる。しかし，ソフトの幅広い利用や将来の向上によって人々が語学学習を止めるようになるとは彼は思っていない。彼はヨーロッパの例を挙げる。ヨーロッパでは，国境が開かれており，人々は頻繁に旅行するが，様々な言語を話している。「自動翻訳のようなもの，あらゆる言葉が母語に翻訳されることを可能にするそのようなものは，実は言語の多様性を維持する助けになるのである」と彼は言う。

マーティ＝アボットもこれには同意している。彼女は全米外国語教育委員会の理事である。教師たちは学生たちが新しい文化を学ぶ橋渡しをすることができるが，それは科学技術ではまかなえないものだとアボットは言う。「学生が，自分たちが学んでいる言語を話す人々の文化を知るだけでなく，自分自身の文化に対する見識と世界観を養うのは，その橋渡しのおかげなのだ」と。アボットによれば，多くの若者たちは一つ以上の外国語を学び，世界中の人々とつながりたいと思っている。中にはグーグル翻訳を使い出す者もいるかもしれないが，その後は，教室で自分の学習と知識の幅を広げたいと決心する。

さらにアボットは，機械翻訳のような技術は，外国語を教える上で役立つ道具を，教師たちに非常に多く与えてくれていると言う。彼女によれば，教師たちは学生たちとグーグル翻訳を使いながら，彼らに自分たちがなぜ正しいか，あるいは正しくないかを分析させることさえできる。したがって，グーグル翻訳は教師にとって，教室で役立つ道具に実際になることができるのである。このような道具の中には，より大きなクラスで自分自身の学習を向上させるために学生が使うことができるものもある。しかし，人間の教師による助けとガイダンスに取って代われるものは何もないであろうとアボットは信じている。

コーエンによれば，翻訳機械は多くの様々な言語での翻訳が向上し続けていくであろう。翻訳機械は，また意思疎通できるようになり，他の要求に応えることができるようにもなるだろう。しかし，本当の意味での人間のようなやり方で機械自身に考えさせるには，まだ長い時間がかかり，「機械を人間と同じくらい賢くさせ，会話を続けさせる，つまり，人が実際に意義のある相手を得ることができるというのは，今のところまだ，ほぼ SF である」とコーエンは注意した。

◀解　説▶

A. (1) this「このこと」というのは，前文に述べられている the technology

「技術」を使うことであり，具体的には，さらにその前にある「機械翻訳」を使うことである。要するに「機械翻訳する」ということだから，Cの「機械翻訳」が正解。単に機械の「技術」や「学習」のことを言っているのではない。

(2)この文を直訳すれば，「機器に話された言葉をそれはまた翻訳できる」となる。言い換えれば，Bの「機械翻訳によってあなたが口で言った言葉は翻訳される」ということである。

(3)下線部の in this area「この分野」というのは，この段の第1文（The new …）に述べられている「ニューラル機械翻訳」のことである。この内容を反映するのは，A.「グーグルはグーグル自身のニューラル機械翻訳システムを開発した」のみである。

(4)method「方法」というのは，この次の文からわかるように「機械翻訳で使われるプログラムの学習方法」のことである。また，in a similar way とは「似たような仕方で」という意味。したがって，プログラムが違っても学習方法は似通っているということである。A.「あらゆる機械翻訳のための機械学習の仕組みはほとんど同じである」がこの内容に近い。

(5)ultimately は「究極的には」という意味。これに近いのは，B.「結局は」である。

(6)この that は文前半の「AI と理解に関する問題をすべて解決する」ことを指す。これに近いのはC.「AI に残された問題を解決する方法を見つけること」である。

(7)この段の最終2文（Abbott says many …）より，機械翻訳があっても教室での学習はなくならないというのがアボットの考えであるとわかる。前段第3文（But he does …）で「機械翻訳ソフトが向上して，広く使われても人々は語学の勉強を止めない」というコーエンの考えが述べられており，これはアボットの考えに沿った内容である。彼女はこれに同意していると考えられる。この内容に一致するのはB.「機械翻訳があっても，語学の学習は必要である」である。

(8)insight into ～ は「～への洞察」という意味。これに近いのは，C.「～の理解」である。

(9)replace は「～に取って代わる」の意。つまりこの文は「人間の教師によって与えられる助けとガイダンスに取って代わるものはない」という意味。これが示すこととしてはA.「普通の教師の助けが語学学習には必要不可欠である」である。Bは，barely が「かろうじて～する」の意味なので「かろうじて機械翻訳は実際の教師の代わりになる」と機械翻訳を肯定する内容になってしまうので不可。

⑽pretty much は「ほとんど」の意味。したがって下線部は「ほとんどSF だ」の意味である。この意味に近いのはB.「ほとんど空想だ」である。little more than ～ は「ほとんど～に過ぎない」の意。

B. ⑴ニューラル機械翻訳に関しては，第3段第3文（Pichai said …）でグーグルが新たな機械翻訳のモデルを作り始めたことが述べられ，第4段第1文（The new system …）でそれがニューラル機械翻訳のことだとわかる。したがって，C.「最近グーグル翻訳に採用された新しいシステム」が適切。

⑵ディープラーニングに関しては第5段第2文（It is closely …）で，ニューラル機械翻訳とディープラーニングが関係していると述べられている。また，同段最終2文（Deep learning …）と次の第6段第4文（Over time, …）の内容から，ディープラーニングとニューラル機械翻訳が，事例から自己学習するプログラムだとわかる。この内容に近いのは，C.「ニューラル機械翻訳に使われる機械学習方法の一つ」である。

⑶コーエンが述べていることについては，A.「機械翻訳が克服すべき問題はまだまだ多くある」が第6段第6～8文（But he …）において機械翻訳が人間のレベルに達するには多くの問題があると述べられていることと一致する。

⑷コーエンが確信している点については，第7段最終文（“Things like …）で，機械翻訳は実際には言語の多様性維持に役立つと述べられている。これは，C.「機械翻訳は言語の多様性を存続させるのに役立つだろう」と一致する。

⑸アボットが言っていることに関しては，第8段最終文（Some might …）に，グーグル翻訳を使い始めて，後に教室で学習の幅を広げることにする若者もいる，また，第9段最終文（Some of these …）に，学生が自身の学習の質を向上させるために機械翻訳を使うことができると述べられている。これに近いのは，Bの「機械翻訳は若者たちに外国語を学習しようという意欲を持たせることができる」である。Aは「言語より文化に

ついて教える」，C は if 以降が本文と合わない。

(6)人間レベルで機械が思考することに関してコーエンは，最終段第 3 文（But he cautioned …）で，「まだまだ遠い」と述べている。したがって，A．「すぐには達成されないであろう」が正解。

(7)本文では，機械翻訳が向上しても言語の学習がなくなることはないと述べられている。機械翻訳は言語学習のためのツールを提供するものであると説明されていることから，機械翻訳によって言語の学習方法が変わるのだと考えられる。したがって，B．「機械翻訳はどのように言語学習を変えるか」が適切。また，下線部⑨を参考にすると，本文で機械翻訳と比較される対象は人間の教師である。C の「機械翻訳は人間の翻訳者と置き換えられるか」は論点になっていない。

❖講　評

大問の構成は，会話文・文整序 1 題，長文読解 2 題の計 3 題で，従来通りであった。

Ⅰは，**A** が会話文の空所補充，**B** がひとまとまりの文章を 6 つに分けたものを並べ替える段落整序形式。**A** は対話の流れをつかめば取り組みやすい問題。**B** は注意深く論旨の流れをつかむ力が求められる。特に文中の About 10 years later「10 年後に」，Further「さらなる」，the first electric guitar「最初のエレキギター」など，出来事の流れを示す語句に注意するとよい。また，段落整序においては，話題の展開を示す副詞（句）や接続詞，this / these などの前文を受ける指示代名詞などに着目することが重要である。

Ⅱは，アメリカのヨセミテ国立公園にあるエル・キャピタンという岩壁初登頂の苦難の体験談である。**A** で問われている語彙レベルは標準的であり，文脈を丁寧に追っていけば，それほど難しい設問はない。ただし，語彙だけではなく，時制を問う問題も入っているので文法力を養成しておくことは必須である。**B** の英文完成問題は該当箇所を早く見つければそれほど難しい設問ではない。全体的には標準的な難易度である。

Ⅲは，Google など大手 IT 企業も手がけている機械翻訳の話である。**A** の設問は，主に下線部の同意表現や意味する内容を問うもので，下線部の前後を丁寧に読めば答えられる設問である。消去法も有効である。**B** は内容に関する英文完成問題である。この設問も関連箇所を早く見つければそれほど難しい出題ではない。全体的には標準的な英文と標準的な設問である。

数学

I　解答

(1)　$x=\sin\theta+\cos\theta$　……①

①の両辺を 2 乗して

$$x^2=\sin^2\theta+\cos^2\theta+2\sin\theta\cos\theta$$
$$=1+2\sin\theta\cos\theta$$

$$\sin\theta\cos\theta=\frac{x^2-1}{2}\quad\cdots\cdots②$$

$$y=\sin^3\theta+\cos^3\theta$$
$$=(\sin\theta+\cos\theta)(\sin^2\theta-\sin\theta\cos\theta+\cos^2\theta)$$
$$=(\sin\theta+\cos\theta)(1-\sin\theta\cos\theta)$$

①，②を代入して

$$y=x\left(1-\frac{x^2-1}{2}\right)=-\frac{x^3}{2}+\frac{3x}{2}\quad\cdots\cdots(答)$$

(2)　$x=\sqrt{2}\left(\frac{1}{\sqrt{2}}\sin\theta+\frac{1}{\sqrt{2}}\cos\theta\right)=\sqrt{2}\sin\left(\theta+\frac{\pi}{4}\right)$

$-\frac{\pi}{2}\leqq\theta\leqq 0$ より　　$-\frac{\pi}{4}\leqq\theta+\frac{\pi}{4}\leqq\frac{\pi}{4}$

したがって，$-\frac{1}{\sqrt{2}}\leqq\sin\left(\theta+\frac{\pi}{4}\right)\leqq\frac{1}{\sqrt{2}}$ より

$$-1\leqq x\leqq 1\quad\cdots\cdots(答)$$

(3)　$f(x)=-\frac{x^3}{2}+\frac{3x}{2}$ とおく。

$$f'(x)=-\frac{3}{2}x^2+\frac{3}{2}=-\frac{3}{2}(x+1)(x-1)$$

$-1\leqq x\leqq 1$ において，$f'(x)\geqq 0$ だから，$f(x)$ は単調増加である。

したがって，$x=1$ で最大値 1，$x=-1$ で最小値 -1 をとる。

よって　　$-1\leqq y\leqq 1$　……(答)

(4)　$y=-\frac{13}{27}$ のとき

$$-\frac{13}{27}=-\frac{x^3}{2}+\frac{3x}{2}$$

$$27x^3-81x-26=0 \quad \cdots\cdots③$$

$$(3x+1)(9x^2-3x-26)=0$$

$$x=-\frac{1}{3},\ \frac{1\pm\sqrt{105}}{6}$$

$10<\sqrt{105}<11$ より　$\dfrac{1-\sqrt{105}}{6}<-1,\ 1<\dfrac{1+\sqrt{105}}{6}$

したがって，$-1\leqq x\leqq 1$ において，③の解は $x=-\dfrac{1}{3}$ のみである。

よって，$\sin\theta+\cos\theta=-\dfrac{1}{3}$，$\sin\theta\cos\theta=-\dfrac{4}{9}$ となり，2 次方程式の解と係数の関係より $\sin\theta$，$\cos\theta$ は t の 2 次方程式

$$t^2-\left(-\frac{1}{3}\right)t+\left(-\frac{4}{9}\right)=0$$

つまり　$9t^2+3t-4=0 \quad \cdots\cdots④$

の 2 解となる。

④を解いて　$t=\dfrac{-1\pm\sqrt{17}}{6}$

ここで，$-\dfrac{\pi}{2}\leqq\theta\leqq 0$ より　$\cos\theta\geqq 0$，$\sin\theta\leqq 0$

したがって　$\cos\theta=\dfrac{-1+\sqrt{17}}{6}$，$\sin\theta=\dfrac{-1-\sqrt{17}}{6}$

$$\tan\theta=\frac{-1-\sqrt{17}}{-1+\sqrt{17}}=\frac{(1+\sqrt{17})^2}{1-17}=-\frac{9+\sqrt{17}}{8} \quad \cdots\cdots(答)$$

◀解　説▶

≪三角関数の合成，三角関数の最大・最小≫

(1)　まず，$x=\sin\theta+\cos\theta$ の両辺を 2 乗して，$\sin\theta\cos\theta$ を x で表す。$\sin\theta$，$\cos\theta$ の和と積が x で表されたので，$\sin^3\theta+\cos^3\theta$ は公式 $a^3+b^3=(a+b)(a^2-ab+b^2)$ を用いて，$\sin\theta$，$\cos\theta$ の和と積の式に直す。

(2)　x の範囲は三角関数の合成により求める。$a\sin\theta+b\cos\theta$ は，$\cos\alpha=\dfrac{a}{r}$，$\sin\alpha=\dfrac{b}{r}$，$r=\sqrt{a^2+b^2}$，$0\leqq\alpha<2\pi$ をみたす α，r を使って，

$a\sin\theta+b\cos\theta=r\sin(\theta+\alpha)$ と変形する。

(3)　$f(x)$ は x の 3 次関数となるので，$f(x)$ を微分して，(2)で求めた x の範囲における増減を調べればよい。

(4)　y の値から x の値を求めて，次に，$\sin\theta$，$\cos\theta$ の和と積の値を求める。和と積の値が決まれば，2 次方程式の解と係数の関係より，$\sin\theta$，$\cos\theta$ を 2 解とする 2 次方程式が定まる。このとき，$-\dfrac{\pi}{2}\leqq\theta\leqq 0$ なので $\sin\theta\leqq 0$，$\cos\theta\geqq 0$ である。したがって，$\sin\theta$，$\cos\theta$ の値は 1 組に定まる。

II　**解答**

(1)　$a^2+b^2+c^2-ab-bc-ca$

$$=\frac{1}{2}(a^2-2ab+b^2+b^2-2bc+c^2+c^2-2ca+a^2)$$

$$=\frac{1}{2}\{(a-b)^2+(b-c)^2+(c-a)^2\}\geqq 0$$

よって，不等式 $a^2+b^2+c^2\geqq ab+bc+ca$ が成り立ち，等号が成立する条件は $a=b=c$　……(答) である。　　(証明終)

(2)　(1)の不等式より

$$a^4+b^4+c^4\geqq a^2b^2+b^2c^2+c^2a^2\quad\cdots\cdots①$$

また，(1)の不等式より

$$(ab)^2+(bc)^2+(ca)^2\geqq(ab)(bc)+(bc)(ca)+(ca)(ab)$$

$$=ab^2c+abc^2+a^2bc$$

$$=abc(a+b+c)\quad\cdots\cdots②$$

①，②より

$$a^4+b^4+c^4\geqq abc(a+b+c)\quad\cdots\cdots③$$

③の等号が成立する条件は，不等式①では　$a^2=b^2=c^2$　……④

不等式②では　$ab=bc=ca$　……⑤

$a=0$ のとき，④より　$b=c=0$

このとき，⑤も成り立つ。

$a\neq 0$ のとき，④より　$b\neq 0$　かつ　$c\neq 0$

このとき，⑤より $a=b=c$ となり，④も成り立つ。

したがって，不等式 $a^4+b^4+c^4\geqq abc(a+b+c)$ が成り立ち，等号成立条

件は $a=b=c$　……(答) である。　(証明終)

◀解　説▶

≪不等式の証明≫

(1)　2 次式の不等式の証明では，まず (実数)$^2 \geqq 0$ の形が使えないか考える。ここでは，ab，bc，ca とあるので，式を 2 倍してみるとよい。

次に，A，B を実数とするとき，$A^2+B^2=0$ が成り立つ必要十分条件は $A=B=0$ が成り立つことである。

(2)　(1)の不等式を用いて証明する。(1)の不等式を 2 回使うので，等号成立条件は 2 つの不等式で等号がともに成り立つ条件となる。

III 解答

① $b=c$　② $\dfrac{1}{6}$　③ $b \geqq c$　④ $\dfrac{7}{12}$　⑤ $a+b \leqq \dfrac{c}{2}$

⑥ $\dfrac{5}{216}$

◀解　説▶

≪サイコロを 3 回投げて定めるベクトルと確率≫

(1)　$\overrightarrow{\mathrm{AP}}=\dfrac{a}{a+b}\overrightarrow{\mathrm{AB}}+\dfrac{c}{a+b}\overrightarrow{\mathrm{AC}}$

のとき，点 P が線分 BC 上の点であるための条件は

$$\frac{a}{a+b}+\frac{c}{a+b}=1,\ 0 \leqq \frac{a}{a+b} \leqq 1$$

したがって　$a+c=a+b$　$c=b$　(→①)

このとき，確率は　$1\times 1\times \dfrac{1}{6}=\dfrac{1}{6}$　(→②)

(2)　点 P が △ABC の周および内部にあるための条件は

$$0 \leqq \frac{a}{a+b}+\frac{c}{a+b} \leqq 1,$$

$$\frac{a}{a+b} \geqq 0,\ \frac{c}{a+b} \geqq 0$$

したがって　$a+c \leqq a+b$

$c \leqq b$　(→③)

$c \leqq b$ となる目の出方は 21 通りなので，求

b \ c	1	2	3	4	5	6
1	○					
2	○	○				
3	○	○	○			
4	○	○	○	○		
5	○	○	○	○	○	
6	○	○	○	○	○	○

○は $b \geqq c$

める確率は

$$1\times\frac{21}{36}=\frac{7}{12}\quad(\to④)$$

(3)　AB=1 なので，△ABP の面積が 1 以上になるのは，点 P から辺 AB に下ろした垂線の長さが 2 以上になるときである。

したがって　$\left|\dfrac{c}{a+b}\right|\geqq 2$

題意より　　$a+b\leqq\dfrac{c}{2}$　(→⑤)

$a+b\geqq 2$ より　　$c\geqq 4$

$a+b>0$，$c>0$ なので

$c=4$，5 のとき　　$a+b\leqq 2$

目の出方は $(a,\ b,\ c)=(1,\ 1,\ 4)$，$(1,\ 1,\ 5)$ の 2 通り。

$c=6$ のとき　　$a+b\leqq 3$

目の出方は $(a,\ b,\ c)=(1,\ 1,\ 6)$，$(2,\ 1,\ 6)$，$(1,\ 2,\ 6)$ の 3 通り。

したがって，△ABP の面積が 1 以上になる目の出方は 5 通りある。

その確率は $\dfrac{5}{6^3}=\dfrac{5}{216}$ である。　(→⑥)

Ⅳ　**解答**　① $n(n+1)(n+2)$　② $2(n+1)(n+2)$

③ $\dfrac{4n^2+4n-1}{2n(n+1)}$　④ $2n^2+2n-\dfrac{1}{2}$　⑤ $\dfrac{2}{3}n^3+2n^2+\dfrac{5}{6}n$

⑥ $\dfrac{n(4n+3)}{2(n+1)}$

◀解　説▶

≪隣接 2 項間漸化式，数列の和≫

$$na_{n+1}=(n+2)a_n+1$$

両辺を $n(n+1)(n+2)$ で割ると

$$\frac{a_{n+1}}{(n+1)(n+2)}=\frac{a_n}{n(n+1)}+\frac{1}{n(n+1)(n+2)}$$

ここで，$b_n=\dfrac{a_n}{n(n+1)}$ なので　　$b_1=\dfrac{a_1}{1\times 2}=\dfrac{7}{4}$

$$b_{n+1}-b_n=\frac{1}{n(n+1)(n+2)}\quad (\to ①)$$

$$=\frac{1}{2n(n+1)}-\frac{1}{2(n+1)(n+2)}\quad (\to ②)$$

$n\geqq 2$ において

$$b_n=b_1+\sum_{k=1}^{n-1}\left\{\frac{1}{2k(k+1)}-\frac{1}{2(k+1)(k+2)}\right\}$$

$$=\frac{7}{4}+\left\{\left(\frac{1}{2\times1\times2}-\frac{1}{2\times2\times3}\right)+\left(\frac{1}{2\times2\times3}-\frac{1}{2\times3\times4}\right)+\cdots+\left(\frac{1}{2(n-1)n}-\frac{1}{2n(n+1)}\right)\right\}$$

$$=\frac{7}{4}+\frac{1}{4}-\frac{1}{2n(n+1)}$$

$$=\frac{4n^2+4n-1}{2n(n+1)}$$

これは，$b_1=\dfrac{7}{4}$ をみたすので，$n\geqq 1$ において

$$b_n=\frac{4n^2+4n-1}{2n(n+1)}\quad (\to ③)$$

したがって

$$a_n=\frac{4n^2+4n-1}{2}=2n^2+2n-\frac{1}{2}\quad (\to ④)$$

また

$$\sum_{k=1}^{n}a_k=\sum_{k=1}^{n}\left(2k^2+2k-\frac{1}{2}\right)$$

$$=\frac{1}{3}n(n+1)(2n+1)+n(n+1)-\frac{n}{2}$$

$$=\frac{2}{3}n^3+2n^2+\frac{5}{6}n\quad (\to ⑤)$$

$$\sum_{k=1}^{n}b_k=\sum_{k=1}^{n}\left\{2-\frac{1}{2k(k+1)}\right\}$$

$$=2n-\frac{1}{2}\sum_{k=1}^{n}\left(\frac{1}{k}-\frac{1}{k+1}\right)$$

$$=2n-\frac{1}{2}\left\{\left(\frac{1}{1}-\frac{1}{2}\right)+\left(\frac{1}{2}-\frac{1}{3}\right)+\cdots+\left(\frac{1}{n}-\frac{1}{n+1}\right)\right\}$$

$$=2n-\frac{1}{2}\left(1-\frac{1}{n+1}\right)$$

$$=\frac{n(4n+3)}{2(n+1)}\quad (\rightarrow ⑥)$$

別解　①については

$$b_{n+1}-b_n=\frac{a_{n+1}}{(n+1)(n+2)}-\frac{a_n}{n(n+1)}$$

$$=\frac{na_{n+1}-(n+2)a_n}{n(n+1)(n+2)}$$

$$=\frac{(n+2)a_n+1-(n+2)a_n}{n(n+1)(n+2)}$$

$$=\frac{1}{n(n+1)(n+2)}$$

としても求められる。

❖講　評

2021 年度は大問 4 題のうち，Ⅰ・Ⅱが記述式で，Ⅲ・Ⅳが空所補充形式であった。

Ⅰ　三角関数を 3 次関数に変換して，その 3 次関数に関する問題である。標準的なレベルである。

Ⅱ　不等式の証明問題。頻出問題で，解き方を知っていれば易しい。

Ⅲ　サイコロを 3 回投げたときの出た目に関する確率の問題であるが，条件がベクトルで与えられている。確率とベクトルの両方の知識が要求されるが，どちらも基本的なものである。

Ⅳ　数列の 2 項間漸化式を解き，数列の和を求める問題。誘導式であり個々の問題は教科書の例題にもある基本問題である。

全体的には例年通り標準的であり，対策としては教科書の例題レベルの問題を確実に解けるようにしておけばよい。

2020年度

問題と解答

■学部個別日程：２月１日実施分

３教科型，２教科型英語外部試験利用方式，２教科選択型

問題編

▶試験科目・配点

区分	教　科	科　　目	配　点
３教科型	外国語	コミュニケーション英語Ⅰ・Ⅱ・Ⅲ，英語表現Ⅰ・Ⅱ	200 点
	選　択	日本史Ｂ，世界史Ｂ，地理Ｂ，政治・経済，「数学Ⅰ・Ⅱ・Ａ・Ｂ」から１科目選択	100 点
	国　語	国語総合・現代文Ｂ・古典Ｂ（いずれも漢文を除く）	150 点
２教科型英語外部試験	選　択	日本史Ｂ，世界史Ｂ，地理Ｂ，政治・経済，「数学Ⅰ・Ⅱ・Ａ・Ｂ」から１科目選択	100 点
	国　語	国語総合・現代文Ｂ・古典Ｂ（いずれも漢文を除く）	150 点
２教科選択型	選　択	「コミュニケーション英語Ⅰ・Ⅱ・Ⅲ，英語表現Ⅰ・Ⅱ」，「数学Ⅰ・Ⅱ・Ａ・Ｂ」，「国語総合・現代文Ｂ・古典Ｂ（いずれも漢文を除く）」から２教科選択	各 200 点

▶備　考

- 「数学Ｂ」は「数列，ベクトル」から出題する。
- ２教科型英語外部試験利用方式は，学部指定の英語外部試験のスコアが基準を満たした者のみを対象とした方式。外部試験の証明書は出願時に提出する。文〈初等教育学専修〉・商・社会・外国語・人間健康・総合情報・社会安全学部では実施されていない。
- ２教科選択型は，総合情報学部で実施。

英語

(90 分)

〔Ｉ〕Ａ. 次の会話文の空所(1)～(5)に入れるのに最も適当なものをそれぞれＡ～Ｄから一つずつ選び，その記号をマークしなさい。

Julie is walking past Kaori's house when she sees her outside.

Julie: Hi Kaori. What are you doing? Why are you wearing such an old T-shirt?

Kaori: I don't want to ruin my good clothes. I'm just about to start painting my bicycle.

Julie: Why in the world are you doing that? (1)＿＿＿＿＿＿＿＿＿＿ Don't you like black?

Kaori: No. That's not the reason.

Julie: (2)＿＿＿＿＿＿＿＿＿＿ If it's not an issue with the color, what is the problem?

Kaori: Well, I'm always afraid I'm going to get hit. The streets are dark around here and black is hard to see at night.

Julie: That's for sure.

Kaori: (3)＿＿＿＿＿＿＿＿＿＿ Roads can be dangerous.

Julie: Oh, so that's why you are painting the bicycle. But why not an even lighter color? How about white?

Kaori: White? (4)＿＿＿＿＿＿＿＿＿＿ I want to be safe, but I want my bike to look good, too.

Julie: Really? Is light blue really any cuter than white?

Kaori: It will be when I finish! I'm going to paint some purple stars on it too!

Julie: Oh Kaori! (5) ________________ You really love that bicycle, don't you?

(1) A. You'd better buy new clothing.
B. I understand how you feel.
C. I'm totally confused.
D. It's so boring.

(2) A. We can do it!
B. Then why?
C. I'll see to it.
D. I got it!

(3) A. Some people drive really fast.
B. You can't cycle in the morning.
C. Headlights can be too bright.
D. We often get stuck in a traffic jam.

(4) A. Absolutely!
B. I love the color!
C. No way!
D. It's dangerous!

(5) A. They deserve it.
B. I can't see why you say so.
C. Don't finish painting it.
D. You make me laugh.

B．下の英文A～Fは，一つのまとまった文章を，6つの部分に分け，順番をばらばらに入れ替えたものです。ただし，文章の最初にはAがきます。Aに続けてB～Fを正しく並べ替えなさい。その上で，次の(1)～(6)に当てはまるものの記号をマークしなさい。ただし，当てはまるものがないもの(それが文章の最後であるもの)については，Zをマークしなさい。

(1)　Aの次にくるもの

(2)　Bの次にくるもの

(3)　Cの次にくるもの

(4)　Dの次にくるもの

(5)　Eの次にくるもの

(6)　Fの次にくるもの

A．I know that stealing is wrong. But sometimes we take things that do not belong to us. These items bring out our mischievous side and give us secrets to treasure.

B．So memories of these people in this place are why I stole. The print has only been in my possession for a few months, but I already feel like I couldn't live without it. If my apartment caught on fire, it would be the first item I'd take.

C．And so, inspired by these stories, I decided to share a story about a stolen object of my own. I didn't steal it, exactly, but when I discovered this photo of my grandparents in a family album, I knew I had to make it my own.

D．Sometimes, they become our most loved possessions. The blog called "I Stole This From You" is a website for posting about these bits of wrongdoing.

E. My grandmother, Josephine Amitrano, and grandfather, Vincent Caporimo, are standing beneath a pier in Brooklyn's Coney Island, quite near to where they met when they were nine and ten years old and started dating. Although they've both passed away, I still see these smiles when I think of them.

F. Accompanied by beautiful hand-drawn images and submitted anonymously, these tales come together to create an online forum where old photos are stolen from ex-boyfriends and a pair of dancing shoes mysteriously disappear from your closet. These confessions have both guilt and delight, and something beautiful about them.

〔Ⅱ〕A. 次の英文の空所（ 1 ）～（ 15 ）に入れるのに最も適当なものをそれぞれA～Dから一つずつ選び，その記号をマークしなさい。

Mick Fleetwood is one of the most famous and talented rock drummers in the world. His band, Fleetwood Mac, has sold tens of millions of copies of their recordings, and rock critics consider their albums *Fleetwood Mac* and *Rumours* to be works of genius. Yet when he was in school, his scores suggested that Mick Fleetwood lacked intelligence, at least as most people saw it.

He said, "My academic work was （ 1 ）, and no one knew why. I had a learning disability at school and still do. I had no understanding of math at all. None. If you asked me to recite the alphabet backwards, I'd be （ 2 ）. I'd be lucky if I got it right going forward quickly. If someone were to say, 'What letter is before this one?', I'd break out into a cold sweat."

He attended a boarding school in England and found the experience deeply (　3　). "I had great friends, but I just wasn't happy. I was aware of failing and being left out. I was suffering. I had (　4　) of what I was supposed to be because everything academic was a total failure, and I had no idea of what else was possible."

Fortunately for Mick, he came from a home where his family saw beyond the limits of what was taught and tested in schools. His father was a fighter pilot in the Royal Air Force, but when he retired, he followed his true passion for writing. He took his family to live on a boat on the River Thames in Kent for three years so he could follow his dream. Mick's sister Sally went to London to become an artist, and his sister Susan pursued a career in theater. In the Fleetwood household, everyone understood that talent came in many forms and that being poor at math, or unable to recite the alphabet backwards, did not (　5　) mean that person would have an insignificant life.

And Mick could drum. "Playing the piano is probably a more impressive sign that there's something creative going on," he said. "But I just wanted to beat hard on a drum or some cushions on the chair. It's not exactly the highest form of creativity. People might say, 'Well, anyone can do that. That's not clever.' But I started doing this tapping business, hitting things, and it turned out to be the beginning of success for me." Mick's moment of revelation—the point (　6　) the "tapping business" became the main ambition in his life—came when he visited his sister in London as a boy. He went to a little place in Chelsea with a piano player. People were playing jazz music and smoking foreign cigarettes. He watched them and saw the beginnings of this other world and the atmosphere attracted him. He remarked, "I felt comfortable. I wasn't restrained. That was my dream."

"Back at school, I held on to these images and I dreamed my way out of the academic world. I didn't even know if I could play music with people, but that vision got me out of the confusion of this academic nightmare. I was (7) unhappy because everything at school was showing me that I was useless." Mick's poor school performance continued to (8) his teachers. They knew he was intelligent, but his scores were still low, so there was (9) they could do. The experience proved extremely frustrating for the boy who dreamed of being a drummer. Finally, in his teens, he had (10) enough. "One day, I walked out of school and I sat under a large tree in the grounds. I'm not (11), but with tears pouring down my face, I prayed to God that I wouldn't be in this place anymore. I wanted to be in London and play in a jazz club. It was totally childlike and ridiculous, but I made a promise to myself that I was going to be a drummer."

Mick's parents understood that school was not a place for someone with Mick's unusual kind of intelligence. At sixteen, he asked them about leaving school and they approved. (12) insisting that he press on until graduation, they put him on a train to London with a drum kit and allowed him to pursue his inspiration. What came next was a series of lucky breaks that (13) occurred if Mick had stayed in school. While he was practicing drums in a garage, Mick's neighbor, a keyboard player named Peter Bardens, knocked on his door. Mick thought Bardens was coming to tell him to be quiet, but instead, the musician invited him to perform at a local youth club. This led Mick into the heart of the London music scene in the early 1960s. "As a kid, I had no sense of accomplishment. Now I was starting to feel that it was okay to be who I was and to do (14) I was doing." His friend Peter Green suggested him as the replacement for the drummer in a band that included, at various times, other famous musicians such as Eric Clapton. Later, he joined other members to form his band, Fleetwood Mac. The (15) is a history of top-selling recordings and sold-out stadiums.

For Mick Fleetwood, getting away from school and the tests that judged only a narrow range of intelligence was the path to a hugely successful career. “My parents saw that the light in me was certainly not school study.” This all happened because he naturally understood that he had a great talent for something that a score on a test could never measure. It happened because he chose not to accept that he was useless by traditional educational thinking.

From THE ELEMENT: HOW FINDING YOUR PASSION CHANGES EVERYTHING
by Ken Robinson with Lou Aronica, Penguin Random House LLC.

(1) A. worthless B. motivated
C. interested D. countless

(2) A. quite confident B. on target
C. very reversed D. in trouble

(3) A. controlling B. rewarding
C. unsatisfying D. interesting

(4) A. no memory B. no sense
C. a plan D. a hint

(5) A. freely B. significantly
C. partly D. necessarily

(6) A. at which B. of
C. at D. of which

(7) A. aggressively B. rarely
C. incredibly D. convincingly

(8)　A. impress　　B. bother
　　C. interrupt　　D. distract

(9)　A. little　　B. anything
　　C. much　　D. something

(10)　A. had　　B. been
　　C. had been　　D. better have

(11)　A. optimistic　　B. gracious
　　C. artistic　　D. religious

(12)　A. While　　B. Rather than
　　C. In addition to　　D. Other than

(13)　A. had not yet　　B. could have
　　C. might never have　　D. would have had

(14)　A. what　　B. how
　　C. with what　　D. in which

(15)　A. extension　　B. rest
　　C. end　　D. conclusion

B. 本文の内容に照らして最も適当なものをそれぞれA～Cから一つずつ選び，その記号をマークしなさい。

(1) When Mick Fleetwood was a child, he

A. found it easy to say the letters of the alphabet in a random order.

B. had a difficult time getting along with his school friends.

C. had a challenging time adding and using numbers.

(2) When Mick was at the boarding school, he

A. felt at a loss and had no clear goal for his future.

B. was content with his teachers and his academic work.

C. soon decided that he would become a musician in the future.

(3) With regard to Mick's academic performance, his parents were

A. disappointed with it and encouraged him to study harder.

B. aware that it did not reflect his true intelligence.

C. proud of it but told him to study harder to achieve better results.

(4) Mick was inspired to become a musician because he

A. felt happy when he watched people play live music.

B. thought playing the piano was very easy for him.

C. enjoyed his visit to his sister's house in London.

(5) Mick's reason for praying to God was that

A. he felt angry with his teachers because they did not help him.

B. he felt immature and silly because he could not make good friends.

C. he felt trapped in a place where he thought he did not belong.

(6) While Mick was practicing, Peter Bardens

A. complained about the noise of Mick's drums.

B. invited Mick to join a youth club.

C. heard Mick drumming and was impressed by it.

(7) The author suggests that Mick became a successful drummer because

A．his parents forced him to leave his school when they saw his talent.

B．he believed in his own talent despite his academic failure at school.

C．he was extremely lucky in being able to make a band with Eric Clapton.

〔Ⅲ〕A．次の英文の下線部①～⑩について，後の設問に対する答えとして最も適当なものをそれぞれA～Cから一つずつ選び，その記号をマークしなさい。

Sumo, or “sumo wrestling,” as it is often called in western countries, is the national sport of Japan. Once popular among the emperors, sumo’s origins go back at least 1,500 years, making it the world’s oldest organized sport. It probably evolved out of Mongolian, Chinese, and Korean wrestling. In its long history sumo has gone through many changes, and many of the rituals①—the traditions and ceremonies that go along with the sport—were conceived only in the 20th century. The word *sumo* is written with the Chinese characters for “mutual bruising.”

Sumo reportedly began as an activity in Shinto ceremonies to entertain the gods. According to one story, it was originally practiced by the gods and handed down to people 2,000 years ago. According to another account, the Japanese were given the right to rule over the islands of Japan after the god Takemikazuchi won a sumo match with the leader of a rival tribe②.

There are many religious traditions in sumo: wrestlers sip sacred③ water and throw purifying salt into the ring before a match, the referee dresses like a Shinto priest, and a Shinto shrine hangs over the ring. When wrestlers enter the ring they clap their hands to call the gods. In ancient times sumo was performed with sacred dancing and other rituals on the grounds of Shinto shrines. Today, sumo still has religious overtones. The wrestling area is considered sacred and every time a wrestler enters the ring he must purify it with salt. Top-ranked wrestlers are regarded as members of the Shinto faith.

According to one Japanese legend, the origin of the Japanese race depended on the outcome of a sumo match. In ancient times, as the old story goes, Japan was divided into two conflicting kingdoms④: East and West. One day a messenger from the West proposed that the strongest man from each region would dress in rope belts and wrestle, with the winner becoming the leader of a united Japan⑤. This wrestling match is said to have been the first sumo match. According to yet another legend, the Emperor Seiwa secured the Chrysanthemum Throne in A.D. 858 after a victory in sumo. In the 13th century, an imperial succession was reportedly decided by a sumo match, and emperors from time to time acted as referees.

The first historical records that refer to wrestling describe an incident in which the 5th-century Emperor Yuryaku ordered two improperly dressed women to wrestle to prevent a carpenter from concentrating on his work. The carpenter had claimed that he never made a mistake. While watching the women, the carpenter was careless and spoiled his work, so the Emperor ordered him to be killed.

In the Nara period (A.D. 710 to 794), the Imperial Court gathered wrestlers from all over the country to hold a sumo tournament and ceremonial banquet to ensure good harvests and peace. The banquet also featured music and dancing in which the victorious wrestlers participated. In those times⑥ sumo was a performing art associated with the Imperial Court and community festivals. Ichiro Nitta, a University of Tokyo law professor and author of *Sumo no Himitsu* (Secrets of Sumo), told the *Yomiuri Newspaper*, "After the Imperial Court's functions died out in the closing days of the Heian period (794-1192), a broader range of people started to watch sumo seriously, including shoguns and daimyo warlords in the Kamakura (1192-1333) and Muromachi (1336-1573) periods. The spread of sumo to all parts of the country was a phenomenon driven by strong political motivations."

Early sumo was a very rough affair that combined elements of boxing and wrestling and had few rules. Once it began to be supported by the Imperial Court, rules were formulated and techniques were developed. In the Kamakura period (1192-1333), sumo was used to train samurai and to settle disputes. In the 14th century, sumo became a professional sport and in the 16th century sumo wrestlers toured the country. In the old days, at various times, women were allowed to compete in the sport. ⑦A bloody version of sumo was briefly popular.

In the Edo period (1603-1867)—a period of peace and prosperity marked by the rise of the merchant class—sumo groups were organized to entertain merchants and working people. ⑧The sport was promoted by the Tokugawa Shogunate as a form of entertainment. Sumo wrestlers performed for Commodore Matthew Perry when he arrived in Japan in 1853 on the "Black Ships" from America. He described the wrestlers as "overfed monsters." Japanese, ⑨in turn, were unimpressed by a demonstration of boxing by "skinny American sailors." The present Japan Sumo Association has its origins in this era.

The basic organization and rules of sumo have changed little since the 1680s. In the 19th century, when samurai were forced to give up their profession and feudalism (the traditional social system) was prohibited, ⑩sumo wrestlers were the only people allowed to keep wearing top-knots, the traditional samurai hairstyle. In the 1930s, militarists turned sumo into a symbol of Japanese superiority and purity.

(1) What would be a concrete example for Underline ①?

A. a word that means mutual bruising

B. sumo wrestlers throwing salt

C. wanting to be a member of the Shinto faith

(2) What does Underline ② imply?

A. The Japanese previously had the right to control their islands.

B. Takemikazuchi represented the Japanese in the sumo match.

C. The ruler of Japan fought with a god named Takemikazuchi.

(3) Which of the following has a meaning closest to Underline ③?

A. holy

B. sweet

C. hidden

(4) Which of the following has a meaning closest to Underline ④?

A. countries that were once joined as one

B. two political groups that opposed an idea

C. two groups of people that were enemies

(5) What does Underline ⑤ actually mean?

A. the unity of Japan with other kingdoms

B. Japan controlled by the East

C. combined eastern and western Japanese regions

(6) What does Underline ⑥ refer to?

A. when there were good harvests

B. during the Nara period

C. at the banquet

(7) What does Underline ⑦ actually mean?

A. Sumo was violent during a particular period.

B. Sumo was popular as a sport during only one era.

C. Sumo wrestlers would bleed only for a short time.

(8) What does Underline ⑧ actually mean?

A. The top Tokugawa leaders participated in sumo as a sport.

B. The Tokugawa Shogunate encouraged people to watch sumo.

C. Edo period entertainers were sometimes seen practicing sumo.

(9) Which of the following has a meaning closest to Underline ⑨?

A. in sequence

B. in contrast

C. in the right order

(10) What does Underline ⑩ imply?

A. Samurai were no longer allowed to wear their traditional hairstyle.

B. Sumo's rules had changed such that wrestlers could wear top-knots.

C. The only people allowed to wear top-knots were the original samurai.

B. 本文の内容に照らして最も適当なものをそれぞれA～Cから一つずつ選び，その記号をマークしなさい。

(1) What is the connection between sumo and the Shinto religion?

A. Sumo comes from Shinto traditions found in Mongolia, China, and Korea.

B. Sumo was a gift that the gods gave Shinto priests as a form of entertainment.

C. Many of the customs of sumo are related to traditional Shinto practices.

(2) In the paragraph starting with "According to one Japanese legend," we learn that

A. the result of a sumo match determined who would rule Japan.

B. the outcome of a sumo match affected regional dress.

C. sumo was originally a race between messengers from the East and West.

(3) According to the first historical records of sumo,

A. female sumo wrestlers dressed improperly in order to fool the emperor.

B. skilled carpenters never made mistakes while watching women wrestle.

C. Emperor Yuryaku was able to trick a carpenter into doing poor work.

(4) In the paragraph starting with "In the Nara period," Professor Ichiro Nitta tells us that

A. sumo fans were mainly limited to shoguns and daimyo warlords.

B. sumo came to be performed in a large number of regions in Japan.

C. ordinary people quit watching sumo seriously in the Muromachi period.

(5) In the paragraph starting with "Early sumo," we learn that before sumo was controlled by the Imperial Court,

A. it had few clear rules or established techniques.

B. it was used mainly to settle disputes among Samurai.

C. professional sumo wrestlers frequently toured the country.

(6) The passage suggests that Commodore Matthew Perry

A. found sumo to be rather uninteresting.

B. thought his sailors should be fed better.

C. originated the Japan Sumo Association.

(7) Which would be the best title for this passage?

A. “The Shinto Origins of Sumo”

B. “A Brief History of Sumo”

C. “Sumo: Past and Present”

日本史

（60分）

〔Ⅰ〕次の(A)・(B)の各文の（　1　）〜（　10　）について，{(ア)〜(ウ)}の中から最も適当な語句を選び，その記号をマークしなさい。

(A)　1929年に成立した（　1　）{(ア)　浜口雄幸　(イ)　若槻礼次郎　(ウ)　田中義一}内閣は，貿易の促進を図るために，外国為替の安定を求めて金本位制への復帰を目指した。金輸出解禁について主導的役割を果たしたのは，（　2　）{(ア)　幣原喜重郎　(イ)　内田康哉　(ウ)　井上準之助}蔵相である。彼は緊縮財政により，産業合理化を促進し，国際競争力を高める政策をとった。しかし，同時期に（　3　）{(ア)　シカゴ　(イ)　ロンドン　(ウ)　ニューヨーク}の株式市場で始まった株価の大暴落が世界恐慌に発展し，日本経済は解禁による不況とあわせて，二重の打撃を受けることになった。

企業の操業短縮や倒産が相次ぎ，産業合理化によって賃金の引下げ，人員整理が行われて失業者が増大した。政府は1931年に重要産業統制法を制定し，指定産業での不況カルテル結成を容認したが，これが統制経済の先駆けとなった。

昭和恐慌が発生すると，各種農産物の価格が暴落した。特にアメリカへの（　4　）{(ア)　綿糸　(イ)　生糸　(ウ)　馬鈴薯}の輸出が大幅に減少し，また，豊作による米価の下落や，東北・北海道の大凶作の影響で，農村不況が深刻化した。さらに，政府は協調外交のもと，（　5　）{(ア)　ワシントン会議　(イ)　ジュネーヴ軍縮会議　(ウ)　ロンドン海軍軍縮会議}に参加し，積極的な軍縮を図ろうとして，日本の補助艦の総保有量を対米7割とした。

(B)　1954年に成立した（　6　）{(ア)　吉田茂　(イ)　鳩山一郎　(ウ)　石橋湛山}内閣は，翌55年6月にロンドンで日ソ交渉を開始し，56年10月，首相自ら河野一郎農相とともにモスクワを訪れ，(　7　){(ア)　日ソ共同宣言　(イ)　日ソ基本条約　(ウ)　日ソ中立条約}に調印して国交回復を実現し，同年12月には国際連合への加盟を果たした。

日米新時代を提唱した(　8　){(ア)　池田勇人　(イ)　佐藤栄作　(ウ)　岸信介}首相は1960年に渡米して日米相互協力及び安全保障条約(新安保条約)に調印したが，この条約の批准が議会で強行採決されたため，これに反対する激しい大衆運動が起こり，内閣は退陣した。

1956年に(　9　){(ア)　経済安定本部　(イ)　経済企画庁　(ウ)　通商産業省}が刊行した『経済白書』には「もはや戦後ではない」と記され，1958年～61年の岩戸景気，1960年代前半のオリンピック景気を経て，1960年代後半にはいざなぎ景気を迎えるなど，日本経済はめざましい成長をとげた。この高度経済成長によって，「消費は美徳」という1959年の流行語にみられるような，大衆消費社会が到来した。1950年代に人気を集めた「三種の神器」に続き，1960年代後半からは「新三種の神器」とも呼ばれた(　10　){(ア)　電気冷蔵庫　(イ)　自家用自動車　(ウ)　電気洗濯機}・カラーテレビ・クーラーが急速に普及した。

〔Ⅱ〕 次の(A)～(G)の各文の(　1　)～(　10　)に入れるのに最も適当な語句を下記の語群から選び，その記号をマークしなさい。

(A)　織田信長が天正4年(1576)から近江に築いた(　1　)城は，はじめて本格的な高層の天守をもった城郭であった。天正10年(1582)，信長没後の混乱の中で炎上し，その後は再建されずに廃城となった。

(B)　京都内外の名所や市井の様子をいきいきと描いた「洛中洛外図屏風」は，室町時代後期に制作が始まった。現存する最も古い作品は16世紀前半の作で，江戸時代まで多数の作品が描かれた。とくに，天正2年(1574)に織田信長が上杉謙信に贈ったとの伝承のある上杉本が有名で，(　2　)の作とされている。また，(　2　)と同時代の長谷川等伯も障壁画などの制作に才能を発揮した。

「(　3　)」は，等伯の傑作の一つである。

(C)　慶長3年(1598)，豊臣秀吉が花見のためにつくった醍醐寺(　4　)の庭園は，秀吉自身もその設計に関わったものという。庭園全体を見わたせる表書院もこの時建てられ，桃山時代を代表する建造物として国宝に指定されている。

(D)　後水尾天皇は譲位後，比叡山の南西麓に数寄屋造の山荘である(　5　)離宮を造営した。上《かみ》・中《なか》・下《しも》の三つの御茶屋からなり，雄大な回遊式庭園が広がる。中の御茶屋の客殿は，江戸幕府2代将軍徳川秀忠の娘で，後水尾天皇の中宮となった(　6　)の御所から移築された建物であり，5枚の棚板を互い違いに配し趣向を凝らした，霞《かすみ》棚と呼ばれる違い棚で知られる。

(E)　京都の寺院では，江戸幕府によって大規模な堂宇の再建がなされた。3代将軍徳川家光の援助で寛永10年(1633)に再建された(　7　)も，その一つである。建物の半分近くは崖の上にあり，高い床下をもつ懸造《かけづくり》で，正面中央に舞台を設けている。

(F)　天明8年(1788)，京都は大火に見舞われ，内裏や仙洞御所が焼失した。寛政2年(1790)，内裏は一部の建物が平安時代の古制に基づいて再建され，(　8　)天皇は，聖護院の仮御所から新造なった内裏へ還幸した。この還幸の行列を2階から見ることを禁じるなど，細かな注意事項が定められたが，多くの人びとが行列見物に集まったという。

(G)　明治10年(1877)，工学寮を改称した(　9　)は，工部省が設置した工業技術の高等教育機関であった。明治12年(1879)，最初の卒業生が巣立ったが，造家学科を首席で卒業した(　10　)は，卒業後すぐに英国へ留学した。帰国後は同校の教授となり，日本銀行本店や東京駅など，現在ものこる多くの著名な建築を手がけた。

〔語群〕

(ア)　三宝院	(イ)　教王護国寺金堂	(ウ)　中和門院
(エ)　仁和寺金堂	(オ)　土佐光起	(カ)　後桜町
(キ)　東京美術学校	(ク)　狩野永徳	(ケ)　松林図屏風
(コ)　伊東忠太	(サ)　青蓮院	(シ)　辰野金吾
(ス)　安土	(セ)　建礼門院	(ソ)　工部大学校
(タ)　東福門院	(チ)　水無瀬	(ツ)　片山東熊
(テ)　山水図屏風	(ト)　岐阜	(ナ)　光格
(ニ)　大仙院	(ヌ)　桂	(ネ)　開成学校
(ノ)　修学院	(ハ)　唐獅子図屏風	(ヒ)　清水寺本堂
(フ)　仁孝	(ヘ)　狩野探幽	(ホ)　清須

〔Ⅲ〕 次の(A)～(C)の各史料に関する問1～問15について，(ア)～(ウ)の中から最も適当な語句を選び，その記号をマークしなさい。

(A)　(天平十五年①五月)乙丑，詔②して曰く，「聞くならく，墾田は養老七年の(　③　)に依りて，限満つる後，例に依りて収授す。是に由りて農夫怠倦《たいけん》して，開ける地復た荒る，と。今より以後は，任に私財と為し，三世一身を論ずること無く，咸悉《みなことごと》くに永年取る莫《なか》れ。其の親王の一品及び一位は五百町，二品及び二位は四百町，三品・四品及び三位は三百町，四位は二百町，五位は百町，六位已下八位已上は五十町，初位已下庶人に至るまでは十町，但し(　④　)には，大領・少領に三十町，主政・主帳に十町。若し先より地を給ふこと茲《こ》の限より過多なるもの有らば，便即《すなわ》ち公に還《かえ》せ。(中略)」と。

(『続日本紀』)

問1　下線部①「天平十五年」について，この年に天皇が命じたものはどれか。

(ア)　恭仁京への遷都　　(イ)　大仏の造立　　(ウ)　国分寺の建立

問2 下線部②「詔」が出された時期に，左大臣として政権を担っていたのは誰か。

(ア) 藤原仲麻呂 (イ) 長屋王 (ウ) 橘諸兄

問3 この詔を出した天皇と光明子の間に生まれ，のちに即位した女帝は誰か。

(ア) 孝謙天皇 (イ) 元正天皇 (ウ) 皇極天皇

問4 文中の（ ③ ）に入る語句は何か。

(ア) 式 (イ) 令 (ウ) 格

問5 文中の（ ④ ）に入る語句は何か。

(ア) 国司 (イ) 国造 (ウ) 郡司

(B) （寛仁二年十月）十六日乙巳，今日，女御藤原（ ⑤ ）を以て皇后に立つるの日なり。（中略）太閤⑥，下官を招き呼びて云く，「和歌を読まむと欲す。必ず和すべし」者。答へて云く，「何《いずくん》ぞ和し奉らざらむや」。又云ふ，「誇りたる歌になむ有る。但し宿構《しゅくこう》に非ず」者。「此の世をば我が世とぞ思ふ望月の かけたることも無しと思へば」。余⑦申して云く，「御歌優美なり。酬答《しゅうとう》に方《すべ》無し，満座只此の御歌を誦すべし。（中略）」と。諸卿，余の言に響応して数度吟詠す。太閤和解して殊に和を責めず。

（『小右記』）

問6 文中の（ ⑤ ）に入る語句は何か。

(ア) 彰子 (イ) 嬉子 (ウ) 威子

問7 下線部⑥「太閤」とは，藤原道長のことである。彼が晩年に造営し，そこで生涯を終えた寺院はどれか。

(ア) 法勝寺 (イ) 法成寺 (ウ) 平等院

問8 藤原道長の権勢を，登場人物の大宅世継に批判的に語らせた歴史物語は何か。

(ア)『大鏡』　(イ)『御堂関白記』　(ウ)『栄華物語』

問9　下線部⑦「余」とは，誰のことか。

(ア)　藤原宗忠　(イ)　藤原行成　(ウ)　藤原実資

問10　この史料が記された翌年の寛仁3年(1019)，沿海州地方に住む女真族が対馬・壱岐・北九州などを襲う事件があった。女真族がのちに，中国北部で建てた王朝は何か。

(ア)　金　(イ)　元　(ウ)　遼

(C)　(承久三年五月)十九日壬寅，(中略)(　⑧　)，家人等を簾下《れんか》に招き，秋田城介景盛を以て示し含めて曰く，皆心を一にして奉るべし。是れ最期の詞《ことば》なり。故右大将軍朝敵を征罰し，関東を草創してより以降，官位と云ひ，俸禄と云ひ，其の恩既に山岳よりも高く，溟渤《めいぼつ》よりも深し。報謝の志浅からんや。而るに今逆臣の讒《ざん》に依て，非義の綸旨⑨を下さる。名を惜しむの族は，早く秀康・胤義等を討ち取り，三代将軍⑩の遺跡を全うすべし。但し院中⑪に参ぜんと欲する者は，只今申し切るべし者，群参の士悉く命に応じ，且つは涙に溺《しず》みて返報を申すに委しからず，只命を軽んじて恩に酬《むく》いんことを思ふ。

(『吾妻鏡』)

問11　文中の(　⑧　)に入る語句は何か。

(ア)　尼将軍　(イ)　二品　(ウ)　一位

問12　下線部⑨「非義の綸旨」について，これは誰の追討を命じたものか。

(ア)　北条時政　(イ)　北条泰時　(ウ)　北条義時

問13　下線部⑩「三代将軍」について，鎌倉幕府3代将軍の源実朝は藤原定家に和歌を学び，万葉調の作品をのこした。彼の和歌集は何か。

㈠『金葉和歌集』　㈡『千載和歌集』　㈢『金槐和歌集』

問14　下線部⑪「院中」は，後鳥羽上皇の御所を指している。後鳥羽上皇が新たに設置した警護の武士は何か。

㈠　滝口の武士　㈡　西面の武士　㈢　北面の武士

問15　この史料が描写する戦いに勝利すると，幕府は朝廷側の関係者を厳しく処罰した。順徳上皇が配流されたのはどこか。

㈠　佐渡　㈡　土佐　㈢　隠岐

〔Ⅳ〕次の(A)・(B)の各文の（　1　）～（　10　）に入れるのに最も適当な語句を下記の語群から選び，その記号をマークしなさい。また，各文の下線部①～⑤の位置を，地図上のａ～ｊから選び，その記号もマークしなさい。なお，地図の一部は省略している。

(A)　四国の長宗我部氏と九州の島津氏を平定した豊臣秀吉は1590年，全国統一を進めるためその矛先を関東に転じた。秀吉は５代約100年にわたり関東と伊豆に君臨した後北条氏第５代当主の（　1　）に降伏を勧めたが，（　1　）は応じず，小田原城①の城下町全体に惣構（総曲輪）を築いて籠城した。これに対し，豊臣秀吉は陸海からの大軍で小田原城を包囲した。

この小田原攻めのなかで，秀吉は成田氏が守備する忍《おし》城の攻略を，配下の武将（　2　）に指揮させた。後年，この武将は秀吉の死の直前に実務を執行するため制定された五奉行に任じられ，徳川家康と対立して関ヶ原の戦いに敗れて京都で処刑された。忍城は荒川と利根川に挟まれた小丘陵上に築城された平城で，その周囲を低湿地に囲まれた天然の要害であった。そのため，豊臣軍は堤防を築いて水攻めを行ったが，忍城の攻略を指揮した武将の名前が冠された堤防が現在も部分的に残っている。この水攻めは，織田信長の中国平定にあたって秀吉が行った備中高松城に対する1582年の水攻めや，根来衆や雑賀衆が籠城した紀伊太田城に対する1585年の水攻めとあわせて，三大水攻めと呼ばれている。

忍城攻防戦の際に豊臣方の本陣が置かれたのは，忍城から東南方向に約2km離れた位置にある丸墓山古墳であったと伝わっている。この丸墓山古墳は，直径約105m，高さ約19mの日本列島最大級の円墳であり，5世紀後半から7世紀中ごろに造営された埼玉古墳群②を構成する古墳の一つである。この古墳群に含まれる全長約120mの(　3　)では，1968年の発掘調査で後円部頂に築かれた舟形の礫槨内から，「辛亥年」にはじまる115字の金象嵌の銘が刻まれた鉄剣のほか，画文帯環状乳神獣鏡や馬具などの副葬品が出土した。この銘文にある「辛亥年」を471年とした場合，5世紀後半にはヤマト政権の支配が東国に及んでいる可能性を示すものとして注目できる。また，千葉県にあった5世紀後半の円墳である(　4　)から出土した鉄剣には，「王賜」からはじまる12文字の銀象嵌の銘文が確認された。この王とはヤマト政権の大王で，出土した鉄剣は大王から下賜されたものと推定されている。

同様に，5世紀後半の倭国の状態を知る史料として，中国の正史『宋書』のほか，熊本県にある清原《せいばる》古墳群を代表する全長約62mの前方後円墳である(　5　)から出土した鉄刀の銘文がある。この鉄刀の棟《むね》には75字の銀象嵌の銘文があり，埼玉古墳群から出土した鉄剣の銘文と類似した字形や用語から，両銘文にある「獲加多支鹵」をワカタケル大王(雄略天皇)にあてる説が有力である。

(B)　佐竹義宣は1590年，鎌倉時代初期に那珂川と千波湖に挟まれた台地に築かれた水戸城③の城主となり，(　6　)国を統一した。しかし，関ヶ原の戦いに勝利して政治の実権を握った徳川家康は，1602年には佐竹義宣を出羽国(　7　)に移封し，水戸城を東北諸大名に対する防衛拠点とした。水戸城主には家康の子たちを配したが，1609年には11男の徳川頼房を初代藩主として水戸藩25万石が成立した。水戸藩の第2代藩主の徳川光圀は，藩の安定と強化に努め，城郭と城下町の拡充や笠原水道の敷設，『(　8　)』の編纂事業などを行った。光圀の没後は財政難が表面化し，幾度か藩政改革が試みられたが，みるべき成果はなく藩人口も減少をたどった。

その後，寛政期前後から高まった藩政改革の機運を積極的に推進したのが，第9代藩主徳川斉昭である。斉昭は側用人として尊王攘夷思想を説いた水戸学者の藤田東湖や，主著『新論』で尊攘思想を説いた水戸学の理論的指導者（　9　）らを登用し，軍制改革と武装の充実などを図った。また，藩校（　10　）と郷校の開設や全領検地，税制改革などを実施した。

なお，水戸藩初代徳川頼房の父である家康は，1605年に将軍職を徳川秀忠に譲り大御所となったが，実権を保持し続けたまま，1616年に駿府城④でその生涯を閉じた。家康の没後，朝廷から東照大権現の神号と正一位の神階が贈られた。家康の遺体は，彼の遺言によりいったん久能山に埋葬されたのち，翌1617年に下野国の日光⑤に改葬された。その霊廟は，家康をまつる日光の東照社（のち東照宮）を代表として，その分社が全国に造られた。日光の霊廟が現在の社殿に建て替えられたのは，将軍徳川家光治世下の1636年であった。家光もその死後，日光東照宮の西に近接する大猷《だいゆう》院廟に埋葬された。

〔語群〕

(ア) 北条氏直	(イ) 稲荷台1号墳	(ウ) 上総
(エ) 秋田	(オ) 日新館	(カ) キトラ古墳
(キ) 今城塚古墳	(ク) 大日本史	(ケ) 庶物類纂
(コ) 前田利家	(サ) 北条早雲	(シ) 会沢正志斎
(ス) 興譲館	(セ) 誉田御廟山古墳	(ソ) 大山古墳
(タ) 江田船山古墳	(チ) 平田篤胤	(ツ) 仙台
(テ) 頼山陽	(ト) 石田三成	(ナ) 箸墓古墳
(ニ) 造山古墳	(ヌ) 上野	(ネ) 弘道館
(ノ) 本朝通鑑	(ハ) 金沢	(ヒ) 常陸
(フ) 増田長盛	(ヘ) 稲荷山古墳	(ホ) 北条氏康

《地図》

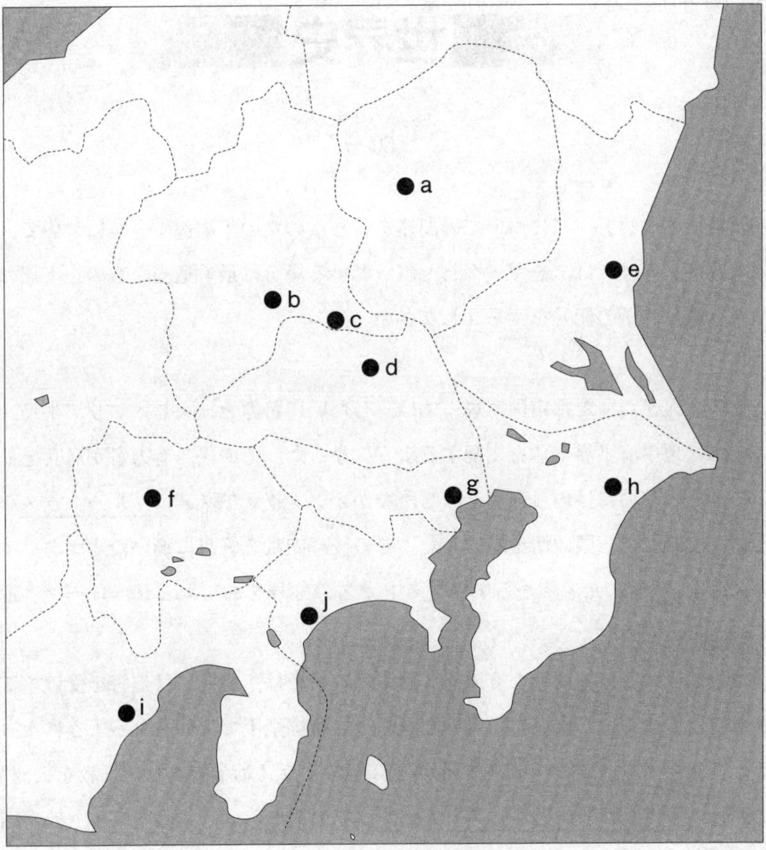

世界史

（60分）

〔Ⅰ〕 歴史上の人物X，Yについての記述を含む次の文の下線部①～⑩について，その内容が正しければ(ア)をマークし，誤っている場合は最も適当なものを下記の語群から選び，その記号をマークしなさい。

ラテン人がたてた都市国家ローマは，しだいに勢力を拡大しイタリア半島，ついでほぼ地中海世界全体を支配するようになった。その後，有力者が私兵をひきいて争う内乱期にはいった。そうしたなかオクタウィアヌスは①ブルートゥスなどと結んで第2回三頭政治を結成した。その後，内乱を終息に導いたオクタウィアヌスは②前37年に元老院からアウグストゥスの称号をあたえられ，ローマは帝政時代にはいった。

帝政期にはいって間もなく成立したキリスト教は，初期には迫害を受けることがあったものの，しだいに信者の数を増やし帝国全土で信仰されるようになった。その結果，③コンスタンティヌス帝が313年にミラノ勅令でキリスト教を公認し，392年には④ディオクレティアヌス帝によってアタナシウス派のキリスト教が国教とされるにいたった。帝政ローマの末期には，教父と呼ばれるキリスト教思想家たちが正統教義の確立につとめた。『教会史』や『年代記』の作者で，3世紀から4世紀にかけて生きた⑤トマス=アクィナスはその一人である。

東西に分裂したローマ帝国のうち，西ローマ帝国が滅亡した後，聖像問題などでビザンツ皇帝と対立するようになったローマ教皇は世俗権力との結びつきを模索するようになった。こうした教皇と世俗の権力者との接近の一例が教皇とフランク王国の支配者との関係である。教皇がカール=マルテルの子であったXによるフランク王位の継承を認めると，その返礼としてXはイタリアの⑥ブルグンド王国を攻め，そこから奪ったラヴェンナ地方を教皇に寄進した。その後，Xの子であったカール大帝はブルグンド⑥王国を征服し，北東のザクセン人を服従させるなどしてゲルマン諸部族の大多数を統合しフランク王国を強大化した。

中世の西ヨーロッパにあっては，聖界の頂点に立つ教皇と世俗の権力者の間には，しばしば深刻なあつれきが生じた。聖職叙任権をめぐる争いからおこった11世紀の教皇グレゴリウス1世⑦によるハインリヒ4世の破門とハインリヒ4世による謝罪，12世紀末から13世紀初めにかけての教皇インノケンティウス3世⑧によるテューダー⑨朝のイギリス王ジョンの破門，カペー⑩朝のフランス王フィリップ4世が自分と対立する教皇Yをとらえたアナーニ事件などが，その例である。

〔語群〕

(ア)　正しい	(イ)　前27	(ウ)　前17
(エ)　カラカラ	(オ)　東ゴート	(カ)　レピドゥス
(キ)　グレゴリウス7世	(ク)　クラッスス	(ケ)　エウセビオス
(コ)　ユリアヌス	(サ)　ノルマン	(シ)　ウルバヌス2世
(ス)　ランゴバルド	(セ)　ブルボン	(ソ)　トラヤヌス
(タ)　アウグスティヌス	(チ)　テオドシウス	(ツ)　ヴァロワ
(テ)　プランタジネット	(ト)　レオ3世	(ナ)　ボニファティウス8世

〔Ⅱ〕 以下に示す写真(A)と写真(B)について書かれた説明文中の下線部①～⑩について，その内容が正しければ(ア)をマークし，誤っている場合は最も適当なものを下記の語群から選び，その記号をマークしなさい。

(編集の都合上，写真は類似のものに差し替えています)

写真(A)

写真(B)

（写真提供：ユニフォトプレス）

写真(A)は，ムガル帝国の皇帝アクバル①が妻の墓廟としてデリー②に造営した建築物である。基壇の四隅には高さ約42メートルのジッグラト③がそびえ，インド=イスラーム建築の最高傑作とされる。ティムールの流れをくむこの帝国の初代皇帝となるバーブル④は，16世紀初頭にはサマルカンド⑤に拠点を移し，北インドに進出し始め，1526年には奴隷王朝⑥を破り，帝国の基礎を築いた。この同じころ，インドでは新たな宗教が生まれた。写真(B)はその宗教の代表的寺院である。ナーナク⑦を開祖とするこの宗教は，神秘主義的傾向を強くもち，主にインド西北部のデカン⑧地方において勢力を誇ったが，17世紀後半に入ると，イスラーム教徒の多数派で共同体を重視するシーア⑨派の厳格な信仰者であり，他宗教に対して厳しく臨んだ当時の皇帝と対立するようになっていった。その後，この宗教勢力は王国を築くが，19世紀半ばにオランダ⑩との戦いに敗れ，王国はほろぶことになった。

〔語群〕

(ア)　正しい　　(イ)　ミナレット　　(ウ)　フランス

(エ)　カビール　(オ)　ハワーリジュ　(カ)　アグラ

(キ)　ゴール朝　(ク)　カースト　(ケ)　カタコンベ

(コ)　ミッレト　(サ)　アラベスク　(シ)　パンジャーブ

(ス)　アイバク　(セ)　ヘラート　(ソ)　ポルトガル

(タ)　ビハール　(チ)　ボンベイ　(ツ)　シヴァージー

(テ)　スンナ　(ト)　ロディー朝　(ナ)　フマーユーン

(ニ)　アウラングゼーブ　(ヌ)　シャー=ジャハーン

(ネ)　ベンガル　(ノ)　カーブル　(ハ)　サイイド朝

(ヒ)　イギリス　(フ)　カルカッタ

〔Ⅲ〕　次の文の(　1　)～(　10　)に入れるのに最も適当な語句を下記の語群Ⅰから，また(　A　)～(　E　)に入れるのに最も適当な語句を下記の語群Ⅱから選び，その記号をマークしなさい。

ウィーン会議の結果，旧オランダ領の(　1　)とケープ植民地の領有を認められたイギリスは，産業革命による経済的繁栄と海軍力を背景に，列強体制の一角を占めた。一方，陸軍力の大きなロシアも，1815年に皇帝(　A　)がキリスト教精神に基づく(　2　)を提唱するなど存在感を示した。

1820年代のイギリスでは自由主義的政策が打ち出された。1828年には，1673年に制定された(　3　)が廃止され，1829年にはアイルランド人の運動の結果，(　4　)が成立したことで，国教徒以外でも公職につくことが可能になった。また，1832年の第1回選挙法改正により，中流階級が政治的発言力を強めた。これに不満を持つ労働者は人民憲章を掲げて(　5　)を起こしたが，成果は上がらなかった。経済面では自由貿易主義がとられ，地主層の反対で難航していた(　6　)の撤廃が1846年に実現し，1849年には自由貿易の障害になっていた(　7　)も廃止された。1860年代には，二大政党が選挙結果に応じて交替して政権を担当する議会政党政治が成立し，政治的にも安定した。しかし，1880年代以降，(　8　)の(　B　)首相が提出したアイルランド自治法案は，19世紀中には議会を通過しなかった。

1877 年にロシア=トルコ戦争が起こると，オスマン帝国の(　C　)はこれを口実に専制政治を復活させたが戦争に敗北した。戦争の結果ロシアが勢力を拡大させると，ロシアの南下政策を警戒したイギリスはこれに反対して干渉した。また，1880 年代以降，イギリスはアフリカ進出を本格化させた。1899 年には植民相の(　D　)が南アフリカ戦争を引き起こした。この戦争の結果，ブール人の建国した 2 国家はケープ植民地に併合された。

イギリスでは 20 世紀に入ると，1884 年に知識人を中心として結成された(　9　)や労働組合が労働者独自の政党結成を目指し，1906 年に労働党が成立した。1920 年代以降，労働党は二大政党のひとつになるまで成長し，1924 年には党首(　E　)が(　8　)と連立内閣を組織した。

皇帝による専制体制が続いてきたロシアでは，20 世紀初頭にその転換を求める動きが広まった。自由主義者は政治改革を要求し，1905 年に立法権をもつ(　10　)の開設が約束された。

〔語群Ⅰ〕(　1　)～(　10　)

(ア) 自由党	(イ) ラダイト運動	(ウ) 労働組合法
(エ) シン=フェイン党	(オ) 労働代表委員会	(カ) 審査法
(キ) スリランカ	(ク) ドゥーマ	(ケ) 保守党
(コ) 四国同盟	(サ) 穀物法	(シ) ベルギー
(ス) 団結禁止法	(セ) チャーティスト運動	
(ソ) 神聖同盟	(タ) カトリック教徒解放法	
(チ) 社会民主党	(ツ) ソヴィエト	(テ) ジャワ
(ト) 航海法	(ナ) 工場法	(ニ) ミール
(ヌ) フェビアン協会	(ネ) 議会法	(ノ) 人身保護法
(ハ) 五国同盟	(ヒ) イースター蜂起	

〔語群Ⅱ〕(　A　)～(　E　)

(ア) マクドナルド	(イ) ローズ	(ウ) アレクサンドル 1 世

(エ)　ジョゼフ=チェンバレン　(オ)　ディズレーリ
(カ)　クレマンソー　(キ)　オースティン=チェンバレン
(ク)　ニコライ１世　(ケ)　アブデュルハミト２世
(コ)　ネヴィル=チェンバレン　(サ)　ミドハト=パシャ
(シ)　グラッドストン　(ス)　アブデュルメジト１世
(セ)　ロイド=ジョージ　(ソ)　ゴードン　(タ)　ニコライ２世

〔Ⅳ〕　次の文の(　1　)～(　10　)に入れるのに最も適当な語句を下記の語群から選び，その記号をマークしなさい。また，下の問１～５にそれぞれ答えなさい。

中国東北地方の南部におこった高句麗は，４世紀には中国王朝の出先機関だった(　1　)郡①をほろぼし，(　2　)の時に全盛期をむかえる。さらに朝鮮半島北部まで支配下におさめた。一方，中国大陸では６世紀の後半に(　3　)が成立し，やがて中国の統一に成功する。(　3　)の第２代皇帝は高句麗遠征をおこなうが，失敗した。(　3　)にかわった(　4　)も，第２代皇帝②の時に高句麗遠征軍を送ったが失敗し，高句麗討伐は第３代皇帝の時代にもちこされた。(　4　)は朝鮮半島にあった新羅③と連合して高句麗をほろぼした。高句麗の遺民のうち，(　4　)の領域内に移住させられた人々がいたが，そのうちの一部は，(　4　)の営州，すなわち現在の遼寧省朝陽市付近に居住させられた。その中に後に渤海国を建国する(　5　)もいたとされる。この朝陽市付近には，(　4　)の建国直後から，(　4　)に帰順してきた騎馬遊牧民や狩猟民が移住しており，(　4　)の(　6　)にくみこまれていた。(　6　)とは，(　4　)が周辺民族に対してとった間接統治の方法である。やがて，８世紀半ばにソグド系軍人の(　7　)がおこした反乱をきっかけに，(　4　)の営州方面への支配力が弱まり，またモンゴル高原にあった遊牧国家の(　8　)④が840年に滅亡すると，(　8　)の中国東北部への影響力が無くなり，そのような状況の中から契丹⑤が勃興してくる。10世紀にはいると，契丹は(　9　)によって統一された。さらに，契丹は後晋の建国を後押しし，中国北部の(　10　)を割譲させた。

〔語群〕

(ア) 羈縻政策	(イ) 東トルキスタン	(ウ) 隋
(エ) 北周	(オ) 耶律阿保機	(カ) 海禁政策
(キ) 広開土王	(ク) 王建	(ケ) 唐
(コ) 北斉	(サ) 李成桂	(シ) 完顔阿骨打
(ス) 宋	(セ) 突厥	(ソ) 大祚栄
(タ) ソンツェン=ガンポ		(チ) ウイグル
(ツ) 帯方	(テ) 楽浪	(ト) 匈奴
(ナ) 呉広	(ニ) 耶律大石	(ヌ) 南海
(ネ) 安禄山	(ノ) 黄巣	(ハ) 燕雲十六州
(ヒ) 律令体制		

問1　下線部①について，前108年にこの郡を置いた時の中国皇帝がおこなったものとして，**適当でないもの**を次の(ア)〜(エ)から一つ選び，その記号をマークしなさい。

(ア)　塩・鉄・酒などを専売品とした。

(イ)　均輸・平準などの経済統制策をおこなった。

(ウ)　張角を西域に派遣した。

(エ)　五銖銭を鋳造した。

問2　下線部②の皇帝と同時代の出来事として，最も適当なものを次の(ア)〜(エ)から一つ選び，その記号をマークしなさい。

(ア)　西ゴート王国の滅亡

(イ)　ニハーヴァンドの戦い

(ウ)　タラス河畔の戦い

(エ)　カタラウヌムの戦い

問3　下線部③について述べたものとして，最も適当なものを次の(ア)〜(エ)から一つ選び，その記号をマークしなさい。

(ア)　中央の執行機関である六部を王に直属させた。

(イ)　開城を都とした。

(ウ)　音標文字であるハングルが作られた。

(エ)　骨品制という身分制度によって貴族中心の社会秩序を整えた。

問4　下線部④について述べたものとして，最も適当なものを次の(ア)～(エ)から一つ選び，その記号をマークしなさい。

(ア)　騎馬遊牧民としてはじめて独自の文字をつくった。

(イ)　冒頓単于のもとで全盛期をむかえた。

(ウ)　ササン朝とむすんで，エフタルをほろぼした。

(エ)　トルコ系のキルギスにほろぼされた。

問5　下線部⑤について述べたものとして，最も適当なものを次の(ア)～(エ)から一つ選び，その記号をマークしなさい。

(ア)　彼らの建てた国がほろんだ時，皇族の一人が中央アジアへのがれ，王朝を建てた。

(イ)　部族制にもとづく猛安・謀克という軍事・行政組織を維持した。

(ウ)　宋との間に盟約を結び，毎年多額の銀を宋へおくった。

(エ)　ソグド文字を改良した独自の文字をつくった。

地理

(60分)

〔Ⅰ〕 下の**図1**は，大陸の表面がまったく低平であると仮定して，地球上に散在する陸地を同緯度帯の上でまとめてひと続きにし，そこにケッペンの気候区分(Af・Aw・BW・BS・Cw・Cs・Cfa・Cfb・Dw・Df・ET・EF，ただしAfはAmを含む)の配置を模式的に示したもの(仮想大陸)である。この図を参照して次の問1～問5に答えなさい。なお，**ア**～**ヌ**には同じ気候区分がいくつか含まれているので，同じ気候区分であっても東岸か西岸か，北半球か南半球かを区別して解答すること。

図1

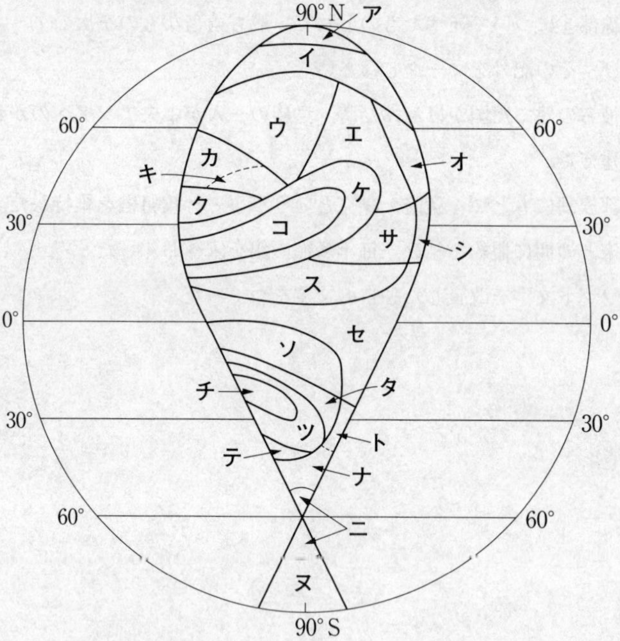

問1　次ページ**図2**の雨温図**a**～**f**は君達が高等学校で使う地図帳から世界6都市を選び，その月平均気温と月降水量を示したものである。この**図2**に続く**表1**に

はそれぞれの年平均気温と年降水量を示している。この6都市は下の点線内に示された12都市のうちのいずれかに該当している。**a**～**f**に該当する都市が位置する仮想大陸の気候区分を**図1**の**ア**～**ヌ**から選び，その記号をマークしなさい。

東京	リヤド	ヘルシンキ	ハバロフスク
パリ	ローマ	プレトリア	リオデジャネイロ
パース	ダカール	オークランド	ブエノスアイレス

図2

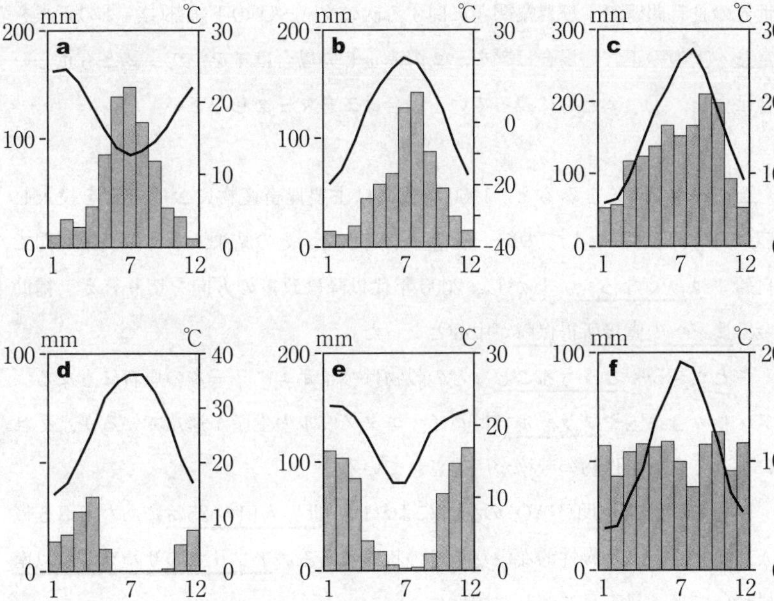

表1

	a	**b**	**c**	**d**	**e**	**f**
年平均気温(℃)	18.3	2.3	16.2	26.6	18.8	11.1
年降水量(mm)	726	664	1529	140	666	653

問2　昭和基地と最も関係のあるものを**ア**～**ヌ**から選び，その記号をマークしなさい。

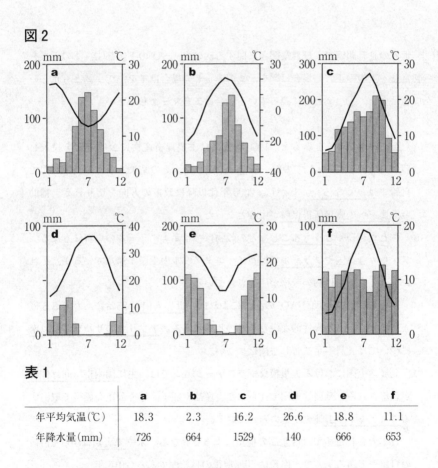

問3　カラハリ砂漠と最も関係のあるものを**ア**～**ヌ**から選び，その記号をマークしなさい。

問4　バレンシア地方の柑橘《かんきつ》類と最も関係のあるものを**ア**～**ヌ**から選び，その記号をマークしなさい。

問5　チェルノーゼムと最も関係のあるものを**ア**～**ヌ**から選び，その記号をマークしなさい。

〔Ⅱ〕世界の食料問題および農業問題に関する次の文(A)～(J)の下線部①，②の正誤を判定し，①のみ正しい場合は**ア**を，②のみ正しい場合は**イ**を，①，②とも正しい場合は**ウ**を，①，②ともに誤っている場合は**エ**をマークしなさい。

(A)　EUの農業政策をみると，1960年代には主要農畜産物に公的資金を投入しEU(当時はEEC)としての統一価格を設定した。その結果，多くの農業部門で自給率は<u>高くなった</u>①。しかし，2000年代以降は政策の方向を切り替え，補助金も<u>農家への直接所得保障</u>②が中心となった。

(B)　さとうきびや<u>とうもろこし</u>①などの穀物はバイオエタノールの原料にもなる。アメリカ合衆国や<u>ブラジル</u>②ではバイオエタノールの生産が進んでいるが，それによって食料用作物の栽培が圧迫されている。

(C)　国連食糧農業機関(FAO)の推計によれば，<u>世界人口の25%</u>①にあたる8.5億人を超える人々が慢性的な栄養不足の状態にある。<u>アフリカのサハラ砂漠以南</u>②については食料不足に苦しむ国は少ない。

(D)　発展途上国における大規模なプランテーションでは，主に<u>国内市場向け作物</u>①が栽培される。発展途上国で作られた農産品や加工品等を公正な価格で取引する<u>フェアトレード</u>②運動が進められている。

(E)　日本の食料自給率は農産品の種類によって異なる。米や<u>果実類</u>①は100%前後の自給率である一方で，<u>肉類</u>②は50%前後の自給率である(2016年)。

(F)　<u>国連世界食糧計画(WFP)</u>①は，食糧援助を通して途上国等の食糧の緊急事態に対処することを目的に設立された。また，西アフリカ稲開発協会が開発した

②ネリカ米は，アフリカでの食糧増産につながる品種として期待がかかる。

(G)　日本の農業をアメリカ合衆国やオーストラリアと比較すると，農業従事者1人当たりの耕地面積は両国と比べると①狭く，農業従事者1人当たりの農業産出額は②低いという特徴がある。

(H)　近年では食の安全に対する意識が高まりつつあり，流通経路の追跡が可能となる①トレーサビリティの整備が進みつつある。また，その地域でとれた農作物をその地域で消費する②地産地消の考えも広まりつつある。

(I)　遺伝子組み換え作物の栽培面積は年々増大している。国別で栽培面積を見ると上位2カ国はアメリカ合衆国と①中国である(2015年)。日本において最も多くの量が輸入されている遺伝子組み換え作物は②とうもろこしであり，その多くは飼料用として利用されている。

(J)　日本の農産物の自由化は国際機関との関わりの中で徐々に進められてきた。日本は1955年に①GATTに加盟し，1960年には121品目の農産物の自由化を行った。1986年に始まり1994年に終結した②ウルグアイ=ラウンドでは米の自由化に注目が集まった。

〔Ⅲ〕 太平洋およびそれに面する国々と地域に関する次の文(A)～(E)を読み，問1および問2に答えなさい。

(A)　太平洋およびそれに面する国々と地域にはケッペンが示したほぼ全ての気候区が存在する。南北回帰線間にはAf気候がよくみられるが，ニューギニア島の高地では①〔(ア)　Aw　(イ)　Cfa　(ウ)　Cfb〕気候がみられる。

(B)　太平洋およびそれに面する国々と地域には数多くの島々が点在し，島の多くはメラネシア，ポリネシア，ミクロネシアに含まれる。メラネシアでは陸島が多く，ポリネシアでは洋島が多い。温暖化による海面上昇で水没が懸念される②〔(ア)　フィジー　(イ)　ツバル　(ウ)　バヌアツ〕はポリネシアにある洋島の環礁国である。

(C)　太平洋一帯には複数のプレートが存在し，太平洋プレートとインド=オーストラリアプレートの境界の大部分は〔③(ア)　広がる　(イ)　せばまる　(ウ)　ずれる〕境界となっている。

マントル深部からマグマが上昇して火山活動が起こるホットスポットでは火山島が多くみられ，〔④(ア)　ガラパゴス諸島　(イ)　ハワイ島　(ウ)　ニューカレドニア島〕は太平洋プレート上のホットスポットによってつくられた火山島といわれる。

(D)　太平洋上の島々では資源などに恵まれない国が多く，国民所得が低い国も多い。そのため観光に力を入れる国も多く，2015年の年間日本人観光者数をみると，一時期日本の委任統治領ともなった〔⑤(ア)　トンガ　(イ)　パラオ　(ウ)　フィジー〕で3万人を超える。

(E)　自然災害は遠く離れた沿岸国にまで被害がおよぶことがあり，1960年には遠く17,000 km以上離れた対岸の〔⑥(ア)　アメリカ合衆国　(イ)　オーストラリア　(ウ)　チリ〕沖合で発生した津波が日本にも大きな被害を与えた。

問1　文(A)〜(E)中の〔①　　〕〜〔⑥　　〕の選択肢から，最も適当なものを選び，その記号をマークしなさい。

問2　下の表は太平洋に面する国々のいくつかの指標を示したものである。表中の**a**〜**d**に当てはまる国を次の(ア)〜(ク)から選び，その記号をマークしなさい。

(ア)　アメリカ合衆国　　(イ)　インドネシア　　(ウ)　エクアドル
(エ)　オーストラリア　　(オ)　カナダ　　(カ)　コロンビア
(キ)　メキシコ　　(ク)　ロシア

国	人口（千人　2018年）	人口密度（人/km^2）	輸出額と輸入額の差（US百万ドル，2017年）	輸出額第1位の品目（2016年）	首位都市の気候
a	24,772	3	10,653	鉄鉱石	Cfa
b	16,863	66	-888	原油	Aw
c	36,954	4	-3,379	自動車	Df
d	130,759	67	-10,875	機械類	Cw

『世界国勢図会2018/2019』，『データブック オブ ザ ワールド2018』などより

〔Ⅳ〕 観光に関して述べた次の文(A)～(C)を読み，次の問1～問8に答えなさい。

(A) 世界の国別外国人旅行客数の上位10カ国(2017年，国連世界観光機関)の地域別分布は，ヨーロッパの5カ国，アジアの3カ国，南北アメリカの2カ国(アメリカ合衆国，メキシコ)から構成される。この世界の上位2カ国はヨーロッパの①〔(ア) イタリアとドイツ　(イ) イタリアとフランス　(ウ) スペインとドイツ　(エ) スペインとフランス〕で，以下第3位がアメリカ合衆国，第4位が中国となる。中国以外で世界の上位10カ国に含まれるアジアの2カ国はトルコと②〔(ア) シンガポール　(イ) タイ　(ウ) フィリピン　(エ) ベトナム〕である。一方，世界の国別国外旅行者数(出国者数)では，第1位が中国で，第2位はヨーロッパ諸国のなかではロシアに次いで人口の多い国である③〔(ア) イギリス　(イ) イタリア　(ウ) ドイツ　(エ) フランス〕となる。

(B) 観光地を観光資源によって分類すると，自然環境や自然景観が魅力となって人々を引き付ける観光地と，歴史や文化と関連した遺跡・建造物・街並みなどの文化景観や文化，芸術活動，スポーツイベントなどが人々を引き付ける観光地に大別できる。前者の観光地の事例としては，自然の作用によって形成された風光明媚《めいび》な自然景観をみることができる観光地a，特定の自然環境下でスポーツを楽しむことができる観光地bなどがある。一方，後者の事例としては，歴史的建造物や歴史景観，文化施設などが多くの人々を引き付ける歴史的都市cや特定の宗教を信奉する巡礼者が訪れる聖地dなどがあげられる。

(C) 観光行動の期間などについてみると，短期間で特定の場所だけを訪れることの多い観光施設や観光地があり，その例としてはテーマパークや自宅，職場などから数時間以内で到着できる近場の温泉地eなどがあげられる。また，国外旅行では，1週間ほどの団体ツアーにより複数の観光地を巡る周遊型観光fを楽しむ人々も多い。そのほか，避暑地や避寒地gなどのように，比較的長く特定の場所に留まる滞在型観光地などもみられる。

問1　文中の〔①〕～〔③〕のなかで最も適当な語句を選び，その記号をマークしなさい。

問2　下線部aに関して，次の観光地とその自然景観特性の組合せとして**最も不適当なもの**を選び，その記号をマークしなさい。

(ア)　秋吉台=カルスト地形　　(イ)　エーゲ海=多島海

(ウ)　グランドキャニオン=地溝帯

問3　下線部bに関して，サーフィン，ダイビング，ヨットなどの海洋スポーツ・レジャーで有名な場所とその所在国の組合せとして**最も不適当なもの**を選び，その記号をマークしなさい。

(ア)　オアフ島=アメリカ合衆国　　(イ)　プーケット島=マレーシア

(ウ)　ゴールドコースト=オーストラリア

問4　下線部cに関して述べた3つの都市の説明文について，各都市の説明文の下線部が2つとも正しい都市を選び，その記号をマークしなさい。

(ア)　エディンバラ：グレートブリテン島の西岸に位置し，旧スコットランド王国の首都，また，英国王室とゆかりの深い都市として，歴史的建築物や美しい町並みが残り，また夏季には芸術フェスティバルなどで多数の観光客を集めるスコットランドで人口最大の都市。

(イ)　サンクトペテルブルク：旧ロシア帝国の都が置かれた都市でフィンランド湾奥に位置し，バルト海に通じる港湾都市でもある。市内には運河網が発達し，旧王宮，著名な美術館など，多くの観光スポットがみられる。現在では，モスクワに次ぐ人口を数えるロシア第2の大都市。

(ウ)　ボストン：アメリカ合衆国北東部ニューイングランド地方の中心都市で，かつてはイギリスからの入植者の受け入れ港，アメリカ北部の貿易港として繁栄し，アメリカ独立運動の舞台にもなり，首都が置かれたこともあった。独立運動関係の史跡や文化施設や著名な美術館などの観光・文化施設があり，多くの観光客で賑《にぎ》わう都市。

問5　下線部dに関して，宗教と聖地の組合せとして**最も不適当なもの**を選び，その記号をマークしなさい。

(ア)　イスラーム(イスラム教)=メディナ　　(イ)　キリスト教=ジッダ

(ウ)　ヒンドゥー教=ヴァラナシ

問6　下線部eに関して，日本の3大都市圏のいずれかから数時間以内で到着できる温泉地とその所在県名の組合せとして**最も不適当なもの**を選び，その記号をマークしなさい。

(ア)　熱海温泉=神奈川県　　(イ)　草津温泉=群馬県

(ウ)　下呂温泉=岐阜県　　(エ)　白浜温泉=和歌山県

問7　下線部fに関して，その例として「中欧ドナウ川流域都市をめぐる旅」という周遊型旅行コースがあげられる。このコースで訪れるべき都市として**最も不適当な都市**を選び，その記号をマークしなさい。

(ア)　ウィーン　　(イ)　ブダペスト　　(ウ)　ブラチスラバ　　(エ)　プラハ

問8　下線部gに関して，近年では世界の避暑地，避寒地の通年観光地化が進んできているが，元来の観光地の性格と観光地名の組合せとして**最も不適当なもの**を選び，その記号をマークしなさい。

(ア)　避暑地=ダージリン　　(イ)　避寒地=ボーデン湖

(ウ)　避寒地=マイアミ

政治・経済

(60分)

〔Ⅰ〕 次の文章を読んで，問(A)～問(G)に答えなさい。

私たちは社会のルールに従って暮らしており，この社会のルールの代表的なものが「法」である。「社会あるところに法あり」という言葉があるように，文字のなかった昔から我が国にも法は存在したはずであるが，現在の法については文章化された成文法が中心となっている。

我が国における成文法は，外国の法も参考に整備されてきており，聖徳太子(厩戸皇子)の十七条憲法を別として最古の成文法といわれる大宝律令は，当時の中国(唐)の法を参考に制定されている。

現在と同様の成文法が整備されるようになったのは明治維新後であって，①明治期にあっては西洋の法を参考に立法が行われている。明治初期においては，複数の西洋諸国の法が参考にされたが，明治憲法(大日本帝国憲法)が(　1　)の憲法を参考に制定されたこともあって，次第に(　1　)法を参考に法が制定されるようになった。

明治期の成文法は，まず「太政官布告」などの形で制定されたが，明治19年からは，現在と同じ「法律」の形で制定されるようになっている。明治憲法においては，第5条で「天皇ハ②帝国議会ノ(　2　)ヲ以テ立法権ヲ行フ」として，法律を制定し得る権限が天皇にあるとされている。また，天皇には，帝国議会の閉会時に緊急の必要がある場合に法律に代わるべき勅令を発することができるなどの命令制定権が認められている。

しかし，我が国の法は昭和20年の③敗戦を契機として大きく変化し，現在の日本国憲法が制定されるとともに，アメリカ法の影響を受けた新たな法律も制定されている。

新たな法律が制定される際は，明治憲法下においては衆議院と(　3　)で構成される帝国議会で法律案が審議されていたのに対し，日本国憲法下においては衆議院と参議院④から構成される国会で法律案⑤が審議されている。

日本国憲法では，第41条において「国会は，国権の最高機関であつて，国の唯一の立法機関である」とされ，法律は，国会に提出された法律案が衆議院及び参議院の両院で可決されることにより成立する。

一般に，法律という用語は「法令」とほぼ同義のものとして使用されることがあるが，厳密には，国の法令⑥には，法律のほか，内閣が制定する(　4　)，(　5　)が制定する内閣府令，(　6　)が制定する省令などの行政機関が制定する命令が含まれている。

問(A)　文中の(　1　)～(　6　)に入れるのに最も適当な語句を下記の語群から一つ選び，その記号をマークしなさい。

〔語群〕

(ア)　閣令　(イ)　協賛　(ウ)　訓令　(エ)　賛助

(オ)　政令　(カ)　輔佐　(キ)　輔弼　(ク)　貴族院

(ケ)　元老院　(コ)　参事院　(サ)　枢密院　(シ)　ドイツ

(ス)　本部令　(セ)　イギリス　(ソ)　イタリア　(タ)　フランス

(チ)　内閣官房長官　(ツ)　内閣総理大臣　(テ)　財務大臣などの各省大臣

(ト)　財務事務次官などの各省事務次官

(ナ)　金融担当，地方創生担当などの内閣府特命担当大臣

問(B)　下線部①に関して，明治期に西洋の法を参考に数多くの成文法が制定されるようになった理由ないし事情として**最も適当でない**ものを次の(ア)～(エ)から一つ選び，その記号をマークしなさい。

(ア)　富国強兵のための殖産興業政策を遂行するに当たり，産業が発展していた欧米の諸制度と同じような制度を早急に整備することが必要と考えられた。

(イ)　徳川幕府が欧米列強と締結した不平等な条約を改定するためには，我が国が欧米と同じような法治国家であることを示すことが有効であると考えられた。

(ウ)　明治維新前に欧米の専門家を招いて藩法の近代化を進めた雄藩もあったので，このような藩法の効果をなくすには政府が明文の法を制定するのが最も効果的であると考えられた。

(エ)　封建社会から近代社会へのものと国民生活を近代化していくためには，欧米における国民生活の枠組みを形作っている欧米の法を大枠として採用するのが望ましいと考えられた。

問(C)　下線部②に関して，帝国議会における法案審議と現在の国会における法案審議の異同として**最も適当でない**ものを次の(ア)～(エ)から一つ選び，その記号をマークしなさい。

(ア)　明治憲法においては，帝国議会に提出された法案をいずれの議院が先に審議をするかについて，現在の国会の場合と同様に，特に定められていない。

(イ)　現在の国会では，提案者数など一定の条件はあるものの国会議員側から法案を提出する議員立法が認められているのに対し，明治憲法においては立法権が天皇にあったため，法案を帝国議会に提出することができるのは政府だけであった。

(ウ)　明治憲法においては，帝国議会の各議院のいずれかが否決した法案と同じ法案は同一会期中の議会に再提出できないことが規定されており，日本国憲法にはこのような規定はないが，現在の国会においても，基本的には同様に取り扱われている。

(エ)　帝国議会においては，基本的には各議院の本会議を中心として法案の審議が行われ，法案の審議を行う委員会は個別の法案ごとに設けられたのに対し，現在の国会においては，各議院に設けられた常任委員会などの委員会を中心として法案の審議が行われている。

問(D)　下線部③に関して，我が国の法制度は，戦後の民主化政策の一環として大きな変革が行われている。この戦後の法制度に係る変革として**最も適当でない**ものを次の(ア)〜(エ)から一つ選び，その記号をマークしなさい。

(ア)　新たに制定される法律については，国民が読みやすくなるよう，カタカナ・文語体ではなく，ひらがな・口語体で条文が表記されるようになった。

(イ)　明治憲法では，帝国議会閉会中に緊急の必要がある場合は，法律に代わるべき命令を天皇の勅令として制定することが認められていたが，このような法律に代わるべき命令を制定することはできないことになった。

(ウ)　一時的な問題に対応するための法律などあまり重要ではない法律については，その法律に固有の名称(法律名)である題名が付されないこともあったが，どのような内容の法律であるかが国民に分かりやすくなるよう，すべての法律に題名が付されるようになった。

(エ)　戦前においては，帝国議会が可決して制定された法律を政府が国民に周知することは特になかったが，民主化された社会では法律の内容を国民に広く周知する必要があるとして，政府の公報紙として「官報」を創刊して，新たに制定された法律を官報に掲載するようになった。

問(E)　下線部④に関して，法律案の審議における衆議院と参議院の関係として**最も適当でない**ものを次の(ア)〜(エ)から一つ選び，その記号をマークしなさい。

(ア)　衆議院が可決した法律案を参議院が否決した場合に，衆議院が出席議員の3分の2以上の賛成で再び可決したときは，その法律案は成立して法律となる。

(イ)　国会議員は法律案の提案ができるが，例えば衆議院議員が衆議院に提出して可決された法案が参議院に送付された場合，その法案と同内容の法案を参議院議員が参議院に提出することは認められていない。

(ウ)　予算については衆議院の優越が認められているので，予算に関連した法律案について衆議院と参議院の議決が異なる場合に，両院協議会を開催しても両院の意見が一致しないときは，衆議院の議決が国会の議決となる。

(エ)　衆議院で可決された法律案が参議院で審議中に国会が閉会となった場合

は，閉会中においても審査を行うとの手続がとられなければ，その法律案は廃案となるので，次の国会でその法律案を成立させようとする場合は改めて法律案を国会に提出し，衆議院でも審議を行う必要がある。

問(F)　下線部⑤に関して，新たな法律案について，その内容に憲法上問題ないか，法律の形式で制定する必要があるかなどを審査する機関として，内閣及び衆参両議院に法制局が設けられている。この法制局の説明として**最も適当でないもの**を次の(ア)〜(エ)から一つ選び，その記号をマークしなさい。

(ア)　内閣法制局においては，内閣が国会に提出する法律案の審査だけでなく，内閣が制定する命令の案の審査も行っている。

(イ)　内閣法制局は明治期に設けられた「法制局」を前身とするものであるのに対し，参議院の法制局だけでなく衆議院の法制局も戦後に設けられた。

(ウ)　最高裁判所には違憲立法審査権があるため，内閣法制局や衆参両院の法制局が審査を行う法律案に違憲の疑いがある場合は，最高裁判所の意見を聴取することになっている。

(エ)　内閣法制局は，各省庁が作成した法律案について，その閣議決定・国会提出前に審査を行っているのに対し，衆参両院の法制局は，議員立法として国会に提出される法律案について，国会議員が法律案を立案する段階から助言や手助けも行っている。

問(G)　下線部⑥に関して，我が国の法令の内容について**最も適当でないもの**を次の(ア)〜(エ)から一つ選び，その記号をマークしなさい。

(ア)　行政機関が制定する命令について，その命令上の規定に違反した者に対する罰則を設ける場合は，法律により罰則を設けられるとの委任がなされている必要がある。

(イ)　日本国憲法において，衆議院及び参議院には会議などの手続や内部規律に関する規則を制定する権限がそれぞれ認められているが，これらについては法律で定めることもできる。

(ウ)　我が国では「法」は成文法の形で存在することが多いが，法律で定められていない事項について社会における長年の慣習が法として機能している場合は，文章化されていない慣習も法律と同じ効力を持つことがある。

(エ)　地方公共団体には条例を制定する権限が日本国憲法で認められているので，ある一つの地方公共団体のみに適用される法令を制定しようとする場合は，国は法律を制定することはできず，地方公共団体の条例によることになる。

〔Ⅱ〕 次の文章を読んで，問(A)～問(G)に答えなさい。

企業が事業活動を行っていくためには，本社ビル，営業所，工場といった多くの設備が不可欠であり，また，そこで働く人たちには給料を支払う必要がある。そのため，企業には多くのお金，すなわち資金が重要となる。企業が事業活動に必要な資金を集めることを，資金調達とよぶ。

企業の資金調達には，大きく分けて，以下の三つの方法がある。

(i)金融機関から借り入れて資金を集める方法

(ii)社債を投資家に発行①して資金を集める方法

(iii)株式を投資家に発行②して資金を集める方法

企業が(i)で資金を集めた場合には，借り入れ期間が終了するとその資金の全額を返済する義務があり，また一定期間ごとに資金の借り賃である(　1　)を支払う必要がある。これは，(ii)で資金を集めた場合も同じで，定められた期間が終了すると，企業は投資家にその資金を全額返済する義務があり，また一定期間ごとに(　1　)を支払う必要がある。

一方，企業が(iii)で資金を集めた場合には，(i)や(ii)とは異なり，その資金を返済する義務や(　1　)を支払う必要がない。その代わりに，企業は事業活動で利益を得た時には，その分け前である(　2　)を投資家に対して支払う。

企業が(ii)や(iii)を用いて投資家から必要な資金を集めることを(　3　)金融といい，(　3　)金融において重要な役割を果たしている代表的な金融機関が(　4　)である。これに対して，(i)を用いて(　5　)などの金融機関から借り入れによって資金を集めることを(　6　)金融という。

問(A)　下線部①に関して，国や地方公共団体が発行する債券のことを何というか。最も適当なものを次の(ア)〜(エ)から一つ選び，その記号をマークしなさい。

(ア)　割引債

(イ)　事業債

(ウ)　公債

(エ)　電力債

問(B)　下線部①に関して，社債は発行時にその信用状態が調査され，その結果付与される，ＡＡＡ，Ａａ１，ＢＢ＋といったアルファベットや数字等による等級によって発行条件が変わってくる。このような，社債に等級を付与する組織のことを何というか。最も適当なものを次の(ア)〜(オ)から一つ選び，その記号をマークしなさい。

(ア)　格付け機関

(イ)　商工会議所

(ウ)　投資ファンド

(エ)　証券保管振替機構

(オ)　預金保険機構

問(C)　下線部②に関して，日本最大の株式取引市場は何というか。最も適当なものを次の(ア)〜(エ)から一つ選び，その記号をマークしなさい。

(ア)　東京都中央卸売市場

(イ)　東京商品取引所

(ウ)　東京証券取引所

(エ)　東京外国為替市場

問(D)　下線部②に関して，創業間もなく高成長の見込まれる未上場企業の株式を引き受け，その企業が株式公開した後に株式を売却することによって大きなリターンを獲得することを目指す投資家を何というか。最も適当なものを次の(ア)〜(エ)から一つ選び，その記号をマークしなさい。

(ア)　ＩＰＯ

(イ)　ベンチャーキャピタル

(ウ)　ヘッジファンド

(エ)　ＧＰＩＦ

問(E)　文中の(　1　)に当てはまる語句として最も適当なものを次の(ア)〜(エ)から一つ選び，その記号をマークしなさい。

(ア)　賃貸借料

(イ)　保証金

(ウ)　共益費

(エ)　利息

問(F)　文中の(　2　)に当てはまる語句として最も適当なものを次の(ア)〜(エ)から一つ選び，その記号をマークしなさい。

(ア)　キャピタルゲイン

(イ)　配当

(ウ)　積立金

(エ)　償還金

問(G)　文中の(　3　)〜(　6　)に入れるのに最も適当な語句を下記の語群から選び，その記号をマークしなさい。

〔語群〕

(ア)　生命保険会社　　(イ)　頼母子　　(ウ)　直接

(エ)　リース会社　　(オ)　メザニン　　(カ)　証券会社

(キ)　間接　　(ク)　ハイブリッド　　(ケ)　損害保険会社

(コ)　銀行

〔Ⅲ〕次の文章を読んで，問(A)～問(E)に答えなさい。

敗戦によって日本は連合国軍に占領され，いわゆる「占領改革」が進められることになった。1945年10月には，戦前期に政治活動の弾圧手段として濫用された治安維持法①が廃止され，1947年に施行された日本国憲法によって集会，結社，言論，出版の自由が保障されることになった。このように政治的民主化が進むなかで，戦前期には大きな制約下にあった社会運動が活発化することになる。

占領期においては労働運動が社会運動の中心であったが，1950年代に入ると原水爆禁止運動などの平和運動が活発化していった。1960年には，（　1　）首相によって日米安全保障条約の改定交渉が進められた際に，これに反対する日本社会党や日本共産党などの（　2　）政党や学生，市民などによる大規模な反対運動が展開された。いわゆる安保闘争である。その後も，1960年代から1970年代初頭にかけて，ベトナム反戦運動や沖縄闘争などの平和運動が大きな盛り上がりを見せた。

1960年代後半になると，住民運動が広く展開されるようになる。その代表的なものが反公害運動である。急速な工業化によって生じた公害問題に対して各地で反対運動が展開され，水俣病やイタイイタイ病などの四大公害に対する訴訟が提起された。また，石牟礼道子の『苦海浄土』や新田次郎の『神通川』など，公害問題をテーマとする小説が発表され，大きな反響を呼んだ。このように環境問題に対する国民の関心が高まるなか，政府は1967年に事業者や国などの公害防止に関する責務を明らかにした（　3　）を制定し，1971年には環境庁が設立された。また，都市部においては，社会インフラの整備が人口増加に追いつかず住環境が悪化したことに対して，その改善を求める住民運動も活発化していった。こうした生活に関わる問題に対して，東京都や京都府などでは，（　2　）政党の支持を背景として当選した知事②や市長が積極的に取り組む姿勢を見せた。しかし，これらの住民運動は，1980年代に入ると，公害問題や都市問題がある程度解決したこともあって退潮していくことになる。

1990年代に入ると，社会運動に新しい動きが見られるようになった。1995年に発生した阪神・淡路大震災を契機としてボランティア活動が活発に行われるようになり，1998年には特定非営利活動促進法③(ＮＰＯ法)が制定された。また，公共施設の建設をめぐって住民投票を求める運動も全国各地で展開された。さらに2000年代以降になると，グローバリゼーションの拡大に伴って生じた経済格差の拡大や一部の先進国による意思決定の独占などの問題に対して異議を申し立てる反グローバリズムの運動が世界的に展開されるようになり，日本でも2003年の(　4　)戦争に対する抗議運動が行われた。

近年では，2011年の福島第一原発事故をきっかけに盛り上がった反原発運動や，安倍晋三内閣④が制定した安保法制に反対する運動が繰り広げられたことは記憶に新しい。これらの運動には，政治や社会に無関心な者が多いとされてきた若者が多数参加したと言われているが，この点が示唆するように，現在，ＳＮＳの普及などによって社会運動のあり方は大きく変わりつつある。その変化が今後どのような方向に進んでいくのか注目されるところである。

問(A)　文中の(　1　)～(　4　)に入れるのに最も適当な語句を下記の語群から一つ選び，その記号をマークしなさい。

〔語群〕

(ア)　池田勇人	(イ)　イラク	(ウ)　右翼
(エ)　革新	(オ)　環境アセスメント法	(カ)　環境基本法
(キ)　岸信介	(ク)　公害健康被害補償法	(ケ)　公害対策基本法
(コ)　佐藤栄作	(サ)　シリア	(シ)　中東
(ス)　中道	(セ)　朝鮮	(ソ)　保守
(タ)　吉田茂		

問(B)　下線部①に関して，治安維持法が制定された1920年代に起きた出来事に関する説明として最も適当なものを，次の(ア)～(エ)から一つ選び，その記号をマークしなさい。

(ア)　ロシア革命が勃発し，マルクスを最高指導者とするソビエト連邦が成立した。

(イ) 被差別部落の解放などを目的として全国水平社が創立された。

(ウ) 衆議院議員選挙法が改正され，20歳以上の男子に選挙権が付与された。

(エ) アメリカ大統領ウィルソンの提唱によって国際連合が設立された。

問(C) 下線部②に関して，2019年10月末時点における都府県とその知事の組合せとして**最も適当でない**ものを，次の(ア)〜(エ)から一つ選び，その記号をマークしなさい。

(ア) 愛知県 — 河村たかし

(イ) 大阪府 — 吉村洋文

(ウ) 沖縄県 — 玉城デニー

(エ) 東京都 — 小池百合子

問(D) 下線部③に関して，以下の条文は特定非営利活動促進法の第1条である。(A)に入れるのに最も適当な語句を，次の(ア)〜(エ)から一つ選び，その記号をマークしなさい。

この法律は，特定非営利活動を行う団体に法人格を付与すること並びに運営組織及び事業活動が適正であって(A)の増進に資する特定非営利活動法人の認定に係る制度を設けること等により，ボランティア活動をはじめとする市民が行う自由な社会貢献活動としての特定非営利活動の健全な発展を促進し，もって(A)の増進に寄与することを目的とする。

(ア) 公益 (イ) 国益 (ウ) 共助 (エ) 福祉

問(E) 下線部④に関して，安倍晋三内閣の時に国内外で起きた出来事に関する記述として最も適当なものを，次の(ア)〜(エ)から一つ選び，その記号をマークしなさい。

(ア) 環太平洋パートナーシップに関する包括的及び先進的な協定(ＴＰＰ11協定)が，アメリカや日本などを締約国として発効した。

(イ)　武器輸出三原則が閣議決定された。

(ウ)　アメリカとキューバが国交を回復した。

(エ)　トランプ大統領が広島を訪問した。

〔Ⅳ〕　次の文章を読んで，問(A)と問(B)に答えなさい。

市場の働きの意味や意義は，これまで多くの経済学者たちによって議論されてきた。市場の働きの重要性を強調したことで知られるのが，アダム=スミスである。彼は『国富論』(1776年)において，富とは貴金属や貨幣であると考えその獲得のために保護貿易政策を主張する「(　1　)」という考え方を批判した。アダム=スミスは，富とは人々が年々消費できる商品のことだとして，その質や量の向上をもたらす(　2　)の進展と市場の拡大の重要性を強調したのである。

また『経済学および課税の原理』(1817年)の著者である(　ア　)は，保護貿易政策を批判し，各国が比較優位にある財を生産し他国と自由な貿易をすることですべての貿易参加国の利益が最大になるという(　3　)説を唱えた。こうしてアダム=スミスや(　ア　)らの古典派経済学者たちは，自由な市場は生産性を向上させ豊かさをもたらすと強調したのである。

市場経済への信頼が揺らぐきっかけとなったのが，1929年のニューヨーク株式市場の暴落に端を発する世界恐慌である。現行の賃金水準で働きたいのに職に就けない大量の(　4　)失業の発生は，雇用の問題を自由な市場に委ねることを再考する機運を生んだ。

失業対策に関する政府の役割の転換に関して大きな影響力を持ったのが，『雇用・利子および(　5　)の一般理論』(1936年)の著者である(　イ　)である。彼は完全雇用を実現するためには，投資と消費から成る(　6　)を増大させるための積極的な経済政策を政府がとる必要があると主張した。

政府が国民の雇用や福祉に責任を持つべきとの考え方は，第二次世界大戦後には多くの先進国で広まっていったが，これに対して批判を加えたのが(　ウ　)である。彼は『資本主義と自由』(1962年)などで，(　イ　)の理論に基づく政府による介入は国民の実質的福祉の向上や個人の自由にとって有害であると主張し，政府の役割を見直して規制緩和や民営化の必要性を強調する立場である「(　7　)」の理論的指導者と目されるようになった。こうしてふたたび，市場経済の重要性が強調されるようになったのである。

(　イ　)は上記の1936年の著作の中で「経済学者や政治哲学者の思想は，それが正しい場合にも間違っている場合にも，一般に考えられているよりもはるかに強力である」と指摘している。何を市場に委ね，何を政府に委ねるかの役割分担をめぐる議論は現在でも続いているが，そこには過去の経済学者たちの議論の積み重ねが反映しているのである。

問(A)　文中の(　1　)〜(　7　)に入れるのに最も適当な語句を**漢字**で解答欄に記入しなさい。

問(B)　文中の(　ア　)〜(　ウ　)に入れるのに最も適当な人名(姓のみ)を**カタカナ**表記で解答欄に記入しなさい。

数学

◀3教科型・2教科型英語外部試験利用方式▶

（60分）

〔Ⅰ〕 $0 \leqq x \leqq 2\pi$ において，関数

$$f(x) = \sqrt{2}\sin x - \sqrt{2}\cos x + 1 - 2\sin x\cos x$$

を考える。次の問いに答えよ。

(1) $t = \sin x - \cos x$ とおく。t のとりうる値の範囲を求めよ。

(2) $f(x)$ を (1) で定義した t を用いて表せ。

(3) $f(x)$ の最小値と最大値を求めよ。さらにそのときの x の値を求めよ。

〔Ⅱ〕 次の $\boxed{}$ をうめよ。

次の条件によって定められる数列 $\{a_n\}$ がある。

$$a_1 = 2,\ \frac{a_{n+1}}{n} - \frac{3a_n}{n+1} = \frac{1}{{}_{n+1}\mathrm{C}_2} \quad (n = 1,\ 2,\ 3,\ \cdots\cdots)$$

ここで ${}_{n+1}\mathrm{C}_2$ は二項係数で $(n+1)$ 個から2個をとる組合せの総数である。

${}_{n+1}\mathrm{C}_2$ を n の式で表すと $\boxed{\text{①}}$ であり，a_2 を求めると $a_2 = \boxed{\text{②}}$ である。$na_n = b_n$ とおくと，上の漸化式から b_{n+1} は b_n で表されて $b_{n+1} = \boxed{\text{③}}$ となる。これより一般項 b_n を求めると $b_n = \boxed{\text{④}}$ だから，$a_n = \dfrac{\boxed{\text{④}}}{n}$ である。このとき2つの整数 $\boxed{\text{④}}$ と $\boxed{\text{④}} + 1$ の桁数は等しいので，a_{1000} をこえない最大の整数は $\boxed{\text{⑤}}$ 桁の整数である。ただし $\log_{10} 3 = 0.4771$ として用いてもよい。

〔Ⅲ〕 三角形ABCにおいて，辺ABを $t : (1-t)\ (0 < t < \frac{1}{2})$ に内分する点をP，ACの中点をQとする。さらに直線BCと直線PQの交点をRとする。次の $\boxed{}$ をうめよ。

$\overrightarrow{\mathrm{AB}} = \vec{b}$，$\overrightarrow{\mathrm{AC}} = \vec{c}$ とおく。いま，ベクトル $\overrightarrow{\mathrm{PR}}$ を $\vec{b}$，$\vec{c}$ を用いて2通りに表す。そのために実数 α，β を用いて $\overrightarrow{\mathrm{BR}} = \alpha\overrightarrow{\mathrm{BC}}$，$\overrightarrow{\mathrm{PR}} = \beta\overrightarrow{\mathrm{PQ}}$ とおく。

$\overrightarrow{\mathrm{PR}} = \overrightarrow{\mathrm{PB}} + \overrightarrow{\mathrm{BR}}$ だから，$\overrightarrow{\mathrm{PR}}$ は $\vec{b}$，$\vec{c}$，t，α を用いて

$$\overrightarrow{\mathrm{PR}} = (\boxed{\text{①}})\vec{b} + \alpha\vec{c} \quad \cdots\cdots \quad (1)$$

と表される。$\overrightarrow{\mathrm{PQ}}$ を $\vec{b}$，$\vec{c}$，t で表して $\overrightarrow{\mathrm{PR}} = \beta\overrightarrow{\mathrm{PQ}}$ に代入すると

$$\overrightarrow{\mathrm{PR}} = \boxed{\text{②}}\,\vec{b} + \boxed{\text{③}}\,\vec{c} \quad \cdots\cdots \quad (2)$$

である。(1)，(2)より α，β は t で表すことができて，$\alpha = \dfrac{\boxed{\text{④}}}{1-2t}$，$\beta = \dfrac{\boxed{\text{⑤}}}{1-2t}$ である。

三角形QCRの面積が三角形QAPの面積の2倍となるような t の値は，$t = \boxed{\text{⑥}}$ である。

◀2教科選択型▶

(90分)

〔Ⅰ〕 a を正の数とする。放物線 $C_1 : y = -ax^2 + a - \dfrac{1}{4a}$ 上の相異なる2点A，Bにおける C_1 の接線の交点をPとする。△PABが $\angle P = \dfrac{\pi}{2}$ である直角二等辺三角形となっているとする。次の問いに答えよ。

(1) Pの座標を a を用いて表せ。

(2) 3点P，A，Bを通る放物線を C_2 とする。C_2 の方程式を求めよ。

(3) 2つの放物線 C_1，C_2 で囲まれる部分の面積を求めよ。

〔Ⅱ〕 辺BCを斜辺とする直角三角形ABCを考える。辺ABを $t : (1-t)$ に内分する点をP，辺BCを $t : (1-t)$ に内分する点をQとする。ただし，$0 \leqq t \leqq 1$ である。次の問いに答えよ。

(1) $\overrightarrow{AB} \perp \overrightarrow{PQ}$ となるときの t の値を求めよ。

(2) △ABCの重心をGとする。重心が，3本の中線の交点であり，それぞれを2：1に内分する点であることより，$\overrightarrow{AG}$ を $\overrightarrow{AB}$ と $\overrightarrow{AC}$ を用いて表せ。

(3) 直線PQはGを通らないことを示せ。

〔Ⅲ〕 さいころを3回投げて出た目を順に $a,\ b,\ c$ とする。原点をOとし，点 $\mathrm{P}(1,\ 0)$，点 $\mathrm{A}(a,\ b)$，点 $\mathrm{B}(-b,\ c)$ を考える。次の $\boxed{}$ をうめよ。

(1) 点Aと点Bが原点Oを中心とする同一円周上にある確率は $\boxed{①}$ である。

(2) 点Aと点Bが点Pを中心とする同一円周上にある確率は $\boxed{②}$ である。

(3) $\triangle\mathrm{OAB}$ の面積が3以上となる確率は $\boxed{③}$ である。

(4) 点Aを頂点とし点Bを通る放物線が x 軸と相異なる2点で交わる確率は $\boxed{④}$ である。

(5) 2点A，Bからの距離が等しい点の軌跡の方程式と x 軸の交点が原点Oとなる確率は $\boxed{⑤}$ である。

〔Ⅳ〕 数列 $\{a_n\}$ について，すべての自然数 n に対して

$$\sum_{k=1}^{n} ka_k = n(n+1)(n+2)(n+3)$$

が成り立っている。次の $\boxed{}$ をうめよ。

(1) $a_1 =$ $\boxed{①}$ ，$a_2 =$ $\boxed{②}$ である。

(2) $a_n =$ $\boxed{③}$ である。

(3) $S_n = \sum_{k=1}^{n} a_k$ とおくとき，$S_n =$ $\boxed{④}$ である。

(4) $T_n = \sum_{k=1}^{n} \frac{1}{a_k}$ とおくとき，$T_n =$ $\boxed{⑤}$ である。

(5) $\frac{23}{200} < T_n < \frac{3}{25}$ となる n の範囲は $\boxed{⑥}$ である。

b　仮説の「真偽」は必ずしも判定できない

c　推論様式としての「演繹」と「帰納」

d　データにもとづいて一般化する推論様式

e　データに照らして仮説を選ぶ

f　観察データの有効性

g　対立仮説間の「真偽」を問う

h　実証主義と相対主義におけるデータの位置づけ

i　データと理論の間の「弱い関係」

j　第三の推論様式――アブダクション

二

▲3教科型・2教科型英語外部試験利用方式▼二に同じ。

てその仮説を受容できるのかどうかが大きな問題です。

b　ここで、論証と推論のスタイルについて、少し詳しく説明をしておくべきでしょう。

c　確かに、データの集積の延長線上に普遍法則が見えてくる、という帰納の仮定がまちがっていたことは否定できないでしょう。

d　ここで重要な論点が提起されます——それは「データと理論の間にはどのような関係があるのか」という問題です。

e　このことを説明するためにひとつの例を考えてみましょう。

f　実証主義を奉じる立場からいえば、観察データは絶対であり、仮説や学説はそのしもべにすぎません。

g　データという〝歪んだガラス〟を通して向こうを覗くとき、私たちはデータと理論のいずれに対しても「真偽」を問うことはありません。

h　ここでいう「弱い関係」とは、観察データが対立理論のそれぞれに対してさまざまな程度で与える「経験的支持」の大きさを指しています。

i　データと理論の間に想定されるこの「弱い関係」は、演繹でも帰納でもない第三の推論様式です（エリオット・ソーバー　1996）。

j　データが理論に対して「経験的支持」を与えるとき、同じ現象を説明する複数の対立理論の間で、「支持」の大きさに則ったランクづけをすることができます。

(2)　第一～四節の見出しタイトルとして最も適当なものを選択肢からそれぞれ一つ選び、その記号をマークせよ。

a　非科学的な歴史学

㋓　ネントウ

a　前世からのインネンとあきらめる。
b　明日の決勝戦に向けて準備にヨネンがない。
c　テンネンガスはメタンを主成分としている。
d　ガムテープはネンチャクリョクが強くて便利だ。
e　タピオカのブームがサイネンする。

㋔　ヒンド

a　教育者としてのヒンセイを疑う。
b　近年はヒンプの差が激しくなっている。
c　式典でライヒンがあいさつする。
d　いたましい事件がヒンパツする。
e　初夏のカイヒンに咲く植物を観察する。

問8　筆者は、なぜ科学の領域において第三の推論様式を提起するのか。五十字以内で記せ。なお、句読点・符号も字数に含めるものとする。

問9　本文は大きく四つの節からなる。次の問いに答えよ。

(1)　第二、三、四節のそれぞれの節の冒頭の一文を、選択肢からそれぞれ一つ選び、その記号をマークせよ。

a　一方、現実の科学の現場では、得られたデータに照らし、ある仮説や主張がどれくらい妥当なのか、対立仮説と比較し

問7　二重傍線部(あ)(い)(う)(え)(お)のカタカナと同じ漢字を用いる語を選択肢から一つ選び、その記号をマークせよ。

(あ)　ユライ

a　弱い相手だからといってユダンしてはならない。
b　交通違反で警官のセツユを受ける。
c　政界と財界のユチャクをあばく。
d　物資をトラックでユソウする。
e　東京から越後湯沢をケイユして金沢へ行く。

(い)　テイショウ

a　危難にあってもショウヨウとして驚かない。
b　陸上競技の世界大会のショウチに成功する。
c　乾杯の発声に全員がショウワする。
d　土地問題でソショウを起こす。
e　労働条件について会社側とコウショウする。

(う)　フタイ

a　社員のタイグウを改善する。
b　一流企業だからといって将来はアンタイとはかぎらない。
c　路面電車を廃止しバスでダイタイする。
d　彼は若いのにショタイじみている。
e　二カ月間パリにタイザイする。

問6　筆者は、第三の推論様式について、どのように述べているか。最も適当なものを選択肢から一つ選び、その記号をマークせよ。

a　反復観察や再現実験を踏まえた論証方法を用いる学問分野において、観察データのもとでどの理論が「より良い説明」を与えてくれるのかを相互比較するという相対的ランキングによって、経験的支持のランクがより大きい仮説を選ぶという基準を作り出す推論様式だと述べている。

b　反復観察や再現実験を踏まえた論証方法を用いる学問分野において、同じ現象を説明する複数の対立理論に対して与える「支持」の大きさに則ったランクづけをすることで、データに基づく仮説や理論のテスト可能性を確保しようとする推論様式だと述べている。

c　再現性のない一度かぎりの事物や現象を扱う学問分野において、観察データのもとでどの理論が「より良い説明」を与えてくれるのかを相互比較するという相対的ランキングによって、普遍類を対象とする学問における仮説選択の基準を作り出す推論様式だと述べている。

d　再現性のない一度かぎりの事物や現象を扱う学問分野において、同じ現象を説明する複数の対立理論に対して与える「支持」の大きさに則ったランクづけをすることで、データと理論の「弱い関係」を「強い関係」へと転換する推論様式だと述べている。

e　再現性のない一度かぎりの事物や現象を扱う学問分野において、観察データのもとでどの理論が「より良い説明」を与えてくれるのかを相互比較するという相対的ランキングによって、経験的支持のランクがより大きい仮説を選ぶという論証スタイルの推論様式だと述べている。

問5　筆者は、データと理論の関係について、どのように述べているか。最も適当なものを選択肢から一つ選び、その記号をマークせよ。

a　実証主義にも相対主義的な懐疑論の立場にも立たず、理論がデータと矛盾していれば「偽」、整合していれば「真」というような論理的な意味での強い関係を仮定するのではなく、データが対立理論のそれぞれに対して与える「経験的支持」の大きさという弱い関係を想定すべきであると述べている。

b　実証主義にも相対主義的な懐疑論の立場にも立たず、理論がデータと矛盾していれば「偽」、整合していれば「真」というような論理的な意味での強い関係を仮定するのではなく、データを批判的に検討しつつ、データが仮説に対してもつ証拠としての価値をヨウゴするという弱い関係に「経験的支持」を与えるべきであると述べている。

c　論理的な意味での整合性や矛盾性を、データと仮説に対して要求せず、データを批判的に検討しつつ、データが仮説に対してもつ証拠としての価値をヨウゴするという強い関係ではなく、データが対立理論のそれぞれに対して与える「経験的支持」の大きさという弱い関係を想定すべきであると述べている。

d　論理的な意味での整合性や矛盾性を、データと仮説に対して要求せず、また実証主義にも相対主義的な懐疑論の立場にも立たないことによって、データと理論の論理的な「真偽」という強い関係よりも、経験的な「支持」というはるかに弱い関係の方が、理論の相互比較を評決する場での発言権を保持し続けると述べている。

e　論理的な意味での整合性や矛盾性を、データと仮説に対して要求せず、また実証主義にも相対主義的な懐疑論の立場にも立たず、データと理論の「経験的支持」の大きさという弱い関係を、論理的な「真偽」という強い関係と比較することによって、データは、理論の相互比較を評決する場での発言権を保持し続けると述べている。

問4 筆者は、「演繹」と「帰納」という二つの推論様式について、どのように考えているか。最も適当なものを選択肢から一つ選び、その記号をマークせよ。

a 「演繹」では、前提となる命題が論理的に真であるかぎり、それから演繹された命題もまた論理的に真であるとする一方、「帰納」では、観察されたデータを蓄積することにより、真である普遍法則が導かれるとするように、その論証スタイルは異なるが、データにもとづいて一般化するという推論形式としての効用は、ともに減少しつつあると考えている。

b 「演繹」では、前提となる命題が論理的に真であるかぎり、それから演繹された命題もまた論理的に真であるとする一方、「帰納」では、観察されたデータを蓄積することにより、真である普遍法則が導かれるとするように、その論証スタイルは異なるが、どちらも論理的な意味において「真偽」に決着をつけたことには必ずしもならないと考えている。

c 「演繹」は、前提となるある主張から、論理的に別の主張を導くという推論様式であるのに対して、「帰納」とは、観察されたデータを蓄積することにより、真である普遍法則が導かれるという推論様式であり、西洋の経験科学の基底には、帰納が方法論として確固とした地位を占めていたが、二十世紀半ばからは演繹が優勢になったと考えている。

d 「演繹」は、前提となるある主張から、論理的に別の主張を導くという推論様式であるのに対して、「帰納」とは、観察されたデータを蓄積することにより、真である普遍法則が導かれるという推論様式であり、科学においても、データに照らすことが不可欠だが、データそれ自身は必ずしも完全無欠ではないことをネントウに置くべきであると考えている。

e 古典的な科学哲学では、「演繹」と「帰納」という二つの推論様式が、有効性のある論証スタイルとされてきたが、仮説や理論がまちがう可能性がある一方、観察データもまた誤りや不確かさを含んでいるかもしれないという現実的な状況のもとでは、二つの推論様式はともに科学的探究を進めていくには適当なものでないと考えている。

問3　筆者は、「真」あるいは「偽」ということと科学における仮説のあり方について、どのように考えているか。最も適当なものを選択肢から一つ選び、その記号をマークせよ。

a　直感的あるいは日常的な意味での「真」あるいは「偽」ということばは、私たちに強くアピールするものがあり、他の可能な仮説や説明との比較を必要としないが、ある科学的仮説が「真」あるいは「偽」であることをテストするためには、対立理論を対置させることが必要になると考えている。

b　直感的あるいは日常的な意味での「真」あるいは「偽」ということばは、私たちに強くアピールするものがあるが、現実の科学の現場では、データに支えられた仮説間の相対的比較をして、ある仮説がどれくらい妥当なのかによってその仮説を受容できるかどうかを判定していると考えている。

c　直感的あるいは日常的な意味での「真」あるいは「偽」ということばは、私たちに強くアピールするものがあるが、論理学における「真」や「偽」は、それよりはるかに強い意味をもっているため、現実の科学の現場では、他の可能な仮説や説明との比較は重視されないと考えている。

d　直感的あるいは日常的な意味での「真」あるいは「偽」ということばは、私たちに強くアピールするものがあり、論理学における「真」と「偽」は、それよりはるかに強い意味をもっているが、現実の科学の現場では、データのみに基づいて仮説や説明の「真偽」を判定していると考えている。

e　直感的あるいは日常的な意味での「真」あるいは「偽」ということばは、私たちに強くアピールするものがあるのに対して、現実の科学の現場では、仮説の論理学的な意味での「真偽」を判定しているのではなく、データに基づく推論によって仮説の「真偽」を判定していると考えている。

問2　筆者は、歴史学は非科学的なのかという疑問についてどのように述べているか。最も適当なものを選択肢から一つ選び、その記号をマークせよ。

a　歴史学には歴史学なりの「科学の基準」があるという複線的視点に立ち、直接的な実験や観察に基づく「典型科学」の五基準を満たすようなものが歴史学にもあることを主張することによって、「非科学的」という科学者にとって致命的なレッテルを拒否するべきであると述べている。

b　歴史学には歴史学なりの「科学の基準」があるという複線的視点に立ち、実験科学のレベルに及ばない「二級科学」というランク付けに対して提出されたいくつもの反論に基づき、「非科学的」という科学者にとって致命的なレッテルを拒否するべきであると述べている。

c　歴史学には歴史学なりの「科学の基準」があるという複線的視点に立ち、実験科学のような直接的な観察はできないながらも、歴史学ではより起こりやすい状況を想定してみることによって、「非科学的」という科学者にとって致命的なレッテルを拒否すべきであると述べている。

d　「非科学的」というレッテルを受け入れると、歴史を扱う研究はすべて価値がなくなってしまう可能性があり、歴史学には歴史学なりの「科学の基準」があるという複線的視点に立ち、実験科学のような直接的観察はできないながらも、歴史学ではより起こりやすい状況を想定してみるべきであると述べている。

e　「非科学的」というレッテルを受け入れると、歴史を扱う研究はすべて価値がなくなってしまう可能性があり、歴史学には歴史学なりの「科学の基準」があるという複線的視点に立ち、実験科学における仮説や理論の経験的テストに相当する別の基準を求めるべきであると述べている。

理論の「真偽」を問うのではなく、観察データのもとでどの理論が「より良い説明」を与えてくれるのかを相互比較する――アブダクション、すなわちデータによる対立理論の相対的ランキングは、幅広い科学の領域（歴史科学も含まれる）における理論選択の経験的基準として用いることができそうです。

第三の推論様式としてのアブダクションは、さまざまな学問分野において、〝単純性（「[*7]オッカムの剃刀」）〟とか〝[*8]尤度〟あるいは〝[*9]モデル選択〟というキーワードのもとに、これまでばらばらに論じられてきました。しかし、将来的には統一されていくだろうと私は推測しています。

（三中信宏『系統樹思考の世界――すべてはツリーとともに』による　※一部省略したところがある）

注　＊1　「典型科学」の五基準＝「観察可能」であること、「実験可能」であること、「反復可能」であること、「予測可能」であること、「一般化可能」であること。　＊2　カルロ・ギンズブルグ＝イタリアの歴史学者。（一九三九〜　）　＊3　エリオット・ソーバー＝アメリカの哲学者。（一九四八〜　）　＊4　赤色巨星＝恒星の外層がふくらみ、赤く明るい星をいう。　＊5　エンテュメーマ＝ありそうなことから導かれる修辞的な三段論法。　＊6　チャールズ・S・パース＝アメリカの哲学者。（一八三九〜一九一四）　＊7　オッカムの剃刀《かみそり》＝必要なしに多くのものを定立してはならないという原則。イギリスの哲学者オッカム（一二八〇頃〜一三四九頃）が論理的思考として多用したことにちなむ。　＊8　尤度《ゆうど》＝統計学で、もっともらしさをいう。　＊9　モデル選択＝得られたn個のデータから、もっとも適したモデルを選択する統計的推測の手法。

問1　太線部㋐「ショクバイ」、㋑「ヨウゴ」を漢字に改めよ。

ません。理論がデータと矛盾していれば「偽」、整合していれば「真」というような強い関係を仮定するのではなく、もっと弱い関係を両者の間に置こうということです。

ここでいう「弱い関係」とは、観察データが対立理論のそれぞれに対してさまざまな程度で与える「経験的支持」の大きさを指しています。論理的な「真偽」と比較して、経験的な「支持」はデータと理論とのはるかに弱い関係です。しかし、それでもなおデータは、理論の相互比較を評決する場での発言権を保持し続けています。

データと理論の間に想定されるこの「弱い関係」は、演繹でも帰納でもない第三の推論様式です（[＊3]エリオット・ソーバー 1996）。演繹法や帰納法は従来の科学哲学の中では、物理学や化学などのように普遍類（たとえば、化学ならばある原子番号をもつ元素の集合、天文学ならば[＊4]赤色巨星の集合のような類）を対象とする学問における、反復観察や再現実験を踏まえた論証方法として繰り返し論じられてきました。しかし、歴史学や進化学が対象とする個物（再現性のない一度かぎりの事物や現象）の場合には、そういう論証スタイルはもともとあてはめられません。だからこそ、もっと「弱い関係」を用意することで、歴史を扱う科学の中でも、データに基づく仮説や理論のテスト可能性を確保しようというわけです。

データが理論に対して「経験的支持」を与えるとき、同じ現象を説明する複数の対立理論の間で、「支持」の大きさに則ったランクづけをすることができます。あるデータのもとで、もっとも大きな「支持」を受けた最良の仮説を頂点とする序列です。そして、経験的支持のランクがより大きい仮説を選ぶという基準を置くことにより、仮説選択の方針を立てることが可能になります。

この仮説選択基準は、古くはアリストテレスのいう[＊5]「エンテュメーマ」が指し示す推論の形式、すなわち「〝最善の説明に向けての推理〟（より古い言い方では、結果から原因へとさかのぼっていく推理）のような不可欠の推論様式」（ギンズブルグ 2001）に通じるものがあります。さらに、十九世紀の哲学者にして記号論の創始者である[＊6]チャールズ・S・パースは、与えられた証拠のもとで「最良の説明を発見する」推論方法を、「アブダクション（abduction）」ということばによって表そうとしました。

をさらに考えてみましょう。データDのもとで仮説T′は「偽」であると言わねばならないのでしょうか。そんなことは決してありません。きわめて低い㋔ヒンドではあっても、別々の部屋の電球が同時刻に切れることは可能です。

この例から言えることは、たとえ確実な観察データがあったとしても(電灯が消えたというのが実は見間違いだったという可能性さえある)、対立仮説間の「真偽」に決着をつけることは必ずしもできないし、そうする必要もないということです。

私たちが、論理的な意味での整合性や矛盾性を、データと仮説に対して要求してはいないとしたら、データは仮説に対してどのような関係をもつことが期待されているのでしょうか。ここで、歴史学者であるカルロ・ギンズブルグ＊2の示唆に富む発言を引用します。

「資料は実証主義者たちが信じているように開かれた窓でもなければ、懐疑論者たちが主張するような視界をさまたげる壁でもない。いってみれば、それらは歪《ゆが》んだガラスにたとえることができるのだ」(ギンズブルグ 2001)

実証主義を奉じる立場からいえば、観察データは絶対であり、仮説や学説はそのしもべにすぎません。その一方で、相対主義的な懐疑論の立場からいえば、データは言明や理論にとって何の役にも立たないという正反対の評価を受けることになります。ギンズブルグはこの両極端の見解のいずれにも与《くみ》しないで、歴史学はデータ(資料)を批判的に検討しつつ、データが仮説に対してもつ証拠としての価値を㋑ヨウゴし続けます。

「ひとは証拠を逆撫《さかな》でしながら、それをつくりだした者たちの意図にさからって、読むすべを学ばなければならない」(ギンズブルグ 2001)

ギンズブルグのいう〝歪んだガラス〟というのは絶妙な比喩であると私は思います。狭い意味での歴史学だけでなく、もっと広い一般性をもつスタンスとして、ギンズブルグの見解を敷衍《ふえん》しておきましょう。

データという〝歪んだガラス〟を通して向こうを覗《のぞ》くとき、私たちはデータと理論のいずれに対しても「真偽」を問うことはあり

明してきたように、「経験に照らす」ことが科学にとっては不可欠です。しかし、その主張は、私たちが得る「経験（データ）」が完全無欠であるということを意味してはいません。むしろ、仮説や理論がまちがう可能性がある一方、観察データもまた誤りや不確かさを含んでいるかもしれないという現実的な状況のもとで、どのように科学的探究を進めていくのかということを（え）ネントウに置いています。

データに照らして整合的な仮説は「真」であり、矛盾する仮説は「偽」であるという解釈は、データがつねに完全無欠であるという前提を置いています。しかし、その前提はしばしば破られます。だからこそ、仮説や理論の「真偽」を言うことはきわめて難しいのです。

このことを説明するためにひとつの例を考えてみましょう。ある家に二部屋AとBがあったとします。ある夜、AとBに灯っていた電灯が同時刻に突然消えてしまいました。このような現象に直面したその家の住民は、「電気を使い過ぎたのでヒューズが飛んだのだろう」と考え、配電盤に走っていくでしょう。この状況を図式的に書けば、

観察D：「部屋AとBの電灯が同時刻に消えた」

のもとで、

仮説T：「配電盤のヒューズが飛んだ」

が家人によって支持されたということになります。

ここで質問――仮説Tははたして「真」だったのでしょうか。もちろん、かなり多くの場合（あるいはほとんどの場合）、仮説Tは正しいことが示されると思います。しかし、論理的な意味でTが「真」であることが、データDによって示されたわけではありません。ここで、Tに対する対立仮説、

仮説T′：「部屋AとBの電球がそれぞれ切れた」

科学では、仮説の論理学的な意味での「真偽」を判定しているのではなく、データに支えられた範囲での仮説間の相対的比較をしているのだと考えたほうが、実際により近いと私は考えています。これはデータに基づく推論とみなせます。

ここで、論証と推論のスタイルについて、少し詳しく説明をしておくべきでしょう。古典的な科学哲学では、「演繹《えんえき》（deduction）」と「帰納（induction）」という二種類の推論スタイルを考えていました。

第一の「演繹」とは、前提となるある主張から、論理的に別の主張を導くというタイプの推論です。具体例としては数学を思い浮かべるのがいいでしょう。「この三角形は正三角形である」という命題からは、たとえば「この三角形は二等辺三角形である」という別の命題が演繹されます。演繹的な論証の特徴は、前提となる命題が論理的に真であるかぎり、それから演繹された命題もまた論理的に真であるという点です。

第二の「帰納」とは、論理学の用法では、観察されたデータを蓄積することにより、真である普遍法則が導かれるというタイプの論証です。歴史的に見れば、西洋の経験科学の基底には、データからの普遍法則の発見を目標とする帰納が、方法論として確固とした地位を占めていました。しかし、二十世紀半ばの科学哲学では、論証スタイルとしての帰納をめぐる大論争があり、その有効性に大きな疑義が投げかけられました。

確かに、データの集積の延長線上に普遍法則が見えてくる、という帰納の仮定がまちがっていたことは否定できないでしょう。データそれ自身は必ずしも完全無欠ではないし、何よりも背景仮定から独立した中立性を保っているわけでもないからです。二十世紀前半に大きな力をもった論理実証主義が、最終的に敗退していった理由はそこにあります。ただ、データにもとづいて一般化をするという推論様式には、少なくとも心理的な効用は残されています。実際、現在の認知心理学ではまさにその意味で帰納ということばを用いているからです。

ここで重要な論点が提起されます――それは「データと理論の間にはどのような関係があるのか」という問題です。これまで説

まずはじめに、実験科学におけるこんな仮想例を考えてみます。「あるふたつの物質AとBの化学反応の結果、Pという反応生成物が生じる」という理論Tをテストするとき、化学者は実際にその化学反応を再現実験してみるでしょう。もしその実験の結果、生成物Pが生じたならば、その化学者は(い)テイショウされた理論Tをきっと受け入れるでしょう。

注意してほしいのは、このとき理論T（「Pが生じる」）に対しては、必ず対立理論T´（「Pが生じない」）が対置させられているという点です。化学者は、実験結果を踏まえた上で、対立理論T´ではなく、理論Tを採用したわけです。その理由は、「Pが生じた」という実験結果を「Pは生じない」という対立理論T´によってあえて説明するためには、「この実験は正しく行われなかった」とか、「添加(ア)ショクバイなど(う)フタイ条件に問題がある」というような苦しい弁明をするしかありません。一方、理論Tならば、そういうその場しのぎの弁解はまったく不要です。その化学者は、観察された反応結果をより単純に説明できる理論Tを採用し、その場しのぎの仮定を要求する（したがって単純ではない）対立理論T´を排したのだと考えることができます。

おそらく、読者の多くはこの例に対して、たとえ結論は同じでも異なる解釈をするのではないかと私は予想しています。すなわち、化学者が理論Tを受け入れたのはそれが「真」だったからであり、対立理論T´を排したのはそれが「偽」だったからだと。

直感的あるいは日常的な意味での「真」あるいは「偽」ということばは、私たちに強くアピールするものがあります。「それは真実だ」と言われれば、つい納得してしまう人は少なくないでしょう。しかし、論理学における「真」とか「偽」という表現は、日常的な用法よりはるかに強い意味をもちます。それは他の可能な仮説や説明との比較を必要とせず、データのみに基づいてある仮説や説明の真偽を判定しているからです。

一方、現実の科学の現場では、得られたデータに照らし、ある仮説や主張がどれくらい妥当なのか、対立仮説と比較してその仮説を受容できるのかどうかが大きな問題です。データに基づいて、ある科学的仮説が「真」あるいは「偽」であることをテストするのは、かぎりなく困難だと言わねばなりません。

▲2教科選択型▼

（九〇分）

一　次の文章を読んで、後の問いに答えよ。

歴史を復元するという行為のもっとも核心部分であるはずの(あ)ユライ関係の推定が、直接的な実験や観察に基づく「典型科学」*1の五基準を満たさないことは誰の目にも明らかです。

では、歴史学は非科学的なのでしょうか。「非科学的」というレッテルは、科学者にとっては致命的なインパクトがあります。もしそれを受け入れるとしたら、生物・非生物を問わず歴史を扱う研究は、すべてひっくるめて価値がなくなってしまうと受け取られかねません。しかし、歴史学には歴史学なりの「科学の基準」があるのだという複線的視点に立つとき、私たちはどのような基準をもち出せばいいのかという次の問題が浮上してきます。

生物進化学を含む歴史学一般が、実験科学のレベルに及ばない「二級科学」であるというランクづけに対しては、生物学哲学に関心をもつ多くの人がいくつもの反論を提出してきました。とくに、直接的な実験や観察に代わるものがはたして歴史学にあるのかという点に注目しましょう。すなわち、実験科学における仮説や理論の経験的テストに相当するものが、歴史学にもあるのかという点です。もちろん、進化学における自然淘汰《とうた》仮説のテストのような例外的な場合はありますが、ここではそのような直接的な観察ができない、したがって歴史学ではより起こりやすい状況を想定します。

のだと思うのだが、大君がはなやかにもてはやされているのに比べ、宮の御方の状況に強い不満を抱いている。

d　宮の御方とは同腹の姉弟だが、腹違いの姫君の方がよく会っていて普通の姉弟のようでもある。しかし、宮の御方が実に慎重な様子で理想的な気立てでいらっしゃるので、なんとかしてそれにふさわしい身の上にしてさしあげたいものだと思うのだが、大君がはなやかにふるまっていらっしゃるのに比べ、宮の御方の状況に強い不満を抱いている。

e　宮の御方とは同腹の姉弟だが、腹違いの姫君の方がよく会っていて普通の姉弟のようでもある。しかし、宮の御方が実に重々しく申し分のないご気性でいらっしゃるので、なんとかしてそれにふさわしい身の上にしてさしあげたいものだと思うのだが、大君がはなやかにもてはやされているのに比べ、宮の御方の状況を物足りなく残念に思っている。

問9　傍線部Ⓐを現代語訳せよ。

えるように」と繰り返し伝えた。

d　匂宮はまじめな様子で、「花の香のお誘いを受けるに値するような私だったなら、風の便りを見過ごすようなことがありましょうか」と歌を詠み、「やはり、今後は大納言たちによけいな口出しをさせないで、そなたがこっそりと伝えるように」と繰り返し伝えた。

e　匂宮は気乗りしない様子で、「花の香のお誘いを受けるに値するような私だったなら、風の便りを見過ごすようなことがありましょうか」と歌を詠み、「やはり、今後は大納言たちによけいな口出しをさせないで、そなたがこっそりと伝えるように」と繰り返し伝えた。

問8　大夫の君は宮の御方について、どのようなことを思っているか。最も適当なものを選択肢から一つ選び、その記号をマークせよ。

a　宮の御方とは腹違いの姉弟だが、同腹の姫君よりもむしろよく会っていて普通の姉弟のようでもある。しかし、宮の御方が実に重々しく申し分のないご気性でいらっしゃるので、なんとかしてそれにふさわしい身の上にしてさしあげたいものだと思うのだが、大君がはなやかにもてはやされているのに比べ、宮の御方の状況を物足りなく残念に思っている。

b　宮の御方とは同腹の姉弟だが、腹違いの姫君の方がよく会っていて普通の姉弟のようでもある。しかし、宮の御方が実に重々しく申し分のないご気性でいらっしゃるので、なんとかしてそれにふさわしい身の上にしてさしあげたいものだと思うのだが、大君がはなやかにふるまっていらっしゃるのに比べ、宮の御方の状況を物足りなく残念に思っている。

c　宮の御方とは腹違いの姉弟だが、同腹の姫君よりもむしろよく会っていて普通の姉弟のようでもある。しかし、宮の御方が実に慎重な様子で理想的な気立てでいらっしゃるので、なんとかしてそれにふさわしい身の上にしてさしあげたいも

b　大納言のご意向としては、匂宮自身の意思を尊重したいと考えており、大夫の君は、匂宮が別の人を思っているのを知っているが、匂宮は大納言のご意向を汲《く》んだ返事をしようと考えた。

c　大納言のご意向としては、ご自分の実子の中の君と結婚させたいと考えており、大夫の君は、匂宮が別の人を思っているのを知っているが、匂宮は大納言のご意向を汲んだ返事をしようと考えた。

d　大納言のご意向としては、ご自分の実子の中の君と結婚させたいと考えているようだが、中の君自身が別の人を思っているのを知っているので、はっきりとした返事はできないと考えた。

e　大納言のご意向としては、ご自分の実子の中の君と結婚させたいと考えているようだが、匂宮自身は別の方への思いに傾いてしまっているので、はっきりとした返事はできないと考えた。

問7　匂宮は、大夫の君が退出する時、どのように言ったか。最も適当なものを選択肢から一つ選び、その記号をマークせよ。

a　匂宮はいいかげんな様子で、「花の香のお誘いを受けることもない私なのですから、風の便りを見過ごしているなどということはありません」と歌を詠み、「やはり、今後は大納言たちにじょうずに取り入ろうと思うので、そなたがこっそりと伝えるように」と繰り返し伝えた。

b　匂宮はまじめな様子で、「花の香のお誘いを受けるに値するような私だったなら、風の便りを見過ごすようなことがありましょうか」と歌を詠み、「やはり、今後は大納言たちにじょうずに取り入ろうと思うので、そなたがこっそりと伝えるように」と繰り返し伝えた。

c　匂宮は気乗りしない様子で、「花の香のお誘いを受けることもない私なのですから、風の便りを見過ごしているなどということはありません」と歌を詠み、「やはり、今後は大納言たちによけいな口出しをさせないで、そなたがこっそりと伝

匂う紅梅は色がよいために人に取られて結局香りが白い梅に劣ってしまうとかいうようだが、まったく見事にふたつとも咲いたものだよ」としきりにほめたたえていらっしゃった。

b　匂宮は「これが恨み言を言ったあとのご返事だったらくやしかっただろうに」と言って、花を御覧になって、「園に咲き匂う紅梅は色がよいだけに香りは白い梅に劣っているというようだが、恐れ多くも大納言邸では紅梅も白梅もふたつそろって咲いたのだろうな」としきりに取り入ろうとしていらっしゃった。

c　匂宮は「これが恨み言を言ったあとのご返事だったらくやしかっただろうに」と言って、花を御覧になって、「園に咲き匂う紅梅は色がよいだけに香りは白い梅に劣っているというようだが、まったく見事に色も香りもとりそろえて咲いたものだよ」としきりにほめたたえていらっしゃった。

d　匂宮は「恨めしいことを言ってしまったあとのご返事だったのでくやしいよ」と言って、花を御覧になって、「園に咲き匂う紅梅は色がよいだけに香りは白い梅に劣っているというようだが、まったく見事に色も香りもとりそろえて咲いたものだよ」としきりにほめたたえていらっしゃった。

e　匂宮は「恨めしいことを言ってしまったあとのご返事だったのでくやしいよ」と言って、花を御覧になって、「園に咲き匂う紅梅は色がよいために人に取られて結局香りが白い梅に劣ってしまうとかいうようだが、恐れ多くも大納言邸では紅梅も白梅もふたつそろって咲いたのだろうな」としきりに取り入ろうとしていらっしゃった。

問6　大納言の心中を慮《おもんぱか》った匂宮はどのように考えたか。最も適当なものを選択肢から一つ選び、その記号をマークせよ。

a　大納言のご意向としては、匂宮自身の意思を尊重したいと考えているようだが、匂宮自身は大納言が思う方とは別の方に傾いてしまっているので、はっきりとした返事はできないと考えた。

ましたが」と言ったところ、匂宮は「大君は、私のことを人柄がよくないと遠ざけていたのだね。無理もないことだ。そうはいってもねたましいものだ」と語った。

b　大夫の君が「春宮があなたさまを絶えず見張るようにさせていたのは不都合なことでした。あなたさまに限って見張るようなよくないこともないのですが」と言ったところ、匂宮は「大君は、私のことを人柄がよくないと遠ざけていたのだね。無理もないことだ。しかし私はおもしろくないな」と語った。

c　大夫の君が「春宮があなたさまを絶えず見張るようにさせていたのはつらいことでした。あなたさまに限って見張るようなよくないこともないのですが」と言ったところ、匂宮は「大君は、私のことをまだ一人前の男でもないとお見限りだったのだね。無理もないことだ。そうはいってもねたましいものだ」と語った。

d　大夫の君が「春宮が私のことをおそばにおいておられたのはつらいことでした。あなたさまのそばでしたら別でございましたが」と言ったところ、匂宮は「大君は、私のことをまだ一人前の男でもないとお見限りだったのだね。無理もないことだ。しかし私はおもしろくないな」と語った。

e　大夫の君が「春宮が私のことをおそばにおいておられたのは不都合なことでした。あなたさまのそばでしたら別でございましたが」と言ったところ、匂宮は「大君は、私のことをまだ取るに足りない男だとお見限りだったのだね。無理もないことだ。そうはいってもねたましいものだ」と語った。

問5　大納言が大夫の君に託した花を大夫の君から受け取った匂宮はどのようだったか。最も適当なものを選択肢から一つ選び、その記号をマークせよ。

a　匂宮は「これが恨み言を言ったあとのご返事だったらくやしかっただろうに」と言って、花を御覧になって、「園に咲き

の君に持たせた。大夫の君は、幼心にも、匂宮にかわいがられたいと思っていたので、急いで宮中に参上した。

問3　あたりが静かになった後、匂宮は大夫の君に何と言ったか。最も適当なものを選択肢から一つ選び、その記号をマークせよ。

a　匂宮は大夫の君に「春宮からは、少しはお暇をいただけるようだね。以前はいつもおそばにつきまとわせていたようだが、春宮の思いが変わって、あなたはばつが悪そうだね」と言った。

b　匂宮は大夫の君に「春宮からは、少しもお暇をいただけないようだね。以前はいつもおそばにつきまとわせることはなかったようだが、春宮の思いが変わって、春宮も人が悪いようだね」と言った。

c　匂宮は大夫の君に「春宮からは、少しもお暇をいただけないようだね。以前もいつもおそばにつきまとわせていたようだが、今も時間を割かれて、あなたはばつが悪そうだね」と言った。

d　匂宮は大夫の君に「春宮からは、少しもお暇をいただけないようだね。以前もいつもおそばにつきまとわせていたようだが、今も時間を割かれて、春宮も人が悪いようだね」と言った。

e　匂宮は大夫の君に「春宮からは、少しはお暇をいただけるようだね。以前はいつもおそばにつきまとわせていたようだが、春宮の思いが変わって、春宮も人が悪いようだね」と言った。

問4　大夫の君と匂宮は春宮やその妻大君のことについてどのように語ったか。最も適当なものを選択肢から一つ選び、その記号をマークせよ。

a　大夫の君が「春宮が私のことをおそばにおいておられたのはつらいことでした。あなたさまのそばでしたら別でござい

たのだから、闇にくれまどうこの気持ちの晴らしどころとして、あえてお便りをさしあげよう」と考えた。

問2　大納言が詠んだ歌の内容はどのようなものだったか、また、便りを託された大夫の君の様子はどのようだったか。最も適当なものを選択肢から一つ選び、その記号をマークせよ。

a　大納言は「思う心があって風が匂いを運ぶ梅に、何はさておき鶯の訪れないはずがありましょうか。こうしてこちらから便りをさしあげるからには、色よいご返事があってしかるべきです」と紅の紙に上手ではない手つきで書いて、大夫の君に持たせた。大夫の君は、幼心にも、匂宮に中の君と仲良くしてほしいと思っていたので、急いで宮中に参上した。

b　大納言は「思う心があって風が匂いを運ぶ梅に、何はさておき鶯の訪れないはずがありましょうか。あなたが宮の御方に思いを寄せるというならば、一度来ていただいて、問いただしたいものです」と紅の紙に上手ではない手つきで書いて、大夫の君に持たせた。大夫の君は、幼心にも、匂宮にかわいがられたいと思っていたので、急いで宮中に参上した。

c　大納言は「思う心があるなら、風が匂いを運ぶ梅にも、鶯の訪れることはまずないでしょう。あなたが宮の御方に思いを寄せるというならば、一度出向いて、問いただしたいものです」と紅の紙に若者のような筆づかいで書いて、大夫の君に持たせた。大夫の君は、幼心にも、匂宮に中の君と仲良くしてほしいと思っていたので、急いで宮中に参上した。

d　大納言は「思う心があるなら、風が匂いを運ぶ梅にも、鶯の訪れることはまずないでしょう。あなたは宮の御方に思いを寄せているようですから、良いご返事をくださらないでしょうね」と紅の紙に若者のような筆づかいで書いて、大夫の君に持たせた。大夫の君は、幼心にも、匂宮にかわいがられたいと思っていたので、急いで宮中に参上した。

e　大納言は「思う心があって風が匂いを運ぶ梅に、何はさておき鶯の訪れないはずがありましょうか。こうしてこちらから便りをさしあげるからには、色よいご返事があってしかるべきです」と紅の紙に若者のような筆づかいで書いて、大夫

納言たちのこと。　＊7　東の＝宮の御方のこと。　＊8　異方の姫君＝腹違いの姫君。　＊9　春宮の御方＝大君のこと。

問1　大納言は、和歌を書いた便りを送ろうとした時、どのようなことを考えたか。最も適当なものを選択肢から一つ選び、その記号をマークせよ。

a　大納言は中の君と匂宮との結婚は難しいと思ったのか、「昔の恋しいお方の形見としては匂宮しかおられない。仏がお亡くなりになったあとで、弟子の阿難が光を放ったとかいうのを仏が再来したのかと疑ったおろかな聖もいたのだから、闇にくれまどうこの気持ちの晴らしどころとして、あえてお便りをさしあげよう」と考えた。

b　大納言は中の君と匂宮との結婚は難しいと思ったのか、「昔の恋しいお方の形見の匂宮には中の君が物足りなくていらっしゃるのか。仏がお亡くなりになったあとで、弟子の阿難が光を放ったとかいうのを仏が再来したのかと疑ったかしこい聖もいたのだから、闇にくれまどうこの気持ちの晴らしどころとして、あえてお便りをさしあげよう」と考えた。

c　大納言はお気持ちをこらえられなかったのか、「昔の恋しいお方の形見の匂宮には中の君が物足りなくていらっしゃるのか。仏がお亡くなりになったあとで、弟子の阿難が光を放ったとかいうのを仏が再来したのかと疑ったかしこい聖もいたのだから、闇にくれまどうこの気持ちの晴らしどころとして、あえてお便りをさしあげよう」と考えた。

d　大納言はお気持ちをこらえられなかったのか、「昔の恋しいお方の形見としては匂宮しかおられない。仏がお亡くなりになったあとで、弟子の阿難が光を放ったとかいうのを仏が再来したのかと疑ったかしこい聖もいたのだから、闇にくれまどうこの気持ちの晴らしどころとして、あえてお便りをさしあげよう」と考えた。

e　大納言はお気持ちをこらえられなかったのか、「昔の恋しいお方の形見の匂宮には中の君が物足りなくていらっしゃるのか。仏がお亡くなりになったあとで、弟子の阿難が光を放ったとかいうのを仏が再来したのかと疑ったおろかな聖もい

るは、あひ思ひたまひてんやと忍びて語らひきこえよ」などのたまふついでに、この花を奉れば、うち笑みて、(匂宮)「恨みて後ならましかば」とて、うちも置かず御覧ず。枝のさま、花ぶさ、色も香も世の常ならず。(匂宮)「園に匂へる紅の、色にとられて香なん白き梅には劣れると言ふめるを、いとかしこくとり並べても咲きけるかな」とて、御心とどめたまふ花なれば、かひありてもてはやしたまふ。

(匂宮)「今宵は宿直なめり。やがてこなたにを」と召し籠《こ》めつれば、春宮にもえ参らず、花も恥づかしく思ひぬべくかうばしくて、け近く臥《ふ》せたまへるを、若き心地には、たぐひなくうれしくなつかしう思ひきこゆ。(匂宮)「この花の主*5は、など春宮にはうつろひたまはざりし」、(大夫の君)「知らず。心知らむ人になどこそ、聞きはべりしか」など語りきこゆ。大納言の御心ばへは、わが方ざまに思ふべかめれと聞きあはせたまへど、思ふ心は異にしみぬれば、この返り事、けざやかにものたまひやらず。つとめてこの君のまかづるに、なほざりなるやうにて、

花の香にさそはれぬべき身なりせば風のたよりを過ぐさましやは

さて、(匂宮)「なほ、今は、翁ども*6にさかしらせさせで、忍びやかに」とかへすがへすのたまひて、この君も東*7のをばやむごとなく睦《むつ》ましう思ひましたり。なかなか異方*8の姫君は、見えたまひなどして、例のはらからのさまなれど、童心地《わらはごこち》に、いと重りかにあらまほしうおはする心ばへをかひあるさまにて見たてまつらばやと思ひ歩《あり》くに、春宮の御方*9のいとはなやかにもてなしたまふにつけて、同じこととは思ひながらいと飽かず口惜しければ、Ⓐこの宮をだにけ近くて見たてまつらばやと思ひ歩くに、うれしき花のついでなり。

注　*1　阿難＝仏（釈迦）の弟子。　*2　中宮＝明石の中宮。匂宮の母。　*3　春宮《とうぐう》＝匂宮の兄。妻の大君は大納言と北の方の間の娘で、大夫の君の異母姉にあたる。　*4　東《ひむがし》と聞こゆなる＝宮の御方。　*5　この花の主《あるじ》＝宮の御方。　*6　翁《おきな》ども＝ここでは大

二　次の文章は、『源氏物語』紅梅巻の一節である。大納言は死別した妻北の方との間の娘である中の君と、匂宮（本文中は「この宮」）との結婚を望んでいるが、匂宮は、大納言の現在の妻真木柱と死別した夫蛍兵部卿の宮との間に生まれた宮の御方に思いを寄せている。大納言は紅梅の花を折って、和歌を書いた便りとともに殿上童《わらわ》として出仕していた大夫の君（本文中は「この君」、真木柱との間の子）に託して匂宮のもとに参上させる。これを読んで、後の問いに答えよ。

ついでの忍びがたきにや、花折らせて、急ぎ参らせたまふ。（大納言）「いかがはせん。昔の恋しき御形見にはこの宮ばかりこそは。仏の隠れたまひけむ御なごりには、*1阿難が光放ちけんを、二たび出でたまへるかと疑ふさかしき聖《ひじり》のありけるを。闇にまどふはるけ所に、聞こえをかさむかし」とて、

心ありて風のにほはす園の梅にまづ鶯《うぐひす》のとはずやあるべき

と、紅の紙に若やぎ書きて、この君の懐紙にとりまぜ、押したたみて出だしたてたまふを、幼き心に、いと馴《な》れきこえまほしと思へば、急ぎ参りたまひぬ。

（匂宮は）*2中宮の上の御局《つぼね》より御宿直《とのゐ》所に出でたまふほどなり。殿上人あまた御送りに参る中に見つけたまひて、（匂宮）「昨日は、などいととくはまかでにし。いつ参りつるぞ」などのたまふ。（大夫の君）「とくまかではべりにし悔しさに、まだ内裏《うち》におはしますと人の申しつれば、急ぎ参りつるや」と、幼げなるものから馴れ聞こゆ。（匂宮）「内裏ならで、心やすき所にも時々は遊べかし。若き人どものそこはかとなく集まる所ぞ」とのたまふ。この君召し放ちて語らひたまへば、人々は近くも参らず、まかで散りなどして、しめやかになりぬれば、（匂宮）「*3春宮には、暇《いとま》すこしゆるされにためりな。いとしげう思ほしまとはすめりしを、時とられて人わろかめり」とのたまへば、（大夫の君）「まつはさせたまひしこそ苦しかりしか。御前《おまへ》にはしも」と聞こえさしてゐたれば、（匂宮）「我をば人げなしと思ひ離れたるとな。ことわりなり。されど安からずこそ。古めかしき同じ筋にて、*4東と聞こゆな

㋓　ネントウ

a　前世からのインネンとあきらめる。
b　明日の決勝戦に向けて準備にヨネンがない。
c　テンネンガスはメタンを主成分としている。
d　ガムテープはネンチャクリョクが強くて便利だ。
e　タピオカのブームがサイネンする。

㋔　ヒンド

a　教育者としてのヒンセイを疑う。
b　近年はヒンプの差が激しくなっている。
c　式典でライヒンがあいさつする。
d　いたましい事件がヒンパツする。
e　初夏のカイヒンに咲く植物を観察する。

問８　筆者は、なぜ科学の領域において第三の推論様式を提起するのか。五十字以内で記せ。なお、句読点・符号も字数に含めるものとする。

問7　二重傍線部ⓐⓘⓤⓔⓞのカタカナと同じ漢字を用いる語を選択肢から一つ選び、その記号をマークせよ。

ⓐ　ユライ

a　弱い相手だからといってユダンしてはならない。
b　交通違反で警官のセツユを受ける。
c　政界と財界のユチャクをあばく。
d　物資をトラックでユソウする。
e　東京から越後湯沢をケイユして金沢へ行く。

ⓘ　テイショウ

a　危難にあってもショウヨウとして驚かない。
b　陸上競技の世界大会のショウチに成功する。
c　乾杯の発声に全員がショウワする。
d　土地問題でソショウを起こす。
e　労働条件について会社側とコウショウする。

ⓤ　フタイ

a　社員のタイグウを改善する。
b　一流企業だからといって将来はアンタイとはかぎらない。
c　路面電車を廃止しバスでダイタイする。
d　彼は若いのにショタイじみている。
e　二カ月間パリにタイザイする。

よって、データは、理論の相互比較を評決する場での発言権を保持し続けると述べている。

問6　筆者は、第三の推論様式について、どのように述べているか。最も適当なものを選択肢から一つ選び、その記号をマークせよ。

a　反復観察や再現実験を踏まえた論証方法を用いる学問分野において、観察データのもとでどの理論が「より良い説明」を与えてくれるのかを相互比較するという相対的ランキングによって、経験的支持のランクがより大きい仮説を選ぶという基準を作り出す推論様式だと述べている。

b　反復観察や再現実験を踏まえた論証方法を用いる学問分野において、同じ現象を説明する複数の対立理論に対して与える「支持」の大きさに則ったランクづけをすることで、データに基づく仮説や理論のテスト可能性を確保しようとする推論様式だと述べている。

c　再現性のない一度かぎりの事物や現象を扱う学問分野において、観察データのもとでどの理論が「より良い説明」を与えてくれるのかを相互比較するという相対的ランキングによって、普遍類を対象とする学問における仮説選択の基準を作り出す推論様式だと述べている。

d　再現性のない一度かぎりの事物や現象を扱う学問分野において、同じ現象を説明する複数の対立理論に対して与える「支持」の大きさに則ったランクづけをすることで、データと理論の「弱い関係」を「強い関係」へと転換する推論様式だと述べている。

e　再現性のない一度かぎりの事物や現象を扱う学問分野において、観察データのもとでどの理論が「より良い説明」を与えてくれるのかを相互比較するという相対的ランキングによって、経験的支持のランクがより大きい仮説を選ぶという論証スタイルの推論様式だと述べている。

とでは、二つの推論様式はともに科学的探究を進めていくには適当なものでないと考えている。

問5　筆者は、データと理論の関係について、どのように述べているか。最も適当なものを選択肢から一つ選び、その記号をマークせよ。

a　実証主義にも相対主義的な懐疑論の立場にも立たず、理論がデータと矛盾していれば「偽」、整合していれば「真」というような論理的な意味での強い関係を仮定するのではなく、データが対立理論のそれぞれに対して与える「経験的支持」の大きさという弱い関係を想定すべきであると述べている。

b　実証主義にも相対主義的な懐疑論の立場にも立たず、理論がデータと矛盾していれば「偽」、整合していれば「真」というような論理的な意味での強い関係を仮定するのではなく、データを批判的に検討しつつ、データが仮説に対してもつ証拠としての価値をヨウゴするという弱い関係に「経験的支持」を与えるべきであると述べている。

c　論理的な意味での整合性や矛盾性を、データと仮説に対して要求せず、データを批判的に検討しつつ、データが仮説に対してもつ証拠としての価値をヨウゴするという強い関係ではなく、データが対立理論のそれぞれに対して与える「経験的支持」の大きさという弱い関係を想定すべきであると述べている。

d　論理的な意味での整合性や矛盾性を、データと仮説に対して要求せず、また実証主義にも相対主義的な懐疑論の立場にも立たないことによって、データと理論の論理的な「真偽」という強い関係よりも、経験的な「支持」というはるかに弱い関係の方が、理論の相互比較を評決する場での発言権を保持し続けると述べている。

e　論理的な意味での整合性や矛盾性を、データと仮説に対して要求せず、また実証主義にも相対主義的な懐疑論の立場にも立たず、データと理論の「経験的支持」の大きさという弱い関係を、論理的な「真偽」という強い関係と比較することに

の「真偽」を判定していると考えている。

問4　筆者は、「演繹」と「帰納」という二つの推論様式について、どのように考えているか。最も適当なものを選択肢から一つ選び、その記号をマークせよ。

a　「演繹」では、前提となる命題が論理的に真であるかぎり、それから演繹された命題もまた論理的に真であるとする一方、「帰納」では、観察されたデータを蓄積することにより、真である普遍法則が導かれるとするように、その論証スタイルは異なるが、データにもとづいて一般化するという推論形式としての効用は、ともに減少しつつあると考えている。

b　「演繹」では、前提となる命題が論理的に真であるかぎり、それから演繹された命題もまた論理的に真であるとする一方、「帰納」では、観察されたデータを蓄積することにより、真である普遍法則が導かれるとするように、その論証スタイルは異なるが、どちらも論理的な意味において「真偽」に決着をつけたことには必ずしもならないと考えている。

c　「演繹」は、前提となるある主張から、論理的に別の主張を導くという推論様式であるのに対して、「帰納」とは、観察されたデータを蓄積することにより、真である普遍法則が導かれるという推論様式であり、西洋の経験科学の基底には、帰納が方法論として確固とした地位を占めていたが、二十世紀半ばからは演繹が優勢になったと考えている。

d　「演繹」は、前提となるある主張から、論理的に別の主張を導くという推論様式であるのに対して、「帰納」とは、観察されたデータを蓄積することにより、真である普遍法則が導かれるという推論様式であり、科学においても、データに照らすことが不可欠だが、データそれ自身は必ずしも完全無欠ではないことをネントウに置くべきであると考えている。

e　古典的な科学哲学では、「演繹」と「帰納」という二つの推論様式が、有効性のある論証スタイルとされてきたが、仮説や理論がまちがう可能性がある一方、観察データもまた誤りや不確かさを含んでいるかもしれないという現実的な状況のも

の基準を求めるべきであると述べている。

問３　筆者は、「真」あるいは「偽」ということと科学における仮説のあり方について、どのように考えているか。最も適当なものを選択肢から一つ選び、その記号をマークせよ。

a　直感的あるいは日常的な意味での「真」あるいは「偽」ということばは、私たちに強くアピールするものがあり、他の可能な仮説や説明との比較を必要としないが、ある科学的仮説が「真」あるいは「偽」であることをテストするためには、対立理論を対置させることが必要になると考えている。

b　直感的あるいは日常的な意味での「真」あるいは「偽」ということばは、私たちに強くアピールするものがあるが、現実の科学の現場では、データに支えられた仮説間の相対的比較をして、ある仮説がどれくらい妥当なのかによってその仮説を受容できるかどうかを判定していると考えている。

c　直感的あるいは日常的な意味での「真」あるいは「偽」ということばは、私たちに強くアピールするものがあるが、論理学における「真」や「偽」は、それよりはるかに強い意味をもっているため、現実の科学の現場では、他の可能な仮説や説明との比較は重視されないと考えている。

d　直感的あるいは日常的な意味での「真」あるいは「偽」ということばは、私たちに強くアピールするものがあり、論理学における「真」と「偽」は、それよりはるかに強い意味をもっているが、現実の科学の現場では、データのみに基づいて仮説や説明の「真偽」を判定していると考えている。

e　直感的あるいは日常的な意味での「真」あるいは「偽」ということばは、私たちに強くアピールするものがあるのに対して、現実の科学の現場では、仮説の論理学的な意味での「真偽」を判定しているのではなく、データに基づく推論によって仮説

問1　太線部㋐「ショクバイ」、㋑「ヨウゴ」を漢字に改めよ。

問2　筆者は、歴史学は非科学的なのかという疑問についてどのように述べているか。最も適当なものを選択肢から一つ選び、その記号をマークせよ。

a　歴史学には歴史学なりの「科学の基準」があるという複線的視点に立ち、直接的な実験や観察に基づく「典型科学」の五基準を満たすようなものが歴史学にもあることを主張することによって、「非科学的」という科学者にとって致命的なレッテルを拒否するべきであると述べている。

b　歴史学には歴史学なりの「科学の基準」があるという複線的視点に立ち、実験科学のレベルに及ばない「二級科学」というランク付けに対して提出されたいくつもの反論に基づき、「非科学的」という科学者にとって致命的なレッテルを拒否するべきであると述べている。

c　歴史学には歴史学なりの「科学の基準」があるという複線的視点に立ち、実験科学のような直接的な観察はできないながらも、歴史学ではより起こりやすい状況を想定してみることによって、「非科学的」という科学者にとって致命的なレッテルを拒否すべきであると述べている。

d　「非科学的」というレッテルを受け入れると、歴史を扱う研究はすべて価値がなくなってしまう可能性があり、歴史学には歴史学なりの「科学の基準」があるという複線的視点に立ち、実験科学のような直接的観察はできないながらも、歴史学ではより起こりやすい状況を想定してみるべきであると述べている。

e　「非科学的」というレッテルを受け入れると、歴史を扱う研究はすべて価値がなくなってしまう可能性があり、歴史学には歴史学なりの「科学の基準」があるという複線的視点に立ち、実験科学における仮説や理論の経験的テストに相当する別

の推理〟（より古い言い方では、結果から原因へとさかのぼっていく推理）のような不可欠の推論様式」（ギンズブルグ 2001）に通じるものがあります。さらに、十九世紀の哲学者にして記号論の創始者であるチャールズ・S・パース[＊6]は、与えられた証拠のもとで「最良の説明を発見する」推論方法を、「アブダクション（abduction）」ということばによって表そうとしました。

理論の「真偽」を問うのではなく、観察データのもとでどの理論が「より良い説明」を与えてくれるのかを相互比較する――アブダクション、すなわちデータによる対立理論の相対的ランキングは、幅広い科学の領域（歴史科学も含まれる）における理論選択の経験的基準として用いることができそうです。

第三の推論様式としてのアブダクションは、さまざまな学問分野において、〝単純性（「オッカムの剃刀」[＊7]）〟とか〝尤度[＊8]〟あるいは〝モデル選択[＊9]〟というキーワードのもとに、これまでばらばらに論じられてきました。しかし、将来的には統一されていくだろうと私は推測しています。

（三中信宏『系統樹思考の世界――すべてはツリーとともに』による　※一部省略したところがある）

注　＊1　「典型科学」の五基準＝「観察可能」であること、「実験可能」であること、「反復可能」であること、「予測可能」であること、「一般化可能」であること。　＊2　カルロ・ギンズブルグ＝イタリアの歴史学者。（一九三九〜　）　＊3　エリオット・ソーバー＝アメリカの哲学者。（一九四八〜　）　＊4　赤色巨星＝恒星の外層がふくらみ、赤く明るい星をいう。　＊5　エンテュメーマ＝ありそうなことから導かれる修辞的な三段論法。　＊6　チャールズ・S・パース＝アメリカの哲学者。（一八三九〜一九一四）　＊7　オッカムの剃刀《かみそり》＝必要なしに多くのものを定立してはならないという原則。イギリスの哲学者オッカム（一二八〇頃〜一三四九頃）が論理的思考として多用したことにちなむ。　＊8　尤度《ゆうど》＝統計学で、もっともらしさをいう。　＊9　モデル選択＝得られたn個のデータから、もっとも適したモデルを選択する統計的推測の手法。

ギンズブルグのいう〝歪んだガラス〟というのは絶妙な比喩であると私は思います。狭い意味での歴史学だけでなく、もっと広い一般性をもつスタンスとして、ギンズブルグの見解を敷衍《ふえん》しておきましょう。

データという〝歪んだガラス〟を通して向こうを覗《のぞ》くとき、私たちはデータと理論のいずれに対しても「真偽」を問うことはありません。理論がデータと矛盾していれば「偽」、整合していれば「真」というような強い関係を仮定するのではなく、もっと弱い関係を両者の間に置こうということです。

ここでいう「弱い関係」とは、観察データが対立理論のそれぞれに対してさまざまな程度で与える「経験的支持」の大きさを指しています。論理的な「真偽」と比較して、経験的な「支持」はデータと理論とのはるかに弱い関係です。しかし、それでもなおデータは、理論の相互比較を評決する場での発言権を保持し続けています。

データと理論の間に想定されるこの「弱い関係」は、演繹でも帰納でもない第三の推論様式です（エリオット・ソーバー*3 1996）。

演繹法や帰納法は従来の科学哲学の中では、物理学や化学などのように普遍類（たとえば、化学ならばある原子番号をもつ元素の集合、天文学ならば赤色巨星*4の集合のような類）を対象とする学問における、反復観察や再現実験を踏まえた論証方法として繰り返し論じられてきました。しかし、歴史学や進化学が対象とする個物（再現性のない一度かぎりの事物や現象）の場合には、そういう論証スタイルはもともとあてはめられません。だからこそ、もっと「弱い関係」を用意することで、歴史を扱う科学の中でも、データに基づく仮説や理論のテスト可能性を確保しようというわけです。

データが理論に対して「経験的支持」を与えるとき、同じ現象を説明する複数の対立理論の間で、「支持」の大きさに則ったランクづけをすることができます。あるデータのもとで、もっとも大きな「支持」を受けた最良の仮説を頂点とする序列です。そして、経験的支持のランクがより大きい仮説を選ぶという基準を置くことにより、仮説選択の方針を立てることが可能になります。

この仮説選択基準は、古くはアリストテレスのいう「エンテュメーマ*5」が指し示す推論の形式、すなわち「〝最善の説明に向けて

は正しいことが示されると思います。しかし、論理的な意味でTが「真」であることが、データDによって示されたわけではありません。ここで、Tに対する対立仮説、

仮説T′：「部屋AとBの電球がそれぞれ切れた」

をさらに考えてみましょう。データDのもとで仮説T′は「偽」であると言わねばならないのでしょうか。そんなことは決してありません。きわめて低い(お)ヒンドではあっても、別々の部屋の電球が同時刻に切れることは可能です。

この例から言えることは、たとえ確実な観察データがあったとしても（電灯が消えたというのが実は見間違いだったという可能性さえある）、対立仮説間の「真偽」に決着をつけることは必ずしもできないし、そうする必要もないということです。

私たちが、論理的な意味での整合性や矛盾性を、データと仮説に対して要求してはいないとしたら、データは仮説に対してどのような関係をもつことが期待されているのでしょうか。ここで、歴史学者であるカルロ・ギンズブルグ＊2の示唆に富む発言を引用します。

「資料は実証主義者たちが信じているように開かれた窓でもなければ、懐疑論者たちが主張するような視界をさまたげる壁でもない。いってみれば、それらは歪《ゆが》んだガラスにたとえることができるのだ」（ギンズブルグ 2001）

実証主義を奉じる立場からいえば、観察データは絶対であり、仮説や学説はそのしもべにすぎません。その一方で、相対主義的な懐疑論の立場からいえば、データは言明や理論にとって何の役にも立たないという正反対の評価を受けることになります。ギンズブルグはこの両極端の見解のいずれにも与《くみ》しないで、歴史学はデータ（資料）を批判的に検討しつつ、データが仮説に対してもつ証拠としての価値を(イ)ヨウゴし続けます。

「ひとは証拠を逆撫《さかな》でしながら、それをつくりだした者たちの意図にさからって、読むすべを学ばなければならない」（ギンズブルグ 2001）

般化をするという推論様式には、少なくとも心理的な効用は残されています。実際、現在の認知心理学ではまさにその意味で帰納ということばを用いているからです。

ここで重要な論点が提起されます――それは「データと理論の間にはどのような関係があるのか」という問題です。これまで説明してきたように、「経験に照らす」ことが科学にとっては不可欠です。しかし、その主張は、私たちが得る「経験（データ）」が完全無欠であるということを意味してはいません。むしろ、仮説や理論がまちがう可能性がある一方、観察データもまた誤りや不確かさを含んでいるかもしれないという現実的な状況のもとで、どのように科学的探究を進めていくのかということを㋓ネントウに置いています。

データに照らして整合的な仮説は「真」であり、矛盾する仮説は「偽」であるという解釈は、データがつねに完全無欠であるという前提を置いています。しかし、その前提はしばしば破られます。だからこそ、仮説や理論の「真偽」を言うことはきわめて難しいのです。

このことを説明するためにひとつの例を考えてみましょう。ある家に二部屋AとBがあったとします。ある夜、AとBに灯っていた電灯が同時刻に突然消えてしまいました。このような現象に直面したその家の住民は、「電気を使い過ぎたのでヒューズが飛んだのだろう」と考え、配電盤に走っていくでしょう。この状況を図式的に書けば、

観察D：「部屋AとBの電灯が同時刻に消えた」

のもとで、

仮説T：「配電盤のヒューズが飛んだ」

が家人によって支持されたということになります。

ここで質問――仮説Tははたして「真」だったのでしょうか。もちろん、かなり多くの場合（あるいはほとんどの場合）、仮説T

一方、現実の科学の現場では、得られたデータに照らし、ある仮説や主張がどれくらい妥当なのか、対立仮説と比較してその仮説を受容できるのかどうかが大きな問題です。データに基づいて、ある科学的仮説が「真」あるいは「偽」であることをテストするのは、かぎりなく困難だと言わねばなりません。

科学では、仮説の論理学的な意味での「真偽」を判定しているのではなく、データに支えられた範囲での仮説間の相対的比較をしているのだと考えたほうが、実際により近いと私は考えています。これはデータに基づく推論とみなせます。

ここで、論証と推論のスタイルについて、少し詳しく説明をしておくべきでしょう。古典的な科学哲学では、「演繹《えんえき》(deduction)」と「帰納(induction)」という二種類の推論スタイルを考えていました。

第一の「演繹」とは、前提となるある主張から、論理的に別の主張を導くというタイプの推論です。具体例としては数学を思い浮かべるのがいいでしょう。「この三角形は正三角形である」という命題からは、たとえば「この三角形は二等辺三角形である」という別の命題が演繹されます。演繹的な論証の特徴は、前提となる命題が論理的に真であるかぎり、それから演繹された命題もまた論理的に真であるという点です。

第二の「帰納」とは、論理学の用法では、観察されたデータを蓄積することにより、真である普遍法則が導かれるというタイプの論証です。歴史的に見れば、西洋の経験科学の基底には、データからの普遍法則の発見を目標とする帰納が、方法論として確固とした地位を占めていました。しかし、二十世紀半ばの科学哲学では、論証スタイルとしての帰納をめぐる大論争があり、その有効性に大きな疑義が投げかけられました。

確かに、データの集積の延長線上に普遍法則が見えてくる、という帰納の仮定がまちがっていたことは否定できないでしょう。データそれ自身は必ずしも完全無欠ではないし、何よりも背景仮定から独立した中立性を保っているわけでもないからです。二十世紀前半に大きな力をもった論理実証主義が、最終的に敗退していった理由はそこにあります。ただ、データにもとづいて一

のかという点に注目しましょう。すなわち、実験科学における仮説や理論の経験的テストに相当するものが、歴史学にもあるのかという点です。もちろん、進化学における自然淘汰《とうた》仮説のテストのような例外的な場合はありますが、ここではそのような直接的な観察ができない、したがって歴史学ではより起こりやすい状況を想定します。

まずはじめに、実験科学におけるこんな仮想例を考えてみます。「あるふたつの物質AとBの化学反応の結果、Pという反応生成物が生じる」という理論Tをテストするとき、化学者は実際にその化学反応を再現実験してみるでしょう。もしその実験の結果、生成物Pが生じたならば、その化学者は(い)テイショウされた理論Tをきっと受け入れるでしょう。

注意してほしいのは、このとき理論T(「Pが生じる」)に対しては、必ず対立理論T′(「Pが生じない」)が対置させられているという点です。化学者は、実験結果を踏まえた上で、対立理論T′ではなく、理論Tを採用したわけです。その理由は、「Pが生じた」という実験結果を「Pは生じない」という対立理論T′によってあえて説明するためには、「この実験は正しく行われなかった」とか、「添加(ア)ショクバイなど(う)フタイ条件に問題がある」というような苦しい弁明をするしかありません。一方、理論Tならば、そういうその場しのぎの弁解はまったく不要です。その化学者は、観察された反応結果をより単純に説明できる理論Tを採用し、その場しのぎの仮定を要求する(したがって単純ではない)対立理論T′を排したのだと考えることができます。

おそらく、読者の多くはこの例に対して、たとえ結論は同じでも異なる解釈をするのではないかと私は予想しています。すなわち、化学者が理論Tを受け入れたのはそれが「真」だったからであり、対立理論T′を排したのはそれが「偽」だったからだと。

直感的あるいは日常的な意味での「真」あるいは「偽」ということばは、私たちに強くアピールするものがあります。「それは真実だ」と言われれば、つい納得してしまう人は少なくないでしょう。しかし、論理学における「真」とか「偽」という表現は、日常的な用法よりはるかに強い意味をもちます。それは他の可能な仮説や説明との比較を必要とせず、データのみに基づいてある仮説や説明の真偽を判定しているからです。

国語

▲3教科型・2教科型英語外部試験利用方式▼

（七五分）

一　次の文章を読んで、後の問いに答えよ。

歴史を復元するという行為のもっとも核心部分であるはずの(あ)ユライ関係の推定が、直接的な実験や観察に基づく「典型科学」*1の五基準を満たさないことは誰の目にも明らかです。

では、歴史学は非科学的なのでしょうか。「非科学的」というレッテルは、科学者にとっては致命的なインパクトがあります。もしそれを受け入れるとしたら、生物・非生物を問わず歴史を扱う研究は、すべてひっくるめて価値がなくなってしまうと受け取られかねません。しかし、歴史学には歴史学なりの「科学の基準」があるのだという複線的視点に立つとき、私たちはどのような基準をもち出せばいいのかという次の問題が浮上してきます。

生物進化学を含む歴史学一般が、実験科学のレベルに及ばない「二級科学」であるというランクづけに対しては、生物学哲学に関心をもつ多くの人がいくつもの反論を提出してきました。とくに、直接的な実験や観察に代わるものがはたして歴史学にある

解答編

英語

I **解答**　A. (1)—C　(2)—B　(3)—A　(4)—C　(5)—A

B. (1)—D　(2)—Z　(3)—E　(4)—F　(5)—B　(6)—C

◆全　訳◆

A. ≪ジュリーとカオリの対話≫

ジュリーがカオリの家を通り過ぎるとき，外にいるカオリを目にする。

ジュリー：あら，カオリ。なにしてるの？　どうしてそんな古いTシャツを着ているの？

カ オ リ：いい服をダメにしたくないからよ。今，自転車にペンキを塗ろうとしていたところなの。

ジュリー：いったいどうしてそんなことをしているの？　私にはまったく訳がわからないわ。黒は好きじゃないの？

カ オ リ：違うのよ。そういうことじゃないの。

ジュリー：じゃあ，どうして？　もし色が問題でなかったら，何が問題なの？

カ オ リ：あのね，私，いつも車にひかれるんじゃないかと心配なのよ。この辺り，道が暗くて，黒だと夜は見えにくいでしょう。

ジュリー：確かにそうね。

カ オ リ：猛スピードで運転する人がいるのよ。道路はほんとに危険なときもあるの。

ジュリー：そうなの。それで自転車にペンキを塗ろうというわけね。でも，どうしてもっとずっと明るい色にしないの？　白色とか？

カ オ リ：白？　絶対ダメよ！　安全は大事よ。でも自転車の見栄えも大事なのよ。

ジュリー：そうなの？　ライトブルーの方が白よりかわいいわけ？

カ オ リ：塗り終わったらわかるわよ！　紫色の星も描くつもりなの！

ジュリー：まあ！　星は自転車にはいいかも。カオリはその自転車が好きでしょうがないのね。そうでしょう？

B. ≪ちょっとした「盗み」と「宝物の秘密」≫

A．盗みは悪いことだとわかっている。しかし，私たちは時々自分のものでないものを取ることがある。これらのものは人間のいたずら心を明らかにし，宝物の秘密を教えてくれるのである。

D．時に，そういうものは自分が持っている物の中で最も大切なものになる。「これを私はあなたから盗んだ」というブログは，このような悪いことの数々を投稿するサイトである。

F．（これらの話には）美しい手描きの絵が添えられ，匿名で投稿されているが，このような話がいくつも集まってネット上にフォーラムを作っており，そこでは，元恋人であった人から盗んだ古い写真，クローゼットから不思議なことに消えてしまったダンスシューズなどについて語られている。このフォーラムにある告白には罪の意識と喜びの両方が見られ，そこには何か美しいものがあるのだ。

C．それで，これらの話に刺激を受けた私は，私自身の盗んだ物の話をすることにした。正確に言えば，私はそれを盗んではいないが，家族のアルバムに祖父母の写真を見つけたとき，それを自分のものにしなければならないと思ったのだ。

E．私の祖母ジョセフィーヌ＝アミトラーノと祖父ヴィンセント＝カポリモが立っているのは，ブルックリンのコニー・アイランドにある桟橋の下である。そこは，祖父母が9歳と10歳でデートし始めたときに待ち合わせたところにかなり近い場所だった。2人とも今では亡くなっているけれども，私は2人のことを思うと，彼らがこうして微笑んでいる姿が今でもまぶたに浮かぶ。

B．それで，この場所にいるこの人たちの思い出が私が物を盗んだ理由なのである。その写真が私の所有物になってから数カ月にしかならないが，すでに私は，それがないと生きていけない気持ちになっている。もし私が住んでいるアパートが火事になったりしたら，それは私が最初に持ち出すものだろう。

◀解　説▶

A. (1)ジュリーはカオリがやっていることの理由がわからないので，「(自転車の色の）黒は好きじゃないの？」と聞いている。理由がわからないことについてふさわしいのは，C.「私にはまったく訳がわからないわ（私は混乱している）」である。

⑵カオリが「そういうことじゃないの」と言っているので，その応答としては，B.「じゃあ，どうして？」が適切。

⑶カオリは一つ前の発言で「道が暗い」と言っている。さらにここで「道路は危険だ」ということを言っている。この内容にふさわしいのは，A.「猛スピードで運転する人がいる」である。

⑷ジュリーの「白色」の提案にカオリは「見栄え」を主張している。したがって，「白色」ではダメだというCが正解。No way! は強い否定を表す言葉で「絶対ダメ！」のニュアンス。

⑸カオリが自転車に紫色の星も描くと言っているのを聞いて，「その自転車が好きでしようがないのね。そうでしょう？」と言っているので，A.「星は自転車にいいかも」が適切。直訳的には，They「紫色の星」は it「その自転車」に deserve「値する」という意味。

B. Aの最終文の These items「これらのもの」を受けるのがDの最初の they，Aの最終文の「宝物の秘密」にあたるのがDの盗んだ物のサイトと考えると自然な流れになる。Dで挙げられたサイトの具体的説明がFの第1文だと考えられる。Fの最終文の These confessions have …「これらの告白には罪の意識と喜びの両方がある」を受けて，自分の話をするという流れになり，Cの share a story「私自身の盗んだ物の話を人にする」につながる。この「盗んだ物」が祖父母の写真であり，その祖父母の説明がEである。Eの最終文の these smiles「祖父母のこの微笑み」がBの最初の memories of these people「この人たちの思い出」につながり，その「思い出」の The print「その写真」が今では著者の最も大切なもの (item) となっている，となる。

II　解答

A. ⑴―A　⑵―D　⑶―C　⑷―B　⑸―D　⑹―A　⑺―C　⑻―B　⑼―A　⑽―A　⑾―D　⑿―B　⒀―C　⒁―A　⒂―B

B. ⑴―C　⑵―A　⑶―B　⑷―A　⑸―C　⑹―C　⑺―B

◆全　訳◆

≪才能はいろいろな形で花開く≫

ミック＝フリートウッドは，世界で最も有名で才能あるロックドラマーの一人である。彼のバンドのフリートウッド・マックはレコードを何千万枚と売り上げ，ロック批評家たちはアルバム『ファンタスティック・マック』と『噂』は天才の作品だと考えている。だが，ミックが学校へ行っていたとき，成績から見れば，少なくともほとんどの人はそう見ていたように，ミック＝フリートウッドには知性が欠如しているように思われた。

ミックによれば，「学校の成績は，ひどかったね。誰もその理由はわからなかった。私は学校では学習障害があったし，いまでもそうだ。数学なんてまったくわからなかった。まったくね。もし，アルファベットを逆から言ってみろと言われたら，困ったね。もし前からさっとうまく言えたらラッキーくらいなものだよ。もし誰かが『この文字の前の文字はなんだ？』と聞こうものなら，冷や汗ものだったね」ということだ。ミックはイギリスの寄宿学校に通っていたが，そこでの経験はひどく不満足なものだった。「いい友だちはいたよ。でも楽しくなかった。自分はダメな人間で，のけ者なのを意識していたよ。苦しかったね。自分がどういうものになるのかまったくわからなかった。だって，勉強のことはどれも悲惨なものだったからね。勉強以外のことで何ができるのか，自分にはまったくわからなかったのだから」（とミックは言った）。

ミックにとって幸いだったのは，彼の家では，家族が学校で教えてもらうことやテストを受けることを超えた何かを見ていたことだ。父はイギリス空軍の戦闘機乗りだったが，引退すると自分が本当にやりたいと思っていた，ものを書くということに情熱を燃やした。父は自分の夢を追うべく，家族を連れて，ケントでテムズ川船上生活を3年間送った。ミックの姉のサリーは，ロンドンへ行って芸術家になり，もう一人の姉のスーザンは，芝居の道を歩んでいた。フリートウッドの家庭では，才能はいろいろな形で現れるということや，数学ができなかったり，アルファベットが逆から言えなかったりしても，それでその人間の人生がつまらないものになるとは限らないということを，みんながわかっていた。

ミックはドラムを叩くことができた。「ピアノを弾けば，おそらく，何か創造的なことをやっている印象は強いが，私はドラムや椅子の上のクッションを思いっきり叩きたいと思っていただけなんだ。それは必ずしも創造性の最高形態というわけではないがね。『そんなことは誰でもできるよ。あまり賢いことだとは言えないね』と人は言うかもしれないが，私はこの叩くということ，物を叩くということを始めたんだ。そしたら，それが私の成功の始まりとなったわけだ」とミックは言った。ミックが「これだ！」と思った，つまり「叩くこと」が自分の人生の野心の中心になった瞬間が訪れたのは，子供の頃にロンドンにいる姉を訪ねたときだった。ピアノ奏者と一緒にチェルシーにある小さな店へ彼は行った。人々はジャズを演奏し，外国のタバコを吸っていた。ミックは彼らを見ていた。この別世界が始まるのを眺め，そこの雰囲気にとても引かれた。「落ち着けるんだね。何かに束縛されている感じがないんだ。それは私の夢だったんだね」とミックは言った。

「学校に戻っても，そのときの情景が頭から離れなかったんだ。勉強の世界から逃れることを夢見ていたよ。他の人たちと音楽ができるかどうかなんてことはわからなかった。でも，そのおかげで，この勉強の悪夢のような混乱状態から逃れることができたんだ。学校では信じられないくらい惨めだったね。だってね，学校では，あらゆることで自分は役立たずの人間だってことばかり思い知らされるわけだから」(とミックは語っている)。ミックの学校でのひどい成績はずっと先生たちの悩みの種だった。先生たちはミックが知性的な人間であることを知っていた。しかし，彼の成績はまだ低く，それで先生たちができることはほとんどなかった。このことはドラマーになることを夢見ていた男の子にとっては非常に苛立たしいものであった。10代でミックは，ついに「もうたくさんだ」と思った。「ある日，校舎から出て，校庭にある大きな木の下に座った。別に私は宗教心がある人間ではないが，涙で顔をぬらしながら，もうこれ以上，ここにいなくてもいいようにしてください，と神に祈ったよ。私はロンドンに行って，ジャズクラブで演奏したかった。まったく子供っぽいことで馬鹿げたことだったが，私はドラマーになると自分に誓ったんだ」(とミックは言った)。

ミックの両親は，学校はミックのような変わった知性を持った人間がいる場所ではないとわかっていた。ミックが16歳のとき，親に学校をやめることについて尋ねたとき，彼らは了承した。両親は卒業まで頑張れと言う代わりに，ミックにドラムセットを持たせて，ロンドン行きの電車に乗せ，彼が「これだ！」と思ったことをやらせてやった。そこからミックは，次々に道が開けていったが，それはもしミックが学校に残っていたら起こらなかったことかもしれない。ガレージでミックがドラムの練習をしていると，ミックの隣人のピーター＝バーデンスというキーボード奏者がドアをノックした。ミックはバーデンスがやってきたのは，静かにしてくれと言うためだと思った。しかし，そうではなく，そのミュージシャンは，地元のユースクラブで演奏しないかとミックを誘いにきたのだった。これをきっかけにミックは，1960 年代初期のロンドンの音楽シーンの中心地に足を踏み入れていった。「子供だった頃，私には，達成感というものがまったくなかった。それが今や，自分は自分でいいんだ，自分が今やっていることをやっていてもいいんだと感じ始めていた」。彼の友だちのピーター＝グリーンが，あるバンドのドラマーの代わりとして彼を勧めてくれたが，そのバンドにはいろいろな機会に，エリック＝クラプトンのような有名な他のミュージシャンも参加していた。後に，ミックは他のメンバーたちと一緒に自分のバンドを結成した。そのバンドがフリートウッド・マックである。その後の歴史は，レコードが最高に売れ，公演は売り切れ続出であった。

ミック＝フリートウッドにとって，学校と知性のわずかな部分しか判定できない試験から逃れることが，人生における大成功の道であった。「私の両親は，私の中にある輝きは，学校の勉強では決してないということがわかっていた」（とミックは言っている）。このように大成功したのは，ミックが自分にはテストの点では決して測れない何かに対する大きな才能があることを，もともとわかっていたからである。成功したのは，従来の教育の考え方では役立たずの人間とされてしまうのを受け入れないことにしたからである。

◀解 説▶

A. ⑴前段最終文で，lacked intelligence「知性が欠如していた」と述べられ，設問箇所の次の文では had a learning disability「学習障害があった」とある。したがって，ミックの academic work「学校の成績」はA. worthless「価値のない，取るに足りない」ものだと考えられる。

⑵次の文でミックは「アルファベットを前からさっと言えたらラッキーだ」と言っている。ということは，「後ろから言え」などと言われたら大

変だということ。したがって，D．in trouble「困ったことになる」が適切。

⑶ミックは次の文で，「いい友だちはいたが，楽しくなかった」と言っている。したがって，ミックの学校生活は，C．unsatisfying「不満足な」と理解するのが適切。

⑷学校の成績が悲惨であれば，自分の将来像は描きにくい。したがって，B．no sense を入れ，had no sense of what I was supposed to be「自分がどういうものになるのかまったくわからなかった」と理解するのが適切。

⑸ not necessarily は部分否定の表現で，「必ずしも～ではない」という意味。ここでは，勉強ができなくても，自分の人生がつまらないものになるとは限らないということ。

⑹ the point が Mick's moment of revelation と同格になっており，この point を説明する〈文〉が後に来ているので，（ 6 ）… in his life は関係詞節だとわかる。A と D のうち，at the point で「その時点で」の意味になることから，先行詞 the point の後には A．at which が続くと判断する。

⑺ミックの学校生活は惨めであった。したがって，unhappy を修飾する言葉としては，C．incredibly「信じられないほどに」が適切。つまり，「とても不幸だった」ということ。

⑻次の文で，先生たちはミックが intelligent「知的」だということがわかっていたが，彼のテストの scores「点数」は低かった。この矛盾を表すのにふさわしいのは，B．bother「悩ます」である。このミックの矛盾が先生たちを悩ませたということ。

⑼先生たちはミックの成績が悪い理由がわからなかった。わからなければどうしてよいかもわからない。したがって，A．little を入れ，「彼らができることはほとんどなかった」とするのが適切。

⑽空所後の enough は名詞で，「十分なもの［こと］」という意味。したがって，A．had を入れて「もうたくさんだ」とするのが適切。

⑾ミックは prayed to God「神に祈った」と述べられている。この文脈にふさわしい言葉は，D．religious「宗教的な」である。

⑿前文では両親がミックの退学を認めたことが述べられ，空所の直後では，卒業まで頑張れと言うことが述べられている。この相反する記述を合理的

に理解するには，B．Rather than を入れ，「卒業まで頑張れと言う代わりに退学を認めた」とするのが適切。

⒀ミックは退学以降，成功につぐ成功を収めた。しかし，それは学校に残っていたら実現しなかった可能性が高いと考えられる。したがって，C．might never have を入れ「学校に残っていたら起こらなかったかもしれない」とするのが適切。なお，これは仮定法の文である。

⒁it was okay に続く2つの to 不定詞句に着目する。to be who I was「自分のままでいること」に to do (　　) I was doing「自分がしている (　　) をすること」が対応していると考えて，空所にA．what を入れるのが適切。

⒂フリートウッド・マック結成までは説明がいるが，結成後のミックの活動はもはや誰もが知る大成功の歴史であるという文脈にふさわしいのは，B．rest「残り」である。The rest is *A*「あとは *A* だ」

B． ⑴ミックが子供だった頃の話に一致するのは，C．「数字を扱うのに苦労した」。第2段第3文（I had no…），第3段最終文（In the Fleetwood…）中盤の being poor at math,…などに，ミックは数学ができなかったと述べられていることと一致する。

⑵ミックの寄宿学校での話と一致するのは，A．「途方にくれ，自分の将来の目標がはっきりしていなかった」。第2段最終文（I had (　　) …）に学校の成績が悪すぎて，「自分が何になるのかまったくわからなかった」と述べられていることと一致する。

⑶ミックの学校の成績に関する両親の態度については，第3段最終文に，才能は多様な現れ方をし，数学の成績だけではその人間の才能はわからないということが述べられている。この内容と一致するのは，B．「それは彼の本当の知性を反映したものではないと気づいていた」である。

⑷ミックが刺激を受けてミュージシャンになろうとした理由については，第4段後ろから4文目（He watched them…）以降に，ミュージシャンたちが演奏している姿を見て，ミックは自分が落ち着ける場所を発見したということが述べられている。この内容に一致するのは，A．「人々が生で音楽を演奏するのを見ているのは楽しかった」である。C．「ロンドンにいる姉の家を訪れて楽しかった」については，姉の家への訪問がミュージシャンになろうと思った直接の原因ではないので不可。

⑸ミックが神に祈った理由については，第5段後ろから3文目後半（I prayed to …）からその次の文（I wanted to …）に，「もうこれ以上にここにいられない。ロンドンに行ってジャズクラブで演奏したい」ということが述べられている。この内容に最も近いのは，C.「彼は自分が所属していないと思っているところに囚われていると感じていた」である。

⑹ミックの練習中にピーター＝バーデンスがやってきた理由については，第6段第6文（Mick thought Bardens …）に「地元のユースクラブで演奏しないかと誘いにきた」と述べられているので，バーデンスは，C.「ミックのドラムを聞いて感銘を受けた」と考えるのが適切。B.「地元のユースクラブに入らないかと誘いにきた」については，「ユースクラブで演奏するように誘った」とは書いてあるが「加入するように誘った」とは書いていないので不適。

⑺ミックがドラマーとして成功した理由については，最終段第3文（This all happened …）に，「ミックが自分にはテストの点では決して測れない何かに対する大きな才能があることを，もともとわかっていたから」と述べられている。この内容に最も近いのは，B.「彼は学校の成績が悪かったが自分自身の才能を信じていた」である。

Ⅲ　解答

A. ⑴—B　⑵—B　⑶—A　⑷—C　⑸—C　⑹—B　⑺—A　⑻—B　⑼—A　⑽—A

B. ⑴—C　⑵—A　⑶—C　⑷—B　⑸—A　⑹—A　⑺—B

◆全　訳◆

≪相撲の歴史≫

西洋諸国では「スモウ・レスリング」と呼ばれることが多いが，相撲は日本の国技である。かつては歴代の天皇にも人気であった相撲の起源は，少なくとも1500年は遡ることができ，そのため相撲は，世界最古の形の整ったスポーツとなっている。相撲はおそらくモンゴル，中国，朝鮮などの相撲から発達したと思われる。相撲はその長い歴史において，幾多の変遷を経てきており，その儀式的なことの多く，つまり，相撲に伴う伝統や儀式の多くは20世紀になって初めて考えられたものである。「相撲」という言葉は「相互に打撲を負わせる」という意味の漢字で表記される。

相撲は，神道の儀式において神々をもてなすために行われる行為として始まったと言われている。ある話によれば，もともと相撲は神々が行っていたものだったが，それが2000年前に人間に伝えられたという。また別の説明では，タケミカヅチの神が敵対する氏族の長と相撲をして，それに勝ってから日本人が日本の島々を支配する権利を与えられたことになっている。

相撲には多くの宗教的伝統がある。力士は聖なる水を口に含み，取組を始める前に清めの塩を土俵にまく。行司は神官のような衣装を身にまとい，土俵の上の方には神棚がある。力士が土俵に上がると柏手を打って神々を呼ぶ。古代では，相撲は神社の境内で行われる聖なる踊りや他の儀式と一緒に行われた。今日においてもなお，相撲は宗教的な色調を帯びている。相撲が行われる場所は，聖なる場所と考えられ，力士は土俵に入るたびに土俵を塩で清めなければいけない。力士の中で最も格の高い者は，神道信者とみなされている。

日本の伝説の一つによれば，日本人の起源は相撲の取組の結果によるものだった。その古い話によれば，古代に，日本は相争う2つの王国に分かれていた。東国と西国の2つである。ある日，西国の使者がそれぞれの国で最も強い者がまわしをつけて相撲をしよう，そしてその勝者が統合された日本の指導者となるのはどうだと言った。この相撲が日本の最初の取組だったと言われている。さらに，もう一つの伝説によれば，清和天皇が858年に即位したのは，相撲に勝利した後のことだったという。13世紀においては，皇位継承は相撲によって決められており，歴代天皇は時々行司役をしたという言い伝えもある。

相撲に言及した最初の歴史上の記録は，5世紀の雄略天皇が服をだらしなく着た2人の女性に相撲を取るように命じ，大工が仕事に集中できないようにさせたという記述である。大工は間違いなど絶対しないと主張していたが，女性の相撲を見ていると不注意になり，へまを犯した。そこで天皇は彼を殺すように命じたとのことである。

奈良時代（710～794年）に朝廷では全国から力士を集め，相撲大会と宴会の儀式を催して豊作と平和を祈願した。この宴会の出しものは音楽と踊りであり，相撲の勝者がそれに参加した。当時，相撲は，朝廷や地域社会の祭りと結びついた芸能だった。東京大学の法律学教授で『相撲のひみつ』の著者でもある新田一郎氏が読売新聞に語ったところによれば，「平安時代（794～1192年）の末期，朝廷の機能が崩壊してからは，幅広い各層の人々が相撲を熱心に見るようになったのですが，その人々の中には，鎌倉時代（1192～1333年）や室町時代（1336～1573年）の将軍や大名もいました。相撲が全国各地に広がっていったのは，強い政治的動機による現象でした」。

初期の相撲はかなり荒っぽいもので，ボクシングとレスリングの要素を併せ持ち，ルールはほとんどなかった。相撲はいったん朝廷の庇護を受けるようになるや，ルールが作られ，技が発達した。鎌倉時代（1192～1333年）に相撲は武士の修練に使われ，また紛争解決にも使われた。14世紀に相撲はプロスポーツとなり，16世紀に力士は巡業に出るようになった。昔は，いろいろな機会に女性も相撲を取ることが許されていた。血なまぐさい相撲も短期間ではあるが人気になったことがある。

江戸時代（1603～1867年）は平和で繁栄した時代であり，商人階級の勃興がその特徴をなす時代であったが，この時代に相撲は組織化され，商人や労働者たちを楽しませるものになった。相撲は徳川幕府によって娯楽の一つとして奨励された。マシュー＝ペリー提督がアメリカから「黒船」に乗り，1853年に日本にやってきたとき，ペリーのために相撲が行われた。ペリーは力士たちを「食べすぎの怪物」と述べているが，日本人は日本人で今度は，「ギスギスのアメリカ人船員たち」のボクシングの実演を見ても，あまり感動しなかった。現在の日本相撲協会の起源はこの時代にある。

相撲の基本的な組織とルールは，1680年代からほとんど変わっていない。19世紀になって，武士が職を失わざるを得なくなり，封建制度（伝統的な社会制度）が許されなくなったとき，伝統的な武士の髪型であるちょんまげを結うのを唯一許されたのが力士であった。1930年代，軍国主義者たちが相撲を日本の優越性と純粋さの象徴とした。

◀解　説▶

A．⑴rituals「儀式」の具体例については，第3段第1文（There are many …）に sip sacred water and throw purifying salt into the ring「聖なる水を口に含み，清めの塩を土俵にまく」と述べられている。したがって，B.「力士が塩をまくこと」が適切。

⑵下線部では，タケミカヅチの神が相撲で勝利して，日本人が日本列島を支配する権利を得たということが述べられている。この内容から推測され

ることは，タケミカヅチはB.「相撲の取組で日本人を代表した」ことだと考えられる。

(3)sacred は「聖なる」という意味。同じ意味を持つのは，A. holy「聖なる」である。

(4)「相争う2つの王国」という表現に最も意味が近いのは，C.「敵同士であった2つの人々の集団」。Bは，opposed an idea「ある考えに反対していた」という部分が誤り。

(5)a united Japan「統合された日本」とは，前文の East and West「東国と西国」が統合され一つの日本になったということを示している。したがって，C.「日本の東地域と西地域が統合したこと」が適切。

(6)In those times「当時」というのは，この段初めの In the Nara period「奈良時代」のこと。したがって，Bが適切。

(7)A bloody version of sumo は「血なまぐさい相撲」という意味で，下線部では，血なまぐさい相撲が短期間ではあったが人気があったということが述べられている。この bloody に相当するのがAの violent である。したがって，Aが正解。

(8)下線部は，徳川幕府が娯楽の一つとして相撲を促進したという意味。この意味に近いのは，B.「徳川幕府は人々に相撲を見るように奨励した」である。

(9)in turn は基本的には，前の文を受けて「引き続いて，今度は，同様に」などの意味を表す。本文では，ペリーは相撲をおもしろいと思わなかったが，引き続いて日本人も同様に，ボクシングをおもしろいと感じなかったということを表している。この意味に近いのは，A. in sequence「続けて」。B. in contrast は「対照的に」という意味であり，ここでの文脈には合わない。

(10)下線部は，明治時代以降もちょんまげを許された唯一の人々が力士であったということを述べている。この内容から推測されることは，A.「武士はもはや伝統的な髪型にするのを許されなくなった」ということである。

B. (1)相撲と神道との関係については，C.「相撲の習慣の多くは，伝統的な神道の慣習と関係がある」という記述が第3段の「聖なる水」や「清めの塩」「神官のような行司の装束」「神棚」「柏手」などの記述と一致する。Aは，神道の起源がモンゴルや中国，朝鮮にあるわけではないので不可。Bは，相撲は神官たちの娯楽としてではなく，一説では第2段第2文（According to one …）に handed down to people とあるように，「人々の」娯楽として与えられているので不可。

(2)Aの「相撲の結果が日本を誰が支配するかを決めた」という記述が，第4段第3文（One day a …）および同段第5文（According to yet …）の内容と一致する。

(3)相撲の最も早い記録に関しては，C.「雄略天皇が大工をひっかけて仕事でへまをさせた」という記述が，第5段第1文（The first historical …）に述べられていることと一致する。Aは，女性たちがだらしなく服を着たのは「天皇」をからかうためだったという点が誤り。

(4)Bの「相撲は日本のあちこちで行われるようになった」という記述が，第6段最終文（The spread of …）に「日本の津々浦々への相撲の普及は一現象となった」と述べられていることと一致する。

(5)第7段第2文（Once it began …）に相撲の「ルールが作られ，技が発達した」のは朝廷の庇護を受けた後のことだと述べられているので，庇護を受ける前のことについては，A.「明確なルールや確立した技はほとんどなかった」と考えるのが適切である。

(6)マシュー＝ペリー提督の相撲に対する印象は，第8段第4文（He described the …）の overfed monsters「食べすぎの怪物」という記述に見られるように，あまり好意的なものではない。したがって，A.「あまりおもしろいとは思わなかった」が適切。

(7)この文章は古代から昭和までの相撲の歴史について述べている。したがって，B.「相撲小史」が適切。

❖講　評

2020年度の大問の構成は，会話文・文整序1題，長文読解2題の計3題で，従来通りであった。

I　**A**が会話文の空所補充，**B**がひとまとまりの文章を6つに分けたものを並べ替える文整序形式。**A**は対話の流れをつかめば取り組みやすい問題。**B**は注意深く論旨の流れをつかむ力が求められる。特に文中の So や And so, などの話題の展開を示す添加の副詞（句）や接続詞，また，they, this / these などの前文を受ける代名詞などに着目することが重要である。

Ⅱ イギリスの有名ロックドラマーのミック＝フリートウッドの子供時代の苦悩と，成功の鍵となった自分の能力を信じることの重要性を述べた話。語彙問題の他に，not necessarily の部分否定，at which, what の関係代名詞，仮定法など，読解力と基本的文法知識が問われる問題となっている。**B**の英文完成問題は，該当箇所を早く見つければ，それほど難しい問題ではない。全体的には標準的な設問となっている。

Ⅲ 相撲の歴史についての文章。**A**の設問は下線部の同意表現や意味する内容を問うものだが，設問自体は下線部の前後を少し丁寧に読めば答えられる設問である。**B**は内容に関する英文完成問題であるが，この設問も関連箇所を早く見つければ，それほど難しい問題ではない。全体的には標準的な英文と標準的な設問である。

日本史

I　解答

1—(ア)　2—(ウ)　3—(ウ)　4—(イ)　5—(ウ)　6—(イ)
7—(ア)　8—(ウ)　9—(イ)　10—(イ)

◀解　説▶

≪近現代の経済・外交≫

1・2．1929年に成立した立憲民政党の浜口雄幸内閣の蔵相は井上準之助で，緊縮財政による物価の引き下げや産業合理化の促進による国際競争力の強化を目指す一方，金輸出解禁により外国為替相場を安定させ，貿易の振興を図った。

3．1929年10月，ニューヨークの株式市場で始まった株価の大暴落が世界恐慌に発展すると，日本経済は金解禁による打撃と合わせて昭和恐慌に陥った。

4．19世紀後半から20世紀初め頃，アメリカでは絹織物業が盛んであり，その原料となる生糸は主として日本産のものを用いた。そのため，アメリカは日本の生糸輸出の最大相手国であった。

5．浜口雄幸内閣は協調外交のもと，1930年に開催されたロンドン海軍軍縮会議ではアメリカ・イギリスと条約を結び，補助艦の総保有量を対英米7割とした。

6．1954年に吉田茂内閣にかわって誕生した鳩山一郎内閣は，アメリカに追随する吉田茂内閣の外交姿勢とは異なり，「自主外交」を唱えてソ連との国交回復を実現した。

7．1956年，ソ連との間に日ソ共同宣言が調印され，日ソ間の国交は正常化した。その結果，日本は正式に国際連合に加盟することが実現した。一方で，両国間で平和条約の締結には至らず，北方領土問題などが残された。

8．「日米新時代」を唱えて，1960年に日米相互協力及び安全保障条約を結んだのは岸信介内閣である。

9．『経済白書』は経済企画庁が発行する年次報告書で，経済安定本部が発行していたものを改編後に引きついだ。

10．1960 年代後半の「新三種の神器（3C)」とは，自家用自動車（カー）・カラーテレビ・クーラーのことである。1950 年代後半の「三種の神器」（白黒テレビ・電気洗濯機・電気冷蔵庫）と混同しないように。

Ⅱ 解答

1―(ス)　2―(ク)　3―(ケ)　4―(ア)　5―(ノ)　6―(タ)
7―(ヒ)　8―(ナ)　9―(ソ)　10―(シ)

◀解　説▶

≪近世・近代の建築≫

1．尾張の戦国大名であった織田信長は，1576 年に全国統一の拠点として近江国に安土城を築いた。安土城下町では楽市令が発令され，商工業者は自由な営業活動が認められるなど，都市や商工業者を重視する政策が行われた。

2．米沢藩の上杉家伝来の「洛中洛外図屛風」は，16 世紀の京都内外の様子を描いたもので，織田信長から上杉謙信に贈られた狩野永徳の作品といわれている。

3．長谷川等伯は桃山文化期に濃絵と水墨画の優れた作品を残した画家で，「松林図屛風」は水墨画の代表作である。また，濃絵の作品には「智積院襖絵」がある。

4．醍醐寺の門跡の一つである三宝院の庭園や表書院は，桃山文化期の遺構である。かなり細かな知識が問われているが，しっかりと覚えておこう。

5．後水尾天皇の修学院離宮は，徳川家康を東照大権現として祀った日光東照宮や八条宮智仁親王の桂離宮とともに，江戸初期の代表的な建築物。

6．後水尾天皇の中宮は徳川秀忠の娘徳川和子である。紫衣事件で後水尾天皇が和子が産んだ明正天皇に譲位すると，和子には東福門院の院号が与えられた。

7．「京都の寺院」「建物の半分近くは崖の上にあり，高い床下をもつ」「舞台」というキーワードから，京都を代表する文化財である清水寺本堂を想起したい。

8．「寛政２年」をヒントにして，寛政の改革の時期，尊号一件で松平定信と対立した光格天皇を想起したい。

9．1877 年，工業技術の高等教育機関として整備されたのは工部大学校で，のち 1886 年に東京大学に吸収された。

10．工部大学校の卒業生である辰野金吾は，明治期には日本銀行本店，大正期には東京駅を設計・施工した。

Ⅲ 解答

問1．(イ) 問2．(ウ) 問3．(ア) 問4．(ウ) 問5．(ウ)
問6．(ウ) 問7．(イ) 問8．(ア) 問9．(ウ) 問10．(ア)
問11．(イ) 問12．(ウ) 問13．(ウ) 問14．(イ) 問15．(ア)

◀解　説▶

≪古代・中世の政治・外交≫

問1．史料(A)は743年に出された墾田永年私財法である。天平十五年の格とも呼ばれ，同年には聖武天皇によって盧舎那仏造立の詔が発布されている。

問2．737年，天然痘の流行により藤原不比等の子である四兄弟が次々に亡くなると，皇族出身の橘諸兄が太政官の首班となった。

問3．墾田永年私財法は聖武天皇の治世に発布された。聖武天皇と藤原光明子との間に生まれた皇子が幼年で亡くなると，娘の阿倍内親王が皇太子となり，即位して孝謙天皇となった。

問5．空欄直後の「大領・少領」・「主政・主帳」は，郡司の四等官を指していることから判断しよう。

問6．史料(B)の出典は藤原実資の日記である『小右記』で，藤原道長が娘の威子を後一条天皇の皇后として自身の栄華を誇った場面が扱われている。

問7．藤原道長は1019年に出家した後，晩年は浄土教へと傾倒し，法成寺を建立した。後年，法成寺は火災にあったため現存しない。

問8．『大鏡』は『世継物語』とも呼ばれ，藤原道長の権勢を大宅世継によって批判的に語らせた歴史物語である。『栄華物語』は道長の栄華を賛美する物語，『御堂関白記』は道長の日記である。

問10．女真族は，中国東北部から朝鮮半島北部にかけて居住するツングース系の民族である。1019年に九州北部を襲撃して大宰権帥の藤原隆家が率いる九州の武士たちに撃退された後，12世紀には諸部族を統一して金を建国した。

問11．史料(C)は「北条政子の演説」である。史料が承久の乱に関するものであることは，史料中に「承久」という元号がみえることや，問15に「順徳上皇が配流」と書かれていることなどから判断できる。北条政子は一般的に「尼将軍」と呼ばれるが,『吾妻鏡』では「二品」と記されているので注意したい。

問 12. 綸旨とは, 天皇の意思を伝える簡略な命令文書で, 非義とは義にそむくの意。当時院政をしいていた後鳥羽上皇が, 北条義時追討のために仲恭天皇に出させたものである。

問 14. 後鳥羽上皇は院政を強化するため, 広大な皇室領の荘園を集めるとともに, 新たに西面の武士をおいて軍事力の強化をはかった。

問 15. 承久の乱に関与した後鳥羽上皇は隠岐へ, 土御門上皇は土佐へ, 順徳上皇は佐渡へそれぞれ配流された。一方, 幕府は皇位継承にも深くかかわることとなり, 仲恭天皇を廃して後堀河天皇を即位させた。

Ⅳ 解答

1 —(ア)　2 —(ト)　3 —(ヘ)　4 —(イ)　5 —(タ)　6 —(ヒ)
7 —(エ)　8 —(ク)　9 —(シ)　10—(ネ)

①— j　②— d　③— e　④— i　⑤— a

◀解　説▶

≪近世の東国と古墳文化の複合問題≫

1．豊臣秀吉の小田原攻めにより後北条氏は滅亡した。滅亡時の後北条氏は氏政・氏直父子であるが, 当主は5代目の北条氏直である。混同しないように気をつけよう。

2．空欄の直後に, この人物に関する説明が書かれている。「五奉行に任じられ」や「関ヶ原の戦いに敗れて京都で処刑された」という部分から, 空欄の人物は石田三成であることがわかる。

3．埼玉古墳群を構成する古墳の一つで,「辛亥年」にはじまる金象嵌の銘が刻まれた鉄剣が発見されたのは, 稲荷山古墳である。

4．やや難。正解は稲荷台1号墳で,「王賜」ではじまる銀象嵌の銘が刻まれた鉄剣が発見された千葉県の5世紀後半の円墳である。語群に出てくる古墳を都道府県別に整理すると, キトラ古墳・箸墓古墳は奈良県, 今城塚古墳は継体天皇陵とも推定される古墳で, 誉田御廟山古墳・大山古墳とともに大阪府, 江田船山古墳（5の解答）は熊本県, 造山古墳は全国第4位の規模をもつ岡山県の古墳, 稲荷山古墳は埼玉県で, 消去法で答えを絞りこめる。

6．水戸藩は現在の茨城県なので, 旧国名では常陸国と呼ばれる。

7．1602年に佐竹義宣が秋田に移封されたことはあまり知られていないが，18世紀後半に明徳館を再興し，藩政改革に成果を上げて名君とされた佐竹義和が秋田藩主であったことを想起しよう。

8．『大日本史』は，第2代水戸藩主徳川光圀の命により江戸藩邸内の彰考館で編纂が始められ，明治時代に完成した。全体の基調は朱子学の大義名分論の立場だが，史料の収集や史実の考証において客観的立場が貫かれている。

9．水戸藩士の会沢正志斎（会沢安）は1825年に『新論』を著し，後期水戸学の尊王攘夷論を確立した。

①小田原は現在の神奈川県西部にあり，後北条氏の城下町として発達した。

②「埼玉古墳群」なので，そのまま現在の埼玉県を選べばよい。

④駿府城は大御所となった徳川家康が拠点とした城で，かつての駿河国府が置かれた地，現在の静岡市にあたる。

⑤栃木県にある日光東照宮を想起すればよい。

❖講　評

Ⅰ　(A)は，浜口内閣の経済・外交政策に関する出題である。浜口内閣は緊縮財政・金解禁・協調外交などを基本路線としたが，結果的に昭和恐慌に陥った。(B)は，「自主外交」を進める鳩山内閣と「日米新時代」を唱える岸内閣の外交政策，および高度経済成長の始まりをテーマとした出題である。

Ⅱ　2019年度に引き続き建築物をテーマにした出題がみられた。2020年度は近世・近代の建築物について，かなり細かな知識が問われた。関西大学の入試問題では，代表的な文化財に関してしばしば出題されるため，文化史の分野については特に力を入れて学習してほしい。

Ⅲ　古代・中世の政治や外交に関して，史料を素材に語句選択問題として出題された。いずれも教科書レベルの基礎史料なので，ここで確実に得点したい。

Ⅳ　豊臣秀吉による全国統一事業以降の東国支配についての問題と，古墳から出土した金石文についての問題が出題された。関西大学では定番の地図問題については，遺物の所在地の都道府県名がわかれば解答を導ける易しいものであった。

世界史

I　解答

①―(カ)　②―(イ)　③―(ア)　④―(チ)　⑤―(ケ)　⑥―(ス)
⑦―(キ)　⑧―(ア)　⑨―(テ)　⑩―(ア)

◀解　説▶

≪ローマ帝政から中世のヨーロッパ世界≫

問題文中のXはピピン，Yはボニファティウス8世である。

①第2回三頭政治は，オクタウィアヌス，アントニウス，レピドゥスで行われた。ブルートゥスはカエサルを暗殺した共和主義者。

④テオドシウス帝が，392年にキリスト教を国教とした。ディオクレティアヌスは，専制君主政（ドミナトゥス）を開始し，キリスト教徒に最後の大迫害を行った皇帝。

⑤やや難。トマス＝アクィナスは中世のスコラ学を大成した神学者。教父には『神の国』『告白録』などを著したアウグスティヌスがいるが，『教会史』『年代記』はエウセビオスの著作。

⑥北イタリアに建国したランゴバルド王国は，ピピンにラヴェンナ地方を奪われ，カール大帝に最終的に滅ぼされた。

⑦グレゴリウス7世は，1077年に聖職叙任権問題をめぐって，神聖ローマ皇帝ハインリヒ4世との間でカノッサの屈辱（カノッサ事件）をおこしている。

II　解答

①―(ヌ)　②―(カ)　③―(イ)　④―(ア)　⑤―(ノ)　⑥―(ト)
⑦―(ア)　⑧―(シ)　⑨―(テ)　⑩―(ヒ)

◀解　説▶

≪ムガル帝国≫

写真(A)はタージ＝マハル，写真(B)はシク教の総本山である黄金寺院（ゴールデン＝テンプル）。

①タージ＝マハルは，第5代皇帝シャー＝ジャハーンが愛妃ムムターズ＝マハルの霊廟として建設したもの。

②ムガル帝国は，建国時にはデリーを都としていたが，第3代アクバルの

時代にアグラに遷都し，シャー＝ジャハーンは，この地にタージ＝マハルを建設した。
③イスラーム教の宗教建築の四隅に建つ塔はミナレット。ジッグラト（聖塔）は古代メソポタミアのシュメール人が神を祀るために建設した。
⑤やや難。バーブルはティムールの子孫であり，ティムール帝国の復活をめざして，アフガニスタンのカーブルを拠点にサマルカンドの奪還をめざしたが成功せず，その後，北インドに進出した。
⑧シク教の拠点はパンジャーブ地方で，アムリットサールに写真の黄金寺院がある。
⑨「当時の皇帝」アウラングゼーブは，熱心なスンナ派信仰者であった。そのため，それまでヒンドゥー教徒に免除されていたジズヤ（人頭税）を復活し，反発を招くことになる。
⑩イギリスは，19世紀半ばにシク王国とシク戦争を戦い，これを破ってパンジャーブ地方を支配した。

III　解答

1―(キ)　2―(ソ)　3―(カ)　4―(タ)　5―(セ)　6―(サ)
7―(ト)　8―(ア)　9―(ヌ)　10―(ク)
A―(ウ)　B―(シ)　C―(ケ)　D―(エ)　E―(ア)

◀解　説▶

≪19～20世紀初頭のイギリスとロシア≫

3．審査法は，王政復古によって即位したチャールズ2世によるカトリック復活策に対抗して，議会が議員や官吏は国教徒に限ることを定めたもの。
4．カトリック教徒解放法では，審査法廃止によっても公職から除外されていたカトリック教徒が公職に就くことを認めた。
6．穀物法は，ナポレオン戦争後に国外の安価な穀物が流入することで損害を受ける地主を保護するために制定されていた。
7．航海法は，1651年，中継貿易で利益をあげるオランダを排除するために，イギリスに入港できる船舶をイギリスと貿易相手国に限るとした。
9．フェビアン協会は，1884年にウェッブ夫妻や劇作家バーナード＝ショーなどが中心となって設立した。議会を通じた漸進的な改革で社会主義をめざし，労働代表委員会を経て労働党の設立につながった。
10．ドゥーマは，第1次ロシア革命（1905年）後に設立されたロシアの国会。立法権を有していたが，その権限は制約されていた。

B．グラッドストンは自由党の首相として，内政問題に積極的に取り組み，アイルランド自治法案のほかに教育法や労働組合法の制定，第3回選挙法改正などを行った。

C．アブデュルハミト2世は，ミドハトを宰相に任命しミドハト憲法を制定させたが，ロシア＝トルコ戦争の勃発を理由に憲法は停止された。

Ⅳ　解答

1－(テ)　2－(キ)　3－(ウ)　4－(ケ)　5－(ソ)　6－(ア)
7－(ネ)　8－(チ)　9－(オ)　10－(ハ)

問1．(ウ)　問2．(イ)　問3．(エ)　問4．(エ)　問5．(ア)

◀解　説▶

≪隋・唐と周辺民族≫

5．大祚栄は，高句麗の遺民や同じツングース系の靺鞨人を率いて渤海国を建国している。渤海は唐の律令体制をモデルに国づくりをした。

6．羈縻政策は，異民族の族長を利用しながら一定の自治を認める唐の間接統治策である。

8．ウイグルは，840年に同じトルコ系のキルギスに滅ぼされた後中央アジアに移動し，その地のトルコ化に大きな影響を与え，後にトルキスタンといわれる地域名が生まれることになった。

問1．「前108年にこの郡（楽浪郡）を置いた時の中国皇帝」は武帝。

(ウ)誤文。武帝が西域に派遣したのは張騫。張角は後漢時代に黄巾の乱を起こした太平道の指導者。

問2．文中の「第2代皇帝」は太宗（位626～649年）で，(イ)ニハーヴァンドの戦い（642年）が同時代の出来事。

(ア)西ゴート王国の滅亡は711年。

(ウ)タラス河畔の戦いは751年。

(エ)カタラウヌムの戦いは451年。

問3．(ア)誤文。六部を皇帝直属としたのは明。

(イ)誤文。開城を都としたのは高麗。新羅の都は慶州（金城）。

(ウ)誤文。ハングル（訓民正音）が制定されたのは朝鮮。

問4．下線部はウイグルについて。

(ア)誤文。騎馬遊牧民として初めて独自の文字を持ったのは突厥。

(イ)誤文。冒頓単于のもとで全盛期をむかえたのは匈奴。

(ウ)誤文。ササン朝と結んでエフタルを滅ぼしたのは突厥。

問5．(ア)正文。契丹（遼）は金と宋に攻められ滅亡するが，王族の耶律大石が中央アジアに逃れ，西遼（カラキタイ）を建国している。

(イ)誤文。猛安・謀克は，金の軍事・行政組織。

(ウ)誤文。宋との盟約（澶淵の盟：1004年）では，宋が契丹（遼）に毎年銀などを送ることを定めている。

(エ)誤文。契丹は独自の契丹文字を作ったが，それは漢字とウイグル文字をもとにしたものである。

❖講　評

Ⅰ　都市国家ローマの時代から，ゲルマン人の大移動，さらに13世紀の西ヨーロッパまでを範囲としている。⑤エウセビオスの選択はやや難。その他は標準的である。下線部について「正しければ(ア)をマークし，誤っている場合は最も適当なものを…」という正誤法と選択法を組み合わせた出題形式に慣れておく必要があるだろう。

Ⅱ　ムガル帝国に関して，アグラのタージ＝マハルとパンジャーブ地方にあるシク教の総本山黄金寺院の写真を使って出題されている。ムガル帝国初代のバーブルが拠点とした⑤カーブルはやや難。それ以外は標準的な出題である。Ⅰと同様，正誤法と選択法を組み合わせた形式で出題された。資料集に記載の写真等にも注意しておくことが重要である。

Ⅲ　19～20世紀初頭のイギリスとロシアについて，歴史事項とともに人物を交えて出題されている。19世紀のイギリスの自由主義的改革，ロシアの南下政策などが主要なテーマである。内容は標準的で，難問はみられない。重要人物とその業績は整理しておきたい。

Ⅳ　隋・唐と周辺民族に関する出題で，朝鮮半島や中国東北地方の情勢を中心に問われた。問2では，ヨーロッパや西アジアも視野に入れた年代把握が求められたが，基礎的な年代知識で対応可能。難問はみられないが，正文（誤文）選択問題も含めて正確な知識が要求されている。

地理

I　解答

問1．a―テ　b―エ　c―シ　d―コ　e―タ
f―カ

問2．ヌ　問3．チ　問4．ク　問5．ケ

◀解　説▶

≪仮想大陸における気候区分≫

問1．仮想大陸では赤道付近が Af，その高緯度側に Aw，回帰線付近に BW，その周囲に BS が分布する。30 度付近の西岸に Cs，その高緯度側に Cfb，東岸に Cw，Cfa の温帯気候が分布する。さらに高緯度にいくと Df，内陸部に Dw，極地方に ET，EF が分布する。雨温図は，気温の変化から a と e が南半球であることに留意する。

a は最寒月平均気温が－3℃ 以上 18℃ 未満であるので温帯，さらに夏に降水量が少ないことから地中海性気候（Cs）と判定される。よって，南半球ではテとなり，都市はパースである。

b は最寒月平均気温が－3℃ 未満であり冬季が少雨のため，亜寒帯冬季少雨気候（Dw）となる。よって，エとなり，都市はハバロフスクである。

c は最寒月平均気温が－3℃ 以上 18℃ 未満で乾季がないこと，また最暖月平均気温が 22℃ 以上であることから温暖湿潤気候（Cfa）となる。よって，北半球ではシとなり，都市は東京である。

d は年降水量が 140 mm と少ないので砂漠気候（BW）である。北半球ではコとなり，都市はリヤドである。

e は最寒月平均気温が－3℃ 以上 18℃ 未満であり冬季に乾燥することから，温帯冬季少雨気候（Cw）である。南半球ではタとなり，都市はプレトリアである。

f は最寒月平均気温が－3℃ 以上 18℃ 未満で年間を通じて湿潤であること，さらに最暖月平均気温が 22℃ 未満であることから，西岸海洋性気候（Cfb）となる。北半球ではカとなり，都市はパリとなる。なお，図 2 にない都市は，ヘルシンキ（Df），ローマ（Cs），リオデジャネイロ（Aw），ダカール（BS），オークランド（Cfb），ブエノスアイレス（Cfa）である。

問4．バレンシア地方はスペインの地中海側に位置することから，地中海性気候であり，クとなる。

Ⅱ　解答

(A)—ウ　(B)—ウ　(C)—エ　(D)—イ　(E)—イ　(F)—ウ
(G)—ウ　(H)—ウ　(I)—イ　(J)—ウ

◀解　説▶

≪世界の食料問題および農業問題≫

(A)①正しい。統一価格は生産費に補助金を上乗せしたもので，農家にとって有利なものであったため，自給率は高くなった。反面，余剰農産物の発生やEU財政の圧迫などの問題が発生することになった。

②正しい。近年は域内統一価格（支持価格）の引き下げや生産抑制が行われるようになり，生産補助金の大半が撤廃され，環境や食品の安全性などの基準を満たした農家への直接支払いに変更されている。

(C)①誤り。世界人口は2018年に約76億人であるため，8.5億人は約11.2%である。

②誤り。サハラ砂漠以南はサヘル地域で，近年異常気象や過放牧・過耕作による砂漠化が進行しており，食料不足の国が多い。

(E)①誤り。貿易の自由化が進められた結果，41%に低下している（2016年度）。

②正しい。果実類と同様に貿易の自由化が進められ，53%となっている（2016年度）。

(F)①正しい。World Food Programmeのことで，飢餓のない世界を目指して活動する国連の人道支援機関である。

②正しい。ネリカ米は，高収量のアジア原産の稲と乾燥や病虫害に強いアフリカ原産の稲を交配させてつくられた品種の総称である。

(G)①正しい。1人当たりの耕地面積は，アメリカ合衆国の178.6ha，オーストラリアの1238.6haに対し，日本は1.9haにすぎない。

②正しい。日本は集約的農業であるため，土地生産性は高いが，労働生産性は低くなる。

(H)①正しい。トレーサビリティ（traceability）は，追跡可能性の意味である。

②正しい。地産地消は輸送費を節減できる効果がある。

(I)①誤り。アメリカ合衆国の 7500 万 ha に次いでブラジルが 5020 万 ha となっている。中国は 280 万 ha の 8 位とあまり導入が進んでいない (2017 年)。

②正しい。遺伝子組み換え作物は，大豆・とうもろこしが 2 大作物である。「飼料用」とあるので，とうもろこしとなる（『世界国勢図会 2018/19』による)。

III　解答　問1．①—(ウ)　②—(イ)　③—(イ)　④—(イ)　⑤—(イ)　⑥—(ウ)

問2．a —(エ)　b —(ウ)　c —(オ)　d —(キ)

◀解　説▶

≪太平洋一帯の地誌≫

問1．①ニューギニア島は環太平洋造山帯に位置し高峻な山脈がある。このため低地は熱帯雨林気候（Af）であるが，高度が高くなると降水量は多いまま気温が低下し，最寒月平均気温が 18℃ 未満となるので，ケッペンの気候区分上は Cfb となる。

②フィジーとバヌアツはメラネシアに属する。なお，ツバルは 9 つの環礁からなる国で，最高地点でも約 5 m にすぎず，海面上昇による水没の危機にある。

⑤「一時期日本の委任統治領」であったのは，パラオが属するミクロネシアの地域である。

問2．a．人口密度が 3 人 / km^2 と低いことと，輸出額第 1 位の品目が鉄鉱石であることからオーストラリアとなる。

b．輸出額第 1 位の品目が原油であるのは，コロンビア，エクアドル，ロシアであるが，ロシアは人口が 1 億人を超えるので除外する。人口が約 1686.3 万人と少ないことと，首位都市の気候が Aw であることから，エクアドルとなる。コロンビアは人口が 4946.5 万人と多く，首位都市のボゴタは高山気候となる。エクアドルの首位都市は太平洋岸のグアヤキルで Aw 気候である。

c．人口密度が 4 人 / km^2 と低く，首位都市の気候が Df であることから，カナダとなる。首位都市はオンタリオ湖岸のトロントである。

d．人口が約 1.3 億人で首位都市の気候が Cw であることから，メキシコとなる。

Ⅳ 解答

問１．①―(エ)　②―(イ)　③―(ウ)

問２．(ウ)　問３．(イ)　問４．(イ)　問５．(イ)　問６．(ア)

問７．(エ)　問８．(イ)

◀解　説▶

≪観　光≫

問１．①ヨーロッパで観光客数が多いのは，歴史文化や温和な気候に恵まれるフランスとスペインである。イタリアはやや少なく５位となっている。冷涼なイギリスやドイツは，冬に南方に移動する人が多いため，入国者数はやや少なくなる。

②アジア諸国では中国，トルコに次いでタイが入っている。治安がよいこと，物価が安いこと，仏教文化やリゾート施設も整っていることで，欧米諸国の人気が高い。

問３．プーケット島はタイの南部のインド洋側に位置している。

問４．(ア)エディンバラはグレートブリテン島の東岸に位置し，人口はグラスゴーに次ぐ２位である。

(ウ)ボストンはニューイングランドの中心都市であるが，首都になったことはない。アメリカ合衆国の憲法上の首都は，ニューヨーク（1789年３月４日～1790年12月５日），フィラデルフィア（1790年12月６日～1800年５月14日），それ以後はワシントンD.C.となる。

問５．ジッダはサウジアラビアの紅海沿岸の都市で，イスラム教の聖地メッカの玄関口となっている。

問７．プラハはエルベ川の上流のヴルタヴァ川流域に位置している。

問８．避寒地は冬季に温暖な地域に発達するので，スイス・ドイツの間にあるボーデン湖は該当しない。

❖講　評

Ⅰ　ケッペンの気候区分について，仮想大陸上での分布の理解が問われている。雨温図から都市を選ぶ作業も含むので難度がやや高い。雨温図は気温の変化から北半球か南半球かを判断し，正確に気候区を判定したい。雨温図の目盛りが同一でないことにも注意を払いたい。

Ⅱ　世界の食料と農業の問題に関する出題で，下線部の正誤を判断する特有の出題形式となっている。正確な理解をもとにした総合的な判断力が必要である。EU の農業政策の変化，バイオエタノール，ネリカ米，地産地消，遺伝子組み換え作物など，現代的・時事的な問題にも関心を持つことが求められている。

Ⅲ　問１は文に合致する適語を選ぶ問題で，オセアニアの島嶼国家の特徴などやや詳細な知識が求められている。問２は統計をもとに国を判断する問題で，統計指標から総合的に判断する地理的技能が必要とされる。首位都市が首都とは限らないので，気候からの判断は難しい。

Ⅳ　日本でも注目を集めている観光に関する総合的な問題である。問１は国連世界観光機関の統計をもとにした出題で，やや難しい。それ以外の問いは，各観光地の位置の理解をみる基本的な問題である。プーケット島がタイであること，熱海が静岡県であること，プラハはドナウ川流域ではなくエルベ川流域であることなど，日頃から地図帳を活用して学習しておくことが必要である。

政治・経済

I 解答

問(A). 1―(シ)　2―(イ)　3―(ク)　4―(オ)　5―(ツ)
6―(テ)

問(B). (ウ)　問(C). (イ)　問(D). (エ)　問(E). (ウ)　問(F). (ウ)　問(G). (エ)

◀解　説▶

≪明治憲法と日本国憲法≫

問(A). 1．(シ)が正解。明治憲法は君主権の強いドイツ（プロイセン）憲法を参考に制定された。

2．(イ)が正解。協賛とは，天皇の立法行為に対して，事前に同意を与えることを意味する。

3．(ク)が正解。貴族院は，国民の選挙によって選ばれた議員ではなく，特権身分である華族や天皇が任命する議員によって構成されていた。

4～6．行政機関が制定する命令には，内閣が制定する政令，内閣総理大臣が制定する内閣府令，各省の大臣が制定する省令などがある。命令には法律の規定を執行するために制定される執行命令と，法律の委任を受けて制定される委任命令があり，その効力は法律よりも劣る。

問(B). (ウ)誤文。藩法とは，江戸時代から明治初期に藩において行われた法令であるが，1871年の廃藩置県によって藩は廃止され，藩法の効果もなくなった。また，幕末の薩摩藩や佐賀藩のように，欧米の科学技術の導入を図った藩はあるが，藩法の近代化を進めた藩はない。

問(C). (イ)誤文。明治憲法第38条において，「両議院ハ政府ノ提出スル法律案ヲ議決シ及各々法律案ヲ提出スルコトヲ得」と定められており，法案を提出できるのは政府だけではなかった。

問(D). (エ)誤文。官報は明治16年（1883年）に第一号が創刊され，戦前から存在している。

問(E). (ウ)不適。予算の議決に関する衆議院の優越についての記述であれば正しい内容であるが，予算に関連した法律案の場合は，衆議院での出席議員の3分の2以上の再可決が必要である。

問(F). (ウ)誤文。法制局の審査事務は憲法適合性などを厳格に行っており，政府内では最高裁判所の判例に準じる影響力を持っている。違憲の疑いがある法律案について，最高裁判所の意見を聴取することになっているわけではない。

問(G). (エ)誤文。憲法第95条において特別法の住民投票が規定されている。住民投票で過半数の同意を得たうえで，国会は特別法を制定することができる。

Ⅱ 解答

問(A). (ウ)　問(B). (ア)　問(C). (ウ)　問(D). (イ)　問(E). (エ)
問(F). (イ)　問(G). 3—(ウ)　4—(カ)　5—(コ)　6—(キ)

◀解　説▶

≪企業の資金調達と金融≫

問(A). (ウ)が正解。国や地方公共団体が発行する債券は公債といい，国の場合は国債，地方公共団体の場合は地方債という。

問(B). (ア)が正解。格付け機関は，債券の格付けを業務とする民間機関である。ムーディーズ社などが有名である。

問(D). (イ)が正解。(ア)は新規公開株のことを指すため，誤り。(ウ)は資金を集め，為替や株式に投資して利益を得る基金のことであるため，誤り。(エ)は年金積立金管理運用独立行政法人を指すため，誤り。

問(F). (イ)が正解。企業は事業で利益が出た場合，その一部を配当として出資者に分配する。

問(G). 3は(ウ)直接，6は(キ)間接がそれぞれ入る。直接金融と間接金融はよく出題されるため，企業が投資家から資金を集めることが直接金融，企業が金融機関から借り入れることが間接金融，と区別して押さえておこう。

Ⅲ 解答

問(A). 1—(キ)　2—(エ)　3—(ケ)　4—(イ)
問(B). (イ)　問(C). (ア)　問(D). (ア)　問(E). (ウ)

◀解　説▶

≪戦後の日本政治≫

問(B). (イ)が正文。全国水平社は1922年に創立された。

(ア)誤文。ロシア革命は1917年に起き，レーニンが最高指導者である。

(ウ)誤文。1925年の出来事ではあるが，20歳以上ではなく25歳以上である。

(エ)誤文。1920年の出来事ではあるが，国際連合ではなく国際連盟である。

問(C). (ア)が正解。愛知県知事は大村秀章であり，河村たかしは名古屋市長であるため誤り。2019年にはあいちトリエンナーレをめぐって両者は激しく対立した。

問(D). (ア)が正解。特定非営利活動促進法の条文をすべて覚えておく必要はないが，よく読んで重要語句は押さえておこう。

問(E). (ウ)が正文。安倍晋三内閣は2006年9月から2007年9月までと，2012年12月から現在（2020年3月時点）までであり，アメリカがキューバと国交回復したのは2015年であるため正しい。

(ア)誤文。TPP11協定はアメリカ抜きの11カ国で発効した。

(イ)誤文。安倍内閣が閣議決定したのは，武器輸出三原則を緩和した防衛装備移転三原則である。

(エ)誤文。トランプ大統領ではなく，オバマ大統領が広島を訪問した。

Ⅳ 解答

問(A). 1．重商主義　2．社会的分業　3．比較生産費　4．非自発的　5．貨幣　6．有効需要　7．新自由主義

問(B). ア．リカード　イ．ケインズ　ウ．フリードマン

◀解　説▶

≪市場の働きと経済学者≫

問(A). 1．重商主義が正解。アダム＝スミスが批判した重商主義は，保護貿易政策によって輸出を増やし，輸入を抑制することで，貨幣を蓄積することを主張した。

3．比較生産費（説）が正解。リカードは保護貿易政策を批判し，比較生産費説に基づいて，相対的に生産費が安い（比較優位にある）財の生産に特化して自由貿易を行えば，各国の利益が最大になることを主張した。

4．非自発的が正解。失業には，現行の賃金水準では働きたくないため職に就かない自発的失業と，労働力移動がスムーズにいかないことから起こる摩擦的失業，および現行の賃金水準で働きたいのに職に就けない非自発的失業の3種類がある。

5．貨幣が正解。ケインズの主たる著書である『雇用・利子および貨幣の一般理論』は押さえておこう。

7．新自由主義が正解。この考え方をもとに小さな政府が目指され，規制

緩和や民営化が実行された国もある。

問(B). ウ．フリードマンが正解。反ケインズ主義を唱え，新自由主義の理論的指導者として有名である。

❖講　評

Ⅰ　明治憲法と日本国憲法について，基礎的な知識だけでなく，かなり専門的な知識を必要とする問題も出題されている。教科書で基本的事項を理解したうえで，歴史的なつながりや細かな規定をきちんと理解できていないと難しい問題も含まれている。

Ⅱ　企業の経済活動に関して，基本的な知識を問う出題が多く出題されている。カタカナ用語やアルファベットの略語の意味をきちんと理解しているかどうかが問われているものもある。多くが教科書レベルの出題である。

Ⅲ　戦後の日本政治について，社会運動に焦点を当てて出題されている。基礎的な知識を問う問題も出題されているが，年代と内容の正誤を同時に問う問題が2問出題されているところが特徴である。都府県と知事の組み合わせを問う問題など，時事的な知識も問われている。

Ⅳ　市場の働きについて，代表的な経済学者の理論を理解しているかどうかを問う問題である。教科書レベルの知識を問う問題が多いが，理論の内容がわかっていないと答えられない問題もある。

数学

◀3教科型・2教科型英語外部試験利用方式▶

I

解答　(1)　$t=\sin x-\cos x$ より

$$t=\sqrt{2}\left(\frac{\sqrt{2}}{2}\sin x-\frac{\sqrt{2}}{2}\cos x\right)$$
$$=\sqrt{2}\sin\left(x-\frac{\pi}{4}\right)$$

$0\leqq x\leqq 2\pi$ より　　$-\frac{\pi}{4}\leqq x-\frac{\pi}{4}\leqq\frac{7\pi}{4}$

よって　　$-1\leqq\sin\left(x-\frac{\pi}{4}\right)\leqq 1$

したがって　　$-\sqrt{2}\leqq t\leqq\sqrt{2}$　……(答)

(2)　$t^2=(\sin x-\cos x)^2=\sin^2x-2\sin x\cos x+\cos^2x$
$$=1-2\sin x\cos x$$

より，$f(x)$ を t で表すと

$$f(x)=t^2+\sqrt{2}t　……(答)$$

(3)　$f(x)=\left(t+\frac{\sqrt{2}}{2}\right)^2-\frac{1}{2}$

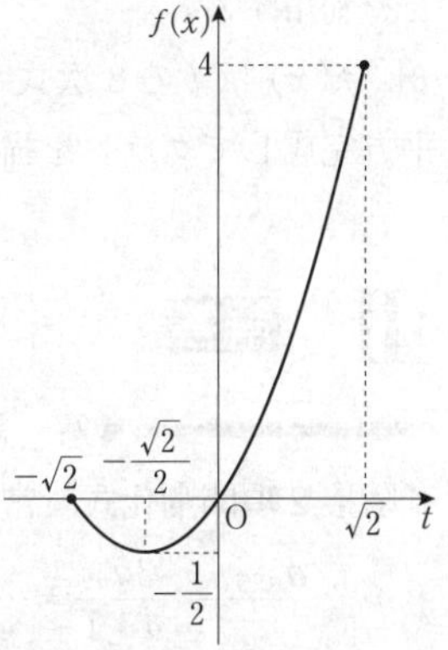

$-\sqrt{2}\leqq t\leqq\sqrt{2}$ において，$f(x)$ は

$t=-\frac{\sqrt{2}}{2}$ のとき，最小値 $-\frac{1}{2}$

$t=\sqrt{2}$ のとき，最大値 4

をとる。

$t=-\frac{\sqrt{2}}{2}$ のとき　　$\sin\left(x-\frac{\pi}{4}\right)=-\frac{1}{2}$

$-\frac{\pi}{4}\leqq x-\frac{\pi}{4}\leqq\frac{7\pi}{4}$ より

$$x-\frac{\pi}{4}=-\frac{\pi}{6},\ \frac{7\pi}{6}\qquad\therefore\quad x=\frac{\pi}{12},\ \frac{17\pi}{12}$$

$t=\sqrt{2}$ のとき　　$\sin\left(x-\dfrac{\pi}{4}\right)=1$

$-\dfrac{\pi}{4}\leqq x-\dfrac{\pi}{4}\leqq\dfrac{7\pi}{4}$ より

$$x-\frac{\pi}{4}=\frac{\pi}{2}\qquad\therefore\quad x=\frac{3\pi}{4}$$

したがって，$f(x)$ は

$x=\dfrac{\pi}{12},\ \dfrac{17\pi}{12}$ のとき，最小値 $-\dfrac{1}{2}$

$x=\dfrac{3\pi}{4}$ のとき，最大値 4　　……(答)

をとる。

◀解　説▶

≪三角関数の最大・最小≫

(1)　三角関数の合成の公式より

$$a\sin x+b\cos x=r\sin(x+\theta)$$

ただし　　$r=\sqrt{a^2+b^2}$，$\cos\theta=\dfrac{a}{r}$，$\sin\theta=\dfrac{b}{r}$

これを用いて，$t=\sqrt{2}\sin\left(x-\dfrac{\pi}{4}\right)$ となる。

(2)　t^2 を求めると，$\sin^2x+\cos^2x=1$ より，$t^2=1-2\sin x\cos x$ となることを利用する。

(3)　$f(x)$ は t の 2 次式となる。区間における 2 次関数の最大・最小は，平方完成してグラフを描いて調べる。

Ⅱ　解答

①　$\dfrac{(n+1)n}{2}$　②　4　③　$3b_n+2$　④　3^n-1　⑤　476

◀解　説▶

≪隣接 2 項間漸化式，常用対数の応用≫

$$\frac{a_{n+1}}{n}-\frac{3a_n}{n+1}=\frac{1}{{}_{n+1}\mathrm{C}_2}\quad(n\geqq1)\quad\cdots\cdots㋑$$

とおく。

$$_{n+1}C_2=\frac{(n+1)!}{(n+1-2)!\cdot 2!}=\frac{(n+1)n}{2}\quad (\to ①)$$

㋑に $n=1$ を代入して

$$a_2-\frac{3a_1}{2}=\frac{2}{2\times 1}=1$$

$a_1=2$ を代入して　　$a_2=1+3=4$　$(\to ②)$

㋑の両辺に $n(n+1)$ をかけて

$$(n+1)a_{n+1}-3na_n=2$$

ここで，$na_n=b_n$ とおくと　　$b_1=2$

$$b_{n+1}-3b_n=2$$

$$b_{n+1}=3b_n+2\quad (\to ③)$$

$$b_{n+1}+1=3(b_n+1)$$

したがって，数列 $\{b_n+1\}$ は初項3，公比3の等比数列である。

よって　　$b_n+1=3^n$

$$b_n=3^n-1\quad (\to ④)$$

$$a_n=\frac{3^n-1}{n}$$

$n=1000$ のとき　　$a_{1000}=\dfrac{3^{1000}-1}{1000}$

$$10^3a_{1000}=3^{1000}-1$$

ここで，$\log_{10}3^{1000}=1000\log_{10}3=477.1$ より

$$477<\log_{10}3^{1000}<478\qquad \therefore\quad 10^{477}<3^{1000}<10^{478}$$

したがって，3^{1000} は478桁の整数であり，$3^{1000}-1$ も478桁の整数だから，

$10^{477}\leqq 3^{1000}-1<10^{478}$ より　　$10^{477}\leqq 10^3a_{1000}<10^{478}$

よって　　$10^{474}\leqq a_{1000}<10^{475}$

すなわち，a_{1000} をこえない最大の整数は475桁である。$(\to ⑤)$

III **解答**　①$1-t-\alpha$　②$-t\beta$　③$\dfrac{\beta}{2}$　④$1-t$

⑤$2-2t$　⑥$\dfrac{1}{4}$

◀解　説▶

≪ベクトルの平面図形への応用≫

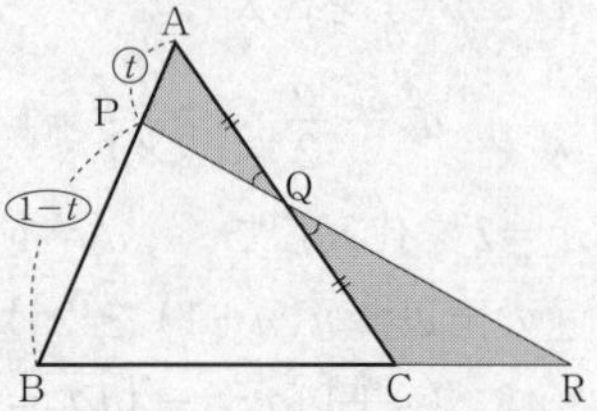

$\overrightarrow{AB}=\vec{b}$，$\overrightarrow{AC}=\vec{c}$ とおき，α，β を実数として

$$\overrightarrow{BR}=\alpha\overrightarrow{BC},\ \overrightarrow{PR}=\beta\overrightarrow{PQ}$$

とおくと，これらを用いて

$$\begin{aligned}\overrightarrow{PR}&=\overrightarrow{PB}+\overrightarrow{BR}\\&=(1-t)\overrightarrow{AB}+\alpha\overrightarrow{BC}\\&=(1-t)\vec{b}+\alpha(\vec{c}-\vec{b})\\&=(1-t-\alpha)\vec{b}+\alpha\vec{c}\quad\cdots\cdots(1)\quad(\to①)\end{aligned}$$

次に　$\overrightarrow{PQ}=\overrightarrow{AQ}-\overrightarrow{AP}=\dfrac{1}{2}\vec{c}-t\vec{b}$

よって　$\overrightarrow{PR}=\beta\left(\dfrac{1}{2}\vec{c}-t\vec{b}\right)$

$$=-t\beta\vec{b}+\frac{\beta}{2}\vec{c}\quad\cdots\cdots(2)\quad(\to②，③)$$

$\vec{b}\not\parallel\vec{c}$，$\vec{b}\neq\vec{0}$，$\vec{c}\neq\vec{0}$ なので，(1)と(2)の係数を比較して

$$\begin{cases}1-t-\alpha=-t\beta & \cdots\cdots ㋑\\ \alpha=\dfrac{\beta}{2} & \cdots\cdots ㋺\end{cases}$$

㋺より　$\beta=2\alpha$

㋑に代入して

$$1-t-\alpha=-2t\alpha\qquad\therefore\ \alpha=\frac{1-t}{1-2t}\quad(\to④)$$

㋺より　$\beta=\dfrac{2-2t}{1-2t}$　$(\to⑤)$

$\angle AQP=\angle CQR$ より

$$\triangle AQP:\triangle CQR=(QA\times QP):(QC\times QR)$$

だから，$\triangle QCR$ の面積が $\triangle QAP$ の面積の 2 倍となるのは，$AQ=QC$ なので，$PQ:QR=1:2$ となるときである。

よって，$PR=3PQ$ となり　$\beta=3$

$3=\dfrac{2-2t}{1-2t}$ より　　$t=\dfrac{1}{4}$　(→⑥)

❖講　評

2020年度は，記述式問題1題，空所補充問題2題の大問3題であった。

Ⅰ　$t=\sin x-\cos x$ とおくことにより，三角関数の最大・最小問題を，2次関数の最大・最小問題として解く問題である。(1)で2次関数の定義域を求め，(2)で $f(x)$ を t の2次関数に直す。2次関数の最大値・最小値はグラフを描いて求めればよい。標準問題である。

Ⅱ　誘導式により，隣接2項間漸化式を解く問題である。変換の式も与えられているので，変形は容易にできる。$a_{n+1}=pa_n+q$ の形の漸化式の解法は使いこなせるようにしておきたい。後半は 3^{1000} の桁数を求めればよい。常用対数を用いて解くのが定石。これも標準問題である。

Ⅲ　$\overrightarrow{\mathrm{PR}}$ を1次独立な2つのベクトル $\vec{b}$，$\vec{c}$ を用いて2通りに表し，その係数を比較することにより，$\overrightarrow{\mathrm{PR}}$ を決定する頻出問題である。誘導式でもあり，基本問題である。

いずれも教科書の例題にある基本的な解法を理解していれば解ける。

◀２教科選択型▶

I **解答**　(1)　$f(x)=-ax^2+a-\dfrac{1}{4a}$ とおくと

$$f'(x)=-2ax$$

2点A，Bの x 座標を s，t とする（ただし，$s<t$ とする）。

AP⊥PBより　　$f'(s)\cdot f'(t)=-1$

よって　　$4a^2st=-1$

$a>0$ より　　$st=-\dfrac{1}{4a^2}$　……①

次に，点 $\mathrm{A}(s,\ f(s))$ における C_1 の接線 l_1 の方程式は

$$y-\left(as^2+a-\frac{1}{4a}\right)=(-2as)(x-s)$$

$$y=-2asx+as^2+a-\frac{1}{4a}\quad\cdots\cdots②$$

同様にして，点 $\mathrm{B}(t,\ f(t))$ における C_1 の接線 l_2 の方程式は

$$y=-2atx+at^2+a-\frac{1}{4a}\quad\cdots\cdots③$$

Pは l_1 と l_2 の交点だから，②−③より

$$0=-2a(s-t)x+a(s^2-t^2)$$

$s\neq t$，$a\neq 0$ より　　$2x=s+t$

②に代入して

$$y=-as(s+t)+as^2+a-\frac{1}{4a}$$

$$=-ast+a-\frac{1}{4a}$$

①より，$-ast=\dfrac{1}{4a}$ となるので　　$y=a$

したがって，点Pの座標は　　$\left(\dfrac{s+t}{2},\ a\right)$

ここで

$$\mathrm{AP}^2=\left(\frac{s-t}{2}\right)^2+\left(-as^2-\frac{1}{4a}\right)^2,\ \ \mathrm{BP}^2=\left(\frac{s-t}{2}\right)^2+\left(-at^2-\frac{1}{4a}\right)^2$$

AP＝BP より，$AP^2=BP^2$ だから

$$\left(as^2+\frac{1}{4a}\right)^2=\left(at^2+\frac{1}{4a}\right)^2$$

$a>0$ なので　　$s^2=t^2$

$s<t$ より　　$s=-t$　$(t>0)$

すなわち，点 P の座標は $(0,\ a)$ となる。……(答)

参考　P の座標を $\left(\frac{s+t}{2},\ a\right)$ と求めた後は，以下のようにしても解ける。

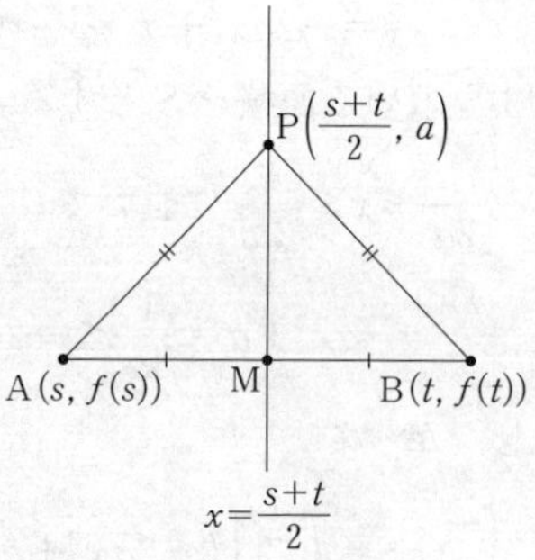

AB の中点を M とすると，M の x 座標も $x=\frac{s+t}{2}$ より，PM は y 軸と平行である $\left(直線\ x=\frac{s+t}{2}\right)$。

△PAB は AP＝BP より　　PM⊥AB

AB は x 軸と平行より　　$f(s)=f(t)$

すなわち

$$-as^2+a-\frac{1}{4a}=-at^2+a-\frac{1}{4a}\qquad \therefore\quad s^2=t^2$$

$s<t$ より　　$s=-t$　$(t>0)$　　$\therefore$　P$(0,\ a)$

(2)　$s=-t$ を①に代入して　　$t^2=\frac{1}{4a^2}$

$a>0$，$t>0$ より　　$t=\frac{1}{2a}$，$s=-\frac{1}{2a}$

$$f(t)=f\left(\frac{1}{2a}\right)=-a\times\frac{1}{4a^2}+a-\frac{1}{4a}=a-\frac{1}{2a}$$

同様に　　$f(s)=f\left(-\frac{1}{2a}\right)=a-\frac{1}{2a}$

したがって，点 A，B の座標は $\left(\pm\frac{1}{2a},\ a-\frac{1}{2a}\right)$ である。

2 点 A，B は y 軸に関して対称な点となり，点 P は y 軸上の点である。

よって，3 点 P，A，B を通る放物線は y 軸対称で，頂点が点 P であり，その方程式は，k を実数として

$$y=kx^2+a\quad \cdots\cdots ④$$

とおける。

④は点 A を通るので

$$a-\frac{1}{2a}=k\cdot\frac{1}{4a^2}+a$$

$$k=-2a$$

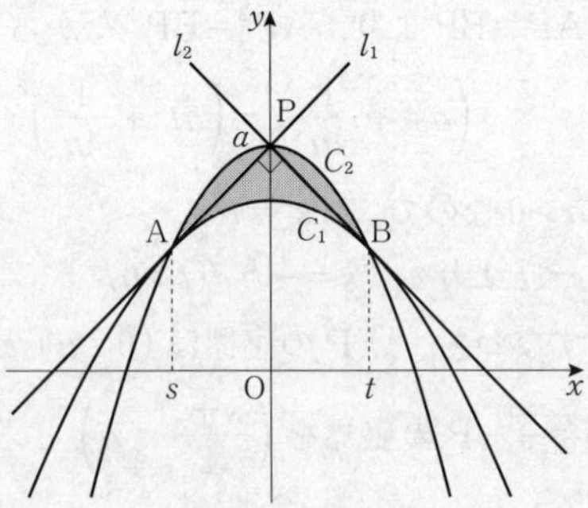

したがって，放物線 C_2 の方程式は

$$y=-2ax^2+a \quad \cdots\cdots(答)$$

(3)　求める面積を S とする。

$-\frac{1}{2a}\leqq x\leqq\frac{1}{2a}$ において

$$-ax^2+a-\frac{1}{4a}\leqq-2ax^2+a$$

したがって

$$\begin{aligned}S&=\int_{-\frac{1}{2a}}^{\frac{1}{2a}}\left\{(-2ax^2+a)-\left(-ax^2+a-\frac{1}{4a}\right)\right\}dx\\&=-a\int_{-\frac{1}{2a}}^{\frac{1}{2a}}\left(x^2-\frac{1}{4a^2}\right)dx\\&=-a\int_{-\frac{1}{2a}}^{\frac{1}{2a}}\left(x+\frac{1}{2a}\right)\left(x-\frac{1}{2a}\right)dx\\&=-a\times\left(-\frac{1}{6}\right)\left\{\frac{1}{2a}-\left(-\frac{1}{2a}\right)\right\}^3\\&=\frac{1}{6a^2} \quad \cdots\cdots(答)\end{aligned}$$

◀解　説▶

≪接線の方程式，２つの放物線で囲まれる部分の面積≫

(1)　点 $(t,\ f(t))$ における $y=f(x)$ の接線の方程式は，$y-f(t)=f'(t)(x-t)$ である。異なる２点 $(s,\ f(s))$，$(t,\ f(t))$ における $y=f(x)$ の２つの接線が直交する条件は，$f'(s)\cdot f'(t)=-1$ である。ここでは，$4a^2st=-1$ となる。接線の交点 $\mathrm{P}\left(\frac{s+t}{2},\ a\right)$ が得られた後は，AP＝BP より，s，t の関係を求めれば，点 P の x 座標が定まる。〔参考〕のように，AB の中点 M で，PM⊥AB を利用してもよい。

(2)　s，t をそれぞれ a で表せば，点 A，B の座標も a で表せる。３点 P，

A，B の座標より，放物線 C_2 は y 軸対称である。よって，点 P が頂点となるので，その方程式は実数 k を使って，$y=kx^2+a$ とおける。この式に点 A の座標を代入して k の値を求める。

(3)　2 点 $\mathrm{A}(s,\ f(s))$，$\mathrm{B}(t,\ f(t))$ で交わる 2 曲線 $y=f(x)$ と $y=g(x)$ とで囲まれた部分の面積は，$s\leqq x\leqq t$ のとき，$f(x)\leqq g(x)$ ならば，$\int_s^t\{g(x)-f(x)\}dx$ で与えられる。$y=f(x)$，$y=g(x)$ が共に放物線である場合，計算過程で

$$\int_\alpha^\beta(x-\alpha)(x-\beta)dx=-\frac{1}{6}(\beta-\alpha)^3$$

を利用するとよい。

II 解答

(1)　$\overrightarrow{\mathrm{AB}}\perp\overrightarrow{\mathrm{PQ}}$ となるとき

$$\angle\mathrm{CAB}=\angle\mathrm{QPB}=90^\circ$$

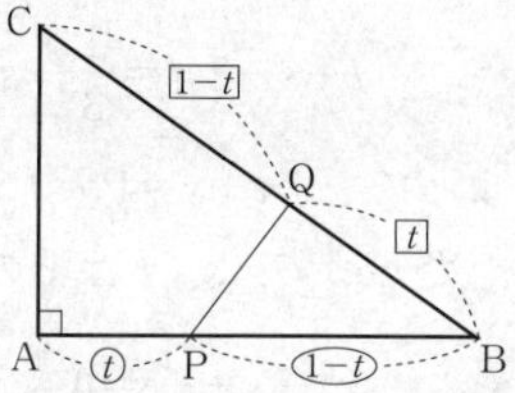

なので　　$\mathrm{AC}/\!/\mathrm{PQ}$

よって　　$t:1-t=1-t:t$

$$(1-t)^2=t^2$$

$0\leqq t\leqq 1$ より　　$1-t=t$

$$\therefore\quad t=\frac{1}{2}\quad\cdots\cdots(答)$$

別解　$\overrightarrow{\mathrm{AP}}=t\overrightarrow{\mathrm{AB}}$，$\overrightarrow{\mathrm{AQ}}=(1-t)\overrightarrow{\mathrm{AB}}+t\overrightarrow{\mathrm{AC}}$ より

$$\overrightarrow{\mathrm{PQ}}=\overrightarrow{\mathrm{AQ}}-\overrightarrow{\mathrm{AP}}=(1-2t)\overrightarrow{\mathrm{AB}}+t\overrightarrow{\mathrm{AC}}$$

また，$\angle\mathrm{BAC}=90^\circ$ より　　$\overrightarrow{\mathrm{AB}}\cdot\overrightarrow{\mathrm{AC}}=0$

$$\overrightarrow{\mathrm{AB}}\cdot\overrightarrow{\mathrm{PQ}}=(1-2t)|\overrightarrow{\mathrm{AB}}|^2+t\overrightarrow{\mathrm{AB}}\cdot\overrightarrow{\mathrm{AC}}=(1-2t)|\overrightarrow{\mathrm{AB}}|^2$$

$\overrightarrow{\mathrm{AB}}\perp\overrightarrow{\mathrm{PQ}}$ のとき，$\overrightarrow{\mathrm{AB}}\cdot\overrightarrow{\mathrm{PQ}}=0$ より

$$(1-2t)|\overrightarrow{\mathrm{AB}}|^2=0$$

$|\overrightarrow{\mathrm{AB}}|^2\neq 0$ より　　$t=\frac{1}{2}$

(2)　辺 BC の中点を M とする。

中線 AM を 2 : 1 に内分する点が重心 G なので

$$\overrightarrow{AG}=\frac{2}{3}\overrightarrow{AM}$$
$$=\frac{2}{3}\left(\frac{1}{2}\overrightarrow{AB}+\frac{1}{2}\overrightarrow{AC}\right)=\frac{1}{3}\overrightarrow{AB}+\frac{1}{3}\overrightarrow{AC}\quad\cdots\cdots(答)$$

(3)　$\overrightarrow{AP}=t\overrightarrow{AB},\ \overrightarrow{AQ}=(1-t)\overrightarrow{AB}+t\overrightarrow{AC}$

直線PQ上の点をRとする。sを実数として

$$\overrightarrow{AR}=(1-s)\overrightarrow{AP}+s\overrightarrow{AQ}$$

とおく。

$$\overrightarrow{AR}=(1-s)t\overrightarrow{AB}+s\{(1-t)\overrightarrow{AB}+t\overrightarrow{AC}\}$$
$$=(t+s-2st)\overrightarrow{AB}+st\overrightarrow{AC}$$

$\overrightarrow{AB}\not\parallel\overrightarrow{AC}$，$\overrightarrow{AB}\neq\vec{0}$，$\overrightarrow{AC}\neq\vec{0}$なので，R=Gとなるとき

$$t+s-2st=\frac{1}{3},\ st=\frac{1}{3}$$

よって　　$t+s=1$

したがって，s，tはxの2次方程式

$$x^2-x+\frac{1}{3}=0$$

の2解となっている。

この2次方程式の判別式をDとすると

$$D=(-1)^2-4\times1\times\frac{1}{3}=-\frac{1}{3}<0$$

よって，実数s，tは存在しない。

すなわち，直線PQは点Gを通らない。　　(証明終)

◀解　説▶

≪ベクトルの平面図形への応用≫

(1)　AB⊥PQのとき，AC∥PQとなり，AP：PB=CQ：QBとなる。この式よりtの値を求める。〔別解〕のように，$\overrightarrow{AB}\cdot\overrightarrow{PQ}=0$を用いてもよい。

(2)　辺BCの中点をMとして，中線AMを2：1に内分する点が重心Gである。

(3)　辺BCを$1:(1-t)$に内分する点がQであるとき，内分点の公式を

用いて，$\overrightarrow{\mathrm{AQ}}$ を $\overrightarrow{\mathrm{AB}}$，$\overrightarrow{\mathrm{AC}}$ で表すと，$\overrightarrow{\mathrm{AQ}}=(1-t)\overrightarrow{\mathrm{AB}}+t\overrightarrow{\mathrm{AC}}$ となる。

また，直線PQ上の任意の点をRとして，$\overrightarrow{\mathrm{AR}}$ を $\overrightarrow{\mathrm{AP}}$，$\overrightarrow{\mathrm{AQ}}$ で表すと，実数 s に対して $\overrightarrow{\mathrm{AR}}=(1-s)\overrightarrow{\mathrm{AP}}+s\overrightarrow{\mathrm{AQ}}$ となる。

直線PQがGを通るとき，Gと一致する点Rが存在するので，$\overrightarrow{\mathrm{AR}}$ を $\overrightarrow{\mathrm{AB}}$，$\overrightarrow{\mathrm{AC}}$ で表して，(2)で求めた $\overrightarrow{\mathrm{AG}}=\overrightarrow{\mathrm{AR}}$ の式と比較する。

$\overrightarrow{\mathrm{AB}} \not\parallel \overrightarrow{\mathrm{AC}}$，$\overrightarrow{\mathrm{AB}}\neq\vec{0}$，$\overrightarrow{\mathrm{AC}}\neq\vec{0}$ なので，このとき2つの $\overrightarrow{\mathrm{AR}}$ の式で $\overrightarrow{\mathrm{AB}}$ と $\overrightarrow{\mathrm{AC}}$ の係数が一致する。ここで得られた s，t の連立方程式が実数解を持つとき，直線PQはGを通り，実数解を持たないとき，直線PQはGを通らない。

III　解答　① $\frac{1}{6}$　② $\frac{1}{54}$　③ $\frac{23}{24}$　④ $\frac{5}{12}$　⑤ $\frac{1}{6}$

◀解　説▶

≪3つのさいころを振ったときの確率≫

さいころを3回振るときの目の出方は，全部で $6^3=216$ 通りある。

(1)　2点A，Bが原点Oを中心とする同一円周上にある条件は，OA＝OBである。

A(a, b)，B($-b$, c) なので，OA＝OBとなるのは，$a=c$ のときのみである。

このとき，b は任意なので，a，b，c の取り方は 6^2 通り。

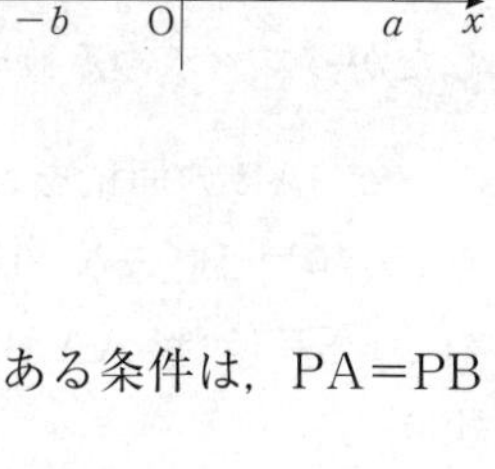

したがって，求める確率は

$$\frac{6^2}{6^3}=\frac{1}{6}\quad(\to ①)$$

(2)　2点A，Bが点Pを中心とする同一円周上にある条件は，PA＝PBである。

$\mathrm{PA}^2=\mathrm{PB}^2$ より

$$(a-1)^2+b^2=(-b-1)^2+c^2$$

$$a^2-2a=2b+c^2$$

$$a(a-2)=2b+c^2>0$$

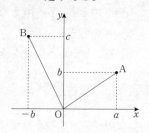

$a>2$ より　$3 \leqq a \leqq 6$

$a=3$ のとき　$3=2b+c^2$

この式を満たす c の値は，$c=1$ のみである。

$c=1$ のとき　$b=1$

$a=4$ のとき　$8=2b+c^2$

このとき，c は偶数となり，この式を満たす c の値は，$c^2=8-2b \leqq 6$ より，$c=2$ のみである。

$c=2$ のとき　$b=2$

$a=5$ のとき　$15=2b+c^2$

このとき，c は奇数となり，この式を満たす c の値は，$c^2=15-2b \leqq 13$ より，$c=1,\ 3$

$c=1$ のとき，$b=7$ となり不適。

$c=3$ のとき　$b=3$

$a=6$ のとき　$24=2b+c^2$

このとき，c は偶数となり，この式を満たす c の値は，$c^2=24-2b \leqq 22$ より　$c=2,\ 4$

$c=2$ のとき，$b=10$ となり不適。

$c=4$ のとき　$b=4$

以上のことから，条件を満たす $(a,\ b,\ c)$ は

$(3,\ 1,\ 1),\ (4,\ 2,\ 2),\ (5,\ 3,\ 3),\ (6,\ 4,\ 4)$

の4通りである。

したがって，求める確率は　$\dfrac{4}{6^3}=\dfrac{1}{54}$　(→②)

(3)　△OAB の面積を S とする。

$\mathrm{A}'(a,\ 0),\ \mathrm{B}'(-b,\ 0)$ とおくと

$$S=(\text{台形 AA'BB'})-\triangle \mathrm{OAA'}-\triangle \mathrm{OBB'}$$

より

$$S=\frac{1}{2}(b+c)(a+b)-\frac{1}{2}ab-\frac{1}{2}cb$$

$$=\frac{1}{2}(b^2+ac)$$

$S \geqq 3$ のとき　$b^2+ac \geqq 6$

$E=\{(a,\ b,\ c)\,|\,b^2+ac\geqq 6\}$ とおくと，事象 E の余事象 $\overline{E}$ は

$$\overline{E}=\{(a,\ b,\ c)\,|\,b^2+ac<6\}$$

となる。

$b^2+ac<6$ のとき，この式を満たす b の値は，$b^2=6-ac<5$ より

$$b=1,\ 2$$

$b=1$ のとき，$ac<5$ となり，条件を満たす $(a,\ c)$ は以下の8通り。

$$(a,\ c)=(4,\ 1),\ (3,\ 1),\ (2,\ 1),\ (2,\ 2),\ (1,\ 1),\ (1,\ 2),\ (1,\ 3),\ (1,\ 4)$$

$b=2$ のとき，$ac<2$ となり，条件を満たす $(a,\ c)$ は $(1,\ 1)$ のみ。

したがって，$n(\overline{E})=9$ となり　　$P(\overline{E})=\dfrac{9}{6^3}=\dfrac{1}{24}$

よって　　$P(E)=1-P(\overline{E})=1-\dfrac{1}{24}=\dfrac{23}{24}$　(→③)

参考　$\mathrm{A}(x_1,\ y_1)$，$\mathrm{B}(x_2,\ y_2)$ のとき，$\triangle\mathrm{OAB}=\dfrac{1}{2}|x_1y_2-x_2y_1|$ を用いると

$$\triangle\mathrm{OAB}=\frac{1}{2}|a\times c-(-b)\times b|=\frac{1}{2}|ac+b^2|$$

$ac+b^2>0$ より　　$\triangle\mathrm{OAB}=\dfrac{1}{2}(ac+b^2)$

(4)　A，B ともに x 軸より上方にある点であり，A を頂点とする放物線が x 軸と相異なる2点で交わるには，上に凸であればよい。

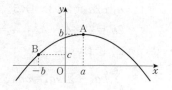

よって　　(A の y 座標)$>$(B の y 座標)

すなわち，この放物線が x 軸と相異なる2点で交わる条件は　　$b>c$

$b=i$ $(2\leqq i\leqq 6)$ のとき，$1\leqq c\leqq i-1$ より，c の値の取り方は $(i-1)$ 通りある。

したがって，$(b,\ c)$ の取り方は

$$1+2+3+4+5=15 \text{ 通り}$$

a は任意なので，$(a,\ b,\ c)$ の取り方は 6×15 通りである。

したがって，求める確率は　　$\dfrac{6\times 15}{6^3}=\dfrac{5}{12}$　(→④)

(5) 2点A, Bからの距離が等しい点の軌跡は, 線分ABの垂直2等分線である。その直線が原点Oを通る条件は, OA＝OBである。これは(1)の条件と同値となり, 求める確率は $\frac{1}{6}$ である。(→⑤)

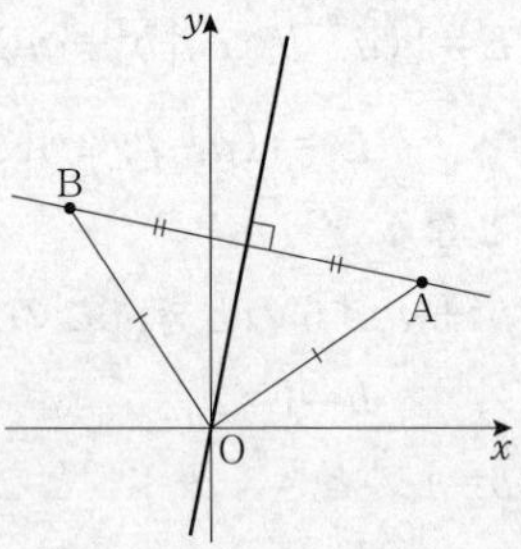

Ⅳ

解答 ①24 ②48 ③$4(n+1)(n+2)$

④$\frac{4}{3}n(n^2+6n+11)$ ⑤$\frac{n}{8(n+2)}$ ⑥$23<n<48$

◀解 説▶

≪数列の和と一般項, 隣接2項間漸化式≫

$$\sum_{k=1}^{n} ka_k = n(n+1)(n+2)(n+3) \quad \cdots\cdots ㋑$$

とおく。

(1) ㋑に $n=1$ を代入して

$$a_1 = 1\times2\times3\times4 = 24 \quad (\to ①)$$

㋑に $n=2$ を代入して

$$a_1+2a_2 = 2\times3\times4\times5$$

$$2a_2 = 24\times4 \qquad \therefore \quad a_2 = 48 \quad (\to ②)$$

(2) $n \geqq 2$ において

$$\sum_{k=1}^{n} ka_k - \sum_{k=1}^{n-1} ka_k = na_n$$

㋑より

$$\begin{aligned} na_n &= n(n+1)(n+2)(n+3)-(n-1)n(n+1)(n+2) \\ &= n(n+1)(n+2)\{(n+3)-(n-1)\} \\ &= 4n(n+1)(n+2) \end{aligned}$$

ゆえに $a_n = 4(n+1)(n+2)$

この式は, $n=1$ のとき, $a_1=24$ を満たしている。

よって, すべての自然数 n に対して $a_n = 4(n+1)(n+2)$ (→③)

(3)
$$S_n=4\sum_{k=1}^{n}(k+1)(k+2)$$
$$=4\sum_{k=1}^{n}(k^2+3k+2)$$
$$=4\left\{\frac{1}{6}n(n+1)(2n+1)+\frac{3}{2}n(n+1)+2n\right\}$$
$$=\frac{4}{3}n(n^2+6n+11)\quad(\to ④)$$

(4)
$$T_n=\sum_{k=1}^{n}\frac{1}{4(k+1)(k+2)}$$
$$=\frac{1}{4}\sum_{k=1}^{n}\left(\frac{1}{k+1}-\frac{1}{k+2}\right)$$
$$=\frac{1}{4}\left\{\left(\frac{1}{2}-\frac{1}{3}\right)+\left(\frac{1}{3}-\frac{1}{4}\right)+\cdots+\left(\frac{1}{n+1}-\frac{1}{n+2}\right)\right\}$$
$$=\frac{1}{4}\left(\frac{1}{2}-\frac{1}{n+2}\right)$$
$$=\frac{n}{8(n+2)}\quad(\to ⑤)$$

(5)
$$\frac{23}{200}<\frac{n}{8(n+2)}<\frac{3}{25}$$

各辺に，$200(n+2)$（>0）をかけて
$$23(n+2)<25n<24(n+2)$$

よって
$$\begin{cases}23(n+2)<25n & \cdots\cdots ㋺\\ 25n<24(n+2) & \cdots\cdots ㋩\end{cases}$$

㋺より　$23\times2<2n$　$23<n$　……㊁

㋩より　$n<48$　……㋭

㊁，㋭より　$23<n<48$　$(\to ⑥)$

別解　$T_n=\dfrac{1}{4}\left(\dfrac{1}{2}-\dfrac{1}{n+2}\right)$ より
$$\frac{23}{200}<\frac{1}{4}\left(\frac{1}{2}-\frac{1}{n+2}\right)<\frac{3}{25}$$
$$\frac{23}{50}<\frac{1}{2}-\frac{1}{n+2}<\frac{12}{25}$$

$$\frac{1}{50}<\frac{1}{n+2}<\frac{1}{25}$$

$$25<n+2<50$$

$$\therefore\quad 23<n<48$$

❖講　評

2020 年度は，記述式問題 2 題，空所補充問題 2 題の大問 4 題であった。

Ⅰ　放物線上の 2 つの接線が直交して，2 つの接点と交点との距離が等しいときに，交点の座標と，2 つの接点と交点を通る放物線の方程式を求め，さらに，2 つの放物線で囲まれる部分の面積を求める問題である。(1)で交点の座標を求めるとき，うまく条件を扱わないと計算が難しくなる。計算量を増やさずに，手際よく処理したい。交点の座標が定まれば，(2)，(3)は比較的容易に解ける。

Ⅱ　平面図形の問題をベクトルを用いて解く。(1)，(2)は基本問題である。(3)は直線 PQ が G を通るとして，$\overrightarrow{\mathrm{AG}}$ を直線 PQ 上の点として，$\overrightarrow{\mathrm{AB}}$ と $\overrightarrow{\mathrm{AC}}$ を用いて表す。この式と(2)で表した $\overrightarrow{\mathrm{AG}}$ と比較して，矛盾を導く。標準問題である。

Ⅲ　さいころを 3 回投げたときに，条件の合う目が出る確率を求める問題である。与えられた条件を a，b，c の式に直し，その条件式に合う $(a,\ b,\ c)$ の個数を求めればよい。(1)は比較的容易である。(2)，(3)では，条件式を満たす $(a,\ b,\ c)$ を数え上げる。(4)は頂点が第 1 象限にあるので，放物線が上に凸ならばよい。(5)は(1)の条件と同値であることに気づけばよい。標準問題である。

Ⅳ　数列の和と一般項に関する問題である。(1)，(2)で数列の和の式から一般項を求め，(3)，(4)では，その一般項の式を使って数列の和を求める。(5)は，(4)で T_n を求めていれば容易に解ける。いずれも基本的な解法で，計算量も多くない。教科書の例題程度の問題である。

全体としては，**Ⅰ**，**Ⅲ**など手間のかかる問題もあるが，教科書の例題にある基本的な解法で解ける問題であるといえる。

❖講　評

本文中に傍線を付さない独特の設問形式だが、設問は本文の流れにそって前から順に設定されている。内訳は現代文（評論）一題、古文一題。２教科選択型は、３教科型・２教科型英語外部試験利用方式より設定時間が十五分長く、その分、現代文の設問が一問多く設定されている。

一は、現実的な科学の場面で必要となる推論方式を提唱した科学評論。科学を論理科学と実践科学に分けた場合、データや理論の矛盾を認めないのが「強い関係（論理科学）」で、データの不完全さを見越した上で、それでもデータに価値を置こうとするのが「弱い関係（実践科学）」であるという構図。筆者は「演繹」「帰納」に次ぐ「第三の推論様式」として「アブダクション」という考え方を提唱するが、「第三の」というよりも、従来の「強い関係」（「演繹」と「帰納」）に対する「弱い（＝柔軟な）関係」を提示していると考えた方がわかりやすい。問２は基本的には第一～三段落の内容をおさえる問題だが、ｃ、ｄ、ｅの判別には本文全体の主旨をおさえる必要がある。問９は時間を要する。(2)をヒントにしながら(1)の切れ目を考えるとよい。実は、各節の要点を問うている設問そのものも区切れを判断するヒントになる。

二は、『源氏物語』からの出題だが、源氏没後の子孫たちの時代の巻で、人間関係が錯綜している。主語の省略も多く、注も必ずしも多くないので、本文を解釈するのはかなり難しいだろう。ただし、選択肢には明らかな間違いも多く、それらを消去していけば正答に結びつくようになっており、その正答そのものが解釈の助けとなる。初めから本文すべてを解釈しようとするのではなく、設問の中に隠されたヒントをもとに読み解いていくとよい。問６は、正答を求める根拠となる「わが方ざまに思ふ」や「思ふ心は異にしみぬれば」の部分の解釈が難しい。リード文や第一段落の和歌など、複数箇所を参考にしつつ全体の文脈をおさえる必要がある。

▲2教科選択型▼

一

出典 三中信宏『系統樹思考の世界―すべてはツリーとともに』（講談社現代新書）

解答

問1〜問8 ▲3教科型・2教科型英語外部試験利用方式▼一の問1〜問8に同じ。

問9 (1)（第二節）b （第三節）d （第四節）i

(2)（第一節）b （第二節）c （第三節）e （第四節）j

▲解 説▼

問9 第二節と第三節はそれぞれ「ここで」という表現で筆者の主張が次の段階に入ることを示している。第四節は「第三の推論様式」という本文の主題となる表現を目印にするとよい。

二

▲3教科型・2教科型英語外部試験利用方式▼二に同じ。

が、匂宮の歌の中に「〜せば〜まし」という反実仮想が含まれていることを根拠にeを選ぶ。

問8　大夫の君の宮の御方への思いは、最終段落の第二文以下に書かれている。「なかなか異方の姫君は、見えたまひなどして（＝かえって腹違いの姫君である大君や中の君は、対面なさるなどして）」とあるので、〝宮の御方とよく会っている〟としているaとcはまず除く。eは「大君がはなやかにもてはやされている」が不可。本文には「はなやかにもてなしたまふ」とあるが、「もてなす」は〝振る舞う〟の意で、〝もてはやされる〟の意はない。bとdで迷うが「飽かず口惜しければ」の部分を「物足りなく残念に思っている」と丁寧に訳しているbを選ぶ。dの「強い不満を抱いている」は、やや言いすぎ。

問9　「だに〜ばや」は〝せめて〜たいものだ〟と訳す。「たてまつる」は謙譲の補助動詞なので、「け近く／て／見／たてまつら／ばや（＝お側で見申し上げたい）」のは大夫の君、したがって「この宮」は匂宮である。

で、匂宮は〝自分が大君に一人前の男として扱われなかった〟ことへの不満を述べている。残ったa、d、eのうち、この部分を正確に訳しているのはdのみ。

問5　大納言から送られた梅の花を受け取った匂宮の様子は、第二段落後半の「うち笑みて…」以下に書かれている。まず「恨みて後ならましかば」の部分には反実仮想の「ましかば（＝もし～だったら～だろうに）」が含まれているので「恨み言を言ったあとのご返事だったらくやしかっただろうに」と訳しているa、b、cに絞る。このうちaは紅梅の香りが白梅に劣る理由を「人に取られて」としている点が不可。本文には「色にとられて」とある。bとcが残るが、〝紅梅は色にとられて香りが白梅に劣る〟という文脈を考えて、並び立つものを「色も香りも」としているcが正解。

問6　匂宮が慮った大納言の心中は第一段落の「心ありて…」の歌から読み取れるが、第三段落の匂宮の歌（＝「花の香に…」）の前後からも読み取れる。最終段落の第一文に「翁どもにさかしらせさせで（＝年寄りたちにおせっかいをさせないで）」などと、匂宮が大納言を信用していないことが見て取れるので、「匂宮自身の意思を尊重したいと考えて」いるとするaとbや、また、「匂宮は大納言のご意向を汲んだ返事をしようと考えた」とあるcは除外できる。dとeの判別は「思ふ心は異にしみぬれば（＝お気持ちは他の方に向かっていたので）」の解釈が根拠となる。ここでの「思ふ」の主格は匂宮と取れるので正解はe。dのように中の君の心中を匂わせる描写は本文中になく、〝大納言は中の君と結婚させたいと考えているが、匂宮ご自身は別の女性に思いを寄せている〟と解釈するのが自然である。

問7　大夫の君が退出するときに匂宮がどのように言ったのかは、最終段落直前の匂宮の和歌（「花の香に…」）の直前の「つとめて…」以下に書かれている。まず、和歌の直前に「なほざりなるやうに」と、その歌を詠んだときの匂宮の様子が書かれていることに注目する。「なほざりなり」は〝いいかげんである、本気でない〟といった意味なので、「まじめな様子で」とあるbとdは除外する。和歌の直後には「翁どもにさかしらせさせで（＝年寄りたちにおせっかいをさせないで）」とあるので、「大納言たちにじょうずに取り入ろうと思うので」とあるaも不適。cとeで迷う

問1　大納言が便りを送ろうとしたときの気持ちは、第一段落に書かれているが、リード文にもあるように、大納言は中の君と匂宮との結婚を望んでいる。「忍びがたきにや」はこの気持ちをおさえられないということなので、c、d、eが候補となる。「この宮ばかりこそは」の「ばかり」は、限定の副助詞で〝〜だけ〟の意を表す。ここを「匂宮しかおられない」の意味に解釈しているのは、aとdしかないので、以上のことからdと判断できる。このあとを見ても、aは「さかし（き）」を「おろかな」としている点でも誤り。

問2　大納言が詠んだ歌は第一段落の後半に、また、便りを託された大夫の君の様子は第一段落の最後に書かれている。cとdは「鶯の訪れることはまずないでしょう」としてある点が不可。本文の「とはずやあるべき」の部分は反語で〝問わないことがあるだろうか（いや、問うはずだ）〟の意である。aとbは「上手ではない手つきで書いて」が不可。本文の「若やぎ書きて」は〝若々しい筆跡で書いて〟といった意味である。

問3　あたりが静かになった後、匂宮が大夫の君に言ったことは、第二段落の中ほどの注＊3を含む文とその次の文に書かれている。b、c、dは「春宮からは、少しもお暇をいただけないようだね」が不可。本文には「春宮には、暇すこしゆるされにためりな（＝春宮は、暇を少しお許しになったようだね）」とある。aとeで迷うが、「時とられて人わろかめり」が〝ご寵愛を取られてきまりが悪そうだ〟といった意味なので、aがよい。ここでの「時」は「時めく（＝時流にのって栄える）」などの連想から〝ご寵愛〟と解釈したい。また、「人わろし」は〝他人に見られていやだと思うさま〟を表し〝きまりが悪い〟〝ばつが悪い〟といった意味である。

問4　大夫の君と匂宮が、春宮や大君についてどう語ったかは、注＊3を含む文の次の文「まつはさせたまひしこそ苦しかりしか」と、その直後の匂宮の言葉「我をば人げなしと思ひ離れたるとな。…」の部分に書かれている。前者は「まつはさ／せ／たまひ／し」で、「まつはす」は〝そばにつき従わせる〟の意である。つまり、春宮がお気に入りの男童である大夫の君を側にはべらせていたという意味であり、この部分を「春宮があなたさまを絶えず見張るようにさせていた」と訳しているbとcはまず除く。後者の匂宮の言葉にある「人げなし」は〝一人前に扱われない〟の意

それから、（匂宮は）「やはり、今後は、年寄りたち（＝大納言たち）におせっかいをさせないで、こっそりと（私と宮の御方との仲を取り持っておくれ）」と返す返す（大夫の君に）おっしゃって、（一方では）この君（＝大夫の君）も東の宮（＝宮の御方）のことを格別に親しく大切に思うようになった。かえって腹違いの姫君（＝大君と中の君）は、対面なさるなどして、普通の姉弟のような様子であるけれど、子供心にも、（宮の御方の）たいへん重々しくて申し分なくいらっしゃるお人柄を（それに）値する様子で拝見したいものだと思い続けているので、春宮の御方（＝大君）がたいへん華やかに振る舞っていらっしゃるにつけても、（大君も宮の御方も自分の姉には違いないので）同じことと思いながら（宮の御方が不遇でいることが）とても物足りなく残念であり、この宮（＝匂宮）をせめて（宮の御方の）そば近くで拝見したいものだと思い続けていたので、（このたびのことは）うれしい花の機会なのである。

▲解　説▼

人物関係がかなり複雑なので、リード文や注をもとに人物関係図を作ったうえで読み進めればわかりやすいだろう。出題文に出てくる人物の関係は次のようになる。

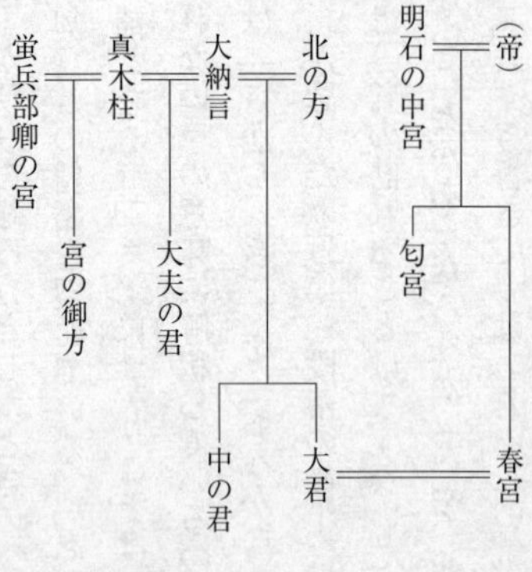

座っていると、（匂宮は）「（大君は）私を一人前ではないと（思って）心が離れたのだね。もっともなことだ。しかし（私は）おもしろくないよ。古くからの同じ（皇統の）血筋で、東と申し上げている方（＝宮の御方）は（あなたのもう一人の姉であるのだから）、（私と）互いに懸想なさり合えるのではないだろうかとこっそりと語り申し上げよ」などとおっしゃるのをきっかけに、（大夫の君が）この花を差し上げると、（匂宮は）少し笑って、「（私を振り向いてくれない）恨み言を書き送った後であったら（くやしかっただろうに）」と言って、（梅の枝を）置くこともせずご覧になる。枝の様子といい、花房といい、色も香りも世間ひととおりのものではない。（匂宮は）「園で匂っている紅梅が、（紅梅はふつうは色に（生気を）取られて香りが白梅に劣っているというようだが、（この紅梅は）大変すばらしく（色と香りを）とり並べて咲いたなあ」とおっしゃって、（これは大納言が）心をお込めになった花なので、（その）甲斐があって（匂宮は）とりたててお褒めになる。

（匂宮は）「今宵は宿直のようであるな。（けれど春宮の所には行かず）このままこちらに（とどまれ）」と（大夫の君を）お閉じ込めになったので、（大夫の君は）春宮に参上できず（にいるのだが）、（匂宮は）花もきっと恥ずかしがるであろうほど良い香りがして、お近くに横になっていらっしゃるのを、（大夫の君は）幼心にも、たとえようもなく嬉しく慕わしく思い申し上げる。（匂宮は）「この花の主（＝和歌の中で梅にたとえられた宮の御方）は、どうして（入内して）春宮にお移りにならなかったのか」、（大夫の君は）「わかりません。もののわかるような方に（嫁ぎたいご意向だ）などと、聞いておりました」などと語り申し上げる。大納言のご意向は、ご自分の実子（＝中の君）の方を思うようだと（匂宮は）思い当たりなさるけれど、（ご自分の）お気持ちは他の方（＝宮の御方）に向かっていたので、この（大納言への）お返事は、はっきりとは書き送ることはなさらない。翌朝この君（＝大夫の君）が退出するときに、気乗りのしない様子で、

　花の香（＝中の君）にきっと誘われるにちがいない我が身であったなら、風の便り（＝大納言からの手紙）を聞き過ごしたりするでしょうか（＝私は中の君に誘われるような身ではございません）。

◆全　訳◆

そのときのこらえきれない気持ちからであろうか、（梅の）花（のついた枝）を折らせて、（大夫の君を）急いで参上させる。（大納言は）「（私のはやる気持ちを）どうしたらいいだろう（どうしようもない）。（源氏が存命していた）昔の恋しいお忘れ形見としてはこの宮だけ（なのだから）。仏が入滅なさったであろう後に、（弟子の）阿難が光を放ったとかいうのを、（仏が）再び出現されたのかと疑う賢い僧がいたというのだから（私が匂宮を源氏に見立てるのもしかたがあるまい）。闇に迷う気持ちの気晴らしができる所（＝匂宮）に、ずけずけと申し上げようよ」と言って、

（中の君と結ばれてほしいという）思いがあって風（＝私）が匂わせる庭の梅（＝中の君）に、何はともあれ鶯（＝あなた）が訪れない（＝返事をくれない）ことがあるでしょうか（必ず返事をください）。

と、紅の紙に若々しく書いて、この君（＝大夫の君）の懐紙にとり混ぜ、たたんで（使いに）お出しになるのを、（大夫の君は）幼心にも、（匂宮に）たいそう慣れ親しみ申し上げたいと思うので、急いで（内裏に）参上なさった。

（匂宮は）中宮（＝母）の上の御局から御宿直所に退出なさるところである。殿上人が大勢（匂宮を）お送りに参る中に（大夫の君を）見つけなさって、（匂宮は）「昨日は、どうしてたいへん早く（内裏を）退出してしまったのだい。（今日は）いつ参上したのか」などとおっしゃる。（大夫の君は）「早く退出いたしましたのを悔やんでおりましたが、（あなた様が）まだ内裏にいらっしゃると誰かが申しましたので、急いで参上したのですよ」と、幼い感じはあるものの慣れ親しんで申し上げる。（匂宮は）「内裏ではなく、気楽な所（＝匂宮の私邸）にも時々は遊びにいらっしゃいな。若い人たちがこれといった理由もなく集まる所だよ」とおっしゃる。この君（＝大夫の君）を呼び寄せてお話し続けていらっしゃるので、人々は（遠慮して）近くに参ることもできず、退出して散り散りになったりして、（宿直所は）静かになったので、（匂宮は）「春宮は、（あなたに）暇を少しお許しになったようだね。たいへん頻繁にそばに付き添わせていらっしゃるようだったのに、ご寵愛を（姉君の大君に）取られて（あなたも）きまりが悪そうだ」とおっしゃるので、（大夫の君は）「（春宮様が私を）付き添わせなさったのは窮屈でした。（これが）あなた様であったなら（よかったのに）」と申し上げて

現性のないものを対象とするのでなくてはならない。同様にcも「普遍類を対象とする学問における」が不可。「普遍類を対象とする学問」は、物理学や化学などである。dは「転換する」が不可。第二十五段落最終文の「もっと『弱い関係』を用意することで」などの部分から、筆者は従来の「強い関係」に加えて「弱い関係」を提唱していることが読み取れる。

問8　「第三の推論様式」（＝アブダクション）の利点が第二十六段落にまとめられているが、実は本文前半の第九段落にもほぼ同じ内容が書かれていることにも気づきたい。筆者は比較的早い段階で「仮説間の相対的比較」による推論様式が必要であることを述べており、いくつかの具体的な考察の後に、この内容をまとめている。

二

出典　紫式部『源氏物語』〈紅梅〉

解答

問1　d

問2　e

問3　a

問4　d

問5　c

問6　e

問7　e

問8　b

問9　せめてこの匂宮だけでも宮の御方のそば近くで拝見したいものだ

『真偽』を判定している」の部分で不可。

問4　「演繹」と「帰納」についての筆者の考えは第十～十三段落に書かれている。aは「減少しつつある」が不可。筆者は「帰納の仮定がまちがっていたことは否定できないでしょう」（第十三段落）と述べており、「減少しつつある」では弱い。この根拠部分から、筆者は少なくとも「帰納」によっては「真偽」は判定できないと考えていることがわかるので、bの「決着をつけたことには必ずしもならない」も正確ではない。cは「二十世紀半ばからは演繹が優勢になった」が不可。「帰納」を用いた「論理実証主義」が敗退していったという内容は本文にあるが、それが「演繹」の優勢に転じるとは限らない。dとeで迷うが、eは「科学的探究を進めていくには適当なものでない」が不可。筆者は「演繹」や「帰納」によって「真偽」を判定することはできないと指摘しているのであって、この方法が「科学」において不要だとは述べていない。

問5　データと理論の関係についての筆者の考えは、第十四～二十三段落に書いてある。bは「弱い関係に『経験的支持』を与えるべきである」という言い回しが不適。第二十三段落の第一文にあるように、「弱い関係」とは「経験的支持」の大きさのことであり、どちらかをどちらかに加えるような関係ではない。cは「データが仮説に対してもつ証拠としての価値をヨウゴするという強い関係」の部分が不可。「データが仮説に対してもつ証拠としての価値」を擁護したのはギンズブルグであり、彼が提唱したのは「弱い関係」の方である。dは「発言権を保持し続ける」が不可。この表現は第二十三段落末にあるが〈データが価値を失わないこと〉の比喩として使われているのであり、dのように「データと理論」の関係を説明する表現ではない。eは「強い関係と比較することによって」が不可。筆者は「弱い関係」の中で仮説や理論の比較ができると述べているのであって、「強い関係」と「弱い関係」を比較するとは言っていない。

問6　「第三の推論様式」（＝「アブダクション」）については第二十四段落以降に書かれている。aとbは「反復観察や再現実験を踏まえた論証方法を用いる学問分野において」が不可。「第三の推論様式」は、歴史学や進化学のように再

という論証方法をとってきたが、基本となるデータ自体が完全無欠ではないし、たとえ確実な観察データがあったとしても、仮説間の真偽を決着づけることは必ずしもできない。そもそも科学の現場では、仮説間の相対的比較を通してデータに基づく推論をしているに過ぎないのだ。そこで歴史学を含めた科学の分野では、あるデータをもとにした諸仮説を、経験に照らして順序づける第三の論証方法である「アブダクション」を用意すべきである。

◀解　説▶

問2　歴史学は非科学的なのかという疑問は、第二段落冒頭で提示されており、それに対する筆者の考えは第一〜三段落に書かれている。aは「直接的な実験や観察に基づく『典型科学』の五基準を満たすようなものが歴史学にもある」が不可。第一段落に、そのような基準は歴史学にはないと述べられている。bは「実験科学のレベルに及ばない『二級科学』というランク付けに対して提出されたいくつもの反論に基づき」が不可。本文ではこれらの「反論」についての詳細はなく、筆者は独自の視点から反論を試みている。eは「実験科学における仮説や理論の経験的テストに相当する別の基準を求めるべきである」が不可。本文には実験や観察から得たデータの新しい見方（＝「アブダクション」）が述べられているのであり、「実験科学における仮説や理論の経験的テストに相当する」何か別の基準が述べられているわけではない。dは「歴史学ではより起こりやすい状況を想定してみるべきである」で終わっている点が不適。この表現は確かに第三段落末にあるが、これは第四段落以降の考察（＝思考実験）を始めるにあたって述べた部分であり、これ自体が筆者の主張ではない。

問3　「真偽」と科学の仮説のあり方についての筆者の考えは第四〜九段落で述べられている。aは「他の可能な仮説や説明との比較を必要としない」が不可。筆者は科学では「仮説間の相対的比較をしている」（第九段落）と述べている。同じ箇所を根拠として、cも「他の可能な仮説や説明との比較は重視されない」が不可。dは「データのみに基づいて仮説や説明の『真偽』を判定している」が不可。第九段落には「科学では、仮説の論理学的な意味での『真偽』を判定しているのではなく」とある。結局、科学は「真」と「偽」の判定はしないのであるから、eも「仮説の

国語

▲3教科型・2教科型英語外部試験利用方式▼

一

出典　三中信宏『系統樹思考の世界―すべてはツリーとともに』（講談社現代新書）

解答

問1　㋐触媒　㋑擁護

問2　c

問3　b

問4　d

問5　a

問6　e

問7　あ—e　い—c　う—d　え—b　お—d

問8　理論に対してデータが経験的支持を与えることで理論間にランクづけができ、より良い仮説を選べるから。（五十字以内）

◆要　旨◆

直接的な実験や観察ができない歴史学を非科学的と見なすことはできない。古典的な科学哲学では「演繹」と「帰納」

■学部個別日程：2 月 4 日実施分

総合情報学部 2 教科型英数方式

問題編

▶試験科目・配点

教　科	科　　目	配　点
外国語	コミュニケーション英語Ⅰ・Ⅱ・Ⅲ，英語表現Ⅰ・Ⅱ	200 点
数　学	数学Ⅰ・Ⅱ・A・B	200 点

▶備　考

- 「数学B」は「数列，ベクトル」から出題する。

英語

（90 分）

〔Ｉ〕A．次の会話文の空所(1)～(5)に入れるのに最も適当なものをそれぞれＡ～Ｄから一つずつ選び，その記号をマークしなさい。

Aya is a Japanese student studying at a university in Vancouver. She goes to talk to a university librarian named Liz.

Liz:　Hello. (1)＿＿＿＿＿＿＿＿＿＿

Aya:　I'm looking for a book on Canadian English, but I'm having trouble finding what I need.

Liz:　Are you looking for a particular book, or just one on that topic?

Aya:　There's one by Roger Smith called *Overview of Canadian English*. It's in the online catalogue, but I couldn't find it on the shelves.

Liz:　Let's see.... Ah, okay. (2)＿＿＿＿＿＿＿＿＿＿

Aya:　Oh dear—I can't wait *that* long. I need to use it for an assignment.

Liz:　(3)＿＿＿＿＿＿＿＿＿＿ First, you could do an interloan.

Aya:　What's that?

Liz:　It means you borrow the book from another library. It'll still take one to two weeks for it to arrive, though.

Aya:　I see. And what about the other way?

Liz:　The book's also available as an online version. Do you have a tablet or laptop PC?

Aya:　(4)＿＿＿＿＿＿＿＿＿＿

Liz:　Then you can download the book and read it on your screen. (5)＿＿＿＿＿＿＿＿＿＿

Aya: That sounds great. Please go ahead!

(1) A. What are you doing?
B. Can you assist me?
C. Where are you looking?
D. How may I help you?

(2) A. That's because it's been checked out until next month.
B. It could be available to borrow right away.
C. Actually, it's not on the shelves.
D. Unfortunately, I'm waiting for it myself.

(3) A. There are two steps involved in getting it.
B. Well, you have a couple of choices.
C. It used to be easier to find that book.
D. There's a very quick way to find that copy.

(4) A. Yes, but they're back in Japan.
B. Yes, absolutely.
C. No, nothing.
D. No, but I used to have one.

(5) A. But I'm going to buy it for you.
B. And it will only take about a week to complete.
C. Let me print it out for you now.
D. I can show you how to do that right now.

B. 下の英文A～Fは，一つのまとまった文章を，6つの部分に分け，順番をばらばらに入れ替えたものです。ただし，文章の最初にはAがきます。Aに続けてB～Fを正しく並べ替えなさい。その上で，次の(1)～(6)に当てはまるものの記号をマークしなさい。ただし，当てはまるものがないもの(それが文章の最後であるもの)については，Zをマークしなさい。

(1)　Aの次にくるもの

(2)　Bの次にくるもの

(3)　Cの次にくるもの

(4)　Dの次にくるもの

(5)　Eの次にくるもの

(6)　Fの次にくるもの

A. One of the biggest human impacts on the environment is our choice of housing. The size, design, and power use of our housing leaves a mark on the world around us. A new trend in house design is trying to reduce this effect.

B. On top of the clever design elements required by micro-shelters, comfortable living also requires a change in attitude by the owner. You must change your habits about what you buy and what you keep. If you can reduce the number of your personal items, you can be happy living in a smaller place. But it is harder than you think!

C. Clearly, giving up personal treasures is not for everyone, but if you can change your lifestyle to rely on less stuff, you might be happy in one of these environmentally friendly and unique homes.

D. Micro-shelters are a recent attempt at re-imagining traditional housing to lessen damage to the environment. They are basically smaller, smarter, and less wasteful of materials and energy than the houses we have built until now. But what defines a micro-shelter?

E. Intelligent space saving could be underfloor storage, beds that fold into the wall, or tables that include hidden seating, for example. Energy can be provided by solar panels, and a smaller space is easier to heat efficiently. But is it only a case of smart design?

F. Generally speaking, a micro-shelter is thought of as a way to provide our basic needs of comfort, warmth, storage, and security in as small a living space as possible. It is characterized by clever use of space, multi-functional furniture, and efficient energy use. It may also be mobile and easy to relocate.

〔Ⅱ〕A. 次の英文の空所(　1　)～(　15　)に入れるのに最も適当なものをそれぞれA～Dから一つずつ選び，その記号をマークしなさい。

Benjamin Spock was born in 1903. He was the first of six children. The Spock family lived in New Haven, Connecticut. His father was a successful lawyer. Benjamin was a quiet child. He attended Phillips Academy, a private school in Andover, Massachusetts. Later he attended Yale University in New Haven. He joined a sports team at Yale that competed in rowing boats. In 1924, he and his team members competed in rowing at the Olympic Games in Paris, France. They won the gold medal.

While in university, Spock (　1　) a camp for disabled children for three summers. He said the experience probably led to his decision to enter medical school. He began at Yale School of Medicine, but completed his medical degree at Columbia University in New York City. He graduated as the best student in his class in 1929. During his second year of medical school he married Jane Cheney. They later had two sons, Michael and John.

Spock began working as a doctor, treating babies and children in New York City in 1933. During the (2) ten years he tried to fit the theories about how children develop with what mothers told him about their children. In 1943, a publisher asked him to write a book (3) advice to parents. He finished the book by writing at night during his two years of service in the United States Navy. His wife Jane helped him produce his first book. She typed the book from his notes and spoken words.

When the book, *The Common Sense Book of Baby and Child Care*, was published in 1946, it caused a revolution in the way American children were raised. The book gave advice to parents of babies and young children. The first lines of the book are famous. Doctor Spock wrote: "Trust yourself. You know more than you think you do." This message shocked (4) parents.

For years, mothers had been told that they should reject their natural feelings about their babies. Before Doctor Spock's book (5), the most popular guide to raising children was called *Psychological Care of Infant and Child*. The book's writer, John B. Watson, urged parents to be extremely strict when dealing with children. The book called for a strong structure of rules in families. It warned parents never to kiss, hug, or physically comfort their children.

Doctor Spock's book was very (6). He gave gentle advice to ease the fears of new parents, and said that his work was an effort to help parents trust their own natural abilities in caring for their children. Doctor Spock's book discussed the mental and emotional development of children. It urged parents to use that information to decide how to deal with their babies when they are crying, hungry, or tired. For example, he dismissed the (7) idea of exactly scheduled feedings for babies. Baby care experts had believed that babies must be fed at the same times every day or they would grow up to be demanding children. Spock said babies should be fed when they are hungry, arguing that babies know better than anyone about when and how much they need to eat, and that feeding babies when they cry in hunger (8) make them more demanding. He also believed that showing love to babies by hugging and kissing them makes them happier and more secure.

Doctor Spock's book examined the emotional and physical growth of children. He said he did not want to just tell a parent what to do. Instead, he tried to explain what children are (9) like at different times in their development so parents would know what to expect.

Doctor Spock's book did not receive much notice from the media when it was published in 1946. Yet, 750,000 copies of the book were sold during the year after its release, and he began receiving many letters of thanks from mothers around the country. Doctor Spock (10) his own mother, Mildred Spock, to be the major influence on his personal and professional life. He said his ideas about how (11) should act were first formed because of her. He reacted to the way in which his mother cared for him and his brother and sisters. Doctor Spock described his mother as extremely controlling. He said she believed all human action was the result of a physical health issue or a moral one. She never thought that her children's actions were based on emotional needs. Doctor Spock later argued (12) this way of thinking. Yet, he praised his mother's trust of her own knowledge of her children. In his book *Spock on Spock*, he wrote about his mother's ability to correctly identify her children's sicknesses when the doctors were wrong.

During the 1950s, Doctor Spock became famous. He wrote several other books as well as articles for a number of magazines, appeared on television programs, taught at several universities, and gave (13) around the country, talking to parents about their concerns. During this time, he discovered things he wanted to change in the book. He wanted to make sure parents knew they should have control (14) their children and expect cooperation from them. So, in 1957 the second version of the book was published. He continued to make changes to *Baby and Child Care* throughout his life.

More than 50 million copies of Doctor Spock's *Baby and Child Care* book have been sold (15) it was published. It has been translated into 39 languages. The eighth edition was published in 2004. It included the latest medical information about nutrition, physical disorders and behavior. It also deals with social issues such as working mothers, daycare centers, single parents, and gay and lesbian parenting. Benjamin Spock died in 1998 at the age of 94. Yet his advice continues to affect the lives of millions of children and their parents.

(1) A. played with B. worked at
C. walked into D. studied on

(2) A. next B. latter
C. previous D. second

(3) A. taking B. making
C. offering D. demanding

(4) A. fewer B. quite a few
C. too few D. the few

(5) A. appeared B. showed
C. disappeared D. read

(6) A. easy B. similar
C. different D. difficult

(7) A. new　B. people's
C. correct　D. popular

(8) A. must not　B. would
C. must　D. would not

(9) A. hardly　B. rarely
C. generally　D. merely

(10) A. controlled　B. considered
C. compared　D. confused

(11) A. relatives　B. doctors
C. parents　D. friends

(12) A. for　B. against
C. with　D. towards

(13) A. thanks　B. presents
C. money　D. speeches

(14) A. over　B. under
C. about　D. near

(15) A. before　B. while
C. since　D. after

B. 本文の内容に照らして最も適当なものをそれぞれＡ～Ｃから一つずつ選び，その記号をマークしなさい。

(1) Doctor Spock's wife probably assisted him in writing his first book because

A. he was injured in the military.

B. he was busy during the day.

C. she loved to use a typewriter.

(2) Previous ideas about parenting at this time

A. cautioned against being too close to your children.

B. suggested that being too strict was bad for children.

C. were about following your feelings when raising children.

(3) Doctor Spock said in his book that

A. making a schedule for feeding babies is important.

B. babies understand their hunger better than anyone else.

C. it is easy to make babies feel happy by feeding them.

(4) In regard to his mother, Doctor Spock

A. diverged from his mother's beliefs.

B. agreed with the way his mother raised him.

C. said that he was scared of his mother.

(5) After Doctor Spock became famous, he

A. visited camps for disabled children.

B. started working at a new job.

C. revised the first book he wrote.

(6) In his later writing, Doctor Spock

A. included updated knowledge on health care.

B. talked mainly about problems in society.

C．explained about parenting in 39 countries.

(7) Doctor Spock would probably tell a parent raising a child,

A．"Do what science says you should do!"

B．"Do what your parents did with you!"

C．"Do what your heart says is right!"

〔Ⅲ〕A．次の英文の下線部①〜⑩について，後の設問に対する答えとして最も適当なものをそれぞれA〜Cから一つずつ選び，その記号をマークしなさい。

The number 13 is associated with bad luck. It is considered unlucky to have 13 guests at a dinner party, many buildings don't have a 13th floor, and most people avoid getting married or buying a house on a day marked by this dreaded number. Friday the 13th is considered to be the unluckiest day of the year. But why is 13 unlucky? Is there any scientific proof to support this belief? "No data exists, or will ever exist, to confirm that the number 13 is an unlucky number," said Igor Radun of the Human Factors and Safety Behavior Group at the University of Helsinki's Institute of Behavioural Sciences in Finland. "There is no reason to believe that any number would be lucky or unlucky." Radun might very well be correct, but there is one scientific study that has given superstitious people—people who believe in good or bad luck—a little more reason to be concerned, even if the scientists who did the research aren't necessarily worried about their findings themselves.

① Luben's 1993 study, published in the *British Medical Journal*, makes Friday the 13th look unlucky. Researchers analyzed the traffic and the number of injuries from car accidents on the southern part of London's M25 highway during the five months where the 13th fell on a Friday between

1990 and 1992. They compared these numbers to data collected on Friday the 6th of the same months. They found that although there are always fewer vehicles on the road on the 13th, possibly as a result of superstitious people choosing not to drive that day, the researchers proposed that on the 13th, the risk of serious injury from a traffic accident may be increased by as much as 52 percent.

But before "triskaidekaphobics"—those who fear the number 13—say "Aha! We were right!," it should be noted that although the data were correct, ②the authors didn't mean for their conclusions to be taken seriously as meaning 13 is unlucky. "It's quite amusing," said Robert Luben, a researcher at the school of clinical medicine at the University of Cambridge and one of the study's authors. "It was written for the Christmas edition of the *British Medical Journal*, which usually carries fun articles or articles that are not completely true."

③Many people took the study as being true, and it continues to be talked about as evidence regarding the misfortune of both the number 13 and Friday the 13th. "Some people clearly didn't understand that the paper was just a bit of fun and not to be taken seriously," said Luben. ④"Many also assumed that the authors were 'believers.' I'm sure that most of these people hadn't read our paper, because our real message was that believing 13 is unlucky changes people's behavior."

Since the 1993 study, other studies have been written showing that it's just women who have more accidents on Friday the 13th, but then, further studies show that they do not. ⑤Other research results attempting to measure just how unlucky the number 13 is are mixed. For example, in 2005, the United Kingdom newspaper *The Telegraph* analyzed the winning lottery balls dating back to when the U.K. National Lottery began in 1994. They found that the number 13 was the unluckiest ball, since ⑥it was drawn a total of 120 times since 1994, compared with the luckiest ball, number 38, which was drawn a total of 182 times. ⑦ But, "of course, there is no way of predicting which balls will be the luckiest in the future," the article cautions.

Not everyone has found similar patterns. ⑧ "Unfortunately, most of the studies dealing with Friday the 13th and the number 13 are solely focused on statistical data, such as accident data and stock market data, without discussing the relationship between superstition and behavior," said Radun, who is co-author of the 2004 study, "Females Do Not Have More Injury Road Accidents on Friday the 13th," which was published in the journal *BMC Public Health*. "Therefore, it is not surprising that not all the results are the same. In our study, we did not find that either women or men have more injury-related road accidents on Friday the 13th compared to previous and following Fridays," Radun added.

Luben agrees that studies about statistics ⑨ surrounding the number 13 should also discuss how people's superstitions influence the way they act. He wrote that "superstitions affect behavior in all cultures in all parts of the world in some form or other." So whether you decide to never choose the number 13 in a lottery or even declare that 13 is your lucky number just to be different, it is still the beliefs about that number that influenced your decision. ⑩ "There are no lucky or unlucky numbers; they exist only in our heads—or in the heads of some of us—and they might become lucky or unlucky only if we make them as such," Radun said.

But many triskaidekaphobics don't need scientific evidence or facts to back up their beliefs that the number is truly cursed. As with any superstition, some people will always choose to believe it.

From Why Is 13 Unlucky?, LiveScience on May 13, 2011, by Remy Melina

(1) What does Underline ① imply?

A. There was a study that reduced the fear of the number 13 in many people.

B. There was a study that some people believed gave evidence for the fear of the number 13.

C. There was a study about medical problems that began from Friday the 13th in the year 1993.

(2) What does Underline ② actually mean?

A. They didn't want readers to believe the number 13 caused bad luck.

B. They didn't want readers to ignore their results about the number 13.

C. They didn't want readers to react angrily about the number 13.

(3) Which of the following has a meaning closest to Underline ③?

A. Even today, people use the study to argue about the number 13 being unlucky.

B. Due to the study, many people think that the number itself is more unlucky than the day of the week.

C. After the study was published, many people stopped being superstitious about numbers.

(4) What does Underline ④ actually mean?

A. People who read the paper were believed to be superstitious.

B. People who read the paper believed the authors were religious.

C. People who read the paper believed the writers were superstitious.

(5) Which of the following has a meaning closest to Underline ⑤?

A. The results from other studies have been combined into one.

B. Studies of how unlucky the number 13 is have not found definite answers.

C. Evidence from most studies supports the idea that the number 13 is not unlucky.

(6) What does Underline ⑥ actually mean?

A. An image was created of the ball.

B. There was no clear winning ball.

C. The ball was selected randomly.

(7) What does Underline ⑦ imply?

A. One day, research will be able to identify the balls most likely to win.

B. We can analyze winners in the past to determine winners in the future.

C. No matter what we do, it will always be impossible to guess correctly which balls will be lucky.

(8) What does Underline ⑧ actually mean?

A. Accidents and stock market information need to be studied more.

B. Many studies ignore how behavior and superstition are connected.

C. The studies about Friday the 13th and the number 13 are untrue.

(9) What does Underline ⑨ actually mean?

A. related to

B. before and after

C. not quite on

(10) What does Underline ⑩ imply?

A. We imagine that some numbers cause problems.

B. We rarely change our minds about numbers.

C. We can change luck if we try.

B. 本文の内容に照らして最も適当なものをそれぞれA～Cから一つずつ選び，その記号をマークしなさい。

(1) The author included the 1993 study from the *British Medical Journal* because

A. the study showed that the number 13 affects only people who live in London.

B. it revealed how easily superstitious people can misunderstand studies about the number 13.

C. superstitious people say that some of them are cursed with bad luck.

(2) The seventh paragraph, beginning with "Luben agrees," suggests that

A. we change how we act because of our superstitions.

B. Friday the 13th is no different from any other Friday.

C. people who read the paper understood it clearly.

(3) We can infer that

A. women are more likely to believe in the power of the number 13.

B. superstitious people choose to believe in luck or misfortune by themselves.

C. scientists support the idea that the number 13 is unlucky.

(4) In the paragraph that starts with "Luben agrees," Luben suggested that around the world,

A. many people don't believe in the curse of the number 13.

B. superstitions about numbers are becoming less common.

C. superstitions are common everywhere.

(5) Radun's main point was that

A. we need to see what other days are unlucky.

B. we must include gender in our studies.

C. we should look at more than just the data.

(6) The author suggests that

A. science does not support the fear of the number 13.

B. no one should trust superstitious people.

C. we don't need evidence or facts to believe in the number 13.

(7) Which of the following is the best title for this passage?

A. "Lucky Number 13"

B. "Why People Hate the Number 13"

C. "Beliefs about the Number 13"

数学

（90 分）

〔Ⅰ〕 実数 $a > 1$ に対して，関数 $f(x)$，$g(x)$ を

$$f(x) = |x^2 - ax|,\quad g(x) = x$$

で定める。次の問いに答えよ。

(1) $a - 1 \leqq x \leqq a + 1$ において $f(x) \leqq g(x)$ であることを示せ。

(2) 2 つの曲線 $y = f(x)$，$y = g(x)$ で囲まれる領域のうち，$x \leqq a - 1$ にある部分の面積を S_1，$x \geqq a - 1$ にある部分の面積を S_2 とする。$S_1 : S_2 = 1 : 12$ となるときの a の値を求めよ。

〔Ⅱ〕 △ABC の辺の長さを AB $= c$，BC $= a$，CA $= b$ とおく。ただし，$0 < c < 1$，$a > b$ であるとする。実数 k に対して

$$\log_c (a + b) + \log_c (a - b) = k$$

が成り立っている。次の問いに答えよ。

(1) a^2 を b，c，k を用いて表せ。

(2) $k = 2$ のとき，△ABC はどのような三角形か答えよ。

(3) ∠A が鋭角，直角，鈍角となるそれぞれの場合に対して k のとりうる値の範囲を求めよ。

〔Ⅲ〕 曲線 $y = x^3 - x$ 上に点 P，Q をとる。ただし，P，Q の x 座標をそれぞれ s，$s-1$ とする。線分 PQ を $t : 1-t\ (0 < t < 1)$ に内分する点を K とする。次の □ をうめよ。ただし，［②］と［④］は因数分解した形で答えよ。

(1) K の x 座標は［①］で，y 座標は［②］である。

(2) $t = \dfrac{2}{3}$ のとき，$s < 1$ における K の y 座標の最大値は［③］である。

(3) x 座標が［①］である $y = x^3 - x$ 上の点を T とする。T の y 座標は［④］である。K と T の距離が最小となる s を t で表すと［⑤］である。

〔Ⅳ〕 次の □ をうめよ。

(1) 不等式 $X^2 - 10X + 9 < 0$ を解くと［①］であるから，
不等式 $9^{x-1} - 10 \cdot 3^{x-2} + 1 < 0$ を解くと［②］となる。

(2) $x + y = 2$ のとき，$t = 3^x + 3^y$ の最小値は［③］である。

(3) $x \geqq 0$，$y \geqq 0$，$x + y = 2$ のとき，$u = 9^x + 9^y - 12(3^x + 3^y) + 60$ の最小値は［④］であり，そのとき $x =$［⑤］，$y =$［⑥］である。

解答編

英語

I **解答**　A. (1)―D　(2)―A　(3)―B　(4)―B　(5)―D
B. (1)―D　(2)―C　(3)―Z　(4)―F　(5)―B　(6)―E

◆全　訳◆

A. ≪日本人留学生と図書館司書との対話≫

アヤはバンクーバーのある大学の日本人留学生である。彼女はリズという名前の大学図書館の司書のところへ行って話をしている。

リズ：こんにちは。どのようなことで来られましたか？

アヤ：カナダ英語に関する本を探しているのですが，必要なものがなかなか見つからなくて。

リズ：何か特定の本をお探しですか？　それとも，単にそのテーマに関するものですか？

アヤ：*Overview of Canadian English* というロジャー＝スミスの本があるのですが，ネット上のカタログにはあるのに棚にはないものですから。

リズ：そうですね…。ああ，わかりました。その本は来月まで貸し出し中だからですね。

アヤ：あら――そんなに長いこと待てないわ。課題を書くのにいるんだもの。

リズ：そうですね。いくつか方法があります。まず，「相互貸し出し」が利用できます。

アヤ：それは何ですか？

リズ：よその図書館から本を借りることです。でも取り寄せに１～２週間かかりますが。

アヤ：なるほど。それで，もう一つの方法はどのようなものですか？

リズ：その本はオンライン版でも手に入りますよ。タブレットかノートパソコンをお持ちですか？

アヤ：もちろん，持ってます。

リズ：それなら，その本をダウンロードして画面上で読めますよ。今，どうするかお教えしますね。

アヤ：良かった。お願いします！

B．≪環境に優しいマイクロシェルター≫

A．人間が環境に与える最も大きな影響の一つは，人間が行う住居の選択である。住居の大きさ，デザイン，エネルギー利用は，自分たちの周りの世界に影響を及ぼす。この影響を減らす新たな試みが，住居のデザインにおける新傾向である。

D．マイクロシェルターは，環境破壊を減らすために最近行われている伝統的住宅の再イメージ化の試みである。マイクロシェルターは，これまで作られてきた家よりも，基本的に小さく，賢く，資材やエネルギーの無駄遣いが少ない住宅である。しかし，マイクロシェルターの定義は何か？

F．一般的に言えば，マイクロシェルターは，快適さ，温かさ，収納，安全性をできる限り小さな生活空間の中で提供する方法だと考えられている。その特徴は，賢い空間利用，多機能家具，効率的なエネルギー利用である。また，それは移動可能で簡単に他の場所へ移せる。

E．空間の上手な節約例としては，床下収納や折りたたんで壁にしまえるベッド，隠しチェアー付きのテーブルなどが可能だ。電気は太陽光パネルから得られ，狭い空間なら容易に効率的に暖房ができる。しかし，それは賢いデザインの問題にすぎないのだろうか？

B．マイクロシェルターが必要とする賢いデザインの要素に加えて，快適な生活を送るには，その家の所有者が心構えを変える必要がある。買う物，とっておく物に関する習慣を変えないといけないのである。もし，個人の所有物の数を減らすことができれば，もっと小さな家でも幸せに暮らせるが，それは思っているほど簡単ではない！

C．確かに，自分が所有する大切なものを捨てることは誰にでもできることではない。しかし，もし生活スタイルを変えて，物に頼らないようにすることができれば，このような環境に優しくユニークな家の一つに住んで，幸せに暮らせるかもしれない。

◀解　説▶

A. (1)図書館職員が来館者に言う最初の言葉としては，D.「どのようなことで来られましたか？」が適切。この英語表現は，お店の人が言えば「いらっしゃいませ」くらいに相当する表現。

(2)アヤが，探している本がオンラインカタログにはあっても書棚にないと言っている。それを受けたリズの表現であるが，リズが言ったことに対してアヤが「そんなに長いこと待てないわ」と言っていることがヒントになる。「来月まで貸し出し中だ」という内容のAが適切。check out には「(手続きをして物を) 借り出す［貸し出す］」という意味がある。

(3)「そんなに長いこと待てないわ」というアヤの言葉を聞いて，リズは他の2つの方法（相互貸し出し制度の利用とオンライン版の利用）を説明する。したがって，B.「いくつか選択肢があります」が適切。

(4)タブレットかパソコンを持っているか尋ねられたアヤの返事を聞いて，リズは「では，その本をダウンロードして画面上で読めます」と言っているので，B.「もちろん，持ってます」という応答が適切。

(5)空所の後でアヤは「良かった。お願いします！」と言っている。空所にD.「今，どうするかお教えしますね」を入れると，自然な流れになる。C.「今，それをプリントアウトしますね」については，「画面上で読めますよ」という発言と矛盾するので不適切である。

B. Aの最終文「この影響を減らす新たな試みが，住居のデザインにおける新傾向である」は，この「新傾向」の具体例であるDの「マイクロシェルター」の紹介につながる。そしてDの最終文「マイクロシェルターの定義は何か？」を受けて，Fの第1文で「一般的に言えば，マイクロシェルターは，快適さ，温かさ，収納，安全性をできる限り小さな生活空間の中で提供する方法」だと定義されている。Fの第2文で「その特徴は，賢い空間利用，多機能家具，効率的なエネルギー利用」と述べられるが，Eはこれらの具体的な説明となっている。Eの最終文では，さらに「賢いデザインの問題にすぎないのだろうか？」と問いかけ，その問いかけを受けて，Bの「マイクロシェルターが必要とする賢いデザインの要素に加えて」とつながる。そしてBの最終文「それ（自分の持ち物を減らすこと）は思ったより大変だ！」から，Cの第1文「確かに，自分が所有する大切なものを捨てることは誰にでもできることではない。しかし，…」へと話が自然につながっていく。

II **解答** A. (1)―B　(2)―A　(3)―C　(4)―B　(5)―A　(6)―C　(7)―D　(8)―D　(9)―C　(10)―B　(11)―C　(12)―B　(13)―D　(14)―A　(15)―C

B. (1)―B　(2)―A　(3)―B　(4)―A　(5)―C　(6)―A　(7)―C

◆全　訳◆

≪スポック博士の育児書≫

ベンジャミン＝スポックは1903年に生まれた。彼は6人きょうだいの長子であった。スポック一家はコネチカット州，ニュー・ヘイブンに暮らしていた。彼の父は弁護士として成功していた。ベンジャミンは物静かな子どもだった。彼は，マサチューセッツ州，アンドーバーの私立学校であるフィリップス・アカデミーに通っていた。後に，彼はニュー・ヘイブンにあるイェール大学へ行った。彼はイェール大学のスポーツチームに入り，ボート競技に参加した。1924年，彼と彼のチームのメンバーは，フランスのパリで行われたオリンピックのボート競技に出場し，金メダルを獲得した。

大学在学中に，彼は3年間，夏になると，身体障害のある子どもたちのためのキャンプで働いた。彼によれば，この経験が恐らく彼が医学部に入る決心をするきっかけになった。彼はイェール大学医学部で勉強を始めたが，学位をとったのはニューヨーク市にあるコロンビア大学であった。1929年に首席で卒業した。医学部2年生のときに，ジェーン＝チェイニーと結婚した。2人はマイケルとジョンの2人の男の子をもうけた。

スポック博士は医者として働き始め，1933年にニューヨーク市で赤ちゃんと子どもの治療に当たった。それから10年間，博士は，母親たちが自分の子どもについて話すことを，子どもの発達に関する様々な理論に合致させようと努めた。1943年，出版社から彼に親たちへのアドバイスとなる本を書いてほしいと依頼があった。彼はアメリカ海軍に2年間勤務していたとき，夜の時間を使ってその本を書きあげた。妻のジェーンは彼の最初の本の出版を手伝い，博士のノートや口述したものをタイプした。

『スポック博士の育児書』が1946年に出版されたとき，その本はアメリカの子育て方法に一大革命を引き起こした。その本は赤ちゃんや幼い子どもを育てる親たちへのアドバイス本であった。その本の最初に書かれている言葉は有名である。スポック博士は次のように書いた。「あなた自身を信頼しなさい。あなたは自分が思っているよりも多くのことを知っているのです」と。このメッセージにかなり多くの親たちが衝撃を受けた。

ずっと以前から母親たちは「あなたたちは自分の赤ちゃんに対する自然な感情を拒絶すべきだ」と言われてきた。スポック博士の本が出る前は，子育ての最も一般的な指針となる書は，『心理学的育児法』というものであった。この本の著者であるジョン＝B. ワトソンは，親たちに子どもの扱いには非常に厳しい態度を取るように強く求めていた。その本では，家庭にしっかりとした規則を作ることを求めていた。親たちに，子どもにキスをしたり，抱っこしたり，安心感を与えるような行為をすることを厳に慎むように求めていた。

ところがスポック博士の本はそれとひどく違っていた。博士は，新しく親となった人たちの不安を和らげるような優しいアドバイスをし，自分の仕事は，子育てにおいて，親自身が生まれつき持っている能力に自信が持てるように手助けしようとすることだと語っていた。スポック博士の本が扱っているのは子どもの精神的，情緒的発達である。この本では，赤ちゃんが泣いたり，お腹を空かしたり，疲れているときにどう扱ったらよいのか，それを決めるのに，本に載っている子どもの発達に関する知識を活用することを強く勧めている。たとえば，博士は，正確に決められた時間に授乳するという一般的な考えを退ける。それまで育児の専門家は，赤ちゃんには毎日同じ時間に授乳しなければならない，さもないと大きくなってわがままな子どもになると信じていた。スポック博士は，赤ちゃんはお腹が空いたときに授乳するようにすべきだと言い，赤ちゃんは自分がいつどれくらい飲むべきか，誰よりもよく知っていることや，赤ちゃんがお腹を空かして泣いているときに授乳しても，赤ちゃんがわがままな子どもにはならないことを主張した。また，博士は，抱っこしたり，キスしたりして愛情を示せば，赤ちゃんは幸せな気持ちになり安心感も増すのだと信じていた。

スポック博士の本では，子どもの情緒的，身体的成長が詳しく述べられている。博士は，自分は親に「こういうことをしなさい」と言うだけではありたくなかったと言った。その代わり，赤ちゃんが今後どのようになっていくのかが親たちにわかるように，子どもの発達における様々な時期に子どもの示す一般的な様子を説明するようにしていた。

スポック博士の本は，それが出版された1946年においては，メディアからあまり注目されなかったが，それでも，その本が出版された翌年に75万部を売った。そして，博士は国中の母親たちから感謝の手紙をたくさん受け取るようになった。スポック博士は自分自身の母親であるミルドレッド＝スポックが，自分の私生活や職業生活に大きな影響を与えた人だと考えていた。博士によれば，親がどのようにふるまうべきかに関する自分の考えは，まずは母親の影響を受けて形成されたということである。母親が自分や自分のきょうだいの世話をするやり方に対して反発していたのだ。スポック博士は，母親のことを非常に支配的な人だったと述べている。博士によれば，彼の母親は，すべての人間の行動は，身体的健康問題と道徳的問題の結果であると信じていた。彼の母親は，子どもたちの行動が情緒的欲求からくるものであるということを，まったく考えていなかった。スポック博士は後に，このような考え方に反対を唱えた。しかし，母が自分の子どものことに関する彼女自身の知識を信じていたことは，博士も賞賛している。*Spock on Spock* という彼の本のなかで，博士は，医者が間違っているときでも，彼の母親は子どもの病気を正しく見立てる能力を持っていたと述べている。

1950年代に，スポック博士は有名になった。博士はたくさんの雑誌に記事を書くばかりでなく，他に本を何冊も書いた。またテレビ番組に出演し，いくつかの大学で教え，また全国で講演を行い，親たちが抱えている心配事について，親たちに語った。この時期に，博士は育児書の中に修正を加えたい点を見つけた。博士は親たちに，自分たちは子どもに言うことを聞かせられる力があり，また子どもたちの協力も期待できるということを，しっかりと知ってほしいと思っていた。そこで，1957年にその育児書の第2版を出版した。博士は『スポック博士の育児書』に生涯手を加え続けた。

『スポック博士の育児書』は，発売以来5000万部以上が売れている。また，それは39カ国語に翻訳され，2004年には第8版が出版された。第8版には，栄養，身体疾患，行動に関する最新の医学知識が含まれている。また，ワーキングマザー，保育所，ひとり親，同性愛者の子育てなど，社会問題についてもこの本では扱っている。ベンジャミン＝スポックは1998年に94歳で亡くなった。それにもかかわらず博士のアドバイスは，何百万人の子どもたちとその親たちの生活に影響を与え続けている。

◀解　説▶

A．(1)スポック博士は学生時代，夏になると身体障害のある子どもたちのための「キャンプ」で何をしたのかを考える。空所にB．worked atを入れて「キャンプで働いた」とすると自然な流れになる。

(2)前文の1933年から次文の1943年まではちょうど10年である。したがって，前文を受けて「次の10年の間に」とするのが適切。よって，A．nextが正解。

(3)「親たちへのアドバイス」を目的語に取って適切な意味になるのは，C．offering「提供する」である。つまり，親たちへのアドバイスとなる本を出版社がスポック博士に依頼したということ。

(4)第4段第1文（When the book, …）に「『スポック博士の育児書』が1946年に出版されたとき，その本はアメリカの子育て方法に一大革命を引き起こした」とある。したがって，空所にB．quite a few「かなり多くの」を入れて，「このメッセージにかなり多くの親たちは衝撃を受けた」とするのが適切である。

(5)空所の後に言及されている *Psychological Care of Infant and Child*『心理学的育児法』は，スポック博士の育児書が出るまで一般的だった育児書である。したがって，空所にA．appeared「現れた」を入れて，「スポック博士の本が現れる前は」とするのが適切。

(6)従来の育児書の内容を記す第5段とスポック博士の育児書の内容を記す第6段を比較すると，スポック博士の育児書がそれまでの育児書と全く異なっていることがわかる。したがって，C．different「異なっている」が適切。

(7)スポック博士がdismissed「退けた」のは，決まった時間に授乳する考え方。第6段第6文（Baby care experts …）の内容から，時間通りの授乳は，それまで推奨されていた一般的な育児法だということがわかる。したがって，D．popular「一般的な」が正解。

(8)第6段第6文では，決まった時間に授乳しないと，赤ちゃんが大きくなったときにわがままな子どもになる，と従来の育児の専門家が考えていることが述べられている。スポック博士の育児法は従来の方法と大きく異なり，赤ちゃんが空腹で泣いたときに授乳しても「わがままな子どもになるということはない」と考えていると理解すべき。したがって，D. would notが適切。

(9) what children are likeは「子どもたちはどのようであるか」という意味。スポック博士は発達段階のそれぞれの時期の子どもの「一般的な」様子を母親たちに説明したと理解するのが適切。したがって，C. generallyが正解。

(10)後ろのto be the major influenceという不定詞句に着目する。空所にB. consideredを入れると，consider *A* to be ～「*A*が～だと考える」が成立するので，Bが正解。

(11)第6段以降に述べられているように，スポック博士が語っているのは，親はどのように子どもを育てるべきかという「育児法」についてである。したがって，空所にはC. parents「親」を入れるのが適切。

(12)前文において，スポック博士の母親は，子どもの行動は情緒的欲求に基づいたものだと考えもしなかったと述べられている。スポック博士の育児思想は，このような姿勢とは全く異なるものなので，空所にBを入れ，argued against this way of thinking「このような考え方に反対を唱えた」とするのが適切。

(13)スポック博士は有名になり，テレビ番組に出演したり，大学で教えたりしている。その話の流れで言えば，空所にD. speechesを入れて「全国で講演をした」とするのが適切。

(14) have control over ～で「～を支配する」の意味。ここでは，「子どもに言うことを聞かせる」くらいの意味である。

(15)空所の前が現在完了になっているので，〈完了形＋since ～〉の構文が用いられていると考える。「本が出版されてから5000万部以上が売れた」ということ。

B. (1)スポック博士の妻が彼の手助けをした理由については，第3段第4文（He finished the …）に博士は「アメリカ海軍に勤務していたとき，夜に本を書いていた」ということが述べられている。昼間は医者としての仕事で忙しかったと推測される。したがって，B.「彼は昼間は忙しかった」が適切。

(2)スポック博士以前の育児法については，第5段全体にわたって詳しく書いてあるが，基本的には，子供を甘やかさず，授乳などは時間通りに行うという育児方法である。これに近いのは，A.「子どもとあまり親密になりすぎないように注意すること」である。

(3)スポック博士が本のなかで言ったことに関しては，B.「赤ちゃんは他の誰よりもお腹が空いていることをわかっている」が第6段第7文(Spock said babies …）の後半（arguing that babies know better …）に「いつどれくらい飲むべきか，赤ちゃんは誰よりも知っている」と述べられていることと一致する。

(4)スポック博士の母親に関しては，第8段第8・9文（She never thought … way of thinking.）に，彼の母が子どもたちの行動が情緒的欲求からくるものであると思っていなかったこと，そして，博士は後に，母親のような考え方に反対を唱えたという趣旨が述べられている。この内容と一致するのは，A.「彼の母親の信条から離れた」である。

(5)スポック博士が有名になった後のことに関しては，第9段最終文（He continued to …）に「博士は『スポック博士の育児書』に訂正を加え続けた」と述べられている。この内容に一致するのは，C.「彼は書いた最初の本を書き直した」である。A.「身体障害のある子どものためのキャンプを訪れた」については，第2段第1文（While in university, …）に言及があるが，これは博士が有名になる前の話である。

(6)博士の後の著作に関しては，最終段第4文（It included the …）の「最新の医学知識を含めた」という記述が，A.「医療に関する最新の知識を含めた」と一致する。なお，B.「社会問題について主に語った」については，最終段第5文（It also deals …）に言及があるが，社会問題が「主に」話されているのではないため不可。

(7)スポック博士は，赤ちゃんを厳格に育てる従来の育児法ではなく，抱っこやキスを惜しみなく与える愛情表現豊かな育児法を強く勧めている。この内容に合致するのは，C.「あなたの心が正しいと言うことをしなさい！」である。

III　解答

A. (1)―B　(2)―A　(3)―A　(4)―C　(5)―B　(6)―C　(7)―C　(8)―B　(9)―A　(10)―A

B. (1)―B　(2)―A　(3)―B　(4)―C　(5)―C　(6)―A　(7)―C

◆全　訳◆

≪13は不吉な数字か≫

数字の13は不吉なものを連想させる数字である。ディナー・パーティーの客が13人であれば，それは不吉なものと考えられ，多くの建物には13階がなく，ほとんどの人がこの13という恐ろしい数字がついている日に結婚したり，家を買ったりすることを避ける。13日の金曜日は1年の中で最も不吉な日だと考えられている。しかし，13はなぜ不吉なのであろうか。人々は不吉だと信じているが，これを証明する科学的証拠はなにかあるのだろうか。フィンランドにあるヘルシンキ大学行動科学研究所の人的因子と安全行動グループのイーゴル＝ラドゥン氏によれば，「13という数字が不吉な数字であるということを確認できるデータはありません。今後も決して出てこないでしょう。どのような数字であれ，それが吉だとか不吉だとかいうことを信じる根拠は何もありません」。ラドゥン氏が正しいということは十分考えられることなのだが，迷信深い人々，つまり幸運や不運を信じる人々に心配するだけの根拠を与えてくれる科学的研究がひとつある。たとえ，その研究を行った科学者たちが必ずしも彼ら自身が発見した研究結果を心配していないとしても。

『ブリティッシュ・メディカル・ジャーナル』に発表された1993年のルーベンの研究を読むと，13日の金曜日は不吉な日のように思われる。1990年から1992年まで，13日が金曜日に当たった5カ月間，ロンドンの高速道路M25号線の南部の交通量と，そこで起こった交通事故の負傷者数を研究者たちが分析した。研究者たちは，その負傷者数を同じ月の6日の金曜日に収集したデータと比較した。そこでわかったことは，恐らく迷信深い人たちがその日に運転することを避けたためであろうが，13日は道路を走る車が常に少なかったにもかかわらず，交通事故による重傷の危険性が52%も増すかもしれないということだった。

しかし，「13恐怖症の人」，つまり数字の13を恐れている人々が「そら見たことか！　私たちは正しかった！」と言う前に，そのデータは正しいが，著者たちは，その結論を13が不吉であるという意味だとまじめに受け取ってもらうことなど意図していない，ということは注意しておくべきであろう。ケンブリッジ大学臨床医学部の研究者であり，その研究の著者の一人であるロバート＝ルーベン氏は「それはなかなか面白いんですよ」と言う。「その論文は『ブリティッシュ・メディカル・ジャーナル』のクリスマス版用に書かれたんですね。このクリスマス版は，愉快な記事や必ずしも完全に本当ではないものも掲載するんです」

この研究を真実であると受け取った人も多かった。また，それは数字の13と13日の金曜日の両方の不幸についての証拠として語られ続けている。「この論文がちょっとしたお遊びで，まじめに受け取られるべきものではないということを理解していない人が一部いるということは明らかなんですね」とルーベン氏は言う。「多くの人は，著者たちも『信じている人たち』と勝手に思い込んでいるのですよ。きっとこのような人々は，ほとんどが私たちの論文を読んでいないでしょう。だって，私たちの論文の真意は，13が不吉だと信じてしまうと，人々の行動はそれによって変わってしまうということだったのですから」

1993年の研究以来，他に書かれた研究論文では，13日の金曜日に事故が多いのは女性だけだということになっているが，その後，いろいろ研究が進み，そうではないということがわかってきた。他にも，13という数字がどれくらい不吉なものであるかを測ることが試みられてきたが，その結果はまちまちである。たとえば，2005年にイギリスの『テレグラフ』という新聞が，イギリスの国営宝くじの1994年開始時までさかのぼって宝くじの当たりボールを分析した。そこでわかったことは，13というボールはもっとも不運なボールであった。なぜなら，最も幸運な数の38のボールは全部で182回引かれているのに対し，13のボールは1994年以来，引かれたのは全部で120回だったからだ。しかし，「もちろん，どのボールが将来最も幸運になるかを予測する方法はない」と記事では注意を促している。

誰もが似たようなパターンに気づいたわけではない。「残念なことに，13日の金曜日と数字の13を扱った研究のほとんどは，ただ単に事故のデータや株式市場のデータなどの統計的データを中心に研究をしただけで，迷信と行動の関係については議論していないのです」とラドゥン氏は言う。ラドゥン氏は2004年の研究論文『女性の方が13日金曜日の道路事故の負傷者が多いわけではない』の共同著者の一人である。この論文は，BMC社発行の『パブリック・ヘルス』で発表された。「そのため，すべての結果が同じとは限らないということは別に驚くべきことではありません。私たちの研究では，女性であっても男性であっても，どちらかが13日の金曜日に負傷に関わる道路事故が，その日の前後の金曜日と比べて多かったということはありませんでした」とラドゥン氏は付け加えた。

13という数字を巡る統計についての研究には，人々が信じている迷信がどのように人々の行動に影響を与えるかという議論も含むべきであるということについては，ルーベン氏も同じ意見である。「迷信が人の行動になんらかの形で影響を与えているのは，世界のどこの地域でも，どこの文化でもあることだ」とルーベン氏は書いている。したがって，宝くじで13という数字を決して選ばないと決めようが，ただ他の人間と違うということを示すために13を幸運の数だと宣言さえしようが，それはその数字が自分の決定に影響を与えることを，まだ信じているということなのである。ラドゥン氏によれば，「数字には幸運なものも不吉なものもありません。ただ，それは私たちの頭の中，つまり一部の人の頭の中にあるだけです。数字が幸運なものになったり不吉なものになったりするのは，私たちがその数字を幸運と考えたり不吉と考えたりする場合にのみ起こることかもしれません」。

しかし，13恐怖症の人たちは，13という数字が本当に呪わしいものであるという自分たちの信念を支えてもらうための科学的証拠や事実などは必要としていない。どんな迷信でもそうであるように，それを信じることにしている人は，いつも存在するものなのである。

◀解　説▶

A. ⑴下線部では，13日の金曜日が「不吉に思える」ような研究が行われたとなっている。逆に言えば，「思える」だけで実際は違う。ただ，そのように「信じる」人がいるということであり，この英文全体の主旨もそうなっている。このことと一致するのは，B.「数字の13を恐れる証拠になると一部の人が信じるような研究が行われた」である。

⑵下線部は「著者たちは，その結論を13が不吉であるという意味だとまじめに受け取ってもらうことなど意図していない」という意味である。この意味に近いのは，A.「彼らは読者に13という数字が不吉なことをもたらすと信じてほしくなかった」である。

⑶下線部の要旨は，多くの人が研究の結論は数字の13や13日の金曜日が

不吉であることを証拠だてたと理解して，そのような主張を続けているということである。この内容に一致するのは，A.「今日でさえ，人々はこの研究を使って，13という数字が不吉であると主張している」である。

(4)下線部は，「この研究の著者たち自身が13を不吉だと『信じている人たち』だと多くの人が思った」という内容である。この内容に一致するのは，C.「この論文を読んだ人たちは，著者たちが迷信を信じるような人たちだと信じた」である。

(5)下線部はmixedがポイント。13がどれくらい不吉かに関する研究は結論がまちまちだ（mixed）と述べられている。この意味になっている選択肢は，B.「数字の13がどれくらい不吉かに関する研究は，はっきりとした答えを見つけていない」である。

(6)下線部は「それ（数字が13の宝くじのボール）が引かれた」という意味。この内容に近いのは，C.「ボールが無作為に選ばれた」である。

(7)下線部は「もちろん，どのボールが将来もっとも幸運な数字となるかを予測する方法はない」という意味である。この意味内容に近いのは，C.「何をしても，どのボールが幸運かを正しく予測することは常に不可能である」である。

(8)下線部の要点は，13日の金曜日や13を扱った研究のほとんどが，統計的データを検討したもので，迷信と行動の関係を考えた研究がないということである。この内容になっているのは，B.「多くの研究が，行動と迷信がどのように関係しているかということを無視している」である。

(9)statistics surrounding the number 13の意味は，「13をとりまく統計」である。この意味に近いのは，A.「～と関係がある」である。

(10)下線部の内容は「幸運な数字も不運な数字も，ただ私たちの頭の中にあるだけだ」というものである。つまり，不吉な数字は想像の産物だということ。この意味内容になっているのは，A.「私たちはある数字が問題を引き起こすと想像している」である。

B. (1)本文の著者が『ブリティッシュ・メディカル・ジャーナル』掲載の1993年の研究を取り上げた理由については，第3段第1文（But before "triskaidekaphobics" …）に「13恐怖症の人々が，そら見たことか！　私たちは正しかった！」と言うだろうが，それは誤解だという内容が述べられている。この記述から，B.「迷信深い人たちが，どれくらい簡単に数字の13に関する研究を誤解するかを，その研究は明らかにした」ために引用したことがわかる。

⑵A.「私たちは迷信のためにふるまい方を変える」が，第7段第2文（He wrote that …）で「迷信は世界のあらゆる地域のあらゆる文化で，なんらかの形で人々のふるまいに影響を与える」と述べられていることと一致する。

⑶B.「迷信深い人々は自分で運，不運を信じようとしている」が，第7段第4文（“There are no …）に「数字には幸運なものも不吉なものもありません。ただ，それは私たちの頭の中，つまり一部の人の頭の中にあるだけです」と述べられていることと一致する。

⑷C.「迷信はどこにでもあるありふれたものだ」が，第7段第2文で「迷信はあらゆる地域のあらゆる文化で，なんらかの形で人々のふるまいに影響を与える」と述べられていることと一致する。

⑸第6段第2文（“Unfortunately, most of …）で，数字の13の研究が「迷信と行動の関係を議論することなしに」行われているとラドゥンは批判している。彼の主張の要点は，C.「私たちは単にデータだけを見ていてはいけない」ということになる。

⑹13という数字が不吉なものであるかどうか科学的に検証した研究が，本文中にいくつか引用されているが，結局のところ科学的に証明されているとは言い難く，第5段第2文（Other research results …）にもあるように「研究結果はまちまち」で，統一された見解がないことがわかる。したがって，著者が示唆しているのは，A.「数字の13に対する恐れには科学的根拠はない」である。C.「数字の13を信じるのに証拠も事実もいらない」という点については，最終段第1文（But many triskaidekaphobics …）にあるように「13恐怖症の人」にだけ当てはまることなので，主語がweの一般論としたCは誤り。

⑺本文は数字の13を人々が不吉な数字として信じていることがテーマとなっている。したがって，C.「数字の13に関する信念」が適切。Bについては，数字の13をHate「憎んでいる」わけではなく，「不吉な数字」だと信じているということが本文のテーマなので，不適切。

❖講 評

2020年度の大問の構成は，会話文・文整序1題，長文読解2題の計3題で，従来通りであった。

I Aが会話文の空所補充，Bがひとまとまりの文章を6つに分けたものを並べ替える文整序形式。Aは対話の流れをつかめば取り組みやすい問題。Bは注意深く論旨の流れをつかむ力が求められる。特に文中の On top of *A*「*A* に加えて」のように，*A* を受けているとわかる副詞句，what defines a micro-shelter ? のような後に定義を予想させる文，Micro-shelters are … のように一般的説明を行うときの複数形などを意識すると，文のつながりを早く見つけやすい。

II 有名な育児書の著者であるスポック博士の話。語句の他に，前置詞，接続詞の問題も出題されているが，文脈を丁寧に追っていけば，それほど難しい設問はない。**B**の英文完成問題は，該当箇所を早く見つければそれほど難しい設問ではない。全体的には標準的な設問となっている。

III 13という数字にまつわる迷信についての考察である。**A**の設問は下線部の同意表現や意味する内容を問うものだが，下線部の前後を丁寧に読めば答えられる。**B**は内容に関する英文完成問題であるが，この設問も関連箇所を早く見つければそれほど難しい問題ではない。全体的には標準的な英文と標準的な設問である。

数学

I

解答 (1) (i) $a>1$ であるから，$a-1 \leqq x \leqq a$ のとき

$$g(x)-f(x)=x+(x^2-ax)$$
$$=x^2-(a-1)x$$
$$=x\{x-(a-1)\}$$

$x \geqq a-1 \geqq 0 \qquad x-(a-1) \geqq 0$

であるから

$$g(x)-f(x) \geqq 0$$

(ii) $a<x \leqq a+1$ のとき

$$g(x)-f(x)=x-(x^2-ax)=-x\{x-(a+1)\}$$

$-x \leqq 0$，$x-(a+1) \leqq 0$ であるから

$$g(x)-f(x) \geqq 0$$

(i)，(ii)から，$a-1 \leqq x \leqq a+1$ において

$$g(x)-f(x) \geqq 0 \qquad \therefore \quad f(x) \leqq g(x)$$ （証明終）

別解 $f(x)=\begin{cases} x^2-ax & (x \leqq 0,\ a \leqq x \text{ のとき}) \\ -x^2+ax & (0<x<a \text{ のとき}) \end{cases}$

である。$y=f(x)$ と $y=g(x)$ を連立させて，交点の x 座標を求める。

$x \leqq 0$，$a \leqq x$ においては

$$x^2-ax=x$$

$x\{x-(a+1)\}=0$ より　　$x=0,\ a+1$

$0<x<a$ においては

$$-x^2+ax=x$$

$x\{x-(a-1)\}=0$ より　　$x=a-1$　（$\because$　$a>1$ より，$0<a-1<a$）

よって，$y=f(x)$ と $y=g(x)$ のグラフの位置関係は，〔解答〕(2)の図のようになる。

ゆえに，$a-1 \leqq x \leqq a+1$ において，$f(x) \leqq g(x)$ である。

(2) $y=f(x)$ と $y=g(x)$ のグラフの位置関係は，次図のようになる。

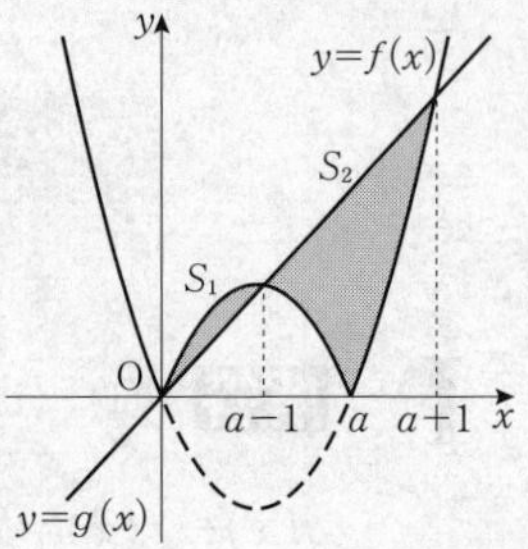

$$S_1=\int_0^{a-1}\{-(x^2-ax)-x\}dx$$
$$=-\int_0^{a-1}x\{x-(a-1)\}dx$$
$$=\frac{1}{6}(a-1)^3 \quad \cdots\cdots①$$
$$S_2=\int_{a-1}^{a}\{x-(-x^2+ax)\}dx+\int_a^{a+1}\{x-(x^2-ax)\}dx$$
$$=\int_{a-1}^{a}\{x^2-(a-1)x\}dx+\int_a^{a+1}\{-x^2+(a+1)x\}dx$$
$$=\left[\frac{x^3}{3}-\frac{a-1}{2}x^2\right]_{a-1}^{a}+\left[-\frac{x^3}{3}+\frac{a+1}{2}x^2\right]_a^{a+1}$$
$$=a \quad \cdots\cdots②$$

①，②から，$S_1:S_2=1:12$ となるとき

$$\frac{1}{6}(a-1)^3:a=1:12$$
$$2(a-1)^3=a$$
$$2a^3-6a^2+5a-2=0$$
$$(a-2)(2a^2-2a+1)=0$$

$2a^2-2a+1=0$ の判別式を D とすると

$$\frac{D}{4}=1-2\cdot 1<0$$

であるから　　$a=2$　（これは $a>1$ を満たす）　……(答)

参考　$y=-x^2+ax$ と x 軸で囲まれる部分の面積を S_3，$y=x$ と $y=x^2-ax$ で囲まれる部分の面積を S_4 とすると

$$S_2=S_1+S_4-2S_3$$
$$=\frac{1}{6}(a-1)^3+\int_0^{a+1}\{x-(x^2-ax)\}dx-2\int_0^{a}(-x^2+ax)dx$$
$$=\frac{1}{6}(a-1)^3-\int_0^{a+1}x\{x-(a+1)\}dx+2\int_0^{a}x(x-a)dx$$
$$=\frac{1}{6}(a-1)^3+\frac{1}{6}(a+1)^3-2\times\frac{1}{6}a^3$$

$$=\frac{1}{6}\{(a-1)^3+(a+1)^3-2a^3\}$$

$$=a$$

◀解　説▶

≪放物線と直線で囲まれる部分の面積≫

(1)　$f(x)=|x^2-ax|$ について，$x\leqq a$，$a<x$ で場合分けし，$g(x)-f(x)\geqq 0$ であることを示すか，グラフを利用して示す。

(2)　S_1 については，$-\int_{\alpha}^{\beta}(x-\alpha)(x-\beta)dx=\frac{1}{6}(\beta-\alpha)^3$ が直接利用できる。S_2 については，積分区間を分けて，定積分を計算する。

〔参考〕のように，$S_2=S_1+S_4-2S_3$ を利用すると，計算量が少なくなる。

II

解答　(1)

$$\log_c(a+b)+\log_c(a-b)=k$$

$$\log_c(a+b)(a-b)=k$$

$$(a+b)(a-b)=c^k$$

$\therefore\quad a^2=b^2+c^k$　……(答)

(2)　$k=2$ のとき　　$a^2=b^2+c^2$

よって，△ABC は BC を斜辺とする直角三角形である。……(答)

(3)　余弦定理より

$$\cos A=\frac{b^2+c^2-a^2}{2bc}$$

$$=\frac{b^2+c^2-(b^2+c^k)}{2bc}\quad(\because\ (1))$$

$$=\frac{c^2-c^k}{2bc}$$

鋭角となるとき，$\cos A>0$ より　　$c^2-c^k>0$

$c^2>c^k$ で底 $0<c<1$ より　　$k>2$　……①

直角となるとき，(2)より　　$k=2$　……②

鈍角となるとき，$\cos A<0$ より　　$c^2-c^k<0$　　$c^2<c^k$

底 $0<c<1$ より　　$k<2$　……③

以上，①〜③より

$$\left.\begin{aligned}&\angle\mathrm{A}\text{ が鋭角のとき，}k>2\\&\angle\mathrm{A}\text{ が直角のとき，}k=2\\&\angle\mathrm{A}\text{ が鈍角のとき，}k<2\end{aligned}\right\}\quad\cdots\cdots(\text{答})$$

◀解　説▶

≪指数方程式の図形への応用≫

⑴　対数をまとめて対数方程式を解く。

⑵　三平方の定理が成り立つ。

⑶　$a^2<b^2+c^2$ のとき，$\angle\mathrm{A}$ は鋭角，$a^2=b^2+c^2$ のとき，$\angle\mathrm{A}$ は直角，$a^2>b^2+c^2$ のとき，$\angle\mathrm{A}$ は鈍角となりうる。

III　解答

⑴①$s-t$　②$s(s-1)(s-3t+1)$　⑵③$\dfrac{4}{27}$

⑶④$(s-t)(s-t+1)(s-t-1)$　⑤$s=\dfrac{t+1}{3}$

◀解　説▶

≪微分法の応用≫

⑴　Kの座標は

$$((1-t)s+t(s-1),\ (1-t)(s^3-s)+t\{(s-1)^3-(s-1)\})$$
$$=(s-t,\ s(s-1)(s-3t+1))\quad(\to①,\ ②)$$

⑵　$t=\dfrac{2}{3}$ のとき，Kの y 座標について

$$\begin{aligned}y&=s(s-1)^2\\&=s^3-2s^2+s\quad(s<1)\\y'&=3s^2-4s+1\\&=(3s-1)(s-1)\end{aligned}$$

$y'=0$ のとき，$s=\dfrac{1}{3}$ であり，右の増減表を得る。

よって，y は $s=\dfrac{1}{3}$ のとき最大値 $\dfrac{4}{27}$ をとる。

(→③)

s	…	$\frac{1}{3}$	…	1
y'	＋	0	－	
y	↗	極大	↘	

⑶　Tの y 座標は

$$y=(s-t)^3-(s-t)$$

$$=(s-t)\{(s-t)^2-1\}$$
$$=(s-t)(s-t+1)(s-t-1) \quad (\to ④)$$

であり，KとTの距離をdとすると

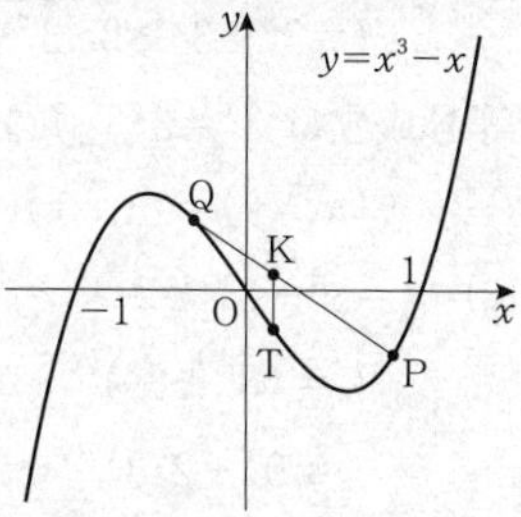

$$d=|s(s-1)(s-3t+1)$$
$$-(s-t)(s-t+1)(s-t-1)|$$
$$=|(3t-3t^2)s+t^3-t|$$
$$=|-t(t-1)\{3s-(t+1)\}|$$
$$=t(1-t)|3s-(t+1)| \quad (\because \quad t>0,\ t-1<0)$$

$0<t<1$であるから，dは$s=\dfrac{t+1}{3}$のとき，最小値0をとる。(→⑤)

Ⅳ 解答

(1)①$1<X<9$　②$0<x<2$　(2)③6
(3)④6　⑤1　⑥1

◀解　説▶

≪指数関数で表された関数の最小値≫

(1)
$$X^2-10X+9<0$$
$$(X-9)(X-1)<0$$
$$\therefore \quad 1<X<9 \quad (\to ①)$$
$$9^{x-1}-10\cdot 3^{x-2}+1<0$$
$$9^{-1}\cdot 9^x-10\cdot 3^{-2}\cdot 3^x+1<0$$
$$\frac{1}{9}(3^x)^2-\frac{10}{9}\cdot 3^x+1<0$$
$$(3^x)^2-10\cdot 3^x+9<0$$

$X=3^x$とおくと
$$X^2-10X+9<0$$

このとき，$1<X<9$であるから
$$1<3^x<9$$
$$3^0<3^x<3^2$$

底>1より　　$0<x<2$　(→②)

(2)　$3^x>0$，$3^y>0$であるから，$x+y=2$のとき，相加・相乗平均の関係から

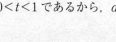

$$t=3^x+3^y \geqq 2\sqrt{3^x\cdot 3^y}=2\sqrt{3^{x+y}}=2\sqrt{3^2}=6 \quad (\to ③)$$

等号成立は $3^x=3^y$，すなわち $x=y$ のときであり

$$(x,\ y)=(1,\ 1) \quad \cdots\cdots(*)$$

(3)　$t=3^x+3^y$ とおくと，$x+y=2$ のとき

$$t^2=(3^x+3^y)^2$$
$$=9^x+2\cdot 3^{x+y}+9^y$$
$$=9^x+9^y+2\cdot 3^2$$
$$=9^x+9^y+18$$

であるから

$$u=9^x+9^y-12(3^x+3^y)+60$$
$$=(t^2-18)-12t+60$$
$$=(t-6)^2+6$$

$t \geqq 6$ であるから，u は $t=6$ のとき最小値 6 をとり，このとき（$*$）から，$x=1$，$y=1$ である。(→④，⑤，⑥)

❖講　評

2020 年度は，大問 4 題のうち，Ⅰ，Ⅱが記述式で，Ⅲ，Ⅳは空所補充形式であった。

Ⅰ　放物線と直線で囲まれる部分の面積についての出題で，頻出の内容である。

Ⅱ　指数方程式から三角形の形状を考えるもので，やや目新しい。三角形の存在条件まで考えようとすると難度が上がるが，本問ではそこまで求められていないだろう。

Ⅲ　3 次関数のグラフ上の 2 点を内分する点の座標の最大値，内分点とグラフ上の点の距離の最小値に関する出題で，標準的なレベルである。

Ⅳ　指数関数で表された関数の最小値に関する出題で，これも頻出の内容である。

全体的には，標準レベルの出題であり，対策としては，頻出問題をしっかりと演習しておけば十分である。

教学社　刊行一覧

2023年版 大学入試シリーズ（赤本）

378大学549点
全都道府県を網羅

国公立大学（都道府県順）

1 北海道大学（文系－前期日程）
2 北海道大学（理系－前期日程） 医
3 北海道大学（後期日程）
4 旭川医科大学（医学部〈医学科〉） 医
5 小樽商科大学
6 帯広畜産大学
7 北海道教育大学
8 室蘭工業大学／北見工業大学
9 釧路公立大学
10 公立千歳科学技術大学 新
11 公立はこだて未来大学 総推
12 札幌医科大学（医学部） 医
13 弘前大学 医
14 岩手大学
15 岩手県立大学・盛岡短期大学部・宮古短期大学部
16 東北大学（文系－前期日程）
17 東北大学（理系－前期日程） 医
18 東北大学（後期日程）
19 宮城教育大学
20 宮城大学
21 秋田大学 医
22 秋田県立大学
23 国際教養大学 総推
24 山形大学 医
25 福島大学
26 会津大学
27 福島県立医科大学（医・保健科学部） 医
28 茨城大学（文系）
29 茨城大学（理系）
30 筑波大学（推薦入試） 医 総推
31 筑波大学（前期日程） 医
32 筑波大学（後期日程）
33 宇都宮大学
34 群馬大学 医
35 群馬県立女子大学
36 高崎経済大学
37 前橋工科大学
38 埼玉大学（文系）
39 埼玉大学（理系）
40 千葉大学（文系－前期日程）
41 千葉大学（理系－前期日程） 医
42 千葉大学（後期日程） 医
43 東京大学（文科） CD
44 東京大学（理科） CD 医
45 お茶の水女子大学
46 電気通信大学
47 東京医科歯科大学 医
48 東京外国語大学 CD
49 東京海洋大学
50 東京学芸大学
51 東京藝術大学
52 東京工業大学（総合型選抜） 新 総推
53 東京工業大学（一般選抜）
54 東京農工大学
55 一橋大学（前期日程） CD
56 一橋大学（後期日程）
57 東京都立大学（文系）
58 東京都立大学（理系）
59 横浜国立大学（文系）
60 横浜国立大学（理系）
61 横浜市立大学（国際教養・国際商・理・データサイエンス・医〈看護〉学部）
62 横浜市立大学（医学部〈医学科〉） 医
63 新潟大学（人文・教育〈文系〉・法・経済科・医〈看護〉・創生学部）
64 新潟大学（教育〈理系〉・理・医〈看護を除く〉・歯・工・農学部） 医
65 新潟県立大学
66 富山大学（文系）
67 富山大学（理系） 医
68 富山県立大学
69 金沢大学（文系）
70 金沢大学（理系） 医
71 福井大学（教育・医〈看護〉・工・国際地域学部）
72 福井大学（医学部〈医学科〉） 医
73 福井県立大学
74 山梨大学（教育・医〈看護〉・工・生命環境学部）
75 山梨大学（医学部〈医学科〉） 医
76 都留文科大学
77 信州大学（文系－前期日程）
78 信州大学（理系－前期日程） 医
79 信州大学（後期日程）
80 公立諏訪東京理科大学 総推
81 岐阜大学（前期日程） 医
82 岐阜大学（後期日程） 医
83 岐阜薬科大学
84 静岡大学（前期日程）
85 静岡大学（後期日程）
86 浜松医科大学（医学部〈医学科〉） 医
87 静岡県立大学
88 静岡文化芸術大学
89 名古屋大学（文系）
90 名古屋大学（理系） 医
91 愛知教育大学
92 名古屋工業大学
93 愛知県立大学
94 名古屋市立大学（経済・人文社会・芸術工・看護・総合生命理学部）
95 名古屋市立大学（医学部） 医
96 名古屋市立大学（薬学部）
97 三重大学（人文・教育・医〈看護〉学部）
98 三重大学（医〈医〉・工・生物資源学部） 医
99 滋賀大学
100 滋賀医科大学（医学部〈医学科〉） 医
101 滋賀県立大学
102 京都大学（文系）
103 京都大学（理系） 医
104 京都教育大学
105 京都工芸繊維大学
106 京都府立大学
107 京都府立医科大学（医学部〈医学科〉） 医
108 大阪大学（文系） CD
109 大阪大学（理系） 医
110 大阪教育大学
111 大阪公立大学（現代システム科学域〈文系〉・文・法・経済・商・看護・生活科〈居住環境・人間福祉〉学部－前期日程）
112 大阪公立大学（現代システム科学域〈理系〉・理・工・農・獣医・医・生活科〈食栄養〉学部－前期日程） 医
113 大阪公立大学（中期日程）
114 大阪公立大学（後期日程）
115 神戸大学（文系－前期日程）
116 神戸大学（理系－前期日程） 医
117 神戸大学（後期日程）
118 神戸市外国語大学 CD
119 兵庫県立大学（国際商経・社会情報科・看護学部）
120 兵庫県立大学（工・理・環境人間学部）
121 奈良教育大学／奈良県立大学
122 奈良女子大学
123 奈良県立医科大学（医学部〈医学科〉） 医
124 和歌山大学
125 和歌山県立医科大学（医・薬学部） 医
126 鳥取大学 医
127 公立鳥取環境大学
128 島根大学 医
129 岡山大学（文系）
130 岡山大学（理系） 医
131 岡山県立大学
132 広島大学（文系－前期日程）
133 広島大学（理系－前期日程） 医
134 広島大学（後期日程）
135 尾道市立大学 総推
136 県立広島大学
137 広島市立大学
138 福山市立大学 総推
139 山口大学（人文・教育〈文系〉・経済・医〈看護〉・国際総合科学部）
140 山口大学（教育〈理系〉・理・医〈看護を除く〉・工・農・共同獣医学部） 医
141 山陽小野田市立山口東京理科大学 総推
142 下関市立大学／山口県立大学
143 徳島大学 医
144 香川大学 医
145 愛媛大学 医
146 高知大学 医
147 高知工科大学
148 九州大学（文系－前期日程）
149 九州大学（理系－前期日程） 医
150 九州大学（後期日程）
151 九州工業大学
152 福岡教育大学
153 北九州市立大学
154 九州歯科大学
155 福岡県立大学／福岡女子大学
156 佐賀大学 医
157 長崎大学（多文化社会・教育〈文系〉・経済・医〈保健〉・環境科〈文系〉学部）
158 長崎大学（教育〈理系〉・医〈医〉・歯・薬・情報データ科・工・環境科〈理系〉・水産学部） 医
159 長崎県立大学 総推
160 熊本大学（文・教育・法・医〈看護〉学部）
161 熊本大学（理・医〈看護を除く〉・薬・工学部） 医
162 熊本県立大学
163 大分大学（教育・経済・医〈看護〉・理工・福祉健康科学部）
164 大分大学（医学部〈医学科〉） 医
165 宮崎大学（教育・医〈看護〉・工・農・地域資源創成学部）
166 宮崎大学（医学部〈医学科〉） 医
167 鹿児島大学（文系）
168 鹿児島大学（理系） 医
169 琉球大学 医

2023年版 大学入試シリーズ（赤本）

国公立大学 その他

国公立大学 その他

170 〔国公立大〕医学部医学科 総合型選抜・学校推薦型選抜 医 総推
171 看護・医療系大学〈国公立 東日本〉
172 看護・医療系大学〈国公立 中日本〉
173 看護・医療系大学〈国公立 西日本〉
174 海上保安大学校／気象大学校
175 航空保安大学校
176 国立看護大学校
177 防衛大学校 総推
178 防衛医科大学校（医学科） 医
179 防衛医科大学校（看護学科）

※ No.170～173の収載大学は赤本ウェブサイト（http://akahon.net/）でご確認ください。

私立大学①

北海道の大学（50音順）

201 札幌大学
202 札幌学院大学
203 北星学園大学・短期大学部
204 北海学園大学
205 北海道医療大学
206 北海道科学大学
207 北海道武蔵女子短期大学
208 酪農学園大学（獣医学群〈獣医学類〉）

東北の大学（50音順）

209 岩手医科大学（医・歯・薬学部） 医
210 仙台大学 総推
211 東北医科薬科大学（医・薬学部） 医
212 東北学院大学
213 東北工業大学
214 東北福祉大学
215 宮城学院女子大学 総推

関東の大学（50音順）

あ行（関東の大学）

216 青山学院大学（法・国際政治経済学部－個別学部日程）
217 青山学院大学（経済学部－個別学部日程）
218 青山学院大学（経営学部－個別学部日程）
219 青山学院大学（文・教育人間科学部－個別学部日程）
220 青山学院大学（総合文化政策・社会情報・地球社会共生・コミュニティ人間科学部－個別学部日程）
221 青山学院大学（理工学部－個別学部日程）
222 青山学院大学（全学部日程）
223 麻布大学（獣医、生命・環境科学部）
224 亜細亜大学
225 跡見学園女子大学
226 桜美林大学
227 大妻女子大学・短期大学部

か行（関東の大学）

228 学習院大学（法学部－コア試験）
229 学習院大学（経済学部－コア試験）
230 学習院大学（文学部－コア試験）
231 学習院大学（国際社会科学部－コア試験）
232 学習院大学（理学部－コア試験）
233 学習院女子大学
234 神奈川大学（給費生試験）
235 神奈川大学（一般入試）
236 神奈川工科大学
237 鎌倉女子大学・短期大学部
238 川村学園女子大学
239 神田外語大学
240 関東学院大学
241 北里大学（理学部）
242 北里大学（医学部） 医
243 北里大学（薬学部）
244 北里大学（看護・医療衛生学部）
245 北里大学（獣医・海洋生命科学部）
246 共立女子大学・短期大学
247 杏林大学（医学部） 医
248 杏林大学（保健学部）
249 群馬パース大学 総推
250 慶應義塾大学（法学部）
251 慶應義塾大学（経済学部）
252 慶應義塾大学（商学部）
253 慶應義塾大学（文学部） 総推
254 慶應義塾大学（総合政策学部）
255 慶應義塾大学（環境情報学部）
256 慶應義塾大学（理工学部）
257 慶應義塾大学（医学部） 医
258 慶應義塾大学（薬学部）
259 慶應義塾大学（看護医療学部）
260 工学院大学
261 國學院大學
262 国際医療福祉大学 医
263 国際基督教大学
264 国士舘大学
265 駒澤大学（一般選抜T方式・S方式）
266 駒澤大学（全学部統一日程選抜）

さ行（関東の大学）

267 埼玉医科大学（医学部） 医
268 相模女子大学・短期大学部
269 産業能率大学
270 自治医科大学（医学部） 医
271 自治医科大学（看護学部）／東京慈恵会医科大学（医学部〈看護学科〉）
272 実践女子大学・短期大学部 総推
273 芝浦工業大学（前期日程、英語資格・検定試験利用方式）
274 芝浦工業大学（全学統一日程・後期日程）
275 十文字学園女子大学
276 淑徳大学
277 順天堂大学（医学部） 医
278 順天堂大学（スポーツ健康科・医療看護・保健看護・国際教養・保健医療・医療科学部） 総推
279 上智大学（神・文・総合人間科学部） 総推
280 上智大学（法・経済学部） 総推
281 上智大学（外国語・総合グローバル学部） 総推
282 上智大学（理工学部） 総推
283 上智大学（TEAPスコア利用型）
570 湘南医療大学 新
284 湘南工科大学
285 昭和大学（医学部） 医
286 昭和大学（歯・薬・保健医療学部）
287 昭和女子大学
288 昭和薬科大学
289 女子栄養大学・短期大学部
290 白百合女子大学
291 成蹊大学（法学部－A方式）
292 成蹊大学（経済・経営学部－A方式）
293 成蹊大学（文学部－A方式）
294 成蹊大学（理工学部－A方式）
295 成蹊大学（E方式・G方式・P方式）
296 成城大学（経済・法学部－A方式）
297 成城大学（文芸・社会イノベーション学部－A方式）
298 成城大学（S方式〈全学部統一選抜〉）
299 聖心女子大学
300 清泉女子大学
301 聖徳大学・短期大学部
302 聖マリアンナ医科大学 医
303 聖路加国際大学（看護学部）
304 専修大学（スカラシップ・全国入試）
305 専修大学（学部個別入試）
306 専修大学（全学部統一入試）

た行（関東の大学）

307 大正大学
308 大東文化大学
309 高崎健康福祉大学 総推
310 高千穂大学
311 拓殖大学
312 玉川大学
313 多摩美術大学
314 千葉工業大学
315 千葉商科大学
316 中央大学（法学部－学部別選抜）
317 中央大学（経済学部－学部別選抜）
318 中央大学（商学部－学部別選抜）
319 中央大学（文学部－学部別選抜）
320 中央大学（総合政策学部－学部別選抜）
321 中央大学（国際経営・国際情報学部－学部別選抜）
322 中央大学（理工学部－学部別選抜）
323 中央大学（6学部共通選抜）
324 中央学院大学
325 津田塾大学
326 帝京大学（薬・経済・法・文・外国語・教育・理工・医療技術・福岡医療技術学部）
327 帝京大学（医学部） 医
328 帝京科学大学 総推
329 帝京平成大学 総推
330 東海大学（医〈医〉学部を除く－一般選抜）
331 東海大学（文系・理系学部統一選抜）
332 東海大学（医学部〈医学科〉） 医
333 東京医科大学（医学部〈医学科〉） 医
334 東京家政大学・短期大学部
335 東京経済大学
336 東京工科大学
337 東京工芸大学
338 東京国際大学
339 東京歯科大学
340 東京慈恵会医科大学（医学部〈医学科〉） 医
341 東京情報大学
342 東京女子大学
343 東京女子医科大学（医学部） 医
344 東京電機大学
345 東京都市大学
346 東京農業大学
347 東京薬科大学（薬学部） 総推
348 東京薬科大学（生命科学部） 総推
349 東京理科大学（理学部〈第一部〉－B方式）
350 東京理科大学（理工学部－B方式）
351 東京理科大学（工学部－B方式）
352 東京理科大学（先進工学部－B方式）

2023年版 大学入試シリーズ（赤本）

私立大学②

353 東京理科大学(薬学部－B方式)
354 東京理科大学(経営学部－B方式)
355 東京理科大学(C方式、グローバル方式、理学部〈第二部〉－B方式)
356 東邦大学(医学部) 医
357 東邦大学(薬学部)
358 東邦大学(理・看護・健康科学部)
359 東洋大学(文・経済・経営・法・社会・国際・国際観光学部)
360 東洋大学(情報連携・ライフデザイン・理工・総合情報・生命科・食環境科学部)
361 東洋英和女学院大学 総推
362 常磐大学・短期大学 総推
363 獨協大学
364 獨協医科大学(医学部) 医

な行(関東の大学)

365 二松学舎大学
366 日本大学(法学部)
367 日本大学(経済学部)
368 日本大学(商学部)
369 日本大学(文理学部〈文系〉)
370 日本大学(文理学部〈理系〉)
371 日本大学(芸術学部)
372 日本大学(国際関係学部)
373 日本大学(危機管理・スポーツ科学部)
374 日本大学(理工学部)
375 日本大学(生産工・工学部)
376 日本大学(生物資源科学部)
377 日本大学(医学部) 医
378 日本大学(歯・松戸歯学部)
379 日本大学(薬学部)
380 日本大学(医学部を除く－N全学統一方式)
381 日本医科大学 医
382 日本工業大学
383 日本歯科大学
384 日本獣医生命科学大学
385 日本女子大学
386 日本体育大学

は行(関東の大学)

387 白鷗大学(学業特待選抜・一般選抜)
388 フェリス女学院大学
389 文教大学
390 法政大学(法〈法律・政治〉・国際文化・キャリアデザイン学部－A方式)
391 法政大学(法〈国際政治〉・文・経営・人間環境・グローバル教養学部－A方式)
392 法政大学(経済・社会・現代福祉・スポーツ健康学部－A方式)
393 法政大学(情報科・デザイン工・理工・生命科学部－A方式)
394 法政大学(T日程〈統一日程〉・英語外部試験利用入試)
395 星薬科大学 総推

ま行(関東の大学)

396 武蔵大学
397 武蔵野大学
398 武蔵野美術大学
399 明海大学
400 明治大学(法学部－学部別入試)
401 明治大学(政治経済学部－学部別入試)
402 明治大学(商学部－学部別入試)
403 明治大学(経営学部－学部別入試)
404 明治大学(文学部－学部別入試)
405 明治大学(国際日本学部－学部別入試)
406 明治大学(情報コミュニケーション学部－学部別入試)
407 明治大学(理工学部－学部別入試)
408 明治大学(総合数理学部－学部別入試)
409 明治大学(農学部－学部別入試)
410 明治大学(全学部統一入試)
411 明治学院大学(A日程)
412 明治学院大学(全学部日程)
413 明治薬科大学 総推
414 明星大学
415 目白大学・短期大学部

ら・わ行(関東の大学)

416 立教大学(文系学部－一般入試〈大学独自の英語を課さない日程〉)
417 立教大学(文学部－一般入試〈大学独自の英語を課す日程〉)
418 立教大学(理学部－一般入試)
419 立教大学(国語〈3日程×3カ年〉) 新
420 立教大学(日本史・世界史〈2日程×3カ年〉) 新
421 立正大学
422 早稲田大学(法学部)
423 早稲田大学(政治経済学部)
424 早稲田大学(商学部)
425 早稲田大学(社会科学部)
426 早稲田大学(文学部)
427 早稲田大学(文化構想学部)
428 早稲田大学(教育学部〈文科系〉)
429 早稲田大学(教育学部〈理科系〉)
430 早稲田大学(人間科・スポーツ科学部)
431 早稲田大学(国際教養学部)
432 早稲田大学(基幹理工・創造理工・先進理工学部)
433 和洋女子大学 総推

中部の大学(50音順)

434 愛知大学
435 愛知医科大学(医学部) 医
436 愛知学院大学・短期大学部
437 愛知工業大学 総推
438 愛知淑徳大学
439 朝日大学 総推
440 金沢医科大学(医学部) 医
441 金沢工業大学
442 岐阜聖徳学園大学・短期大学部 総推
443 金城学院大学
444 至学館大学 総推
445 静岡理工科大学
446 椙山女学園大学
447 大同大学
448 中京大学
449 中部大学
450 名古屋外国語大学 総推
451 名古屋学院大学 総推
452 名古屋学芸大学 総推
453 名古屋女子大学・短期大学部 総推
454 南山大学(外国語〈英米〉・法・総合政策・国際教養学部)
455 南山大学(人文・外国語〈英米を除く〉・経済・経営・理工学部)
456 新潟国際情報大学
457 日本福祉大学
458 福井工業大学
459 藤田医科大学(医学部) 医
460 藤田医科大学(医療科・保健衛生学部)
461 名城大学(法・経営・経済・外国語・人間・都市情報学部)
462 名城大学(情報工・理工・農・薬学部)
463 山梨学院大学

近畿の大学(50音順)

464 追手門学院大学 総推
465 大阪医科薬科大学(医学部) 医
466 大阪医科薬科大学(薬学部) 総推
467 大阪学院大学 総推
468 大阪経済大学 総推
469 大阪経済法科大学 総推
470 大阪工業大学 総推
471 大阪国際大学・短期大学部 総推
472 大阪歯科大学(歯学部)
473 大阪商業大学 総推
474 大阪女学院大学・短期大学 総推
475 大阪成蹊大学・短期大学 総推
476 大谷大学 新 総推
477 大手前大学・短期大学 総推
478 関西大学(文系)
479 関西大学(理系)
480 関西大学(英語〈3日程×3カ年〉)
481 関西大学(国語〈3日程×3カ年〉)
482 関西大学(文系選択科目〈2日程×3カ年〉)
483 関西医科大学(医学部) 医
484 関西医療大学 総推
485 関西外国語大学・短期大学部 総推
486 関西学院大学(文・社会・法学部－学部個別日程)
487 関西学院大学(経済・人間福祉・国際学部－学部個別日程)
488 関西学院大学(神・商・教育・総合政策学部－学部個別日程)
489 関西学院大学(全学部日程〈文系型〉)
490 関西学院大学(全学部日程〈理系型〉)
491 関西学院大学(共通テスト併用／英数日程)
492 畿央大学 総推
493 京都外国語大学・短期大学 総推
494 京都光華女子大学・短期大学部 総推
495 京都産業大学(公募推薦入試) 総推
496 京都産業大学(一般選抜入試〈前期日程〉)
497 京都女子大学 総推
498 京都先端科学大学 総推
499 京都橘大学 総推
500 京都ノートルダム女子大学 総推
501 京都薬科大学 総推
502 近畿大学・短期大学部(医学部を除く－推薦入試) 総推
503 近畿大学・短期大学部(医学部を除く－一般入試前期)
504 近畿大学(医学部－推薦入試・一般入試前期) 医 総推
505 近畿大学・短期大学部(一般入試後期) 医
506 皇學館大学 総推
507 甲南大学 総推
508 神戸学院大学 総推
509 神戸国際大学 総推
510 神戸松蔭女子学院大学 総推
511 神戸女学院大学 総推
512 神戸女子大学・短期大学 総推
513 神戸薬科大学 総推
514 四天王寺大学・短期大学部 総推
515 摂南大学(公募制推薦入試) 総推
516 摂南大学(一般選抜前期日程)
517 同志社大学(法、グローバル・コミュニケーション学部－学部個別日程)
518 同志社大学(文・経済学部－学部個別日程)
519 同志社大学(神・商・心理・グローバル地域文化学部－学部個別日程)
520 同志社大学(社会学部－学部個別日程)
521 同志社大学(政策・文化情報〈文系型〉・スポーツ健康科〈文系型〉学部－学部個別日程)

2023年版 大学入試シリーズ（赤本）

私立大学③

522 同志社大学（理工・生命医科・文化情報〈理系型〉・スポーツ健康科〈理系型〉学部－学部個別日程）
523 同志社大学（全学部日程）
524 同志社女子大学 [総推]
525 奈良大学 [総推]
526 奈良学園大学 [総推]
527 阪南大学 [総推]
528 姫路獨協大学 [総推]
529 兵庫医科大学（医学部） [医]
530 兵庫医科大学（薬・看護・リハビリテーション学部） [総推]
531 佛教大学 [総推]
532 武庫川女子大学・短期大学部 [総推]
533 桃山学院大学／桃山学院教育大学 [総推]
534 大和大学・白鳳短期大学 [総推]
535 立命館大学（文系－全学統一方式・学部個別配点方式）／立命館アジア太平洋大学（前期方式・英語重視方式）
536 立命館大学（理系－全学統一方式・学部個別配点方式・理系型３教科方式・薬学方式）
537 立命館大学（IR方式〈英語資格試験利用型〉・共通テスト併用方式）／立命館アジア太平洋大学（共通テスト併用方式）
538 立命館大学（後期分割方式・「経営学部で学ぶ感性＋共通テスト」方式）／立命館アジア太平洋大学（後期方式）
539 立命館大学（英語〈全学統一方式３日程×３カ年〉） [新]
540 立命館大学（国語〈全学統一方式３日程×３カ年〉） [新]
541 立命館大学（文系選択科目〈全学統一方式２日程×３カ年〉） [新]
542 龍谷大学・短期大学部（公募推薦入試） [総推]
543 龍谷大学・短期大学部（一般選抜入試）

中国の大学（50音順）

544 岡山商科大学 [総推]
545 岡山理科大学 [総推]
546 川崎医科大学 [医]
547 吉備国際大学 [総推]
548 就実大学 [総推]
549 広島経済大学
550 広島工業大学
551 広島国際大学 [総推]
552 広島修道大学
553 広島文教大学 [総推]
554 福山大学／福山平成大学
555 安田女子大学・短期大学 [総推]

四国の大学（50音順）

556 徳島文理大学
557 松山大学

九州の大学（50音順）

558 九州産業大学
559 九州保健福祉大学 [総推]
560 熊本学園大学
561 久留米大学（文・人間健康・法・経済・商学部）
562 久留米大学（医学部〈医学科〉） [医]
563 産業医科大学（医学部） [医]
564 西南学院大学（商・経済・人間科・国際文化学部－A日程）
565 西南学院大学（神・外国語・法学部－A日程／全学部－F日程）
566 福岡大学（医学部医学科を除く－学校推薦型選抜・一般選抜系統別日程） [総推]
567 福岡大学（医学部医学科を除く－一般選抜前期日程）
568 福岡大学（医学部〈医学科〉－学校推薦型選抜・一般選抜系統別日程） [医] [総推]
569 福岡工業大学

[医] 医学部医学科を含む
[総推] 総合型選抜または学校推薦型選抜を含む
[CD] リスニングCDつき　[新] 2022年 新刊・復刊

掲載している入試の種類や試験科目，収載年数などはそれぞれ異なります。詳細については，それぞれの本の目次や赤本ウェブサイトでご確認ください。

akahon.net
赤本｜ 検索

難関校過去問シリーズ

出題形式別・分野別に収録した
「入試問題事典」 19大学71点
定価2,255～2,530円（本体2,050～2,300円）

先輩合格者はこう使った!
「難関校過去問シリーズの使い方」

61年、全部載せ!
要約演習で、総合力を鍛える
東大の英語
要約問題 UNLIMITED

国公立大学

- 東大の英語25カ年［第11版］
- 東大の英語リスニング20カ年［第8版］ [CD]
- 東大の英語 要約問題 UNLIMITED
- 東大の文系数学25カ年［第11版］
- 東大の理系数学25カ年［第11版］
- 東大の現代文25カ年［第11版］
- 東大の古典25カ年［第11版］
- 東大の日本史25カ年［第8版］
- 東大の世界史25カ年［第8版］
- 東大の地理25カ年［第8版］
- 東大の物理25カ年［第8版］
- 東大の化学25カ年［第8版］
- 東大の生物25カ年［第8版］
- 東工大の英語20カ年［第7版］
- 東工大の数学20カ年［第8版］
- 東工大の物理20カ年［第4版］
- 東工大の化学20カ年［第4版］
- 一橋大の英語20カ年［第8版］
- 一橋大の数学20カ年［第8版］
- 一橋大の国語20カ年［第5版］
- 一橋大の日本史20カ年［第5版］
- 一橋大の世界史20カ年［第5版］
- 京大の英語27カ年［第11版］
- 京大の文系数学27カ年［第11版］
- 京大の理系数学27カ年［第11版］
- 京大の現代文27カ年
- 京大の古典27カ年
- 京大の日本史20カ年［第2版］
- 京大の世界史20カ年［第2版］
- 京大の物理27カ年［第8版］
- 京大の化学27カ年［第8版］
- 北大の英語15カ年［第7版］
- 北大の理系数学15カ年［第7版］
- 北大の物理15カ年 [新]
- 北大の化学15カ年 [新]
- 東北大の英語15カ年［第7版］
- 東北大の理系数学15カ年［第7版］
- 東北大の物理15カ年
- 東北大の化学15カ年
- 名古屋大の英語15カ年［第7版］
- 名古屋大の理系数学15カ年［第7版］
- 名古屋大の物理15カ年
- 名古屋大の化学15カ年
- 阪大の英語20カ年［第8版］
- 阪大の文系数学20カ年［第2版］
- 阪大の理系数学20カ年［第8版］
- 阪大の国語15カ年［第2版］
- 阪大の物理20カ年［第7版］
- 阪大の化学20カ年［第5版］
- 九大の英語15カ年［第7版］
- 九大の理系数学15カ年［第6版］
- 九大の物理15カ年 [新]
- 九大の化学15カ年 [新]
- 神戸大の英語15カ年［第8版］
- 神戸大の数学15カ年［第4版］
- 神戸大の国語15カ年［第2版］

私立大学

- 早稲田の英語［第10版］
- 早稲田の国語［第8版］
- 早稲田の日本史［第8版］
- 早稲田の世界史 [新]
- 慶應の英語［第10版］
- 慶應の小論文［第2版］
- 明治大の英語［第8版］
- 明治大の国語 [新]
- 明治大の日本史 [新]
- 中央大の英語［第8版］
- 法政大の英語［第8版］
- 同志社大の英語［第9版］
- 立命館大の英語［第9版］
- 関西大の英語［第9版］
- 関西学院大の英語［第9版］

[新] 2022年刊行

共通テスト対策関連書籍

共通テスト対策も赤本で

① 過去問演習

2023年版

共通テスト 赤本シリーズ

A5判／定価1,078円（本体980円）

- **共通テスト対策過去問集　売上No.1!!**
  ※日販オープンネットワークWIN調べ（2021年4月〜12月、売上冊数）に基づく
- **英語・数学・国語には、本書オリジナル模試も収載！**
- **英語はリスニングを11回分収載！ 赤本の音声サイトで本番さながらの対策！**

- 英語 リスニング／リーディング※1 DL
- 数学I・A／II・B※2
- 国語※2
- 日本史B
- 世界史B
- 地理B
- 現代社会
- 倫理，政治経済／倫理
- 政治・経済
- 物理／物理基礎
- 化学／化学基礎
- 生物／生物基礎
- 地学基礎※3

DL 音声無料配信　※1 模試2回分収載　※2 模試1回分収載　※3 地学（共通テスト2年分＋試行調査2回分）も収載

② 自己分析

赤本ノートシリーズ　**過去問演習の効果を最大化**

▶共通テストには

赤本ノート（共通テスト用）

赤本ルーズリーフ（共通テスト用）

共通テスト 赤本シリーズ

Smart Start シリーズ

全28点に対応!!

▶大学入試シリーズにも

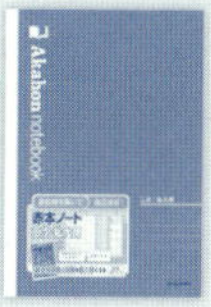

赤本ノート（二次・私大用）

大学入試 シリーズ

全549点に対応!!

③ 重点対策

Smart Start シリーズ　**共通テスト スマート対策**　3訂版

基礎固め＆苦手克服のための**分野別対策問題集**!!

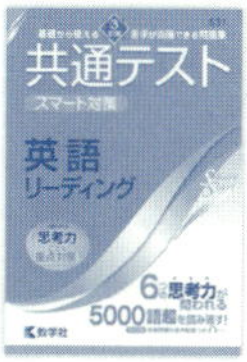

- 英語（リーディング）DL
- 英語（リスニング）DL
- 数学I・A
- 数学II・B
- 国語（現代文）
- 国語（古文・漢文）
- 日本史B
- 世界史B
- 地理B
- 現代社会
- 物理
- 化学
- 生物
- 化学基礎・生物基礎
- 生物基礎・地学基礎

DL 音声無料配信

共通テスト本番の内容を反映!

全15点 好評発売中!

A5判／定価1,210円（本体1,100円）

手軽なサイズの実戦的参考書

目からウロコのコツが満載!

直前期にも!

満点のコツ シリーズ

赤本 ポケット

いつも受験生のそばに―赤本

大学入試シリーズ＋α
入試対策も共通テスト対策も赤本で

入試対策

赤本プラス

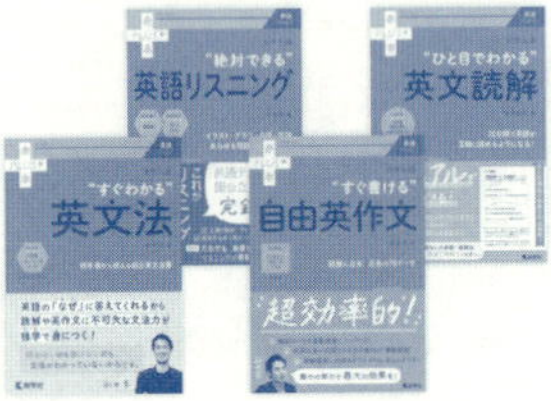

赤本プラスとは、過去問演習の効果を最大にするためのシリーズです。「赤本」であぶり出された弱点を、赤本プラスで克服しましょう。

大学入試 すぐわかる英文法 DL
大学入試 ひと目でわかる英文読解
大学入試 絶対できる英語リスニング DL
大学入試 すぐ書ける自由英作文

入試対策

英検®赤本シリーズ

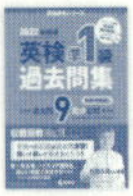

英検®（実用英語技能検定）の対策書。過去問と参考書で万全の対策ができます。

▶**過去問集（2022年度版）**
英検® 準1級過去問集 DL
英検® 2級過去問集 DL
英検® 準2級過去問集 DL
英検® 3・4級過去問集 DL 新

▶**参考書**
竹岡の英検® 準1級マスター DL
竹岡の英検® 2級マスター CD DL
竹岡の英検® 準2級マスター CD DL
竹岡の英検® 3級マスター CD DL

入試対策

赤本プレミアム

「これぞ京大!」という問題・テーマのみで構成したベストセレクションの決定版!

京大数学プレミアム［改訂版］
京大古典プレミアム

CD リスニングCDつき　DL 音声無料配信
新 2022年刊行

入試対策

赤本メディカルシリーズ

過去問を徹底的に研究し，独自の出題傾向をもつメディカル系の入試に役立つ内容を精選した実戦的なシリーズ。

〔国公立大〕医学部の英語［改訂版］
私立医大の英語〔長文読解編〕［改訂版］
私立医大の英語〔文法・語法編〕［改訂版］
医学部の実戦小論文［改訂版］
〔国公立大〕医学部の数学
私立医大の数学
医歯薬系の英単語［3訂版］
医系小論文 最頻出論点20［3訂版］
医学部の面接［3訂版］

入試対策

体系シリーズ

国公立大二次・難関私大突破へ，自学自習に適したハイレベル問題集。

体系英語長文	体系日本史
体系英作文	体系世界史
体系数学Ⅰ・A	体系物理［第6版］
体系数学Ⅱ・B	体系化学［第2版］
体系現代文	体系生物
体系古文	

入試対策

単行本

▶**英語**
Q&A即決英語勉強法
TEAP攻略問題集 CD
東大の英単語［新装版］
早慶上智の英単語［改訂版］

▶**数学**
稲荷の独習数学

▶**国語・小論文**
著者に注目! 現代文問題集
ブレない小論文の書き方 樋口式ワークノート

▶**理科**
折戸の独習物理

▶**レシピ**
奥薗壽子の赤本合格レシピ

入試対策　共通テスト対策

赤本手帳

赤本手帳（2023年度受験用）プラムレッド
赤本手帳（2023年度受験用）インディゴブルー
赤本手帳（2023年度受験用）プラチナホワイト

入試対策

風呂で覚えるシリーズ

水をはじく特殊な紙を使用。いつでもどこでも読めるから，ちょっとした時間を有効に使える!

風呂で覚える英単語［4訂新装版］
風呂で覚える英熟語［改訂新装版］
風呂で覚える古文単語［改訂新装版］
風呂で覚える古文文法［改訂新装版］
風呂で覚える漢文［改訂新装版］
風呂で覚える日本史〔年代〕［改訂新装版］
風呂で覚える世界史〔年代〕［改訂新装版］
風呂で覚える倫理［改訂版］
風呂で覚える化学［3訂新装版］
風呂で覚える百人一首［改訂版］

共通テスト対策

満点のコツシリーズ

共通テストで満点を狙うための実戦的参考書。重要度の増したリスニング対策書は「カリスマ講師」竹岡広信が一回読みにも対応できるコツを伝授!

共通テスト英語〔リスニング〕 満点のコツ CD DL
共通テスト古文　満点のコツ
共通テスト漢文　満点のコツ
共通テスト化学基礎　満点のコツ
共通テスト生物基礎　満点のコツ

入試対策　共通テスト対策

赤本ポケットシリーズ

▶**共通テスト対策**
共通テスト日本史〔文化史〕

▶**系統別進路ガイド**
デザイン系学科をめざすあなたへ